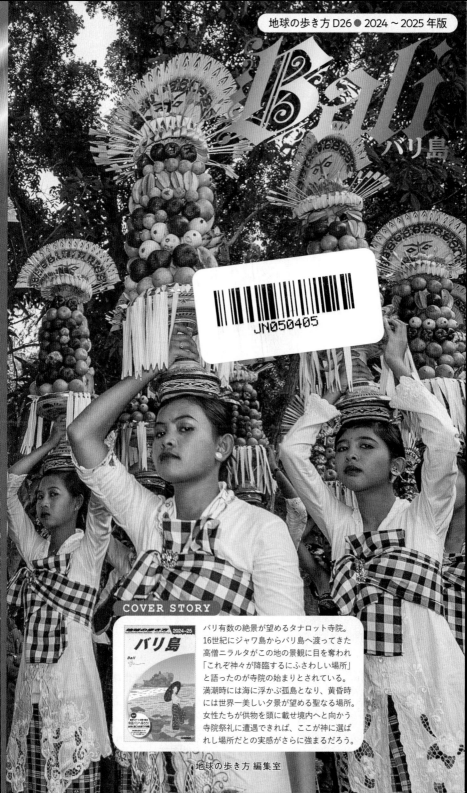

Bali
バリ島

JN050405

COVER STORY

バリ有数の絶景が望めるタナロット寺院。
16世紀にジャワ島からバリ島へ渡ってきた
高僧ニラルタがこの地の景観に目を奪われ
「これぞ神々が降臨するにふさわしい場所」
と語ったのが寺院の始まりとされている。
満潮時には海に浮かぶ孤島となり、黄昏時
には世界一美しい夕景が望める聖なる場所。
女性たちが供物を頭に載せ境内へと向かう
寺院祭礼に遭遇できれば、ここが神に選ば
れし場所だとの実感がさらに強まるだろう。

地球の歩き方 編集室

BALI CONTENTS

20
特集1

Beach Side & Green View

進化が止まらない
Canggu&Ubudへ！

チャングーのビーチクラブ＆グルメスポットで大人バカンス　20
ウブドの絶景カフェで五感をヒーリング　　　　　　　　22

24
特集2

女神の島の絶景プールへ

最旬の楽園リゾートで
バリ色に染まる休日を♡

28
特集3

1泊ステイで200％感動UP！

バリ世界遺産の朝景色を歩こう

スパックとトリヒタカラナを知る　　　　　　　　　　32

34
特集4

ワルンで庶民の味を大満喫

名物ローカル食堂の
必食メニューはこれ！

38
特集5

郷土料理、シーフード、スイーツ etc.

バリ島グルメを味わい尽くそう！

バリ＆インドネシアのおいしい郷土料理　　　　　　　40

44
特集6

お買い物パラダイスの歩き方

ショッピング最旬おすすめナビ

スーパーマーケットでおみやげをまとめ買い！　　　　46
バリ島 " オレオレ " カタログ　　　　　　　　　　　48

51
特集7

極上のリラクセーションに身を委ねる

スパ＆エステサロン厳選ガイド

スパ＆エステの楽しみ方　　　　　　　　　　　　　70

71
特集8

楽園でのバカンスはホテル選びから！

憧れのリゾートホテル最新ガイド

高級リゾートホテルの使い方　　　　　　　　　　　72

99
特集9

母なる自然に包まれ文化遺産を訪ねる旅

アクティビティ＆観光スポット

観光スポット Best 10　　　　　　　　　　　　　124
現地発の主要観光ツアー　　　　　　　　　　　　126
中部ジャワの世界文化遺産を訪ねよう　　　　　　130

基本情報＆Maps

歩き方の使い方 ……………………… 6
ジェネラル インフォメーション ………… 8
バリ島全図 ………………………… 12

バリ島の最新情報

バリ島 観光スポット ＆ エリアガイダンス ……… 14
Hot Topics ＆ バリ旅行の新常識 ……… 16
バリ島満喫!! 3泊5日モデルプラン ……… 18

133 南部リゾートエリア

マップ▶南部リゾートエリア … 134
スミニャック＆クロボカン ……… 136
　歩き方 ………………… 137
　マップ▶スミニャック ………… 138
　マップ▶クロボカン ………… 140
　●ショッピング……………… 142
　●レストラン ………………… 150
　●ナイトライフ ……………… 158
　●ホテル …………………… 160
チャングー ………………… 168
　歩き方 ………………… 168
　アクティビティ ……………… 169
　マップ▶チャングー ………… 170
　●レストラン ………………… 172
　●ホテル …………………… 174
クタ＆レギャン ……………… 176
　マップ▶クタ＆レギャン全体図 … 177
　マップ▶クタ ………………… 178
　マップ▶レギャン …………… 180
　歩き方 ………………… 182
　アクティビティ ……………… 183
　●ショッピング……………… 184
　●レストラン ………………… 190
　●ナイトライフ ……………… 196
　●ホテル …………………… 198
ジンバラン ………………… 206
　歩き方 ………………… 207
　マップ▶ジンバラン全体図 …… 208
　マップ▶ジンバラン中心部 …… 209
　おもな見どころ ……………… 210
　●ショッピング……………… 211
　●レストラン ………………… 212
　●ホテル …………………… 214
ヌサドゥア＆ブノア ………… 216
　歩き方 ………………… 217
　アクティビティ ……………… 217
　マップ▶ヌサドゥア＆ブノア全体図 … 218
　マップ▶ブノア岬 …………… 219
　●ショッピング……………… 220
　●レストラン ………………… 221
　●ホテル …………………… 224

サヌール …………………… 230
　歩き方 ………………… 231
　マップ▶サヌール全体図 ……… 232
　マップ▶サヌール中心部 …… 233
　おもな見どころ ……………… 234
　●ショッピング……………… 235
　●レストラン ………………… 237
　●ホテル …………………… 242

246 バリ島 カルチャーガイド

ウブドの舞踊公演 → P.288

バリの伝統舞踊図鑑 ………… 246
ガムラン音楽への誘い ………… 250
バリの祭礼＆儀式 …………… 252
　オダラン ………………… 252
　火葬式ガベン ……………… 253
　バリの祝祭日 ……………… 254
特集 バリ中部の フォトジェニックな滝巡り … 256

出発前に必ずお読みください！　安全対策と健康管理… 438

257 | ウブド＆バリ中部

マップ▶バリ中部 ············· 258
デンパサール ····················· 260
　歩き方 ························· 261
　マップ▶デンパサール ········· 262
　おもな見どころ ················· 264
　●ショッピング ················· 266
　●レストラン ··················· 267
　●ホテル ······················· 269
デンパサールからウブドへ ······· 270
　トパティ ······················· 270
　バトゥブラン ··················· 271
　チュルッ／スカワティ ········· 272
　バトゥアン／マス ··············· 273
ウブド ·························· 274
　歩き方 ························· 275
　マップ▶ウブド全体図 ········· 278
　マップ▶ウブド中心部 ········· 280
　マップ▶ウブド南部 ··········· 282
　おもな見どころ ················· 284

バリの 伝統舞踊図鑑 →P.246

　特集 ウブドの舞踊公演を
　　　 体感しよう！ ············· 288
　特集 芸術の都で
　　　 伝統舞踊＆ガムランを習う··· 294
　特集 バリ絵画の世界へ
　　　 ウブドのギャラリー巡り········ 295
　●ショッピング··············· 296
　マップ▶ウブド市場周辺········ 301
　●レストラン ··················· 302
　安くておいしい！ウブドのワルン紹介 ··· 310
　●ホテル ······················· 312
　近郊の見どころ ················· 322
ムングウィ ······················· 324
タナロット寺院··················· 326
タバナン ························· 328
タンバシリン ····················· 332
　特集 神秘的な浄化儀式ムルカッを体験しよう
　　　 世界遺産ティルタ・ウンプルで沐浴····· 336

337 | バリ東部

マップ▶バリ東部················ 338
スマラプラ ······················· 340
シドゥメン ······················· 344
パダンバイ ······················· 348
レンボンガン島＆ペニダ島 ······· 352
チャンディダサ ··················· 358
トゥガナン ······················· 364
アンラプラ ······················· 366
ブサキ寺院 ······················· 368
トゥランベン····················· 370
アメッド························· 372

377 | バリ北部＆高原地帯

マップ▶バリ北部················ 378
バトゥール湖周辺 ··············· 380
ブラタン湖周辺 ················· 386
ロビナ ··························· 390
シガラジャ ······················· 396

399 | バリ西部

マップ▶バリ西部················ 400
バリ西部国立公園 ··············· 402

407 | 旅の準備と技術

旅の情報収集 ··················· 408
　バリ・イエローページ ········· 409
旅の予算 ························· 410
　旅の荷造りチェックリスト ····· 411
両替／お金とカード ············· 412
　バリ島のATM利用方法 ········· 413
バリ島への道 ··················· 414
旅のシーズン ··················· 417
日本出発までの手続き ········· 418
日本出入国 ····················· 420
インドネシア入出国 ············· 422
　「電子税関申告書」記入法 ····· 423
　ングラ・ライ国際空港MAP ········ 424
　配車サービスのかんたん利用法 ··· 425
島内交通 ························· 426
　配車アプリの最新事情2023 ····· 429
電話・インターネット ········· 430
ホテル事情 ····················· 432
ショッピング····················· 434
旅の食事 ························· 436
安全対策と健康管理 ············· 438
　バリ滞在上の注意 ············· 440
　特集 バリ人の宗教を知る ····· 442
　特集 バリの歴史 ············· 444
旅のインドネシア語············· 450
　緊急時の医療会話 ··········· 457
地名・見どころ　索引 ········· 458

新型コロナウイルス感染症について

新型コロナウイルス（COVID-19）の感染症危険情報について、全世界に発出されていたレベル1（十分注意してください）は、2023年5月8日に解除されましたが、渡航前に必ず外務省のウェブサイトにて最新情報をご確認ください。

◎外務省 海外安全ホームページ・インドネシア危険情報
[URL] www.anzen.mofa.go.jp/info/pcinfection
spothazardinfo_002.html#ad-image-0

Column & Information

ホテル予約サイトの利用方法 ……………… 73
シーフードを敏腕シェフのレシピで堪能 … 136
バリのトレンドが集まる
スミニャック・ビレッジ ………………… 137
買い物にも食事にも便利なランドマーク … 143
注目の料理人 Daijiro インタビュー ……… 153
"食べる宝石" コハクを入手! ……………… 168
バリ島で楽しめるチルアウトの聖地 ……… 169
雑貨マーケットでおみやげ探し …………… 175
クタ・ビーチのウミガメ保護 ……………… 176
クタの安全な歩き方 ………………………… 182
バリの織物＆バティック …………………… 187
クタの格安食堂巡り ………………………… 195
ローカルエリアを今風に楽しむなら ……… 206
シーフード BBQ で夕景と
バリ風情を満喫しよう ……………………… 207
ジンバラン地区のショッピングモール …… 211
ジンバラン地区のおすすめ食堂 …………… 213
のんびりとアートの世界に浸れる美術館 … 216
アクロバティックな舞踊公演を
体験してみよう! …………………………… 217
ヌサドゥアからバリ最南端エリアへ ……… 220
歴史的な名車が並ぶミュージアム ………… 230
試飲もできる、バリ島ワインのショールーム … 231
ヘナタトゥーを体験できる女子サロン …… 234
サヌールの格安グルメ情報 ………………… 239
路地裏の居酒屋ワルンでちょっと一杯 …… 240
Z 世代の若者が集うレノン地区のカフェ … 260
おやつを味わう休憩スポット ……………… 264
バリ・アートフェスティバル情報………… 265
B 級グルメをいろいろ味わおう …………… 269
芸術の村マスでカフェ巡り ………………… 271
仮面と人形を集めたミュージアム ………… 273
旅情たっぷり、ウブド市場の裏通り ……… 274
公共の路線バスでウブド内を気軽に移動 … 275
田園文化を体感するウオーキングツアー … 276
眺望にも癒やされるウブドのヨガスポット … 277
ウブド発祥の地グヌン・ルバ寺院 ………… 285
芸術村でワークショップ体験 ……………… 287
ウブドのスイーツ最前線! ………………… 307
田園を潤すタマン・アユン寺院の水路 …… 325

ジャティルウィの田園の歩き方 …………… 329
バリ最古のスバック景観が残る
パクリサン川流域 …………………………… 333
生活に今も息づく呪医師バリアン ………… 342
伝統村のテキスタイルを入手 ……………… 344
田園風景に囲まれてヨガタイム …………… 346
秘密の浜辺ブルーラグーン ………………… 348
写真映えする白砂のビーチへ ……………… 350
おすすめのスピードボート ………………… 352
ペニダ島の絶景ビーチ巡り ………………… 354
美しいペニダ島の水中世界へ ……………… 357
静かなビーチを訪れてみよう ……………… 358
アットホームなヨガ教室で休日を ………… 362
ウサバ・サンバ Usaba Sambah 祭り …… 364
アグン山を望む隠れ家レストラン ………… 366
ブサキ寺院の祭り …………………………… 368
アメッドの塩田文化を知る施設 …………… 372
アメッドの開放的なマッサージ店 ………… 376
バトゥール山への日の出トレッキング …… 380
バトゥール湖畔のソンガン村を訪ねる …… 384
バトゥール山の植林活動 …………………… 385
バリ北部の景勝地、ギギッの滝 …………… 389
日本語 OK のクッキングクラス…………… 390
ローカルにも評判のカフェで朝食を ……… 392
シガラジャ近郊の滝スポット ……………… 397
日本人経営のダイブセンター ……………… 404
竹のガムラン「ジェゴグ」とスウェントラ氏 … 405
バリ島の暮らし方 …………………………… 406
空港でのショッピング／送迎のネット予約… 416
「サシ」で感じるバリの季節 ……………… 417
ビザの延長手続き …………………………… 418
配車サービスは電子マネー払いも OK …… 427
バリ旅で役立つおすすめアプリ …………… 428
エアビーアンドビーの利用方法 …………… 433
付加価値税 (VAT) 還付制度 ……………… 434
日本語の通じる病院＆クリニック ………… 439
方位と暦で知るバリのコスモロジー ……… 443
シュピースとバリ文化の「ルネサンス」…… 447
「最後の楽園」の観光地化 ………………… 448
バリの中心でワヤンと叫ぶ? ……………… 449

バリ島＆インドネシア関連ガイドの紹介

「地球の歩き方」D-25

インドネシア

2020〜2021 版
●定価1700円＋税
　世界的な遺跡で知られる
ジャワ島や、素朴なリゾー
トとして注目されるロンボ
ク島など、インドネシア各
地を細かく紹介。多様な文
化と自然を体感するための
ファンタスティックガイド。

「地球の歩き方 aruco」12

aruco バリ島

2020〜2021 版
●定価1200円＋税
　旅好き女子のためのプチぼ
うけん応援ガイド。絶景ブラ
ンコ、光が降り注ぐ秘密の滝、
秘境感あふれるペニダ島の美
景スポットなど、最旬のバリ島
の楽しみ方を大紹介!

※関連の各ガイドブックは最新の刊行情報をご確認ください
https://www.arukikata.co.jp/guidebook/

本書で用いられる記号・略号

紹介都市のおよその位置を☆で示してあります

紹介エリアを項目別に5段階で評価しています（評価点が高いほど充実している）。あくまでも編集部の参考値ですので、目安としてご利用ください

紹介エリアへのアクセス情報です。所要時間は道路状況によって変わりますので、目安としてください

TEL	電話番号
FAX	ファクス番号
FD	フリーダイヤル
URL	ホームページアドレス（http:// は省略）
e-mail	メールアドレス
日本予約	日本での予約先
税&サ	税金&サービス料
カード	クレジットカード
営業	営業時間
入場	入場・開館時間
料金	宿泊料金・入場料・拝観料等

おすすめ情報の『Power Push!』をはじめとして、最新ニュースの『Area Topics』、コラム、インフォメーションなど多彩な記事を掲載しています

見どころ重要度を、★マークで表しました。あくまでも編集室の独断ですが、観光の際の目安として参考にしてください

★★★＝絶対に見逃せない!!
★★＝時間に余裕があればぜひ！
★＝興味のある人向け

ナイトライフ
レストラン
ショップ
ホテル

※ホテルのアイコンは色や「○×△」によって、設備やサービスの状態を示す

全室にあり　なし

料金 AC TV TUB

一部の部屋にあり

施設あり　施設なし　リクエスト対応　日本語少々

一部の部屋にあり

条件により無料(or有料)

予算＝★ 500円以下
★★ 500円～
★★★ 1000円～
★★★★ 2000円～
L/O＝ラストオーダー
予約＝予約の必要性
MENU ＝メニュー表記
🗣＝スタッフの会話力
Wi-Fi ＝ネット環境

AC ＝エアコン
TV ＝テレビ
TUB ＝バスタブ

＝プール　🍴＝レストラン
＝スパ　＝室内金庫
＝冷蔵庫
＝ドライヤー
＝日本語スタッフ
＝朝食

地 図

- **H** ホテル
- **¶¶** レストラン
- **S** ショップ
- **♪** ナイトスポット
- **E** エステ
- **ℹ** 観光案内所
- **A** ツアー会社
- **W** 雑貨ワルン
- **C** コンビニ／ミニマート
- **¥** 両替所
- **B** 銀 行
- **Y** ヨガスタジオ
- **▲** アクティビティ
- **G** 絵画ギャラリー
- **◎** チャペル
- **☾** モスク
- **🏛** 博物館・美術館
- **⛩** バリ寺院／王宮
- **♟** テーマパーク
- **◐** 芸能教室
- **∴** 遺 跡
- **♀** バスストップ
- **🚌** バスターミナル
- **▣** トランス・サルバギタ＆
  トランス・メトロ・デワタ停留所
- **◥** ダイビングポイント
- **🏄** サーフスポット
- **⚑** ゴルフ場
- **⊞** 病 院
- **🛢** ガソリンスタンド
- **✉** 郵便局
- **☎** 電話局
- **⊗** 警 察

クレジットカードの略称

- **A** アメリカン・エキスプレス
- **D** ダイナース
- **J** JCB
- **M** MasterCard
- **V** VISA

ホテル料金の記述

S…シングルベッドルーム（1名利用）
D…ダブルベッドルーム（2名利用）
※バリ島のホテル料金は基本的に室料。シングルとダブルが同料金の場合は**D**のみで表記

■本書の特徴

本書は、バリ島を旅行される方を対象に個人旅行者が現地でいろいろな旅行を楽しめるように、各都市のアクセス、ホテル、レストラン、ショップなどの情報を掲載しています。もちろんツアー旅行される際にも十分活用できるようになっています。

■掲載情報のご利用に当たって

編集部では、できるだけ最新で正確な情報を掲載するように努めていますが、現地の規則や手続きなどがしばしば変更されたり、またその解釈に見解の相違が生じることもあります。このような理由に基づく場合、または弊社に重大な過失がない場合は、本書を利用して生じた損失や不都合について、弊社は責任を負いかねますのでご了承ください。また、本書をお使いいただく際は、掲載されている情報やアドバイスがご自身の状況や立場に適しているか、すべてご自身の責任でご判断のうえでご利用ください。

■現地取材および調査期間

本書は、2023年5～7月の取材調査データを基に編集されています。また、追跡調査を2023年8月30日まで行いました。しかしながら時間の経過とともにデータの変更が生じることがあります。特にホテルやレストランなどの料金は、旅行時点では変更されていることも多くあります。また**各交通機関の所要時間も道路状況により変わってきます。**
したがって、**本書のデータはひとつの目安としてお考え**いただき、現地では観光案内所などでできるだけ新しい情報を入手してご旅行ください。

■発行後の情報の更新と訂正情報について

発行後に変更された掲載情報や訂正箇所は、『地球の歩き方』ホームページの本書紹介ページ内に「更新・訂正情報」として可能なかぎり案内しています（ホテル、レストラン料金の変更などは除く）。ご旅行の前にお役立てください。
URL www.arukikata.co.jp/travel-support

■投稿記事について

投稿記事は、多少主観的になっても原文にできるだけ忠実に掲載してありますが、データに関しては編集部で追跡調査を行っています。投稿記事のあとに（東京都　○○'23）とあるのは、寄稿者と旅行年度を表しています。旅行年度のないものは2020年以前の投稿で、2023年5月から7月にデータの再確認を行ったものには、寄稿者データのあとに調査年度を入れ［'23］としています。投稿募集の詳細→ P.463

バリ島の基本情報

▶旅のインドネシア語→ P.450

バリ・ヒンドゥー教徒の参拝風景

国 旗
紅白旗

正式国名
インドネシア共和国 Republic of Indonesia

国 歌
インドネシア・ラヤ　Indonesia Raya

面 積
5632km² で東京都の約 2.6 倍（国全体では 190 万 4569km² で日本の約 5 倍）

人 口
約 431 万人。国全体では約 2 億 2702 万人（'20）

州 都
デンパサール Denpasar
首都はジャカルタ Jakarta

元 首
ジョコ・ウィドド大統領

政 体
立憲共和制。代議制の選出により大統領が統治を行う（大統領は 2004 年より国民の直接選出となっている）。

民族構成
バリ人が約 90%を占める。ほかにジャワ人、華人など。国全体ではマレー系住民が大多数を占める。

宗 教
ヒンドゥー教徒が約 90%を占める。ほかにイスラム教、プロテスタント、カトリック、仏教徒など。国全体ではイスラム教徒が 87%を占める。

言 語
公用語はインドネシア語。バリ人同士の会話にはバリ語が使われる。バリ島のリゾートエリアでは英語も広く通じる。

通貨と為替レート

Rp.

▶旅の予算→ P.410

▶ATM 利用方法→ P.413

　通貨単位はルピア Rupiah（一般に Rp. と表記される）。1 円≒ Rp.105（2023 年 9 月 12 日現在）。

　一般的に流通している紙幣は 1000、2000、5000、1 万、2 万、5 万、10 万ルピアの 7 種類。硬貨は 100、200、500、1000 ルピアの 4 種類。

1000 ルピア

5000 ルピア

2 万ルピア

10 万ルピア

2000 ルピア

1 万ルピア

5 万ルピア

100 ルピア

200 ルピア

500 ルピア

1000 ルピア

※ 2022 年 8 月 17 日から新紙幣が導入された。絵柄やデザインはほぼ変更なしだが、サイズが小ぶりとなり、偽装対策も施されている

電話のかけ方

▶電話・インターネット→ P.430

日本からバリ島へかける場合

国際電話会社の番号 **0033**（NTTコミュニケーションズ） **0061**（ソフトバンク） **携帯電話の場合は不要**	＋	国際電話識別番号 **010** ※2	＋	インドネシア国番号 **62**	＋	市外局番 （頭の0は取る） **××**	＋	相手先の電話番号 **123-4567**

※携帯電話の場合は 010 のかわりに「0」を長押しして「+」を表示させると、国番号からかけられる。
※ NTT ドコモ（携帯電話）は事前に WORLD CALL の登録が必要。

ビザ

日本国籍のパスポート所持者はインドネシア到着後に空港で到着ビザ（VOA）の取得が可能（観光や商用等での訪問が対象）。到着ビザの代金はRp.50万で、滞在日数は最長30日以内（30日間の延長も1回のみ可）。

パスポート

パスポートの有効残存期間は、入国時点で6ヵ月以上必要。

出入国

▶ ビザ→P.418
▶ 持ち込み制限品→P.423

日本からデンパサールまでのフライトは、直行便で約7時間。ガルーダ・インドネシア航空が成田空港から運航している。

日本からのフライト時間

▶ バリ島への道→P.414

※ビザや入国の条件は変更もあるので、最新情報の確認を

バリ島は赤道直下の熱帯性気候のため、乾季と雨季のふたつの季節がある。おおむね5～10月が乾季で、11～4月が雨季となる。乾季は湿度があまり高くならずに過ごしやすい。雨季は午後になるとスコールのような大雨が降り、湿度も高くなる。

気候

▶ 旅のシーズン→P.417

デンパサールと東京の気温と降水量

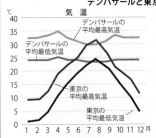

気温
- デンパサールの平均最高気温
- デンパサールの平均最低気温
- 東京の平均最高気温
- 東京の平均最低気温

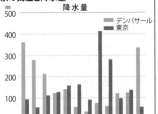

降水量
- デンパサール
- 東京

南部では年間を通じて軽装でOK

バリとジャカルタは1時間の時差がある

バリは日本より1時間遅れ（GMT＋8）。つまり日本の12:00はバリの11:00となる。インドネシアには西部、中央部（含むバリ）、東部と時間帯が3つあり、サマータイムは実施していない。

時差とサマータイム

以下は一般的な営業時間の目安。ショップやレストランなどは店やエリアによって異なる。

銀行
月～金曜9:00～16:00、土曜9:00～12:00。日曜、祝日休。

ショップ
都市や観光地では、毎日10:00～21:00くらいが一般的。コンビニは24時間営業が多い。

レストラン
都市や観光地では、毎日10:00～22:00くらいが一般的。閉店時間の30分から1時間前にオーダーストップとなる。観光地では深夜営業や24時間営業の店もある。

ビジネスアワー

バリ島から日本へかける場合

国際電話会社番号 001,007 ※1	＋	日本の国番号 81	＋	市外局番 （頭の0は取る） ×× ※2	＋	相手先の電話番号 1234-5678

※1 公衆電話から日本にかける場合は上記のとおり。ホテルの部屋からは、外線につながる番号を頭につける。
※2 携帯電話などへかける場合も、「090」「080」などの最初の0を省く。

▶ **インドネシア国内通話**
市内へかける場合は市外局番は不要。市外へかける場合は市外局番からダイヤルする。
▶ **日本からスマホ/携帯電話を持ち込んだ場合**
国際ローミングサービスを利用しての通話手順や課金条件は、事前によく確認すること。
● **持ち込んだスマホで日本へかける**
「＋」-国番号-相手の電話番号（頭の"0"を取る）
● **持ち込んだスマホ同士のバリでの通話**
「＋」-国番号-相手の電話番号（頭の"0"を取る）
※「＋」のキーは機種により「0」や「#」を長押しすると「＋」となる。

祝祭日
(おもな祝祭日)

すべての寺院は210日ごとに祭礼を行っている

ほとんどの祝日は各宗教の暦に従っている。新年、メーデー、独立記念日、クリスマス以外は、年ごとに異なる移動祝祭日（※印）なので注意。また、バリ島のみの慣例休日だが、ガルンガンの日（2023年は1月4日と8月2日）の前後数日間は多くの店が休みとなる。

2023年

1月1日		新年 Tahun Baru Masehi
1月22日	※	イムレック Tahun Baru Imlek (中国暦新年)
2月18日	※	ムハンマド昇天祭 Isra Miraj Nabi Muhammad SAW
3月22日	※	ニュピ Hari Raya Nyepi (サコ暦新年)
4月7日	※	聖金曜日 Wafat Yesus Kristus
4月22、23日	※	イドゥル・フィトリ Idul Fitri (断食明け大祭)
4月24～26日	※	政令指定休日 Cuti Bersama
5月1日		メーデー Hari Buruh Internasional
5月18日	※	キリスト昇天祭 Kenaikan Yesus Kristus
6月1日		パンチャシラの日 Hari Lahir Pancasila
6月2日	※	政令指定休日 Cuti Bersama
6月4日	※	ワイサック Hari Raya Waisak (仏教大祭)
6月29日	※	イドゥル・アドハ Idul Adha (犠牲祭)
7月19日	※	イスラム暦新年 Tahun Baru Hijriyah
8月17日		インドネシア共和国独立記念日 Hari Kemerdekaan RI
9月28日	※	ムハンマド降誕祭 Maulid Nabi Muhammad SAW
12月25日		クリスマス Hari Raya Natal
12月26日	※	政令指定休日 Cuti Bersama

電圧とプラグ

電圧は220Vで、周波数は50Hz。プラグは丸ピン2本足のCタイプが一般的。日本国内の電化製品を使用する場合には、変圧器とアダプターが必要。

アダプターを使えば日本の電化製品で利用できる物もある

観光エリアはWi-Fi対応のカフェやホテルが一般的

放送&映像方式

インドネシアの放送方式（PAL）は、日本（NTSC）とは異なるので、一般的な日本国内用プレーヤーでは再生できない。ブルーレイのリージョンコードは日本と同じAだが、DVDソフトはリージョンコードが日本と異なっている（日本は2、インドネシアは3）。バリ島などで売られている海賊版DVDはリージョンフリーも多いが、日本への持ち込みは違法となるので注意。

チップ

レストランやホテルの料金にサービス料が含まれている場合、基本的には不要。ただし、気持ちのいいサービスを受けたときには気持ちで渡そう。額は個人の満足度によっても異なるが、以下の相場を参考に。

レストラン

店の格にもよるが、5～10%ぐらいの額を支払い時に渡すか、おつりの小銭をテーブルに残す。

ホテル&スパ

ホテルのポーターやマッサージの担当者には Rp.2 万ほど。

タクシー

小額のおつりは要求しないのが慣例となっている。

飲料水

インドネシアは軟水地域が多いが、バリの水道水は硬水。いずれにせよ生水は絶対に飲まずに、スーパーやコンビニなどでミネラルウオーターを購入すること（500mℓはコンビニでRp.5000ほど）。煮沸した飲料水を出すレストランもあるが、氷は殺菌処理されていないケースが多い。おなかに自信のない人は冷えたミネラルウオーターを注文しよう。

※本項目のデータはインドネシア観光局、ガルーダ・インドネシア航空、外務省などの資料を基にしています。

郵便

インドネシアの郵便局は「ポス・インドネシアPOS INDONESIA」という。EMS便は、ウェブサイトで追跡調査も可能（**URL** ems.posindonesia.co.id）。一般的な営業時間は、月～土曜8:00～18:00。また、切手の購入は雑貨屋でも可。高級ホテルではフロントに投函を頼むこともできる。

郵便料金

日本までの各種郵便料金ははがきがRp.7000、封書は重量によりRp.7000～、

EMS便は1kgまでRp.33万5000～。日本までの郵便は通常4～10日ほどで届く（EMSは3日程度）。

各地に郵便局がある

税金＆サービス料

中級以上のほとんどのホテルでは、税金（5～11％）とサービス料（5～10％）が宿泊料に加算される。旅行者が利用する高級レストランやエステサロンでも、料金にサービス料を加算する場合が多い。

2010年からは、付加価値税（VAT）の還付制度がジャカルタとバリで実施されている。対象となるのは外国のパスポートを持つ個人（滞在期間が2ヵ月以内）。還付には対象ショップで1回の買い物の合計額が、500万ルピア（税抜き）以上であることなどが条件となる。

▶ 税金還付（リファンド）について
→P.434

安全とトラブル

両替トラブル

バリ島の観光エリアの両替商で、お金を少なく渡されるケースが頻発している。一度立ち去るとクレームは受け付けてもらえないので、金を受け取ったらすぐに確認すること。なるべく専門のマネーチェンジャーやATMを利用しよう。

バイクの引ったくり

クタ＆レギャンなど、旅行者が多い道路で被害が多発している。貴重品は持ち歩かず、バッグは体の前、路肩側に。

トランプ詐欺

旅行者を言葉巧みにアジトへ連れ込んで、イカサマのトランプ賭博で金を巻き上げるグループが出没している。クレジットカードで支払いを強要するので、被害額は50万円前後に及ぶこともある。

詐欺

「家には土地があるから、ホテルの建物を建ててほしい。共同経営しよう」などという話にも注意が必要。インドネシアでは外国人は土地や店舗を所有できないので、お金を出したあとは相手のイニシアティブが強くなり、仲違いをしたら外国人は手ぶらで帰国する羽目になる。

▶ 安全対策と健康管理
→ P.438

両替したらその場で金額の確認を！

年齢制限

観光スポットなどの入場料には、12歳以下の子供料金を設定している場合もある。飲酒や喫煙の年齢制限は法律では規制していない。慣例として17歳前後からたしなむ人が多い。

度量衡

日本の度量衡と同じで、距離はメートル法。重さはグラム、キロ、温度は摂氏、液体はリットルで表示。

ただし、洋服や靴のサイズ表示は、日本とは異なるのでショッピングのときに注意。

その他

トイレ

トイレはカマル・クチル Kamar Kecil、またはトイレッ Toilet やウェー・セー WCで通じる。町なかに公衆トイレはないので、レストランやファストフード店を見つけて利用しよう（トイレの清潔度は店のグレードに比例する）。観光スポットには公衆トイレもあるが、あまり掃除が行き届いていない場合もあるので注意。

タブー＆マナー

バリ島では新年のニュピに、外出や火を使用することは一切禁じられている。緊急時でもないのにホテルの敷地を出ると、旅行者でも警察に逮捕される。また不浄の手とされている左手で、食べ物を持ったり、握手を求めないこと。また頭は精霊が宿る神聖な場所なので、相手が子供でも頭をなでてはいけない。

空港のトイレ表示

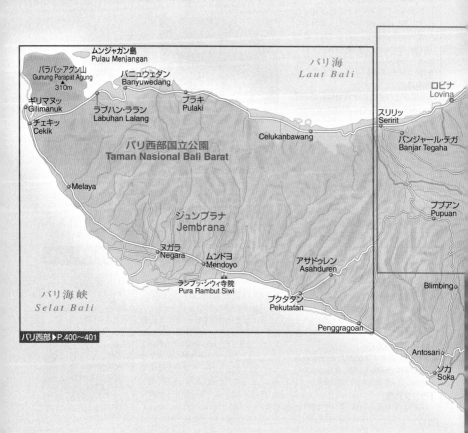

ムンジャガン島
Pulau Menjangan

パラパッ・アグン山
Gunung Parapat Agung
310m

バニュウェダン
Banyuwedang

バリ海
Laut Bali

ロビナ
Lovina

ギリマヌッ
Gilimanuk

ラブハン・ララン
Labuhan Lalang

プラキ
Pulaki

スリリッ
Seririt

チェキッ
Cekik

バンジャール・テガ
Banjar Tegaha

Celukanbawang

バリ西部国立公園
Taman Nasional Bali Barat

Melaya

ププアン
Pupuan

ジュンブラナ
Jembrana

ヌガラ
Negara

ムンドヨ
Mendoyo

アサドゥレン
Asahduren

バリ海峡
Selat Bali

ランブッ・シウィ寺院
Pura Rambut Siwi

プクタタン
Pekutatan

Blimbing

Penggragoan

バリ西部 ▶ P.400～401

Antosari

ソカ
Soka

メダン
トバ湖

マレーシア

ブルネイ

フィリピン

バリ島へのGA
経由便が発着

太平洋
Samudera Pasifik

ブキティンギ
シベル島
パダン

シンガポール

赤道

カリマンタン
Kalimantan

バリッパパン

スラウェシ島
Sulawesi

ラジャ・アンパット諸島
Raja Ampat

赤道

スマトラ島
Sumatera

バンジャルマシン
Banjarmasin

タナ・トラジャ

マルク諸島
Maluku

ジャヤプラ

マカッサル

アンボン

ワメナ

ジャカルタ

ジョグジャカルタ

ロンボク島

コモド島

パプア
Papua

ボロブドゥール

スンバワ島

フローレス島

インド洋
Samudera Hindia

ジャワ島
Jawa

ブロモ山

バリ島
Bali

ヌサ・トゥンガラ諸島
Nusa Tenggara

東ティモール

アラフラ海
Laut Arafura

インドネシア

0   1000km

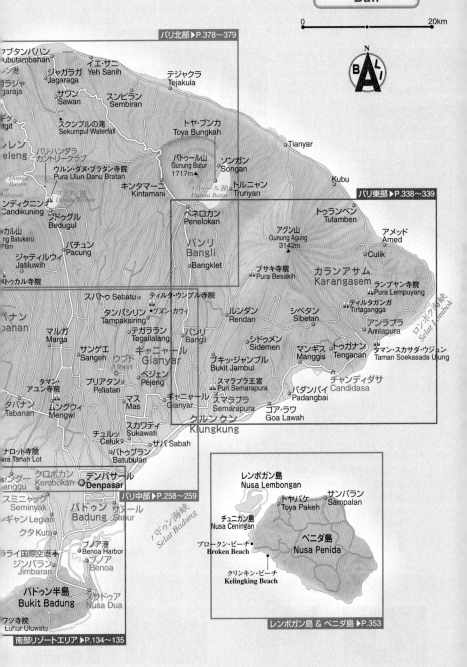

バリ島全図
Bali

0　　　　　　　　　20km

BALI
N

バリ北部 ▶P.378〜379
バリ東部 ▶P.338〜339
バリ中部 ▶P.258〜259
レンボガン島 & ペニダ島 ▶P.353
南部リゾートエリア ▶P.134〜135

ブタンバハン
ubutambahan
ジャガラガ
Jagaraga
イェ・サニ
Yeh Sanih
テジャクラ
Tejakula
サワン
Sawan
スンビラン
Sembiran
スクンプルの滝
Sekumpul Waterfall
トヤ・ブンカ
Toya Bungkah
Tianyar
バリ・ハンダラ
カントリークラブ
ウルン・ダヌ・ブラタン寺院
Pura Ulun Danu Bratan
Danau
Buyan
Danau Bratan
バトゥール山
Gunung Batur
1717m▲
ソンガン
Songan
トルニャン
Trunyan
Kubu
ンディクニン
Candikuning
ブドゥグル
Bedugul
ペネロカン
Penelokan
トゥランベン
Tulamben
アメッド
Amed
パチュン
Pacung
バンリ
Bangli
アグン山
Gunung Agung
3142m
Culik
ジャティルウィ
Jatiluwih
バングクレ
Bangklet
カランアサム
Karangasem
ランブヤン寺院
Pura Lempuyang
スバトゥ Sebatu
ティルタ・ウンプル寺院
グヌン・カウィ
バンリ
Bangli
ブサキ寺院
Pura Besakih
ティルタガンガ
Tirtagangga
マルガ
Marga
タンパクシリン
Tampaksiring
テガララン
Tegallalang
ルンダン
Rendan
シベタン
Sibetan
アンラプラ
Amlapura
サンゲエ
Sangeh
ウブド
Ubud
シドゥメン
Sidemen
マンギス
Manggis
トゥガナン
Tenganan
タマン・スカサダ・ウジュン
Taman Soekasada Ujung
タマン・
アユン寺院
ペジェン
Pejeng
ブキッ・ジャンブル
Bukit Jambul
プリアタン
Peliatan
ギャニャール
Gianyar
マス
Mas
スマラプラ王宮
Puri Semarapura
パダンバイ
Padangbai
チャンディダサ
Candidasa
タバナン
Tabanan
ムングウィ
Mengwi
ギャニャール
Gianyar
スマラプラ
Semarapura
ゴア・ラワ
Goa Lawah
ナロット寺院
ra Tanah Lot
チュルッ
Celuk
スカワティ
Sukawati
クルンクン
Klungkung
バトゥブラン
Batubulan
サバ Sabah
クロボカン
Kerobokan
デンパサール
Denpasar
スミニャック
Seminyak
バドゥン
Badung
サヌール
Sanur
ギャン Legian
レンボガン島
Nusa Lembongan
トヤパケ
Toya Pakeh
サンパラン
Sampalan
クタ Kuta
チュニガン島
Nusa Ceningan
ブロークン・ビーチ
Broken Beach
ペニダ島
Nusa Penida
ライ国際空港
Jimbaran
ブノア港
Benoa Harbor
ブノア
Benoa
クリンキン・ビーチ
Kelingking Beach
バドゥン半島
Bukit Badung
ヌサドゥア
Nusa Dua
ウツ寺院
Luhur Uluwatu

13

バリ島 BALI 観光スポット&エリアガイダンス

東京都の約2.6倍ほどの広さのなかに3000m級の山をもつバリは、ダイナミックな自然に恵まれた島。各地には湖、渓谷、ライステラスなどの景勝地が数多く存在している。エリアごとの特徴をつかんで、自由に旅を楽しもう。

バリ西部 Map P.400
バリ西部国立公園でのトレッキングやムンジャンガン島でのダイビングなど、ワイルドな自然と触れ合えるエリア。快適に過ごせるナチュラル志向のリゾートホテルも点在している。

バリ北部&高原地帯 Map P.378
世界遺産に登録されたバトゥール湖やウルン・ダヌ・バトゥール寺院のほか、ブラタン湖などの景勝地が点在している。海岸部のロビナではイルカウオッチングも楽しめる。

● ロビナ
P.390

● バトゥール湖
P.382

● ブラタン湖
P.386

● ジャティルゥィ
P.330

● バリ西部国立公園
P.402

トゥランベン
P.370

アメッド
P.372

ティルタガンガ
P.367

チャンディダサ
P.358

クルタ・ゴサ
P.341

● ウブド
P.274

ウブド&バリ中部
Map P.258
ウブドはバリ芸能と伝統文化のメッカで、美しい渓谷を望むリゾートホテルが人気。世界遺産に登録されたジャティルゥィのライステラスや、タマン・アユン寺院も見どころ。

● タナロット寺院
P.326

● デンパサール
P.260

● ウルワツ寺院
P.210

レンボンガン島
P.352

ペニダ島
P.352

レンボンガン島へのデイツアーが人気！

WORLD HERITAGE
バリ島世界遺産リスト

2012年に『バリ州の文化的景観』として4つのエリアが世界遺産に登録されている。本誌では以下の主要観光地を紹介している。

● タマン・アユン寺院 → P.324
● ジャティルゥィ → P.330
● ティルタ・ウンプル → P.332
● グヌン・カウィ → P.333
● ウルン・ダヌ・バトゥール寺院 → P.382
● バトゥール湖 → P.382

世界遺産も楽しんでね

バリ東部 Map P.338
ブサキ寺院やアグン山などバリを代表する聖地がある文化エリア。織物で有名なシドゥメン村のほか、ビーチエリアのチャンディダサ、パダンバイ、アメッドはホテルが充実。

バリ島 旅のキーワード　これだけ覚えるだけで旅がスムーズになる！　KEY WORD

ワルン Warung
小さなローカルショップの総称。食事を出したり雑貨を扱ったりする。

ジャラン Jalan
通り。本書の住所データでは「Jl.」と略してある。ガン Gang は路地道のこと。

パサール Pasar
市場。どこでも町の中心部にある。パサール・スニ（芸術市場）はおみやげ屋街。

空港から市内へのアクセス
空港から市内へはエアポートタクシー（→ P.422）の利用やホテルに送迎依頼が一般的。

空港へのアクセスは各エリア冒頭の側注を参照！

ホテルが集中する 南部リゾートエリア＆ウブド

BALI

▶ P.278
ウブドエリア
南部リゾートエリア
▶ P.134

ウブド

CANGGU
サーファーが集うニューエリア
チャングー
▶ P.168

南部リゾートエリアの新たな滞在エリアとして注目を集めている。昔ながらのバリの雰囲気も感じられる

●ホテルの充実度★★★★
高級ヴィラやサーファー向けの宿が点在。ビーチ沿いには建築中のホテルも多い

UBUD
芸術の村で癒やしの休日
ウブド
▶ P.274

芸能や芸術の中心地として有名な観光地。周囲には昔ながらの農村風景も広がっている

●ホテルの充実度★★★★★
郊外に高級ヴィラが点在。中心部には中級～安宿まで豊富

SEMINYAK & KEROBOKAN
最先端エリアの旬を満喫☆
スミニャック＆クロボカン
▶ P.136

洗練されたダイニングやブティックも多く、ビーチ沿いは夕日観賞スポットとしても有名

●ホテルの充実度★★★★★
カップル向けヴィラの充実度はバリでいちばん。中級宿も増加中

SANUR
🚶 バリ情緒を体感する
サヌール
▶ P.230

落ち着いたムードでリピーターに支持されている老舗リゾート。素朴なバリの雰囲気も残る

●ホテルの充実度★★★★
手頃な料金の中級ホテルや格安ホテルが多い

チャングー

● クロボカン

デンパサール

市場や博物館が建つバリの州都

スミニャック●

サヌール

KUTA & LEGIAN
刺激的なビーチエリアを散策
クタ＆レギャン
▶ P.176

無国籍な雰囲気が漂いサーファーに根強い人気。ナイトスポットも多く夜遊び派におすすめ

●ホテルの充実度★★★★★
ツアー用の大型ホテルのほか、中級ホテルや格安宿も多い

● レギャン

● クタ

✈ グラライ国際空港

NUSA DUA & BENOA
南国バカンスを楽しもう！
ヌサドゥア＆ブノア
▶ P.216

有名な大型ホテルがビーチ沿いに建ち並ぶ滞在エリア。ブノアはマリンスポーツも盛んだ

●ホテルの充実度★★★★★
世界的な大型ホテルがビーチ沿いに集中している

JIMBARAN
多彩なバリの魅力に出会える
ジンバラン
▶ P.206

高級リゾートと素朴な漁村の雰囲気が調和するビーチエリア。観光スポットも点在している

●ホテルの充実度★★★★
注目のリゾートやヴィラが閑静な郊外エリアに増加中！

ジンバラン

ブノア

ヌサドゥア

🏛 ウルワツ寺院

海をバックにしたケチャ公演で有名

○ ウンガサン

Hot Topics ＆バリ旅行の新常識

今バリ島で話題騒然のホットスポット情報をお届け。 ポストコロナの新しい旅のスタンダードもチェック！

噂のビーチクラブが立ち並ぶ
流行発信基地チャングーが熱い！

➡P.20 ＆ P.168

　ビーチクラブと呼ばれる新スタイルのカフェバーが続々とチャングーに誕生。日中はビーチをのんびり眺め、夜には陽気に踊ってはじける大人向けスポットだ。チャングーには欧米からの旅行者が多く、サーフカルチャーとバリ漁村の雰囲気が程よくミックスされている。

ビーチクラブはチャングーに7軒ほど点在！

週末の夜はDJが入って大盛り上がり

人気急上昇のフォトスポット
ペニダ島の絶景巡りへGO！

➡P.18 ＆ P.352

　インスタ映えスポットとして旅行者が激増しているペニダ島。秘境感たっぷりのネイチャーアイランドに点在する絶景ポイントを訪問し、美しい水中世界やスノーケリングやダイビングで楽しもう。ペニダ島の周辺は約570種もの熱帯魚が棲息する奇跡の海だ。

憧れのマンタと出会えるスポットもあるよ

巨大な「指」のような岬がインパクト大のクリンキン・ビーチ（クリンキンは小指の意）

オープンラッシュが止まらない
ウブドの個性派ヴィラにステイ

➡P.26 ＆ P.90

　田園風景が広がるウブドは世界的に注目のリゾートエリア。ビーチよりも涼しくて過ごしやすく、朝のヨガや農村を歩くプログラムを催行するホテルも多い。自然の景観を生かしたプールやテラス席で、ヴィラならではのプライベート感たっぷりの休日を過ごそう。

自然の音が子守唄♪

フローティングブレックファストも人気

帰国日の訪問は気をつけて
ウルワツ寺院のケチャ渋滞

➡P.210

　ウルワツ寺院のケチャ公演は夕日を望むダイナミックなロケーションで大評判。観光客で連日にぎわい「ウルワツ寺院のケチャ渋滞」と呼ばれる現象が慢性化している。ウルワツ〜ジンバラン間は1本道で混み合うため、ケチャ鑑賞では早めに帰路につくことを心がけよう。

入場チケットは事前に確認して

ケチャ公演は18:00 〜 19:00が基本だが観光シーズンには2 〜 3回に増演されることもある

━━━ バリ旅行の新常識 ━━━

事前に知っておきたい
バリ島の新しい入国事情

　2023年6月よりインドネシア全土で、ワクチン接種証明の提示など新型コロナウイルス関連の入国規制が撤廃された。入国に際して前もって必要となっているのは電子税関フォーム（E-CD）の登録（→P.423）。以前は機内で配られていた税関申告書を前もってURL ecd.beacukai.go.idにアクセスし、電子フォームに記入してQRコードを取得すること（登録は入国の2日前から当日まで）。

　また日本人旅行者のインドネシア入国には到着ビザ（VOA）も必要となる。入国前にe-VOA（URL molina.imigrasi.go.id）で取得できるが、今までどおり空港到着時に専用カウンターでの申請でもOKだ。

VOAのオンライン申請では詐欺サイトも出回っているので注意

使わないともったいない！
WhatsAppはマストアプリ

　WhatsAppはスマホで利用できる無料のメッセージ＆通話アプリ。日本国内でのLINEに相当する存在で、インドネシアではWA（ウェーアー）と呼ばれ、個人はもちろん、多くのレストランやホテル、ツアー会社も利用している。基本的に個人や店の携帯番号はすべてWAで連絡できるほどの浸透ぶりなので、旅行前に日本でダウンロードしておこう（DLすればすぐにチャットで現地に細かい問い合わせや予約もOK）。インターネット回線を使っての通信となるので、アプリ使用にはWi-Fi環境が必要となる。

「インドネシア人は200％使ってる」ともいわれる必須アプリ

★2023年5月リニューアル!★

ウブド市場を散策して
伝統村の今を感じる

➡P.284

　伝統的なウブドの巨大市場が近代的で清潔感のある2階建ての建物へと生まれ変わった。おみやげ用の手工芸品や生鮮品など生活を感じさせる商品が並んでいる。昔ながらの露店が並ぶ市場の南の路地散策も楽しい。

ウブド王宮と対峙する庶民の台所

売り子との値段交渉は必須だ

★2022年4月オープン!★

バティックブランドの集大成
ピテカントロプス&マサマサ

➡P.235 & P.237

　人気バティックブランドがサヌール郊外に郷土料理店「マサマサ」を中心とする瀟洒な複合施設をオープン。スマトラ島から移築した17世紀の邸宅を使って「ピテカントロプス」と「プサカ」のショップも展開している。

芸術的なバティックの展示は見るだけでも楽しめる

アジアの食文化が溶け合うプラナカン料理を提供

★2023年3月オープン!★

バリ最大級のモール
リビング・ワールドが爆誕

➡P.266

　デンパサール中心部から5km北の幹線道路沿いに超大型モールが登場。100店以上の国内外のブランドが出店し、3.5ヘクタールの敷地には噴水や水路で涼しさの演出もある。フードコートや飲食店も充実している。

太陽光がルーフトップから優しく差し込む

★2023年1月オープン!★

名古屋発祥の コメダ珈琲店が
インドネシアに初上陸

➡P.191

　国内で940店舗以上を展開する喫茶店チェーンがインドネシア1号店をクタにオープン。外観やインテリアなどは基本的に日本と同じ。朝11:00までにワンドリンク注文すると軽食セットが無料サービスとなる。

バリアフリー対応や全席禁煙も日本の店舗と同様だ

★2022年11月オープン!★

新しいサヌールの港から
レンボガン&ペニダ島へ

➡P.352

　ペニダ島やギリ島へのボート発着場所が500mほど北に移転。エアコン完備でATMも設置された最新施設で、桟橋もあるので今までのように乗船時に浜辺で足元を濡らすこともない。
URL www.sanurport.co.id

以前の発着場風景 Before

After

観光ポートが26隻ほど停泊可。サヌール・ポートと呼ばれている

★2022年9月オープン!★

渓谷を眼下に望むグラス・ブリッジ

　長さ199mのガラスの橋はスリリングな撮影スポット。橋の上から雄大なプタヌ川が望め、一部の床にはガラスにヒビが入る映像と音の演出もある。橋を渡るには入口で渡されるシューズカバーを着用しよう。入場料Rp.25万。

グラス・ブリッジ
Jembatan Kaca Bali

バリ中部 **MAP P.259-B3**
TEL 0822-8181-8888(携帯)
営業 毎日8:00 ～ 19:00
アクセス ウブド中心部から12km南。Blangsingah村とTegunungan村の間を流れるプタヌ川に架かり、それぞれの村から入場可能。
スリル満点の橋の高さは約40m

リーズナブルな移動には
配車アプリの利用がおすすめ

　公共交通のインフラがまだまだ整備中のバリ島で最も便利な移動手段は、GrabやGojekなどの配車サービス(→P.425)。アプリで車を手配して白タクとして利用できるサービスで、呼び出してからの待ち時間が少なく、運賃は事前確定制なのでボラれる心配がない。スマホ世代の各国からの旅行者たちは、短距離移動でバイクを呼び出したり、チャーター車のように1日観光で利用したりと、上手に使いこなしている。使い方に不安がある場合やアプリをダウンロードしていない場合は、宿泊先のスタッフに頼めばタクシーと同様に呼んでもらえる。

運賃が安いバイクは島内の短距離移動に便利

コロナ後の状況は?
現地で体調を崩したら?

　2023年8月現在、バリ島内でマスクの着用は義務化されていない。病院や薬局を除くほとんどの場所で人々はノーマスクで過ごしている。レストランには手洗所と石鹸が用意されているが、除菌ウエットティッシュや手指の消毒スプレーは携帯しておこう。現地で発熱した場合は、まずは利用しているツアー会社や宿泊先ホテルのスタッフに伝えること。必要に応じてPCR検査や病院の手配をしてくれる。万一に備えて海外旅行保険に必ず入っておこう。海外旅行保険で支払いが可能な日本語が通じる病院(→P.439)もある。

ショッピングモールでは店員のマスク着用が一般化

バリ島満喫!! 3泊5日モデルプラン

ホットスポットが続々と登場し、
バリ島の過ごし方も一気にブラッシュアップ！
短い旅行期間でも話題のエリアやスポットを
存分に楽しめる究極プランを紹介します。

楽園バリに到着！

1日目
新鮮シーフードと夜のビーチを楽しむ

17:30 グラライ国際空港に到着

成田空港からバリ島に直行便が運航している。所要7時間ほどでグラライ国際空港に到着する。

約10〜60分
バリ島への道→P.414

飛行機を降りたらイミグレーションへ

19:00 到着ロビーからホテルへ

各エリアの宿泊ホテルへ移動する。宿泊先やツアー会社に空港送迎を頼んでおくと安心。

約10〜30分

スタッフがレセプションでお出迎え

20:00 ジンバランの浜辺で夕食♪

30軒以上のビーチレストランが並ぶ浜辺で、南国の情緒と海鮮BBQを心ゆくまで楽しもう。

シーフードBBQ→P.207
かつての屋台街も現在は高級化しトイレなど設備も清潔！

2日目
ペニダ島で水中世界と絶景スポットを楽しみ、夜はワルンで地元飯

8:45 スピードボートでペニダ島へ

宿泊先のホテルからピックアップしてもらいバリ島の港からスピードボートでペニダ島へ。

約45〜60分
現地発の観光ツアー→P.129

船によって所要時間はまちまち

10:30 透明度の高い海でスノーケリング

カラフルな魚たちが舞う水中世界を満喫。ボートが並走してくれるので安全面も万全だ。

約30分

コーラルの海が待っている

11:30 絶景リゾートでランチタイム

丘の上にある高級リゾート「セマブ・ヒルズ」でランチを楽しむ。プールからの絶景もごちそう！

約60分
セマブ・ヒルズ→P.357

ランチは6種類から選べる

13:30 エンジェル・ビラボンで撮影タイム

天然のプールのような岩場は凹みに海水が溜まっており「天使が沐浴する場所」と呼ばれている。

約7分
エンジェル・ビラボン→P.354

満潮時に浮かぶと映える写真が撮れる

14:00 自然が造ったアートを観賞

ブロークン・ビーチは波の浸食によって岸壁にアーチ状の穴が開いている奇観スポット。

約30分
ブロークン・ビーチ→P.354

壮大な自然の造形美を堪能

15:00 絶景が広がるクリンキン・ビーチ

紺碧の海に突き出した不思議な形の岬が話題。30分ほどでビーチまで降りることもできる。

約40分
クリンキン・ビーチ→P.354

ペニダ島西部のハイライト

16:30 ペニダ島からバリへ出発

港へ移動してスピードボートに乗船してバリ島へ戻る。各ホテルまでの送迎もしてくれる。

約45〜60分

島内は車で移動する

19:00 ワルンで地元飯を味わう

1日たっぷり遊んだあとは名物食堂へ。ローカルが愛するソウルフードで元気をチャージ！

ワルン・ニクマッ→P.35

ワルン食堂は閉店が早い店も多いので注意

※車やボートでの移動期間は目安として参照してください

3日目

世界遺産の寺院で沐浴を体験。空中ブランコに芸能鑑賞でウブドを満喫

10:00 ティルタ・ウンプルで聖なる沐浴

聖水が湧き出る寺院で神聖な沐浴ムルカット体験。心身をリセットして1日をスタート。

沐浴はバリ人にとって大切な生活の一部だ

ティルタ・ウンプル→P.332&P.336

約30分

11:30 森のブランコで絶景にダイブ

テガラランの「アロハ・ウブド・スウィング」で渓谷に溶け込むようなブランコ写真を撮影。

緑の景観に包まれるスポット

アロハ・ウブド・スウィング→P.108

約30分

13:30 滝を眺めながらランチタイム

渓谷を流れる川と滝を望むカフェで軽めのランチ。食後のスイーツも忘れずに味わって。

店内から滝が望める穴場スポット

ホワイト・ボックス→P.22

約1分

14:30 瞑想の洞窟ゴア・ガジャへ

巨大な顔がインパクト大の古代遺跡を見学。神秘的な大樹など撮影ポイントがいろいろある。

リンガや神像がある洞窟前でポージング

ゴア・ガジャ→P.322

約40分

16:00 スパで癒やしのリラックスタイム

チャンプアン川沿いにある「アユシャ・ウェルネス・スパ」でトリートメントを体験しよう。

渓谷を望むトリートメントルーム

アユシャ・ウェルネス・スパ→P.57

約20分

19:30 伝統舞踊の聖地、ウブド王宮へ

ウブド中心部にあるウブド王宮まで目抜き通りを散策。王宮では定期公演を毎晩行っている。

オープンステージはきらびやかで荘厳な雰囲気！

ウブドの舞踊公演を体験しよう！→P.288

4日目

チャングーのビーチで過ごし、世界一美しい夕景が待つタナロット寺院へ

12:00 一番人気のビーチクラブからスタート

気軽に使える「フィンズ・ビーチクラブ」でインド洋を眺めながら贅沢なランチを楽しむ。

Rp.76万以上の飲食でデイベッドも利用OK

フィンズ・ビーチクラブ→P.173

約10分

15:30 SNSで話題の"食べる宝石"をGET

2022年4月にオープンした「コハク」でクリスタルのように美しい琥珀糖を購入。

南国的で上品なフレーバーが話題

コハク→P.168

約45分

16:30 タナロット寺院で夕日にうっとり

海に浮かぶ寺院のシルエットが感動的な夕景を観賞。高台には展望カフェもある。

幻想的な風景はバリ旅行のハイライト

タナロット寺院→P.326

約30分

18:30 休日の締めくくりはカクテルバーで

流行発信基地チャングーで異彩を放つ「クラブ・ソーダ」で乾杯。料理メニューのおいしさも感動的だ。

ロカフォーレで4年間修業を積んだシェフのフェルナンドさん

クラブ・ソーダ→P.20

約75分

22:00 グララライ国際空港に到着

空港には出発の2時間前までに到着しよう。バリ島から成田へのGA880便は翌00:20に出発する。

マナド経由のGA884便はバリ発22:35なので注意

バリ島移動のヒント

●チャーター車

ドライバー付きの車をチャーター（→P.426）すれば、行きたい場所を自分のペースで訪問できる。バリ島内の各旅行会社やオンライン予約サイトのほか、宿泊先でも簡単に手配できる。

チャーター車は遠出をして1日US$70が相場

●配車サービス

GrabやGojekの配車サービス（→P.425）を利用しての島内観光も一般的になっている。Grabでは「Rent」というサービスもあり、車を数時間単位でチャーターすることが可能だ。

進化が止まらない Canggu&Ubud へ！

チャングーのビーチクラブ＆グルメスポットで大人バカンス

ひと昔前までは素朴な村だったチャングーとウブドに話題のスポットが続々と登場している。
伝統文化が息づく島で変貌著しい2大ホットエリアを最新スタイルで満喫してみよう！

楽園へエスケープする
ハイエンドな空間です

ラグーンデイベッド
シート料金Rp.200万〜
海沿いプールに浮かび
最大4名で利用OK

アトラス・スーパークラブ
バリ最大級のナイトクラブも併設。営業は21:00〜翌3:00

入場チケットには1ドリンク付き。食事代は別途で前菜Rp.7万〜、軽食Rp.9万〜

2022 Jun. Open!

チャングーの "秘密酒場"

クラブ・ソーダ
Club Soda

チャングー MAP P.171-B4

ウブドの最高級ダイニング、ロカフォーレの系列店がチャングーにお目見え。鉄製のドアを開けて2階に進むと、日本のジャズ喫茶をイメージしたレトロモダンな空間が広がっている。まずは地元のハーブや果物を漬け込んだインフュージョンを使ったカルチュラル・ファーメントシリーズのカクテル（Rp.12万〜）を味わってみよう。最高の音響効果でBGMが流れ、気さくなスタッフに囲まれて陽気に過ごせるラウンジだ。

女性ひとり飲みでも
居心地バツグン

カウンターの棚にはカクテルや料理に使うインフュージョンがずらり

住所 Jl. Tegal Sari No.5, Tibubeneng
TEL 0813-2603-4562（携帯）
営業 毎日17:00〜翌1:00
（L/O→24:30）
税&サ +21% カード ADMV
予約 不要 MENU 英語
英語OK Wi-Fi 無料

耳よりInfo
今やアジアを代表する名店ロカフォーレで修業した調理スタッフは凄腕揃い。店独自のアジアンなおつまみメニューを提供してくれる。

発酵系のクラフトカクテル
Rp.16万〜、モクテルRp.6万〜

マラスタイルのヌードルはRp.8万5000

和風のダックつくねRp.6万や韓国風ステーキタルタルRp.9万5000など、この店でしか味わえないフィンガーフードが激うま！

2022 Jul. Open!

世界最大級のクールな最新スポット

アトラス・ビーチクラブ
Atlas Beach Club

チャングー **MAP** P.171-C3

3ヘクタールの敷地には屋内クラブやジムも完備。夕暮れ時には壮大なサンセットが満喫できる

カリナリーグラウンドと呼ばれるフードコートエリア（入場無料）を抜けて、ウッドデッキを進むと巨大なビーチクラブが視界の先に広がっている。ターコイズブルーのプールがまばゆく輝き、中央ステージでは毎日15時からDJプレイで盛り上げる。有料セクションはパーティ気分で最大20名で利用できるバックステージエリアから、カップル向きのアイランドデイベッドまで人数と予算に応じて利用OK。ビーチベッドの利用だけでも1グループで約2万円〜という超アッパーな施設だが、入場チケットのみでパブリックスペースを訪れても、バリ独自のクラブカルチャーが肌に感じられるだろう。

アイランドデイベッドシート料金Rp.175万〜
施設の東端にありプライベート感もたっぷり

住所 Jl. Pantai Berawa No.88, Canggu
TEL (0361)300-7222
URL atlasbeachfest.com
営業 毎日10:00 〜 24:00
税&サ 込み　カード J M V
予約 なるべく
英語 英語　Wi-Fi 無料

耳より Info

毎日13:00前の入場でシートチャージは50%割引！帰国日にホテルをチェックアウトして直行するのもいい。

スライディングプールデイベッド
シート料金Rp.200万〜
遊具やキッズプールが用意されファミリー向け

ビーチクラブ利用のノウハウ

バリ島の各ビーチクラブは利用方法が異なり、使用するデイベッドやシートのグレードに応じて飲食のミニマムスペンド（ミニマムペイメント）が設定されている場合が多い。

アトラス・ビーチクラブでは1ドリンク付き入場チケット（Rp.25万）のみでサンセットバーやルーフトップデッキなど公共スペースが利用OK。プールエリアのデイベッド使用は1〜4ラウンジの支払いを選択（飲食代は別途）。料金や入場システム、施設内のセクション設定など変更も多いので公式サイトで最新情報をチェック。

パブリックエリア 入場料Rp.25万のみでOK
プールエリア手前のテーブル席への着席は無料

イベント開催日は料金がアップする

2022 Aug. Open!

ようこそ！コスモポリタン集いの場へ

モストリー
Mostly

チャングー **MAP** P.170-A1

最先端のビーガン料理が、うまし！

フランス人女性オーナーの感性でアジア各国の神髄を追求したメニューを提供。気取らない思いおもいの自己表現をしたファッションで、料理と音楽を楽しみに来る常連も多く、世界中の人たちと気さくに交流できる。シグネチャーメニューのプラント・パワー・バージョン（Rp.7万5000）は野菜を使った握り寿司の盛り合わせ。炙ったスイカやトマトの燻製など驚きのレシピで調理され、ビーガン料理に対するイメージをいい意味で裏切ってくれるはず。

ジャックツナ・アボカド・海ぶどうのスシロールRp.7万5000（右）。プラント・パワー・バージョン（左）はマグロの赤身と見紛う炙りスイカが！

スイカの握りです

耳より Info

店のコンセプトは「あなたがあなたらしくいられる空間」。チャングーに集まるコスモポリタンたちと楽しく時間をシェアできる雰囲気づくりも◎。

バリ島のカカオを堪能できるザ・ゼスト・カカオ・セレモニーRp.5万5000

柔らかな鴨肉が乗ったダック・ラーメンRp.13万8000。日本人の「期待を裏切る」おいしさ！

茶室となっている2階でフォークロアなライブも楽しめる

住所 Jl. Pantai Pererenan No.114, Pererenan　TEL 0811-3943-334(携帯)
URL mostly.qr2order.net　営業 毎日8:00 〜 23:00(L/O→22:00)
税&サ +21%　カード J M V　予約 不要　MENU 英語　英語OK　Wi-Fi 無料

Beach Side × Green View

進化が止まらないCanggu&Ubudへ!

ウブドの絶景カフェで五感をヒーリング

高台から荘厳な
バリの寺院を
俯瞰できます

2022.Oct Open!

ウブドならではの寺院ビュー

メル・ウブド
Meru Ubud

ウブド全体図 MAP P.278-B2

アボカドとサーモン入りのランブルフィッシュ（Rp.8万）など創作料理もメニュー豊富

ウブド発祥の地とされる寺院、グヌン・ルバを間近に望むロケーションがユニーク。僧侶が唱えるマントラやお供えの花の香りが、緑の風に乗ってテラス席まで届いてきそうな雰囲気だ。オダラン（寺院祭礼）のタイミングに訪問すれば、きらびやかに装飾された境内や供物を頭に載せた女性たちなど、バリならではの風物詩も満喫できるはず。ボリューミーな朝食メニューは15:00まで味わうことができる。

耳より
Info

カラフルな色彩でいっぱいになるグヌン・ルバ寺院の祭礼時にはツーリストや地元客で混み合う。前もって予約を入れて訪問しよう。

テイスティング感覚で各料理を楽しめるザ・ビッグ・バンRp.11万（手前）、ベトナミーズ・スプリングロールRp.5万5000（奥）

住所 Jl. Raya Campuhan, Ubud　TEL 0812-3951-4234（携帯）
営業 毎日8:00 〜 22:00(L/O→21:00)　税&サ +15%　カード A J V　予約 不要　MENU 英語　🗣英語OK　Wi-Fi 無料

2023.Jan.Open!

遺跡見学の途中に立ち寄りたい

ホワイト・ボックス
White Box

ウブド全体図 MAP P.279-C3

もぐもぐタイムは
滝ビューとともに

アンドン地区の人気スイーツ店がゴア・ガジャ遺跡から200mほど西へと移転。目の前に滝を望める開放的なロケーションは撮影スポットとしてオープン早々から人気を集めている。ケーキやパンはやっぱり安定のおいしさ。ティラミス（Rp.3万）などリピーターに愛される定番スイーツのほか、チーズバーガー（Rp.5万）などのライトミールも用意されている。

ホットドックRp.5万（左）、レッドベルベット・ケーキRp.3万（右）

耳より
Info

店で提供するドリンクはスムージーやジュースなどのみ。コーヒーを飲みたいなら隣接するラヤナ・ワルンで注文して持ち込めばOK。

オレオチーズケーキRp.3万。ザクザク感と濃厚チーズのとろける味わい

渓谷が広がる店内はこぢんまりとして居心地がいい

住所 Jl. Raya Goa Gajah, Ubud
TEL 0813-3720-6679（携帯）
営業 毎日10:00 〜 20:00
税&サ 込み　カード J V
予約 不要　MENU 英語
🗣英語OK　Wi-Fi 無料

渓谷ビューのプールは
パッケージで利用できる

ウブドエリア有数の
インスタスポットです

いいね! をたくさん もらえる撮影テクニック

渓谷を眼下に望むサヤン・ポイントにはブランコや鳥の巣など定番の撮影ポイントが目白押し。多くのブランコ施設は東向きだが、ここは西向きなので夕日に溶け込む幻想的な空中ブランコの構図を狙ってみよう。また2層になっているインフィニティプールの上段では、水際を綱渡りのように歩く動画も安全に撮影できる。

チキンブレストRp.8万（手前）、
ツナタルタルRp.5万5000（奥）。
花びらが添えられた料理も映える

アユン川とライステラスが広がる景色がとにかく素晴らしい

2021 Jan. Open! 古来からの景勝地を今風に楽しむ

サヤン・ポイント
Sayan Point

ウブド全体図 **MAP** **P.278-B1**

耳より Info

幻想的な16:00〜20:00のサンセットタイムはミニマム人ベンドの設定あり。ひとり当たりRp.10万以上の飲食が求められる。

ウブドエリア随一の眺望が広がるアユン渓谷沿い、棚田と清流が織りなす絵画のような景観に思う存分に浸れる。ブランコなどちょっとした撮影スポットが用意されているのも人気の秘密。のんびりプールが利用できる食事＆ドリンク付きのプールパッケージはRp.17万5000。レストランのみの利用もOKで、13:00〜15:00にはドリンクにケーキが付くお得なアフターヌーンティーセット（Rp.6万5000）も楽しめる。

住所 Sayan, Ubud　TEL 0813-5320-2352（携帯）　営業 毎日8:00 〜 22:00（L/O→21:30）
税＆サ 込み　カード JV　予約 不要　MENU 英語　英語OK　Wi-Fi 無料

田園を渡る風が最高のスパイス!

2022 Oct. Open! のどかな農村のポツンと1軒カフェ

バリ・グリーン・サンセット
Bali Green Sunset

バリ中部 **MAP** **P.259-A3**

耳より Info

ウブド中心部から7kmほど北の農村地帯にあり、周囲にはほとんど店がないため日が沈むとすぐ真っ暗に。帰りの足の確保を忘れずに。

スバリ村の田園風景は初めて見る人も懐かしく感じるアジアの原風景。人混みを離れて昔ながらのバリ島を体感したいなら迷わずここへ。伝統建築の食卓の先には、田植えに勤しむ農夫、さわさわと風に揺れる稲穂など、その季節ならではの農村風景が広がっている。特に夕日が田園を照らす黄昏時の美しさは格別だ。伝統的なインドネシア料理のほか、窯で焼き上げるピザ（Rp.6万〜）も味わってみよう。

チキン・サテRp.4万5000（手前）、
ナシゴレンバリRp.3万8000（奥）

住所 Jl. Sebali-Ubud, Sebali
TEL 0851-0192-8547（携帯）
営業 毎日8:00 〜 22:00
税＆サ 込み　カード AJV　予約 不要
MENU 英語　英語OK　Wi-Fi 無料

ミートラバー・ピザ
Rp.6万5000

店内から広がる田園風景は時間を忘れる美しさ。田んぼ脇にはビーズクッションの席も用意されている

ピサンゴレン・ケジュ Rp.3万5000

女神の島の絶景プールへ

最旬の楽園リゾートで
バリ色に染まる休日を♥

海を見下ろす高台、田園に包まれた農村など、
静かに過ごせるエリアに話題のリゾートが続々登場。
絶景プールで休日を過ごし、心と体をフルチャージしよう！

Welcome to New Heavenly Resorts!

Pool Info
最上層からインド洋を望むルーフトッププール。1層プールにもバーが用意されており、いつもカクテル片手にのんびり過ごせる

2022年11月 New Open!!

インド洋とプールが織りなす天界の風景
AYANA Segara
アヤナ・セガラ　　ジンバラン　MAP P.208-B1

　革新的な施設を続々と登場させて話題を振りまいてきたアヤナ・リゾート。そのプロパティの高台にオープンしたアヤナ・セガラは、1クラス上の休日を演出してくれる極上のリゾート空間だ。緑のトロピカルガーデンに囲まれ、インフィニティプールの先には心が洗われるような景観が広がっている。全197室のゲストルームとスイートのインテリアには地元文化を感じさせる素材が散りばめられ、テラスからの眺めはまるで自然に溶け込むかのようだ。

住所 Jl. Karang Mas Sejahtera, Jimbaran　TEL (0361)702-222　URL ayana.com/bali　税&サ +21%　カード A D J M V　料金セガラ・リゾートビューＤ US$525、セガラ・オーシャンビューＤUS$625、リゾートビュー・スイートUS$725　空港→ 空港から車で20分（片道1台Rp.44万で送迎可）

セガラ・オーシャンビューの室内。緻密な木彫り細工や絵画などアジア文化を感じるインテリア

ロビーを彩る天井画
古都クルンクンにあるクルタ・ゴサを模した天井画。古代叙事詩ラーマヤナの物語が描かれている

レストランからもエントリーOK

インドア・アウトドアプール
客室棟に沿って屋外や屋内へと続くプールは777㎡とバリ最大級。屋根がかかる部分もあるので日焼けを気にせずにくつろげる

スパ・オン・ザ・ロック
岩場で休む人魚になったような気分にさせてくれる極楽スパ。隣接するアヤナ・リゾート内のスパやバーも優先的に利用できる

アメニティには「センセイシャ」を使用。

フラワーバス
扉を開けるとリビングスペースと一体化する開放的なバスルーム。フラワーバスも楽しめる

最高のサンセットスポット

ルナルーフトップバーは海のパノラマが楽しめる楽園の特等席。プールは西向きに配置されているのでインド洋に沈む夕日が堪能できる。日が沈んでから月光が水面を照らす夜の時間も幻想的だ。

カクテルはRp.20万〜

南部エリアResort事情
ジンバランやヌサドゥア地区の新規リゾートは海辺から離れた立地が多く、ビーチへの送迎サービスを実施している。5つ星リゾートは1泊4万～5万円台が主流で、円安状況であっても日本人にはお手頃感のある価格帯だ。

2ベッドルームアパートメントの室内。部屋を仕切る観音開きの扉には芸術的な彫刻が施されている

2022年3月 New Open!!

リゾートアパートメントで暮らすような休日を

Marriott's Bali Nusa Dua Terrace

マリオット・バリ・ヌサドゥア・テラス

ヌサドゥア MAP P.218-C1

高台の森に囲まれたアパートメントは大人のための隠れ家のよう。1棟に4室のみ贅沢に配置し、スパのようなバスルーム、広々としたリビング、プランジプール付きの屋外テラスを完備している。アイランドカウンター付きのキッチンにはテーブルセットから炊飯器まで揃っており、まるで別荘に滞在しているかのようだ。ルネッサンス・バリ・ヌサドゥア・リゾート（→P.74）の敷地内にあり、プールやレストランなど魅力的な施設を共有できる。

住所 Kawasan Pariwisata ITDC Lot SW 4-5, Nusa Dua　TEL (0361)209-2888　URL www.marriott.com/ja/　税&サ +21%　カード A J M V　料金 1ベッドルームアパートメントRp.437万、2ベッドルームアパートメントRp.625万、3ベッドルームアパートメントRp.937万　空港→車で20分（片道1台Rp.42万～Rp.84万で送迎可）

Pool Info
メインプール、ラッププール、ジャングルプールなど個性的な4つのプールで過ごせる。利用時間帯は6:30～21:00

アパートメント
各棟に4つの客室のみが入る贅沢なレイアウト。完璧にプライバシーが守られ、インドネシア国内の富裕層にも評判

キッチン
独立したスペースに大型冷蔵庫、食洗機、電子レンジ、ミキサーまで用意されている

ワークショップ
ビギナー向けのヨガ教室や曼荼羅アートクラス、メインプールでのアクア・ズンバなど日替わりでワークショップを開催

ボクササイズも体験できます♪

写真映えするフードシアター
バックステージは「劇場の舞台裏」をコンセプトにしたレストラン。落ち着きのある柱など遊び心たっぷりの店内で、提供されるインターナショナル料理やドリンクも絵になるものばかり！

シェフのパフォーマンスも楽しめます♪

プランジプール
テラスにはプランジプールを完備。2階の部屋はオープンエアの開放的な空間、1階の部屋は屋根付きで日差しを気にせず楽しめる

ウブドエリアResort事情
旅行者の増加に伴い渋滞が悪化している。ウブド中心部から離れたリゾートに宿泊する場合、王宮や市場の観光は早めの移動を心がけよう。サヤン地区からは徒歩や自転車でのんびりと移動するのも楽しい。

Welcome to New Heavenly Resorts!

Pool Info
フローティングブレックファストは2名でRp.20万。7:00～11:00までメインプールでも、ヴィラのプライベートプールでも楽しめる

2022年 7月 New Open!!

自然美に包まれた小さな隠れ家

Uma Kalai
ウマ・カライ ウブド **MAP P.278-C1**

　美しいライステラスで名高いサヤン地区の、緑あふれる敷地に点在する客室は3棟のヴィラと3室のスイートのみ。エントランスを抜けて蓮池やジョグロ建築のパビリオンを横目に見ながら進むと、アプローチの先にプールと田園が織りなすコントラストが眩いばかり。息を呑むような景観と、穏やかな笑顔のスタッフに包まれて安らかに休日を過ごすなら、これ以上にふさわしい場所はない。ウブドの大地からエナジーを存分にチャージしよう。

住所 Br. Baung, Sayan
TEL 0813-3947-6363(携帯)
URL www.umakalai.com
税&サ +21%　カード A J V
料金 スイートルームRp.517万～、1ベッドルーム・プールヴィラRp.530万～　空港→ 車で1時間(片道1台Rp.55万～で送迎可)

Vataヴィラのベッドルーム。客室は水、風、大地などサンスクリット語でネーミングされ、それぞれのテーマカラーで彩られている

サンティ・スパ
カップルルームで楽しめるトリートメントルーム。ジャワ島から移築されたジョグロ建築が独特の雰囲気を醸し出す(→P.68)

進化系プライベートプール
各ヴィラに設置されているプールは温度が調整できるシステム。温水のプライベートプールはバリ島でもかなり珍しく、雨季には朝晩冷え込むこともあるウブドエリアではとてもありがたい。

ジャクージ機能も付いてます

アートを感じるバスタイム！

バリの海の幸・山の幸が味わえるアンマ・レストラン(→P.302)

バスルーム
寝室やバスルームは部屋ごとにデザインが異なっている。Uma Kalai (=芸術の家)という名称どおり随所で建築デザインの妙が感じられる

ジュニアスイートの室内。バルコニー
からも緑の景観が広がっている

田園を渡る風に吹かれてのんびりステイ

Gynandha Ubud Cottage

ギナンダ・ウブド・コテージ

ウブド **MAP** P.280-A1

目抜き通りのジャラン・ラヤ・ウブドから200mほど坂道を進むと、そこは喧騒から隔絶された別世界。エキゾチックな彫り物で飾られた門扉の先には、緑の田園を望む全12室の隠れ家ホテルがひっそりたたずんでいる。客室棟は3階建てなので、上階の部屋をチョイスしてウブドの原風景のような眺めを独占しよう。表通りから車でのアクセスはできないので、大きなスーツケースでの旅行には不向き。バッグを持って歩ける人におすすめだ。

住所 Jl. Subak Sok Wayah, Ubud TEL 0812-3800-3706(携帯) URL manggalabali.com/villa/gynandha-ubud-cottage/ 税&サ 込み カード **A J V** 料金 スーペリアⒹRp.160万〜、Rp.195万〜、ジュニアスイートRp.220万〜 空港→ 車で1時間(片道1台Rp.45万で送迎可)

Pool Info

中庭に広がるプールはまるでライステラスのように美しいデザイン。デッキチェアに寝転び読書を楽しむのも楽園での最高の過ごし方!

神々の石像
リゾート各所には神々やサルの石像を配置。昔ながらのバリ情緒が漂う

田園散歩へGO!

ウブドの原風景へ

リゾートの北側には広大な田園が広がっている。ジャラン・カジェンを起点とする人気の散歩コースへと気軽に出かけてみよう。ホテル前の路地は水路脇の細い道を長く歩くので、夜は少し怖い感じも。

田園ビューの入浴タイム
ジュニアスイートのバスルームからも田園風景が望める。心落ち着くバスタイムを

コスパ抜群の最新プチリゾート

The Ning Resort Ubud

ザ・ニン・リゾート・ウブド

ウブド **MAP** P.279-B3

のどかなペジェン村の田園地帯にオープンした、黒をイメージカラーとする全26室のブティックホテル。ヴィラはメゾネットタイプで、2階部分にベッドルームとバスルーム、1階に半屋外のリビングとプライベートプールを完備。スイートタイプの客室はツインベッドをリクエストすることも可能なので、友人同士でも使いやすいはず。伝統村での休日をリーズナブルな料金で楽しもう。

住所 Pejeng Kawan, Tampaksiring TEL (0361)479-2200 URL theningresortubud.com 税&サ 込み カード **A J V** 料金 スイートルームⒹRp.125万〜、デラックスⒹRp.160万〜、1ベッドルーム・ヴィラRp.250万〜 空港→ 車で1時間20分(片道1台Rp.55万〜で送迎可)

Pool Info

鬱蒼とした緑に面してメインプールを配置。各国料理を提供するレストランやカクテルバー、スパなども併設されていて使いやすい

スイートルーム
木や竹などがインテリアに使われてホッとできる空間を演出している

ウブド・ホスピタリティ

子供好きのスタッフが待ってます

芸術・芸能の村として栄え、旅行者を受け入れてきたウブドには、ゲストを家族のようにもてなす文化が根付いている。ザ・ニン・リゾートでも滞在中にスタッフのホスピタリティの高さを実感できる。

ローズバー
プールサイドではカクテルバーが営業中。笑いと会話をみんなでシェア

夜をさらに楽しくします

プール付きヴィラ
ダイニングの前に配置されたプライベートプールで優雅な時間を満喫できる

27

バリ世界遺産の朝景色を歩こう

1泊ステイで 200% 感動UP!

Memo
田園散策には飲料水を携帯しよう。日差し対策も万全に！

世界遺産「バリ州の文化的景観」を深く楽しむなら、農村地帯や湖畔の村に滞在して朝の光景を体感しよう。日帰りツアーでは体験できない、感動が待っている！

世界遺産の絶景をジャランジャラン（＝散歩）しよう

緑の田園風景が広がる
ジャティルウィ →P.330

上／山と田園が織りなすパノラマが楽しめる
左／農作業は涼しい朝の時間に行われる

爽快な朝の田園風景を歩く

　ジャティルウィ村の北側にそびえる山並みが美しい姿を見せ、農民が田んぼで働くのは早朝から午前中にかけて。天候が安定しているこの時間帯は、田園散策のベストタイム。朝の陽光を浴びて稲がキラキラと輝きを放ち、澄んだ空気に朝露が混じって甘く芳しい。大きく深呼吸したり、途中のベンチに座ってそよそよ吹く風を感じたり。早朝の散歩コースには観光客の姿もほとんどなく、世界遺産の絶景を贅沢にひとり占めできる。村のメインストリート沿いに宿を取れば、部屋からも感動的なサンライズが拝めるはずだ。

　散歩途中には、稲刈りや田植え、祠に供物を捧げるなど農民の日常生活も垣間見える。「スラマッ・パギ（おはようございます）」と声をかけ、コミュニケーションを取るのも田園散策の楽しみのひとつ。観光客慣れしていないお年寄りはちょっとうなずくだけかもしれないが、素朴な応対も心に染みるだろう。

地元種の赤米を作ってます

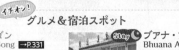

イチオシ！
グルメ＆宿泊スポット

Eat ゴン
Gong →P.331
散歩ルートのスタート地点にあり、料理メニューも豊富

Stay ブアナ・アグン
Bhuana Agung →P.331
部屋やテラスから田園や朝日が望める絶好のロケーション

撮影ポイントではカカシがお出迎え

プシ・カルン寺院で祈りを捧げる村人たち

農村の伝統文化に触れる

　高原地帯にたたずむ村に滞在すれば「オダラン」と出合う機会もある。小さな集落の寺院祭礼は、昔ながらのバリ島の素顔。なかでも鬱蒼とした森に建つプシ・カルン寺院は、まさに神域といった雰囲気が漂うパワースポットだ。深い木々に覆われた参道を参拝者が行き交う光景は、古いドキュメンタリー映画で見たワンシーンのよう。このプシ・カルン寺院での祭礼に遭遇したら、ぜひ寺院を見下ろせる高台へ歩いてみよう。どこまでも続く田園風景のなか、ガムランの音色が風に乗って聞こえてくる感動は筆舌に尽くしがたい。黄金色にきらめく旋律に耳を澄ませ、古来から続く里山の風景に溶け込もう。

左／女性によって奉納されるルジャンの舞い
右／祭礼では近隣の村からも御神体が集まる

ブラタン湖方面へ

ジャティルウィ散歩
Jatiluwih Walking

広域マップ ▶P.330

テラス・スバック・ホームステイ
Teras Subak Homestay

素朴なワルンで
ひと休み

道路から散歩コースへ

標識に
沿って
進もう

ワルン・マナラギ
Warung Manalagi

ゴン
Gong

Start ワルン・ディチャリッ
Warung D'Carik

0　　　　　500m

神秘的な
古刹が建つ

プアナ・アグン
Bhuana Agung

ショートコース
は45分ほど

ロングコースも
楽しむと90分

プシ・カルン寺院
Pura Besi Kalung

坂を下って復路へ

ザ・ガフェル
The Gafel

Goal

ワルン

ワルン

新設のエクストラ
ロングコース

プシ・カルン寺院を
見下ろすポイント

バトゥカル寺院へ

コースを外れて田んぼや畦道に
足を踏み入れることは原則禁止

Memo
暗い道を歩くのでト
レッキングには必ず
ガイドと行動しよう

雲海を朝日がドラマチックに染めてゆく

神々がすむ聖なるエリア
バトゥール湖畔
→ P.380

湖に映るバトゥール山のシルエット

バトゥール山から御来光を拝む

標高1717mのバトゥール山(→P.380)は、本格的な登山経験がなくてもトレッキングが楽しめる。おすすめは早朝に宿を出発し、日の出を山頂で迎えるサンライズトレッキング。南部エリアやウブドからのツアーは深夜発となるのでハードだが、湖畔の村に前泊すればしっかり眠れてコンディションも整えやすい。

山頂までのトレイルはゴツゴツした岩場も多い。大きな岩につかまりながら乗り越え、息を切らしながら進む旅行者の脇を、ドリンクを売る地元の少年たちが裸足で飛ぶように駆けていく。そのたくましさに驚きながら、自分のペースで山頂を目指す。バトゥールの頂上に着く頃には夜の闇がだんだんと陽光に溶け、神々しいまでの絶景が目の前に広がっていく。

天然温泉でのんびりリラックス

バトゥール湖畔のトヤ・ブンカ村には、温泉施設が数軒オープンしている。湯温はあまり高くないが、温泉プールとしては快適。のんびり過ごすなら、地元の人たちも利用するバトゥール・ナチュラル・ホットスプリング(→P.383)がおすすめ。はしゃぐ子供たちや互いの写真を撮りながら笑い転げる女の子、その横では打たせ湯でコリをほぐしているおじさんの姿。ほのぼのとしたローカルな光景に心もほっこりできるはず。湖を眺めながら泳げるプールも併設しているので、心ゆくまでリフレッシュしよう。

ソンガン村の湖畔にたたずむ高さ15mの女神像

バトゥール山へのトレッキングは往復4～6時間

美しい日の出を体験してね

バトゥール山にはサルも出没する

> **Memo**
> 公共温泉では水着を着用する。レストランも併設されている

上／開放的なバトゥール・ナチュラル・ホットスプリング　下／神聖な空気に満ちたソンガン村の寺院

ソンガン村から伝説の湖を巡る

　湖の北端にあるソンガン村(→P.384)は、のんびり散策したい穴場スポット。世界遺産に登録されたウルン・ダヌ・バトゥール寺院のオリジナルが、この伝統村に残り、訪問者をミステリアスな雰囲気で包み込む。地元ではバリ有数のパワースポットとされる。

　湖畔にはデウィ・ダヌ女神の金色像も祀られている。ボートをチャーターして湖上から女神像を眺めてみると、真摯な表情に悲哀も感じられる。そのことを同行のガイドに伝えると、デウィ・ダヌ女神の悲しい伝説を語ってくれた。女神はバトゥール山で修行するジャヤ・パングス王と恋仲となり子供をもうけたという。しかし王が既婚者であることがわかり、深く怒り悲しむ女神を鎮めるために王と王妃は湖の生贄となってしまった……。女神像が見つめる先には、鏡のような湖面にバトゥール山が美しく映し出されている。古来から語り継がれる伝承世界にイメージの翼を広げるのも、贅沢な旅の過ごし方だろう。

世界遺産へのアクセス方法

　島内の4つのエリアに点在するバリ世界遺産へは、ツアー会社でチャーター車(→P.426)を手配すると便利。立ち寄りたい見どころやグルメスポットなど自分で自由にアレンジできる。1泊2日で利用する場合には、ドライバーやガイドの宿泊費などを負担するケースが一般的(トゥライバーかガイドを兼ねることも可)。最初に大まかなプランを伝え、見積もりを出してもらおう。

イチオシ！　グルメ＆宿泊スポット

Eat アカサ・キンタマーニ・コーヒー
Akasa Kintamani Coffee　→P.384
バトゥール湖を眺めながらカフェメニューが味わえる

Stay バトゥール・ピラミッド
Batur Pyramid　→P.385
景色のいい高台に建つ宿。中庭に温泉プールも完備

バトゥール湖周辺
Danau Batur Area

広域マップ ▶ P.381

0 ――――― 4km

ウルンダヌ・バトゥール・ソンガン寺院
Pura Hulundanu Batur Songan

サンライズツアーが人気

風情ある伝統村

ソンガン
Songan

世界遺産の必見スポット

バトゥール山
★ Gunung Batur
▲1717m

デウィ・ダヌ女神像

ウルン・ダヌ・バトゥール寺院
Pura Ulun Danu Batur

トヤ・ブンカ
Toya Bungkah

風葬の墓

バトゥール・ピラミッド
Batur Pyramid

トルニャン
Trunyan

バトゥール
Batur

バトゥール・ナチュラル・ホットスプリング
Batur Natural Hot Spring

オキュラス・バリ
Oculus Bali

バトゥール湖
Danau Batur

スターバックス・キンタマーニ
Starbucks Kintamani

ペネロカン
Penelokan

クディサン
Kedisan

湖畔の温泉でリラックス

アカサ・キンタマーニ・コーヒー
Akasa Kintamani Coffee

カルデラ
Caldera

レスト・アプン
Resto Apung

バトゥール火山博物館
Batur Volcano Museum

テガララン、ウブドへ

吉田竹也教授による文化講座

スバックとトリヒタカラナを知る
Subak & Tri Hita Karana

日本語で「トリヒタカラナの精神を象徴するスバックの水利システム」などと記述されるケースもあるが、ユネスコ登録の英文名称を忠実に訳すとこの表現が正しい

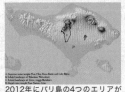
2012年にバリ島の4つのエリアが世界文化遺産に登録された

クリアン・スバックKelian SubakやプカセPekasehなどと呼ばれるスバック長を中心に、水の供給、水路の補修、祭礼の実施などについて話し合う。協働精神が組織のまとまりを支えてきた

スバック長が持つのは米を計量する竹製の器具

バリの村落共同体は慣習村が一般的。村に相当するものはデサDesaとバンジャールBanjarがあり、そのふたつにスバックも並立する存在となっている

相互扶助や掟などが多い集落のバンジャール

13世紀末から16世紀初頭まで東部ジャワで栄えたヒンドゥー王朝。1343年にバリへ侵攻し、それまでのワルマデワ王朝から権力を奪取している

マジャパイト時代の遺跡といわれるイエ・プル

芸術的な棚田が見られる島内有数のビューポイント。近年では棚田の正面に景観を売りとするカフェが林立している。ライステラスの散策も可能だ

美しいビュースポットは世界遺産エリア以外にもバリ各地にある

2012年にバリ中部の広いエリアが「バリ州の文化的景観：トリヒタカラナ哲学のあらわれとしてのスバック体系」として、バリ初のユネスコ世界文化遺産に登録された。文化的景観がどのように成立したものなのかを、少し学術的に解説しよう。文化的な背景を知れば、現地での感動もさらに増すはずだ。

Chapter 1
水田を管理するスバックとは？

　豊かな河川と肥沃な土に恵まれたバリでは、古来より水田稲作が発達してきた。水田は堰と水路による水の管理が命綱である。年中温暖なこの島では、二期作が一般的（場所により三期作）なので、同時期に田植えや収穫作業をしなくてもよい。そのため、一帯の田の給水・排水を相互に調整し、より多くの田を効率的に潤して収穫を向上させる技術と組織が発展した。スバックはこうした田の水利を管理し、農業関連の儀礼を共同で行う組織であり、バリの自然と文化との臨界点に形成された独特のシステムである。

　水の管理を村落などで行うことは各地の稲作社会でも一般的だが、バリ島ではスバックと村落共同体が互いに自立した別組織という複雑な仕組みだ。また、スバックは水系ごとに組織されているので、いくつかの水田を所有する家族は複数のスバックに同時に帰属している。

Chapter 2
スバックの起こりと水田の現状

　11世紀のワルマデワ朝時代の王家の碑文から、この時代にはスバックが存在したことがうかがい知れる。もともとは小規模で水路も単純だったが、王朝の発展とともにスバックも組織としてまとまり、水利技術や生産力は向上していった。バリ島がマジャパイト王朝の支配下に入る14世紀には、ひとつの河川に連なる複数のスバックを統括する役人（スダハン）も設置されている。19世紀後半からのオランダ統治時代には、スバックを地税徴収の単位とし、同水系の複数の小スバックをひとつにまとめ、より効率的な体制にするなどの改編も行われた。

　1990年代以降にはデンパサールやクタなど都市化が進む一帯で、経済発展にともなって農地の売買や転用が進んでいる。残った水田も他島からの移民に貸しつけられる傾向が強まり、スバックを軸に維持されてきた生態系バランスの崩壊が危惧されている。ジャティルウィやテガラランの棚田風景が人気を集めているのは、美しい景観が失われつつあることの裏返しと見ることもできる。

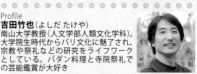

Profile
吉田竹也（よしだ たけや）
南山大学教授（人文学部人類文化学科）。
大学院生時代からバリ文化に魅了され、
宗教や祭礼などの研究をライフワーク
としている。パダン料理と寺院祭礼で
の芸能鑑賞が大好き

世界遺産に登録された自然保護区の
中心に建つバトゥカル寺院

Chapter 3
水を神聖視するバリ人の世界観

　水田にも流れ込む清らかな水は、バリ宗教の根幹もなして
いる。各地域で行われる多彩な儀礼は、水によって供物や人
を清めることで成り立つ。なかでも最も重要とされるのが、
ブラフマン司祭が作る聖水である。寺院祭礼・火葬・結婚式
などの重要な儀礼において聖水は不可欠なものだ。

　また、人々の世界観においても、水は生命力の源とされて
いる。バリでは、神は天界に、人間は地上に、**鬼神**は地下や
海にすむと考えられている。水は天から雨となって降り、山
から川を流れて人の住む世界を潤し、海に流れて再び天へと
向かう。同様に人間も死ぬと火葬され、遺灰は海に流され、
霊魂は祖霊神となって天に昇る。水も人間の霊魂も、同じよ
うに三界を循環するという考え方だ。

Chapter 4
トリヒタカラナと世界遺産登録

　トリヒタカラナとは、神と人と自然の調和を意味するヒン
ドゥーの教義概念を指す。バリ人の宗教活動は神がもたらす
自然の恵みを受け取り、そこから**供物**を作り、祈りとともに
神にささげるという三者の調和した関係を表現している。バ
リの伝統的な世界観にもそれに相当する考え方は含まれてい
た。ただし、トリヒタカラナという概念や語句それ自体は、
人々の生活のなかで受け継がれたものでもなければ、バリヒ
ンドゥーの古文書で伝えられてきたものでもない。この概
念は宗教の改革運動を進める**パリサド**が1966年に初めて用
い、この改革運動が浸透するなかで認知度を増していったも
のである。

　この点で、バリ島の世界遺産登録には、いささか論理的な
不整合が潜んでいるともいえる。バリの文化的景観やスバッ
クは、トリヒタカラナという近代に作られた概念よりもはる
か昔から存在したものであり、この概念の「あらわれ」とは
言いがたい。しかも、うがった見方をすれば、神と人間と自
然の調和を謳うこの概念が強調されるようになった背景には、
急速な社会変化で**水田の生態系**が失われつつあるバリの現状
もある。自然と文化の調和に対するノスタルジックな想起か
ら、生態系危機への現実的な対処へ。ユネスコ世界遺産登録は、
バリがその境目にあることを示しているのかもしれない。

・ブラフマンカースト〈僧侶階級〉によ
る司祭は、プダンダPedandaと呼
ばれる聖なる存在。儀礼において
は司祭自身が神となるので、バリ
人は最大の敬意を払う

さまざまな宗教儀式を執り行う高僧プダンダ

・ブト・カロBhuta Kalaと呼ばれる暗闇や地界の鬼神（悪霊）。人間を病気や災いで苦しめるとされ、バリ人は供物をささげたり浄めの儀式ムチャルMecaruなどを行う

オゴホゴのモチーフともなる鬼神ブト・カロ

・供物は総称としてバンタンBantenと呼ばれ、各家庭や寺院などで神々にささげられている。特に米と水と美しい花は、供物作りに不可欠。花の色は神や方位にも関係する

女性たちが供物を頭に載せて寺院へと向かう

・ヒンドゥー教評議会。正式名称はパリサド・ヒンドゥー・ダルマ・インドネシアParisada Hindu Dharma Indonesia。バリヒンドゥーを国家公認の宗教に認可させた運動の担い手

近年増加の合同葬儀もパリサドの提唱による

・バリの水田は1985～2004年までの20年間で1万7000ヘクタール以上（全体の15%）が消失し、近年は毎年1000ヘクタール以上（5%）ずつ減少していると指摘する現地の学識者もいる

素朴な農村風景を次世代へも受け渡したい

名物ローカル食堂の必食メニューはこれ！

バリ島のローカル食堂（＝ワルン）で
ご馳走メニューを思う存分に楽しんでみよう。
円安を気にしないでお腹いっぱい味わえる、
ご当地プライスの店を厳選しました。

バリに来たら、必食ですよ♪

若者たちに爆発的な人気！

懐かしスナック

A ワルン・メン・ルントゥ

おばあちゃんのレシピで作られた伝統的な
バリ島のおやつが味わえる。懐かしい味
が現地のティーンエイジャーたちに大受け！

ゴーヤと海藻
が山盛り！

南国ならではの
フルーツサラダ

ルジャッ・ブルン・
ボニRp.1万4000

ルジャッ・クア・ピン
ダンRp.1万3000

必食！

ピーナッツソースで味
わう野菜とちまきの
ティパッ・チョントッ
Rp.1万3000

いつもティーンエイジャー
で大にぎわい。店名はオー
ナーのおばあちゃんの名前
から付けられている

必食！

ルジャッ・チョレッ・グ
ラバリRp.1万3000。フ
ルーツと甘辛ソースの不
思議な味の組み合わせ

34

クステールスープのソト・トゥッ Rp.3万9000

豚肉を使わないハラルフードを提供。ジャワ風の甘辛い味付けは日本人にも親しみやすい

トロトロお肉が絶品!

ジャワ料理
B ワルン・ニクマッ

野菜、鶏肉や牛肉、エビや魚など常時50種類もの総菜が自慢。ショーケース前で好きな料理を指さし注文して食後に支払うシステム。

ナシチャンプルは5品を盛って Rp.4万〜

ナシチャンプル
C ワルン・タマン・バンブー

豆腐やテンペなど総菜はヘルシーな発酵食品が盛りだくさん。日本人の舌にも合うマイルドな味付けで赤米やナシクニンも選べる。

ナシチャンプルは6品ほど盛り合わせてRp.3万〜

裏通りの名店

ジャラン・プラワにひっそり建つ隠れ家ワルン。店名どおり天井や壁には竹が多用されている

パダン料理
D アーセーセー・ミナン

地元の人たちでいつも行列ができるスマトラ島のパダン料理の名店。テーブルに並べられた料理から箸をつけた小皿の分だけを支払えばOK!

席に着くとテーブルに小皿がたくさん並べられる!人気なのでランチのピークタイムは外したほうがベター

牛肉カレーのルンダンRp.2万。米国CNNで「世界一おいしい料理」の1位に選ばれたこともある至福の料理です

インドネシアのタパス料理?

各パダン料理は肉Rp.2万〜、野菜Rp.5000〜。回転が速いのでいつも新鮮な総菜が味わえる

Warung DATA

A ワルン・メン・ルントゥ
Warung Men Runtu
サヌール Map P.232-B1
住所 Jl. Sekuta No.32c, Sanur
TEL 0819-1611-6633（携帯）
営業 毎日 10:30 〜 18:00
税&サ 込み　カード 不可

B ワルン・ニクマッ
Warung Nikmat
クタ Map P.178-C2
住所 Jl. Bakung Sari, Gg.Biduri No.6, Kuta
TEL 0812-3834-7448（携帯）
営業 毎日 8:00 〜 21:00
税&サ 込み　カード 不可

C ワルン・タマン・バンブー
Warung Taman Bambu
スミニャック Map P.139-B4
住所 Jl. Plawa No.10, Seminyak
TEL (0361) 474-0796
営業 月〜土 9:00 〜 20:00
税&サ +10%　カード 不可

D アーセーセー・ミナン
ACC Minang
クタ Map P.177-C2
住所 Jl. Raya Tuban No.3, Tuban, Kuta
TEL (0361) 755-568
営業 毎日 9:00 〜翌 2:00
税&サ 込み　カード 不可

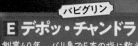

バビグリン

E デポッ・チャンドラ

創業40年、バリ島で5本の指に数えられるバビグリンの有名店。焼き上がった子豚は部位ごとに調理され豚尽くしのご馳走が完成する。

家庭の儀式でも振る舞われます

パリパリに焼けた皮（クリッ）はバリ人の大好物。単品で注文できるのも人気店ならではの対応だ

ソウルフードはこれだ！

必食！

必食！

バビグリンはRp.4万5000〜。ジューシーな肉や腸詰の燻製（オレッ）など名物の総菜をひと皿に凝縮！

クア・キキルRp.2万〜は子豚のアキレス腱をトロットロになるまで煮込んだ絶品のスープ

店の奥に焼き場があり、1日7頭、祝日は1日15頭の子豚を各3時間かけて休まず焼き続けている

サヌール漁師飯

F ワルン・スーパー

総菜はサヌールの海からの恩恵。朝どれの魚介や海藻サラダが皿からはみ出す料理は他店では味わえないローカルのご馳走だ。

海の幸をたらふく食す

オーナーのスーパーさんは大の釣り好き。毎朝自分で釣ってくる魚を調理するので新鮮そのもの！

必食！

タコのラワールやエビのスパイス和えなどがどっさり盛られたナシチャンプルスペシャルRp.5万

民家の敷地にたたずむ超穴場のワルン。旅行者には見つけづらい立地だが常連客も多くいつも混み合っている

アヤム・ベトゥトゥ

G ワルン・イブ・オキ

名物のアヤム・ベトゥトゥに野菜やご飯を盛り合わせたナシ・アヤムの大繁盛店。ど口ーカルな食堂体験は鮮烈なバリの想い出になるはず。

郷土料理に造詣の深いオキさんが結婚後に開業。食堂では70人ものスタッフが休む暇なく働いている

やみつきになる激辛チキン

必食！

辛うまのナシ・アヤムはRp.2万5000〜。総菜の盛りによって値段が変わってくる

Warung DATA

E デポッ・チャンドラ
Depot Chandra

デンパサール　Map P.262-C1
住所 Jl. Pulau Yapen No.14,
Dauh Puri Kauh, Denpasar
TEL 0819-3652-2213（携帯）
営業 毎日 6:00 〜 22:00
税&サ +10%　カード 不可

F ワルン・スーパー
Warung Soeper

サヌール　Map P.232-A1
住所 Jl. Danau Buyan No.1, Sanur
TEL 0813-3818-5487（携帯）
営業 毎日 9:00 〜 18:00
税&サ 込み　カード 不可

G ワルン・イブ・オキ
Warung Ibu Oki

ジンバラン　Map P.209-C2
住所 Jl. Celagi Basur No.3Y, Jimbaran
TEL 0813-5321-3247（携帯）
営業 毎日 7:00 〜 18:00
税&サ 込み　カード 不可

H ダプール・ウサダ

アーユルヴェーディック料理を提供する話題の店。地元産の食材をスパイスやハーブで味付けした、滋味豊かなメニューを味わおう。

疲れた胃袋に染みる〜

必食!
おかゆ風のウサダズ・キチャリRp.6万5500。お腹が疲れている時におすすめの滋味あふれる一品

オリジナルレシピの料理を提供。食べ物に対する感謝が自然と湧き上がってくるスポットだ

I ワルン・ジャワ・ティムール

円安の状況に大変うれしい激安食堂。カリッと焼いたオムレツ風のフーユンハイ（Rp.8000）など絶品メニューがめじろ押し。

安い!早い!旨い!

必食!
国民食のナシゴレンRp.1万。高火力で炒められてパラパラ食感が楽しめる

必食!
スープたっぷりの野菜炒めチャプチャイRp.1万。野菜不足のときに◎

必食!
アヤム・ゴレンRp.1万3000。カリッと揚げたチキンをサンバルソースで

J サンサン・ワルン

提供される料理は伝統的なレシピとスパイスで手間暇かけて作られたものばかり。化学調味料を使わない本当のバリの味が体験できる。

必食!
ナシチャンプル・ランゲッRp.4万8000。バタフライピーと炊いた青いご飯が真ん中に盛られている

行列ができる人気食堂

必食!
ミーゴレン・アヤムRp.4万2000。レシピはオーナーのお母さんが代々と受け継いできたもの

店舗はオーナーの自宅内。まるでバリ人宅に招かれてご馳走になっているかのような雰囲気が楽しい

必食!
さわやかなハーブがたっぷりと乗ったアヤム・クマンギRp.4万8000。地鶏ならではのプリプリな歯応えも◎

Warung DATA

H ダプール・ウサダ
Dapur Usada
ウブド　Map P.281-B3
住所 Jl. Sugriwa No.4, Ubud
TEL 0811-3908-8855（携帯）
URL www.usadabali.com
営業 毎日 7:00～23:00（L/O→22:30）
税&サ +15%　カード MV

I ワルン・ジャワ・ティムール
Warung Jawa Timur
ウブド　Map P.283-A4
住所 Jl. Cok Gede Rai No.91, Peliatan, Ubud　TEL 085-8471-30879（携帯）
営業 毎日 11:00～22:00
税&サ 込み　カード 不可

J サンサン・ワルン
Sun Sun Warung
ウブド　Map P.281-B3
住所 Jl. Jembawan No.2, Ubud
TEL 0813-5318-7457（携帯）
営業 11:00～21:00（L/O→20:30）
税&サ 込み　カード 不可

郷土料理、シーフード、スイーツ etc.

バリ島グルメを味わい尽くそう!

Balinese Gourmet

おいしい島
バリを
満喫してね ♥

インドネシアの郷土料理はもちろん、世界中のグルメがバリ島に勢揃い。新鮮なシーフード、本場のシェフが作るイタリアン、大人気スイーツなど、何を食べるか悩んでしまうほど。ビーチや渓谷沿いの絶景ダイニングも訪れよう!

新鮮なシーフードを
絶対に味わいたい!

美しいサンセットが楽しめるダイニングも多い

お食事スポットの種類

食事のできるところは、レストランRestoranのほか、ルマ・マカンRumah Makanや、ワルンWarungと名のつくところで、どれも食堂を意味する。一般的にレストランは高級なところで、バリ初心者でも普通に利用できる。ルマ・マカンは中級の食堂といった感じで、安くローカルな食事を楽しみたいときにいい。ワルンは安食堂を兼ねる雑貨店のことで、衛生面に少し問題もあるので体調を考えてから利用しよう。ただし、立派なレストランがへりくだってワルンと名をつけていることもある。逆に、どうみても超安食堂にもかかわらず、レストランと称しているところもあるが……。

ナシゴレンは
店ごとに味も
盛りつけもいろいろ

フルーツたっぷりの
スイーツも美味です

マナー&チップ

バリ島で食事をする際に、これといったマナーはない。ただし、リゾートホテル内のレストランに行く場合は、服装にある程度は気を使いたいもの。気張ったオシャレは必要ないが、サマードレスやバティックシャツなどを現地で購入して着こなせば、スタッフの対応も明らかに違うし、自分自身も優雅な気分を満喫できるはず。

観光客向けのレストランでは、食事代金に10%の税金が加算されたり、サービス料が含まれるケースもある。しかし、すばらしい対応を受けたのにサービス料が含まれていなければ、気持ち程度のチップ(Rp.1万～2万)をテーブルに置いてもいい。

よいサービスには
チップを渡すのもいい

エスニック料理のレストランも訪れたい

ナシチャンプルを味わおう！

ナシチャンプルはバリのソウルフード。ショーケースから好きな総菜を自分で選んで、ご飯と一緒に盛りつけてもらうシステム。お店ごとに総菜の種類や味つけが異なるので、いろいろな店を食べ比べてみよう。

1 食べたい総菜を指さしてオーダーする

2 店員が料理をテーブルまで運んでくれる

3 食後に会計する。前払いもOK

どんな料理が味わえる？

世界中から観光客が集まるバリでは、さまざまなジャンルの料理が味わえる。ローカルフードであるインドネシア料理はもちろんのこと、フレンチ、イタリアン、タイやベトナム、中近東料理まで、バリ島で食べられないものはないといっていいほど。

近年はアジアの素材とレシピを取り入れたフュージョン料理を創作するカリスマシェフも次々と登場し、世界的な評価を受けるレストランも増えてきている。

グルメスポットはどこだ？

バリにはグルメを満足させるレストランが数多く存在している。特にスミニャック＆クロボカン地区は最新のグルメスポット。このエリアにまたがるジャラン・カユ・アヤ沿いには、クールでオシャレな店が立て続けにオープンしている。

またビーチ沿いのエリアには、海を望むレストランが点在し、夕日観賞スポットとしても有名だ。ロマンティックなディナーを楽しみたいカップルは、このエリアを第1候補にしてみよう。

インドネシア料理の注文方法

インドネシア料理の名前は、基本的に材料＋調理法。例えばご飯＝ナシ、魚＝イカンなどの素材名に、炒める＝ゴレン、焼く＝バカールなどの調理方法を組み合わせれば、ローカルな食堂でもOKだ。

旅の食事→P.436

おしゃれなカフェも充実している

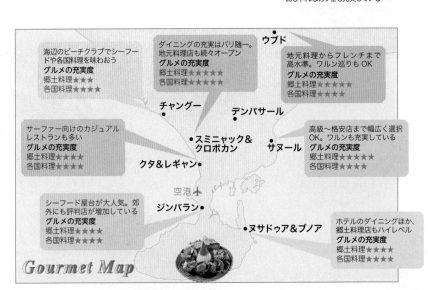

ウブド
地元料理からフレンチまで高水準。ワルン巡りもOK
グルメの充実度
郷土料理★★★★★
各国料理★★★★

ダイニングの充実はバリ随一。地元料理店も続々オープン
グルメの充実度
郷土料理★★★★
各国料理★★★★★

海辺のビーチクラブでシーフードや各国料理を味わおう
グルメの充実度
郷土料理★★★
各国料理★★★★

チャングー　　**デンパサール**

スミニャック＆クロボカン　　**サヌール**

サーファー向けのカジュアルレストランも多い
グルメの充実度
郷土料理★★★★
各国料理★★★★

クタ＆レギャン

高級～格安店まで幅広く選択OK。ワルンも充実している
グルメの充実度
郷土料理★★★★★
各国料理★★★★

空港✈

シーフード屋台が大人気。郊外にも評判店が増加している
グルメの充実度
郷土料理★★★★
各国料理★★★★

ジンバラン

ヌサドゥア＆ブノア

ホテルのダイニングほか、郷土料理店もハイレベル
グルメの充実度
郷土料理★★★★
各国料理★★★★

Gourmet Map

スパイシーな伝統料理の奥深い世界

バリ＆インドネシアの
おいしい郷土料理

多民族国家であるインドネシアは、食のバリエーションも豊か。スパイスやハーブ、ココナッツミルクなど、南国の素材を使った料理はどれも豊潤な味わい。バリで多彩なメニューを楽しもう！

料理の辛さ目安

⌇ マイルド ⌇⌇ やや辛 ⌇⌇⌇ スパイシー

Nasi & Soto & Mie
ご飯物・スープ・麺類

ミーゴレン
Mie Goreng

軽くおなかがすいたときにちょうどいいインドネシア風の焼きそば。路上の屋台でも味わえる

カリ・アヤム
Kari Ayam

さまざまなスパイスの辛味とココナッツミルクの甘味がハーモニーを奏でるマイルドなカレー料理

ミーバッソ
Mie Bakso

バッソは牛肉や魚肉から作った肉団子。これをあっさりしたスープと細打ち麺で味わう。屋台の名物料理

ナシチャンプル
Nasi Campur

チャンプルは混ぜるという意味で、ご飯とさまざまな総菜を一度に味わえるインドネシアの代表料理

バビグリン
Babi Guling

お祭りの際にバリの各家庭でご馳走として作られる子豚の丸焼き。焼きたてのパリパリした皮は絶品だ！

ソプ・ブントゥッ
Sop Buntut

牛の尻尾を使ったオックステイルスープ。こってり濃厚な味わいが好きなら、ヤミツキになること請け合い

ナシゴレン
Nasi Goreng

おなじみインドネシア風のチャーハン。目玉焼き、クルプッ、アチャール（漬物）なども付く

ミーアヤム
Mie Ayam

鶏肉の醤油煮とゆでた青菜が具の、インドネシア風ラーメン。味つけはサンバルを好みで混ぜる

Daging & Ikan
肉 & 魚料理

イカン・バカール
Ikan Bakar

新鮮な魚を炭火でシンプルに焼き上げた料理。カカップ（フエダイ）など魚もソースもさまざま

ペペス・イカン
Pepes Ikan

魚をバナナの葉で包んで焼き上げたもの。もともとはジャワ島の郷土料理だがバリ島などでも食べられる

アヤム・ゴレン
Ayam Goreng

味つけした鶏肉を適度に煮込み、最後に油で揚げる中部ジャワの料理。BBQのような味わいで人気

サテ・リリッ
Sate Lilit

肉や魚をミンチやすり身にして唐辛子や香辛料と混ぜ、つくね状にして串焼きしたバリ風のサテ

ベベ・ベトゥトゥ
Bebek Betutu

アヒルの肉（ベベ）にレモングラスを詰め込み、バナナの葉で包み込んで焼き上げるバリの名物料理

ルンダン・サピ
Rendang Sapi

牛肉（サピ）をスパイスとココナッツミルクで長時間煮込んだパダン料理の代表的メニュー

ウダン・アサム・マニス
Udang Asam Manis

甘酸っぱいソースでいただくエビ料理。この中華風ソースは魚やイカなどシーフード料理全般に使用される

ベベ・ゴレン
Bebek Goreng

アヒルの肉を素揚げにした人気料理。「クリスピーダック」という名称でメニューにあるレストランも

バリ風の
スペアリブが
はやってます

イガ・バビ
Iga Babi

近年バリでブームとなっているスペアリブのBBQ。郷土料理ではないが提供するローカル食堂が増加中だ。甘いソースでアツアツの肉を味わおう

Sayur & Snack
野菜料理・スナック

カレドッ
Karedok
キャベツ、モヤシ、キュウリなど野菜類をピーナッツソースとクマンギ(バジルの一種)で味わうジャワ料理

チャプチャイ
Cap Cay
中国風の野菜炒め。中華料理の名称がそのままインドネシアで一般化したもので、各地で食べられる

ガドガド
Gado Gado
湯がいたジャガイモやキャベツにゆで卵や揚げ豆腐を加えピーナッツソースをかけた野菜サラダ

カンクン・チャ
Kangkung Ca
たっぷりのカンクン(空芯菜)を鶏肉やマッシュルームとともに炒める中華風の野菜炒め

サポタフ
Sapo Tafu
揚げ豆腐が入った野菜たっぷりの鍋料理。あっさりした味つけで食が進む、中華風インドネシア料理の代表格

フーユンハイ
Fu Yun Hai
卵をふんわりと揚げたオムレツ。スイートサワーソースで味わうインドネシアン中華の定番料理

ラワール・サユール
Lawar Sayur
カチャン・パンジャンなどの野菜を細かく刻み、香辛料やココナッツフレークなどとあえたバリ料理

ブブール・アヤム
Bubur Ayam
あっさりとした味つけがうれしい鶏肉のおかゆ。ホテルの朝食メニューに入っていることもある

パダン料理を楽しもう！

パダン料理の発祥はスマトラ島だが、インドネシアのどこでも食べられる国民的な料理＆食堂スタイルだ。ガラスのショーケースにずらりと総菜が並び、自分の好きなものをその場で選んで注文するシステム(本場のスマトラ島やジャワ島では、席に着くと総菜がのった小皿がたくさん運ばれてくる)。ショーケースに盛られた総菜のなかから好みのものを指さして、欲しい個数を言えばよい。野菜のつけ合わせが欲しいときは自分からリクエスト。最後にパダン独特のカレーソースを白飯にかけてくれるので、いらないときにはあらかじめ言っておくこと。パダン料理店は、地元の人が利用するローカル食堂なので値段も安い。

Masakan Padang

ずらりと小皿が並ぶパダン料理

Kue & Cucimulut
郷土菓子&デザート

ブブール・インジン
Bubur Injin
ココナッツミルクで炊いたほんのりと甘い黒米のおかゆ。ブラックライス・プディングとも呼ばれる

バンタル
Bantal
もち米と小豆をヤシやバナナの葉でくるんで蒸したちまきのような甘い菓子。お茶請けにもピッタリ

オンデ・オンデ
Onde Onde
もちもちした食感のゴマ団子。大福を小さくしたような感じで、ほんのり香ばしいゴマの風味が美味

エス・チェンドル
Es Cendol
色鮮やかなチェンドル（米粉の団子風のもの）が入った、ココナッツミルク風味の甘いかき氷

ダダール・グルン
Dadar Gulung
米粉のクレープでヤシ砂糖に漬けたココナッツフレークを巻いた、バリの伝統菓子。懐かしい甘味だ

クエ・ラピス
Kue Lapis
きれいな層（ラピス）になった、米粉から作られたお菓子。日本のういろうを思わせる食感が楽しい

ワジッ
Wajik
もち米をヤシ砂糖で味つけした、優しい甘味のインドネシアの一般的な菓子。わりと腹持ちがいい

ロティ・ククス
Roti Kukus
インドネシアの蒸しケーキ。バリ島ではジャジョー・ククスと呼ばれ、儀式の供物を彩ることもある

エス・ブア
Es Buah
果物やアガールアガール（寒天の一種）、ココナッツの果肉が入ったインドネシア版かき氷

料理のお供に出てくる名脇役

サンバル・トマッ
Sambal Tomato
ゆでたトマトを唐辛子などとともにペーストにしたもの。マイルドな奥深い辛味が特徴

ケチャップ・アシン Kecap Asin
唐辛子の入った醤油ベースのピリ辛ソース。料理を濃い味つけにしたいときに

サンバル・マタ Sambal Mata
生の赤タマネギを唐辛子・塩・ココナッツオイルであえたさわやかな辛味のソース

クルプッ Krupuk
カリッと揚げたエビせんべい。インドネシアでは食事のお供として欠かせない

テ・ボトル Teh Bottle
料理の辛味を和らげてくれる砂糖の入った紅茶。ソフトドリンクとして一般的

ショッピング
最旬おすすめナビ

バリは買い物
パラダイスです♪

バリ島は手工芸品の宝庫。
織物や自然素材のインテリア小物、
手編みのカゴバッグなど多彩な商品がめじろ押し！
外国人デザイナーによる
ブティックやモダン雑貨店も急増中。
肌に優しい自然派コスメもおみやげの定番です。

バリで人気のアイテムは？

アジアン雑貨ブーム以来、根強い人気を誇るバリ雑貨。天然素材の編みカゴをはじめ、バティックやイカットをあしらったインテリア小物など、バリらしさをちりばめた作品が揃っている。線香やバスソルトなどのアロマグッズも、手頃なおみやげの定番。特にナチュラルソープはたくさんのブランドがあり、香りや効能でいろいろ選べる。

続々と増えているブティックにも注目したい。国内外のデザイナーによる個性的なファッションはクオリティも高い。買って即活躍するのはもちろん、日本に持ち帰ってもお気に入りとして着られるはず。また、南国らしいモチーフのシルバーアクセサリーも、女性には人気のアイテムだ。

スミニャック＆クロボカンには新しいショップが続々とオープンしている

どんなお店があるの？

ショッピングスポットの主流は、外国人旅行者のニーズに合わせた個人経営のショップやブティック。どこもメインストリートに面した小さな店だが、多くは外国人オーナーが経営しており、買い手が求めるものをセンスよく揃えている。最近目立つのはカフェとショップが融合したタイプの店で、雑貨やファッショングッズを探しながらコーヒーブレイクも楽しめる。

スーパーマーケットやデパートは、雰囲気も品揃えも日本とほとんど同じ。バリの物価も把握できる。また地元の人が利用するショップの多くは、日本の市場と同じように交渉によって値段を決めるので、同じものを買うのでも値段は変わる。品質もまちまちで『安物買いの銭失い』という言葉どおりになってしまうこともあるので注意。

食料品やコスメは
スーパーマーケットで探そう

食器も
おみやげの定番

アタの編みカゴも
お手頃プライス

会計時には
きちんと確認を！

最近バリ島のショッピングでは、店員の故意と思われる過剰請求の被害例が多い。買っていないぶんまで請求される、おつりの金額を少なく渡される、商品の値札をレジで値段の高い値札とすりかえる、換算レートを間違えて計算して代金を上乗せするなど。

とにかく、会計時にレシートの確認は絶対怠らないこと。購入前にあらかじめ自分で合計額を計算しておき、変だと思ったらすぐに問い合わせること。「雑誌にも紹介されている有名店」、「支店の多い大型免税店」、「日本人が経営している」、「コンビニ」という理由だけで、相手を過度に信用しないように。

クタなどの個人商店では値段は交渉で決まることが多い

伝統デザインの
パティックも入手したい

アクセサリーは
デザイン多彩！

カラフルな
南国ファッションをチェック

ショッピングエリアはどこに？

目抜き通り沿いに人気ブティックやバリ雑貨店が並ぶ、スミニャック&クロボカンがおすすめショッピングエリア。また、大型ショップからローカルショップまで幅広い、クタ&レギャンも根強い人気を誇る。そのほか、サヌール、ウブドも趣味のいいショップやギャラリーが軒を並べる、雑貨ハンティングのおすすめエリアだ。特にインテリア用品はクロボカン、アクセサリーはウブドが充実している。

市場も探索してみよう！

バリ島では市場を訪ねるのも旅の楽しみのひとつ。地元の日用雑貨や食品はもちろん、観光客のための手工芸品店やファッション用品も並び、バティックやアクセサリーなど人気アイテムもめじろ押し。特にウブド市場（→P.284）は絵画や仮面などアート作品も多く展示され、観光スポットとして人気が高い。ちなみに市場に定価という概念は存在しない。買いたい値段と売りたい値段の交渉によって価格が決まる。笑顔でのんびり交渉するのがコツだ！

市場でのショッピングも楽しもう

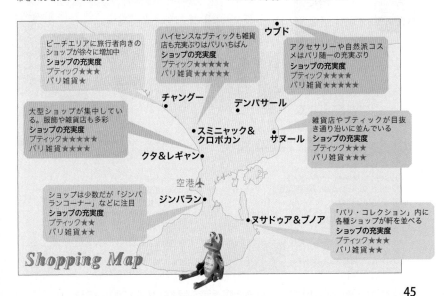

ビーチエリアに旅行者向きのショップが徐々に増加中
ショップの充実度
ブティック★★★
バリ雑貨★

ハイセンスなブティックも雑貨店も充実ぶりはバリいちばん
ショップの充実度
ブティック★★★★★
バリ雑貨★★★★★

ウブド

アクセサリーや自然派コスメはバリ随一の充実ぶり
ショップの充実度
ブティック★★★★
バリ雑貨★★★★★

大型ショップが集中している。服飾や雑貨店も多彩
ショップの充実度
ブティック★★★★
バリ雑貨★★★★

雑貨店やブティックが目抜き通り沿いに並んでいる
ショップの充実度
ブティック★★★
バリ雑貨★★★

ショップは少数だが「ジンバランコーナー」などに注目
ショップの充実度
ブティック★★
バリ雑貨★★

「バリ・コレクション」内に各種ショップが軒を並べる
ショップの充実度
ブティック★★★
バリ雑貨★★

チャングー
デンパサール
スミニャック&クロボカン
サヌール
クタ&レギャン
空港
ジンバラン
ヌサドゥア&ブノア

Shopping Map

ローカルプライス
の
お宝の山です

スーパーマーケットで
おみやげをまとめ買い！

チープ＆ユニークなおみやげ探しなら、スーパーマーケットがおすすめ！
現地のコスメや食料品など、掘り出し物が見つかるはず。
定価制なのでバリ島の物価感覚も身につけられる。

バリコスメ
Bali Cosmetics
旅行中はローカルコスメ
も試してみよう。安くて実
用的なグッズが見つかる！

Rp.4万8000

ボカシオイル
吉本ばなななさんも愛用（？）
の定番テラピーオイル

Rp.2万8900

ナチュラルソープ
スイートオレンジのオイル
で香りをつけた石鹸

コラーゲンの
生成を促す

Rp.2万5900

Kae ブライトニング・
セラム
肌の自活力を高める話題の
ツボクサ・エキスを配合

人気の
ムスティカラトゥ
製品です

ブライトニング・
フェイストナー
肌色を明るくするバン
クワン・エキスを配合

Rp.2万5800

Rp.1万2500

除菌ハンド
ローション
旅行中の携帯
に便利なミニサイ
ズ。ほんのり
柑橘系の香り

べとつかず
サラサラ髪に

ヘアクリーム
アボカド・エキス
を配合した人気の
ヘアトリートメント

Rp.2万5000

傷んだ髪に
栄養を！

Rp.1万5000

ヘアビタミン
ダメージヘアを修復して
キューティクルを守る

Rp.3万1000

シャワージェル
消臭効果もある
コーヒーエキス
入りのボディ
ソープ

ザクロエキス
入りです

Rp.2万1000

キューティクル
セラム
人気のヘアビタ
ミンに便利なボ
トル入りが登場

バリ旅行の
便利グッズ！

フェイスウォッシュ
エイジングスキン用の洗
顔料でしっとり＆さっぱり

Rp.2万1000

スーパークリーム
海藻エキスを配合した Gizi のフェイ
スクリーム。肌でののびが抜群！

虫よけローション
Rp.1万2500
現地で調達できる虫よけ
は Autan がおすすめだ。
ほのかな桜の香りも◎

オバッ・バトゥッ
Rp.5万9300
咳や喉の痛みを和らげる
漢方シロップはバリ島の
リピーターに評判

ビンタン・スーパーマーケット
Bintang Super Market スミニャック

MAP ▶ P.139-B3
住所 Jl. Raya Seminyak No.17, Seminyak
TEL (0361)730-552　URL bintangsupermarket.com
営業 毎日7:30〜22:00　カード MV

　1階は食料品や日用品、2階は
家庭用品をメインに扱っている。
コスメやバリ雑貨などおみやげ品
の品揃えも充実している。

ハイパーマート
Hypermart クタ

MAP ▶ P.179-B4
住所 Jl. By Pass Ngurah Rai, Kuta
TEL (0361)767-056　営業 毎日10:00〜22:00
カード JMV

　在住者にも人気のスーパーマー
ケット。「モル・バリ・ギャラリア」
の2階にあり、ローカルブランドの日
用雑貨や流行のコスメ類も豊富。

食品雑貨
Local Glocery

食料品やスパイスはバリ島みやげの定番。バラマキ用にも自分用にもピッタリ

バリならではのパッケージも◎

Rp.6万7500

バリ産チョコレート
厳選されたカカオ豆を使用しバリ島みやげに大人気

Rp.5万3050

オーガニック・ブラックペッパー
ミル付きボトルですぐに使える高品質の黒胡椒

テンペは伝統的な国民食

Rp.7400

テンペチップス
大豆の発酵食品テンペを使ったヘルシーなスナック

うなぎのタレのような甘さ

Rp.6300

ケチャップ・マニス
インドネシア料理に欠かせない甘い醤油風のソース

ビールのお供にもおすすめ！

Rp.4万400

カシューナッツ
特産品のカシューナッツをスイートチリフレーバーでバリ風に

スニッカーズ＋キットカット÷2

Rp.1万100

チョコレートスナック
インドネシアの定番チョコバーbeng-beng。ミニサイズ10個入り

種類豊富です！

Rp.8000

サンバル
調味料のサンバルがあればバリの味を家で再現できる

ヘルシーな甘み

Rp.2万5900

ヤシ砂糖
ロンタルヤシの樹液から作られた砂糖。カフェオレやコーヒーに

濃厚な味わい

Rp.10万7500

アーモンドバター
保存料を使っていないナチュラルフード

Rp.4万9700

コーヒー豆
インドネシアの豆をブレンド（125g入り）

アレルギー対応！

Rp.1万2500

カレーヌードル
グルテンフリーのインスタント麺が登場しました！

100%満足間違いなし

Rp.11万5000

バリ産ローハニー
自然採取された栄養価たっぷりの生ハチミツ

Rp.2万3600

バワンゴレン
揚げた赤小玉ねぎ。ご飯や麺料理にトッピングして味変！

紅茶もインドネシアの特産品です

生姜とウコンの紅茶。
Rp.1万

レトロなパッケージの緑茶の茶葉。Rp.3600

デーツとハチミツの紅茶。Rp.9800

パンデ・プトゥリ
Pande Putri サヌール

MAP▶P.232-A1
住所 Jl. Danau Buyan No.34a, Sanur
TEL (0361)289-781　営業 毎日7:00〜23:00
カード MV

サヌールで4店舗展開しているローカルショップ。調味料、コーヒー、菓子などのバラマキみやげが現地プライスで購入できる。

ココ・スーパーマーケット
Coco Supermarket ウブド

MAP▶P.282-A2
住所 Jl. Raya Pengosekan, Ubud
TEL (0361)972-165　営業 毎日7:00〜23:00
カード JMV

観光客を意識した品揃えが特徴。コーヒーやお茶、チョコレートが充実していて、おみやげにしたくなるアイテムいろいろ。

※商品の金額は2023年8月時点のもの　**47**

人気アイテムを買うならこのお店へGO!

バリ島 "オレオレ" カタログ

南国ファッション
キュートなワンピが勢揃い

プスピタ Puspita
スミニャック →P.144

バカンスの即戦力です

Rp.18万

Rp.39万

ロングワンピース

Rp.39万

Aラインワンピース

Rp.9万

キャミワンピース

Rp.9万

ネックレス

Rp.3万

バンダナ

手さげバッグ

テーブルウエア
バリの色彩で食卓を彩る

ジェンガラ・ケラミック Jenggala Keramik
ジンバラン →P.211

バリ島の文化からインスピレーション

Rp.18万

Rp.14万

女神チリの茶碗

マグカップ

和風料理にもバッチリ映える

Rp.16万

フランジパニ柄の皿

アロマグッズ
バリの香りをお持ち帰り

ウタマ・スパイス Utama Spice
ウブド →P.298

Rp.4万9400

ほんのりと淡〜い香り

お香(25本入り)

Rp.13万3200

アロマの力で手を除菌!

Rp.2万3000

チョコミントリップバーム

アルコール分70%のハンドスプレー

アタの編みバッグ
素朴な風合いが大人気

アグン・アートショップ Agung Artshop
サヌール →P.236

透かし編みが涼しげ♪

Rp.35万

Rp.25万

トレイ

ハンドバッグ

持ち手に皮が使われてます

Rp.35万

Rp.30万

半月型のハンドバッグ

皮のコンビネーションバッグ

バリ最新の売れ筋アイテムを、ショッピングゾーンにある注目店限定で一挙にご紹介。
南国ならではのオレオレ（インドネシア語でおみやげのこと）を手に入れよう！

※商品の金額は2023年8月時点のもの

伝統的な染色アートを入手
バティックアイテム

ピテカントロプス Pithecanthoropus
サヌール ➡P.235　ウブド ➡P.296

バリ島の
フォーマルな場
でも着用OK

Rp.110万

たたむと
ポケットに
収まる！

Rp.15万

Rp.110万

布製エコバッグ

バティック生地
のシャツ

Rp.98万

いろいろな
柄の生地で
作られます

Rp.15万

ビーチや
リゾートで
着こなしたい

馬のぬいぐるみ

エスニックパンツ

ミュージアムのような
ヴィンテージブティック

サヌールのピテカントロプスと同じ建物
内には、系列店の「ブサカPusaka」も入っ
ている。今では再現が難しいパティックや
クバヤのヴィンテージ品が並んでおり、鑑
賞に訪れるだけでも価値がある。

手描きの
芸術作品です

ジャワ島やインドなどで作られた
ヴィンテージ・バティック
Rp.90万～1200万

繊細な刺繍と
深い風合いが◎

ドレスアップして祭礼に出かけたい
民族衣装クバヤ Rp.290万

日本でも活躍してくれる
アート雑貨

トコ・エラミ Toko Elami
ウブド ➡P.297

供物やクジラなど
デザインが秀抜！

Rp.10万

Rp.10万

ピンバッジ

Rp.18万

ボタニカル
プリントのノート

Rp.37万5000

モンキー柄の
エコボトル

Rp.18万

絶対に何種類も
集めたくなる

カード柄をあしらった
デザインTシャツ

品質の高さで女性にアピール！
ナチュラルコスメ

センセイシャ Sensatia
サヌール ➡P.236　ウブド ➡P.298

ゼラニウム配合の
ハンドクリーム

Rp.12万5000

Rp.9万

ハンドハイドレート

子供に
安心して使えて
敏感肌の
大人にも◎

キッズ・リフレッシング・
ボディローション

Rp.18万

美白＆抗酸化作用の
シートマスク

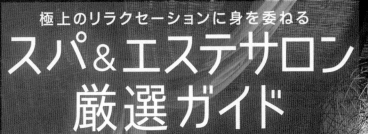

癒やしの島で絶対に体験したいリラクセーション。
伝統的なレシピによるトリートメントをはじめ、
タラソテラピーやアーユルヴェーダなど、多彩なメニューが満喫できる。
至福の時間を約束するリゾート内スパや、
お手頃な町エステなど、目的と予算で使い分けよう。

サンクチュアリ・バリ・スパの1階スペース。サヌールのランドマーク、マクドナルドの向かいにある

ローカルプライスがうれしい穴場店

サヌール中心部 MAP P.233-A1

サンクチュアリ・バリ・スパ
Sanctuary Bali Spa

バリ人女性オーナーが経営する熟練テラピストが揃う店。170種類ものメニューの豊富さを誇り、最安のマッサージメニューを選んでも足浴サービスから始まるので優雅な気分になれるはず。サンクチュアリ・スペシャル(2.5時間 Rp.25万)などパッケージメニューも14種類と充実のラインアップで料金も破格だ。

左／施術スペースは2階のほうがバリっぽい雰囲気でおすすめ
右／熟練のスタッフたちがつま先からヘアケアまで幅広く対応

住所 Jl. Danau Buyan No.67, Sanur
TEL 0821-4703-2108(携帯)
営業 毎日10:00 〜 22:00　**税&サ** 込み　**カード** M V
予約 当日OK　MENU 英語　🚹英語OK

Menu List バリニーズマッサージ(60分) Rp.10万／アロママッサージ(60分) Rp.14万／シロダーラマッサージ(90分) Rp.26万／リフレクソロジー (60分) Rp.13万／ボタニカル・ヘア・スパ(60分) Rp.16万／シーウィード・ボディラップ(45分) Rp.11万

コンセプトは活力チャージとリラックス

チャングー MAP P.171-B4

ボディテンプル・スパ
Body Temple Spa

ウオーターパークやキッズクラブが併設されたフィンズ・リクリエーションクラブ内のサロン。タルゴやヘアケアブランド「アルファパーフ・ミラノ」など使用する製品も厳選され、ジェリッシュやシェラックなど最新ネイルメニューも体験できる。おすすめはボディテンプル・シグネチャ　マッサージ(60分 Rp.52万5000)。

間接照明で落ち着けるトリートメントルーム

アンチエイジングメニューも評判

住所 Jl. Pantai Berawa No.8, Tibubeneng
TEL (0361)848-3939、0857-9236-2236(携帯)
URL www.bodytemplebali.com　**営業** 毎日10:00 〜 20:00
税&サ 込み　**カード** M V　**予約** 前日まで　MENU 英語　🚹英語OK

Menu List フットリフレクソロジー (30分) Rp.24万／ジェリッシュネイル(90分) Rp.39万／シェラックネイル(90分) Rp.42万／サンダルウッド・ボディトリートメント(60分) Rp.41万5000／ラベンダー&ローズ・バス(20分) Rp.41万5000／バリニーズマッサージ(60分) Rp.42万

田園風景に面したナチュラル派

クロボカン **MAP** P.141-B3

スミニャック・ロイヤル・スパ
Seminyak Royal Spa

クロボカンの閑静なロケーションにある、レベルの高い町スパ。全5棟のトリートメントルームはエキゾチックなコテージ風。おすすめメニューはアビヤンガ・ロイヤルマッサージ（90分 Rp.47万5000）や、マッサージにボディスクラブがセットになったロイヤル・ボタニカル・パッケージ（3時間 Rp.95万）。

左／ココナッツスクラブなどプロダクツに使用
右／インテリアもかわいいコスパが高い施設

住所 Jl. Pangkung Sari, Kerobokan
TEL 0878-5231-5726（携帯）
URL seminyakroyalspa.com　営業 毎日10:00 ～ 21:00
税＆サ 込み　カード **A** **J** **M** **V**
予約 当日OK **MENU** 英語 ■—英語OK

Menu List ボディマスク（60分）Rp.30万／ウォームストーンマッサージ（80分）Rp.35万／ロイヤル・バリ・パッケージ（2時間）Rp.60万／ジェット・ラグ・リーフ・パッケージ（2.5時間）Rp.75万／シロダーラパッケージ（3時間）Rp.105万

ロシア人女性が経営する美容サロン

スミニャック **MAP** P.139-A3

ボディ・ラボ
Body Lab

最新の美容機器を使ったプログラムが評判。高純度の酸素を美容液と一緒に肌の奥へ浸透させるデトックス・オキシジェン・フェイシャル（90分 Rp.75万）など10種類ものフェイシャルメニューを提供。顔のリフトアップやセルライト除去なども体験できる。

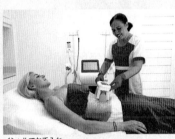

左／日差しで傷んだ肌をフェイシャルでお手入れ
右／気になる脂肪を除去するプログラムも評判

住所 Jl. Raya Basangkasa No.10, Seminyak
TEL 0877-6156-7070（携帯）　URL bodylabbali.com
営業 月〜土9:00〜19:00（土〜18:00）　税＆サ 込み
カード **A** **J** **M** **V**　予約 前日まで **MENU** 英語 ■—英語OK

Menu List シグネチャー・アンチ・セルライト・マッサージ（60分）Rp.70万／ブラジリアン・ブット（50分）Rp.70万／バキューム・ローラーキラー（60分）Rp.75万／コンビネーション・フェイシャル（90分）Rp.80万／エクスプレス・スーパースリミング（90分）Rp.140万

気軽に楽しめる人気スポット

チャングー **MAP** P.170-A2

クリア・スパ
Clear Spa

フェイシャルには海藻パックも使用する

ナチュラリストに評判のクリア・カフェ内にあるマッサージ施設。バリニーズ・マッサージ（60分 Rp.14万）やトラディショナル・ルルール・リチュアル（60分 Rp.14万）などバリの伝統的なメニューを、開放的な施設で楽しめる。マッサージにフェイシャルやネイルケアがセットになったパッケージメニューは、手頃な料金設定で人気が高い。早めに予約するのがおすすめ。

風通しがいいマッサージルーム

住所 Jl. Pantai Batu Mejan No.34, Canggu
TEL 0812-4652-3138（携帯）
営業 毎日12:00 〜 22:00　税＆サ +12.5%　カード **J** **M** **V**
予約 当日OK **MENU** 英語あり ■—英語OK

Menu List バリニーズ・マッサージ（60分）Rp.14万／ロミロミ・マッサージ（60分）Rp.15万／トラディショナル・ルルール・リチュアル（60分）Rp.14万／アンチエイジング・フェイシャル（60分）Rp.14万／レジュビネイション・パッケージ（3時間）Rp.34万

ザ・ネスト・ビーチサイド・スパ
The Nest Beachside Spa

　海沿いの遊歩道沿いにある、開放感たっぷりの南国的なサロン。リフレクソロジーやマッサージのほか、クリームバス、ネイル、まつげエクステなど女性にアピールするメニューが充実している。おすすめは温めた砂を入れた袋を使ってマッサージするバリニーズ・マッサージ・ウィズ・サンド・コンプレス(60分 Rp.20万5000)。コスパが高くて人気なので、事前予約して出かけよう。

左／スパの前はサヌールのビーチ
右／日差しで髪が傷んだらクリームバスがおすすめ

住所 Jl. Setapak Beach Walk, Sanur　TEL (0361)938-1523
URL www.thenestbeachsidespa.com
営業 毎日9:00 ～ 20:00　税&サ 込み　カード J M V
予約 前日　MENU 英語　▲=英語OK

Menu List　エキスプレス・ペディキュア(45分) Rp.20万5000 ／リフレクソロジー＆ペパーミントフットマスク(60分) Rp.17万／クリームバス(60分) Rp.20万5000／ネスト・シグネチャー・マッサージ(90分) Rp.35万／シーウィード・ボディ・ラップ(135分) Rp.56万

チャンタラ・ウェルネス・スパ
Chantara Wellness Spa

　ゲストの体調をカウンセリングし、トリートメントで使用するローションやスクラブはすべてコンディションに合わせて手作り。こまやかな配慮が行き届いたスパなのでリピーターの利用も多い。おすすめメニューは筋肉をほぐすシグネチャー・ディープ・ティシューマッサージ(60分 Rp.28万5000)や、マッサージにルルールやクリームバスなどを組み合わせた贅沢パッケージのヌサンタラ・ヘリテージ(2時間 Rp.60万)。

スクラブは個々の状態に合わせ調合

テラピストのレベルが高く全身のコリをほぐしてくれる

住所 Jl. Danau Poso No.104, Sanur
TEL 0811-399-2015(携帯)　URL chantaraspa.com
営業 毎日10:00 ～ 20:00(最終受付18:00)　税&サ 込み
カード A J M V(2.5% ～ 5%のチャージあり)
予約 前日まで　MENU 英語　▲=英語OK

Menu List　チャンタラ・パンパリング・フット・パッケージ(60分) Rp.22万5000 ／トラディショナル・イースタン・マッサージ(60分) Rp.28万5000 ／ピュア・ボタニカル・ソルト・グロー (70分) Rp.32万5000 ／サンティサンティ・シグネチャーリチュアル(2.5時間) Rp.78万5000

ジ・アムルタ
The Amerta

左／こぢんまりとしたトリートメントルーム
右／自然成分のクリームを擦り込んで頭のツボもマッサージ

　インドネシアのヘアエステであるクリームバスやフェイシャルが、見晴らしのよいトリートメントルームで受けられる。ハーフデイズ・ヴィラパッケージは、海を一望できる専用の豪華ヴィラでトリートメントやスパタイムを2名で楽しめるコース(1日ひと組限定)。帰国日のホテルチェックアウト後にも、おすすめのプログラムだ。

住 所 Jl. By Pass Nusa Dua, Complex Puri Bendesa No.25, Nusa Dua　TEL (0361)773-311
URL www.amerta-spa.com　営業 毎日10:00 ～ 22:00
税&サ 込み　カード J M V　予約 前日まで
MENU 日本語　▲=日本語OK
送迎 南部リゾートエリア内の無料送迎あり

Menu List　リラクセーション・ヘアスパ(90分) US$55 ／バイオ・ヘアスパ(2時間) US$75 ／リンパティック・フルボディマッサージ(90分) US$65 ／トラディショナル・フットテラピー(2時間) US$50 ／ゴールドマジック・フェイシャル(2時間) US$150 ／ハーフデイズ・ヴィラパッケージ(4.5時間)2名US$266

チャングーでお得なパッケージを体験

チャングー **MAP P.170-A2**

エスパス・チャングー
Espace Canggu

16室のトリートメントルームをはじめ、足つぼマッサージやクリームバスなどの専用ルームも完備したおすすめのデイスパ。竹炭で美肌効果を促すボディスクラブ・オーガニック・バンブーチャコール（2時間 Rp.46万6000）など、各種パッケージメニューをじっくり体験してみよう。

左／竹炭を使ったボディスクラブが人気
右／効能別に用意されたスクラブ＆オイル

住所 Jl. Pura Batu Mejan, Canggu
TEL 0811-3890-442(携帯)
URL espacespabali.com　営業 毎日10:00 ～ 21:00
税&サ +12.5%　カード **A J M V**
予約 当日OK　**MENU** 英語　🧑‍🦰英語OK

Menu List クリームバス・オーガニック・マスク(60分) Rp.25万2000 ／フットリフレクソロジー（60分）Rp.25万8000 ／トラディショナル・オリエンタル・フルボディ（60分）Rp.27万6000 ／タッチ・オブ・バリ（2時間）Rp.46万6000

肌に優しい天然素材コスメを使用

ヌサドゥア＆ブノア全体図 **MAP P.218-B1**

フランジパニ・エステティックス
Frangipani Esthetics

アクアメディカル館も利用してみたい

独自に開発されたプロダクツで、日本人在住者にも評判が高い施設。ここでは薬草ジャムーで作られたオリジナルコスメによるトリートメントを体験してみたい。特にチャクラトリートメント・コンプリートリー（5時間 Rp.182万）は、ガムランボールも用いたトリートメントやシロダーラで癒やしてくれるおすすめメニューだ。

Menu List ハーフチャクラトリートメント(3時間) Rp.120万 ／バリニーズトリートメント(3.5時間) Rp.120万 ／ハーフメディテーション(3.5時間) Rp.130万 ※直接予約や2名同時予約で割引あり

人気のシロダーラも体験できる

住所 Jl. By Pass Ngurah Rai, Puri Bendesa 1-18, Mumbul
TEL 0812-3921-9908(携帯)　URL frangipanibalispa.info　営業 毎日9:00 ～ 23:00　税&サ 込み
カード **J M V**　予約 前日まで　**MENU** 日本語
🧑‍🦰日本語OK　送迎 南部リゾートエリア内の無料送迎あり

テラピストの技術は折り紙付き

クロボカン **MAP P.140-A2**

コージースパ
Cozy Spa

素朴な田園風景が残るジャラン・バトゥベリッ沿いにある実力派サロン。ボディマッサージとボディスクラブを楽しめるコージー・ユーフィール（2時間 Rp.36万5000）や、指圧ヘッドマッサージにリフレクソロジーを組み合わせたコージー・デライト（90分 Rp.39万）など、セットメニューも手頃な料金設定だ。

左／頭のコリをほぐしてくれる指圧ヘッドマッサージ
右／リフレクソロジーは男性テラピストが担当する

住所 Jl. Batubelig No.77, Kerobokan
TEL 0812-3850-6655(携帯)
営業 毎日11:30 ～ 21:00
税&サ 込み　カード **J M V**　予約 当日OK
MENU 英語　🧑‍🦰英語OK

Menu List コージーフットリフレクソロジー （90分） Rp.19万5000 ／コージードリーム(90分) Rp.24万5000 ／指圧ヘッドマッサージ(90分) Rp.25万5000 ／スカルプセンセイション(90分) Rp.25万5000 ／リフレッシュミー・アップ(90分) Rp.36万5000 ／コージーコージー （90分） Rp.39万

のんびりとした風情の川沿いに建つ

レギャン MAP P.181-B3

ディーラマ・スパ
De'Rama Spa

ゆったりと過ごせるリフレクソロジースペース

施術中にカクテル(Rp.8万)注文OKのユニークな店

やさしく光が差し込む店内でリフレクソロジーやマニュキュア&ペディキュアなどを気軽に楽しめる。奥には個室スペースも用意されているので全身マッサージやヘアスパでゆったり過ごすのもOK。バック&フットマッサージとロレアル製品を使うクリームバスがセットになったトランクイル(3時間 Rp.35万)などお得なパッケージが用意されている。

住所 Jl. Sri Rama, Legian
TEL 0815-4725-5855(携帯)
営業 毎日9:00～21:00 税&サ 込み カード A M V
予約 当日OK MENU 英語 🔊-英語OK

Menu List バック・マッサージ(30分) Rp.7万5000／クリームバス(60分) Rp.10万～／ショルダー&ネック・マッサージ(60分) Rp.12万／リフレクソロジー(60分) Rp.13万／マニュキア(60分) Rp.15万／ペディキュア(60分) Rp.16万／バリニーズ・マッサージ(60分) Rp.16万

ハンドヒーリングに話題集中

スミニャック MAP P.139-A3

ジャリ・ムナリ
Jari Menari

左／スミニャックのメインストリート沿いにある
右／シンギングボウルを使ったプログラムが評判

カリスマ的なマッサージトレーナーとして知られるスーザン・ステイン女史が技術指導を行っている。マッサージはアロマテラピーを用いたバリスタイルをベースに、ロングストロークと指圧、スウェーデン、タイの技法を取り入れたもの。女史の「マッサージには力が必要」という判断から、バリのサロンとしては珍しく、テラピストは全員男性となっている。シンギングボウルを用いてリラックスを促すセレナディング・シンギングボウル(90分 Rp.58万5000)がおすすめ。

住所 Jl. Raya Basangkasa No.47, Seminyak TEL 0811-3811-4411(携帯)
URL jarimenari.com 営業 毎日9:00～20:00 税&サ +12.5%
カード M V 予約 前日まで MENU 日本語 🔊-英語OK

Menu List シグネチャーマッサージ(75分) Rp.51万5000／フォーハンド・マッサージ(60分) Rp.66万／フットマッサージ(45分) Rp.42万5000／パーフェクトマッサージ(90分) Rp.58万5000

本格的な指圧マッサージが評判

サヌール全体図 MAP P.232-C1

アイシス・スパ
Aisis Spa

左／2002年に創業した老舗のスパ
右／マッサージは2時間コースがおすすめ

熟練の腕利きテラピストが多く、安心して体を預けられる町スパ。マッサージはかなり痛いが終了後に効き目を実感でき、強めのマッサージが好きな男性にも好評だ。オーナーは美容に精通した親日家の韓国人で、美肌&美白メニューも充実している。

住所 Jl. Bypass Ngurah Rai No.21X, Sanur
TEL (0361)287-257
営業 毎日10:00～22:00 税&サ 込み カード A J M V
予約 当日OK MENU 日本語 🔊-英語OK
送迎 南部リゾートエリア内の無料送あり(2名以上)

Menu List ホワイトニングフェイスマッサージ(60分) US$25／指圧アロママッサージ(2時間) US$40／スイートチョコレート・スパ(2時間) US$65／ホワイトニング・ミルク・スパ(2時間) US$65／ウェルビーイング・マッサージ(2時間) US$75

バリ伝統文化を心と体で感じる時間

アユシャ・ウエルネス・スパ
Ayusha Wellness Spa

チャンプアン川沿いにたたずみ、渓谷が望めるトリートメントルームで定番のバリスパメニューが満喫できる。敷地内の寺院前で行われるシグネチャー・スピリット・オブ・バリニーズ・ヒーリング・リチュアル（2.5時間 Rp.83万5000）は、浄化儀式ムルカッを体験できる独自のプログラム。聖なる湧き水で全身を浄めてから、シンギングボウル＆マントラ体験、ボレースクラブなどバリの伝統を体感するパッケージだ。

上／風が心地いい開放的なトリートメントルーム
左下／花びらを浮かべた水で浄めのフットセレモニー
右下／敷地内で神気を放つプリンギンの大木

住所 Jl. Raya Penestanan Kelod, Sayan, Ubud
TEL (0361)975-454
URL adiwanahotels.com/svargaloka-resort-ubud-bali/
営業 毎日9:00～21:00　税＆サ +21%　カード AMV
予約 前日まで　MENU 英語　英語OK

Menu List　バリニーズ・マッサージ（60分）Rp.40万／アロマテラピー・マッサージ（60分）Rp.45万／ハーバルコンプレス（90分）Rp.55万／オリエンタル・スカルプ・マッサージ（60分）Rp.35万／アビヤンガ（90分）Rp.55万／シロダーラマッサージ（90分）Rp.80万／フレッシュ＆ナチュラル・パッケージ（2.5時間）Rp.101万

田園風景にたたずむうわさの極楽スパ

カルサ・スパ
Karsa Spa

ウブドから車で約15分、田園地帯に建つヒーリングスパ（中心部から丘の散歩道を30分ほど歩いて行くのもおすすめ）。睡蓮が咲き乱れる美しい敷地内には、お香が漂っており、まるで桃源郷のような雰囲気。レイキを取り入れたボディマッサージに、フェイス＆ヘッドマッサージを組み合わせたイントゥイティブ・ハート・マッサージ（90分 Rp.40万）など、個性的なヒーリングメニューやボディマッサージが揃っている。池に浮かぶ小屋で受けるリフレクソロジーも開放的でとても心地いい。

上／田園沿いに出現する睡蓮の花が咲き乱れる癒やし空間
下／レイキを用いたメニューで心と身を整えてくれる

フットリフレクソロジーは60分Rp.28万とお手頃

住所 Bangkiang Sidem, Ubud
TEL 0813-5339-2013(携帯)
URL www.karsaspa.com
営業 毎日9:00～19:00　税＆サ 込み
カード MV　予約 前日まで
MENU 英語　英語OK

Menu List ディープティシュー・マッサージ（60分）Rp.26万／指圧マッサージ（60分）Rp.28万／タイ・ヨガ・マッサージ（90分）Rp.40万／ブッダ・パッケージ（2.5時間）Rp.60万

マッサージに特化した癒やしの隠れ家

ウブド全体図 MAP P.278-A2

ウブド・トラディショナル・スパ
Ubud Traditional Spa

古来からヨガや瞑想に適した「気」が流れているといわれるパヨガン寺院が目の前に建つ独特なロケーション。メニューが4種類のマッサージのみとシンプルなのは、テラピストの技術に自信をもっている証し。田園で働く農夫が1日の疲れを癒やすための施術から生まれたライスファーマーマッサージ(60分 Rp.23万4000)を体験してみよう。

左／マッサージオイルは好みで選べる
右／絶妙なマッサージでコリがほぐれる

住所 Desa Payogan, Ubud　TEL 0877-6158-4407(携帯)
URL www.ubudtraditionalspa.com　営業 毎日10:00 ～ 22:00
税&サ +10%　カード 不可　予約 当日OK　MENU 英語　英語OK
送迎 ウブド内の無料送迎あり

Menu List　バリニーズ・リフレクソロジー（60分）Rp.17万／バリ・トラディショナル・マッサージ(60分）Rp.21万6000／ライスファーマーマッサージ(60分) Rp.23万4000／ウブドロイヤル・マッサージ(60分) Rp.39万

田園を望むトリートメントルーム

ウブド中心部 MAP P.280-C2

セイクレッド・ウブド・スパ
Sacred Ubud Spa

表通りから外れた静かなロケーションにある隠れ家スパ。ココナッツオイルを使ったバリニーズマッサージをはじめ、バリ島ならではのメニューがふんだんに揃っている。おすすめはバリニーズマッサージにボディスクラブとペディキュアがセットになったリラックス・スパ・パッケージ(2.5時間 Rp.34万)。

2022 年 OPEN!

左／自然志向のスクラブを使用している
右／静かな環境でマッサージを満喫できる

住所 Jl. Monkey Forest, Ubud
TEL 0821-4698-7677(携帯)　URL www.sacredubudspa.com
営業 毎日10:00 ～ 21:00　税&サ 込み
カード 不可　予約 当日OK　MENU 英語　英語OK

Menu List　ハーバル・ボディスクラブ(30分) Rp.12万／ココナッツオイルマッサージ(60分) Rp.12万5000／ディープティシュー・マッサージ(90分) Rp.24万／フォーハンドマッサージ(60分) Rp.26万／ブリス・スパ・パッケージ(2.5時間) Rp.37万

とっても気持ちいい、要予約の人気スポット

ウブド南部 MAP P.282-B2

ジャアンズ・スパ
Jaens Spa

白を基調としたモダンな内観は清潔感たっぷり。町スパとしては高めの料金設定だがテラピストの技術に定評があり、お気に入りを見つけてリピート指名する在住者も多い。おすすめはホリスティック・ビューティ・スパパッケージ(4時間 Rp.89万5000)。

左／施術後にはドリンクや軽食のサービスもある
右／ハーバルバス付きのパッケージがおすすめ。店名のジャアンズはバリ語で「気持ちいい」の意味

住所 Jl. Raya Pengosekan, Ubud
TEL 0821-4443-9147(携帯)　URL jaensspa.com
営業 毎日9:00 ～ 21:00　税&サ +17.5%
カード AJMV　予約 前日まで　MENU 英語　英語OK

Menu List　ナチュラル・フェイシャル(60分) Rp.22万5000／ヘア・クリームバス(60分) Rp.25万5000／バックリリーフ・マッサージ(60分) Rp.28万5000／バリ・リラクゼーション・マッサージ(90分) Rp.35万5000／ホットストーン・マッサージ(90分) Rp.48万5000／ボディマッサージ&スクラブ(2時間) Rp.49万

話題のアーユルヴェーダを気軽に満喫
バリ・ボタニカ
Bali Botanica

ウブド全体図 MAP P.278-B2

ウブド郊外の渓谷に面した、安らぎの隠れ家スパ。インドネシアの伝統的なトリートメントとアーユルヴェーダを取り入れたメニューが評判。特におすすめしたいのはアーユルヴェーディック・チャクラ・ダラ(2.5時間Rp.59万5000)。特製のハーバルオイルを使用して各チャクラに働きかける、心身ともにリラックスできるプログラムだ。

シロダーラなどをのんびり楽しもう

住所 Jl. Raya Sanggingan, Ubud　TEL 0821-4717-5150(携帯)　URL www.balibotanica.com
営業 毎日9:00～21:00　税&サ 込み　カード MV
予約 当日OK　MENU英語　英語OK
送迎 ウブドエリア内の無料送迎あり(2メニュー以上を予約した場合のみ)

Menu List ボンディシュリー・フットマッサージ(45分)Rp.15万／アビアンガ・マッサージ(60分)Rp.50万／シロダーラ(45分)Rp.45万／アーユルヴェーディック・クラウンマッサージ(45分)Rp.23万

ナチュラルプロダクツで肌を優しくケア
サンティカ・ゼスト
Cantika Zest

ウブド全体図 MAP P.278-C1

100%天然素材を使ったトリートメントに定評がある、サンティカ・スパの3号店。木立に囲まれたトリートメントルームは、ウブドならではの落ち着ける雰囲気。アボカドで作ったヘアクリームや生のアロエベラをたっぷりと使い頭皮をマッサージするヘアスパ(60分 Rp.18万)は、ぜひ体験したいメニューだ。

髪の毛と頭皮をケアするヘアトリートメント

住所 Jl. Katik Lantang, Ubud
TEL 0812-4611-3339(携帯)
URL www.cantikazestbali.com
営業 毎日10:00～18:00　税&サ 込み
カード MV　予約 当日OK　MENU 英語　英語OK

Menu List アロマティック・フェイシャル(60分)Rp.18万／トラディショナル・バリニーズマッサージ(60分)Rp.27万／フルボディ・マッサージ(60分)Rp.22万6600／マッサージ&スクラブ(2時間)Rp.38万

バリらしいリラクゼーション空間
サン・スパ
Sang.Spa

ウブド中心部 MAP P.281-B3

ヒーリングに特化したデイスパで、竹を多用した素朴なインテリアが特徴的。おすすめは2名のテラピストによるグッドカルマ・ボディマッサージ(60分 Rp.34万)。オーナーのスダルマ氏によるイントゥイティブ・フロー・マッサージ(60分 Rp.75万)も体験できる。

おすすめのグッドカルマ・ボディマッサージ

住所 Jl. Jembawan No.13B, Ubud　TEL 0812-4611-3339(携帯)　URL www.sangspaubud.com
営業 毎日9:00～22:00　税&サ +12.5%
カード JMV　予約 当日OK　MENU 日本語　英語OK
送迎 ウブドエリア内の無料送迎あり

Menu List テンションリリーフ・マッサージ(45分)Rp.14万5000／ハーバルアロマティック・フェイシャル(60分)Rp.18万／バリニーズ・マッサージ(60分)Rp.18万5000／マッサージ&スクラブ(2時間)Rp.38万／チベッタン・サウンドヒーリング(60分)Rp.75万

確かな技術が評判のマッサージ店
ヌサ・テラピー
Nusa Therapy

ウブド中心部 MAP P.281-A3

ナチュラル石鹸で有名なブルーストーン系列のデイスパ。フットマッサージ、マニキュア、ペディキュアは30分から3時間まで30分単位で料金が設定されており、組み合わせて楽しむこともOK。ふたりのテラピストが癒やしてくれるフォーハンドマッサージ(60分 Rp.34万)もおすすめ。人気が高い施設なので事前予約を入れてから訪問しよう。

通りに面したフットマッサージルーム

住所 Jl. Raya Ubud No.5, Ubud
TEL 0823-4256-3923(携帯)
営業 毎日11:00～21:00　税&サ 込み　カード 不可
予約 当日OK　MENU 英語　英語OK

Menu List フットマッサージ、マニキュア、ペディキュアは均一料金(30分 Rp.8万、60分 Rp.15万、90分 Rp.22万、2時間 Rp.29万)／フルボディ・マッサージ(60分 Rp.18万、90分 Rp.26万、2時間 Rp.34万)

ビューティメニューが話題
スプリング
Spring

クロボカン
MAP P.140-C2

スミニャック・ビレッジ（→P.137）のルーフトップにある美容&美髪メニューが充実した女性受けするデイスパ。ウォームミルク&サンダルウッドマニキュア（60分 Rp.30万）、ローフェイシャル（60分 Rp.42万5000）。

アンチエイジング効果が期待できるフェイシャル

住所 Seminyak Village, Jl. Kayu Jati, Seminyak
TEL 0813-3862-7222（携帯）　URL www.springspa.com
営業 毎日10:00～19:00　税&サ 込み　カード J M V

数日前に要予約!
リン・ビューティースタジオ
Rin Beauty Studio

クロボカン
MAP P.141-A4

日本人女性が経営する評判のビューティサロン。ジェルネイル（約2時間 Rp.31万～）や、まつ毛エクステンション（Rp.35万～）はリーズナブルな料金設定。PhiBrows認定のアートメイク（Rp.150万～）にも定評がある。

流行のネイルデザインもOK

住所 Jl. Mertanadi No.92, Kerobokan
TEL 0819-9904-5597（携帯）
URL www.rinbeautystudio.com
営業 毎日 9:00～19:00　税&サ +15%　カード M V

ツーリストに人気のサロン
グロー・デイスパ
Glo Day Spa

クロボカン
MAP P.141-C4

ネイルカラーは100種類以上から選べ、ネイリストがていねいなケアを施してくれる。製品はハリウッドセレブにも人気のCREATIVEやO.P.I.を使用しているので満足のいく仕上がりとなる。プレシジョンマニキュア（45分 Rp.19万5000）、スパ・ペディキュア（60分 Rp.30万）。

立地がよくて気軽に立ち寄れる。前日までに要予約

住所 Jl. Kayu Aya No.1, Seminyak
TEL 0811-3990-3222（携帯）　URL www.glospabali.com
営業 毎日10:00～20:00　税&サ 込み　カード M V

安くて上手で清潔
エブリデイ
Everyday

クタ
MAP P.179-A3

手頃な料金としっかりした技術で在住者にも人気。おすすめは足と肩を入念にマッサージするロイヤルリフレクソロジー（60分 Rp.12万9000）や、全身のコリをほぐすボディコンプリート（90分 Rp.21万9000）など。国内各地に支店がある。

薄暗い照明の店内

住所 Jl. Raya Kuta No.129, Kuta
TEL (0361)762-125
URL everyday-day-spa.business.site
営業 毎日10:00～23:00　税&サ 込み　カード J M V

イタ気持ちいい施術がクセになる
ラヴィ
LA'VIE

ジンバラン中心部
MAP P.209-C2

タイ、中国、インド、指圧などさまざまな技術をミックスした独自のスタイルが人気。おすすめはオリジナル・ジンバラン・マッサージ（60分 Rp.45万）など。サービス料（Rp.2万）はテラピストに直接支払うシステムだ。

滞在中に何度も訪れるリピーターも多い

住所 Jl. Raya Kampus Unud No.18 L, Jimbaran
TEL (0361)895-3489　URL www.lavie-bali.biz
営業 毎日12:00～22:00　税&サ 別途　カード M V

目抜き通りの便利な立地
キンバリースパ
Kimberly Spa

スミニャック
MAP P.139-B3

クタやスミニャックで7店舗展開している格安サロン。マッサージルームは13部屋あり、グループ利用にも対応している。フットマッサージ（60分 Rp.12万）、ボディマッサージ（60分 Rp.13万）、タイマッサージ（60分 Rp.17万）など。

気さくなスタッフたち

住所 Jl. Raya Seminyak No.16, Seminyak
TEL 0822-4799-9111（携帯）　営業 毎日9:00～23:00
税&サ 込み　カード 不可

バリ在住の外国人が通う、各エリアの人気施設を紹介。
ローカルプライスに近い料金で、足ツボマッサージなどを堪能できるはずだ。
また、クタ地区などにはネイルサロンも充実している。
どこもこぢんまりと落ち着ける雰囲気なので、ネイルケアをじっくり楽しもう。

地元の人が通う実力派
ウサダ・パッ・オレス
Usada Pak Oles

南部リゾートエリア
MAP P.135-A4

薬効効果で有名な「ボカシ・オイル」の発明者が提唱する施術が受けられる。ボディマッサージ（60分 Rp.21万）。発酵したおがくずの中に入って体を温めるボカシ・テラピー（30分 Rp.10万、19時までに入店）との併用がおすすめ。

マッサージルームはとても簡素。初心者には利用しづらい

住所 Jl. By Pass Ngurah Rai, Komplek Ruko Moleque Blok L7, Pesaggaran　TEL (0361)727-821
営業 毎日9:00〜22:00　税&サ +10%　カード MV

日本語でも対応OKのサロン
リズム
Rizm

サヌール全体図
MAP P.232-C1

日本人女性技術者が指導している予約制のネイルサロン。カラージェルやグリッターが豊富。ベースのジェルネイル（1本 Rp.2万2000〜）に、オプションでスワロフスキーセット（20個 Rp.7万〜）やラメ（1本 Rp.5000〜）を追加するなど、好みでオーダーできる。

ネイルの技術も高くて安心

住所 Jl. Cemara No.72, Sanur Branjong Market, Sanur
TEL 0821-4645-6457(携帯)　URL rizm.jimdo.com
営業 火〜日10:00〜19:00　税&サ +11%　カード 不可

内緒にしておきたい穴場店
アンモ・リフレクソロジー
An Mo Reflexology

デンパサール
MAP P.263-C4

デンパサールのレノン地区にある腕利き揃いの格安スパ。ボディマッサージ（60分 Rp.12万）など料金はローカルプライス。リフレクソロジー（30分 Rp.5万5000）では足裏だけではなく、肩や首も入念にコリをほぐしてくれる。

強いマッサージが好みなら絶対におすすめ！

住所 Jl. Tukad Yeh Aya No.153, Renon, Denpasar
TEL 0878-6345-8455(携帯)　営業 毎日13:00〜21:00
税&サ 込み　カード 不可

力強いマッサージでスッキリ！
ブガール・セハッ
Bugar Sehat

ウブド中心部
MAP P.281-C3

男性スタッフが黙々といい仕事をしてくれるマッサージサロン。足の疲れやむくみを取るフットリフレクソロジー（30分 Rp.8万5000）や、コリに効くバック&ネック&ショルダーマッサージ（30分 Rp.12万）など、料金もリーズナブル。

真面目なスタッフが多くて安心

住所 Jl. Hanoman No.46, Ubud
TEL 0813-9205-3755(携帯)　営業 毎日10:30〜20:30
税&サ 込み　カード 不可

ノスタルジックなインテリア
フレッシュ・スパ
Fresh Spa

ウブド市場周辺
MAP P.301-B2

ジャラン・デウィシタの川沿いにある。シグネチャーエクスペリエンス（75分 Rp.34万5000）ではマッサージオイルを自分の肌に合うようカスタマイズでき、施術後は調合オイルを50mlボトルに入れて持ち帰れる。

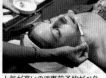
人気が高いので事前予約がベター

住所 Jl. Dewisita, Ubud　TEL (0361)849-3677
URL freshspabali.com
営業 毎日10:00〜21:00　税&サ 12.5%　カード AMV

ウブドならではの趣がたっぷり
ルンブラン・スパ
Rembulan Spa

ウブド市場周辺
MAP P.301-A2

バリ人の家屋に店舗があるローカルスパ。バリニーズ・マッサージ（60分 Rp.16万）など各種トリートメントが用意されている。フットリフレクソロジー（30分 Rp.7万）などを予約なしで気軽に体験してみよう。

ハノマン通り沿いにある

住所 Jl. Hanoman No.1, Ubud
TEL 0812-3792-0211(携帯)　URL rembulanspa.com
営業 毎日9:00〜21:00　税&サ 込み　カード MV

極上の
リゾートスパ
Heavenly
Resort Spa

インド洋に囲まれた断崖の岩の上に建つ「スパ・オン・ザ・ロック」は世界中の女性の憧れ

本格的なタラソ施設も完備した憧れのスパ

ジンバラン全体図 MAP P.208-B1

アヤナ スパ
AYANA Spa

世界最大級のタラソテラピー海水プール(アクアトニックプール)をもつアヤナリゾート&スパ バリ(→P.78)内の施設。優雅なトリートメントルームとスパヴィラを完備し、アーユルヴェーダ療法を取り入れたセブン・チャクラダラ(2時間Rp.417万4500)など心身を浄化するプログラムも充実している。また、インド洋に突き出すような岩の上にある2棟のスパヴィラ「スパ・オン・ザ・ロック」は、波の音に包まれながら自然の恵みで美しくなるセレブ御用達のスポット。贅沢なパッケージメニューはカップル利用もおすすめだ。

左／バラの香りに包まれるフラワーバス 右／トリートメントルームも贅沢な広さ

住所 Jl. Karang Mas Sejahtera, Jimbaran　TEL (0361)702-222　URL www.ayana.com　営業 毎日11:00 〜 22:00(スパ・オン・ザ・ロックは8:30 〜 17:00)　税&サ +21%　カード A D J M V　予約 前日まで　MENU 日本語　🔒日本語OK　送迎 スミニャック、クタ、ヌサドゥア、ジンバラン内の無料送迎あり(合計Rp.400万以上の利用時)

Menu List　アンチエイジングフェイシャルマッサージ(45分) Rp.97万5000 ／ボディスクラブ(45分) Rp.120万／アヤナマッサージ(60分) Rp.162万／中辻リンパマッサージ(75分) Rp.202万5000／オーシャンドリーム(3時間) 1名Rp.856万5000 2名Rp.1419万

ゲストの多様な要望に応えるプログラム

ヌサドゥア&ブノア全体図 MAP P.218-C1

ザ・スパ・アット・ルネッサンス
The Spa at Renaissance

アロマオイルも種類豊富

ルネッサンス・バリ・ヌサドゥア・リゾート(→P.74)内にある高級スパ。7室のシングルと2室のカップルルームを完備し、ゲストの肌に合わせたカスタマイズ・フェイシャル・トリートメント(45分 Rp.175万)や、シャンパン風呂で贅沢な時間を過ごせるロイヤル・バス(60分 Rp.350万)など個性的なプログラムが揃う。

シングル用のトリートメントルーム

住所 Kawasan Pariwisata Lot SW 4 & 5, Jl. Nusa Dua　TEL (0361)209-2888　URL ap.globalspa.marriott.com/dpsnd/16764748/home　営業 毎日10:00 〜 22:00　税&サ +21%　カード A J M V　予約 前日まで　MENU 英語　🔒英語OK

Menu List　ルルール(45分) Rp.55万／ブンブ・アラン・スクラブ(45分) Rp.55万／レゴン・マッサージ(90分) Rp.120万／バリニーズ・ボレー (2.5時間) Rp.180万／ルネッサンス・リチュアル(3時間) Rp.250万

伝統的なヒーリングメニューが体験できる

ジ アプルヴァ スパ
The Apurva Spa

ジ アプルヴァ ケンピンスキー（→P.80）内にある、ラグジュアリーな高級スパ。心身のバランスを整えて体内から美しさを引き出すことをコンセプトに、バリ&インドネシアの伝統的な美容法を取り入れたメニューが体験できる。美白成分を含むベンコアンとバリソルトのスクラブ、マッサージ、フェイシャルがセットになったマンギル・エノム（3時間 Rp.158万8000）など、魅力的なパッケージメニューをラインアップ。サウナやホット&コールドプランジプールなど、充実した最新設備も利用できる。

上／14室の豪華なトリートメントルームを完備。オーシャンビューも7室用意されている
左下／フットリチュアルでプログラムがスタート
右下／数日かけて体験するパッケージもある

住所 Jl. Raya Nusa Dua Selatan, Sawangan, Nusa Dua
TEL (0361)209-2288
URL www.kempinski.com/en/the-apurva-kempinski-bali/
営業 毎日9:00 ～ 22:00　税&サ +21%
カード A D J M V　予約 前日まで
MENU 英語　英語OK

Menu List アンチエイジング・ボディトリートメント(60分)85万8000／センシティブ・スキン・フェイシャル(60分) Rp.106万8000／デトクシファイング・シーウィード(60分) Rp.75万／グンディン・アプルヴァ・マッサージ(60分) Rp.108万8000／スカール・ブタル・マッサージ(60分) Rp.98万8000

青い海に面した南国ならではのロケーション

テタ・スパ
Theta Spa

スクラブにはハチミツやシリアルも使用する

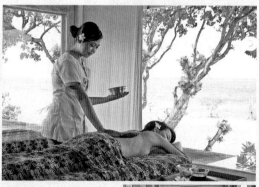

大型ホテルのビンタン・クタ内にあり、海を見ながらマッサージが楽しめるロケーションが人気。ボディマッサージやフットマッサージから、本格的なパッケージメニューまで内容も多彩だ。スイートに癒やされたいならば、ハチミツとチョコレートで全身をパックするチョコレート・インダルジェンス（2時間 Rp.230万）がおすすめ。

上／ビーチに面したマッサージルームで優雅な時間を過ごそう　下／ハッピーフィートは60分Rp.45万～

住所 Jl. Kartika Plaza, Kuta
TEL (0361)755-726
URL www.thetaspa.com
営業 毎日10:00 ～ 23:00　税&サ 込み
カード J M V　予約 前日まで
MENU 日本語　日本語少々
送迎 南部リゾートエリア内の無料送迎あり(Rp.120万以上のコース利用のみ)

Menu List アイランド・インスパイアド・マッサージ(60分) Rp.65万／オリエンタル・フェイシャル・リチュアル(60分) Rp.65万／ロイヤル・ジャワニーズ・ルルール(2時間) Rp.170万

緑の風が心地いいガーデンスパ

ラグーン・スパ・スミニャック
Lagoon Spa Seminyak

ヴィラ・スミニャック内にある、閑静な緑の園にたたずむ施設。ここではジャクージ付きのスパヴィラでパッケージメニューを楽しみたい。レインシャワーやスクラブのアイランド・アロマティック(2時間 Rp.97万5000)や、シロダーラ、マッサージ、スクラブのアーユルヴェーダ(2.5時間 Rp.162万5000)など、各パッケージは内容盛りだくさん。フェイシャルがパッケージに含まれたスミニャック・エステート・リチュアル(3時間 Rp.175万5000)もおすすめだ。

スパヴィラはパッケージでのみ利用可能

上／青いプールが広がる優雅な施設。個別メニューは「トランキリティルーム」で受ける
下／レインシャワーが体験できる3時間コースのスミニャック・エステート・リチュアル

住所 Jl. Nakula, Gg. Baik-Baik, Seminyak
TEL (0361)735-959　URL www.lagoonspaseminyak.com
営業 毎日9:00〜20:00　税&サ +21%　カード **M** **V**
予約 前日まで　**MENU** 英語　**▲**〈英語OK〉
送迎 南部リゾートエリアの無料送迎あり(2名以上で2時間以上のメニュー利用)

Menu List　アロマテラピーマッサージ(60分) Rp.65万／シロダーラ(60分) Rp.69万／バリニーズ・ハーブマッサージ(60分) Rp.75万4000／エステート・フェイシャル(60分) Rp.51万

アジア各国のトリートメントが受けられる

スパ・アット・ザ・サマヤ・スミニャック
Spa at the Samaya Seminyak

ザ・サマヤ・スミニャック(→P.89)内のスパ。メニューはインドネシアをはじめタイ、インドなどの技法を取り入れたアジアントリートメントがメイン。足から体、顔、頭まで全身をくまなくケアしたい人には、バリニーズ・エターナル・ブリス(2.5時間 Rp.169万)がおすすめ。トラディショナル・バリニーズマッサージやトロピカル・ボディポリッシュなどがパッケージになったサマヤ・デライト(2時間 Rp.125万)も人気だ。ビーチに面したトリートメントルームは明るく広々。窓を閉めてエアコンを効かせてもいいが、開け放して波の音を聞きながらトリートメントを受けるのもバリらしくて開放感がある。

上／潮風が心地よい開放的なトリートメントルーム
左下／人気のフェイシャルメニューも体験してみよう
右下／全身が芳香に包まれるフラワーバス

住所 Jl. Kayu Aya, Seminyak
TEL (0361)731-149
URL www.thesamayabali.com/seminyak/spa
営業 毎日9:00〜20:00　税&サ +21%
カード **A** **J** **M** **V**　予約 前日まで
MENU 日本語　**▲**〈英語OK〉

Menu List　トラディショナル・バリニーズ・マッサージ(60分) Rp.79万5000／シロダーラ(60分) Rp.88万／タイ式・ハーバルコンプレス・センセーション(90分) Rp.128万5000／ベスト・オブ・アーユルヴェーダ(90分) Rp.134万／マリンコラーゲン・フェイシャル(75分) Rp.140万／サマヤ・デライト(2時間) Rp.125万

最新リゾートのホリスティックな施設

シックスセンシズ・スパ
Six Senses Spa

シックスセンシズ・ウルワツ・バリ（→P.83）内にある、最新機材を完備したスパ。水路に囲まれた敷地には8棟のトリートメントルーム、ネイルバー、ヨガパビリオンなどがゆったり配置されている。クローブやターメリックなど香辛料のプロダクツを全身に塗って血行を促進するバリニーズ・ボレー・ラップ（40分 Rp.133万）がイチ押しプログラム。クリスタル・ヒーリング・フェイステラピー（90分 Rp.290万）など美容メニューも充実している。自家製プロダクツには敷地内にある農園のハーブやスパイスが使用されている。

左／朝づみのフレッシュな素材を使う
右／人気メニューのバリニーズ・ボレー・ラップ

住所 Jl. Goa Lempeh, Uluwatu
TEL (0361)209-0300　URL www.sixsenses.com
営業 毎日9:00 〜 21:00
税&サ +21%　カード AJMV
予約 前日まで　MENU 英語　🚹英語OK

Menu List　ホリスティック・マッサージ(60分) Rp.193万／デトックス・マッサージ(60分) Rp.193万／カルナ・ディープティシュー・トリートメント(90分) Rp.314万／エアリアル・ヨガ(45分) Rp.121万／ドリームタイム・フェイステラピー（60分）Rp.229万

体にうれしいウエルネス・スパ

ザ・スパ
The Spa

左／水の音に癒やされるマッサージルーム
右／新鮮なフルーツを使ったプロダクツ

南国的なプログラムが充実した、ザ・バレ（→P.84）内のスパ施設。人気コースのエキゾチック・フルーツ・ボディ・トリートメント（130分 Rp.180万）では、新鮮なアボカドのボディマスクや季節の果物のスクラブなどフルーツ尽くしでボディに磨きをかける。ハニー・トリートメント（60分 2名Rp.150万）やハネムーン・インダルジャンス・パッケージ（3時間 2名Rp.480万）などカップルメニューも充実。

住所 Jl. Raya Nusa Dua Selatan, P.O. Box 76, Nusa Dua
TEL (0361)775-111　URL www.thebale.com/jp
営業 毎日9:00〜21:00　税&サ +21%　カード AJMV　予約 前日まで
MENU 日本語　🚹英語OK　送迎 ヌサドゥアエリア内の無料送迎あり

Menu List　トラディショナル・マッサージ(60分) Rp.70万／インディアン・ヘッド・マッサージ(30分) Rp.45万／スチーム・ライス・フェイシャル(60分) Rp.100万／クリスタル・ヒーリング・ホットストーン・テラピー（60分）Rp.97万／コーヒー・リチュアル・フォー・メン(90分) Rp.110万

青い海に包まれてペニダ島と溶け合う

テジャス・スパ
Tejas Spa

左／潮風を感じながらのバスタイム　右／カップルで至福の時間を過ごしてみよう

潮騒を子守唄にインドネシア伝統のプログラムが満喫できるアディワナ・ワルナカリ（→P.97）内の自然派スパ。シグネチャーメニューはヌサペニダ・ペソナ（2.5時間 Rp.112万）。古来からペニダ島に伝わる技法のオーシャン・ドリーミング・マッサージでコリをほぐし、海藻&ラベンダーのスクラブや、海藻&天然塩のバスタイムなど自然の恵みで全身を癒やしてくれる。

住所 Sakti, Nusa Penida　TEL (0361)620-7000
URL adiwanahotels.com/warnakali-resort-nusa-penida-bali/
営業 毎日11:00 〜 20:00　税&サ 込み　カード MV
予約 前日まで　MENU 英語　🚹英語OK

Menu List　ココナッツ・ボディスクラブ(30分) Rp.36万／アロマテラピーマッサージ(60分) Rp.54万／オーシャン・ドリーミング・マッサージ(90分) Rp.66万／バリニーズ・ボレー・リチュアル(2時間) Rp.102万／アスマラ・テジャス(3時間) Rp.163万

エキゾチックなスパでアーユルヴェーダを体験

スミニャック MAP P.139-A4

プラナ・スパ
Prana Spa

左／老舗リゾートの中庭に建つ
右／異国情緒に浸りながらマッサージがゆっくり楽しめる

16世紀頃のムガール王朝の宮殿をイメージした、インピアナ・プライベート・ヴィラス（→P.161）内のスパ。プログラムも心身のバランスを取り戻すアーユルヴェーダ・トリートメントが目玉となっている。ふたりのテラピストによるオイルマッサージと、温かい黄金のオイルを「第3の目」に注ぐシロダーラを組み合わせたアーユルヴェーディック・リジュベネーション（4時間 Rp.320万）は、ヒーリング効果が期待できる。

住所 Jl. Kunti I No.118X, Seminyak　TEL 0811-386-1761（携帯）URL www.impianaseminyak.com/spa-wellness-massage/　営業 毎日9:00〜20:00　税&サ +21%
カード AJMV　予約 当日OK　MENU 日本語　英語OK

Menu List プレグナンシーマッサージ（60分）Rp.65万／シロダーラ（60分）Rp.80万／エクスクルーシブリー・メイル（2時間）Rp.90万／ミスティック・オブ・バリ（2時間）Rp.90万／アーユルヴェーディック・シンプルブリス（2時間）Rp.120万

ラグジュアリーな空間でリラックス

ヌサドゥア&ブノア全体図 MAP P.218-B2

ソースパ
So Spa

左／リフレクソロジーのスペースも荘厳な雰囲気　右／バリ情緒たっぷりのトリートメントルーム

ソフィテル・バリ・ヌサドゥア（→P.225）内の高級スパ。空間を広々と贅沢に使っており、トリートメントルームにはラタンを使ってエキゾチックな雰囲気だ。セットメニューはスターター（30分）、メイン（90分）、デザート（30分）と料理のように分かれるユニークなシステム。自分の好みで組み合わせて、オリジナルのパッケージを楽しめる（アラカルトのように単品での利用もOK）。

住所 Kawasan Pariwisata ITDC. Lot N5, Nusa Dua
TEL 0812-3717-5531（携帯）
営業 毎日9:00〜18:00　税&サ +21%
カード AJMV　予約 前日まで
MENU 英語　英語OK

Menu List　フットマッサージ（30分）Rp.65万／バス・リチュアル（30分）Rp.65万／リジューヴィネイティング・フェイシャル（60分）Rp.135万／イグズィラレイティング・マッサージ（60分）Rp.135万／マイ・スパ・デイ（3時間）Rp.350万

心地よいヒーリングを体験できる

クロボカン MAP P.141-B3

スパ・アイル
Spa Air

緑のガーデンに面した、ナチュラルな雰囲気漂うヴィラ・アイル・バリ（→P.88）内のスパ。本格的なアーユルヴェーダから、タイ式マッサージまで、アジア各国のプログラムが充実。4時間のスパメニューとフランス料理コースがパッケージとなったオリエンタル・ブレス（4時間 Rp.238万）は旅行最終日に利用したい。美容サロンも併設。

上／トリートメントルームはリラックス効果を演出　左／温かいオイルを使うヴァスティ・トリートメント

住所 Jl. Lebak Sari, Petitenget　TEL (0361)737-378
URL spaairbali.com
営業 毎日9:00〜23:00（受付〜21:00）　税&サ +21%
カード AJMV　予約 前日まで　MENU 日本語　英語OK
送迎 スミニャック&クタエリア内の無料送迎あり（2名以上）

Menu List センセイシャ・フェイス・リチュアル（60分）Rp.44万5000／ヘアスパ（60分）Rp.49万／センテラピー（90分）Rp.75万／ハーバル・ホットコンプレス・トリートメント（2時間）Rp.140万／ヴァスティ・トリートメント（2時間）Rp.125万／アーユルヴェーダ・シロダーラ（2時間）Rp.125万

気軽にリゾートスパを満喫しよう
サヌール中部部 **MAP** P.233-B1

マハギリ・ガーデン・スパ
Magagiri Garden Spa

マハギリ・ヴィラス・サヌール（→P.86）内にあるプライベート感たっぷりのスパ。カップルパッケージのラカ・ライ（2時間 Rp.150万／2名）は、女性同士の利用にもピッタリ。フェイシャルやボディ・マスク（30分 Rp.30万）はリーズナブルな料金設定なので、ビジター利用にもおすすめだ。静かなトリートメントルームで優雅な休日を楽しもう。

左／プロダクトは自然派のバリタンギを使用
右／プールを望む2棟のトリートメントルーム

住所 Jl. Pungutan No.31, Sanur TEL 0811-390-9088（携帯） URL www.mahagirivillassanur.com/spa.php 営業 毎日9:00～21:00 税&サ +21% カード AMV 予約 前日まで MENU 英語 英語OK

Menu List バリニーズマッサージ（60分）Rp.50万／スキン・トリートメント・コーヒースクラブ（45分）Rp.30万／アロマテラピー・フェイシャル（60分）Rp.35万／マハ・アーユルヴェーダ・トリートメント（90分）Rp.60万

南国の緑に囲まれたプライベート空間
ヌサドゥア＆ブノア全体図 **MAP** P.218-B2

カユマニス・スパ・アット・ヌサドゥア
Kayumanis Spa at Nusa Dua

カユマニス・ヌサドゥア（→P.84）内にあるトリートメントヴィラ。広大な敷地に2棟のヴィラしかない、静かで贅沢なロケーションがうれしい。海水フットバス、ボディマッサージ、海藻ボディスクラブなどがセットになったオーシャンリチュアル（2時間 Rp.175万5000）は、海をイメージさせるオリジナルメニューだ。

海藻プロダクツを使用するオーシャンリチュアル

トリートメントのための贅沢空間

住所 ITDC Area, P.O. Box 777, Nusa Dua TEL (0361)770-777 URL kayumanisnusadua.com/ja/spa/ 営業 毎日9:00～21:00 税&サ +21% カード AJMV 予約 前日まで MENU 日本語 英語OK 送迎 ヌサドゥアエリア内の無料送迎あり

Menu List セレスティアル・ドリーム（60分）Rp.84万5000／トラディショナル・フェイシャル（60分）Rp.84万5000／カユマニス・カルマ（2時間）Rp.162万5000／オーシャンリチュアル（2時間）Rp.175万5000／スイート・セレナーデ（3時間）Rp.227万5000

個性的なメニューを心ゆくまで楽しむ
サヌール中部部 **MAP** P.233-C2

スパ・アット・マヤ・サヌール
Spa at Maya Sanur

ビーチ沿いの高級リゾート、マヤ・サヌール（→P.242）内のスパ施設。キャビアを使ったマリンコラーゲン・フェイシャル（75分 Rp.117万）など、海テーマのメニューが用意されている。2時間のトリートメントにヨガ教室と朝食を組み合わせたサンライズ・アット・マヤ（Rp.175万5000）もユニーク。

左／オリジナルの高品質プロダクツ 右／緑を基調にした明るいスパルーム

住所 Jl. Danau Tamblingan No.89M, Sanur TEL (0361)849-7800 URL spaatmaya.com/sanur 営業 毎日10:00～20:00 税&サ +21% カード ADJMV 予約 当日OK MENU 英語 英語OK

Menu List アロマ・オーシャン・ラップ（45分）63万7000／ボディスクラブ（60分）84万5000／ホリスティック・マッサージ（60分）97万5000／スムージング・マヤ・マッサージ（75分）Rp.110万5000／シーサイドエスケープ（2時間）Rp.143万

渓谷の隠れ家のようなヴィラでまどろむ

ウブド全体図 MAP P.279-C3

スパ・アット・マヤ・ウブド
Spa at Maya Ubud

清らかなプタヌ川のせせらぎが聞こえてくるマヤ・ウブド・リゾート＆スパ（→P.93）内の自然派スパ。緑の渓谷に包み込まれるスパヴィラは、ウブドでも有数のロケーション。このすばらしい雰囲気を満喫するためには、マヤ・エスケープ（2時間Rp.170万）など、フラワーバス付きのパッケージを選びたい。バリの伝統的なトリートメントメニューも充実している。

上／自然に癒やされるスパヴィラでのトリートメント　左下／渓谷を望むリバープールも美しい　右下／フラワーバスで至福の時間を！

住所 Jl. Gunung Sari, Peliatan, Ubud
TEL (0361)977-888　URL www.spaatmaya.com
営業 毎日9:00 ～ 20:00　税＆サ +21%
カード A D J M V　予約 前日まで
MENU 英語 🗣英語OK
送迎 ウブド王宮間の無料シャトルあり

Menu List リジュベネイティング・フェイシャル（60分）Rp.182万／ボディスクラブ（60分）Rp.95万／リラクシング・バリニーズマッサージ（60分）Rp.94万／ハーバルトリートメント（60分）Rp.94万／プタヌ・インタールード（3時間）Rp.245万

緑に囲まれた大人の隠れ家

ウブド全体図 MAP P.278-C1

サンティ・スパ
Santi Spa

のどかな田園風景に包まれたウマ・カライ（→P.26）内にあるリゾートスパ。ジョグロ建築のトリートメントルームが独特の雰囲気を醸し出し、心地よいリラックスタイムが過ごせそう。おすすめは絶妙なストロークで筋肉のコリをほぐすウマ・カライ・シグネチャーマッサージ（60分 Rp.55万）や、ハーブと米で肌の角質を取り除くジャワニーズ・ロイヤル・ルルール（90分 Rp.77万5000）。プロダクツには植物ベースの自然製品を使用しており、バリ島やインドネシア各地から厳選されたメニューを体験できる。

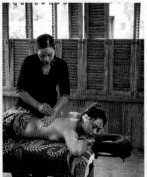

南国の花々を浮かべたフラワーバス

左／ジャワ島から移築されたジョグロ建築のカップルルーム　右／伝統的なルルールを体験。セラピストも熟練者が揃う

住所 Sayan, Ubud　TEL 0813-3947-6363(携帯)
URL www.umakalai.com/santi-spa
営業 毎日10:00 ～ 20:00　税＆サ +21%　カード A M V
予約 前日まで　MENU 英語 🗣英語OK

Menu List マニキュア(60分)37万5000／リフレクソロジー (60分) Rp.55万／エッセンシャル・フェイシャル(60分) Rp.55万／バリニーズ・マッサージ(60分) Rp.55万／バリニーズ・ボレー (90分) Rp.77万5000 ／カップル・マッサージ(60分)2名Rp.110万

女心をとりこにするエキゾチックなスパ

ウブド南部 MAP P.282-A2

ダラ・スパ・アット・アラヤ・ウブド
Dala Spa at Alaya Ubud

ウブド中心部にあるアラヤ・ウブド(→P.313)内のスパ。クタで人気の同名スパよりも少し安めの料金設定で、ウブドならではのオリジナルメニューが評判だ。オススメはココナッツやパームシュガーで肌を整えるマニス・クレポン(2時間 Rp.102万)。マラバール・ティーセレモニー(2時間 Rp.102万)では、紅茶とハーブをふんだんに使用したバスタイムも楽しめる。

左／マラバール・ティーセレモニーのフットリチュアル
右／緑の景観に包まれたトリートメントルーム

住所 Jl. Hanoman, Ubud　TEL (0361)972-200
URL dalaspa.com　営業 毎日9:00 ～ 23:00　税&サ +21%
カード AJMV　予約 前日まで　MENU 英語　英語OK
送迎 ウブドエリア内の無料送迎あり(US$120以上の利用)

Menu List ダラ・アロマテラピーマッサージ(75分) Rp.64万5000／アジアン・フュージョン・マッサージ(90分) Rp.71万5000／オリジナル・ビューティ・フェイシャル(90分) Rp.77万5000／ダラ・シグネチャー・トリートメント(2時間) Rp.102万／アイランド・コクーン(3時間) Rp.112万

バリの伝統的なヒーリングを体験

ウブド全体図 MAP P.278-A2

ヴィセサ・スパ
Visesa Spa

農村文化が体験できるヴィセサ・ウブド・リゾート(→P.321)内にある、田園風景に面したスパ施設。スクラブやフェイシャルに使用するプロダクツは、すべて自然素材を使った手作りだ。おすすめのコースメニューはマッサージやフェイシャル、ハーバルバスがセットになったインナー・ジェゲッ(2.5時間 Rp.175万)。

左／メニューはフット・ウオッシュから
右／自然が感じられる開放的なスパ施設

住所 Jl. Suweta, Br. Bentuyung Sakti, Ubud　TEL (0361)209-1788
URL www.visesaubud.com　営業 毎日9:00 ～ 21:00　税&サ +21%
カード AMV　予約 前日まで　MENU 英語　英語OK
送迎 ウブドエリア内の無料送迎あり

Menu List バリ・カランタカ・マッサージ(60分) Rp.62万5000／アノム・プレライ・フェイシャル(60分) Rp.50万／グリシキン・ラガ(60分) Rp.69万／リチュアル・ラハルジャ(2時間) Rp.120万

渓谷沿いのロケーションがすばらしい

ウブド全体図 MAP P.278-A2

チャンパカ・スパ
Champaka Spa

深い緑の森に抱かれたジャナタ・リゾート(→P.318)内の美景スパ。木立に守られた半屋外のバスタブから渓谷美を堪能できるので、バス付きのパッケージを選ぶのがおすすめ。ヒーリング・ボディ・ハーバル(2時間 Rp.102万8000)はマッサージとスクラブのバリニーズ・ボレー、ハーバルバスがセットになっており、フルコースで楽しめる。

左／トリートメントルームに優しく光が差し込む
右／景観に身を委ねながら至福のバスタイム

住所 Br. Bangkiang Sidem, Keliki, Tegalalang
TEL (0361)479-2778　URL jannataresort.com/en/spa-yoga
営業 毎日10:00 ～ 21:00
税&サ +21%　カード AJMV　予約 前日まで
MENU 英語　英語OK　送迎 ウブドエリア内の無料送迎あり

Menu List フルーツ&ナチュラルフェイシャル(60分)Rp.54万／セラピウティック・バリニーズマッサージ(60分)Rp.54万／エッセンス・オブ・アース・シグネチャーマッサージ(75分)Rp.62万9000／ディープ・ティシュー・マッサージ(60分)Rp.58万／ストーンテラピー・マッサージ(90分)Rp.70万

スパ&エステの楽しみ方

How to enjoy Bali Spa

バリ・テラピーを体験しましょう

スパのタイプ

リゾートホテル内の高級スパと、町なかに店を構えるエステサロン（町エステ）の2タイプが基本。多くの高級ホテルは、美しいロケーションや最新の設備を誇るスパを併設している（宿泊客以外は利用できない施設もある）。町エステは個性化が進み、高級ホテル並みのレベルを誇る店から、伝統的なマッサージを格安料金で提供する店などさまざま。自分の予算や希望に合う店を訪れてみよう。

ピークシーズンの予約について

リラクセーション施設の混雑状況は季節により大きく異なる。日本のゴールデンウイーク、夏休み（お盆前後）、年末年始はバリ島でも旅行のピークシーズン。これらの時期にはなるべく早く予約したほうが確実（おおむね3日前が目安。人気スパでは1週間前ぐらいを心がけたい）。逆にオフシーズンには予約なしで人気店を訪れても、利用できるケースもある。
※スパ記事で記載している「予約」のタイミングはあくまでも目安です。利用したいお店や時間帯にこだわりがある場合、早めに予約することをおすすめします。

自分の希望をリクエスト

最初にメニューを選ぶとき、希望があればマッサージ師の性別も伝えよう。同性のほうが気遣いせずに済むが、指圧のようなメニューは力のある男性テラピストのほうが気持ちいい。マッサージが始まったら、すぐに「もむ強さはどうですか？」と聞いてくるので、「少し強め」とか「もっと優しく」と好みを伝えよう。事前に体の状態をチェックし、それに合わせたマッサージメニューを提供してくれる店もある。

下着や貴重品について

マッサージを受けるときは基本的に下着も取り、貸してくれるサロンを腰に巻く程度。全裸に抵抗がある場合には、パンツははいたままでもOK。ただし、ボディスクラブをするときには、下着に色が付着して取れなくなることもある。町スパや気の利いたマッリージサロンでは、使い捨ての下着を用意してくれる。また、指輪やネックレスはあらかじめ外して、貴重品とともに身近な所に置いておくこと。

帰国日も満喫しよう

帰国便が夜遅く出発する場合は、ホテルをチェックアウトしたあとに、スパでのんびりと過ごすのがおすすめ。旅の疲れをマッサージで癒やし、シャワーを浴びてから空港へ（肌に合わないオイルが体に付いたままだと、かぶれる場合もあるので注意）。

また、ビーチウオーク・バリやバリ・コレクションなど各エリアのショッピングモール内にも、クイックマッサージの施設があるので上手に利用しよう。

バリのエステプログラム

マンディ・ルルール

ブレンドしたハーブを使っての全身トリートメント。バリで一般的なスパメニューで、ターメリックなどの自然素材やヨーグルトを使って、血行を高める効果がある。

フェイシャルマッサージ

日焼けが気になるときに体験したいメニュー。キュウリやアロエを肌に載せてビタミンを補給し、ハーブを原料にした自然コスメを使って、マッサージ＆クレンジングをする。

クリームバス

南国の日差しで、髪の毛が傷んでいると感じたらバリ式ヘアエステを。アボカドなどの野菜とハーブをブレンドしたクリームで、髪と頭皮を優しくマッサージしてくれる。

バリニーズ・マッサージ

旅行者に最も人気が高い伝統的なマッサージ。指圧の技術も取り入れて、リズミカルに全身のコリをほぐしていく。マッサージオイルは、利用者の好みで選べるスパも多い。

フラワーバス

至福の時間の締めくくりとなるのが、熱帯の花々を浮かべて入浴するフラワーバス。エッセンシャルオイルやハーブなどもお湯に入れられて、心からリラックスできるはず。

楽園でのバカンスはホテル選びから！

憧れのリゾートホテル 最新ガイド

Resort Hotel Selection

カップルに人気の高級ヴィラ、家族連れに便利な大型ホテル、
そしてリーズナブルなプチホテルなどバリ島のリゾートは百花繚乱。
南国的なビーチエリアから渓谷に包まれた山間エリアまで、
多様なロケーションから滞在先を選べるのも世界的な観光アイランドならでは。

高級リゾートホテルの使い方

室内設備の利用方法

▶**アメニティ**：ほとんどの場合、バスアメニティとして石鹸、シャンプー、コンディショナー、シャワーキャップは常備されている。バリのホテルでは歯磨き粉、歯ブラシ、シェーバーはないことのほうが多い。

シャンプーや石鹸などは標準装備

▶**ドライヤー**：バスルームに備え付けられているか、ドレッサーの引き出しに入っている。

▶**セーフティボックス**：室内のクローゼットに、自分で暗証番号が決められる電気式セーフティボックスが据え付けられていることが多い。ない場合はレセプションに預ける。

▶**ミニバー**：各種ドリンク類が用意されている。飲んだぶんだけ自分で所定の用紙にチェックする。

▶**ミネラルウオーター／ボイルドウオーター**：バリは水道水が飲めないため、通常高級ホテルでは、ミネラルウオーターが無料でサーブされる。

※ホテル記事で記載している空港からホテルへの所要時間は「目安」です。交通事情により異なるので注意してください。

🌺 リゾートの基本施設

ロケーションを生かしたプール、レストラン、スパなどが、バリ島リゾートの基本施設。腕利きシェフが提供する食事や個性的なスパは、各ホテルの大きなセールスポイントになっている。これら施設の充実度は世界的な水準から見ても高い。

サウナ、ジム、美容室などの施設もほとんどのリゾートホテルは完備している。また、ワークショップやイベントを毎日用意する大型ホテルもある。

魅力的なリゾートが続々とオープンしている

🌺 コンシェルジュ＆アクティビティデスク

コンシェルジュはホテルロビーに専用デスクをもつ「お客さま係」。ホテル内のすべての施設や営業時間の問い合わせに答えてくれる。観光情報も豊富にもっているので、島内観光のアドバイスも受けられる。

また、各種アクティビティの紹介・予約や、ホテル外で行われるツアーなどの手配をしてくれるアクティビティデスクも、ほとんどの高級ホテルにある。たいていロビーの一角を占めているが、マリンアクティビティに関してはプールサイドやビーチサイドにあるブースで扱っている。

ホテルスタッフは笑顔で対応

エリアと個性で分けた4つのカテゴリー

このリゾートホテルガイドの章では、読者の方の希望滞在地やホテルの好みを考慮して、4つのカテゴリーに分類しました。

南部リゾートエリアの大型ホテル ▶P.74〜81
スミニャック＆クロボカン、チャングー、ジンバラン、ヌサドゥア＆ブノアなど、南部リゾートエリアのおすすめ大型ホテルを紹介しています。

南部リゾートエリアのヴィラ ▶P.82〜89
スミニャック＆クロボカン、チャングー、クタ＆レギャン、ジンバラン、ヌサドゥア＆ブノアなど、南部リゾートエリアの人気ヴィラを紹介しています。

ウブドエリアのヴィラ＆大型ホテル ▶P.90〜95
ウブドおよびウブド近郊エリアの、ヴィラと大型ホテルを紹介しています。

地方エリアの自然派ホテル ▶P.96〜98
南部リゾートエリアやウブド以外のエリアのヴィラと大型ホテルを紹介しています。ホテルのあるエリアは、バリ北部、ロビナ、西部国立公園周辺など。

ホテルの情報アイコン

アイコンは各ホテルの室内設備と基本施設を示しています。各アイコンは色によって、「全室に設備ありorホテル内に施設あり」、「一部の部屋に設備あり」、「設備や施設なし」を示しています。

全室にあり　　なし

料金 **AC** **TV** **TUB** デラックス(D)US$150

一部の部屋にあり

施設あり　施設なし　リクエスト対応(または日本語少々)

条件により無料(or有料)

ホテル設備の記号一覧 **AC**＝エアコン　**TV**＝テレビ　**TUB**＝バスタブ　**Wi-Fi**＝ネット環境　＝プール　**Y1**＝レストラン　＝スパ　＝室内金庫　＝冷蔵庫　＝ドライヤー　**J**＝日本語スタッフ　＝朝食

ヨガ＆体験プログラム

　世界的なブームにともなって、ビーチや渓谷に面した敷地内でヨガが楽しめるリゾートも増えてきた。また、バリの伝統文化に触れる体験プログラムも各リゾートで趣向を凝らしている。ヌサドゥア地区の大型ホテルでは、バリ舞踊を鑑賞できるビュッフェディナーも開催されている。

　また、アジア各国のリゾートで話題の「フローティング・ブレックファスト」は、バリ各地のヴィラでもゲスト向けに提供されている。ビジターでも体験できるリゾートもある。

左／プール内で朝食を楽しめるフローティング・ブレックファスト　右／ヨガパビリオンをもつホテルも多い

クリニック＆ 託児所

　大型ホテルではほとんどがクリニックを併設したり、外部のドクターと契約している。体の調子が思わしくなかったら、気軽に相談してみるといいだろう（英語が通じる）。

　子供連れでリゾート滞在する人は、託児施設（キッズクラブ）も利用OK。託児所では子供が飽きずに楽しめるよう1日のスケジュールが組まれており、各国の子供たちと一緒に過ごせる。また、託児所のないホテルでも、リクエストでベビーシッターを手配してくれる。

リゾート内にあるキッズクラブ

チップについて

　サービス料が料金に含まれているので、基本的にはチップは不要。ただし、ベルボーイに荷物を運んでもらったり、コンシェルジュに特別な用事をお願いしたときは、Rp.2万ほどを渡してもいいだろう。

近年はルームサービスを室内電話ではなくWhatsAppで注文できるホテルも増加中

ランドリーサービスを利用しよう

　リゾートホテル滞在のマナーとして、洗濯物はベランダなどひとめにつく所に干してはいけない。バスルームなどに干すのが普通だが、なかなか乾きにくい。やはりランドリーサービスを利用するのが一般的だ。料金はシャツUS$1.5、ズボンUS$2、ブラウスUS$1.5、スカートUS$2、下着US$1、靴下US$0.8程度。

依頼する洗濯物をシートに記入する

---

information

ホテル予約サイトの利用方法

　個人旅行で海外のホテルに宿泊する場合、ホテルの予約サイトの利用が一般的になっている。予約はすべて日本国内で済んでしまうので、スケジュールも確定して現地での時間が有効に使える（クレジット決済や現地での支払いが基本）。サイトごとにホテルの割引率は異なるので、数社をチェックしてみるといいだろう。近年は最低価格保証付き（他社より高かった場合には差額を返金する）をうたう、欧米系のホテル予約サイトも多い。まずは、旅行日程と滞在エリアなどを入力し、クチコミ評価やキャンペーン情報を参考にして、料金を比較してみよう。

主要なホテル予約サイト

●エクスペディア
URL www.expedia.co.jp
●Booking.com
URL www.booking.com
●ホテリスタ
URL hotelista.jp
●ホテル価格チェッカー
URL ホテル価格.com

　エクスペディアやBooking.comなど30の予約サイトのホテル料金を比較できる。

充実した施設で
憧れのバカンスを実現

南部リゾートエリアの
大型ホテル
Grand Hotels in
South Resort Area

ヌサドゥアのビーチから2kmほど西の高台に建ち、毎時1本のシャトルでバリ・コレクションなどへアクセスできる

キッズも大満足、ファミリー向きの高級ホテル　ヌサドゥア&ブノア全体図　MAP P.218-C1

ルネッサンス・バリ・ヌサドゥア・リゾート
Renaissance Bali Nusa Dua Resort

　高台からヌサドゥアの海を見下ろす遊び心いっぱいの5つ星ホテル。ロビーに到着した時から独創的なインテリアと南風のムードにテンションアップ間違いなし。デザイン性の高い4つのプール、劇場のバックステージをイメージしたダイニング、格調高くモダンなベッドルーム……。すべての施設が洗練され、まるで映画のワンシーンに迷い込んでしまったかのよう。全307室は基本的にデラックス(42m²)で構成され、部屋からの眺めによってカテゴリが異なる。デラックス・シービューのバルコニーからは美景が広がり、最初にカーテンを開けると歓声を上げてしまいそう。また、毎日8時から17時までキッズのための楽しいアクティビティがぎっしり用意されているので、ファミリーには最高に充実した滞在になるはずだ。海と町を見渡せるルーフトップ庭園や、帰国日にチェックアウト後ものんびり過ごせるラウンジルームなど、宿泊者にうれしいサービスが充実している。**Wi-Fi** 客室OK・無料

フュージョン料理が評判

バスルームと寝室が一体化したデラックス・シービューの室内

上／4階建ての客室棟は美しいラグーンプールに面している
下／高級志向のスパも体験したい

住所 Kawasan Pariwisata Lot SW 4&5, Jl. Nusa Dua
TEL (0361)209-2888　URL marriott.com/en-us/hotels/
dpsnd-renaissance-bali-nusa-dua-resort
日本予約 マリオットインターナショナル FD 0120-142-890
税&サ +21%　カード A J M V
料金 AC TV TUB デラックス・ガーデンビュー⑫Rp.222万〜
　　 AC TV TUB デラックス・シービュー⑫Rp.252万〜
　　 AC TV TUB デラックス・シービューテラス⑫Rp.272万〜
空港→車で30分(片道1台Rp.42万3500〜84万7000で送迎可)

ホテル設備の記号一覧 AC=エアコン　TV=テレビ　TUB=バスタブ　Wi-Fi=ネット環境　=プール　=レストラン　=スパ　=室内金庫　=冷蔵庫　=ドライヤー　=日本語スタッフ　=朝食

極上のバカンスを約束するハイエンドホテル

南部リゾートエリア **MAP** P.135-C4

ザ・リッツ・カールトン・バリ
The Ritz-Carlton Bali

パノラマビューの高台とビーチサイドという、変化に富んだ地形を美しくデザインした最高級リゾート。敷地の両脇を囲むビルディングにはスイートタイプの客室棟が並んでおり、ボトムカテゴリのサワンガン・ジュニアスイートでも99.5m²という驚きの広さ。建物の上階や敷地中央には、ヴィラやプールパビリオンなど多彩な客室が用意されている。レストランやスパのレベルも高く、ファミリー向けの無料アクティビティも充実。キッズクラブでは4〜12歳の子供を無料で預かるサービスも実施している。全313室。**Wi-Fi** 客室OK・無料

住所 Jl. Raya Nusa Dua Selatan Lot3, Sawangan, Nusa Dua
TEL (0361)849-8988　FAX (0361)849-8989
URL www.ritzcarlton.com
日本予約 マリオットインターナショナル FD 0120-142-890
税&サ +21%　カード **A D J M V**
料金 **AC TV TUB** サワンガン・ジュニアスイートRp.390万〜
AC TV TUB サワンガン・プールアクセスRp.540万〜
AC TV TUB リッツカールトン・スイートRp.645万〜
AC TV TUB 1ベッドルーム・スカイヴィラRp.2500万〜
空港→ 車で20分(片道1台US$29〜で送迎可)

上／夜にはロマンティックに敷地全体が色づく
右／サワンガン・ジュニアスイート。1階のみプールアクセスとなっている

うわさのビーチエリアで優雅にステイ

チャングー **MAP** P.170-B1

コモ・ウマ・チャングー
COMO Uma Canggu

最旬の滞在エリアとして注目を集めるエコー・ビーチのリゾート。周囲にはビーチクラブやカフェが並び、絵に描いたような南国バカンスが期待できる。全119室の客室棟はラグーンプール沿いに建てられ、ボトムカテゴリのチャングールームでも36m²と快適なサイズ。中庭付きのガーデンパティオルームも手頃な料金設定で、オーシャンビューを客室から楽しめるペントハウスやレジデンスなどアッパーカテゴリも充実している。アクティブな宿泊客のためにサーフショップを併設しているのも、チャングーの高級ホテルならでは。**Wi-Fi** 客室OK・無料

上／ラグーンプールに沿って客室棟を配置　下／白を基調としたチャングールーム

住所 Echo Beach, Jl. Pantai Batu Mejan, Canggu
TEL (0361)620-2228
URL www.comohotels.com/umacanggu
税&サ +21%　カード **A J M V**
料金 **AC TV TUB** チャングールームⒹUS$243〜
AC TV TUB ガーデンパティオルームⒹUS$360〜
AC TV TUB スイートUS$374〜
AC TV TUB 1ベッドルームレジデンスUS$442〜
AC TV TUB 2ベッドルームレジデンスUS$829〜
空港→車で50分(片道1台US$55で送迎可)

インド洋に面した超大型リゾートには6つのメインプールに
9つのレストラン、バーとラウンジが入っている

ヌサドゥア＆ブノア全体図 MAP P.218-C1・C2

🏔 3つのスタイルで展開する最高峰ブランド

ザ・ムリア、ムリア リゾート＆ヴィラス ヌサドゥア-バリ
The Mulia, Mulia Resort & Villas Nusa Dua-Bali

白砂のビーチ沿いに建つ、巨大なリゾートコンプレックス。30ヘクタールの敷地は「ムリア リゾート」、「ザ・ムリア」、「ムリア ヴィラス」と3つの豪華な宿泊施設で構成されて注目を集めている。

「ムリア リゾート」は全526室のグランドホテル。世界各国のグルメを楽しめるレストランをはじめ、豪華なスパや豊富なアクティビティ施設をもち、快適なバカンスを満喫できる。客室も通常サイズで57m²の広さを誇り、ゆったりしたバスタブもセレブ感たっぷり。全111室の「ザ・ムリア」はオールスイート仕様。室内には極上リネンとジャクージが用意され、24時間のバトラーサービスも受けられる。高台にある「ムリア ヴィラス」は全108棟。1ベッドルームタイプでも505m²の居住空間を誇り、全ヴィラに最新のハイドロテラピープールを完備している。**Wi-Fi** 客室OK・24時間US$20(会員登録で無料)

上／バロンスイートのベッドルーム
下／広々としたプライベートプールがうれしい1ベッドルームヴィラガーデンビュー

住所 Jl. Raya Nusa Dua Selatan, Kawasan Sawangan, Nusa Dua
TEL (0361)301-7777　URL www.themulia.com
税＆サ+21%　カード AJMV
料金 AC TV TUB グレンジャールーム⒟Rp.330万～
　　 AC TV TUB シグネチャーオーシャンコート⒟Rp.450万～
　　 AC TV TUB バロンスイートガーデンビュー Rp.680万～
　　 AC TV TUB アールスイートガーデンビュー Rp.750万～
　　 AC TV TUB 1ベッドルームヴィラガーデンビュー Rp.830万～
空港→ 車で20分(片道1台Rp.40万～で送迎可)

世界各国のグルメが満喫できる

遊び心たっぷりのスタイリッシュなリゾート空間

クロボカン MAP P.140-B1

W バリ-スミニャック
W Bali-Seminyak

クロボカン・ビーチの一等地に建つ、世界中にファンをもつホテルブランド。全229室はメインビルディング内のエスケープ棟と、ガーデンエリアに建つヴィラの2タイプ。モダンなエスケープは64m²のゆったりサイズで、熱帯雨林をイメージしたファブリックも個性的。特に3〜5階にあるスペクタキュラー・オーシャンフェイシング(76室)は、バルコニーからインド洋の絶景が広がっておすすめ。また、熱帯の植物に包まれたヴィラ棟は、プランジプールや東屋などを完備し、思うがままの休日を満喫できるはずだ。**Wi-Fi** 客室OK・無料

上／バリの棚田をモチーフにしたメインプール。夕暮れ時には美しいサンセットも望める
下／スペクタキュラー・オーシャンフェイシングの室内

住所 Jl. Petitenget, Seminyak, Kerobokan
TEL (0361)300-0106　FAX (0361)473-8104
URL www.wretreatbali.com
日本予約 マリオットインターナショナル FD 0120-142-890
税&サ +21%　カード A J M V
料金 AC TV TUB ワンダフル・ガーデンエスケープⓄRp.610万〜
　　 AC TV TUB スペクタキュラー・オーシャンフェイシングⓄRp.710万〜
　　 AC TV TUB マーベラス1ベッドルームプールヴィラRp.910万〜
　　 AC TV TUB マーベラススイートRp.1010万〜
　　 AC TV TUB WOW2ベッドルームプールヴィラRp.2510万〜
空港→ 車で30分(片道1台Rp.40万で送迎可)

憧れの滞在型最高級リゾート

クロボカン MAP P.140-C1

ザ・レギャン・バリ
The Legian Bali

まず驚かされるのが部屋の広さ。最もリーズナブルなスタジオスイートの部屋でも、その広さはほかのホテルのジュニアスイート以上。キングサイズベッドが置かれた広々としたベッドルームと、ゆったりとしたソファセットが置かれたリビングエリアがあり、バルコニーも開放的な広さをもっている。
巨大なメインビルディングは部屋数を66室と抑えて造っており、全室がオーシャンビューになっているのもこのホテルの大きな魅力。レストランからもメインプールの先に海が見渡せ、海に沈む夕日を眺めながら食事やカクテルを楽しむのに最適だ。**Wi-Fi** 客室OK・無料

住所 Jl. Kayu Aya, Seminyak
TEL (0361)730-622
URL lhm-hotels.com
税&サ +21%　カード A D J M V
料金 AC TV TUB スタジオスイートRp.668万〜
　　 AC TV TUB 1ベッドルーム・デラックスRp.792万〜
　　 AC TV TUB 2ベッドルーム・スイートRp.1160万〜
　　 AC TV TUB スミニャックスイートRp.2970万〜
空港→ 車で30分(片道1台US$75で送迎可)

上／インド洋に面した最高のロケーション
左／洗練された料理を提供するグルメ・リゾートとしても有名
右／客室のリビングスペースも広々としている

インド洋に溶け込むような憧れの絶景リゾート

充実した施設を誇る世界クラスのリゾート

ジンバラン全体図 MAP P.208-B1

アヤナ リゾート＆ スパ バリ
AYANA Resort & Spa Bali

デラックスオーシャンビューの室内

ヴィラはハネムーナーにおすすめ

インド洋に面して77ヘクタールもの敷地を有する、最高水準の施設とサービスを誇る大型リゾート。アヤナとはサンスクリット語で「安息の地」を意味し、自然豊かなロケーションはまさにパラダイス。広大な緑の敷地に熱帯の花々が咲き誇り、心安らかな休日を約束してくれる。また、アクアトニックプールを完備したスパ「アヤナ スパ(→P.62)」やインド洋に突き出した「ロックバーバリ」、辻利のオリジナルメニューが楽しめる「ダマールテラス」などの施設も魅力的。

全294室のインテリアにはバリのエッセンスが加味され、アジアンリゾートらしい落ち着き。スタンダードタイプのリゾートビューから、リビング付きのスイートまでカテゴリは豊富。さらに敷地内には78棟のヴィラもある。子供やハンディキャッパー向けの設備も充実し、スパやウエディング施設にも日本人の専任スタッフがいるので、バリ初心者でも安心して滞在できる。Wi-Fi 客室OK・無料

住所 Jl. Karang Mas Sejahtera, Jimbaran
TEL (0361)702-222　FAX (0361)701-555
URL www.ayana.com/ja/bali
日本予約 アヤナリゾート東京オフィス TEL (03)6459-3670
税&サ +21%　カード A J M V
料金 AC TV TUB リゾートビュー D Rp.450万〜
　　 AC TV TUB デラックスオーシャンビュー D Rp.526万〜
　　 AC TV TUB リゾートビュースイートRp.761万〜
　　 AC TV TUB オーシャンビュースイートRp.889万〜
　　 AC TV TUB 1ベッドルームクリフヴィラRp.1736万〜
　　 AC TV TUB 2ベッドルームオーシャンフロントヴィラRp.1812万〜
空港→車で20分(片道1台Rp.48万で送迎可)

左／人気のロックバーバリで夕暮れどきを過ごしたい
右／クリフヴィラの開放的なバスルーム

ホテル設備の記号一覧　AC =エアコン　TV =テレビ　TUB =バスタブ　Wi-Fi =ネット環境　=プール　=レストラン　=スパ　=室内金庫　=冷蔵庫　=ドライヤー　=日本語スタッフ　=朝食

世界中のセレブから愛される名門ホテル

ヌサドゥア＆ブノア全体図 MAP P.218-C2

セントレジス バリ リゾート
St. Regis Bali Resort

上／スイートルームはおよそ92㎡の贅沢な広さ　下／ヴィラエリアに広がるラグーンプール

　1902年にニューヨーク5番街で創業以来、各国でセレブの社交場となってきたセントレジス。その名門がアジアで最初のリゾートを造ったのは、ヌサドゥア・ビーチの一等地。海を望むシグネチャーダイニングや優美なスパなど、休日を彩るホテル内施設もエレガントで、誰もが滞在することに大きな満足と喜びを感じるはずだ。

　壮大なビルに入る82室のスイートは、92㎡のゆったりした間取り。特注のリネンや高級バスアメニティなど、もてなしの心は細部にまで息づいている。ラグーンプール周辺に点在している42棟のヴィラは、ハネムーンや特別な記念日に利用してみたい。迷路のような庭園や広大なラグーンプールなど、独創的なリゾート空間はゲストを夢の世界へと誘ってくれる。 Wi-Fi 客室OK・無料

住所 Kawasan Pariwisata Nusa Dua Lot S6, P.O. Box 44, Nusa Dua
TEL (0361)847-8111　FAX (0361)848-0600
URL www.stregisbali.com
日本予約 マリオットインターナショナル FD 0120-142-890
税&サ +21%　カード AJMV
料金 AC TV TUB スイートRp.955万〜
　　 AC TV TUB プールスイートRp.1355万〜
　　 AC TV TUB ガーデニアヴィラRp.2055万〜
　　 AC TV TUB ラグーンヴィラRp.2305万〜
　　 AC TV TUB ストランドヴィラRp.3715万〜
空港→車で20分(片道1台Rp.35万で送迎可)

ハイスを拠点に展開する国際的リゾート

ジンバラン中心部 MAP P.209-C1

モーベンピック・リゾート・ジンバラン
Mövenpick Resort Jimbaran

　ジンバランエリアにオープンした、全297室の5スターリゾート。広々としたラグーンプールや5つのレストラン＆バーなどを完備し、最上階のルーフトップレストランからは夕景も楽しめる。子供用のアクティビティやキッズクラブ、幼児用のベビーコットを無料で利用できるのでファミリー滞在にも最適。クラシックルームとクラシックプールビューは34㎡で部屋サイズは同じだが眺望が異なる。パステルカラーのファブリックに包まれて、快適に滞在できる。 Wi-Fi 客室OK・無料

上／家族連れにも人気の大型リゾート
下／客室バルコニーからの眺めもいいクラシックプールビュールーム

住所 Jl. Wanagiri No.1, Jimbaran
TEL (0361)472-5777
URL movenpick.accor.com
税&サ +21%　カード ADJMV
料金 AC TV TUB クラシックⒹRp.190万〜
　　 AC TV TUB クラシックプールビューⒹRp.211万〜
　　 AC TV TUB ファミリールームRp.276万〜
　　 AC TV TUB プレミアスイートRp.362万〜
空港→車で30分(片道1台Rp.31万で送迎可)

アプルヴァはサンスクリット語で「絶対的な存在」という意味。
贅を尽くした施設で夢見心地のバカンスを過ごせる

🌴ヨーロッパ最古の高級ホテルグループが登場　**南部リゾートエリア** **MAP** **P.135-C4**

ジ アプルヴァ ケンピンスキー
The Apurva Kempinski

ヌサドゥア郊外の高台にオープンした、究極のビーチフロントリゾート。エントランスの先には水の離宮のようなロビー、そしてインド洋のパノラマが広がる非日常空間。丘から浜辺へとスロープを描く14ヘクタールの敷地には、全162室の客室棟がアート作品のように配置され、海沿いプールとビーチクラブ、7つのレストラン&ラウンジ、チェックアウト後に利用できるデパーチャーラウンジなど最新施設を完備している。

客室はデラックスとスイートの2タイプが基本。グランド・デラックスでも65m²と贅沢なサイズを誇り、グランド・デラックス・ラグーンを指定すれば部屋からプールへのアクセスもOK。スイートにはバルコニーにプライベートプールが付き、専用の「クリフラウンジ」での朝食やアフタヌーンティーなどワンランク上のサービスが享受できる。記念日やハネムーンなど特別な滞在で最初にチョイスしたいホテルだ。**Wi-Fi** 客室OK・無料

水族館レストランのコーラル

グランド・デラックスのベッドルーム

上／クリフ・ジュニアスイートは全室プール付き
下／レストランやビーチクラブで最新グルメを味わえる

住所 Jl. Raya Nusa Dua Selatan, Sawangan, Nusa Dua
TEL (0361)209-2288　税&サ +21%　カード **A** **DJ** **IM** **V**
URL www.kempinski.com/en/bali/the-apurva-kempinski-bali/
料金 **AC** **TV** **TUB** グランド・デラックスⒹRp.380万～
　　 AC **TV** **TUB** グランド・デラックス・オーシャンコートⒹRp.410万～
　　 AC **TV** **TUB** グランド・デラックス・ラグーンⒹRp.450万～
　　 AC **TV** **TUB** クリフ・ジュニアスイートRp.640万～
　　 AC **TV** **TUB** シンハサリ1ベッドルームヴィラRp.740万～
空港→車で30分(片道1台Rp.40万～で送迎可)
➡🅿️ 🍴🅿️ 🏊🅿️ 🛁🅿️ 🧖 🍸 🍷 🏧△

ホテル設備の記号一覧 **AC**=エアコン　**TV**=テレビ　**TUB**=バスタブ　**Wi-Fi**=ネット環境　🏊=プール　🍴=レストラン
🧖=スパ　🏧=室内金庫　🧊=冷蔵庫　💨=ドライヤー　🈂=日本語スタッフ　🍳=朝食

🌿 アートと水が融合する優美なホテル

ジンバラン中心部 MAP P.209-C1

ル メリディアン・バリ・ジンバラン
Le Meridien Bali Jimbaran

のどかな漁村の雰囲気に包まれた、小高い丘に建つ全117室のブティックリゾート。ラグーンプールを挟んで4階建てのビルディング棟とアクアプールタワーが並び、トロピカルな中庭とモダンなデザインが絶妙にマッチしている。客室はスタンダードカテゴリのラグーンビュー（2〜4階）でも62m²と、驚くほど広々したサイズ。1階は部屋から直接プールへ入れるラグーンアクセスとなっている。ホテルの敷地からビーチへ徒歩1分なので、イカン・バカールで海の幸も気軽に満喫してみよう。 Wi-Fi 客室OK・無料

上／海をイメージしたインテリアのアクアスタジオ・スイート
下／海水のラグーンプールが中心に配置されている

住所 Jl. Bukit Permai, Jimbaran
TEL (0361)846-6888　FAX (0361)894-8777
URL www.lemeridienbalijimbaran.com
日本予約 マリオットインターナショナル FD 0120-142-890
税&サ +21%　カード A D J M V
料金 AC TV TUB クラシックルームⒹRp.160万〜
　　 AC TV TUB ラグーンビューⒹRp.170万〜
　　 AC TV TUB ラグーンアクセスⒹRp.200万〜
　　 AC TV TUB アクアスタジオ・スイートRp.205万〜
　　 AC TV TUB アバンギャルド・スイートRp.310万〜
空港→車で15分(片道1台Rp.32万5000で送迎可)

🌿 リピーターに愛される歴史的ホテル

サヌール全体図 MAP P.232-C2

ハイアット・リージェンシー・バリ
Hyatt Regency Bali

客室棟を包み込む樹木はまるで植物園のよう

1973年の開業からサヌールの象徴だったハイアットがフルリニューアル。500種類以上の植物が生い茂るガーデンや、創業時の調度品を生かしたインテリアなど、レジェンドホテルの面影が随所で感じられる。客室棟は4階建てで、上階の客室は27〜34m²とやや手狭だが、1階にあるプレミアムなら39m²とゆったりしている。広大な敷地に沿って広がる500mのビーチや、石像が並ぶバリ情緒たっぷりのプールなど、のんびりとバカンスを楽しむのにも最高のロケーション。ビーチに面した「ピッツァリア」では、毎週日曜12:00〜15:00にピザ＆パスタやBBQを満喫できるサンデーブランチ(Rp.45万、子供半額)が評判だ。全363室。 Wi-Fi 客室OK・無料

住所 Jl. Danau Tamblingan No.89, Sanur
TEL (0361)281-234　FAX (0361)287-693
URL hyattregencybali.com
日本予約 ハイアット FD 0120-923-299
税&サ +21%　カード A D J M V
料金 AC TV TUB スタンダードⒹRp.265万〜
　　 AC TV TUB デラックスⒹRp.280万〜
　　 AC TV TUB ファミリースイートRp.326万〜
　　 AC TV TUB プレミアムⒹRp.486万〜
空港→車で30分(片道1台Rp.40万で送迎可)

広々としたプレミアムのベッドルーム

南部リゾートエリアの
ヴィラ
Villas in South Resort Area

パビリオン・プールスイートのベッドルーム。客室にはアンリエッタさんのかつての恋人の名前が付けられている

2022年OPEN!

オーナーの美意識があふれるプチリゾート

チャングー **MAP P.170-A2**

ラ・リザーブ 1785
La Reserve 1785

　ココ・シャネルの恋人だったともされるアンティーク収集家アンリエッタさんを偲び、彼女のゆかりの土地に建てられた全13室のブティックホテル。オーナーであるフランス人女性はアンリエッタさんと親交が深く、彼女の恋多き人生についてよく聞かされていたという。なかでも印象的だったのがバリ植民地政府で働く高官との恋で、その愛の巣だった場所をチャングーで探し当て、このオールスイートホテルを誕生させたのだ。ジャワ伝統のジョグロ様式で建てられた客室にはルネッサンス絵画やヨーロッパ調の家具を配置。マーシャルのブルートゥーススピーカーや高級エジプト綿を使ったベッドリネンなど、小粋なセンスと居住性を兼ね備えている。また朝食はいつでも好きな時に食べることができるオールデイ方式。自分らしく自由な時間を過ごせるリゾートだ。**Wi-Fi** 客室OK・無料

上／沐浴所のように水が噴き出す全長30mのメインプール
左下／スパ施設のエントランスもまるで絵画の額縁のよう
右下／好きな時間に楽しめる朝食などゲストへの心配りも細やか

ロビーにはミュージアム級の絵画を展示

住所 Jl. Munduk Kedungu No.19, Pererenan
TEL 0812-3998-9875（携帯）
URL www.lareservebali.comm　税&サ 込み　カード **A J M V**
料金 **AC TV TUB** プレステージ・バルコニースイートRp.670万～
　　　AC TV TUB プレミア・バルコニースイートRp.680万～
　　　AC TV TUB アンリエッタ・スイートRp.696万～
　　　AC TV TUB パビリオン・プールスイートRp.752万～
空港→車で40分（片道1台Rp.49万で送迎可）

ホテル設備の記号一覧　**AC**＝エアコン　**TV**＝テレビ　**TUB**＝バスタブ　**Wi-Fi**＝ネット環境　＝プール　**Ⅱ**＝レストラン
　　　＝スパ　＝室内金庫　＝冷蔵庫　＝ドライヤー　＝日本語スタッフ　＝朝食

緩やかな斜面に建つ全室がオーシャンビュー。
12ヘクタールの敷地にはハーブ園も広がる

環境に優しいエコフレンドリーな楽園

シックスセンシズ・ウルワツ・バリ
Six Senses Uluwatu Bali

自然との共生をコンセプトに各国で展開するエコリゾートがウルワツ地区に登場。高台にあるロビーからはインド洋の絶景が広がり、水平線に溶け込むようなインフィニティプールや夕景を満喫できるバーなど、施設のすべてがフォトジェニック。3階建ての客室棟にあるスカイスイートや、独立式のクリフプールヴィラなど、全103室のベッドやバスルームから海が望めるよう緻密にデザインされている。客室の窓を開けると自動オフとなるエアコンや熱気を遮断する火山岩をルーフに配置するなど、環境への配慮もシックスセンシズならでは。ダイニングやスパもバリ最高水準を誇っている。

【Wi-Fi】客室OK・無料

上／クリフプールヴィラの室内。モダンと伝統が融合するインテリア
左下／夕暮れどきはクリフバーで過ごしたい
右下／スイートルームの客室棟。居住性が高くバルコニーからもインド洋が望める

絶景のアフタヌーンティーも楽しめる

住所 Jl. Goa Lempeh, Uluwatu　TEL (0361)209-0300
URL www.sixsenses.com　税&サ +21%　カード A J M V
料金 AC TV TUB スカイスイートRp.1005万〜
　　　AC TV TUB スカイプールスイートRp.1064万〜
　　　AC TV TUB 1ベッドルーム・クリフプールヴィラRp.1367万〜
　　　AC TV TUB 2ベッドルーム・クリフプールヴィラRp.2885万〜
　　　AC TV TUB 2ベッドルーム・スカイペントハウスRp.4153万〜
空港→車で50分(往復1台Rp.120万で送迎可)

バリ島リゾートの先端を進むヴィラ

ヌサドゥア＆ブノア全体図 MAP P.218-C2

ザ・バレ
The Bale

Program Info
▶ ヨガ(Rp.85万〜) リクエスト
▶ 気功(Rp.97万) リクエスト

眺望の美しいヌサドゥアの小高い丘に建つ、洗練された全29棟のヴィラリゾート。グループや家族旅行向けの大型ホテルが多いこのエリアにあって、16歳以下は宿泊できない大人のための隠れ家だ。独立型のヴィラには、広々としたプライベートプールとリラクセーションバレを完備。ベッドルームはブラウンとオフホワイトの優しい色合いで統一され、壁の80%にガラスを使用しているので採光もいい。ヨガ＆メディテーションなどウエルネスメニューも充実している。

Wi-Fi 客室OK・無料

左／ヘルシーな料理が味わえる　右／洗練されたダイニングも評判。ゆったりとした時間が流れる大人のためのリゾートだ

スタイリッシュ
なパビリオン
のベッドルーム

住所 Jl. Raya Nusa Dua Selatan P.O.Box 76, Nusa Dua
TEL (0361)775-111　FAX (0361)775-222
URL www.thebale.com/jp/
税&サ +21%　カード AJMV
料金 AC TV TUB シングル・パビリオンRp.438万〜
　　 AC TV TUB デラックス・パビリオンRp.548万〜
　　 AC TV TUB ダブル・パビリオンRp.668万〜
空港→車で20分(無料送迎可)

大人のためのスタイリッシュな隠れ家

ヌサドゥア＆ブノア全体図 MAP P.218-B2

カユマニス・ヌサドゥア
Kayumanis Nusa Dua

南国のガーデンに囲まれた、静寂とプライベート感あふれる20棟のプライベートヴィラ。各ヴィラはジャワ、バリ、パレンバン、プリミティブ、モダンの5つのテーマからなり、インドネシア各地から集められた家具やインテリア雑貨が各部屋ごとに異なる。伝統的な茅葺きの天井、プライベートプールも広く、バスルームも半オープンでバリ島らしさを随所で堪能できる。ヴィラでトリートメントが受けられるスパ(→P.67)、イタリアンやインドネシア料理のレストランも完備。**Wi-Fi** 客室OK・無料

1ベッドルームのプライベートプール

住所 ITDC Area, P.O. Box 777, Nusa Dua
TEL (0361)770-777　URL www.kayumanisnusadua.com
税&サ +21%　カード ADJMV
料金 AC TV TUB 1ベッドルーム・プライベート・ヴィラRp.325万〜
　　 AC TV TUB 2ベッドルーム・レジデンス・ヴィラRp.728万〜
　　 AC TV TUB 1ベッドルーム・スイート・ヴィラRp.899万〜
　　 AC TV TUB 3ベッドルーム・オーナーズ・ヴィラRp.926万〜
空港→車で20分(無料送迎可)

上／部屋のテーマによってインテリアやリネンが異なるベッドルーム
下／本格的なインドネシア料理が楽しめる「テタリン」

ホテル設備の記号一覧 AC=エアコン　TV=テレビ　TUB=バスタブ　Wi-Fi=ネット環境　=プール　=レストラン
=スパ　=室内金庫　=冷蔵庫　=ドライヤー　=日本語スタッフ　=朝食

流行発信地を満喫できるロケーション

クロボカン **MAP** P.140-C2

ロイヤルサマジャ ヴィラス
Royal Samaja Villas

観光やショッピングに便利なスミニャック・スクエアやビーチにほど近い立地ながら、奥まっているので静かに過ごせる。プライベートプール付きの全10棟のヴィラは、機能性と南国情緒を併せもつデザインで、カップルでの滞在におすすめだ。

Wi-Fi 客室OK・無料

住所 Jl. Kayu Cendana No.7A, Seminyak
TEL (361)731-039
URL royalsamajavillas.com
日本予約 ゼノンバリ URL www.zenonbali.com/jp/
税&サ +21% カード **M V**
料金 **AC TV TUB** 1ベッドルームプールヴィラRp.206万〜
空港→車で30分(片道1台US$25で送迎可)

上／7mサイズの広いプライベートプール 下／コンパクトで使い勝手がいいヴィラ

アクティブ派にもおこもり派にも魅力的

レギャン **MAP** P.180-B2

アビアヴィラ レギャン
Abia Villa Legian

ジャラン・レギャンから徒歩1分ほど路地に入った、全15棟のプライベートヴィラ。ショッピングやナイトライフを満喫したい旅行者にぴったり。1ベッドルームヴィラにはデッキチェアが置かれた広いプールと、オープンエアのダイニングを設えている。客室には居心地のいいリビングのほか、

左／2ベッドルームヴィラはグループ滞在にも便利 右／リビングスペースも広い1ベッドルームヴィラ

バスルームとは別に屋外レインシャワーを完備。気軽に利用できるスパやカフェも高レベルなので、ヴィラ内でゆったり過ごすのもいい。**Wi-Fi** 客室OK・無料

住所 Jl. Raya Legian II, Gg. XX, Legian
TEL (0361)472-7878
URL www.abiavillas.com
日本予約 ゼノンバリ URL www.zenonbali.com/jp/
税&サ +21% カード **A J M V**
料金 **AC TV TUB** 1ベッドルームヴィラRp.280万〜
AC TV TUB 2ベッドルームヴィラRp.420万〜
空港→車で30分(片道1台Rp.25万で送迎可)

インド洋を望む隔絶したロケーションに建つ

南部リゾートエリア **MAP** P.134-C2

アリラ・ヴィラズ・ウルワツ
Alila Villas Uluwatu

ヴィラのガゼボには気持ちよく海風が通り抜けていく

断崖に突き出すようなカバナをはじめ、各所で南国の海を身近に感じられる最高級リゾート。全67棟のモダンデザインのヴィラは、さわやかなシーブリーズを存分に感じられるレイアウト。天井に太陽の熱を吸収する火山岩を使っているので、エアコンなしでも快適に過ごすことができる。**Wi-Fi** 客室OK・無料

ヴィラはアイボリーとダークブラウンの落ち着いた色合い

住所 Jl. Belimbing Sari, Banjar Tambiyak, Desa Pecatu
TEL (0361)848-2166 FAX (0361)848-2188
URL www.alilahotels.com/uluwatu
日本予約 ハイアット FD 0120-923-299
税&サ +21% カード **A D J M V**
料金 **AC TV TUB** 1ベッド・プールヴィラRp.1230万〜
AC TV TUB 3ベッド・プールヴィラRp.4654万〜
空港→車で40分(片道1台Rp.55万〜で送迎可)

のんびり過ごせる隠れ家ヴィラ

マハギリ・ヴィラス・サヌール
Mahagiri Villas Sanur

左／エキゾチックなバリ絵画が飾られた2ベッドルームの室内
右／フローティング・ブレックファストを滞在中に1回無料で提供

　昔ながらのバリ情緒が残る、サヌールの集落にたたずむプチリゾート。路地沿いにあるエントランスから緑のアプローチを抜けると、隠れ家のように並んでいるのは17棟のヴィラ。1〜3ベッドルームまで全室にプライベートプールが付き、熱帯の樹木が生い茂るヴィラでカップルでもファミリーでも気兼ねなく滞在を楽しめる。専用ビーチクラブへの無料送迎サービスもある。**Wi-Fi** 客室OK・無料

住所 Jl. Pungutan No.31, Sanur
TEL 0811-390-9088(携帯)
日本予約 ゼノンバリ　URL www.zenonbali.com/jp/
税&サ +21%　カード **A M V**
料金 **AC TV TUB** 1ベッドルーム・プール・ヴィラUS$184〜
　　 AC TV TUB 2ベッドルーム・プール・ヴィラUS$258〜
　　 AC TV TUB 3ベッドルーム・プール・ヴィラUS$332〜
空港→車で30分(片道1台US$25で送迎可)

心安らぐ休日を約束するヴィラリゾート

カユマニス・ジンバラン
Kayumanis Jimbaran

左／1ベッドルームの室内。ヌサトゥンガラやオリエンタルなどインテリアは部屋ごとに異なる
右／プライベートプールも広い

　小さな村のような敷地内に点在する19棟のヴィラは、すべてプライベートプール付き。マスターベッドルームとキッチン付きのリビング&ダイニング、さらにプライベートスパとしても使えるスタジオルームで構成されている。閑静なバランガン・ビーチにはプライベートビーチも用意されており、シャトルで送迎してくれる。**Wi-Fi** 客室OK・無料

住所 Jl. Yoga Perkanthi, Jimbaran
TEL (0361)705-777　URL www.kayumanisjimbaran.com
税&サ +21%　カード **A D J M V**
料金 **AC TV TUB** 1ベッドルームRp.394万〜
　　 AC TV TUB 2ベッドルームRp.628万〜
空港→車で15分(無料送迎可)

オーシャンビューを独占できるロケーション

ジュマナ・バリ・ウンガサン
Jumana Bali Ungasan

左／プールヴィラ・オーシャンビューのベッドルーム
右／インド洋に面したダイニングも訪れたい

　手つかずの自然環境が残るウンガサン地区のリゾート(旧バンヤンツリー・ウンガサン)。心地よい海風が吹き抜け、開放的なロビーの先には10ヘクタールもの広大な敷地が広がっている。全72棟の客室はすべてプライベートタイプのヴィラで、リビングルームとベッドルームを仕切ることができる造り。プールから直接アクセスできるアウトドアシャワーや、温泉気分が味わえるジャクージ、テレビも付いたバスルームなどが完備されており、ヴィラ内でおこもりを決め込むカップルにもぴったりだ。**Wi-Fi** 客室OK・無料

住所 Jl. Melasti, Banjar Kelod, Ungasan
TEL (0361)300-7000
URL www.jumanabali.com
税&サ +21%　カード **A D J M V**
料金 **AC TV TUB** プールヴィラ・ガーデンビュー Rp.700万〜
　　 AC TV TUB プールヴィラ・オーシャンビュー Rp.818万〜
　　 AC TV TUB プールヴィラ・クリフエッジRp.1275万〜
空港→車で40分(片道1台Rp.37万〜で送迎可)

ホテル設備の記号一覧 **AC**=エアコン **TV**=テレビ **TUB**=バスタブ **Wi-Fi**=ネット環境 ==プール **||**=レストラン
==スパ ==室内金庫 ==冷蔵庫 ==ドライヤー ==日本語スタッフ ==朝食

クリフトップの楽園ホテルでリフレッシュ

南部リゾートエリア **MAP** P.135-C3

サマベ・バリ・スイート&ヴィラ
Samabe Bali Suites & Villas

Program Info
▶料理教室（無料）月・水・金11:15〜
▶ウオータースポーツ（無料）リクエスト

ヌサドゥア南部の高台に建つ絶景リゾート。インド洋を見下ろす8ヘクタールの崖の上にある客室は、全室オーシャンビューのスイートルーム（39室）とプライベートプール付きヴィラ（42棟）の2タイプ。スイートルームはモダンな内観で、ゆったりしたバルコニーを完備している。ヴィラは1ベッドルームでも265m²という贅沢過ぎるレイアウトが魅力。食事やドリンクが宿泊料金に含まれるオールインクルーシブプランを選択すれば、スパやアクティビティも無料で楽しめる。

Wi-Fi 客室OK・無料

メインプールやダイニングからも青い海が望める

ペントハウス・プールヴィラのベッドルーム

住所 Jl. Pura Barong-Barong Sawangan, Nusa Dua Selatan, Nusa Dua
TEL (0361)846-8633　FAX (0361)846-8632
URL www.samabe.com
税&サ +21%　カード **A** **M** **V**
料金 **AC** **TV** **TUB** オーシャンフロント・スイートRp.557万〜
　　 AC **TV** **TUB** オーシャンフロント・プールスイートRp.767万〜
　　 AC **TV** **TUB** 1ベッドルーム・オーシャンプールヴィラRp.1114万〜
　　 AC **TV** **TUB** 2ベッドルーム・オーシャンプールヴィラRp.1175万〜
　　 AC **TV** **TUB** 2ベッドルーム・ペントハウス・ヴィラRp.1907万〜
空港→車で30分（片道1台Rp.63万で送迎可）

極上のもてなしで優雅なバカンスを約束

ジンバラン全体図 **MAP** P.208-B1

フォーシーズンズ・リゾート・ジンバラン
Four Seasons Resort Jimbaran

世界中のホテルフリークが憧れる、アジアンリゾートの最高峰。ジンバラン湾を見下ろす丘の斜面に、熱帯の樹木や花々が生い茂り、バリの伝統家屋のような156棟のヴィラが並ぶ。ベッドルームとバスルームは、天蓋付きベッドや陶製の楕円形バスタブがゴージャス感を演出。庭には別棟になったダイニングスペースとプールがあるので、ルームサービスで食事を取ったり星空の下で泳いだりと、ふたりだけの甘い時間を満喫できる。**Wi-Fi** 客室OK・無料

住所 Jimbaran, Denpasar 80361
TEL (0361)701-010　FAX (0361)701-020
URL www.fourseasons.com/jimbaranbay
税&サ +21%　カード **A** **D** **J** **M** **V**
料金 **AC** **TV** **TUB** ガーデン・ヴィラRp.977万〜
　　 AC **TV** **TUB** ジンバランベイ・ヴィラRp.1236万〜
　　 AC **TV** **TUB** デラックス・ヴィラRp.1517万〜
　　 AC **TV** **TUB** プレミア・オーシャン・ヴィラRp.2521万〜
空港→車で15分（片道1台Rp.68万〜で送迎可）

上／1ベッドルームヴィラでも200m²と贅沢な間取り
下／広々としたスペースを誇るベッドルーム

エレガントな雰囲気に人気が集中 クロボカン MAP P.141-B3

ヴィラ・アイル・バリ
Villa Air Bali

「水」と「禅」がデザインコンセプトになった、風水にこだわったユニークな全16棟のヴィラリゾート。数多いクロボカン地区のリゾートのなかでもトップクラスの人気を誇るが、その大きな理由は洗練されたヴィラのデザイン。モダンで情緒的でスタイリッシュで機能的。

カップルから家族旅行まで幅広い層に支持されている。シロダーラなどが体験できる「スパ・アイル（→P.66）」はビジターにも人気が高い。**Wi-Fi** 客室OK・無料

左／本格的なスパメニューが楽しめる
右／ベッドルームにも心地よく過ごせる配慮が行き届いている

住所 Jl. Lebak Sari, Petitenget
TEL (0361)737-378
URL www.villaairbali.jp　税&サ +21%　カード A J M V
料金 AC TV TUB バンブープールヴィラRp.312万〜
　　 AC TV TUB プールヴィラRp.398万〜
　　 AC TV TUB ラグジュアリープールヴィラRp.464万〜
　　 AC TV TUB ガーデンプールヴィラ・2ベッドルームRp.720万〜
空港→車で30分(片道1台Rp.27万で送迎可)

居心地抜群、チャングーの小さな楽園 チャングー MAP P.171-A3

テアナ・エコヴィラ
Theanna Eco Villa

チャングーエリアにある全26棟のヴィラ。テアナとはスカンジナビアの言葉で「光」という意味。そのためキラーナやヒカリなど光を表すネーミングが部屋に付けられ、インテリアもバリ風やオリエンタル風などデザインが異なる趣向となっている。プ

ライベートプール付きの各ヴィラには、17歳以上の大人のみが宿泊可能だ。**Wi-Fi** 客室OK・無料

左／和スタイルの「ヒカリ」はハリウッドツインのセットアップも可能
右／のんびりと過ごせるメインプール。チャングーのビーチまでは車で5分ほど

住所 Jl. Pantai Batu Bolong No.25A, Canggu
TEL (0361)620-5758　URL www.theannavilla.com
税&サ +21%　カード A J M V
料金 AC TV TUB 1ベッドルーム・ヴィラRp.212万〜
　　 AC TV TUB 1ベッドルーム・スイートヴィラRp.237万〜
　　 AC TV TUB 2ベッドルーム・ヴィラRp.411万〜
空港→車で50分(無料送迎可)

美意識がちりばめられたミュージアムホテル チャングー MAP P.170-B2

トゥグ・バリ
Tugu Bali

村の集会所を移築した壮麗なエントランスホールなど、いたるところにアンティークが使われた文化遺産のようなリゾート。美しいトロピカルガーデンの中に見え隠れす

左／古民家のような風情が楽しめるルジャン・スイート
右／本格的なインドネシア料理が楽しめる

るのは、伝統様式で建てられた全21室のヴィラ。1階部分を占めるデダリ・スイートは、プライベートプールと半屋外のバスルームをもつ。木材がふんだんに使われた2階のルジャン・スイートは、床に埋め込まれた大きな銀製のバスタブが特徴的。**Wi-Fi** 客室OK・無料

住所 Jl. Pantai Batu Bolong, Canggu
TEL (0361)473-1701
URL www.tuguhotels.com　税&サ +21%　カード A M V
料金 AC TV TUB デダリ・スイートRp.360万〜
　　 AC TV TUB ルジャン・スイートRp.360万〜
　　 AC TV TUB ヴァルター・シュピース・パビリオンRp.696万〜
　　 AC TV TUB プリ・ル・メイヨールRp.788万〜
空港→車で50分(無料送迎可)

ホテル設備の記号一覧 **AC**=エアコン **TV**=テレビ **TUB**=バスタブ **Wi-Fi**=ネット環境 =プール =レストラン
=スパ =室内金庫 =冷蔵庫 =ドライヤー =日本語スタッフ =朝食

ビーチサイドに建つロイヤルパビリオンのベッドルーム

オンザビーチにある大人のための優雅なヴィラ

クロボカン MAP P.140-C1

ザ・サマヤ・スミニャック
The Samaya Seminyak

Program Info
▶ヨガ教室（無料）
毎日7:30～

夕景スポットとして有名なスミニャックのビーチ沿いに建つ、全52室の最高級ヴィラ。南国の草木や花が彩るリゾートの敷地は、プライベートビーチを含めて2ヘクタールもの広さ。ヴィラ棟はレストランやメインプールが建つビーチエリアと、通りを挟んで向かいの陸側エリアに分かれている（移動はゴルフカートで数分ほど）。ビーチサイドにあるプールヴィラは220m²の贅沢なサイズで、インド洋に面した好立地が魅力。陸側のロイヤルコートヤードヴィラになると中庭も含め300m²と驚きの広さで、おこもりバカンスにもぴったりだ。24時間対応のバトラーサービスや、スミニャック内の無料シャトルなど使い勝手がよく、こまやかなホスピタリティもうれしい。

Wi-Fi 客室OK・無料

スパでのんびりリラックス

住所 Jl. Kayu Aya, Seminyak
TEL (0361)731-149　FAX (0361)731-203
URL www.thesamayabali.com/seminyak
税&サ +21%　カード A J M V
料金 AC TV ロイヤルコートヤードヴィラRp.596万～
　　 AC TV TUB プールヴィラRp.663万～
　　 AC TV TUB ロイヤルパビリオンヴィラRp.802万～
空港→車で30分（片道1台US$33で送迎可）

上／プライベートプールも広いロイヤルコートヤードヴィラ
左下／感動的な夕景を眺めながらディナーを満喫できる
右下／ビーチサイドの贅沢なロケーション。無料のヨガ教室も開催されている

田園ビューの客室も用意されている1ベッドルーム・プールヴィラ

2022年OPEN!

🌿 緑の楽園で心と体をしっとり癒やす

バリ中部 **MAP P.259-A3**

カッパ・センシズ・ウブド
Kappa Senses Ubud

　田園風景やジャングルに囲まれた、全76室の自然共生型リゾート。2ヘクタールの敷地には可能な限り固有の植生を残して客室やプールが造られている。ウッドデッキの散策路が張り巡らされているので、マンゴスチンやドリアンの木を見つけながら歩くのも楽しい体験になるはず。景観に配慮して設計されているため、部屋により眺望は異なっており、田園ビューを楽しみたいなら1ベッドルーム・プールヴィラをチョイスしよう。おひとり様や友人同士での旅におすすめなのはジャングルスイート。ボトムカテゴリの客室だが77m²とゆったりしており、洗面所はダブルシンクなので使い勝手もいい。敷地内には人と自然が共生するためのパーマカルチャーを体験できる施設が用意され、田園散策やサンバル作りなど無料ワークショップも日替わりで開催されている。**Wi-Fi** 客室OK・無料

上／オープンテラスから田園を望めるココカン・レストラン
左下／プールでデザインされた敷地内には熱帯の植生が残されている
右下／ヨガパビリオンの下層にあるスパルーム

住所 Br. Tanggayuda, Jl. Taman Sarı, Kedewatan
TEL (0361)201-3888　URL www.kappasenses.com
税&サ +21%　カード A D M V
料金 AC TV TUB ジャングルスイートRp.350万〜
　　　AC TV TUB デラックススイートRp.500万〜
　　　AC TV TUB 1ベッドルーム・プールヴィラRp.600万〜
　　　AC TV TUB デラックス・プールヴィラRp.1000万〜
空港 車で60分（片道1台Rp.80万〜で送迎可）

半屋外のテラスが付くジャングルスイート

ホテル設備の記号一覧 AC =エアコン TV =テレビ TUB =バスタブ Wi-Fi =ネット環境 ▦=プール ❚❚=レストラン
※=スパ ▦=室内金庫 ▦=冷蔵庫 ▦=ドライヤー ♪=日本語スタッフ ▦=朝食

渓谷ビューの天空プールで過ごしたい　バリ中部 MAP P.259-A3

ザ・カヨン・ジャングル・リゾート
The Kayon Jungle Resort

> **Program Info**
> ▶ジャングル・ウォーク（無料）
> 毎日8:30〜

ウブドから北へ車で20分、ブルセラ村の深い緑に抱かれた全38室のナチュラルリゾート。ロビーの先に広がるのは大迫力の渓谷ビュー。3層構造のプールからは対岸にライステラスが望め、最上層には温水ジャクージも用意されている。客室からも渓谷が楽しめるようデザインされ、スイートはバスルームからも風景を堪能できる趣向だ。プールヴィラにはすべてプライベートプールを完備している。**Wi-Fi** 客室OK・無料

スパはウブドエリアでも有数の眺望

上／棚田を望む3層のメインプール
下／プレミア・プールヴィラのベッドルーム

住所 Br. Bresela, Desa Bresela, Payangan, Ubud
TEL (0361)978-098　URL www.thekayonjungleresort.com
税&サ 込み　カード A J M V
料金 AC TV TUB ジャングルスイートUS$319〜
AC TV TUB ジャングル・プールヴィラUS$464〜
AC TV TUB バレー・プールヴィラUS$542〜
AC TV TUB プレミア・プールヴィラUS$851〜
AC TV TUB ロイヤル・プールヴィラUS$1200〜
空港→車で1時間20分（片道1台US$40〜で送迎可）

聖なる川のほとりで、心と体が浄化される休日を　ウブド全休図 MAP P.279-A4

星のやバリ
HOSHINOYA Bali

「聖なる川に向かう運河の集落」をコンセプトにした最高級リゾート。3つの運河プールに沿って30棟のヴィラが並び、全室からプールへのアクセスが可能。工芸品で彩られた客室は上質なアート空間で、東屋やプールラウンジなど趣向を凝らしたくつろぎスペースもカテゴリによって異なる。特別な滞在を約束するリゾート空間を心ゆくまで享受しよう。**Wi-Fi** 客室OK・無料

渓谷を望む贅沢なダイニング

上／世界遺産のパクリサン川流域に静かにたたずむ
下／壁面の透かし彫りが美しい「ヴィラ・ブラン」

住所 Br. Pengembungan, Desa Pejeng Kangin,
Tampaksiring　TEL (0361)849-3080
URL hoshinoya.com/bali
日本予約 TEL 050-3134-8091（星のや統合予約）
税&サ +21%　カード A J M V
料金 AC TV TUB スイートプールビュー Rp.750万〜
空港→車で1時間30分（有料オプション）

91

マンダパ・ア・リッツ・カールトン・リザーブ
Mandapa, a Ritz-Carlton Reserve

Program Info
▶ヨガ教室（無料）毎日8:00、16:00

　緩やかに流れるアユン川のほとりに棚田やバリの寺院が並ぶ景観は、リゾート全体がまるで伝統村のよう。5ヘクタールもの広大な敷地に、スイート棟とヴィラが60室のみ建つ、贅を尽くした大人のためのリゾートだ。客室はバリ絵画やソンケット織りで彩られ、木製のダブルシンクなど使い勝手と芸術性を両立させたインテリア。すべてのゲストに専属のバトラーが付き、24時間快適な滞在をサポートしてくれる。立地を生かしたレストランも秀抜。 Wi-Fi 客室OK・無料

上／広々としたバリ様式の1ベッドルーム・プールヴィラ
下／リゾート内では農作業も行われている

住所 Jl. Kedewatan, Br. Kedewatan, Ubud
TEL (0361)479-2777　FAX (0361)479-2666
URL www.ritzcarlton.com
日本予約 ザ・リッツ・カールトン　FD 0120-853-201
税&サ +21%　カード A D J M V
料金 AC TV TUB リザーブスイートRp.1660万〜
　　 AC TV TUB マンダパスイートRp.1960万〜
　　 AC TV TUB 1ベッドルーム・プールヴィラRp.2360万〜
空港→車で1時間（片道1台Rp.70万5000〜で送迎可）

○ ❚❘○ ❋○ 🧊○ ▦○ 🗄○ 📶○ ✕ 🍴○

フォーシーズンズ・リゾート・サヤン
Four Seasons Resort Sayan

　高水準の施設とサービスを誇る、アユン渓谷沿いの最高級リゾート。宮殿のようなメインビルディング内には、渓谷を望むレストランやゲスト専用スパのほか、スイートルームが入り、さらに奥まった川沿いの敷地にヴィラが点在している。ビルディング内のスイートルームは全18室。メゾネットタイプのスイートは渓谷に面した窓が2フロア分あり、部屋にいながらパノラマが堪能できる趣向だ。42棟のヴィラは自然の素材を豊富に取り入れた、バリ伝統建築。ベッドルームもバスルームもすべてが広々とし、渓谷を間近に眺める屋外にはリビングとプライベートプールを完備している。 Wi-Fi 客室OK・無料

Program Info
▶サイクリング（Rp.230万）リクエスト
▶リゾート庭園ツアー（無料）リクエスト

住所 Sayan, Ubud, Gianyar 80571
TEL (0361)977-577
FAX (0361)977-588
URL www.fourseasons.com/sayan
日本予約 フォーシーズンズ・ホテルズ
FD 0120-024-754
税&サ +21%　カード A J M V
料金 AC TV TUB 1ベッドルームスイートRp.1598万〜
　　 AC TV TUB ファミリースイートRp.2130万〜
　　 AC TV TUB 1ベッドルームヴィラRp.2451万〜
　　 AC TV TUB リバーフロントヴィラRp.4000万〜
空港→車で1時間（片道1台Rp.90万〜で送迎可）

○ ❚❘○ ❋○ 🧊○ ▦○ 🗄○ 📶○ ✕ 🍴△

上／雄大な景観はメインプールからも楽しめる
下／渓谷に面したヴィラ。夜には幻想的な雰囲気となる

ホテル設備の記号一覧 AC=エアコン TV=テレビ TUB=バスタブ Wi-Fi=ネット環境 =プール ❚❘=レストラン
❋=スパ =室内金庫 🧊=冷蔵庫 ▦=ドライヤー 🗄=日本語スタッフ 🍴=朝食

渓谷の緑に包まれて心休まるウブド体験

ウブド全体図 MAP P.279-C3

マヤ・ウブド・リゾート＆スパ
Maya Ubud Resort & Spa

ウブド近郊のペジェン村、プタヌ川の渓谷沿いに面した全108室のリゾート。自然に溶け込むような景観デザインと、心あたたまるホスピタリティでリピーターの評価も高い。緑の敷地には3階建てのスイート棟（48室）を中心に、ヴィラ（60棟）が南北に点在。スイートルームは機能的で使いやすく、43m²と広さも十分だ。プライベート感たっぷりのヴィラは、天蓋ベッドや流木を使った家具などナチュラルなインテリアが特徴。ビルディング棟もヴィラも約半数がツインベッドの部屋なので、ファミリーや友達同士の滞在にもおすすめできる。**Wi-Fi** 客室OK・無料

Program Info
▶ヨガ教室（無料）
毎日7:00～
▶料理教室（Rp.40万～）
リクエスト

左／毎朝のヨガのほか、ピラティスや太極拳は日替わりで教室を開催
右／癒やしの景観に包まれるメインプール

自然光がたっぷり入るフォレストスイート

住所 Jl. Gunung Sari, Peliatan, Ubud
TEL (0361)977-888　FAX (0361)977-555
URL www.mayaresorts.com
税&サ +21%　カード A J M V
料金 AC TV TUB フォレストスイートRp.418万～
　　 AC TV TUB フォレストコーナースイートRp.473万～
　　 AC TV TUB ヘブンリー・ジャクージヴィラRp.564万～
　　 AC TV TUB ヘブンリー・プールヴィラRp.636万～
空港→車で1時間（片道1台Rp.78万で送迎可）

満足度が高い唯一無二のアートホテル

ウブド南部 MAP P.283-C4

ティティッ・ドゥア
Titik Dua

コンテンポラリーな印象を放つ全22室のデザインホテル。赤レンガと黒壁で彩られた外観はモダンアートのようなたたずまい。到着時にフレンドリーなスタッフが、ホテルの設備や意匠をていねいに説明してくれる。客室はプールビューまたはジャングルビューで、コンパクトで機能的。バスルームはガラス張りだが、使用中はリモコンで内部が見えないように操作できる。またスペシャルルームのフラサはリビングにジャクージも完備。併設のレストランも評判が高く、おいしい朝食を提供している。**Wi-Fi** 客室OK・無料

住所 Jl. Cok Rai Pudak No.48, Peliatan
TEL 0811-3960-3939（携帯）
URL www.titikdua.id　税&サ 込み　カード A M V
料金 AC TV TUB デラックス⑤Rp.185万～
　　 AC TV TUB スペシャル（フラサルーム） Rp.260万～
空港→車で60分（片道1台Rp.45万で送迎可）

上／ウブド中心部から離れているので静かに過ごせる
下／客室にはNetflixが視聴できるスマートテレビを完備

ロイヤル・カムエラ・ヴィラス・ウブド
Royal Kamuela Villas Ubud

左／エキゾチックな雰囲気の1ベッドルーム・プールヴィラ
右／広大なプールサイドに18室のスイート棟が並ぶ

　17歳以上のみが宿泊できる大人のためのブティックリゾート。敷地に点在するプールヴィラ（12棟）はすべて1ベッドルームで静かに過ごしたいカップル向け。プライベートプールやジャクージも完備している。メインプールに面して並ぶ3階建てのスイート棟（18室）は、1階がプールアクセス、2＆3階がバルコニー付きで、70m²とうれしいほどの贅沢なサイズ。写真映えするヘルシーで多彩な朝食も滞在の大きな楽しみになるはずだ。Wi-Fi 客室OK・無料

住所 Jl. Monkey Forest, Ubud
TEL(0361)970-099　URL www.kamuelavillas.com
税＆サ +21%　カード A M V
料金 AC TV TUB スイート・プールアクセスRp.351万〜
AC TV TUB スイート・バルコニー Rp.379万〜
AC TV TUB 1ベッドルーム・プールヴィラRp.695万〜
空港→車で1時間(片道1台Rp.55万で送迎可)

プラマナ・ワトゥ・クルン
Pramana Watu Kurung

左／渓谷を望むダイニングも人気スポット
右／宿泊は伝統建築のヴィラをチョイスしたい

　昔ながらのバリ集落を再現した、アユン渓谷沿いに建つ全18室のブティックリゾート。石像で飾られた大きな門から集会場を移築したダイニングエリアへ、石畳の道に沿ってヴィラが並ぶレイアウト。ヴィラの建材としてジャワ島のアンティーク品が使われ、ジョグロやリマサンといった重厚な伝統様式が再現されている。Wi-Fi 客室OK・無料

住所 Jl. Batu Kurung 4, Br. Bunutan, Kedewatan, Ubud
TEL (0361)981-799　URL www.pramanawatukurung.com
日本予約 ゼノンバリ URL zenonbali.com/jp
税＆サ +21%　カード A J M V
料金 AC TV TUB プラマナ・スイートRp.236万〜
AC TV TUB アユンバレー・スイートRp.373万〜
AC TV TUB ウッドゥン・プールヴィラRp.482万〜
空港→車で1時間10分(片道1台Rp.50万で送迎可)

アディワナ・ビスマ
Adiwana Bisma

左／バスルームをカーテンで仕切るビスマ・ルーム
右／田園からの風が吹き込むレストラン

　バリ島各地でリゾートを展開しているアディワナグループが、開発著しいジャラン・ビスマに登場。5階建ての客室棟は渓谷に面し、最上階のルーフトッププールからは緑の樹海が望める。客室は全40室で、1階にあるボトムカテゴリのデラックスルーム（56m²）は寝室とバスルームが並ぶレイアウト。ガーデンビューやジャングルビューなど部屋からの眺望によってグレードがアップする。Wi-Fi 客室OK・無料

住所 Jl. Bisma, Ubud　TEL (0361)620-2008
URL adiwanahotels.com/bisma-resort-ubud-bali/
税＆サ +21%　カード A J M V
料金 AC TV TUB デラックスルームRp.257万〜
AC TV TUB ビスマ・ガーデンビューDRp.315万〜
AC TV TUB ビスマ・ジャングルビューDRp.360万〜
AC TV TUB アディワナ・ライスフィールドビューDRp.341万〜
空港→車で60分(片道1台Rp.50万で送迎可)

ホテル設備の記号一覧 AC=エアコン TV=テレビ TUB=バスタブ Wi-Fi=ネット環境 =プール H=レストラン =スパ =室内金庫 =冷蔵庫 =ドライヤー =日本語スタッフ =朝食

格調高い王宮ムードあふれるリゾート

ロイヤル・ピタマハ
Royal Pita Maha

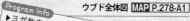

Program Info
▶ヨガ教室（無料）火・木・土8:00〜
▶料理教室（Rp.67万5000）リクエスト

大自然に包まれて休日を楽しめる、ウブドの王家が経営するゴージャスなリゾート。青々とした森に守られたアユン川の渓谷沿いにあり、12ヘクタールもの広大な敷地に全75棟のヴィラが建てられている。

エントランスロビーは、ブサキ寺院を建立したことで知られるルシ・マルカンデャの伝説を描いたレリーフやバリ情緒にあふれた彫刻などが並び、まるで荘厳な芸術の森に迷い込んでしまったかのよう。対照的にヴィラは伝統的な造りながらも落ち着いたムード。渓谷と対峙するように建てられた各ヴィラには、緑のなかに溶け込んでしまいそうなプライベートプールが付き、眺めも抜群だ。絶景を望めるスパも体験したい。**Wi-Fi** 客室OK・無料

住所 Desa Kedewatan, P.O.Box198, Ubud
TEL (0361)980-022　FAX (0361)980-011
URL www.royalpitamaha-bali.com
税&サ +21%　カード AJMV
料金 AC TV TUB デラックスプールヴィラRp.559万〜
　　 AC TV TUB ロイヤルプールヴィラRp.649万〜
　　 AC TV TUB アユンヒーリングヴィラRp.790万〜
　　 AC TV TUB ロイヤルハウスRp.1630万〜
空港→車で1時間（公式サイトから2泊以上の予約で無料送迎可）

上／バリ絵画が飾られた伝統様式のベッドルーム。渓谷ビューが満喫できる　左下／ヨガ教室にも参加してみたい　右下／広いプライベートプールをもつヒーリングヴィラ

心も洗われるようなサヤン渓谷と対峙する

ザ・サマヤ・ウブド
The Samaya Ubud

Program Info
▶トレッキング（無料）毎日8:00〜

サヤン渓谷にたたずむ、ホリスティックな憧れリトリート。緑の景観に包まれた静謐な丘に建ち、昔ながらのバリ情緒を味わうことができる。ヒルサイドとリバーサイドに分かれた全19棟の客室は、白とダークブラウンの落ち着きあるインテリア。ヴィラはすべて5×8mのゆったりとしたプールとガゼボが付いたプライベート仕様となっている。アユン川のほとりに建つスパやダイニングなど、各施設からの眺めもすばらしい。**Wi-Fi** 客室OK・無料

川沿いにある美景のダイニングも評判

住所 Br. Baung, Desa Sayan, Ubud
TEL (0361)973-606　FAX (0361)973-610
URL ubud.thesamayabali.com　税&サ +21%　カード AJMV
料金 AC TV TUB ヒルサイドヴィラRp.1008万〜
　　 AC TV TUB アユンヴィラRp.1118万〜
　　 AC TV TUB 2ベッドルームヴィラRp.1750万〜
　　 AC TV TUB 3ベッドルームヴィラRp.1950万〜
空港→車で1時間（片道1台US$45で送迎可）

上／プライベートプールと東屋を完備したヒルサイドヴィラ　下／ベッドはすべてキングサイズのダブルベッドを用意している

バリ情緒を
心ゆくまで満喫

地方エリアの
自然派ホテル
Natural Hotels
in Provincial Area

ウンダ川に面した特別なロケーション。棚田が望めるプールサイドでまどろむように過ごしたい

バリで一番美しい田園風景に包まれる

シドゥメン MAP P.345-B1

ワパ・ディ・ウメ・シドゥメン
Wapa di Ume Sidemen

ウンダ川と棚田が織りなす、シドゥメン村の絶景が望めるヨガリトリート。チェックイン時にバリ式のお浄めを受けて、農村文化を体感する休日が静かにスタート。全20室は白木やリネンを多用したナチュラルテイストで、バリ島ならではの癒やしの景観に溶け込んで過ごせる。ボトムカテゴリのラナイ・ルームでも58m²と贅沢なサイズで、各室のテラスからは水田や渓谷が広がっている。上層階に配置されたディ・ウメ・スイートは61m²とやや広く、バルコニーからのパノラマもより身近に感じられるだろう。田園トレッキング、ヨガ教室、シドゥメン村のソンケット織り体験（火・木・土18:00〜）など伝統村を深く知るためのプログラムも催行している。 Wi-Fi 客室OK・無料

上／開放的なヨガパビリオンを完備。川のせせらぎがBGM
左下／レストランは料理もサービスもハイレベル。朝食もおいしい
右下／スタッフの案内でリゾート周辺の農村風景を歩いてみよう

Program Info
▶ヨガ教室（無料）
　月・水・金8:00〜
▶田園トレッキング（無料）
　毎日7:00〜

ディ・ウメ・スイートのベッドルーム。バルコニーやバスルームからは緑の景観が広がっている

住所 Banjar Dinas Tabola, Telaga Tawang, Sidemen
TEL (0366)543-7600
URL wapadiumesidemen.com
税＆サ +21%　カード A M V
料金 AC TV TUB ラナイ・ルームDRp.266万〜
　　 AC TV TUB ディ・ウメ・スイートRp.287万〜
　　 AC TV TUB プールヴィラRp.410万〜
空港→車で2時間（片道1台Rp.55万〜で送迎可）
AC 〇 TI 〇 TUB 〇 Wi-Fi 〇 〇 X 〇 D 〇 X 〇

ホテル設備の記号一覧 AC=エアコン TV=テレビ TUB=バスタブ Wi-Fi=ネット環境 =プール TI=レストラン
=スパ =室内金庫 =冷蔵庫 =ドライヤー D=日本語スタッフ =朝食

ヨガ施設やオーガニックレストランが評判

バグース・ジャティ
Bagus Jati

調度品が独特の
ムードを演出する
ベッドルーム

深い緑の渓谷に対峙する癒やしのリゾートホテル。34
室のゲストルームはナチュラルカラーで統一され、大き
なバルコニーからは美しい景観が楽しめる。こだわりの
スパ施設や3つのヨガルームも森の息吹を感じるロケー
ション。滞在中はヨガや文化体験プログラムを楽しもう。

Wi-Fi 客室OK・無料

開放的なヨガパビリオンで
過ごす至福の時間

住所 Banjar Jati, Desa Sebatu, Kecamatan Tegallalang, Gianyar
TEL (0361)901-888　URL www.bagusjati.com
税&サ 込み　カード A J M V
料金 AC TV TUB スーペリア・シャーレ①Rp.204万～
　　 AC TV TUB スーペリア・ヴィラRp.238万～
　　 AC TV TUB デラックス・スパヴィラRp.342万～
空港→車で2時間(片道1台Rp.55万で送迎可)

キンタマーニ高原のランドマーク

オキュラス・バリ
Oculus Bali

2022年OPEN!

バトゥール湖や山並みが織りなす壮麗な景観を見下ろす
全12室のマウンテンリゾート。神々しい高原の風景からイ
ンスピレーションを得てデザインされ、温水プールや3つ
のレストランを配置している。客室は10室のデラックス・
スイート(37m²)と、2室のスイート・
マウンテンビュー(42m²)の2タイプ。

Wi-Fi 客室OK・無料

左／すがすがしい空気とと
もに山の景色を満喫
右／湖の景観が広がるデ
ラックス・スイートの室内

住所 Jl. Windu Sara, Kedisan, Kintamani
TEL 0821-4511-2983(携帯)　URL oculusbali.com
税&サ 込み　カード J M V
料金 AC TV TUB デラックス・スイートRp.180万～
　　 AC TV TUB スイート・マウンテンビュー Rp.260万～
空港→車で3時間(片道1台Rp.60万～で送迎可)

話題のペニダ島で海を眺めて過ごす休日

アディワナ・ワルナカリ
Adiwana Warnakali

断崖から真っ青な海を見下ろす4つ星ホテル。滞在中は広大な
海、その先に浮かぶアグン山をいつも眺められ、きっと心に残る
旅になるはず。洗練された全15室の客室にはフランス人オーナー
の遊び心も随所に感じられる。ダイビングセンターを併設してい
るので、美しい水中世界へも出かけてみよう。**Wi-Fi** 客室OK・無料

左／44m²の広さを誇
るグランド・デラックス・
オーシャンビュー
右／海の先にはいつも
バリ島が望める

住所 Sakti, Nusa Penida, Klungkung
TEL (0361)620-7000
URL adiwanahotels.com/warnakali-resort-nusa-penida-bali/
税&サ 込み　カード M V
料金 AC TV グランド・デラックス・オーシャンビュー①Rp.300万～
　　 AC TV オーシャンビュー・スイートRp.325万～
空港→サヌールから船で40～60分

温泉とダイビングで過ごす癒やしの休日

バリ西部国立公園 MAP P.403-A2

ミンピ・リゾート・ムンジャガン
Mimpi Resort Menjangan

Program Info
▶カヤック(Rp.20万)リクエスト
▶バードウォッチング(Rp.75万)リクエスト

ムンジャガン島の対岸に建つ、全54室の温泉リゾート。ヴィラ全室にゆったりした温泉を完備しているのは、バリ中を探してもこのミンピ・リゾートだけ。源泉から引かれた平均45℃の熱い湯は泉質もよく、温泉好きの日本人にも満足いくレベルだ。客室は割安感のあるパティオと、プライベート温泉をもつコートヤードヴィラに分かれているが、やはりヴィラがおすすめだ。豊かに木々が茂った敷地内には、ラグーンを望む公共温泉のほか、ふたつのプール、スパ、ジャワ島を望むレストランも完備している。 Wi-Fi 客室OK・無料

左上／コートヤードヴィラのベッドルーム　左下／ヴィラは全室に温泉を完備している　右上／カヤックやスノーケリングでバリの大自然を楽しもう

住所 Banyuwedang, Buleleng 81155
TEL (0362)94-497　URL www.mimpi.com
税&サ 込み　カード AJMV
料金 AC TV TUB パティオRp.110万
AC TV TUB コートヤードヴィラRp.170万
AC TV TUB プール付きコートヤードヴィラRp.230万
AC TV TUB グランド・コートヤードヴィラRp.320万
空港→所要4時間(片道1台Rp.120万で送迎可)

大人のアドベンチャー心をくすぐるエコリゾート

バリ西部国立公園 MAP P.403-A2

ザ・ムンジャガン
The Menjangan

バリ西部国立公園の中に広大な敷地をもつ、全24室の自然派リゾート。380ヘクタールもの森にロッジ、ヴィラ、レストランが点在し、敷地内もサファリカーのような専用車で移動する(シカやカラフルな野鳥と出合うことも多い)。客室はプールを取り囲むモンスーンロッジと、海を望むビーチヴィラ。どちらも周囲の豊かな景観を室内から楽しめるレイアウトになっている。また、ムンジャガン島まで見渡せる「バリタワー・レストラン」は、

鉄木のみで造られた4階建てのユニークな木造建築で、最上階からの景観もすばらしい。バードウオッチングやムンジャガン島へのスノーケリングなど、多彩なプログラムも大きな魅力だ。 Wi-Fi 客室OK・無料

敷地内で野鳥も観察できる

上／バリタワー・レストランからはムンジャガン島も見渡せる
下／モンスーンスイートの室内

住所 Jl. Raya Gilimanuk, Singaraja Km17, Desa Pejarakan, Buleleng
TEL (0362)94 700　URL www.themenjangan.com/jp/
税&サ 込み　カード ADJMV
料金 AC TV TUB モンスーンデラックスⓇRp.185万
AC TV TUB モンスーンスイートRp.252万
AC TV TUB ビーチヴィラRp.400万
AC TV TUB ザ・ムンジャガン・レジデンスRp.800万
空港→車で4時間(片道1台Rp.150万で送迎可)

Program Info
▶乗馬(Rp.60万〜)リクエスト
▶バードウオッチング(Rp.35万)リクエスト

ホテル設備の記号一覧　AC =エアコン　TV =テレビ　TUB =バスタブ　Wi-Fi =ネット環境　=プール　=レストラン　=スパ　=室内金庫　=冷蔵庫　=ドライヤー　=日本語スタッフ　=朝食

母なる自然に包まれ文化遺産を訪ねる旅

アクティビティ&
観光スポット

Activity & Tour Program

大自然を身近に感じられるアクティビティもバリなら選び放題！
珊瑚礁が広がるビーチでは各種マリンスポーツを、
渓谷エリアではラフティングなどをダイナミックに楽しもう。
世界遺産に登録されている寺院や田園エリアも、
1日かけてのんびり観光してみよう。

バリの豊かな自然を全身で楽しむ

エコ アドベンチャー
● Eco Adventure

バリ島の豊かな自然をアクティブに体験してみよう。
ラフティングやマウンテンサイクリングなど、
島内各地で楽しいエコアドベンチャーが催行されている。
川辺や自転車からバリを眺めると、新たな発見があるはずだ。

急流を下って
自然に溶け込む

ラフティング ● Rafting

バリ島で最も人気の高いエコアドベンチャーが
ラフティング。ゴムボートで急流を下るファンスポー
ツであるとともに、自然を満喫するエコロジカ
ルな面も併せもっている。熱帯の植物が生い茂
る渓谷のなか、清流下りを楽しむ。バリでラフテ
ィングが許可されているのは、バリ中部を流れる
アユン川と東部のトゥラガ・ワジャ川だ。

プログラム開始前にレクチャーがある

ラフティングツアーの行程

出発前に簡単な説明を受け、大型のゴムボー
トに6〜7人ずつ乗り込む。ガイドが必ずボート
最後尾に乗り、舵を取ってくれる。スタート直後
は川の流れも緩やかで、ガイドの指示に従いな
がら練習。片言の日本語で「マエコギ（前こぎ）」
「ウシロコギ（後ろこぎ）」といった指示がガイド
から出るはずだ。徐々に流れが速くなり急流へ。
最初はボートの中で転げ回ったりすることもある
だろうが、大丈夫、すぐに慣れる。それと自然の
流れでのこと、ボートが予期せぬ動きをしたりす
るので、遊園地のジェットコースターに乗り慣れ
た人でも、かなりのスリル、興奮を覚えるはず。
ラフティング終了後は、専用の休憩所でまずシャ
ワーを浴びる。そして、一緒にボートに乗った仲
間たちと食事を楽しもう。

マウンテンサイクリング ● Mountain Cycling

緑の風に包まれて、バリ島の自然を感じるサイクリングツアー。高原地帯からスタートして山あいの村を抜け、田園地帯を駆け巡る爽快なプログラムだ。また、民家に立ち寄って農民の暮らしぶりに触れられ、バリのさまざまな魅力を実感できる。

メイソン・アドベンチャーズのマウンテンサイクリングは、バトゥールの湖と山を望むキンタマーニが出発地点。すがすがしい空気を全身で感じながら坂道を下り、のどかな裏道や竹林を抜

けてバリ島で最も古い村のひとつへ。バリ・ヒンドゥー教と原始信仰がミックスした伝統村を見学し、迷路のような路地を走ると、いにしえのバリへタイムスリップしたかのようだ。終着点はエレファント・サファリ・パーク。レストランでビュッフェランチを楽しもう。

左／キンタマーニ高原からサイクリングがスタート　右上／坂道もなだらかなので子供の参加者も珍しくない　右下／美しい棚田が広がるジャティルウィのツアーもある

リバーチュービング ● River Tubing

小さなゴムボート（1〜2名乗り）で穏やかな川を下るアクティビティ。途中で滝や地元の人々が聖水として使う湧き水ポイントを訪れたり、田園地帯に立ち寄っての写真タイムがあったりとバリの美しい風景に随所に触れられる。

ゲッコー・アドベンチャーズでは、世界遺産に

登録されているパクリサン川で催行しており、自然とバリの神秘を一緒に味わえてお得感いっぱい。ゆるやかな流れに身をまかせて川辺の風景を楽しみ、オランダ統治時代に築かれたブンドゥガン（水門）のゴール地点までの全長4.5kmを、約1時間半かけてゆったりと下って行く。

左／パクリサン川の清らかな流れからの景観を楽しもう　右／滝をバックにした撮影タイムもある

ATV＆クアッド・ライド ◉ ATV & Quad Ride

田園地帯や森のオフロードをATV（4輪バギー）やクアッド（4輪バイク）で駆け巡るアクティビティ。ツアー前に乗り方を講習してもらえるが、自信のない人はガイドが運転をしてくれるタンデム（ふたり乗り）でもOK。

バリ・クアッド・ディスカバリー・ツアーズではキンタマーニに近いクルタ村を起点に、村々やジ

ャングルなどをクアッドやATVで疾走する。オフロードでは土煙を上げて走るので、着替えを持っていると便利。シャワーも完備している。

左／素朴な村や寺院でひと休み。プログラム終了後はインドネシア料理のランチを味わう　右上／事前のレクチャーで運転方法をマスターする　右下／急な山道もグングン上るクアッド・ライド

各種エコアドベンチャーの申し込み先

ホテルのツアーカウンターやレセプション、町の旅行会社で申し込みが可能。ただし、各ツアーの内容（料金、ルート、催行頻度など）は主催会社によって異なるので、参加前にチェックしよう。通常プログラムには、ホテル送迎、各種用具、ランチなどが込みとなる。

メイソン・アドベンチャーズ
Mason Adventures

バリ島でエコアドベンチャーを扱う大手アクティビティ催行会社のひとつ。料金はラフティングRp.99万5000～、マウンテンサイクリングRp.85万～、ジャングルバギーRp.49万～、トロピカルトレッキングRp.77万5000～。
住所 Jl. By Pass Ngurah Rai, Pesang-garan
TEL (0361)721-480
URL www.masonadventures.com

ソベック・バリ・ウタマ
Sobek Bali Utama

世界中でエコアドベンチャーを手がける大手のツアー主催会社で、ラフティングはアユン川とトゥラガ・ワジャ川で行っている。料金はラフティングUS$79、バトゥール山サイクリングUS$79。
住所 Jl. Raya Kedewatan, Ubud
TEL 0817-975-2345（携帯）
URL balisobek.com

ゲッコー・アドベンチャーズ
Gekko Adventures

パクリサン川でのリバーチュービングを1日3回（9:00、11:00、13:00）催行している。料金はリバーチュービングRp.45万、ATVライドRp.55万（タンデムの場合はRp.75万）。
住所 Jl. Astinapura Sel., Banjar Kelodan, Tampaksiring
TEL 0813-5303-8228（携帯）
URL gekkoadventures.com

リバーチュービングは5～60歳までが参加可能となっている

バリ・クアッド・ディスカバリー・ツアーズ
Bali Quad Discovery Tours

ATVやチュービングなど新しいプログラムが充実している。カントリーサイドを4輪バイクで駆け抜けるクアッド(orバギー)・ディスカバリーはUS$99（タンデムの場合はUS$59)。キャニオン・チュービングはUS$89。
住所 Jl. Wirasatya 6 No.4X, Suwung Kangin, Denpasar
TEL (0361)720-766
URL baliquad.com

ウブド・ラフティング・アドベンチャー
Ubud Rafting Adventure

各種アクティビティを割安料金で手配してくれる。アユン川でのラフティングツアーはUS$35～。南部リゾートエリアやウブドからの無料送迎あり。
TEL 0822-3780-6199（携帯）
URL ubudraftingadventure.com

地球の歩き方 関連書籍のご案内

インドネシアとその周辺諸国をめぐる東南アジアの旅を「地球の歩き方」が応援します!

地球の歩き方 ガイドブック

- D09 香港 マカオ ¥1,870
- D16 東南アジア ¥1,870
- D17 タイ ¥2,200
- D18 バンコク ¥1,870
- D19 マレーシア ブルネイ ¥2,090
- D20 シンガポール ¥1,980
- D21 ベトナム ¥2,090
- D22 アンコール・ワットとカンボジア ¥2,200
- D23 ラオス ¥2,420
- D24 ミャンマー（ビルマ） ¥2,090
- D25 インドネシア ¥1,870
- D26 バリ島 ¥2,200
- D27 フィリピン マニラ ¥2,200
- D33 マカオ ¥1,760

地球の歩き方 aruco

- 07 aruco 香港 ¥1,320
- 10 aruco ホーチミン ¥1,430
- 12 aruco バリ島 ¥1,320
- 22 aruco シンガポール ¥1,650
- 23 aruco バンコク ¥1,650
- 27 aruco アンコール・ワット ¥1,430
- 29 aruco ハノイ ¥1,430
- 34 aruco セブ ボホール ¥1,320
- 38 aruco ダナン ホイアン ¥1,430

地球の歩き方 Plat

- 07 Plat ホーチミン ハノイ ¥1,320
- 10 Plat シンガポール ¥1,100
- 16 Plat クアラルンプール ¥1,100
- 20 Plat 香港 ¥1,100
- 22 Plat ブルネイ ¥1,430

地球の歩き方 リゾートスタイル

- R12 プーケット ¥1,650
- R13 ペナン ランカウイ ¥1,650
- R14 バリ島 ¥1,430
- R15 セブ&ボラカイ ¥1,650
- R20 ダナン ホイアン ¥1,650

地球の歩き方 gemstone

ハノイから行けるベトナム北部の少数民族紀行 ¥1,760

地球の歩き方 BOOKS

- ダナン&ホイアン PHOTO TRAVEL GUIDE ¥1,650
- マレーシア 地元で愛される名物食堂 ¥1,430
- 香港 地元で愛される名物食堂 ¥1,540

地球の歩き方 aruco 国内版

aruco 東京で楽しむアジアの国々 ¥1,480

※表示価格は定価（税込）です。改訂時に価格が変更になる場合があります。

動物と出合い
さまざまなアトラクションを楽しむ

自然派テーマパークを
訪ねてみよう!

Natural Theme Park in Bali

バリ島にはいろいろな動物や鳥と触れ合える、
ファミリー向けのテーマパークも多い。
現地の家族連れに交じって、
ナチュラルなスポットを楽しんでみよう。

気軽に立ち寄れる動物園

バリズー

Bali Zoo　Map ● P.259-C3

　ライオン、トラ、オランウータン、コモドオオトカゲなど約65種の動物が見られる人気動物園。20分間のエレファントライドが含まれた「エレファント・エクスペディション」のパッケージ（入園料など込みで大人 Rp.104万4000〜、子供 Rp.73万3500〜）がおすすめ。オランウータンが同席する会場で朝食を楽しむブレックファスト・ウィズ・オランウータン（大人 Rp.65万2500、子供 Rp.45万9000）も人気のアクティビティだ。

動物園内をゾウで巡る
エレファントライドが大人気

オランウータンと
2ショットも撮れる!

鳥たちとの
記念撮影もOK

Bali Zoo
TEL (0361) 294-357　**URL** www.bali-zoo.com
営業　毎日9:00 〜 17:00　料金 入園料は大人
Rp.35万5500〜、子供Rp.25万2000〜
アクセス 南部リゾートエリア各地から45分〜
1時間30分、ウブドから30分

バリ島中部のタロ村にあるゾウのテーマパーク
メイソン・エレファント・パーク
Mason Elephant Park　Map ● P.259-A3

緑あふれる
パーク内を
散策できる

　バリ島中部の山あいにあるタロ村。その豊かな森に囲まれた農村に、メイソン・アドベンチャーズが運営するエレファント・サファリ・パークがある。もともと、絶滅が危惧される野生のスマトラゾウを保護する目的で造られており、ゾウにとって快適な環境が整えられている。現在数十頭のゾウが飼育されている園内では、水浴びやフィーディング体験のほか、1日5回のショーを楽しむことができる。また、ゾウの背中に揺られて周辺の森を歩くエレファントライドなど、プログラムは盛りだくさんだ。

　園内にはスパ施設のほか、メイソン・エレファント・ロッジという、快適な宿泊施設も完備している。ここに宿泊すると、サファリパーク内の施設移動に、ゾウがロッジまで送迎してくれるユニークなサービスも受けられる。料金は1泊Rp.198万〜。

宿泊ゲストにはゾウの送迎サービスも！

ゾウのお絵描きや
餌やりなどプログ
ラムも充実

Mason Elephant Park
TEL (0361)721-480
URL www.masonadventures.com/elephant-park/
営業 毎日8:00〜18:00
料金 エレファントパークビジットRp.39万5000(13歳未満Rp.24万、4歳以下Rp.12万)、エレファントサファリライドRp.111万5000(13歳未満Rp.86万、4歳以下Rp.34万)
アクセス 南部リゾートエリア各地から1時間〜1時間30分、ウブドから30分

熱帯の鳥たちと触れ合える
バリ・バード・パーク
Bali Bird Park　Map ● P.259-C3

バリ固有種のジャラッ・プティは
絶滅を危惧されています

　250種1000羽を超える熱帯の鳥を集めたテーマパーク。ニューギニアの極楽鳥や火喰い鳥（カソワリ）のほか、コモドオオトカゲなど珍しい動物も見られ、フラミンゴが池で群れをなす園内では鳥を肩に乗せての記念撮影もOK。毎日9:30〜15:30の間には園内各所で、熱帯雨林の鳥やペリカンの餌づけ、バードショーなども行われるので、チケット売り場で確認しよう。

ペリカンの餌づけなど
イベントも豊富です

Bali Bird Park
TEL (0361)299-352　URL www.balibirdpark.com
営業 毎日9:00〜17:30
料金 大人Rp.38万5000、子供Rp.19万2500
アクセス 南部リゾートエリア各地から45分〜1時間30分、ウブドから30分

テーマパークの利用術

　各所へはタクシーや車をチャーターして巡ると、スケジュールが調整しやすくて便利。リゾートエリアからのシャトルバスや、送迎付きのパッケージを用意しているところもあるので、事前にウェブサイトをチェックしてみよう。

テーマパークは家族で楽しむのにピッタリ

50ヘクタールの本格的なサファリパーク
バリサファリ & マリンパーク
Bali Safari & Marine Park Map ● P.259-B4

夜の野生動物の世界へ！
ナイトサファリも毎日18:00以降に開催（BBQディナー付きでRp.99万〜）。アフリカエリアの草原ではシマウマ、サヴォライオンエリアではライオンに餌を直接あげることもOK！

サファリバスで見学。アジアやアフリカの動物もたくさん集められている

ゾウに乗って園内巡りも楽しめる

人懐っこいオランウータンの子供。触ったり一緒に記念撮影もOKです

ギャニャールの郊外にある大型テーマパーク。インドネシアの固有種のほか、アフリカなど生息エリアごとに動物と出合えるサファリツアー（1周30分）がハイライト。ライオン、トラ、カバ、シマウマ、サイなどの動物を間近に観察できる。さらに園内はテーマごとにエリアが分かれ、動物たちと触れ合うアトラクションも充実。カンプン・ガジャ（野外ステージ）でのエレファントショーや、ハヌマン・ステージでのアニマルショーなども必見だ。またポニーやラクダのほか、ゾウの背に乗って園内を散策するプログラム（別料金）もある。ファミリーで1日フルに楽しめるよう、食事スポットも園内に点在。優雅なマラリバー・サファリロッジに宿泊して、のんびり過ごしてもいい。

Bali Safari & Marine Park
TEL (0361) 950-000 **URL** www.balisafarimarinepark.com
営業 毎日9:00〜17:30（ナイトサファリは18:00〜21:00）
料金 外国人にはパッケージ料金が用意されている（3歳未満の乳幼児は入場無料）。ジャングルホッパー Rp.52万〜（入場料、サファリツアー、ファンゾーン＆ウオーターパーク、バリアグンショー鑑賞） **アクセス** 南部リゾートエリア各地から30分〜1時間、ウブドから30分

バリアグンショーも体験しよう！

バリサファリ＆マリンパークを訪れたら、バリシアターで行われている壮大な舞踊劇バリアグンショーも鑑賞しよう。1200もの客席をもつ屋内劇場はバリ島でも最大規模。12世紀に実在した王と中国の姫との結婚、そして湖の女神との禁断の恋にまつわる物語が、伝統舞踊を交えて展開されている。ガムラン楽団の生演奏やワヤン・クリッ（インドネシアの影絵芝居）のバリ的なパフォーマンスに現代的なアイデアが盛り込まれている。各シーンに合わせてライオンやゾウなどの動物が登場するのも、サファリパークならではの演出だ。
バリアグンショー Bali Agung Show
時間 14:30 〜 15:30（週末とバリの休日に開催）
※スケジュールの詳細はバリサファリのURLを参照。

ステージには動物も登場！

ウブドで田園ジャランジャラン

伝統村ウブドの周囲には素朴な村落や懐かしい田園風景が広がっている。ジャランジャラン（＝散歩）が楽しめるウブド周辺エリアのおすすめコースを紹介しよう。→ MAP P.278

※各散歩コースの所要時間は、大人がゆっくりと歩いた場合の目安。

ジャラン・カジェン発～田園地帯行き

1.5時間コース

村人やツーリストたちによって1枚1枚作られた石畳の道も楽しい、ジャラン・カジェン（ウブド王宮から100mほど西にある）を北へ。途中から石畳はなくなり、道も狭くなるが迷わずそのまま進もう。ゲストハウスを左に眺めながら坂を上りきると、目に飛び込んでくるのは一面の田園風景。農作業をする農民の姿や、あぜ道に整列して休憩しているアヒルたち、道のかたわらではキャラメル色の牛が草をはんでいる。

昔からずっと続いてきただろう素朴な光景を眺めながら、農道を進む。途中で水路の脇を通り抜け、さらに北に小さな橋を見つけたら、そこが折り返し地点。橋を渡って道を南下すればジャラン・ラヤ・ウブドへと戻ることができる。

ただし、ときには橋に鍵がかかっていて渡れないこともある。その場合は来た道を戻ろう。

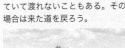

道沿いにはカフェも点在している

ジャラン・カジェンから坂の先にはのどかな田園風景が広がる

チャンプアン発～スバリ村行き

2時間コース

ジャラン・ラヤ・ウブドにある「Ibah」の看板を目印にリゾート方面へ足を進めよう。すぐ左にウブド発祥の地、グヌン・ルバ寺院へ続く階段があるので、そこを下りていく。うっそうとしたジャングルの中、東ウォス川と西ウォス川が合流する様子を眺めながら、寺院の右側に沿って続く小道を行けば、やがて小高い丘の上に出る。広い空の下360度開けた視界に、風にそよぐアランアラン草や緑いっぱいの渓谷の風景が飛び込んでくる。

心弾むような爽快感を感じつつ尾根道を進めば、やがてバンキアンシダム村にたどり着く。左側には休憩にもちょうどいい町スパ「カルサ・スパ」がある。そのままライスフィールドを左側に眺めながら北上すると、目的地のスバリ村へ到着。伝統的な家々が並ぶ素朴な村を散策しよう。すれ違う人と笑顔を交わしたり、小さなワルンでコーヒーでも飲みながら休憩したりすれば、村の住人になったような気分。帰りは来た道を戻ろう。夕暮れ時なら、美しいサンセットも楽しめる。

左／田園で季節ごとの農作業をのんびり眺めるのも楽しい
右／丘の上の尾根道を北上してスバリ村へと向かう

107

ウブド郊外で
ジャングルに舞う！

絶景ブランコでフォトジェニック体験

8タイプのパッケージに含まれるアロハ・ウブド・スウィングのスカイベッド

ウブド渓谷エリアのブランコ施設がフォトスポットとして大人気。

ダイナミックな写真を撮影し、バリ島からSNSでシェアしよう♪

多様なブランコをもつニュースポット
アロハ・ウブド・スウィング

Aloha Ubud Swing

MAP P.259-A3

テガラランの渓谷に登場した人気スポット。敷地内には13タイプのブランコがあるが、南側(8タイプ)と北側(5タイプ)でプロパティが分けられ、それぞれ利用できるパッケージが異なっている。スカイベッドと呼ばれる大型ブランコやカップルで楽しめるタンデムがある、8タイプのブランコ乗り放題のパッケージがおすすめだ。エントランスフィー(Rp.10万)のみでの入場でも、一部の撮影ポイントで記念写真が撮れる。

左下／南側プロパティにある渓谷を望むレストラン
右下／入場料のみで利用できる撮影ポイントもある

風になびくドレスもレンタルOK。Rp.15万〜

空に舞うようなアングルで撮影しよう

Aloha Ubud Swing
住所 Jl. Raya Tegallalang, Ubud　TEL 0819-9933-3462(携帯)
URL alohaubudswing.com　営業 毎日8:00 〜 17:00
料金 ブランコ乗り放題パッケージRp.40万〜(各エリアからの送迎込み)　※送迎エリアにより料金が異なる

バリ・スウィングのパッケージならすべてのブランコが乗り放題！

Swing Experience

Bali Swing

眼下に川が流れるダイナミックなロケーション♪

バリ最強のインスタスポット！
バリ・スウィング MAP P.278-A1

　高さ5mから78mまで18タイプのブランコを完備する、アユン川対岸のボンカサ村にあるブランコ施設。アクティブパッケージで入場すれば、敷地内のブランコや撮影スポットを何度でも使いたい放題。ランチとおやつ（バリのお菓子）が含まれているのも特徴で、施設内でのんびり過ごしてみよう。

鳥の巣は撮影の順番待ちが出るほど人気

左／ビュッフェの食事もパッケージに含まれる
右／多彩な撮影ポイントが用意されている

Bali Swing
住所 Jl. Dewi Saraswati, Bongkasa Pertiwi, Br. Tegal Kuning
TEL 0878-8828-8832（携帯）　URL realbaliswing.com
営業 毎日8:00 〜 17:00　料金 アクティブパッケージRp.35万〜 63万（各エリアからの送迎、ビュッフェ、ブランコ利用込み）　※送迎エリアにより料金が異なる

空中を自転車で滑走するスカイバイク

Alas Harum

多彩なアクティビティが楽しめる
アラス・ハルム MAP P.259-A3

　テガラランの棚田を望む、コーヒー農園が経営するスポット。サイズの異なる5タイプのブランコのほか、ジップラインやスカイバイクなど話題のアクティビティが充実。緑の渓谷沿いに広がる敷地には、洞窟やつり橋、鳥の巣など撮影スポットも点在している。ブランコを利用するたびに料金を支払うシステム。

高さ25mのスーパーエクストリームは迫力満点！

コーヒー焙煎の工程も見学できる

Alas Harum
住所 Jl. Raya Tegallalang, Ubud　TEL 0812-2784-2083（携帯）　URL www.alasharum.com　営業 毎日9:00 〜 18:00　料金 エクストリーム・スウィングRp.17万5000 〜、カップル・スウィングRp.32万5000 〜、スーパーエクストリーム・スウィングRp.22万5000 〜、スカイバイクRp.22万5000 〜　※行列を待たずに利用できる「エクスプレス料金」の設定もある

マリンスポーツでバリ島をアクティブに楽しむ

ビーチアクティビティ
◎ Beach Activity

青い海や白砂のビーチでは爽快なマリンスポーツも楽しめる。
スノーケリング、パラセイリング、ジェットスキー、
バナナボートなどアクティビティの種類も豊富。
思いっきり体を動かしたくなったら、すぐにビーチへ！

魚たちと過ごす 気ままな時間

スノーケリング ◎ Snorkeling

クルージングに参加してスノーケリングを楽しむのもおすすめ

バリ島は美しい珊瑚礁の宝庫。そんな竜宮世界を気軽に見て回るのならスノーケリングがいちばん。ウメイロモドキ、アカヒメジ、ハナゴイなどカラフルなトロピカルフィッシュが、華麗な舞で歓迎してくれるはずだ。

マスク、スノーケル、フィンの3点セットはビーチや各ホテルで借りられる。料金は1日Rp.2～5万（エリアやレンタルする場所によって異なる）。なお、借りる際は自分の顔にフィットするマスクを選ぶように。髪を上げ、マスクを顔に着けて鼻で息を吸い込む。これでピッタリと顔にくっつき落ちなければ大丈夫。

南部リゾートエリアでは、ヌサドゥア＆ブノアやサヌールの沖が、色とりどりの魚が泳ぎ回るスポットとして有名。ボートで沖まで出るスノーケリングツアーは1時間Rp.45万～。クルージングに参加して、レンボガン島やペニダ島など透明度の高いスポットを満喫するのもおすすめだ。

パラセイリング ◉ Para-Sailing

　パラシュートを背に着けて、モーターボートに引っ張られながらフワリフワリと空中遊泳。ご存じパラセイリングはバリでも人気のアクティビティだ。「初めてでも大丈夫かしら?」という心配もご無用。気をつけなくてはいけないのはビーチでの離着陸のときだけで、その際も係の人が数人で手助けをしてくれるので安心だ。たった5分ほどだが、大空に浮かんでいる間はまさに夢心地。高度30～50mから眺めるマリンブルーの海、ヤシ林、ビーチにいる人たち……。ほんの少しの間だけ、鳥になった気分が味わえるはずだ。

　サヌール、ブノアの各ビーチやヌサドゥア各ホテルのマリンアクティビティ・デスクで。料金は1回約5分でRp.39万～。

パラセイリングで大空に舞う

フライフィッシュ ◉ Flyfish

　バナナボートを進化させたダイナミックなアクティビティで、各国からの旅行者に高い人気を誇る。チューブボートをイカのような形に合体させたものに乗り、スピードボートで引っ張られて波間をランディング。すると凧揚げのような感じで最大5mほど飛び上がる。水しぶきを浴びながら、爽快感が抜群だ。ライフジャケットを着用する。友達同士やカップルで参加すると楽しい。

　サヌールやブノアのビーチや、各ホテルのアクティビティデスクで。2回でひとりRp.35万～。

海上をジャンプする人気のアクティビティ

バナナボート ◉ Banana Boat

　バナナのような円柱ゴムボートにみんなで乗って、モーターボートに引いてもらうという単純なアクティビティ。しかし、その単純さからは考えられないほどのスピード感、爽快感、楽しさ。特にカーブを切るときには遠心力が働いて、振り落とされることもあるほどだ。また、わざと波にぶつかってみたりするので、うまくバランスが取れるかどうかがポイントだ。ちなみにこのバナナボート、『海のロデオ』の別称ももっている。

　サヌール、ヌサドゥア、ブノアの各ビーチや、クタ南部のホテルのマリンアクティビティ・デスクで。15分でひとりRp.15万～。申し込みは2名以上で。

家族や仲間同士で盛り上がる

ジェットスキー ◉ Jet Ski

　日本では小型船舶免許が必要なジェットスキー（ウエイブランナー）も、バリでなら誰でもトライできるアクティビティに早変わり。海の上を豪快に疾走したり、鋭くターンしたり、とコツさえつかめば自由自在に楽しめる。初心者が参加する場合は、タンデム用のジェットスキーにインストラクターが一緒に乗って教えてくれる。エメラルドグリーンの海をドライブ感覚で駆け抜けると、スピード感たっぷりのスリルがたまらない。

　サヌール、ブノアの各ビーチや、ヌサドゥア、クタ南部の各ホテルにあるマリンアクティビティ・デスクで。料金は15分でRp.35万～。

スピード感いっぱいのジェットスキー。初心者はタンデムで楽しもう

静かな海でリフレッシュ スタンドアップパドル ⊙ Stand Up Paddle

穏やかな海でボードに乗り、立ってパドルで漕ぐサップ（SUP）。ダイナミックに自然へと溶け込み、子供やファミリーでも参加できるので、バリ島でも人気のアクティビティとなっている。ボードはサーフボードよりも大きく安定感があり、日本語インストラクターが指導するショップもあるので、ビギナーでもすぐに乗りこなせるようになる。料金にはボードやラッシュガードなど器材一式が含まれる。レッスン開始時間は潮の干満や季節風の影響で変わることもあるので事前確認を（開催地はサヌールやレンボガン島など）。下記のクブモアナ・サーフ＆パドルなどで体験できる。

上／インストラクターと一緒に青い海原を散策しよう
下／日本人サーファーが経営しているクブモアナ・サーフ＆パドル

クブモアナ・サーフ＆パドル
Kubu Moana Surf&Paddle (SAMURAISM)
Map P.232-C1　住所 Jl. Pantai Merta Sari, Sanur
TEL (0361)472-1260
TEL 0821-4791-3337(日本語携帯)
URL bali-samuraism.com
料金 SUPレッスンUS$60 〜 75(3時間)

アクティブに楽しむ 水上スノーボード ウエイクボード ⊙ Wake Boad

ロープでボートに曳かれ水上を滑走するウエイクボード。ブノア港の北側にあるバリ・ウエイク・パークでは水面から10mの高さにケーブルが張り巡らされ、動力式ワイヤーに引っ張られて水上滑走が楽しめる。5ヘクタールもの広いラグーンを周回するのでビギナーや子供の参加もOK。敷地内にはプール＆バー、カフェ、プロショップなども併設されている。料金はボードやライフジャケットのレンタル込みで1時間Rp.40万、1日パスRp.85万。

上／気軽にウエイクボードが楽しめる
下／豪快にジャンプを決める上級者

バリ・ウエイク・パーク
Bali Wake Park
Map P.135-B4
住所 Jl. Raya Pelabuhan Benoa No.7X
TEL (0361)846-8866
URL www.baliwakepark.com
営業 毎日10:00 〜 18:00

水上公園でサーフィン体験

ボディボードも楽しめる

クタ中心部にある**ウォーターボム・バリ**（→P.183）はアジア最大級の水のテーマパーク。「フローライダー」では急流プールでサーフィンやボディボードが楽しめる。バリ島でサーフィンを楽しむ前の予行レッスンにもピッタリだ。開催は毎日10:00 〜 17:00で、参加料は30分Rp.12万5000、1時間Rp.20万(入場料は別途)。フローライダーは140cm以上の身長制限がある(ボディボードは130cm以上でOK)。

フローライダーに挑戦！

バリ・オーシャン・ウオーカー ◉ Bali Ocean Walker

憧れの水中世界を体験する

タンジュン・ブノアの浜辺から、ボートで沖にあるポントゥーン（浮き島）へ。水中ヘルメットを着用して海底を歩き、美しい珊瑚礁や熱帯魚を間近で見ることができる。泳げない人でも、眼鏡をかけたままでも、気軽に今までにない水中世界を楽しめる。

バリ・オーシャン・ウオーカー　住所 Jl. Pratama No. 99X, Tanjung Benoa
TEL (0361)771-757　URL www.bmrbaliofficial.com　料金 大人(13〜64歳) Rp.105万〜、子供(9〜12歳) Rp.97万5000〜／所要20分

美しい水中世界を気軽に満喫！

ヘルメットを着けて海中を散歩。主催会社によりプログラム名や実施スポットが異なる

フライボード ◉ Fly Board

世界各地で人気上昇中のアクティビティ

空飛ぶマリンスポーツと呼ばれる新感覚アクティビティがバリ島でも楽しめる。水上バイクから噴出される水を、参加者が着用したブーツに送り込み、その水圧で空中へ上昇する。下記のバリ・アポロなどで体験OK。

Bali Apollo　住所 Jl. Pratama No.70, Tanjung Benoa, Nusa Dua　TEL 081-2380-0147(携帯)　URL baliapollo.com　料金 フライボードRp.80万(20分)

上達すると10m以上も浮かび上がる

ローリングドーナツ ◉ Rolling Donut

ダイナミックに海上を疾走！

ローリングドーナツは爽快感たっぷりの海上アクティビティ。ドーナツ形のボート(ふたり乗りと4人乗りがある)でスピードボートに引かれて海を疾走し、スピード感と爽快なスリルを満喫する。ライフジャケットを着用すること。

ヌサドゥア&ブノアのビーチや、各ホテルのツアーデスクで。15分でひとりRp.20万〜。

ドーナツ形のボートが楽しい

ドルフィン・ツアー ◉ Dolphin Tour

イルカを眺めるエコなクルーズ

バリ島最南端まで小型船で行って、イルカの群遊を観察するエコツアーも出ている。バリ島周辺には野生のイルカの群れがたくさんすんでいて、南部リゾートエリアではブノア港が出発地になっている。見学ポイントとなるウルワツの沖合で、優雅に群れをなして泳いでいく姿には、自然の美しさを強く感じるはずだ。ただし相手は野生なので、イルカが必ず見られるとはかぎらない。バリ島南部のおもなダイビングショップやマリンショップで船を出しており、7:30〜9:30の早朝が一般的。料金はRp.100万〜。

波間で遊ぶイルカに会いに行こう

フィッシング ◉ Fishing

大型回遊魚のヒット率も高い

主要ホテルでアレンジしてもらえるのがトローリング。インド洋でカジキやイソマグロなど大物釣りにチャレンジできる。クルーザーのチャーターは1日US$800程度(6名まで乗船可)が目安。フィッシングツアーは半日で1名US$150程度(2名より催行)。ブノアやサヌールなどにあるマリンショップで手配してくれる。

大物ゲットでランチも楽しみ

近海に浮かぶ島で南国の休日を満喫

クルージング
◎ Cruising

デイクルージングはビーチクラブや船上でビュッフェランチも味わえる人気のプログラム。クルージング自体を優雅に味わうなら、小型船でのツアーもおすすめだ。

アクティブな1日を完璧に楽しめる

バリハイ・クルーズ ◎ Bali Hai Cruises

　バリハイはバリ島クルーズの草分け的存在で、さまざまなタイプのプログラムを運航している。最も人気が高いのが、大型カタマラン船による、レンボンガン島へのリーフクルーズ。朝9:15にブノア港を出航し、1〜2時間でレンボンガン島沖合のポントゥーン（浮き桟橋）に到着する。グラス・ボトム・ボートでのサンゴ観賞、スノーケリング、レンボンガン島の村見学ツアーなど、盛りだくさんの無料アクティビティが用意されている。有料だがパラセイリング（Rp.50万）や体験ダイビング（ライセンスダイバー Rp.71万〜、ビギナー Rp.92万5000）にも挑戦できる。海中散歩プログラム「アクアノーツ（Rp.99万5000）」も人気が高い。

　船内でのビュッフェランチはシーフード、西欧料理、インドネシア料理のアラカルトで、フルーツやケーキの種類も豊富だ。そして帰路の船内はパーティタイムとなり、踊

カタマラン船でレンボンガン島へ

り疲れる頃に船は静かにブノア港に到着する。

　同じ大型船を利用して、レンボンガン島のビーチクラブを起点にアクティビティを満喫するレンボンガン島ビーチクラブ・クルーズや、夕暮れどきの船内でディナーショーを楽しむサンセット・ディナー・クルーズのほか、帆船でのんびり航海するアリストキャットなども運航している。

アクアノーツで水中散歩も楽しめる

レンボンガン島リーフクルーズ
時間 9:15出航、16:15帰着　料金 US$130、子供US$90
レンボンガン島ビーチクラブ・クルーズ
時間 9:15出航、16:15帰着　料金 US$130、子供US$90
サンセット・ディナー・クルーズ
時間 17:45出航、20:45帰着　料金 US$80、子供US$60
アリストキャット・セイリング
時間 火・木・金・日9:00出航、17:00帰着　料金 US$140、子供US$95
※上記料金で子供料金適用は4〜14歳。3歳以下の子供は無料
※南部リゾートエリア内無料送迎あり
予約 Bali Hai Cruises　TEL (0361)720-331
URL www.balihaicruises.com

多彩なアトラクションの数々
クイックシルバー・クルーズ ◎ Quicksilver Cruises

タンジュン・ブノアからスタートするデイクルーズは、ペニダ島のトヤパク沖へ約1時間で到着する。カフェテリアもある浮き桟橋（ポントゥーン）を起点に、心ゆくまでマリンスポーツを満喫。スノーケリング、ウオータースライド、バナナボートなどは無料。ジェットスキー（Rp.20万）や体験ダイビング（US$65）を楽しめるし、ペニダ島へボートで渡ってもいい。また、島への往復途中にはセミサブマリンに立ち寄り、大きな魚がサンゴを背景に泳ぐ海中世界を観察するのもOK。人気

ファミリーで楽しめるセミサブマリン

のビュッフェランチでは各種料理に加え、エビや貝などのシーフードを目の前で焼いてくれるBBQを心ゆくまで楽しむといい。

ペニダ島デイクルーズ
時間 7:30出航、16:00帰着
料金 大人Rp.95万（子供料金も同額）
※南部リゾートエリア内無料送迎あり
予約 Quicksilver Cruises　TEL (0361)721-521
URL quicksilver-bali.com

クルーズ船は450人乗り

優雅な帆船で大人の時間を演出
ワカ・セイリング ◎ Waka Sailing

ワカ・セイリングは、欧米人に人気のエンジン付きカタマランヨットを使ったクルーズ。定員わずか30名の船内には優雅な落ち着きがあり、風のある日は帆を大きく張り、エンジンを切って波間をゆっくり進む。レンボガン島沖合まで約2時間。島西部のワカヌサ・リゾートでは、ビーチバレーや卓球をしたり、目の前のビーチやプールで泳いだり、無料のレンボガン村ツアーやスノーケリングツアーに参加したりと、思いおもいの休日を過ごせる。ランチは新鮮なシーフードや肉、野菜、フルーツをふんだんに使ったビュッフェで、ワインやビールも無料。夕方に島を離れて再びクルーズに戻り、真っ赤な夕日を見ながら船はゆっくり帰港する。
※最少催行人数10名（要事前確認）。

帆を張って疾走するワカ・セイリング

時間 9:00出航、17:00帰着
料金 大人US$140、子供US$70
※南部リゾートエリア内無料送迎あり
予約 Waka Resort & Cruise　TEL 0877-5786-2341(携帯)
URL wakahotelsandresorts.com

ジェットコースター感覚で楽しむ
アドベンチャー・クルーズ ◎ Adventure Cruise

オーシャン ラフティングと呼ばれる24人乗りのボートでペニダ島を訪問するクルージング。大型船でも1時間かかるブノア港〜ペニダ島間を、超スピードボートは約30分でカッ飛んでいく。透明度の高いマンタ・ベイでスノーケリングを楽しみ、エンジェル・ビラボンなどペニダ島の絶景スポットを訪問。船上でビュッフェ式ランチを楽しみ、最後にレンボガン島のビーチクラブでリラックス。

上／マリンスポーツも楽しめる 下／大海原で豪快にラフティングを楽しむ

時間 月・水・土9:00出航、17:30帰着
料金 大人US$150、子供US$105(4〜14歳)
※南部リゾートエリア内無料送迎あり
予約 Bali Hai Cruises　TEL (0361)720-331
URL balihaicruises.com

カラフルな魚たちが優雅に舞う水中世界へ

ダイビング
◉ Diving

珊瑚礁に囲まれたバリ島は、まさに天然のアクアリウム。ポイントも初心者向きから上級者用まで、バラエティに富んだダイバー天国として知られている。安全のために評判のいいダイブショップを選ぼう。

魚礁と化した沈船が眠るレックポイント ## トゥランベン ◉ Tulamben

バリの北東部にあるトゥランベンは沈船ポイントとして有名だ。ビーチにある真っ黒なゴロタ石からエントリーしていくと、30mほどで1942年（第2次世界大戦中）、日本軍によって攻撃されたアメリカの貨物船リバティ号（全長120m）が横たわっている。船にはギッシリとソフトコーラルなどが付き、今では魚礁と化しており、バリで最も人気の高いダイビングポイントのひとつとなっている。ダイバーが入るとすぐにクロハギなどの魚たちが人懐っこく近寄ってくる。

沈船は水深5mから始まり、水底30mほど。船の中に入っていくと、ナポレオンフィッシュや体長1.5mはあろうかというジャイアントバラクーダがすんでいる。沈船、スロープ、ドロップオフなど変化に富んだポイントがあるので、ワイド派でもマクロ派でも楽しめる。ドロップオフは水深80mもあるが流れは穏やかで、カンムリブダイやロウニンアジが回ってくる好ポイントだ。カイ

美しいテルメアジの群遊が見られるトゥランベン

メンのツボが多く、幻想的な光景が見られる。

交　通：南部リゾートエリアから車でトゥランベンまで約2.5〜3時間。沈船ポイントはビーチエントリー。周辺にはポートエントリーのポイントもある。
レベル：初・中・上級者向け
透明度：15〜25m前後
水　温：28℃前後

水中庭園のような コーラルが楽しめる　アメッド ◉ Amed

左／まるで天然のアクアリウムのような珊瑚礁が広がっている　右／海中で宝石のように輝くゾウゲイロウミウシ

バリ島の北東、アメッド周辺もサンゴがよく発達していて好ダイビングポイントとして知られている。特におすすめはアメッドの東隣ジュムルッ Jemeluk 沖合などだ。

自然光が差し込む水深7mまでは、見事なテーブルサンゴが見られる。サンゴの周りでは小魚の群れが優雅にダンスをしていて、それを見るだけでも楽しい。この先からドロップオフになっており、緩やかな流れに乗ってのドリフトダイビングとなる。カンムリブダイ、ナポレオンフィッシュに出合える確率が高く、大イソバナが茂ったドロップオフは竜宮城のような美しさを見せてくれる。また、ジュムルッから8km東の沈船ポイント Japanese Ship Wrek も、一面にエダサンゴが広がる好スポットだ。

交　通：南部リゾートエリアから車でアメッドまで約2.5～3時間。ボートエントリーの場合は、さらにジュクンに乗り5～10分。ポイントによってはビーチエントリーも可。
レベル：初・中級者向け
透明度：15～25m前後
水　温：26～28℃前後

穏やかな湾に広がる ドロップオフ　パダンバイ ◉ Padangbai

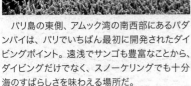

左／エダサンゴの上を舞うアヤコショウダイとテバスズメダイ　右／カラフルなハゼカカオコゼ

バリ島の東側、アムック湾の南西部にあるパダンバイは、バリでいちばん最初に開発されたダイビングポイント。遠浅でサンゴも豊富なことから、ダイビングだけでなく、スノーケリングでも十分海のすばらしさを味わえる場所だ。

パダンバイでは、サメ（ホワイトチップ）やウミガメ、ナポレオンフィッシュに会う確率が高い。クマノミ系の個体数が多く、ハダカオコゼやウミウシなどもマクロ派ダイバーを喜ばせてくれる。運がよければ青と黄色のきれいなハナヒゲウツボに出合うこともある。現在開発されているポイントは7ヵ所ほどで、特にブルーラグーンBlue Lagoon周辺の海がおすすめだ。

プラ・ジュブンには大きなヒラフキサンゴがあり、魚たちがそこに群がっている。また穏やかなスロープの砂地ではヤッコエイをたくさん見ることもできる。パシル・プティは真っ白な砂が広がる小さな湾だ。エダサンゴ、テーブルサンゴ、アカサンゴなどがあり、サンゴの周りにデバスズメなどの小魚が遊んでいる。季節によってはモンゴウイカが産卵に訪れ、触ることも可能だ。

交　通：南部リゾートエリアから車で約1～1.5時間。さらにジュクンで5～15分。すべてボートダイブだ。
レベル：初・中級者向け
透明度：20m前後
水　温：22～27℃前後

テペコン島 ◉ Gili Tepekong

左／テペコン島周辺は魚影が濃い
右／海の人気者マンボウ

チャンディダサの沖合には4つの島がある。いちばん大きいのがテペコン島、ほかの3つがミンパンと名づけられている。風も流れも強いので上級者限定のスポットだ。

バドゥン海峡に面しているので、一般に潮流が速く、水温が低い。しかし、大物に出合う確率が高いため、非常に人気のあるポイントだ。ロウニンアジやカンムリブダイ、ウミガメもよく見かける。なお7～10月にはマンボウに出合うこともある。

ほかにもテペコン島の周りは、洞窟、ドロップオフなど地形的にも変化に富んでおり、何度潜っても飽きることはない。ドリフト好きでダイビングに自信がある人をワクワクさせるポイントだ。

交　通：南部リゾートエリアから車で、パダンバイまで約1～1.5時間。さらにジュクンで15分。すべてボートダイブ。
レベル：上級者向け
透明度：15～30m
水　温：20～27℃前後

レンボガン＆ペニダ島 ◉ Nusa Lembongan & Penida

デイクルーズで有名なレンボガン島＆ペニダ島周辺は、バリ有数のダイビングスポット。2島に挟まれているチュニガン島を含め、島のチャネル（レンボガン島とペニダ島の間、ペニダ島とチュニガン島の間）にポイントが集中している。潮流が速く、ドリフトダイビングが一般的。魚影が濃く、大型回遊魚や大物出現の可能性が高い。場所によっては360度気紛れに流れが変化するスーパーカレントがあり、水温が低いこともあり注意が必要だ。

憧れのマンタにも出会える

ペニダ島北側は美しい珊瑚礁が隙間なく広がる女性的なポイントが多く、逆に南側は変化に富んだ地形をもつダイナミックな男性的ポイントが多い。代表的なポイントはマンタ・ポイントManta Point、クリスタルCrystal、SD、サンパランSampalan、トヤパクToyapakeh。

マンタ・ポイントは島の南側にあり、大物好きにはこたえられないポイントだ。マンタはもちろん、マンボウ、巨大なスティングレイが現れることもある。

クリスタルはチャネルの南側にあるグロットダイブが楽しめるポイントだ。水底から洞窟への通路は暗く冒険的な気分が味わえる。浮上すると空洞になっており、隙間から太陽光線が入り幻想的。空洞内には数百羽のオオコウモリ（フルーツバット）が生息している。世界的にも珍しいポイントとして人気がある。また、洞窟から再び水中へ戻ると、真っ暗な闇のなかにコバルトブルーの光が見え、とくも神秘的だ。島の北側SD、サンパラン、トヤパクはサンゴのお花畑。色とりどりのサンゴや魚たちを見ながらのダイビングだ。

交　通：サヌールから高速ボートで約40分～1時間。すべてボートダイブ。
レベル：中・上級者向け
透明度：20～25m（よいときは50m以上）
水　温：24～27℃前後

ドロップオフで大物に出会える

ムンジャガン島 ● Pulau Menjangan

　バリ島北西部、西部国立公園内にあるムンジャガン島は、鹿しかすんでいない無人島だ。島には2ヵ所の監視所（ポスPos）があり、ポイント名としても使われている。

　島の西側にあるポイントがポス1。浅瀬（水深2〜3m）にさまざまなソフトコーラルやサンゴが生え、その美しさはバリの各ポイントのなかでも随一。浅瀬の先に水深50mまで落ち込んだドロップオフがあり、流れに沿って泳いでいく。ここには人間の顔以上の大きさのツバメウオが20匹以上すんでいる。また、ガーデンイール・ポイントもあり、その名のとおり、砂地一面からニョキニョキと顔を出している。その数、数百匹。このあたりは潮の変わり目で、よくサメやナポレオンフィッシュなど大物も泳いでくる。ギンガメやマルコバンの群れや、ロウニンアジも出没する。

　通常ムンジャガンでは2〜3ダイブとなり、島に上陸して昼食を取る。島の桟橋付近で食後のスノーケリングもまた楽しい。ショウヒラアジの大群や、カンムリブダイを見ることができるはずだ。

交　通：	南部リゾートエリアから車でムンジャガンへの桟橋（ラブハン・ララン）まで約3〜3.5時間。さらにボートで島まで30〜40分。ボートエントリーおよび島からのビーチエントリー。
レベル：	初・中級者向け
透明度：	15〜30m
水　温：	26〜28℃前後

クマノミの仲間のスパインチークアネモネフィッシュ

おもなダイブショップ

　ダイビング器材のレンタルは日本並みにしっかりしているので、ダイビングを主目的とする人以外は、わざわざ重い器材を持っていく必要はない。料金はファンダイブの場合、潜るポイントによって異なり、サヌール、ヌサドゥア地区でUS$80〜、パダンバイ、テペコン島、トゥランベン、アメッドでUS$90〜、ムンジャガン島やペニダ島でUS$180〜。各ショップでは、主要クレジットカードが利用できるショップが増えてきている。

　器材レンタルはフルセットでUS$20ほど。また、体験ダイビングは器材レンタル込みでUS$100〜210、ライセンス取得はオープンウオーターコースでUS$300〜400。なお、12月中旬から1月初旬、ゴールデンウイーク、7〜8月は日本から大勢のダイバーが訪れる。各ショップとも定員があるので、この時期は早めに予約しよう。

バリの豊かな海でダイビングを楽しもう！

パパス・ダイブセンター
Papas Dive Center

　日本人経営のダイビングセンター。初心者にはダイビングの楽しみを、エキスパートにはバリの海のすごさをモットーに、きめ細かく対応するサービスに定評がある。マンタを探すスノーケリングツアーも開催している。
住所 Jl. Kutat Lestari, Gg. Uma Carik No.10, Sanur
TEL (0361)842-7169
URL www.papasdive.com

フレンドリーな日本人スタッフが常駐している

ノヴァ・ダイブセンター
Nova Dive Center

　日本人のインストラクターが常駐し、初心者から上級者まで満足するサポートがモットー。ダイビング未経験者のために体験ダイビングのプログラムも用意している。熟練のインストラクターが案内してくれるので、マンタやウミガメなど大物にも遭遇率が高い。
住所 Jl. Danau Tamblingan No.192,
Sanur
TEL (0361)271-354
URL nova-dive.com

初心者にもおすすめのダイブセンター

ブルー・パラダイス・ダイビング
Blue Paradise Diving

　サヌールにある小さなダイビングサービスで、バリ在住20年の日本人女性インストラクターが経営。少人数制なのでリピーターが多く、ダイビングに関するいろいろな相談にも対応OK。予約は事前に問い合わせフォームで受け付けている（電話予約は不可）。
住所 Jl. Batursari No.68, Sanur
TEL (0361)283-003
TEL 081-338-682-011(日本語携帯)
URL www.blueparadise-in.com

日本人インストラクターが経営しているので安心！

バリ島はサーファーの聖地

サーフィン
◎ Surfing

バリ島はワールドクラスの波が満喫できる、世界中のサーファーたちの憧れのスポット。ポイントが多いだけに、場所を選べば1年中いい波に出会える。クタ＆レギャンのビーチ沿いには、サーフィンのプロショップのほか、ビギナー向けの教室も多い。思い立ったらバリでサーファーデビューしてみよう！

バリのサーフィン事情

バリ島をリゾートとして世界に知らしめたのはサーファーたちだ。それほどまでに、バリにはサーフィンの好ポイントが多い。オーストラリアから、アメリカから、そして日本から、多くのサーファーたちが、豪快なライディングを楽しみにバリを訪れている。

バリのサーフィンの中心地はクタ＆レギャン。このあたりにはプロサーファーの経営するサーフショップも多く、季節によるポイント情報や日替わりの波情報など

を得るのにこのうえなく便利だ。ボードのレンタルを行っているショップも多いが、サーフィンが旅の主目的なら絶対に愛用のボードを持っていくことをおすすめする（ちなみにサーフボードのレンタル料は1時間でUS$5〜）。

バリ島では乾季（5〜10月）に西側がオフショアとなっていい波が立ちやすく、雨季（11〜4月）は逆に東側にいい波が立つ。西側、東側ともに波のパワーは日本の波の比ではなく、初心者には安全面であまりおすすめできない。日本でもそこそこの波をメイクするこ

とができるようになってから、バリでサーフィンを楽しんでほしい。

バリでサーフィン体験レッスンを！

世界中からサーファーが集うクタ＆レギャンにはサーフショップや教室がたくさんある。デコム・サーフスクールは日本人が経営しており、きめ細やかな対応がモットー。レッスンの開始時間はその日の潮の状況により変わり、まずはビデオ講習、ビーチでのストレッチおよび講習を受けてから海に入ってレッスンを開始する。ビギナークラス（半日でUS$31）では、安定性があり浮力の高い素材で作られた初心者用サーフボードを使用。トッププロを含む日本語OKの熟練インストラクターが付き、生徒に合ったサーフボードサイズを選んで

くれる。ラッシュガードやヘルメットの無料貸し出しもあり、鍵付きのロッカーも完備。グランド・インナ・クタのホテル敷地内にあり、レッスン後のショッピングや食事にも便利だ。

● **デコム・サーフスクール**
　Dekom Surf School
Map P.178-B1
住所 Jl. Pantai Kuta Pande Mas No.1, Kuta
TEL 0812-4617-2525（携帯）
URL www.surfingschoolbali.com
営業 毎日8:00 〜 17:00

サーフポイント紹介

ハーフウエイ・ポイント
Halfway Point

　クタ・ビーチとレギャン・ビーチの間、ちょうどグランド・イスターナ・ラマ・ホテルの前あたりがハーフウエイだ。ビーチブレイク(海底が砂で、うねりが海底に当たって波が立つこと)で、レギュラー(左足が前、右足が後ろのスタンスで乗る波で、岸から見て左へブレイクする)、グーフィー(岸から見て右にブレイクする)の両方の波が立つ。バリでのサーフィンの腕試しをするには最適のポイントで、ここでうまく乗れるようならバリのほかのポイントへも移れるだろう。4〜9月がオフショアでいい波が立つ。

レギャン・リーフ・ポイント
Legian Reef Point

　ハーフウエイより北(バイクで移動して3分程度)にあるポイントで、やはりビーチブレイクの波が楽しめる。ハーフウエイよりも大きめの波が立ち、レギュラー、グーフィーともOK。ただし、ダンパー(一瞬にして波が崩れること)になりやすい。6〜8月の大潮時がベスト。

クタ・リーフ・ポイント
Kuta Reef Point

　ディスカバリー・カルティカ・プラザ・ホテル前の沖合にあるリーフブレイク(珊瑚礁にうねりが当たって波が立つこと)のポイント。ポイントまでパドリング(ボードに腹ばいになって腕で水をかき、ボードを進めるテクニック)で行くことも可能だが、ビーチからジュクンをチャーターするほうが一般的。クタ界隈では最も有名なグーフィーポイントで、5〜6フィートの波が立つ。4〜9月がシーズン。

エアポート・リーフ・ポイント
Airport Reef Point

　クタ・リーフ・ポイントの南側、その名のとおりグラライ空港の沖にあるリーフ・ブレイク・ポイント。ここもポイントまでジュクンをチャーターする。グーフィーオンリーのポイントだ。4〜9月がシーズン。

ウルワツ・ポイント
Uluwatu Point

　世界的に知られているグーフィーポイント。ロコ・サーファーの間では「ウル Ulu」の名で呼ばれている。上級者向けなので、憧れのポイントだからといって気軽に出かけるのは考えものだ。海底は浅く、しかもサンゴがビッシリのため、けがをするサーファーも多い。
　ウルワツ・ポイントへは、まずジンバランの先、ウルワツ寺院前まで車かバイクを使用する。寺院脇からバイクか歩行者のみが通れる細い悪路を2kmほど行くと崖っぷちへ出る。そこから岩場の急勾配の道を浜へ下りると目の前がポイントだ。
　ここにはブレイクポイントが7つあり、どのポイントなら自分で乗れるか最初にじっくり見極めるのが大切だ。6〜10フィートの波が立つ。ベストシーズンは6〜8月の大潮の頃だ。

パダン・パダン・ポイント
Padang-Padang Point

　ウルワツからさらに崖を越えて北へ30分ほど歩いた所。バリのサーフィンの最終ポイントといわれ、世界のグーフィーポイントのなかで10指に入るともいわれている。超上級者かプロサーファー向けだ。ここはスーパー・シャロー・リーフ・ブレイク(つまりかなり浅瀬に珊瑚礁があり、そこにうねりが当たって波が立つこと)で、初心者には非常に危険だ。チューブ、フォアハンド、バックハンドが完璧にできて初めてトライできる。6〜8月の大潮の頃がベストシーズン。

チャングー・ポイント
Canggu Point

　レギャンの北にあるリーフブレイクのポイント。5〜6フィートの波が立ち、レギュラー、グーフィーともに楽しめるが、どちらかというとレギュラー向きだ。ベモで行く場合はビーチ沿いにかなり歩かなくてはいけない。バイクで行くのが、最もポピュラーだ。6〜8月の大潮時がベストシーズン。

ヌサ・ドゥア・ポイント
Nusa Dua Point

　ヌサドゥアのビーチ南端、セントレジス・リゾートの沖合にあるリーフブレイクのポイント。パドリングで行けるが、遠いのでジュクンをチャーターするほうがいいだろう。
　ブレイクポイントが3つあり、3〜4フィートのレギュラーの波が立つ。11〜2月の大潮時がベスト。

サヌール・リーフ・ポイント
Sanur Reef Point

　インナ・グランド・バリ・ビーチ前と、ハイアット・リージェンシー前がポイントになっている。ただし、ハイアット前はポイントが遠いのでパドリングで行くのは無理。ジュクンをチャーターしよう。シャロー・リーフ・ブレイクでレギュラーの波が立つ。中級者向けのポイントだ。10〜4月がシーズン。

Surf Point Map

ハイレベルな本格コースが待っている

ゴルフ
◎ Golf

南国バカンスのプログラムとして定番となっているゴルフ。バリ島にも本格的なチャンピオンシップコースがあり、それぞれが自然を生かしたロケーションで個性を競っている。年末年始や夏休みのハイシーズンは混み合うので、この時期にプレイするなら早めに予約を入れておこう。

便利な立地でゆったりプレイできる

バリ・ナショナル・ゴルフ
◎ Bali National Golf　ヌサドゥア&ブノア全体図 MAP P.218-C2

ヌサドゥアのホテルエリア内に広がる本格的なゴルフクラブ。大規模なリノベーションを経て、2014年から名称もバリ・ゴルフ＆カントリークラブから変更された。改修前はイージーコースも多かったが、バンカーや池が巨大化し、ブッシュや果樹も多く、難易度の高いコースに生まれ変わっている。特にグリーンが浮島となった17番は挑戦しがいのあるショートコースだ。

レストランの「ゴルフラウンジ」は最終ホールの目の前にあり、ウエスタンやインドネシア料理や和食メニューなど、ハイレベルな各国料理を提供している。

左／ヌサドゥアのリゾート地区にありアクセスも便利
右／レストランも高級感たっぷり

■18ホール、パー72
料金 グリーンフィーはRp.230万（18ホール）。料金はカート＆キャディ代が含まれている。レンタルクラブはRp.60万〜70万、シューズRp.15万。
住所 Kawasan Wisata Lot S-5, Nusa Dua　TEL (0361)771-791
URL balinational.com

ブキッ・パンダワ・ゴルフ
ブキット半島で気軽にプレイ
◉ Bukit Pandawa Golf　　　南部リゾートエリア MAP P.135-C3

パンダワ・ビーチを見下ろす丘の上に建つ、オール・パー3のショートコース。220m越えコースや手ごわいラフ、池やバンカーなどフルコースとも遜色ないレイアウトなので、上級者から初心者まで楽しめる。洗練されたクラブハウスやレストランも完備。ゆっくり1ラウンド回っても3時間ほど。ヌサドゥア中心部から20分ほどで気軽に利用できる。

インド洋を眺めながらプレイできる

■18ホール、パー54
料金 グリーンフィー Rp.160万。料金はカート&キャディ代が含まれている。サンダウンRp.82万5000(15:00 〜)。クラブレンタルRp.60万、シューズRp.15万。　住所 Jl. Gunung Payung No.8 Banjar Panti Giri, Desa Kutuh
TEL 0811-3811-2828(携帯)　URL bukitpandawagolf.com

ニュークタ・ゴルフ
岬の北西に広がる海沿いのゴルフコース
◉ New Kuta Golf　　　南部リゾートエリア MAP P.134-C2

空港から車で40分、インド洋を望む高台にあるゴルフコース。「プチャトゥ・インダー・リゾート」内にあり、美しいビーチやウルワツ寺院を望みながらプレイが楽しめる。シーサイドのコースはアップダウンが激しく、海からの風も強くて攻略しがいがある。リンクス形式のレイアウトで、上級者でもビギナーでもプレイしやすいと評判だ。

青い海を望むフェアウエイが広がる開放的なコース

■18ホール、パー72
料金 グリーンフィー Rp.230万(18ホール)、サンセットゴルフRp.125万(9ホール)、モーニングゴルフRp.120万(9ホール)。料金はカート&キャディ代が含まれている。レンタルクラブRp.52万5000、シューズRp.15万5000。
住所 Jl. Raya Uluwatu, Kawasan Pecatu Indah Resort, Badung　TEL (0361)848-1333　URL www.newkutagolf.co.id

バリ・ハンダラ・カントリークラブ
景観の美しい世界レベルのコース
◉ Bali Handara Country Club　　　ブラタン湖周辺 MAP P.387-A2

バリ中央山岳部、標高1142mのブドゥグル郊外にあり、世界のゴルフコース・ベスト50にも選ばれたことがある。高原地帯にあるため涼しく、ゴルフを楽しむのに最適だ。ただし、リゾートエリアから片道1.5時間以上かかるので、併設の宿泊施設に泊まって、心ゆくまでゴルフをしたい人におすすめできる。

コースはブヤン湖を眼下に見渡せる、すばらしい景観をもっている。高原の地形を生かし、アンジュレーションに富み、バンカーや池、クリークが巧みに配された、戦略的なコースといえる。

美しい湖を見下ろしながらプレイできる

■18ホール、パー72
料金 グリーンフィーはRp.200万(18ホール)、Rp.120万(9ホール)。料金はカート&キャディ代が含まれている。レンタルクラブRp.25万〜50万、シューズRp.10万。宿泊料◎Rp.79万〜(+21%)。片道Rp.75万で送迎サービスあり(1〜4名)
住所 Desa Pancasari, Singaraja　TEL (0362)342-2646　URL www.handaragolfresort.com

123

バリで絶対に見逃せない
観光スポット Best 10

神聖なバリ寺院や大自然が造り出した景観は、
聖なるパワーを感じることができる場所。
観光ツアーでもよく訪れる、
神秘的なスポットでパワーチャージしてみよう！

1 バリの伝統に触れられる人気スポット
ウブド *Ubud*
▶P.274

毎晩バリ舞踊の定期公演が行われている芸能＆芸術の村。町なかから少し歩き出せば、田園風景など昔ながらの光景が広がっている。

左／郊外のブランコスポットが大人気
右／寺院祭礼に出合うチャンスも多い

2 バリで最も由緒ある寺院のひとつ
ウルワツ寺院
Pura Luhur Uluwatu ▶P.210

断崖絶壁に建つ聖なる寺院。ジャワからバリ島行脚に訪れた高僧ニラルタが、ここから空へ飛び立っていったという言い伝えも残る。

左／夕暮れどきのケチャ公演が圧巻
右／開演前の浄めの儀式

3 絶対に訪れたいフォトジェニックな寺院
タナロット寺院
Pura Tanah Lot ▶P.326

海に浮かぶ大きな岩の上に建つ神秘的な寺院。インド洋に日が沈むサンセットタイムは、ここでしか体験できない神々しさに満ちている。

「世界一美しい！」とも称される
夕景が楽しめるタナロット寺院

4 日帰りできるナチュラルアイランド
ペニダ島
Nusa Penida ▶P.352

スピードボートで約1時間、バリ島の東に浮かぶ絶景スポットが点在する素朴な島。美しい水中世界もスノーケリングで楽しめる。

ドラマチックな景観を巡ろう！

5 ティルタ・ウンプル&グヌン・カウィ

聖水の浄化力はバリ島有数

Tirta Empul & Gunung Kawi ▶P.332-333

伝説によればインドラ神が杖で大地をつつき、湧き出た泉ティルタ・ウンプル。その南に建つ古代遺跡グヌン・カウィも一緒に訪れたい。

浄化のために多くの人々が訪れるティルタ・ウンプル

伝説の巨人が造ったとされるグヌン・カウィ

6 ジャティルウィ

バリ有数の美しい棚田が広がる

Jatiluwih ▶P.330

ライステラスが海のように広がる光景はとにかく圧巻。周辺にあるバトゥカル寺院も含めて、2012年に世界遺産に登録されている。

昔ながらの農村の風景が広がっている

7 ランプヤン寺院

フォトスポットとして話題の名刹

Pura Lempuyang ▶P.373

3つの寺院で構成され、麓にあるプナタラン・アグン寺院が神秘的な撮影スポットとして人気を集めている。

鏡を使ったトリック写真で有名

バトゥール山に面した美しいカルデラ湖

8 バトゥール湖

湖畔の温泉につかって元気をチャージ

Danau Batur ▶P.382

バトゥール山は「地球の第1チャクラ」ともいわれる聖地。その麓にあるカルデラ湖は、すがすがしく力強いパワーに満たされている。

9 タマン・アユン寺院

シルエットが美しい歴史的な寺院

Pura Taman Ayun ▶P.324

1634年に建立されたムングウィ王国の国寺。10基のメル(塔)が並ぶ境内を囲む掘割の水は、周囲の田園を潤す水源となっている。

バリの数ある寺院のなかでもその美しさが際立つ

10 ゴア・ガジャ *Goa Gajah* ▶P.322

パワフルな瞑想スポット

謎の多い古代遺跡は古くから瞑想や修行の場として使われていた。うっそうとした川沿いの洞窟や沐浴場には、独特の雰囲気が漂っている。

大きく口を開けた洞窟の入口

現地発の主要観光ツアー ◉ Tour Program in Bali

　P.124で紹介した寺院&パワースポットなど、人気の観光地はツアーで効率よく周遊しよう。ツアー内容は多種多彩で、料金もピンキリ。ここでは食事付きのツアーを基準に紹介する(現地発のミニバス利用&食事なしツアーなら半額以下でも見つかる)。詳細を確認して自分に合ったツアーに参加しよう。

※ツアー代金は参加人数のほか、ガイドのレベル(日本語可など)、食事内容で異なる。またツアーの開始時間は会社や滞在地によって異なるので注意。

世界的に有名なサンセットを堪能　タマン・アユン寺院とタナロット寺院観光

料金 US$50〜80　出発 14:00 〜 16:00(所要6 〜 8時間)

　午後に出発して、世界遺産にも登録されているタマン・アユン寺院を訪問。その後、夕日に浮かぶシルエットが神秘的なタナロット寺院でロマンティックな時間を過ごす。ツアーによりスミニャックの夕景ダイニングや、クタのインドネシア料理店でディナーを楽しむ。

左/ムングウィ王国の栄華がしのばれるタマン・アユン寺院　右/タナロット寺院は世界的に有名。旅行者向きのオープンカフェもある

バリで絶対に体験したいスポット　ウルワツ寺院とケチャダンス鑑賞

料金 US$45〜70　出発 15:00 〜 16:30(所要6 〜 7時間)

　昼過ぎに出発し、高さ70mの断崖絶壁に建つウルワツ寺院へ。境内周辺を散策したあと(境内には入れない)は、広大なインド洋をバックにしたケチャ舞踊を鑑賞。1時間の公演のあと、ジンバランのビーチでBBQディナーを満喫する(高級ダイニングの設定もある)。

左/ジンバランビーチでシーフードBBQを楽しもう　右/夕暮れの寺院をバックにしたケチャ公演が圧巻

魅力いっぱいのウブドを1日で満喫　ウブド1日ツアー

料金 US$60〜80　出発 9:00(所要13時間)

　見どころが多いウブドは1日で巡る欲張りツアーがおすすめ。ゴア・ガジャやティルタ・ウンプルなどを訪れ、中心部か棚田を望むテガラランでランチタイム。美術館巡りやショッピングで自由時間を過ごし、早めのディナー後に、バリ舞踊の定期公演を鑑賞する。

左/夜の芸能鑑賞も外せない!　右/ゴア・ガジャの洞窟入口

バリ島の ハイライトを巡る バロンダンス鑑賞とキンタマー二高原観光

料金 US$50～70　出発 8:00～8:30(所要8～9時間)

まずはバトゥブラン村でバロンダンスを鑑賞(約1時間)。チュルツ&マスの工房に立ち寄ったあとに、景勝地のバトゥール湖でパノラマを眺めながらランチ(テガララランでの昼食も一般的)。ゴア・ガジャやティルタ・ウンプルなどウブド郊外が行程に含まれることも多い。

左/世界遺産にも登録されているバトゥール湖
右/ガムラン演奏が鳴り響くなか聖獣バロンが舞う

大寺院と王宮跡で 文化を実感 ブサキ寺院とクルンクン観光

料金 US$50～120　出発 8:00～9:00(所要8～11時間)

朝にホテルを出発して、まずはバリヒンドゥー教の総本山ブサキ寺院へ。周辺の眺めのいいレストランでランチ後に、古都スマラプラ(クルンクン)を訪れ、王宮跡にあるクルタ・ゴサで天井画を鑑賞する。ゴア・ラワやクサンバなど、バリ東部の名所にも立ち寄る。

左/裁判所として使用されていたクルタ・ゴサ
右/運がよければブサキ寺院の後らにアグン山も望める

バリの観光スポット

ジャティルウィ田園風景&タマン・アユン寺院

バリ世界遺産を ゴージャスに楽しむ

料金 US$80～120　出発 8:00(所要13～14時間)

　世界遺産のタマン・アユン寺院を訪問後、ブラタン湖に浮かぶようにたたずむウルン・ダヌ・ブラタン寺院まで一気に北上。その後バトゥカル山保護区のジャティルウィで棚田の景観を楽しみながらランチタイム。田園を散歩したあとは、タナロット寺院で夕景を観賞する。ディナーで利用するレストランのグレードでツアー料金は異なる。

左／タマン・アユン寺院は掘割に沿って見学できる
右／バリ島で最も美しい棚田が広がるジャティルウィ

レンボガン島デイツアー

バリの東に浮かぶ フォトジェニックな島

料金 US$100～150　出発 8:00(所要9～12時間)

　バリ本島からスピードボートに乗って、豊かな自然が広がるレンボガン島へ。島北部に自生するマングローブの森を小船で見学し、熱帯魚が舞う珊瑚礁をスノーケリングで満喫。オプションでサップなどのアクティビティにも参加できる。ビーチクラブでランチを楽しんだあとは、プールや浜辺でのんびりリラックス。スパやディナーが付いたプランもある。

左／ビーチクラブを完備しているツアーを選ぼう
右／レンボガン島の自然に触れてリフレッシュ

ティルタ・ウンプルとテガラランの棚田

神秘的なムルカッを 体験してみよう

料金 US$60～80　出発 9:00(所要9～10時間)

　ティルタ・ウンプルは、聖なる泉が湧くパワースポット。観光地として訪れるだけでなく、参拝に来たバリ人と一緒に泉で浄化儀式「ムルカッ」が体験できるツアーも出ている。儀式の参加には伝統的な手順が決まっているが、ガイドがエスコートしてくれる。棚田が広がるテガラランでランチを楽しんだあと、ウブド中心部にも立ち寄る。

左／手を合わせたまま無心で聖水を浴びる浄化儀式ムルカッ
右／ティルタ・ウンプルで旅行者も沐浴できる

現地発の観光ツアー 申し込みノウハウ

ネットで
事前予約がおすすめ

現地での予定が決まっているなら、出発前にインターネットでツアーやアクティビティを予約しよう。バリ現地ツアーに関する予約サイトがたくさんあり、オンライン予約も簡単にできる。

ツアーの予約サイトでは、大手旅行会社が催行するバリ島ツアーやアクティビティのほか、エステなどへの割引料金も出している。「バリ　現地ツアー」などのキーワードで検索し、各サイトの料金や内容を比較してみよう。ツアーでの食事のグレードやガイドの能力の高さと料金は比例するので、単純に安い料金のツアーに飛びつかないほうがいい。各ツアーの最少催行は2名からが基本(1名は料金が割高になる)。

現地での
申し込みも簡単

バリに到着してから、宿泊ホテルのツアーカウンターや町なかの旅行会社で申し込むこともOK。ツアーカウンターがないホテルでも、スタッフに尋ねれば親切に対応してもらえる。なお、現地で申し込む現地発ツアーには、各種入場料や食事などが含まれていないケースもあるので申し込む前に確認すること。

のどかな自然を楽しもう

◆日本人向きのツアー会社

ツアーは日本人の対応に慣れた、信頼できる会社で参加しよう。サイトや電話での日本語予約もOK。

ラマ・ツアーズ Rama Tours
(Go! Go! BALI)
住所 Jl. By Pass Ngurah Rai, Kuta
TEL (0361)752-329
URL 55bali.com

バリ島最大手のツアー会社で、「Go!Go!バリ」のサイトからホテルやツアーを予約すると現地で日本語でのサポートが受けられる。

バリ・ツアーズ.com
PT.Abadi Bali Wisata Tours & Travel
住所 Jl. Dewi Sita Selatan No.32,
Seminyak
TEL (0361)737-355(バリ島から)、
050-5806-7355(日本国内から)
URL www.bali-tours.com

パワースポットを訪れるスピリチュアルツアーなど独自のプログラムが魅力。日本語対応もOK。

サリツアーズ Sari Tours
住所 Jl. Bajang Sari No.5, Sanur
TEL (0361)289-305
URL sari-tours.com

老舗の旅行会社でマリンスポーツやゴルフなどのアクティビティも豊富に揃っている。

マイマイツーリストインフォメーション
Mai Mai Tourist Information
住所 Beach Walk Shopping Center
3F, Jl. Pantai Kuta, Kuta
TEL (0361)472-7951
URL maimai-bali.com

バリ島でも最大規模で展開しているH.I.S.の現地オフィス。クタ中心部のオフィスはツアー情報も満載。ウブドにも支店がある。

バリ姫 (Sunari Bali Tour & Travel)
住所 Jl. Hang Tuah No.66, Sanur
Kaja, Denpasar
TEL 081-338-644-621(バリ島から)
050-3632-7373(日本国内から)
URL www.bali-hime.com

日本語ガイドが多数在籍し、島内の主要な見どころをカバーしている。ウブド&タナロット寺院や、ランプヤン寺院へのツアーが人気。

APA? 情報センター
住所 Jl. Sugriwa No.59, Ubud
TEL 0851-0800-1110(携帯)
URL informationcenter-apa.com

お祭参加や村訪問など多彩なバリ文化を体験できる、ディープなプログラムを用意している。メールでの問い合わせは日本語でOK。

◆格安料金のツアー会社

格安ツアーは予約やガイド(運転手が兼ねる場合あり)も英語が基本。各国から来た旅行者と交流したい旅慣れた人向き。

プラマ・ツアー&トラベル
Perama Tour & Travel
住所 Jl. Legian No.39, Kuta
TEL (0361)751-875
URL www.peramatour.com

シャトルバスでおなじみのツアー会社。島内ツアーはひとりRp.33万～。各地にオフィスがある。

のどかな自然を楽しもう

バリの素顔に触れるツアー

バリ島の地方には田舎ならではの素朴な魅力がいっぱい。『バリ倶楽部』はそんなバリのカントリーサイドを巡る、ユニークなツアーを企画している。伝統文化や自然を全身で体感するプログラムで、バリの素顔に触れてみよう。リピーターでも満足すること請け合いだ。

●ランプヤン寺院サンライズ&ヨガ

ランプヤン寺院を望む絶好のビューポイントで朝日を満喫したあと、ランプヤン寺院の境内を参拝。さらにアリラ・マンギス内でヨガのレッスンを受け、ヘルシーブランチをいただくツアー。
料金 大人US$149　時間 3:00～14:00

●ブサキ寺院&バリ衣装体験

庶民的なバンリ市場でお供え物を揃え、ブサキ寺院を参拝するツアー。バリ風の正装も体験できる。途中でプンリプラン村に立ち寄り、伝統的な民家も訪問。絶景レストランでのランチ付き。
料金 大人US$85　時間 7:30～17:00

●レンボガン島マングローブ&スノーケル

バリ島にいちばん近い離島であるレンボガン島へ。まずはマングローブの森を小舟でクルーズ。珊瑚礁の海でのスノーケリングを楽しんだあとは、絶景ヴィラでプール&ランチを満喫する。
料金 大人US$115　時間 8:00～17:00

■バリ倶楽部
住所 Jl. Gunung Patas, Gg. Oji
No.1, Kerobokan
TEL 081-1398-8488 (携帯)
URL oji-baliclub.com

レンボガン島周辺の海でスノーケリングを満喫しよう

中部ジャワの 世界文化遺産を訪ねよう

Excursion for Central Jawa

世界最大級の仏教遺跡ボロブドゥールに、天空にそびえ立つヒンドゥー遺跡プランバナン。
この2大遺跡の起点となる古都ジョグジャカルタへは、バリ島から飛行機でわずか1.5時間ほど。
王宮文化で彩られた中部ジャワは、独特の魅力にあふれている。

アクセス＆ツアー情報

バリ島からジョグジャカルタへは、グラライ空港から出発する国内線を利用する。ガルーダ航空やライオン航空など1日約4便（所要約80～90分、往復Rp.120万～）。

バリ島の旅行会社は現地発ツアーを催行している。1日で予定が盛りだくさんの日帰りツアーはUS$400～。1泊2日のツアーはUS$450～（利用ホテルにより異なる）。

ジャワ島

ジャカルタ　プランバナン　スラバヤ　ボロブドゥール　ジョグジャカルタ　イジェン火口湖　バリ島　バニュワンギ　デンパサール

0　200km

悠久の時が流れる仏教遺跡

ボロブドゥール

Borobudur

この壮大な石造建造物は、シャイレンドラ王朝時代の8～9世紀前後に50年の歳月をかけて造られたあと、1000年以上も密林と火山灰に埋もれて眠っていた。煩悩の世界を描いた最下層から無の世界を象徴する大ストゥーパがそびえる最上部まで、美しいレリーフで悟りへと続く仏教世界を描いた回廊が続いている。

アクセス ジョグジャカルタ中心部から車で約1時間。
URL borobudurpark.com
入場 毎日6:30～16:30
料金 大人US$25、子供US$15（3～10歳）
日本語・英語ガイドは1時間でRp.15万～

上／ボロブドゥールの最上段。ひと気の少ない早朝に訪れたい
中／第1回廊の仏伝図など約1500面のレリーフが圧巻
下／公園内はトイトレインで移動することもできる

天空に燃え立つヒンドゥー寺院
プランバナン
Prambanan

856年頃にサンジャヤ王朝により建立された寺院群。中心をなすロロ・ジョングラン寺院のシヴァ神殿は高さ47mもあり、青空に揺らめく炎のような印象だ。神殿内部にはシヴァ神の石像などが安置されており、外側の壁には古代インド叙事詩のラーマヤナをモチーフとしたレリーフが施されている。

上／ラーマヤナの物語が壁面に刻まれている　左／ヒンドゥー教徒の聖地でもある寺院群　右／史跡公園ではラーマヤナ劇も上演されている

アクセス ジョグジャカルタ市内より車で約30分。空港からは約15分。
URL borobudurpark.com/temple/prambanan
入場 毎日6:30～17:00
料金 大人US$25、子供US$15（3～10歳）
日本語・英語ガイドはRp.15万～

華やかな王宮文化が香る町
ジョグジャカルタ
Yogyakarta

自転車タクシーのベチャで古都を巡ろう

中部ジャワの王宮文化が色濃く残る古都。宗教の変遷や植民地支配などを経てきた歴史舞台である王宮は、ぜひ見学してみたい場所のひとつ。ノスタルジックな雰囲気の路地裏、コロニアルな建造物が残る中心部、そして活気あふれる目抜き通りジャラン・マリオボロなど散策ポイントも多い。

アクセス 2020年に開港したジョグジャカルタ国際空港（YIA）からジョグジャカルタ市内まで車で約1.5時間。バリ島からの直行便はこの新空港へのみ就航しており、旧来のアジスチプト空港（JOG）は旅行者に利用しづらくなっている。

ジョグジャカルタの王宮クラトン。独特なデザインが楽しい

ジャワ島を訪ねるなら
インドネシア編がおすすめ！

「地球の歩き方」D-25
インドネシア
2020～2021版
●定価1700円＋税

ボロブドゥールやプランバナンなど世界的な遺跡を擁するジャワ島を徹底紹介。首都ジャカルタや古都ジョグジャカルタの最新情報も充実しています。

※最新の刊行情報をご確認ください。

コモド国立公園 *Taman Nasional Komodo*

まるで太古から生きる恐竜のような「コモドドラゴン」の生息地へは、バリ島から約１時間のフライト。秘境感たっぷりの乾燥した島々は、絶景スポットとしても人気を集めている。多様な海洋生物の宝庫として知られる海では、スノーケリングやダイビングを楽しもう。

左／コモド島とリンチャ島で巨大なコモドオオトカゲに出会える
右上／写真映えするコモド島のピンクビーチ
右下／丘の上からの眺望が話題のパダール島

アクセス＆ツアー

コモド国立公園の起点となるのは、フローレス島ラブアンバジョーにあるコモド空港。バリ島のデンパサールからコモド空港へはライオン航空やバティック航空が1日5便（所要1～1.5時間、往復Rp.220万～）。

また、バリ・ツアーズ.com（→P.129）ではバリ島からの日帰り訪問ツアー（1名US$708～）を催行している。旅程に余裕があるバックパッカーなら、プラマ・ツアー＆トラベル（→P.129）のフローレス島ラブアンバジョー発の1日ボートツアー（Rp.135万）も利用できる。

スピードボートで快適に移動

フローレス島にあるコモド空港

コモド国立公園の島巡り

コモドオオトカゲを観察するボートツアーは、ラブアンバジョー市内にある各旅行会社でも申し込める。Alba Cruise（URL albacruise.co）ではスピードボートでのコモド島やリンチャ島などへの1日ツアー（1名Rp.135万～）を催行。スローボートを使ったツアーは格安だが、1日に訪問できる島が限定されるので注意。各島1～2時間ほどで、自然観察やトレッキングが楽しめる。

ホテル事情

コモド空港があるラブアンバジョーには、手頃な中級ホテルや安宿が多い。近年は郊外エリアにアヤナ コモド リゾートなどの高級ホテルも登場しているので、優雅なバカンス滞在もOK。ラブアンバジョー中心部には、レストラン、ツアー会社、ダイビング会社なども集まっているので、不便なく滞在できる。

パンタ島 Pulau Banta
コモド空港
アヤナ コモド リゾート AYANA Komodo Resort
ラブアンバジョー Labuanbajo
コモド島 Pulau Komodo
パンタイ・メラ（ピンクビーチ）Pantai Merah
カロン島 Pulau Kalong
パダール島 Pulau Padar
フローレス島 Pulau Flores
リンチャ島 Pulau Rinca
Selat Sape
Selat Lintah
Selat Molo
N
0　　20km

最高の休日を過ごす憧れのビーチエリア

南部リゾート エリア

South Resort Area

チャングー
スミニャック＆
クロボカン
サヌール
クタ＆レギャン

ジンバラン
ヌサドゥア＆ブノア

スミニャック ＆ クロボカン ········· 136
チャングー ····························· 168
クタ ＆ レギャン ····················· 176
ジンバラン ···························· 206
ヌサドゥア ＆ ブノア ················ 216
サヌール ······························· 230

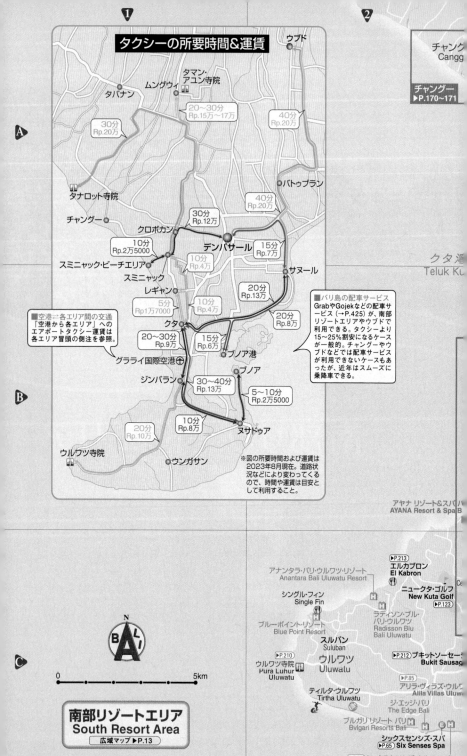

タクシーの所要時間&運賃

ウブド

タマン・アユン寺院

ムングウィ

タバナン

20〜30分
Rp.15万〜17万

40分
Rp.20万

30分
Rp.20万

チャングー
Cangg

チャングー
▶P.170〜171

バトゥブラン

タナロット寺院

チャングー

30分
Rp.12万

クロボカン

10分
Rp.2万5000

デンパサール

15分
Rp.7万

スミニャック・ビーチエリア

10分
Rp.4万

サヌール

スミニャック

レギャン

5分
Rp.1万7000

10分
Rp.4万

20分
Rp.13万

20分
Rp.8万

クタ

20〜30分
Rp.9万

15分
Rp.6万

ブノア港

グラライ国際空港✈

ジンバラン

30〜40分
Rp.13万

ブノア

5〜10分
Rp.2万5000

10分
Rp.8万

ヌサドゥア

20分
Rp.10万

ウルワツ寺院

ウンガサン

■空港⇄各エリア間の交通
「空港から各エリア」への
エアポートタクシー運賃は
各エリア冒頭の側注を参照。

■バリ島の配車サービス
GrabやGojekなどの配車サー
ビス（→P.425）が、南部
リゾートエリアやウブドで
利用できる。タクシーより
15〜25％割安になるケース
が一般的。チャングーやウ
ブドなどでは配車サービス
が利用できないケースもあっ
たが、近年はスムーズに
乗降車できる。

※図の所要時間および運賃は
2023年8月現在。道路状
況などにより変わってくる
ので、時間や運賃は目安と
して利用すること。

クタ湾
Teluk Ku

アヤナ リゾート&スパ B
AYANA Resort & Spa B

▶P.213
エルカブロン
El Kabron

アナンタラ・バリ・ウルワツ・リゾート
Anantara Bali Uluwatu Resort

ニュークタ・ゴルフ
New Kuta Golf
▶P.123

シングル・フィン
Single Fin

ラディソン・ブル・
バリ・ウルワツ
Radisson Blu
Bali Uluwatu

ブルーポイント・リゾート
Blue Point Resort

スルバン
Suluban

▶P.212
ブキットソーセー
Bukit Sausag

▶P.210
ウルワツ寺院
Pura Luhur
Uluwatu

ウルワツ
Uluwatu

▶P.85
アリラ・ヴィラズ・ウル
Alila Villas Uluw

ティルタ・ウルワツ
Tirtha Uluwatu

ジ・エッジ・バリ
The Edge Bali

ブルガリ リゾート バリ
Bvlgari Resorts Bali

▶P.65 シックスセンシズ・スパ
Six Senses Spa

N
BALI

0   5km

▶P.83 シックスセンシズ・ウルワツ・バリ
Six Senses Uluwatu Bali

南部リゾートエリア
South Resort Area
広域マップ▶P.13

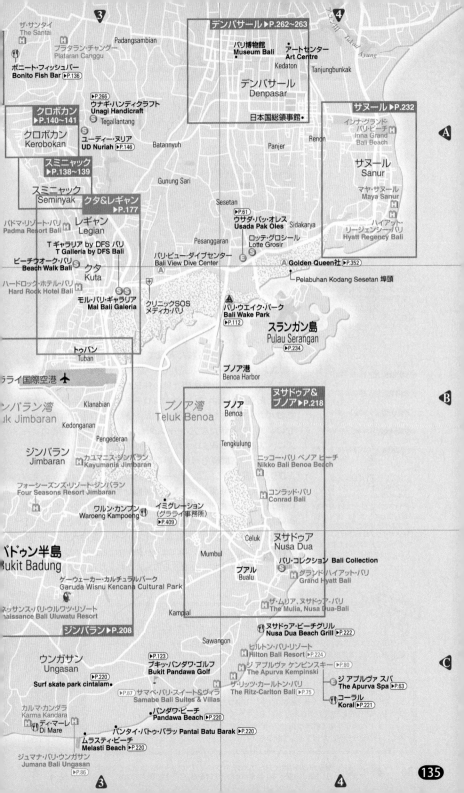

ザ・サンタイ The Santai
プラタラン・チャングー Plataran Canggu
Padangsambian
ボニート・フィッシュバー Bonito Fish Bar ▶P.136

デンパサール ▶P.262〜263
バリ博物館 Museum Bali
アートセンター Art Centre
Kedaton
Tanjungbunkak
デンパサール Denpasar
日本国総領事館●

サヌール ▶P.232
インナ・グランド・バリ・ビーチ Inna Grand Bali Beach

P.266
ウナギ・ハンディクラフト Unagi Handicraft
Tegallantang

クロボカン ▶P.140〜141
クロボカン Kerobokan
ユーティー・ヌリア UD Nuriah ▶P.146
Batannyuh

サヌール Sanur
マヤ・サヌール Maya Sanur

スミニャック ▶P.138〜139
スミニャック Seminyak
Gunung Sari
Sesetan
Panjer
Renon

クタ&レギャン ▶P.177
パドマ・リゾート・バリ Padma Resort Bali
レギャン Legian

P.61
ウサダ・バツ・オレス Usada Pak Oles
Sidakarya
ハイアット・リージェンシー・バリ Hyatt Regency Bali

T ギャラリア by DFS バリ T Galleria by DFS Bali
Pesanggaran
ロッテ・グロシール Lotte Grosir

ビーチウオーク・バリ Beach Walk Bali
クタ Kuta

バリ・ビュー・ダイブセンター Bali View Dive Center
Golden Queen社 ▶P.352

ハードロック・ホテル・バリ Hard Rock Hotel Bali

Pelabuhan Kodang Sesetan 埠頭

モル・バリ・ギャラリア Mal Bali Galeria

クリニックSOS メディカ・バリ

バリ・ウエイク・パーク Bali Wake Park ▶P.112

スランガン島 Pulau Serangan ▶P.234

トゥバン Tuban

ブノア港 Benoa Harbor

ラライ国際空港 ✈

ジンバラン湾 Teluk Jimbaran
Klanabian
Kedonganan

ブノア湾 Teluk Benoa
ブノア Benoa

ヌサドゥア&ブノア ▶P.218

Pengederan
Tengkulung

ジンバラン Jimbaran
カユマニス・ジンバラン Kayumanis Jimbaran

ニッコー・バリ ベノア ビーチ Nikko Bali Benoa Beach

フォーシーズンズ・リゾート・ジンバラン Four Seasons Resort Jimbaran

コンラッド・バリ Conrad Bali

ワルン・カンプン Waroeng Kampoeng

イミグレーション（グラライ事務所）▶P.409

Celuk
ヌサドゥア Nusa Dua

バドゥン半島 Bukit Badung

Mumbul

ゲーウェーカー・カルチュラルパーク Garuda Wisnu Kencana Cultural Park

プアル Bualu

バリ・コレクション Bali Collection

グランド・ハイアット・バリ Grand Hyatt Bali

ルネッサンス・バリ・ウルワツ・リゾート Renaissance Bali Uluwatu Resort

ザ・ムリア、ヌサドゥア・バリ The Mulia, Nusa Dua-Bali

Kampial

ジンバラン ▶P.208

Sawangon

ヌサドゥア・ビーチグリル Nusa Dua Beach Grill ▶P.222

ウンガサン Ungasan

P.123
ブキッ・パンダワ・ゴルフ Bukit Pandawa Golf

ヒルトン・バリ・リゾート Hilton Bali Resort ▶P.224

ジ アプルヴァ ケンピンスキー ▶P.80 The Apurva Kempinski

ジ アプルヴァ スパ The Apurva Spa ▶P.63

P.220
Surf skate park cintalam●

P.87
サマベ・バリ・スイート&ヴィラ Samabe Bali Suites & Villas

ザ・リッツ・カールトン・バリ The Ritz-Carlton Bali ▶P.75

コーラル Koral ▶P.221

カルマ・カンダラ Karma Kandara
ディ・マーレ Di Mare

●パンダワ・ビーチ Pandawa Beach ▶P.220

ムラスティ・ビーチ Melasti Beach ▶P.220
パンタイ・バトゥ・バラッ Pantai Batu Barak ▶P.220

ジュマナ・バリ・ウンガサン Jumana Bali Ungasan ▶P.86

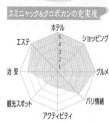

スミニャック＆クロボカン
Seminyak & Kerobokan

スミニャック＆クロボカンの充実度

レーダーチャート:
ホテル / ショッピング / グルメ / バリ情緒 / アクティビティ / 観光スポット / 治安 / エステ

レストランやホテルはバリ随一のレベルの高さ。人気ショップやリーズナブルなスパも増えてきており、滞在地としてのステイタスも急上昇中だ。

スミニャック＆クロボカンへのアクセス

空港〜スミニャック＆クロボカン
空港からエアポートタクシーでスミニャック地区まで約30分(定額運賃はRp.21万)、クロボカン地区まで約40分(定額運賃はRp.25万)。スミニャックから空港へはメータータクシーでRp.12万ほど。

タクシー

クタから	約15〜30分 Rp.7万〜
ジンバランから	約40〜50分 Rp.15万〜
ヌサドゥアから	約50〜60分 Rp.16万〜
サヌールから	約40〜50分 Rp.18万〜
ウブドから	約80〜90分 Rp.33万〜

✉ **スミニャックの日常風景**
2023年6月からワクチン接種などの入国規制もなくなり各国からの旅行者でにぎわうコロナ禍前の風景が戻っています。まだ閉鎖したままの店舗もありますが、ここ数年でインド料理やシーシャバーが増えて人気となってます。
(スミニャック在住 P.K. '23)

世界的に名を知られるホテルが点在するリゾートエリア

　クタ＆レギャンの北に広がるスミニャックは、バリでは比較的新しいリゾートエリア。大型の高級ホテルばかりでなく、最近人気のヴィラタイプのリゾートが増えていて、さらにその北部に延びるクロボカン地区とともに、リピーターの注目を集めている。緑豊かな広い敷地を、かぎられた人数で独占してしまう贅沢。建物もバリスタイルのオープンな造りで、心からリラックスできる雰囲気。落ち着いてカップルや家族だけの休日が過ごせるヴィラ……。のどかな光景に包まれて、まさにスローライフという雰囲気のなかでのバカンス。あくせく観光せずに、ひたすら自由な時間を楽しむのがバリでの新たなリゾートスタイルだ。そんな旅行者のニーズに、スミニャック＆クロボカンはぴったり合う。

　プールサイドに寝そべり、昼間からカクテルを楽しみつつ、のんびりと読書をする。アンティークショップなどオシャレな店が並ぶ周辺をぶらぶら散策してみる。日が傾いてきたら、物売りのいない静かなビーチに出て、インド洋に落ちていく夕日をただただ眺め続ける。そしてディナータイムには、キャンドルがともるロマンティックなレストランで、新鮮なシーフードや人気のバリフュージョン料理を満喫する……。スミニャック＆クロボカンでは、観光やアクティビティ以上に、ひたすらのんびりする大人の贅沢を味わってもらいたい。

Power Push!

2022年OPEN!

シーフードを敏腕シェフのレシピで堪能

　クロボカン地区はバリ有数のグルメエリア。バリ島好きが高じて店を開業する有名シェフも後を絶たない。2022年にオープンした**ボニート・フィッシュバー**は最高級リゾートで腕を振るってきたマウリーゾ・ボンビ氏が経営するダイニング。ジャラン・プティトゥンゲッツで人気を集める1号店の**マウリ**(→P.150)よりもモダンなレシピが特徴となっており、生や炭火グリルで新鮮なシーフードを堪能できる。中心部から遠いが足を運ぶ価値ありだ!

Ⓡ ボニート・フィッシュバー
Bonito Fish Bar
Map P.135-A3　住所 Jl. Bumbak Dauh No.88, Kerobokan
TEL 0811-381-1888(携帯)
URL bonito-fishbar.com
営業 毎日12:00〜23:00
税＆サ +18%　カード ＡＪＭＶ

ベビーロブスターの炭火焼きRp.27万5000

✎ 投稿　南部エリアを細かく結んでいた公共シャトルバスのクラクラバスは2023年6月現在クタ〜ウブド間を1日1往復のみ運行中。旅慣れた欧米人は配車アプリを利用しています。(東京都 デカピタ '23)

ORIENTATION 歩き方

人気ショップが密集するスミニャック

交通量の多いジャラン・ラヤ・スミニャック

スミニャック地区の中心は、南北に延びる目抜き通りの**ジャラン・ラヤ・スミニャック**Jl. Raya Seminyak。通りの両脇にはブティックが並び、女性に人気のショッピングストリートとなっている。この通りから西のビーチ側に向かう**ジャラン・チャンプルン・タンドゥッ** Jl. Camplung Tandukは、カフェやナイトスポットも多く、夜更けまで旅行者でにぎわっているエリア。ビーチ沿いには大型ホテルも点在している。

目抜き通りを北上し、人気ショップやヴィラリゾートが並ぶ**ジャラン・クンティ** Jl. Kuntiを過ぎると、通りは**ジャラン・ラヤ・バサンカサ**Jl. Raya Basangkasaと名称を変える。通り沿いにはファッションショップのほか、バリ雑貨やインテリア店も目立ち始め、だんだんとローカル色が感じられるだろう。通りの北端には集合屋台が並ぶ野外市場もある。

最新流行スポットのクロボカン

スミニャックとクロボカンの境界線は、東西に延びる**ジャラン・カユ・アヤ**Jl. Kayu Aya。この通り沿いには人気のグルメスポットとショップがひしめき合っているので、バリ滞在中に一度は訪れてみよう。また、この通りの中ほどから北へ延びる**ジャラン・ムルタ・サリ**Jl. Merta Sariは、人気ホテルが密集するエリア。静かなのに滞在にも便利で、注目の隠れ家ヴィラが増加している。

ビーチ沿いに高級リゾートが点在

クロボカン地区の北西部に延びる**ジャラン・プティトゥンゲッ** Jl. Petitenget周辺にはバリ島を代表するリゾートホテルや、夕日観賞スポットとして有名なレストランが点在している。夕暮れ時にこのビーチを散歩すれば、心地よい浜風を感じながら美しいサンセットを堪能できる。

配車サービスの利用状況

GrabやGojekなどの配車サービス(→P.425)が利用できる。スミニャック&クロボカンからは空港への移動にも便利。

道路名の変更に注意

ショップやレストランが爆発的に増加しているスミニャック&クロボカン地区では、道路の名称が変わることも多いので注意。「ジャラン・ラクスマナ」は「ジャラン・カユ・アヤ」と名称変更された(ただし、タクシー運転手には通称の「ジャラン・オベロイ」がいまだに通じやすい)。

また、「ジャラン・アビマニュ」の東側は「ジャラン・チャンプルン・タンドゥッ」と変更された。ただし、地元の人たちは、旧称のままで呼び、名刺の住所なども変更されないままのケースも目立つ。

家族で楽しめるプールクラブ

バリ最大級の塩水ラグーンプールで過ごせる**ミセス・シッピー**。ビーチには面していないがオアシスのような空間で泳いだりクッションでまどろみ、豊富な料理やドリンクも楽しめる。入場料は1名Rp.10万。デイベッド利用はRp.60万以上の飲食がミニマムペイメント(1〜4名)。

●ミセス・シッピー Mrs Sippy
MAP P.140-B1
TEL 0821-4500-1007(携帯)
URL www.mrssippybali.com
営業 毎日10:00〜21:00

欧米からの旅行者に人気の施設

information バリのトレンドが集まるスミニャック・ビレッジ

スミニャック・ビレッジSeminyak Villageは、ショップやカフェが集結したショッピングモール。洋服やファッション小物、インテリア雑貨など、バリ発信のローカルブランドが充実している。さまざまなジャンルの商品を市場風に並べたマーケットプレイスを見て歩くのも楽しい。

目抜き通りに面して建つスミニャックのランドマーク

Sスミニャック・ビレッジ Seminyak Village
Map P.140-C2
住所 Jl. Kayu Jati No.8, Seminyak
TEL (0361)738-097
URL www.seminyakvillage.com
営業 毎日10:00〜22:00
カード ADJMV(店舗により異なる)

!ヒント インドネシア語で「ジャランJalan(Jl.と略す)」は道路の意味。固有の道路名の頭にはこのジャランが付くのが一般的なので覚えておこう。ちなみに路地は「ガンGang(Gg.と略す)」。

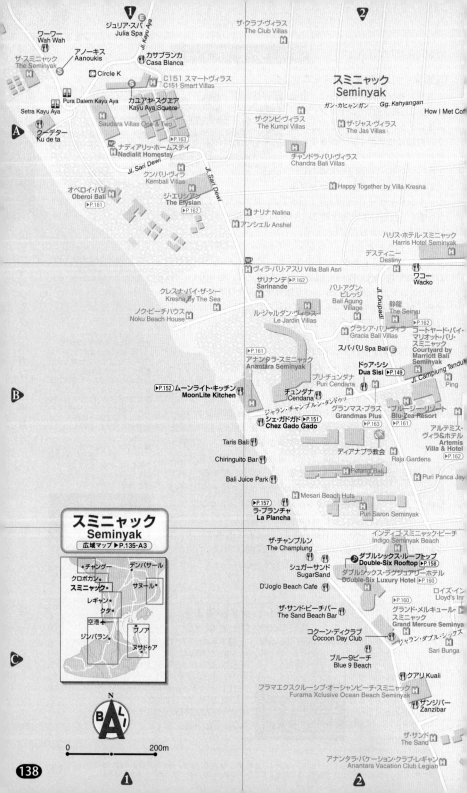

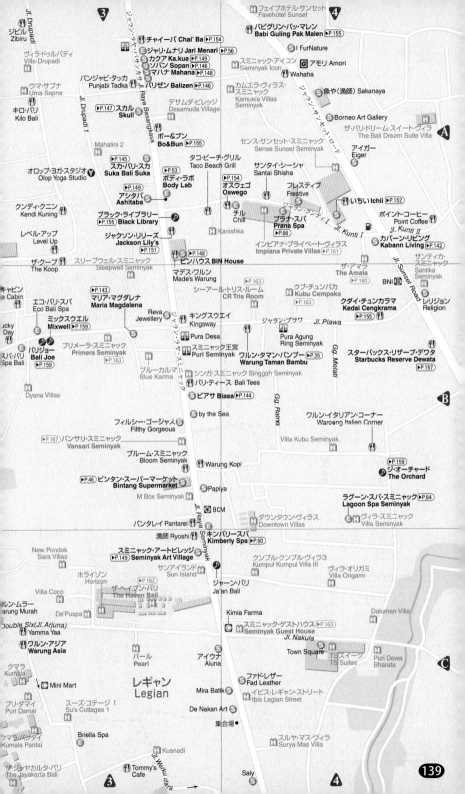

ジビル Zibiru

③

ジャカラン・テイ ノ キ

フェイブホテル・サンセット
Favehotel Sunset

④

ヴィラ・ドゥルパディ
Villa Drupadi

チャイーバ Chai' Ba ▶P.154

バビグリン・バッ・マレン
Babi Guling Pak Malen ▶P.155

Jl. Drupadi

ジャリ・ムナリ Jari Menari ▶P.56

I FurNature

ウマ・サプナ
Uma Sapna

カクア Ka.kua ▶P.149
ソパン Sopan ▶P.146
マハナ Mahana ▶P.148

スミニャック・アイコン
Seminyak Icon

アモリ Amori

Wahaha

キロ・バリ
Kilo Bali

パンジャビ・タッカ
Punjabi Tadka ▶P.146

バリゼン Balizen ▶P.146

カムエラ・ヴィラス・スミニャック
Kamuela Villas Seminyak

魚や (漁師) Sakanaya

Jl. Drupadi 1

Raya Basangkasa

デサムダ・ビレッジ
Desamuda Village

▶P.147 スカル Skull

Borneo Art Gallery

ザ・バリ・ドリーム・スイート・ヴィラ
The Bali Dream Suite Villa

Ⓐ

Mahalini 2

ボー&ブン Bo&Bun ▶P.155

センス・サンセット・スミニャック
Sense Sunset Seminyak

アイガー Eiger

オロップ・ヨガ・スタジオ
Olop Yoga Studio Ⓨ

▶P.145 スカ・バリ・スカ
Suka Bali Suka ▶P.53

タコ・ビーチ・グリル
Taco Beach Grill

サンタイ・シーシャ
Santai Shisha

クンディ・クニン
Kendi Kuning

▶P.149 アシタバ
Ashitaba

ボディ・ラボ
Body Lab ▶P.154 オスウェゴ Oswego

ジャカラン・クンティ I

フレスティブ
Frestive

いちい Ichii ▶P.152

レベル・アップ
Level Up

ブラック・ライブラリー
Black Library ▶P.155

チル Chill

プラナ・スパ
Prana Spa ▶P.66

Jl. Kunti I

ポイント・コーヒー
Point Coffee

Kanishka

ジャクソン・リリーズ
Jackson Lily's ▶P.151

インビアナ・プライベート・ヴィラス
Impiana Private Villas ▶P.161

カバーン・リビング
Kabann Living ▶P.142

ザ・クープ
The Koop

スリープウェル・スミニャック
Sleepwell Seminyak

ビンハウス BIN House ▶P.148

マデス・ワルン
Made's Warung

ザ・アマラ
The Amala ▶P.160

Jl. Kunti II

サンティカ・スミニャック
Santika Seminyak

BNI

キャビン
e Cabin

エコ・バリ・スパ
Eco Bali Spa

▶P.143 マリア・マグダレナ
Maria Magdalena

シーアール・トリス・ルーム
CR Tris Room ▶P.163

クブ・チュンパカ
Kubu Cempaka ▶P.163

レリジョン
Religion

Ⓢ

cky
Day

ミックスウェル
Mixwell ▶P.159

Reva
Jewellery

キングスウエイ
Kingsway

クダイ・チュンカラマ
Kedai Cengkrama ▶P.155

Jl. Sunset Road

パリ
y Bali

バリジョー
Bali Joe ▶P.159

プリメーラ・スミニャック
Primera Seminyak ▶P.163

プラ・デサ
Pura Desa

スミニャック王宮
Puri Seminyak

ワルン・タマン・バンブー
Warung Taman Bambu ▶P.35

プラ・アグン・リン・スミニャック
Pura Agung Ring Seminyak

Jl. Plawa

スターバックス・リザーブ・デワタ
Starbucks Reserve Dewata ▶P.157

Gg. Melati

Dyana Villas

ブルー・カルマ
Blue Karma

シンガ・スミニャック Singgah Seminyak

バリ・ティース Bali Tees

Ⓑ

フィルシー・ゴージャス
Filthy Gorgeous

ビアサ Biasa ▶P.144

by the Sea Ⓢ

ワルン・イタリアン・コーナー
Waroeng Italian Corner

▶P.167 バンサリ・スミニャック
Vansari Seminyak

ブルーム・スミニャック
Bloom Seminyak

Villa Kubu Seminyak

Gg. Rsires

ワルン・コピ Warung Kopi

▶P.46 ビンタン・スーパーマーケット
Bintang Supermarket

ジ・オーチャード
The Orchard ▶P.159

M Box Seminyak

Papiya Ⓢ

ラグーン・スパ・スミニャック
Lagoon Spa Seminyak ▶P.64

パンタレイ Pantarei

BCM

ダウンタウン・ヴィラス
Downtown Villas

ヴィラ・スミニャック
Villa Seminyak

Ⓒ

New Pondok
Sara Villas

漁師 Ryoshi

キンバリースパ
Kimberly Spa ▶P.60

Jl. Raya Seminyak

スミニャック・アートビレッジ
Seminyak Art Village ▶P.149

クンプル・クンプル・ヴィラ3
Kumpul Kumpul Villa III

ヴィラ・オリガミ
Villa Origami

ホライゾン
Horizon

▶P.162
ザ・ヘイブン・バリ
The Haven Bali

サンアイランド
Sun Island

ジャーン・バリ
Ja'an Bali

ダルマン・ヴィラ
Daluman Villa

Villa Coco

De'Puspa

Kimia Farma

ン・ムラー
arung Murah

Double Six(Jl. Arjuna)
ヤマ・ヤー Yamma Yaa

スミニャック・ゲストハウス
Seminyak Guest House ▶P.163

Jl. Nakula

ワルン・アジア
Warung Asia

パール
Pearl

アイウナ
Aiuna

Town Square

TSスイーツ
TS Suites

プリ・デワ・バラタ
Puri Dewa
Bharata

Ⓒ

クマラ
Kumala

Ⓜ Mini Mart

レギャン
Legian

ファド・レザー
Fad Leather

プリ・ダマイ
Puri Damai

スーズ・コテージ 1
Su's Cottages 1

Mira Batik

イビス・レギャン・ストリート
Ibis Legian Street

クマラ・パンタイ
Kumala Pantai

ブリエラ・スパ
Briella Spa

De Nakan Art

集会場 ●

スルヤ・マス・ヴィラ
Surya Mas Villa

ザ・ジャヤカルタ・バリ
The Jayakarta Bali

Ⓜ Kusnadi

トミーズ・カフェ
Tommy's
Cafe

③

④

Saly

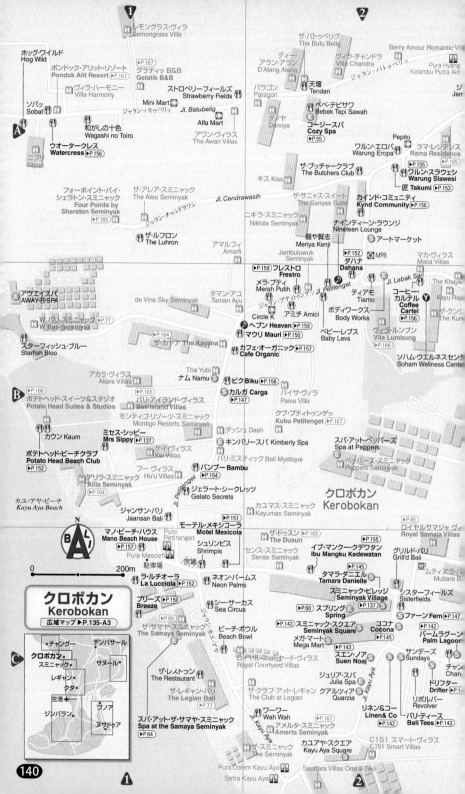

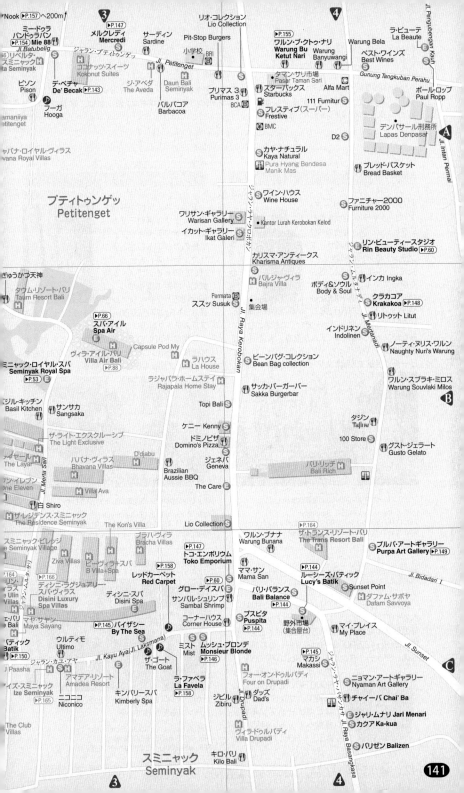

ショッピング Shopping

ジャラン・ラヤ・スミニャック、ジャラン・カユ・アヤ、ジャラン・クンティ沿いに、ナチュラル雑貨やブティックが多い。北に延びるジャラン・ラヤ・クロボカン沿いには、家具を扱うインテリアショップが並んでいる。

ファッション＆セレクトショップ

クールなサーフアイテムが揃う
ドリフター
Drifter
MAP P.140-C2

バリ島で生まれたサーフ・アパレルブランドの直営セレクトショップ。自社のドリフターをはじめ、有名サーフブランドのアパレル製品を、女性用・男性用ともに幅広く扱っている。バリ風アロハシャツ(Rp.76万1000～)やタンクトップ(Rp.38万1000～)など、サーファーでなくても着こなしてみたいファッションアイテムが豊富。水着(Rp.45万7000～)やドライバッグ(Rp.33万5000～)などビーチで活躍する即戦力アイテムも見つかる。

2022年OPEN!

上／サーファーをモチーフにしたTシャツが人気
下／ワンピースやサングラスなど豊富な展示

住所 Jl. Kayu Aya No.50, Seminyak
TEL 0817-5515-111(携帯)　URL driftersurf.com
営業 毎日9:00 ～ 22:00　カード AJMV

ハイセンスな商品が揃う
カバーン・リビング
Kabann Living
MAP P.139-A4

フランス人女性が経営するナチュラル素材を生かしたインテリアショップ。バリ島のアジアらしさとアフリカンテイストを合わせた遊び心のあるデザインが特徴だ。木製の置物のリンゴ(Rp.13万～)やペリカン(3個セットRp.27万9000)、本物そっくりに見えるプラスチック製のプラント(Rp.8万5000)などの小物類は手頃な料金設定。竹やヤシなど自然素材を使ったランプシェード(Rp.88万5000～)などリビング用品も展示されている。

上／民俗的な木製のオーナメントも楽しい
下／ランプやクッションを配置したディスプレイ

住所 Jl. Kunti I No18, Seminyak
TEL 0821-4600-0148(携帯)　URL kabannliving.com
営業 毎日9:00～20:00　カード AJMV

元気いっぱいのビーチウエアが揃う
パームラグーン
Palm Lagoon
MAP P.140-C2

人気サーフショップ「リップカール」の姉妹店。水着やTシャツはもちろん、気分がアップしそうなカラフルな水着(Rp.34万8000～)やショートワンピ(Rp.42万9000～)はリゾートの各場面にベストマッチ。タンクトップ(Rp.13万5000～)

やキャミソール(Rp.17万9000 ～)などもお値打ち価格で、サンダルや帽子などのビーチグッズも各種揃っている。商品構成は20 ～ 30代の女性向け

左／貝殻とニットをあしらったバッグRp.30万～
右／キュートな女性向けファッション店

だが、メンズ用のTシャツ(Rp.20万～)やショートパンツも置かれている。

住所 Jl. Kayu Aya No.33, Seminyak
TEL 0878-6193-8688(携帯)
営業 毎日9:00 ～ 22:00　カード AMV

ハミダシ　S リネン＆コー Linen& Co（Map P.140-C2　TEL 0819-9991-5401携帯　営業 毎日9:00 ～ 21:00）は上品なリネン素材の服が揃うブティック。スミニャック・スクエアの向かいにある好立地。

ストリートファッションならここ！
スエン・ノア
Suen Noaj
MAP P.140-C2

ウブドやチャングーでも展開している、スペイン人女性がデザインする人気ブティック。"Free Love Free People"をコンセプトにデザインされたトップス(Rp.55万～)やTシャツ(Rp.39万5000)はラフに着こなせそう。リゾートで着てみたいアイテムを豊富にラインアップ。バッグやサンダル、アクセサリーなど小物類もキュートなデザインで、Tシャツやショートパンツなど男性用アイテムも展示されている。

上／フロントボタンのワンピースRp.67万5000
下／ギュッとセンスが詰まったファッション空間

住所 Jl. Kayu Aya No.18A, Seminyak
TEL 0813-3913-9052(携帯)　URL suennoaj.com
営業 毎日9:00～22:00　カード A J M V

おみやげにも人気のバリＴシャツ
バリ・ティース
Bali Tees
MAP P.140-C2

ビンタンビールの王冠やココナッツなどバリ島をモチーフにしたTシャツが揃うコンセプトストア。バリ在住歴の長いイタリア人オーナーがデザインするTシャツ(男性用Rp.29万9000、女性用Rp.27万9000)は、さらっと着心地のよいコットンを使用。おしゃれに着こなせそうなデザインは、普段使いにも友達へのおみやげにもよさそうだ。

上／滞在中に着こなしたいデザイン
下／通りを挟んで北側にも同じバリ・ティースの店舗がある

住所 Jl. Kayu Aya No.50x, Seminyak
TEL (0361)730-486　URL lovebalitees.com
営業 毎日9:00～21:00　カード J M V

清楚なインテリアが通りからも目を引く
マリア・マグダレナ
Maria Magdalena
MAP P.139-B3

日本人デザイナーが経営する清楚なたたずまいのブティック。落ち着いた色彩のファッションが多く、ダイニングでドレスアップしたいときに役立つはずだ。ミニドレス(Rp.39万～)、ロングワンピース(Rp.48万～)など、どれもフェミニンで愛らしいイメージ。アルミの箱に入ったキャンドル(Rp.2万5000)や木製ソープ

左／ワンピースはデザインいろいろ
右／日常生活にアジアンテイストをプラスしてくれる雑貨が並ぶ

ディッシュなど、小物雑貨もこだわりのオリジナル商品が置かれている。

住所 Jl. Camplung Tanduk No.7, Seminyak
TEL (0361)738-051
営業 毎日8:30～22:00　カード J M V

information 買い物にも食事にも便利なランドマーク

S スミニャック・スクエアは、旅行者に人気のブティックやカフェが入ったショッピングモール。1階は「クイックシルバー」や「リラ・レーン」など有名ブティックが軒を並べており、バリの流行ファッションを一気にチェックできる。「バリ・ベーカリー」や「アドレナリン・スポーツ・バー」など、気軽にひと休みできる食事スポットも充実。中庭にあるアートマーケットものぞいてみよう。

SNS映えしそうな撮影スポットもある

S スミニャック・スクエア
Seminyak Square
Map P.140-C2
住所 Jl. Kayu Aya, Seminyak
TEL (0361)732-106
営業 毎日10:00～22:00(店舗により異なる)
カード A D J M V (店舗により異なる)

アートマーケットの商品もチェック

ハミタシ S デ・ベチャ De' Becak (Map P.141-A3　TEL 081-835-8210　携帯　営業 毎日9:00～21:00)は雑貨とファッションのセレクトショップ。ミニワンピRp.19万～、ロングワンピRp.38万～。

素材を厳選した注目のコスメ
バリ・バランス
Bali Balance
MAP P.141-C4

　ジャラン・タマン沿いにあるオーガニックコスメのセレクトショップ。ボディローションやシャンプーは常用するからこそ原料を大切にしたいという、スイス人女性オーナーのこだわり商品が並んでいる。特にバージンココナッツオイルを使ったフェイスセラム(Rp.30万)や、ココナッツバターのリップバーム(Rp.10万)は人気のアイテムとなっている。レモングラスとジャスミンの香りのソイワックスキャンドル(Rp.30万〜)も、すすの出ない芯をスイスから取り寄せるなど、細かい配慮がうれしい。

上／ピュアオイルやボディウオッシュなどココナッツ製品が充実
下／アロマ雑貨やファッションも要チェック

住所 Jl. Raya Taman No. 147A, Seminyak
TEL 0878-6197-5495(携帯)　URL balibalance.net
営業 毎日10:00 〜 18:00　カード J M V

キュート&カラフルな恋するファッション
プスピタ
Puspita
MAP P.141-C4

　リゾートで大活躍してくれるワンピースが揃う人気ブティック。オシャレ大好きの日本人オーナーが、南国にぴったりの服をデザインしている。コットンストレッチ素材のワンピース(Rp.39万)や、ロングのワンピース(Rp.45万)など、店内にはキュートで着心地のよいファッションが盛りだくさん。さらにバンダナ(Rp.3万)やバッグ(Rp.9万)など小物類もいろいろ見つかる。ガーリーなミニワンピース(Rp.35万)は水着の上に着るのもよさそうだ。ウブドなどでもショップを展開しており、お値打ちプライスで在住外国人にも人気が高い。

上／ワンピースRp.39万前後から
下／値段がリーズナブルなのでまとめ買いもおすすめ

住所 Jl. Kayu Aya No.9, Kerobokan
TEL (0361)730-106
営業 毎日9:00 〜 21:00　カード A J M V

有名産地のバティックが揃う専門店
ルーシーズ・バティック
Lucy's Batik
MAP P.141-C4

　オリジナルのバティック専門店で、店内にはチルボン、ソロ、プカロンガン、トゥバンなど、ジャワ島各地のバティックを幅広く展示している。コットンとシルクをミックスした生地もあるので、バティックファンならじっくりと見て回りたい。メガムンドゥン(雨雲)模様など各地の伝統意匠をあしらったコットンバティック(Rp.398000〜)、シルク混コットンを使った手描きバティックのストール(Rp.98万〜)などデザインも風合いも多彩だ。芸術作品のようなイカット織はRp.69万8000〜。

国内各地で作られたバティックやイカットをずらりと展示

上／バティックのガウンやシャツなど種類豊富
下／人形やバッグなど小物雑貨も充実している

住所 Jl. Taman No.6, Seminyak
TEL 0851-0095-1275(携帯)
営業 毎日10:00 〜 19:00　カード A J M V

ビアサBiasa (Map P.139-B3　TEL (0361)735-725　営業 毎日9:30 〜 20:30)は女性受けするファッションブティック。ワンピースRp.80万〜、ブラウスRp.42万5000 〜。

■ ココナッツオイルの高品質コスメ
ココナ
Cocona
MAP P.140-C2

オーガニックなココナッツオイルを原料とした美容アイテムのショップ。いち押しの商品はエクストラ・バージン・ココナッツオイル（100mℓでRp.5万）、髪をツヤツヤにして保湿するヘアスパ（240mℓでRp.16万5000）、ココナッツオイル・シャワージェル（Rp.10万5000）など。そのほかフットスクラブやボディクリームなど、美容のためのココナッツオイル製品が豊富に揃っている。

上／バージンココナッツオイルの商品が充実
下／スミニャックの中心部にあり立ち寄りやすい

住所 Jl. Kayu Cendana No.1,The Sura, Seminyak
TEL 0878-6230-0002(携帯)
営業 毎日9:00 ～ 17:00　カード AJMV

■ 海外輸出も手がけるバッグ専門店
スカ・バリ・スカ
Suka Bali Suka
MAP P.139-A3

南国的なカゴバッグ＆布バッグを扱う人気ショップ。貝殻やビーズをあしらったカゴバッグ（Rp.25万～）、ニット編みのショルダーバッグ（Rp.29万5000）。ホールセラーならではのリーズナブルな価格設定なので、お気に入りデザインを大人買いするのもおすすめ。ミニバッグは、女性へのバリみやげにもぴったりだ。

上／ニットボールとビーズのカゴバッグRp.31万
下／カラフルな作品を品よくディスプレイ

住所 Jl. Raya Basangkasa No.3C, Seminyak
TEL 0858-5747-8443(携帯)
営業 毎日9:00 ～ 17:00　カード 不可

■ さわやかなファッションで休日を彩る
バイザシー
By The Sea
MAP P.141-C3

デザインはもちろん、肌触りや着心地にも定評がある人気ファッションブランド。シンプルなリゾートワンピース（Rp.98万）やヤシの木柄のタンクトップ（Rp.65万）、リネンのショートパンツ（Rp.69万）など、どれも南国リゾートにぴったり。バリ島らしいリボン付きの麦わら帽子（Rp.75万）、ゆったりめのキャンバス地のトートバッグ（Rp.89万）、子供服、メンズのシャツ＆ショートパンツも揃っているので、ファミリーやカップルでの利用もおすすめ。

上／上質なコットンやリネンを使用
下／バリ島内で10店舗ほど展開している

住所 Jl. Kayu Aya No.20 C, Seminyak
TEL 0812-4444-0018(携帯)　URL bytheseabali.com
営業 毎日10:00 ～ 22:00　カード AJMV

■ ビンテージ感のある雑貨がずらり
タマラ・ダニエル
Tamara Danielle
MAP P.140-C2

スミニャック・ビレッジの1階に入店している雑貨のセレクトショップ。動物をかたどったウッドカービング、アイアンワークのインテリア雑貨、キーホルダーやキッチンウエアなど、バラエティ豊かな商品はどれもアンティーク風なのが特徴。売れ筋アイテムは言葉や絵をあしらった木製のデコレーションボード（Rp.20万前後）。まるでレトロなダイナーに飾られていそうな雰囲気で、種類も豊富に揃っている。

上／レトロ風の置時計はRp.70万前後～
下／本店は手工芸品の産地として有名なガララン村にある

住所 Jl. Kayu Jati No.8, Seminyak Village, Seminyak
TEL なし　URL www.tamaradaniellebali.com
営業 毎日10:00 ～ 22:00　カード AMV

レトロ感たっぷりの食器の宝庫
ユーディー・ヌリア
UD Nuriah
MAP P.135-A3

キッチュなホーロー製品が店内に積み重ねられたテーブルウエアの問屋さん。地元の食堂でも見かける、にわとりが描かれたホーロー保存容器(3個でRp.6万)、ワルンで菓子入れとして使われるランタン型の小物入れ、おかずの保存によさそうな小さな蓋つき鍋など、レトロ食器ファンにはたまらない品揃え。値段もお財布に優しいホールセラー価格なので、日本人旅行者にもファンが多い。カラフルな陶器皿やメラミン製の食器も扱っているので、じっくりと時間をかけてお気に入りを見つけよう。

上／レトロなマグカップはRp.2万5000〜
下／小売りOKの問屋で雑然と商品が積まれている

住所 Jl. Tangkuban Perahu, Depan Br. Pengipian, Kerobokan Kelod
TEL 0811-398-546(携帯)
営業 毎日9:30〜18:00　カード 不可

南国インテリアの宝庫
バリゼン
Balizen
MAP P.139-A3

アメリカ人の女性デザイナーが経営するポップなアジア雑貨店。ショップ全体がカラフルな装いで、ソープ、鍋つかみ、ポーチ、木彫りの置物などがいろいろと展示されている。ココナッツシェルを使ったサラダサーバー(Rp.13万7000)や、ソルト&ペッパー入れ(Rp.7万)などのカトラリーは値段もリーズナブルなので、おみやげのまとめ買いにもおすすめ。オリジナルの生地を使ったリネン類も人気が高く、クッションカバーはRp.14万〜。かわいいパッケージのオリジナルキャンドルやソープも置いてある。

上／部屋をバリ風にアレンジできるアイテムがいっぱい
下／草花をモチーフにしたクッションカバーが人気

住所 Jl. Raya Basangkasa No.40, Seminyak
TEL (0361)738-816
営業 毎日10:00〜18:00　カード AJMV

ローカル雑貨を問屋プライスで
ソパン
Sopan
MAP P.139-A3

昔ながらの素朴なバリ雑貨ショップ。店内には木製の器やカゴ、ココナッツ製品などが所狭しと置かれている。パイナップルをかたどった木製プレート(Rp.16万)や木のまな板(Rp.17万)なども問屋価格で手に入る。この店で注目したいのはソカシと呼ばれる祭礼などで使われるカゴ。貝殻やビーズなどデザインは多種多様で、同じ製品をセットで購入すると割引になる。ソカシは1点Rp.5万〜でサイズによって値段が

左／小物入れに使えるソカシは種類いろいろ
右／旅の記念品やおみやげ探しにおすすめ

異なる。表面にビーズを貼り巡らしたソカシはRp.15万。掘り出し物を探すような楽しみが味わえるショップだ。

住所 Jl. Raya Basangkasa No.44, Seminyak
TEL 0877-8146-2343(携帯)
営業 毎日10:00〜20:00　カード JMV

ムッシュ・ブロンデMonsieur Blonde (Map P.141-C3　URL www.monsieurblonde.com 営業 毎日9:00〜21:00)はアクセサリー&ランジェリーの店。フランス人がデザインを手がけている。

伝統とモダンをミックスした生活雑貨
メルクレディ
Mercredi

MAP P.141-A3

バリの素朴さにモダンなセンスを加えたインテリア雑貨が評判。水玉や魚の柄のコットンナプキン（Rp.8万5000〜）、トンボをモチーフにした箸置き（Rp.6万5000）、プレイスマット（Rp.9万5000）などのテーブルウエアが売れ筋。ホーローの皿やカップ、クッションカバーもデザイン豊富。センスのよいものを揃えており、ワンランク上のコーディネートを狙えそう。

上／ホーローの食器類はRp.9万5000〜
下／クッションカバーはおみやげにピッタリ

住所 Jl. Petitenget, Kerobokan
TEL 0812-4834-0518（携帯）
営業 毎日9:00 〜 21:00　カード J M V

自然派テーブルウエアで部屋を彩る
ファーン
Fern

MAP P.140-C2

見るだけでも楽しいナチュラルな雑貨が揃うショップ。真鍮のデザインスプーンやフォーク（Rp.8万〜）やチーク材のカッティングボード（Rp.25万）などおしゃれなテーブルウエアが充実。木彫りの置物やクッションカバーなど少し値は張るが、部屋をおしゃれに演出するインテリアアイテムが満載だ。貝やビーズを使ったチョーカー（Rp.5万〜）、真鍮やシルバーのリング（Rp.25万〜）、天然石のブレスレット（Rp.25万）などアクセサリーもおすすめ。

カトラリーやランチョンマットの種類もいろいろ

住所 Jl. Kayu Cendana No.2, Br. Taman, Kerobokan
TEL 0877-4546-6571（携帯）　URL fernbali.com
営業 毎日9:00 〜 22:00　カード A J M V

モダンと伝統が融合したユニークな作品
トコ・エンポリウム
Toko Emporium

MAP P.141-C4

伝統的な意匠をモダンにアレンジした雑貨店。白い樹脂製のチーズボード（Rp.36万）やチーズナイフ（Rp.9万5000）などのキッチン小物がかわいい。プラスチック製のアヒルの置物やビーズが付いたカゴなどのインテリア雑貨も洗練されたデザインに仕上がっている。壁掛け用バッファローの頭骨など迫力あるユニークな雑貨も見つかる。

上／プラスチック製のアヒルRp.17万〜
下／エキゾチックなオーナメントも展示されている

住所 Jl. Kayu Aya No.1, Seminyak
TEL 0821-4745-9485（携帯）　URL www.tokoemporium.com
営業 毎日10:00 〜 21:00　カード A J M V

1ランク上のバリ雑貨が見つかる
カルガ
Carga

MAP P.140-B1

クロボカンの目抜き通りにあるアジア雑貨のショップ。明るい店内にはバティック柄の食器、手漉き紙、ラタン製品など多彩なおみやげ品が並んでいる。チュンパカ＆ラベンダーのルームインセンス（Rp.26万〜）、バティックの各種サロン（Rp.23万5000）、ラタンのカゴ（Rp.32万）など、どれもかわいくて個性的。インテリアにも使えそうな布地や、ナイトガウンやバスローブなどの衣類まで充実しており、バリ島の思い出の一品が見つかりそう。定番商品に飽きてしまったリピーターにもおすすめのショップだ。

一軒家スタイルの広々としたショップ

住所 Jl. Petitenget No.886, Kerobokan
TEL 0813-3858-8900（携帯）
営業 毎日9:00 〜 21:00　カード J M V

S スカルSkull（Map P.139-A3　TEL0817-9732-465 携帯　営業 毎日10:00 〜 20:00）はドクロをモチーフにした商品が並ぶおもしろ雑貨店。TシャツRp.38万〜、プレートRp.7万〜。

チョコレートのカフェ&ファクトリー
クラカコア
Krakakoa

MAP P.141-B4

インドネシア産のカカオを使用した本格的な味わいのチョコレート専門店。ミルク、シナモン、コーヒーなどのフレーバーチョコレート（Rp.3万9000〜）はバリおみやげにぴったり。カカオの量を45〜100％まで好みでチョイスでき、バリやスマトラなど産地の指定もOK。シリアルが入ったクランキータイプのチョコレート・バーク（Rp.6万）も評判。店内のカフェスペースではフローズンホットチョコレート（Rp.4万）やアイスモカ（Rp.5万5500）などチョコレートドリンクも味わえる。チョコレート作りの教室も開催されている。

上／ワークショップは参加費Rp.7万5000〜
下／店舗はジャラン・ムルタナディの中ほどにある

住所 Mertanandi No.70, Kerobokan
TEL なし　URL krakakoa.com
営業 毎日9:00〜22:00　カード J M V

ハイセンスな雑貨の宝庫
マハナ
Mahana

MAP P.139-A3

フランス人がデザインする作品が並ぶインテリアショップ。椅子やテーブルなどの大型家具をはじめ、バリらしいモチーフのランプや置物などのエスニック雑貨が揃っている。植物の根を編み込んだプレイスマット（Rp.4万2000〜）、

蓋が付いた竹カゴ（Rp.7万5000）、部屋のアクセントになるプランターカバー（Rp.7万）などがスタッフのいち押し商品。バラス石に彫刻を施したランプ（Rp.124万）やガラス細工の線香スタンド（Rp.19万

染色アートを手に入れるなら
ビンハウス
BIN House

MAP P.139-A3

世界的に有名なバティックデザイナー、コマラ女史が経営するブティック。1階には衣類やスカーフ、布類、小物類が並び、2階には子供服も置かれている。クバヤ風のブラウス（Rp.80万）やシフォン生地をあしらったノースリーブ（Rp.85万）など、伝統的な意匠にモダンな感覚を取り入れたデザインが特徴。ショッピングバッグ（Rp.18万5000〜）やきんちゃく袋（Rp.8万1000）などの小物雑貨は、バリみやげにもおすすめだ。スミニャックのランドマークであるマデス・ワルンの敷地内に入っているので、食事がてらにでも立ち寄りたい。

上／クバヤ風のノースリーブRp.80万〜
下／今風に着こなせるファッションも多い

住所 Made's Warung 2, Br. Seminyak
TEL (0361)732-120　URL binhouse.jp
営業 毎日10:00〜23:00　カード A J M V

左／自然石を使ったルームランプRp.124万
右／インテリアコーディネートのお手本になるようなディスプレイも楽しめる

5000）など、部屋を南国風に演出するナチュラル雑貨を入手しよう。

住所 Jl. Basangkasa No.45, Seminyak
TEL 0813-3835-1736(携帯)
営業 毎日10:00〜19:30　カード A J M V

定番のバリみやげが勢揃い!
スミニャック・アートビレッジ
Seminyak Art Village
`MAP P.139-C3`

スミニャック中心部の目抜き通り沿いにあるおみやげショップ。伝統的なバリ雑貨をはじめ、ワンピースやTシャツなどの衣類、お香やアロマグッズ、ビーチサンダルやバッグ、コーヒーや紅茶などが店内にひしめき合い、バリらしいアイテムがひととおり揃う。女性へのバラマキみやげにぴったりなフランジパニキャンドル(Rp.2万5000)や、インドネシアでおなじみのビンタンバッグ(Rp.5万)、コースター(Rp.2万〜)など、比較的安めの値段設定がうれしい。

リゾートファッションも格安で購入できる

住所 Jl. Raya Seminyak No.11, Seminyak
TEL なし　営業 毎日9:00 〜 19:00
カード MV

絵画ギャラリーでアートに触れる
プルパ・アートギャラリー
Purpa Art Gallery
`MAP P.141-C4`

インドネシア人画家やバリ文化に触発されたアーティストの絵画を扱うギャラリー。展示されているのはバリ島やジョグジャカルタなどローカルアーティストの作品がメインだが、スペイン人やノルウエー人画家の作品も置かれている。値段は1万〜150万円くらいまでいろいろ。フランス人とバリ人の夫妻が経営しており、アート好き旅行者が集まるサロンのような雰囲気だ。

上／オーナーのプルパさんはアートマニア
下／日本に持ち帰りたい作品が見つかる

住所 Jl. Mertanadi No.22B, Kerobokan
TEL 0819-9940-8804(携帯)
URL www.purpagallerybali.com
営業 毎日10:00 〜 18:00　カード AMV

手作りのぬくもりが伝わってくる編みカゴが充実
アシタバ
Ashitaba
`MAP P.139-A3`

バリみやげとして人気のアタ製品は、すべて自社工房で作られたオリジナルばかり。ポシェット(Rp.32万5000 〜)やトートバッグはデザインやサイズも豊富で、どれにしようか悩んでしまうかも。そのほか、ランチョンマット(Rp.12万〜)やコースター(Rp.2万〜)などのテーブルウエアも人気。定価販売のうえ価格もリーズナブルなので、安心して買い物できる。サヌールやウブドなどにも支店がある。

上／品質の高さが魅力のバッグ はRp.50万〜。しっかりと編まれ実用度も高い
下／スミニャックの目抜き通りに面している

住所 Jl. Raya Seminyak No.6, Seminyak
TEL 0821-5758-5905(携帯)
営業 毎日9:00 〜 20:00　カード JMV

昔ながらのアルミ細工が揃う
カクア
Ka.kua
`MAP P.139-A3`

バリ島の祭礼で供物入れとしても使われる、アルミ製品の専門店。ハートの形の小物入れ(3個セットRp.8万〜)やティッシュケース(Rp.5万〜)など、ローカルプライスでデザインいろいろ。竹細工のフードカバー(Rp.8万〜)やアルミボックスに入ったキャンドル(4個セットRp.12万)など、バリの生活雑貨は部屋の楽しいアクセントになりそうだ。ダストボックス(Rp.5万〜)はシャンパンクーラーとして使うのもおもしろい。

初心者でも入りやすいローカルショップ

住所 Jl. Raya Basangkasa No.44, Seminyak
TEL 0813-3889-5758(携帯)
営業 月〜土9:00 〜 17:00　カード 不可

レストラン Restaurant

大人のためのリゾートエリアとして人気の高いスミニャック＆クロボカンには、次々とおすすめレストランがオープンしている。ロマンティックなロケーションでフュージョン料理や欧州料理を味わいたい。

インターナショナル＆各国料理

世界中にファンをもつイタリアン
マウリ
Mauri

MAP P.140-B1

オーナーのマウリツィオ氏はバリ島のブルガリ・リゾートやマンダパ・リザーブでシェフを歴任してきた凄腕。本格的なイタリア料理を優雅な空間で味わえるとあって多くの旅行者で連日にぎわっている。アラカルトメニューも用意されているが6品コースのシグネチャー・テイスティングメニュー（Rp.88万）を選べば満足すること間違いなし。リーズナブルにマウリの味を体験したいならサンデーブランチ（Rp.68万）もおすすめだ。

上／ランチコース（Rp.55万）は人気が高いので早めの予約を
下／開放的な吹き抜けをもつ一軒家スタイルのダイニング

住所 Jl. Petitenget No.100, Seminyak
TEL 0817-776-177(携帯) 予算 ★★★★
URL mauri-restaurant.com
営業 毎日18:30 ～ 23:00(金～日は12:00 ～ 15:00も営業)
税&サ +18% カード AJMV 予約 必須
MENU 英語 ▲英語OK Wi-Fi 無料

女性受けするコロニアル風のインテリア
バティック
Batik

MAP P.141-C3

タイ、ベトナム、インドネシアの料理を独自にアレンジした多彩なアジア料理のダイニング。インドネシア人の女性シェフが腕を振るっており、バナナの葉に香辛料を塗り込んだチキン蒸し焼きのアヤム・ベトゥトゥ（Rp.8万5000）やピリ辛のタイ・チキン・カシューナッツ（Rp.9万5000）などが人気メニュー。デザートやカクテルも豊富なので、カフェやバーとしての利用もおすすめ。

上／コロニアル調のインテリアも評判
下／アジア各地の料理はスパイシーでおいしい

住所 Jl. Kayu Aya, Seminyak TEL (0361)735-171
予算 ★★★★ URL batik-bali.com
営業 毎日12:00 ～ 23:00(L/O→22:30)
税&サ +16% カード MV 予約ディナーはなるべく
MENU 英語 ▲英語OK Wi-Fi 無料

ロマンティックな夕景スポット
ブリーズ
Breeze

MAP P.140-C1

ザ・サマヤ・スミニャック（→P.89）のビーチフロントにあり、夕暮れ時にはサンセットドリンクを楽しむ人たちでにぎわっている。メニュー構成はインドネシア、アジア、インターナショナルなど多彩。サンバルマタを添えたアヤム・バカール（Rp.19万）や、魚介BBQのシーフード・プラッター（2名分Rp.150万）など、旬の食材を使った料理が楽しめる。

左／ランチタイムなら料金もお手頃
右／サンセットタイムは予約して訪れよう

住所 Jl. Laksmana, Seminyak TEL (0361)731-149
予算 ★★★★ URL thesamayabali.com/seminyak/dining 営業 毎日6:30 ～ 23:00(L/O→22:30)
税&サ +21% カード AJMV 予約 ディナーは必須
MENU 日本語 ▲英語OK Wi-Fi 無料

色彩の国メキシコを彷彿とさせる
モーテル・メキシコーラ
Motel Mexicola MAP P.140-C1

カラフルなインテリアが評判のメキシカン・レストラン。広々とした店内はテーブル席やテラス席などエリアごとに雰囲気が異なり、写真映えスポットとしても人気。タコス(Rp.4万5000〜)、トスタダス(Rp.4万5000〜)、グアカモレ(Rp.8万5000)などメキシコの代表的な軽食メニューがおつまみ感覚で楽しめる。キャラメルソースとチョコレートソースで食べるチュロス(Rp.7万)もおすすめ。ジンベースのコパカバーナ(Rp.14万)などオリジナルカクテルも豊富。

上／エビを揚げたカマロネス・アル・ココRp.23万(手前)
下／メキシコ的な装飾が店内各所で楽しめる

住所 Jl. Kayu Jati No.9X, Petitenget
TEL (0361)736-688　予算 ★★★☆
URL www.motelmexicola.info
営業 毎日11:00〜翌1:00(L/O→22:00)
税&サ +17%　カード AJMV　予約 不要
MENU 英語　英語OK　Wi-Fi 無料

お酒も進む珠玉のパンアジア料理
ジャクソン・リリーズ
Jackson Lily's MAP P.139-A3

タイ、ベトナム、インドネシアなどの素材やレシピを独自にアレンジした創作料理レストラン。バリ島の5つ星ホテルで腕を振るってきたディーン氏がオーナーシェフで、「シェアして楽しむ」が店のコンセプトとなっている。おすすめメニューはベジタブル、チキン、シーフードから好きな具材を選べるナシゴレン(Rp.82万〜126万)や、キノコ入り餃子のマッシュルームダンプリング(Rp.5万5000)、ウオーターメロン・サラダ(Rp.8万2000)など。お箸で味わえるエスニック料理が充実している。

上／オープンキッチンの大型レストラン
下／手作りサンバルとともに丼でいただくナシゴレン

住所 Jl. Raya Seminyak No.2, Seminyak
TEL (0361)474-0121　予算 ★★★★
URL jacksonlilys.com
営業 毎日8:00〜22:00(L/O→21:30)
税&サ +17%　カード AMV　予約 ディナーは必須
MENU 日本語　英語OK　Wi-Fi 無料

海辺のオープンエア・レストラン
シェ・ガドガド
Chez Gado Gado MAP P.138-B2

インド洋を望みながら、フランス料理とワインが楽しめるダイニング。エアコン完備の室内席もあるが、ビーチフロントのテラス席をチョイスしたい。シェフのおすすめはジャンボ・ブラウン・テンプラ(Rp.15万9000)や裏巻きツナロール(Rp.9万)など和食インスパイア系のメニュー。ビーフルンダン(Rp.9万)やアヤム・ブンブ・バリ(Rp.6万8000)などインドネシア料理も気軽に味わえる。

左／旬の食材を厳選したフレンチ＆各国料理を提供。メニューは定期的に入れ替わる
右／ロマンティックな夕暮れ時に利用したい

住所 Jl. Camplung Tanduk No.99, Seminyak
TEL 0877-5870-8066(携帯)　予算 ★★★★
URL gadogadorestaurant.com
営業 毎日11:00〜24:00(L/O→22:30)　税&サ +18%
カード AMV　予約 ディナーは必須
MENU 英語　英語OK　Wi-Fi 無料

！ヒント　ディナータイムは混み合う店が多いので、待ちたくなければ事前に予約を。同じ店でも訪れるシーズンやイベント開催などで状況は異なる。人気店でもランチタイムは意外と混んでいない。

圧倒的な人気を誇る海沿いスポット
ポテトヘッド・ビーチクラブ
Potato Head Beach Club
MAP P.140-B1

バリで最も有名なグルメスポットのひとつ。インターナショナル料理の「ビーチクラブ」、シーフードの「イジェン」、郷土料理の「カウン」、軽食の「ピザガーデン」で構成されている。昼間からDJが入り、夜も店内はBGMがガンガン流れ、イベントも盛りだくさん。1日中パーティのような独特のエナジーであふれている。メイン料理はRp.15万〜、カクテルはRp.12万〜。

無数の木窓でデザインされたビーチクラブ

住所 Jl. Petitenget No.51B, Kerobokan
TEL (0361)620-7979　予算 ★★★★
URL seminyak.potatohead.co
営業 毎日9:00 〜 24:00(L/O→23:30)
税&サ +17%　カード AJMV　予約 ディナーは必須
MENU 英語　英語OK　Wi-Fi 無料

夕日を見ながら静かにディナーを楽しむ
ラ・ルチオーラ
La Lucciola
MAP P.140-C1

目の前のビーチに沈む夕日のビュースポットとしても有名な、オンザビーチの地中海レストラン。特にディナータイムは夕暮れを楽しむ人々でいつも混み合っている。シェフのおすすめ料理はプロシュートやアーティチョークなどを盛り合わせたアンティパスト(Rp.13万)や自家製のフェットチーネ(Rp.14万8000)など。カクテル(Rp.12万5000)とともにロマンティックな夜を満喫しよう。

夕暮れ時の利用は事前予約が必要

住所 Pantai Kayu Aya, Petitenget
TEL (0361)730-838　予算 ★★★★
URL lalucciolabali.com
営業 毎日9:00 〜 24:00(土・日9:00〜)
税&サ +16%　カード AJMV　予約 なるべく
MENU 英語　英語OK　Wi-Fi 無料

洗練された和食ダイニング
ダハナ
Dahana
MAP P.140-B2

日本人女性オーナーの自宅を改装した、隠れ家的な雰囲気のレストラン。オープンテラス席でプールを眺めながら、おいしい料理やお酒を味わえる。おすすめはちらし丼(Rp.12万5000)、牛のたたき(Rp.8万5000)、ツナカルパッチョ(Rp.6万5000)など。ハイビスカス紫蘇サワー(Rp.11万5000)や柚子マルガリータ(Rp.13万)などオリジナルカクテルも楽しめる。鉄板焼き「雷神」とスシバー「華神」も併設されている。

盛りつけも美しい料理が楽しめる

住所 Jl. Petitenget No.98X, Kerobokan
TEL 0812-3860-4621(携帯)　予算 ★★★★
営業 毎日12:00 〜 22:00(L/O→21:30)
税&サ +15.5%　カード AJMV　予約 なるべく
MENU 日本語　英語OK　Wi-Fi 無料

最高の眺望とアジア料理を満喫できる
ムーンライト・キッチン
MoonLite Kitchen
MAP P.138-B1

アナンタラ・スミニャックの最上階にあるルーフトップレストラン。テーブルやカウンター席からインド洋が望めるので、サンセットタイムの夕日観賞スポットとして人気が高い。48時間じっくり煮込んだラムシャンク(Rp.19万)がスタッフのいち押しメニュー。15種類ほどあるトロピカルカクテルはRp.15万〜。

海を望む特等席でのんびり過ごしたい

住所 Jl. Camplung Tanduk, Seminyak
TEL (0361)737-773　予算 ★★★★
URL www.anantara.com/ja/restaurants
営業 毎日16:30 〜 24:00(L/O→23:30)
税&サ +21%　カード AMV　予約 ディナーは必須
MENU 英語　英語OK　Wi-Fi 無料

R いちい Ichii (Map P.139-A4　TEL (0361)934-8798　営業 毎日11:30 〜 15:00、18:00〜22:00)は、こぢんまりとした和食レストラン。花かご弁当Rp.9万8000、鍋焼きうどんRp.8万4000。

注目の料理人Daijiroインタビュー

「バリ島の食材を使って本物の和食を提供したい」

2013年にユネスコ無形文化遺産に登録された「和食」は国際的なブームとなっている。寿司屋やラーメン店が爆発的に増えているバリ島で、本物にこだわる職人に話をうかがいました。

Profile ● Daijiro（堀越大二郎）
大阪出身。27ヵ国を18歳までに旅した後、実家の天ぷら割烹で18年間腕を振るう。東日本大震災を機に一家でバリ島へ移住。スミニャックの高級ダイニングで活躍し、世界中のグルメからも熱く支持されている。チャンングーのコハク（→P.168）を立ち上げるなどマルチに活動中。

懐石料理のハイライト、鴨しゃぶを調理するDaijiroさん。地元の食材にこだわった繊細な料理を心ゆくまで堪能してみよう

　本格的な懐石（会席）料理を味わえるダイニングがスミニャックに登場して、早耳の在住外国人やローカルセレブたちの話題をさらっている。料理長は日本人のDaijiroさん。代々天ぷら割烹を営む家で生まれ、幼い頃から日本料理と接してきた生粋の料理人だ。家族でバリ島に移住してからは高級レストラン「クーデタ」で和食料理長を7年間務めた経歴をもっている。

　「海外にある日本料理店の和食は独自の進化を遂げています。例えばバリにはないような創作巻き寿司とかもそう。それはそれでおもしろい。でも自分は本来の日本食を伝えていきたいんです」と穏やかに語るDaijiroさん。自身が総料理長を務める「匠」では割烹料理をおまかせスタイルで提供している。厳選された旬の食材を日

本伝統のスタイルで味わえると評判になり、現地の著名人も足しげく通っているほどだ。

　Daijiroさんが提供する料理の多くは現地の食材から作り出されている。「バリ島にもいい食材はたくさんあります。日本から輸入しなければならないものを極力減らしてもちゃんと日本の味が作り出せる。日本をもってくるのではなく、ここで日本を作りたいのです。そのために食材のクオリティを上げるための努力や提案もしています」

　例えば「匠」で使う魚はその多くを現地で仕入れているが、最大限に魚の旨味を引き出す方法である「津本式」で締めた魚なのだそうだ。「ただ自分がおいしい食事を提供するだけではなく、日本料理の何たるか、技術や基本、そして心持ちの部分までも現地の人々に伝えて、海外における日本食の底上げをしていく。それが私のビジョンなんです」

　単なるブームでは終わらない「生粋の日本料理」の提供に情熱を燃やしながら、家族との団欒や趣味のサーフィンをする時間も大切にしている。「料理人が充実

した生活をしていなかったら、いい料理なんて作れないんですね」。カウンターに席を取れば繊細な料理とともに、ディープな話もいろいろ聞けるだろう。季節で変わる本格的な懐石（会席）は6コースRp.90万、9コースRp.120万、シェフのおまかせ18コースRp.180万、精進料理のビーガンコースRp.75万の4種類（2023年末のグランドオープン後は値段変更の可能性あり）。

　2階スペースには高級感が漂うバーもあり、日本酒はこだわりの純米大吟醸から濁り酒まで多彩な品揃えを誇っている。カウンター席でシェフのDaijiroさんやスタッフとの会話を楽しむもよし、テーブル席でゆっくり過ごすのもよし、和食の神髄を味わいながら楽しいひと時を過ごしてみたい。

カウンター席とテーブル席を開放的に配置したレイアウト

手前から小鉢が並ぶ先付ハ寸、握り寿司のしのぎ。茶碗蒸しは烏骨鶏の出汁で味わい深い

匠 Takumi

Map P.140-A2
住所 Jl. Petitenget
No.43A, Seminyak
TEL 081-7427-313（携帯）
URL takumibali.com
営業 水〜日18:00 〜 23:00
（L/O→20:30）
税&サ +16%
カード A J M V

スミニャックに登場した和の空間

バーは24時まで営業しています

手作り麺を秘伝のスープで味わう
ミー・ドゥラパンドゥラパン
Mie 88 　　　　　　　　MAP P.141-A3

バリ島で一番のヌードルが味わえると評判のレストラン。店の奥には東屋席もあり、開放的な田園風景を望める。店主おすすめのミー・アヤム（Rp.3万3000）は自家製麺と広東風レシピのスープで鶏肉と野菜をあっさり味わう看板メニュー。ジューシーなカモ肉がのったスモークダック・ヌードル（Rp.5万7000）もリピーターに愛される一品だ。パイナップルの器に入ったナシゴレン・ナナス（Rp.5万）や飲茶メニュー（1ポーションRp.2万～3万6000）など麺以外の料理も豊富。食後にはフルーツをのせたかき氷のエスチャンプル（Rp.2万9000）がおすすめ。

上／通り沿いに建つ時計台のような外観が目印
下／メニュー豊富でランチにもディナーにもおすすめ

住所 Jl. Petitenget No.8A, Kerobokan
TEL (0361)739-014　予算 ★★☆☆
営業 毎日10:00～22:00(L/O→21:30)
税&サ +10%　カード MV　予約 不要
MENU インドネシア語+写真付き 🚹英語OK Wi-Fi 無料

スパイシーな本格インド料理を満喫
チャイーバ
Chai'Ba 　　　　　　　　MAP P.139-A3

インド人オーナーが本格的な料理を提供するレストラン。自慢のタンドーリ窯で焼き上げたタンドーリチキン（Rp.8万9000～）やバターチキンカレー（Rp.11万9000）などさまざまなカレーが食べられる。オーナーのいち押しは窯焼きのラム肉をカレーソースで仕上げるラム・シャンク・マサラ（Rp.16万9000）。軟らかな肉とコクのあるカレーの組み合わせが絶品だ。そのほかグリーンサラダボウルやサモサなど前菜メニューも豊富なので、各種ワイン（Rp.25万～）と合わせて楽しみたい。インテリアもおしゃれな雰囲気で、テラス席もあるのでランチにもディナー利用にもおすすめ。

上／チークウッドの洗練されたインテリア
下／ベジタリアン・ターリーRp.9万9000

住所 Jl. Raya Basangkasa No.47, Seminyak
TEL 0811-407-866(携帯)　予算 ★★★☆
URL chaibaseminyak.com　営業 毎日12:00～22:00
(L/O→21:30)　税&サ +19%　カード AMV
予約 不要　MENU 英語 🚹英語OK Wi-Fi 無料

伝統料理をスタイリッシュに味わう
バンブー
Bambu 　　　　　　　　MAP P.140-B1

アマンやフォーシーズンズなどの高級リゾートでの経験を積んだシェフを揃え、厳選食材を使用する話題の高級ダイニング。魚のミンチを竹で包み焼いたイカン・マサ・ディ・ブル（Rp.15万5000）や、ラム肉のカレー煮込みグレイ・ドンバ・デガン・クルマ（Rp.22万8000）など、見た目でも味わえるエスニックな盛りつけがうれしい。夕景で有名なラ・ルチオーラの系列店で、旅のハイライトになるディナータイムを約束してくれる。

左／バリ風の牛肉煮込みベ・サンピ・ムスルRp.23万7000
右／ジャワ島のアンティークな建物を移築している

住所 Jl. Petitenget No.198, Kerobokan
TEL (0361)846-9797　予算 ★★★★
URL bambubali.com　営業 毎日18:00～24:00(L/O→23:00)　税&サ +16%　カード JMV
予約 必須　MENU 英語 🚹英語OK

世界中から旅行者が押しかける名店
バビグリン・パッ・マレン
Babi Guling Pak Malen　MAP P.139-A4

バリ伝統の子豚の丸焼き、バビグリンの大人気店。メニューは1種類のみ。カリカリに揚げた豚肉や皮、サテ、インゲンやジャックフルーツをあえたラワールなどを盛りつけたバビグリン・チャンプルがスープ付きでRp.4万5500。辛めであっさりした味つけが評判で、薬味のサンバルは赤唐辛子と緑唐辛子の2種類を用意している。店内は広々とした食堂スタイルで、現地のローカルな雰囲気を満喫できる。

バリ島で絶対味わいたい絶品バビグリン

住所 Jl. Sunset Road No.554, Seminyak
TEL 0851-0045-2968(携帯)　予算 ★★★★
営業 毎日9:00 ～ 18:00
税&サ 込み　カード 不可　予約 不要
MENU なし　英語少々

厳選されたアジアン料理が評判
ボー＆ブン
Bo&Bun　MAP P.139-A3

タイやベトナムなどアジア各国料理を提供するビストロ。フレンチコロニアルの要素を取り入れた店内は異国情緒たっぷりで居心地も抜群。12時間かけて出汁を取るビーフスープのザ・トゥエルブアワー・フォー(Rp.12万5500)、タイ風焼きそばのパッタイ(Rp.11万)が店のシグネチャーメニュー。どの料理も盛りつけのセンスがよく、気分も上がる。ベトナム風バゲットサンドのバインミー(Rp.9万)はランチにおすすめ。

名物のフォーをヘルシードリンクとともに！

住所 Jl. Raya Basangkasa No.26, Seminyak
TEL 0859-3549-3484(携帯)　予算 ★★★★
URL www.eatcompany.co　営業 毎日10:00 ～ 23:00
(L/O→22:30)　税&サ +15.5% カード AMV
予約 不要　MENU 英語　英語OK　Wi-Fi 無料

個性派ワルンを楽しもう

バリの流行発信基地であるスミニャック＆クロボカンはワルンも個性的。**R クダイ・チュンカラマKedai Cengkrama** (Map P.139-B4 TEL 0812-5565-0033 携帯 営業 月～土11:00 ～ 18:00)はス

チキンカレーのカレ・アヤム

ミニャックの裏通りにある隠れ家ワルン。スパイシーなカレ・アヤム(Rp.2万5500)やソト・アヤム(Rp.2万)など料理はどれも格安プライス。オムレツとサンバルが主菜のナシ・クニン・スミニャック(Rp.1万5000)はブランチにおすすめだ。

やや奥まった路地にある**R ワルン・スラウェシWarung Sulawesi** (Map P.140-A2 TEL (0361)934-2298 営業 毎日10:00～18:00)はスラウェシ島出身のオーナーが営む店。ナシチャンプルの総菜は10～20種類で、昼時にはローカル客でにぎわっている。

インドネシアのいろいろな島の料理が楽しめる

ナシチャンプルは5品ほど選んでRp.3万5500～、牛の尾の肉を煮込んだソト・ブントゥッ(Rp.6万)や、おかゆのブブール・マナド(Rp.1万5000)も味わってみよう。

バリのソウルフードを味わうなら**R イブ・マンクー・クデワタン Ibu Mangku Kedewatan** (Map P.140-C2 TEL 0821-4471-2868 携帯 営業 毎日8:00～21:00)へ。3～4種類のチ

チキンの総菜は激辛なので注意！

キン料理と野菜を盛り合わせたナシ・アヤム(Rp.3万5000)はスパイシーな味つけで評判だ(バリ人も辛いというほど！)。

R ワルン・ブ・クトゥ・ナリWarung Bu Ketut Nari (Map P.141-A4 TEL 081-2396-1203 携帯 営業 毎日8:00～17:00)で提供しているのはバリご飯「ナシ・バリ」。タ

ナシチャンプルはRp.2万～

バナン地方の家庭的なレシピは、まさにお母さんの味。スパイシーなスープが付いてくる。

N ブラック・ライブラリー Black Library (Map P.139-A3 TEL 0822-3698-3313 携帯 営業 火～日16:00 ～翌1:00)はビリヤード台のあるバー。週2 ～ 3回ほどライブも開催される。

コーヒー・カルテル
インスタ女子に大人気のスポット
Coffee Cartel　MAP P.140-B2

ピンク色のかわいいドリンクがモノトーンの店内に映える人気カフェ。ピンク・チャイ・ラテ(Rp.4万)やピンク・ビートルート・ラテ(Rp.4万)など見た目もキュートで写真映えもバッチリ。好きな文字をトッピングして楽しんでみよう。プロテイン・スムージー(Rp.6万)やデトックス・ジュースなどヘルシードリンクも豊富で、サーモンベーグル(Rp.11万)やワサビ入りブラウン・トースト(Rp.11万)など軽食も美味。

上／吹き抜けの店内でのんびり過ごしたい
下／Rp.1万5000追加でラテに文字が入れられる

住所 Jl. Lebak Sari No.8, Petitenget, Seminyak
TEL 0812-3707-4458(携帯)　予算 ★★★☆
URL www.coffeecartelbali.com
営業 毎日7:30 ～ 18:00(L/O→17:30)
税&サ +15%　カード AMV　予約 不要
MENU 英語　英語OK　Wi-Fi 無料

ビク
格調高い雰囲気のなかでティータイムを
Biku　MAP P.140-B1

150年前の建物を改装したシックなレストラン。ジャワ伝統建築様式のジョグロスタイルと、ヨーロピアン調をミックスした店内では独特のムードが楽しめる。人気メニューはナシチャンプル・アラ・ビク(Rp.7万9000)や、BLTサンドイッチ(Rp.6万4000)などのインドネシア＆インターナショナル料理。グリーンスムージー(Rp.3万7000)や生薬を使ったジャムーテムラワック(Rp.2万3000)などヘルシードリンクも豊富。スコーンやスイーツなどとセットになったハイティー(Rp.15万/1名分)も楽しみたい。

上／ハイティーは2人前でこのボリューム
下／ゆったりとしてプライベート感のある店内

住所 Jl. Petitenget No.888, Kerobokan
TEL 0851-0057-0888(携帯)　予算 ★★★☆
営業 毎日8:00 ～ 23:00(L/O→22:30)
税&サ +16%　カード AJMV
予約 なるべく　MENU 英語　英語OK　Wi-Fi 無料

カインド・コミュニティ
フォトジェニックな流行カフェ
Kynd Community　MAP P.140-A2

南国植物がイラストされたピンクの壁やブランコが設置され、撮影スポットとして高い人気を誇る(トイレまでかわいく映えるデザイン!)。スタッフのおすすめメニューはふっくら食感のパラダイス・パンケーキ(Rp.9万5000)や、アサイーボウル(Rp.9万5000)。野菜不足を感じたらヘルシーなサラダボウル(Rp.8万5000)もおすすめだ。デトックスドリンクやキャロットケーキなどのデザートも試してみよう。

左／ひまわりの壁画が映えるブランコが撮影ポイント
右／ヘルシーメニューはブランチにおすすめ

住所 Jl. Raya Petitenget No.12X, Seminyak
TEL 0859-3112-0209(携帯)　予算 ★★★☆
URL www.kyndcommunity.com
営業 毎日7:30 ～ 22:00(L/O→21:45)
税&サ +16%　カード MV　予約 不要
MENU 英語　英語OK　Wi-Fi 無料

ウオータークレスWatercress (Map P.140-A1　URL www.watercressbali.com　営業 毎日7:30～22:00)は人気オーガニックカフェ。ショーケースからサラダやヘルシー料理をチョイスOK。

南国気分が盛り上がるビーチレストラン
ラ・プランチャ
La Plancha   MAP P.138-B2

　ビーチ沿いの遊歩道にある開放的なレストラン。メニューはスペイン＆地中海料理がメインで、魚介のアンティパストを盛り合わせたミスト（Rp.13万）がおすすめ。フライドカラマリやトルティーヤなどのタパス料理（Rp.5万〜）をビンタンビール（Rp.4万）と一緒に楽しみながら、海を眺めてのんびり過ごすのが似合いそうだ。夕方になるとレストラン前のビーチにクッションが置かれ、サンセットを楽しむ人たちでにぎわう。

パラソルが並ぶバリ島の「海の家」といった趣

住所 Jl. Mesari Beach, Seminyak
TEL 0878-6141-6310（携帯）　URL laplancha-bali.com
予算 ★★★　営業 毎日7:30 〜 24:00(L/O→23:00)
税&サ +15%　カード JMV　予約 不要
MENU 英語　英語OK　Wi-Fi 無料

インスタ映えするヘルシーメニュー
カフェ・オーガニック
Cafe Organic   MAP P.140-B1

　ベジタリアンやグルテンフリーなど、健康志向の欧米人に人気のカフェ。新鮮な野菜をたっぷり使ったサラダボウル（Rp.8万5000〜）や、フルーツが美しく盛りつけられたスムージーボウル（Rp.6万5000〜）、緑黄色野菜が添えられたエッグベネディクト（Rp.7万5000）など、ヘルシーながら食べ応えも満点。旅行中に野菜やフルーツをたっぷり食べたくなったら訪れてみよう。ヘルシーな朝食やブランチにもおすすめ。

南国フルーツやパワーフードをおいしく楽しめる

住所 Jl. Petitenget No.99X, Seminyak
TEL 0859-1066-15890（携帯）　予算 ★★★
URL cafeorganic.co　営業 毎日8:00 〜 16:00(L/O
→15:30)　税&サ +16%　カード MV　予約 不要
MENU 英語　英語OK　Wi-Fi 無料

スタバファンなら絶対に立ち寄りたい
スターバックス・リザーブ・デワタ
Starbucks Reserve Dewata   MAP P.139-B4

　東南アジア最大級の規模を誇る、特別なスターバックスがスミニャックエリアに登場。通常の店舗とはメニューもインテリアも異なる高級店で、コーヒーに関するワークショップも開催している（要予約）。スミニャック店オリジナルのバタフライ・アップルティー（Rp.5万6000 〜）やフラペチーノ・コーヒー（Rp.5万6000〜）など、3サイズから選べるのは世界共通。マグカップやタンブラーなど限定商品も購入できる。

上／チーズケーキはRp.4万5000
下／コーヒーの淹れ方や豆を選んでオーダーする

住所 Jl. Sunset Road No.77, Seminyak
TEL (0361)934-3482　予算 ★★★
URL dewata.starbucks.co.id　営業 毎日8:00〜22:00
税&サ 込み　カード AJMV　予約 不要
MENU 英語　英語OK　Wi-Fi 無料

爽快なブランチはここで決まり！
ヌーク
Nook   MAP P.141-A3外

　ジャラン・プティトゥンゲッから脇道を北上して田園風景にたたずむカフェへ。オープンエアのテーブルからは緑の景観が見渡せ、値段もリーズナブルなのでいつも大盛況。ナシチャンプルスペシャル（Rp.7万5000）、ビーガン向けのレンティル・キノア・バーガー（Rp.7万5000）、フルーツをふんだんに使ったスムージー（Rp.5万5000）など、ヘルシー料理が評判。朝食メニューやデザートも豊富に揃っている。

上／カフェ利用もおすすめ
下／ランチタイムは混むので時間をずらすといい

住所 Jl. Umalas 1, Gg. Nook No.1, Kerobokan
TEL (0361)847-5625　予算 ★★★
営業 毎日8:00 〜 23:00(L/O→22:30)
税&サ +16%　カード JMV　予約 不要
MENU 英語　英語OK　Wi-Fi 無料

ナイトライフ Night Life

ジャラン・ラヤ・スミニャック、ジャラン・ダブル・シックス、ジャラン・カユ・アヤなどに人気のナイトスポットが点在している。深夜になるとクタ＆レギャン方面からも人が流れてきて、一気に盛り上がる。

クールな夜を演出するガーデンレストラン
ラ・ファベラ
La Favela　**MAP P.141-C3**

ヤシの木が生い茂るガーデン席で話題を集める、地中海料理ダイニング。古風なヨーロッパの居酒屋を思わせる店内は、パブ風のラウンジ席もあり、アフターディナーでの利用におすすめ。スミニャックで最もにぎやかなナイトスポットになっている。セビーチェ（Rp.12万）などタパスのほか、ロースト・ポーク・ベリー（Rp.17万）などグリル料理も充実。

上／グリルドポークなど肉料理も楽しめる
下／レストランの営業は23:00まで。深夜にはパブ風のラウンジが大人っぽく盛り上がる

住所 Jl. Laksmana No.177X, Seminyak
TEL 0818-0210-0010（携帯）　予算 ★★★★
URL lafavelabali.com
営業 毎日19:00 〜翌3:00(L/O→23:00)
税&サ +17%　カード MV　予約 不要
MENU 英語　英語OK

サンセット観賞スポットとして話題
ダブルシックス・ルーフトップ
Double-Six Rooftop　**MAP P.138-C2**

ダブルシックス・ラグジュアリーホテル（→P.160）の最上階にある人気のサンセットバー。セミオープンの店内には、プライベートポッドと呼ばれる水に浮いたようなテーブル席からインド洋を見渡せるレイアウトが斬新。ココマンゴーモヒート（Rp.11万）などのオリジナルカクテルを、グリル料理とともに味わいながら、バリ随一のサンセットを堪能しよう。

上／ラブリーな衣装のスタッフがお出迎え
下／見晴らしのいいプライベートポッド席はRp.75万〜100万以上の飲食で利用可（要予約）

住所 No.66, Double-Six Beach, Seminyak
TEL (0361)730-466　予算 ★★★★
URL doublesixrooftop.com
営業 毎日17:00 〜 23:00(L/O→22:30)　税&サ +21%
カード AJMV　予約 プライベートポッド席は必須
MENU 英語　英語OK　Wi-Fi 無料

気軽に使えるオープンエアのシャンパンバー
レッドカーペット
Red Carpet　**MAP P.141-C3**

セクシーな女性ウエートレスのコスチュームで話題を集める、開放的なバーラウンジ。昼から深夜まで営業しており、気軽にワイン（グラスでRp.9万9000〜）やシャンパン（グラスでRp.22万〜）を楽しめる。アミューズと称されるおつまみがサービスで付くのでお酒も進みそうだ。スパニッシュ・タパス・プラッター（Rp.17万5000）、クラブサンドイッチ（Rp.9万9000〜）などミールメ

左／フレンドリーな接客も評判
右／女性でも気軽に入れる雰囲気

ニューも豊富。毎夜17:00からアコースティックライブ、19:00からはバンド演奏あり。

住所 Jl. Kayu Aya No.42, Kerobokan
TEL (0361)934-2794　予算 ★★★★
URL redcarpetchampagnebar.com
営業 毎日12:00 〜翌1:00(L/O→24:00)
税&サ +15%　カード MV　予約 不要
MENU 英語　英語OK

　ヒント　スミニャックのクラブがにぎわい出すのは深夜から。ゆっくりバーで飲んでから、陽気に踊りに来るというパターンが多い。あまり羽目を外し過ぎることなく、安全に留意して楽しもう。

ライブも評判のスポーツバー
ヘブン
Heaven　MAP P.140-B2

スミニャックの夕景を望めるルーフトップも完備したバー。店内モニターではスポーツの観戦が楽しめ、毎日18:00〜深夜までバンドのライブで盛り上がる。ビンタンビール(Rp.4万5000)、シグネチャーカクテル(Rp.12万)。14:00〜21:00はハッピーアワーとなっている。

上／スタッフの対応もフレンドリー
下／気になるスポーツイベントがあれば利用したい

住所 Jl. Petitenget No.98, Seminyak
TEL 0823-8612-4732(携帯)　予算 ★★★★
営業 毎日14:00〜翌2:00(日10:00〜)
税&サ +21%　カード A J M V　予約 不要
MENU 英語　◄英語OK　Wi-Fi 無料

スミニャックの夜を満喫しよう
ジ・オーチャード
The Orchard　MAP P.139-B4

イギリス人が営むパブ風レストラン。ハイネケンやサンミゲルなど各国のドラフトビール(小グラスRp.4万〜、大ジョッキRp.6万5000〜)を味わえ、フローズン・ココナッツ・ダイキリやパッションフルーツ・ライチ・マルガリータ(各Rp.9万9000)などオリジナルカクテルも豊富。毎晩20:00頃からはロックやアコースティックのライブ演奏も楽しめる。日曜12:00〜19:00はビュッフェSunday Roast (Rp.16万9000、ドリンク付き)が人気。

上／ナチョスとともにカクテルを味わおう
下／16:00〜18:00と22:00〜閉店まではハッピーアワーとなる

住所 Jl. Nakula, Gg.Baik-Baik, Seminyak
TEL 0857-8941-9634(携帯)　予算 ★★★☆
URL www.theorchardbali.com
営業 毎日11:00〜24:00(L/O→22:30)
税&サ +15%　カード M V　予約 なるべく
MENU 英語　◄英語OK　Wi-Fi 無料

定番ナイトスポットのひとつ
ミックスウェル
Mixwell　MAP P.139-B3

人気ナイトスポットの多いアビマニュ通りでも、平日週末を問わずにぎわっているゲイバー。バリはゲイのオアシスともいわれ、ゲイバーもまた人気が高い。22:30あたりからドラァグクイーンショーやゴーゴーボーイショーが始まり、深夜にかけて続々と人が集まる。メニューはドリンクのみで、ブルーオーシャンやストロベリーダイキリ(Rp.9万〜)などを飲みながら、美しい男性たちのショーに酔いしれるのもまた一興。

通りからもパフォーマンスがのぞける

住所 Jl. Camplung Tanduk No.6, Seminyak
TEL 0812-3781-8368(携帯)　予算 ★★★☆
営業 毎日19:00〜翌3:00
税&サ 込み　カード J M V　予約 不要
MENU 英語　◄英語OK

女性にも人気のゲイバー
バリジョー
Bali Joe　MAP P.139-B3

ナイトスポットが多いエリアでも、ひときわ盛り上がっているゲイバー。ショーが始まる22:30頃からは、出会いを求めて続々と外国人旅行者が集まってくる。ドラァグクイーンショーなど、陽気に笑えるイベントも多く日本人女性にもこの店のファンが多い。各種カクテル(Rp.10万〜)やハイネケンビール(Rp.6万)など、メニューはドリンクのみ。カバーチャージ不要でおおいに盛り上がれる。

週末のショータイムは早めに席をキープしよう！

住所 Jl. Camplung Tanduk No.8, Seminyak
TEL (0361)300-3499(携帯)　予算 ★★★☆
URL balijoebar.com　営業 毎日19:00〜翌3:00
税&サ 込み　カード J M V　予約 不要
MENU 英語　◄英語OK

ホテル Hotel

リゾートホテルはスミニャックの中心部からクロボカン地区のビーチ沿いまで、広いエリアに点在している。中級ホテルはジャラン・カユ・アヤ沿いなどに点在。スミニャック＆クロボカンの高級ホテルは、巻頭の「リゾートホテル最新ガイド」も参照。

スミニャック

海遊びやナイトライフを満喫しよう
ダブルシックス・ラグジュアリーホテル
Double-Six Luxury Hotel　MAP P.138-C2

リゾート感たっぷりの施設が充実した、ビーチフロントに建つ全146室のホテル。レジャースイートでも80m²と広々としたサイズ（客室は基

ビーチに面した5階建てのラグジュアリーホテル

本的に同じデザインと広さ）で、オーシャンビューなど部屋の位置によってカテゴリが分かれる。リビングやバルコニーもうれしくなるほど開放的。インド洋を望むルーフトップ・サンセットバー（→P.158）や、スキンケア製品にこだわったスパなど施設もハイレベルだ。Wi-Fi 客室OK・無料

住所 No.66, Double-Six Beach, Seminyak
TEL (0361)730-466
URL www.double-six.com
税&サ +21%　カード AMV
料金 AC TV TUB レジャースイートUS$245 〜
　　 AC TV TUB プレミアムスイート・オーシャンビュー US$595〜
　　 AC TV TUB 2ベッドルーム・デラックススイートUS$776〜
　　 AC TV TUB ペントハウスUS$1568 〜
空港→車で30分（片道1台Rp.35万で送迎可）

ビーチ近くに登場した最新ホテル
グランド・メルキュール・スミニャック
Grand Mercure Seminyak　MAP P.138-C2

ダブル・シックス・ビーチまで徒歩1分ほどの立地に2023年オープン。熱帯の樹木に包まれた全269室の大型ホテルで、大人用と子供用の

2023年OPEN!

開放的なバルコニーもうれしいデラックスのベッドルーム

巨大なプール、バリ料理が味わえるレストラン、フィットネスセンターなどを完備している。モダンなデザインの客室はデラックスでも36m²と快適な広さ。バスタブ付きのバスルームもゆったりした作りで、日本人旅行者にもおすすめのホテルだ。Wi-Fi 客室OK・無料

住所 Jl. Arjuna No.40, Seminyak
TEL (0361)934-2900
URL all.accor.com/hotel/9823/index.ja.shtml
税&サ +21%　カード MV
料金 AC TV TUB デラックスⒹRp.188万〜
　　 AC TV TUB ジュニアスイートRp.238万〜
　　 AC TV TUB エグゼクティブスイートRp.278万〜
空港→車で30分（片道1台Rp.35万〜で送迎可）

元気をリチャージする小さな楽園ヴィラ
ザ・アマラ
The Amala　MAP P.139-A4

心身の健康をコンセプトにした全17室のウエルネスリゾート。ヘルシーフードを提供するレストラン、デトックスを取り入れたスパ、ヨガスタジ

ミストサウナ付きのスパヴィラ

オなど、ゲストの健康を第一に考慮。スパヴィラはスチームサウナやジェットプランジプールを完備し、のんびり部屋で過ごしたい女性に最適だ。プールヴィラはプランジプール付きのゆったりした間取りとなっている。スパヴィラなど客室により12歳未満は宿泊不可。Wi-Fi 客室OK・無料

住所 Jl. Kunti I No.108, Seminyak
TEL (0361)738-866
URL www.theamala.com
税&サ 込み　カード AJMV
料金 AC TV TUB スパヴィラUS$150 〜
　　 AC TV TUB プールヴィラUS$185 〜
　　 AC TV TUB ザ・アマラ・レジデンスUS$480 〜
空港→車で30分（無料送迎可）

ホテル設備の記号一覧 AC=エアコン TV=テレビ TUB=バスタブ Wi-Fi=ネット環境 =プール =レストラン =スパ =室内金庫 =冷蔵庫 =ドライヤー =日本語スタッフ =朝食

のんびりヴィララフが楽しめる
インピアナ・プライベート・ヴィラス
Impiana Private Villas
MAP P.139-A4

独立した50棟のヴィラが並ぶパーソナルリゾートの草分け。南国の花が咲く生垣に囲まれ

た客室には、驚くほど広い中庭とプライベートプールが用意されている。ヴィラのタイプは3種類あるが、サイズが異なるだけで設備はどれもほぼ同じ。夜には満天の星空の下、家族や友人同士でプールサイドパーティを楽しむのもいい。全室キッチン付きなので自炊もできるが、近くのレストランからデリバリーサービスも利用可。併設のプラナ・スパ（→P.66）はビジターにも人気が高い。**Wi-Fi** 客室OK・無料

住所 Jl. Kunti I No.118x, Seminyak
TEL (0361)730-840
URL www.impianaseminyak.com
税&サ 込み　カード AJMV
料金 AC TV TUB 1ベッドルームヴィラUS$257〜
AC TV TUB デラックス1ベッドルームヴィラUS$286〜
AC TV TUB 2ベッドルームヴィラUS$557〜
AC TV TUB 3ベッドルームヴィラUS$643〜
空港→車で30分（片道1台US$20で送迎可）

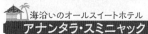

広大なプールの3ベッドルームヴィラ

海沿いのオールスイートホテル
アナンタラ・スミニャック
Anantara Seminyak
MAP P.138-B2

朝焼けから黄昏時まで海と空が織りなすパノラマを満喫できる高級リゾート。80m²の広さを誇る60室はオールスイート仕様で、全室のバルコニーやテラスには開放感たっぷりのジャクージも完備している。客室から海景を満喫したいならオーシャン・スイートを指定しよう。最上階にあるルーフトップレストラン、ビーチに面したインフィニティプール、4室のトリートメント

ルームをもつスパなどリゾートライフの楽しさは施設にも凝縮されている。**Wi-Fi** 客室OK・無料

左／インド洋を望むインフィニティプール
右／スミニャック・オーシャン・スイートの室内

住所 Jl. Camplung Tanduk, Seminyak
TEL (0361)737-773　URL bali.anantara.com
税&サ +21%　カード AMV
料金 AC TV TUB スミニャック・スイートRp.570万〜
AC TV TUB スミニャック・オーシャン・スイートRp.640万〜
AC TV TUB スミニャック・プール・スイートRp.690万〜
空港→車で30分（片道1台Rp.40万〜で送迎可）

森の中に点在する老舗リゾート
オベロイ・バリ
Oberoi Bali
MAP P.138-A1

1978年に開業したバリを代表するリゾートのひとつ。熱帯植物が生い茂る庭園内に74室のコテージが点在している。ラナイと呼ばれるコテージは、1ユニットが4部屋で構成されている。各

ガーデンビューヴィラのベッドルーム

コテージともその名のとおり大きなテラス（これをラナイという）、ベッドルーム、バスルーム、小庭園を完備。また、ヴィラの14棟はサンゴで造られた塀をもつパーソナルな空間で、そのうちの10棟が優雅なプライベートプール付きとなっている。ビーチ沿いの特別席でのキャンドルライト・ディナー（2名でRp.450万）もアレンジ可能。**Wi-Fi** 客室OK・無料

住所 Jl. Kayu Aya, Seminyak
TEL (0361)730-361　FAX (0361)730-791
URL www.oberoihotels.com/hotels-in-bali/
税&サ +21%　カード ADJMV
料金 AC TV TUB ラナイルームⒹUS$370〜
AC TV TUB ラナイルーム・オーシャンビューⒹUS$485〜
AC TV TUB ガーデンビューヴィラUS$632〜
AC TV TUB プールヴィラUS$828〜
AC TV TUB ロイヤルヴィラUS$1045〜
空港→車で30分（片道1台US$40で送迎可）

ハミダシ　Ⓗブルージー・リゾートBlu-Zea Resort（Map P.138-B2　TEL (0361)730-573　URL blu-zearesort.com）は設備が整った全130室のホテル。ビーチまで徒歩数分。ⒹUS$200〜。

ジ・エリシアン

バリ時間を満喫するパラダイス

The Elysian　MAP P.138-A1

バリ島ならではのアットホームな雰囲気が漂う全27棟のプライベートリゾート。ヴィラには心地よく風が吹き込むオープンリビングと、広々としたプライベートプールを完備。緑の樹木も豊かに生い茂り、まるで箱庭のようにバリのエッセンスが凝縮されている。パブリックスペースの実用性も高く、デイベッドが用意されたメインプール、ダイニングやスパなど、バカンスを優雅に過ごす施設も評判だ。**Wi-Fi** 客室OK・無料

リピーターに
愛される隠れ
家ヴィラ

住所 Jl. Sari Dewi No.18, Seminyak
TEL (0361)730-999
URL www.theelysian.com
税&サ +21%　カード A D J M V
料金 AC TV TUB 1ベッドルームヴィラRp.326万～
　　 AC TV TUB 2ベッドルームヴィラRp.772万～
空港→車で30分(片道1台Rp.35万～で送迎可)

ザ・ヘイブン・バリ

ショッピングや夜遊びにも便利な立地

The Haven Bali　MAP P.139-C3

機能的なビルディングタイプから瀟洒なヴィラまで、多様な部屋が揃う全192室の大型ホテル。ホテル棟の客室はプールを挟んで建ち、スイートルームにはキッチン付きリビングルームやデイベッドの置かれたバルコニーも完備している。また、敷地の奥まった場所にある7棟のプライベートプール付きのヴィラは、ウォシュレット付きトイレを完備するなどワンランク上の設備を誇る。**Wi-Fi**
客室OK・無料

メインプールを囲
むようにホテル棟
が建つ

住所 Jl. Raya Seminyak No.500, Seminyak
TEL (0361)738-001　URL www.thehavenhotels.com
税&サ 込み　カード A J M V
料金 AC TV TUB スーペリア⑩Rp.68万～
　　 AC TV TUB デラックス⑩Rp.97万～
　　 AC TV TUB 1ベッドルーム・スイートRp.205万～
　　 AC TV TUB 1ベッドルーム・ヴィラRp.235万～
空港→車で30分(片道1台Rp.35万～で送迎可)

アルテミス・ヴィラ&ホテル

ダウンタウンで暮らすように滞在してみたい

Artemis Villa & Hotel　MAP P.138-B2

全35室のインテリアは客室ごとに異なり、フレンチコロニアル調のアパートメントや開放感のあるヴィラなど、すべて光と風を意識したレイアウト。ヴィラはプール付きやジャクージ付きなど設備が異なる。子供用プールやファミリータイプの4ベッドルームヴィラも完備している。ヨガスタジオが併設されており、ヒーリンググループにも好評(利用時間はリクエスト可)。**Wi-Fi** 客室OK・無料

プールヴィラの
ベッドルーム

住 所 Jl. Campulung Tanduk, Gg. Puri Kubu No.63 F, Seminyak　TEL (0361)736-136
URL artemis-villa.com　税&サ +21%　カード M V
料金 AC TV TUB ホテル・ルーム⑩Rp.200万～
　　 AC TV TUB アパートメント・ルーム⑩Rp.250万～
　　 AC TV TUB ガーデンヴィラ・ジャクージRp.350万～
　　 AC TV TUB プールヴィラ・2ベッドルームRp.450万～
※ 7/1～8/31はRp.50万、12/20～1/7はRp.100万加算
空港→車で30分(3泊以上の直接予約で無料送迎可)

コートヤード・バイ・マリオット・バリ・スミニャック

人気のマリオットで快適ステイ

Courtyard by Marriott Bali Seminyak　MAP P.138-B2

繁華街に建つ全287室の大型ホテル。ビーチまで300mほどの好立地で、欧米からのファミリー旅行者に人気がある。シティビューの室内は32m²のサイズで、白を基調としたモダンなデザイン。ホテルの建物は通り沿いにあるので、騒音が気になるなら中庭に面したプールビュー以上の部屋を選ぶといい。**Wi-Fi** 客室OK・無料

プールビューのベッド
ルーム。部屋の広さ
やインテリアは基本的
に同じ

住所 Jl. Campulung Tanduk No.103, Seminyak
TEL (0361)849-9600
URL www.marriott.com/en-us/hotels/dpssm-courtyard-bali-seminyak-resort
日本予約 マリオットホテル FD 0120-925-659
税&サ +21%　カード A D J M V
料金 AC TV TUB シティビュー⑩Rp.200万～
　　 AC TV TUB プールビュー⑩Rp.210万～
　　 AC TV TUB プールサイドアクセス⑩Rp.250万～
　　 AC TV TUB スイート・プールビュー⑩Rp.330万～
空港→車で30分(片道1台Rp.35万で送迎可)

ⓗサリナンデSarinande (Map P.138-B2　TEL (0361)730-383　URL www.sarinande hotels.com)は全26室のバンガロー。朝食付き⑩Rp.55万～。

各国からの若いツーリストが集う
グランマス・プラス
Grandmas Plus　　MAP P.138-B2

ビーチやナイトスポットが徒歩圏にある格安アコモデーション。客室は14m²とかなり手狭だが、寝心地のいいシグネチャーヘルシーベッドを使用しているのがうれしい。深夜まで人通りが多い繁華街に近いため、客室には耳栓が用意されている。 Wi-Fi 客室OK・無料

コンパクトな客室だが設備は充実

住所 Jl. Camplung Tanduk No.99, Seminyak
TEL (0361)300-0599　URL www.grandmashotel.com/seminyak　税&サ 込み　カード A M V
料金 AC TV TUB コージールーム D Rp.65万～
空港→車で30分(片道1台Rp.30万～で送迎可)

静かに過ごせるおすすめホテル
クブ・チュンパカ
Kubu Cempaka　　MAP P.139-B4

ジャラン・プラウから少し路地に入った全23室のホテル。スミニャック中心部にありながら、昔ながらのバリ情緒が感じられるロケーションがうれしい。客室は28m²と値段のわりに広々としており、シャワールームや洗面台も使い勝手がいい。 Wi-Fi 客室OK・無料

プールも中庭も広々としている

住所 Jl. Plawa, Gg. Cempaka No. 9, Seminyak
TEL (0361)474-1175
URL www.kubucempakaseminyak.com
税&サ 込み　カード J M V
料金 AC TV TUB チュンパカルーム D Rp.60万～
空港→車で30分(片道1台Rp.30万で送迎可)

バリ人家庭の雰囲気を満喫
シーアール・トリス・ルーム
CR Tris Room　　MAP P.139-B4

バリ人の家族が経営する全8室のアットホームな宿。1階と2階に部屋があるが、テラスが広い2階はプライベート感もあっておすすめ。共同キッチンがあるので、長期滞在での利用にも向いている。 Wi-Fi 客室OK・無料

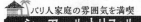

客室はシンプル＆モダン

住所 Jl. Plawa, Gg. Jempiring No. 20C, Seminyak
TEL 0812-4690-9416(携帯)
税&サ 込み　カード M V
料金 AC TV TUB ダブルルーム D Rp.40万～
空港→車で30分(片道1台Rp.20万～25万で送迎可)

立地がよくてリーズナブル
スミニャック・ゲストハウス
Seminyak Guest House　　MAP P.139-C4

スミニャック中心部にある全10室の宿。中庭に小さなプールがあり、部屋の外にはのんびり過ごせるテラスもある。客室はシンプルだがバスタブ付きで使い勝手もなかなかいい。レストランはないが、共同キッチンが用意され、無料のコーヒーと紅茶が飲み放題。 Wi-Fi 客室OK・無料

バリ情緒ある室内

住所 Jl. Nakula No.777, Seminyak
TEL 0813-8088-0096(携帯)
税&サ 込み　カード M V
料金 AC TV TUB スタンダード D Rp.30万
空港→車で30分(片道1台Rp.15万で送迎可)

ビーチに近い家庭的な宿
ナディアリッ・ホームステイ
Nadialit Homestay　　MAP P.138-A1

オベロイ・バリの敷地の東側、ビーチまで徒歩2分の好立地。値段の割に部屋も広く清潔で、家庭的な雰囲気とコスパの高さから欧米からのバックパッカーに人気がある。バリ人サーファーが経営しており、サーフィン教室やボードレンタルにも対応している。 Wi-Fi 客室OK・無料

住所 Jl. Sari Dewi No.6, Seminyak
TEL 0878-6203-4408(携帯)
税&サ 込み　カード 不可
料金 AC TV TUB バジェットルーム D Rp.34万～
空港→車で30分(片道1台Rp.30万～で送迎可)

ホームステイでバリ人家庭のあたたかさを体感しよう

ⓗ プリメーラ・スミニャックPrimera Seminyak (Map P.139-B3　TEL (0361)739-000　URL primerahotelseminyak.com/)は全251室のカジュアルホテル。D Rp.30万～。

ザ・カヤナ
プライバシーを約束する小さな楽園

The Kayana　**MAP P.140-B1**

緑が多い敷地に点在する24棟のヴィラは、伝統とモダンが融合するミニマルなデザイン。重

厚な家具や洗練されたファブリックで装い、アメニティもインテリアボックスに収納され生活感が極力排除されている。各ヴィラには専属バトラーが24時間体制で付くが、カップルのみで過ごしたいときは、専用ボタンを押せばスタッフが訪問を遠慮するシステム。ゲストのプライバシーを最優先にしており、カップルやハネムーナーにおすすめだ。**Wi-Fi** 客室OK・無料

プールヴィラのベッドルーム

住所 Jl. Petitenget, Kerobokan Kelod
TEL (0361)847-6628
URL www.thekayana.com
税&サ 込み　カード **A D J M V**
料金 AC TV TUB デラックスヴィラ Rp.615万～
　　 AC TV TUB プールヴィラ Rp.680万～
　　 AC TV TUB 2ベッドルームヴィラRp.993万～
空港→車で所要30分(片道1台Rp.35万で送迎可)

アリラ・スミニャック
エレガントな5スターホテル

Alila Seminyak　**MAP P.140-B1**

ビーチに面した全176室の高級リゾート。通り側にデラックスの客室棟、海側にスイート棟が配置され、客室タイプも細かく分かれている。エントリークラスのデラックスでも46m²と広々

左／海とメインプールを望むスイートの客室棟
右／デラックススイートのベッドルーム

とし、ゲスト専用のプールやバーも完備。海沿いのロケーションを満喫したいならスイートがおすすめ。毎日7:30～はヨガ教室も開催(無料)。**Wi-Fi** 客室OK・無料

住所 Jl. Taman Ganesha No. 9, Petitenget, Kerobokan
TEL (0361)302-1888　FAX (0361)302-2888
URL www.alilahotels.com/seminyak
税&サ +21%　カード **A D J M V**
料金 AC TV TUB デラックスⒹUS$262～
　　 AC TV TUB デラックススイートUS$364～
　　 AC TV TUB オーシャンビュースイートUS$464～
空港→車で30分(片道1台US$30で送迎可)

ザ・トランス・リゾート・バリ
ジャカルタ資本の今旬リゾート

The Trans Resort Bali　**MAP P.141-C4**

ジャラン・サンセット・ロードの通りからやや奥まった場所にある全200室の大型リゾート。エントランスからホテル棟まで広いスペースが確保し

左／プールは白砂を使ってビーチを演出
右／クラシックホテルのような雰囲気のインテリア

てあり、プールを中心としたホテル棟は隠れ家のような雰囲気。プレミアルームでもバルコニーを含めて65m²とゆったりしたサイズで、大理石張りのインテリアも格調高い。**Wi-Fi** 客室OK・無料

住所 Jl. Sunset Road No.30, Kerobokan
TEL (0361)898-1234　FAX (0361)898-1233
URL www.transresortbali.com
税&サ 込み　カード **A D J M V**
料金 AC TV TUB プレミアルームⒹRp.260万～
　　 AC TV TUB プレミアクラブⒹRp.430万～
　　 AC TV TUB セレブリティスイートRp.600万～
　　 AC TV TUB 1ベッドルームヴィラRp.821万～
空港→車で30分(片道1台Rp.25万で送迎可)

ハミダシ ザ・ウリン・ヴィラス The Ulin Villas (Map P.141-C3　TEL (0361)735-000　URL www.theulinvilla.com)は全16室のヴィラリゾート。広いプールが評判。1ベッドルームヴィラRp.240万～。

機能性と南国情緒を兼ね備えている
バリ・アイランド・ヴィラス
Bali Island Villas　**MAP** P.140-B1

　自分の家にいるような居心地のよさで、リピーターに人気の独立型ヴィラ。部屋はすべて1ベッドルームで、のんびりと滞在するのにちょうどいいサイズ。ダイニング＆リビング、ベッドルーム、バスルームが機能的に配置されており、フルキッチンも完備している。贅沢な広さのラッププールや、ヴィラの上部にあるガゼボも快適だ。全10室。

Wi-Fi 客室OK・無料

モダンな
ヴィラの
ベッドルーム

住所 Jl. Petitenget No.469, Kerobokan
TEL (0361)473-6656
URL baliislandvillas.com
税&サ 込み　カード AJMV
料金 AC TV TUB 1ベッドルーム・ヴィラ Rp.250万〜
空港→車で30分(片道1台Rp.25万で送迎可)

○ × ○ ○ ○ ○ × △

過ごし方自由自在のヴィラリゾート
ザ・ドゥスン
The Dusun　**MAP** P.140-C2

　のんびりとした風情を残すクロボカン地区に建つ、全14棟のヴィラリゾート。すべてが独立したプライベートヴィラなので、まるで自分の別宅のような感覚で、気ままなステイが楽しめる。十分な広さの敷地をもつそれぞれのヴィラは、シックにまとめられたベッドルームのほか、青々としたプール、開放的なリビング＆ダイニングスペースやキッチンを完備。カップル利用におすすめだ。**Wi-Fi** 客室OK・無料

贅沢なほど
大きなプライ
ベートプール
を独占できる

住所 Jl. Kayu Jati No.8, Petitenget, Kerobokan
TEL (0361)734-000　FAX (0361)734-100
URL www.the-dusun.com
料金&サ +21%　カード ADJMV
AC TV TUB 1ベッドルームヴィラUS$155〜
AC TV TUB 3ベッドルームヴィラUS$333〜
空港→車で30分(無料送迎可)

○ × × ○ ○ ○ × △

カップルにもファミリーにもおすすめ
フォーポイント・バイ・シェラトン・スミニャック
Four Points by Sheraton Seminyak　**MAP** P.140-A1

　バトゥブリッグ・ビーチの近くの静かな立地にある全121室のホテル。客室はバティックがあしらわれたアジアらしく上品なインテリアで、全室にバスタブやバルコニーが付く。スパやレストランも完備しており、最上階のルーフトップレストランではインド洋を眺めながら食事が楽しめる。ビーチまではフリーバギーサービスが利用できる。**Wi-Fi** 客室OK・無料

スミニャック中
心部まで車で5
分ほど

住所 Jl. Petitenget, Jl. Cendrawasih No.99, Seminyak
TEL (0361)846-6966
URL www.fourpointsbaliseminyak.com
税&サ +21%　カード AMV
料金 AC TV TUB デラックスⒹRp.132万〜
　　 AC TV TUB プールビューⒹRp.143万〜
　　 AC TV TUB ラグーンアクセスⒹRp.175万〜
　　 AC TV TUB ジュニアスイートRp.194万〜
空港→車で30分(片道1台Rp.40万で送迎可)

○ ○ ○ ○ ○ ○ × △

旬のバリを満喫できるロケーション
アイズ・スミニャック
Ize Seminyak　**MAP** P.141-C3

　スミニャックの目抜き通りに建つ全81室のデザインホテル。ショッピングやグルメの人気スポットに歩いていける立地がとにかく便利。モダンインテリアの客室も設備が充実している。上階のスイートルームからはスミニャックの景色が一望でき、リビングスペースもあるので長期滞在にもおすすめ。**Wi-Fi** 客室OK・無料

デラックス・
ジャクージの
ベッドルーム

住所 Jl. Kayu Aya No.68, Seminyak
TEL (0361)846-6999
URL www.ize-seminyak.com/jp/
税&サ 込み　カード AMV
料金 AC TV TUB デラックスⒹUS$86〜
　　 AC TV TUB デラックス・ジャクージⒹUS$95〜
　　 AC TV TUB クラブ・ルームⒹUS$95〜
　　 AC TV TUB ジュニアスイートUS$193〜
空港→車で30分(片道1台Rp.25万で送迎可)

○ ○ × ○ ○ ○ ○ △

Ｈラマ・レジデンスRama Residence (Map P.140-A2　TEL (0361)847-5470　URL www.
ramaresidencepetitenget.com)は全26室のプチホテル。ⒹRp.90万〜。

セレブを魅了する5つ星リゾート
ポテトヘッド・スイーツ & スタジオ
Potato Head Suites & Studios　MAP P.140-B1

バリ島を代表するビーチクラブの敷地に建つ複合リゾート。赤レンガや木材などインドネシ

ビーチクラブ内のデザインホテル

ア産の資材を使って独創的にデザインされたスイート（58室）はボトムカテゴリでも82m²と贅沢な広さ。テラスやバルコニーもゆったりとし、カクテルの材料が用意されたバーカウンターを完備しているのもユニーク。スタジオ（168室）は5つのカテゴリに分かれており、バンブースタジオやオーシャンフロントなど好みと予算でチョイスできる。**Wi-Fi** 客室OK・無料

住所 Jl. Petitenget No.51B, Seminyak
TEL (0361)620-7979
URL seminyak.potatohead.co/sleep/
税&サ 込み　カード AMV
料金 AC TV サンライズ・スタジオRp.246万〜
AC TV TUB アイランドスイートRp.541万〜
AC TV TUB プールスイートRp.631万〜
AC TV TUB オーシャンフロント・スタジオRp.795万〜
空港→車で30分（片道1台Rp.43万で送迎可）

🏊○ 🍴○ 🧖○ 🏧○ 💰○ 🛎○ 💳× 🔌△

居住性を配慮したプライベート空間
ディシニ・ラグジュアリー・スパ・ヴィラス
Disini Luxury Spa Villas　MAP P.141-C3

日本人リピーターに人気が高い全22棟のプチリゾート。24時間対応のバトラーサービスやハイレベルなスパ施設など、高級ホテル並みの滞

左／ラグジュアリー・スパヴィラのベッドルーム
右／全室にプライベートプールを完備

在空間を、プライベートヴィラで実現することがモットー。各ヴィラにはスパベッドが設置されており、のんびり自室でトリートメントが楽しめる。また、和朝食など4種類のなかから選べる朝食を、好きな時間に提供するサービスも気が利いている。ベッドルームには厳選されたオーダーメイド家具や調度品が取り揃えられ、ゲストへの配慮が随所に感じられるリゾートだ。**Wi-Fi** 客室OK・無料

住所 Jl. Mertasari No.28, Seminyak
TEL (0361)737-537　FAX (0361)737-538
URL www.disinivillas.com　税&サ 込み　カード AMV
料金 AC TV TUB ガーデンバンガロー Rp.108万〜
AC TV TUB ラグジュアリー・スパヴィラRp.300万〜
空港→車で30分（片道1台Rp.35万で送迎可）

🏊○ 🍴× 🧖○ 🏧○ 💰○ 🛎○ 💳○ 🔌○

バリの伝統スタイルに包まれる
ヴィラ・ルンブン
Vila Lumbung　MAP P.140-B2

クロボカンの田園風景に面した全70室のリゾート。緑豊かな敷地内に伝統的なルンブン（＝米倉）を模した2階建てのバンガローが立ち並ぶ様子は、まるで小さな村のよう。建物やバスルームに古さを感じるものの、素朴な室内インテリアがバリ情緒を醸し出して、落ち着いて滞在できる。特にメゾネット・タイプのデラックス・ルンブンは65m²と贅沢なサイズで、バリュー感たっぷりだ。**Wi-Fi** 客室OK・無料

左／バリ伝統様式の2階建てルンブンが並ぶ
右／プールを中心に緑豊かな敷地が広がる

住所 Jl. Petitenget No.1000X, Kerobokan
TEL (0361)473-0204　URL www.hotellumbung.com
税&サ +21%　カード AJMV
料金 AC TV TUB デラックス・ルームⒹRp.112万〜
AC TV TUB デラックス・ルンブンⒹRp.164万〜
空港→車で30分（片道1台US$25で送迎可）

🏊○ 🍴○ 🧖○ 🏧○ 💰○ 🛎○ 💳× 🔌△

ハミダシ H リベルタ・スミニャックLiberta Seminyak (Map P.141-A3　TEL0821-4432-0177 携帯 URL www.libertahotels.com)はリーズナブルな料金設定の格安ホテル。ⒹRp.42万〜。

クブ・プティトゥンゲッ
クロボカンを快適に楽しめる穴場

Kubu Petitenget MAP P.140-B2

　ジャラン・プティトゥンゲッの中ほどから路地に入って徒歩5分ほど南へ。クロボカンの中心部にありながら喧騒からは隔絶されたプチホテル。2階建てのスイート（12室）は40m²とゆったりサイズ。プライバシー重視なら2階の部屋を指定しよう。1ベッドルームのプールヴィラは広いプライベートプールとリビング、キッチンを完備しており、料金以上のバリューがある。**Wi-Fi** 客室OK・無料

1階の部屋はプールアクセス

住所 Jl. Petitenget, Gg. Sunyi No.10, Kerobokan
TEL (0361)847-8150
URL www.kubupetitenget.com
税&サ +21%　カード **M** **V**
料金 **AC** **TV** **TUB** スイートRp.40万～
　　 AC **TV** **TUB** プールヴィラ158万～
空港→車で30分（片道1台Rp.25万～で送迎可）

ポンドック・アリット・リゾート
ビーチまで近く食事にも便利

Pondok Alit Resort MAP P.140-A1

　ビーチまで徒歩10分ほど、ジャラン・バトゥブリッグから小道を入った静かな立地にあるミニホテル。全14室のインテリアはホワイトウォッシュの家具で品よくまとめられ、ジュニアスイートには室内にキッチン設備もあるので長期滞在にもぴったり。プールの近くにあるデラックスルームにも共同で使えるキッチンが付いている。**Wi-Fi** 客室OK・無料

コスパのよい格安ホテル

住所 Jl. Batu Berig No.9, Kerobokan
TEL (0361)473-2511
税&サ 込み　カード **M** **V**
料金 **AC** **TV** **TUB** アパートメント⑩Rp.50万
　　 AC **TV** **TUB** デラックス⑩Rp.50万
　　 AC **TV** **TUB** ジュニアスイートRp.70万
空港→車で30分（片道1台Rp.30万で送迎可）

アメルタ・スミニャック
モダンな格安ホテル

Amerta Seminyak MAP P.140-C2

　ビーチまで徒歩1分のロケーションがうれしい全12室のブティックホテル。周囲には人気のグルメスポットやショッピングセンターも多く、簡単に歩いて行ける。客室は清潔でインテリアもハイセンス。カテゴリは見晴らしがよく部屋もやや広くなるプールビューがおすすめだ。3階にあるルーフトップレストランでの朝食もおいしく、スタッフの接客レベルも評判がいい。

Wi-Fi 客室
OK・無料

デラックスでも34m²と快適なサイズ

住所 Jl. Kayu Aya No.8A, Seminyak
TEL (0361)737-230
税&サ +20%　カード **M** **V**
料金 **AC** **TV** **TUB** デラックス⑩Rp.59万～
　　 AC **TV** **TUB** プールビュー⑩Rp.68万～
空港→車で30分（片道1台Rp.25万で送迎可）

グラティッ B & B
気軽に過ごせるバッカー宿

Gelatik B & B MAP P.140-A1

　プールに面して客室棟が建つバックパッカー向けホステル。各ドミトリーには6台のベッドが設置され、6名分のファミリールームとして利用も可能。共用バスルームにはタオル（ひとり1枚）、ボディソープ、シャンプーが用意されている。個室も14m²のコンパクトサイズだがシャワールームが付く。周辺にはコンビニや食堂もあり便利に過ごせる。**Wi-Fi** 客室OK・無料

2018年にオープンした人気ホステル

住所 Gg. Gelatik No.2, Kerobokan
TEL 0813-9949-3250（携帯）
税&サ 込み　カード **A** **D** **J** **M** **V**
料金 **AC** **TV** **TUB** ドミトリー Rp.14万～
　　 AC **TV** **TUB** スタンダード⑩Rp.42万～
空港→車で30分

絶好の波が立つサーフスポットとしても人気

チャングー

Canggu

青い海を満喫するビーチクラブが続々とオープンしているチャングーエリア

チャングーの充実度

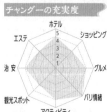

エコー・ビーチの周辺にホテルやレストランが急増中。タクシーや車をチャーターしてタナロット寺院など周辺の観光スポットとともに訪問するのも便利だが、近年は渋滞が悪化している。

チャングーへのアクセス

空港からエアポートタクシーで1時間10分～1時間30分（定額運賃はRp.30万～40万）。広大なチャングー地区はベラワ・ビーチやエコー・ビーチなど目的地により運賃が異なる。スミニャックからエコー・ビーチまではタクシーで1時間ほど。

ナチュラル系ショップが増加中

チャングーには自然志向のコンセプトストアも続々と登場している。ボカシ・バリはコスメや調味料などを扱うナチュラルマーケットで、自社農園で作ったオーガニック野菜がウリ。2階には落ち着けるカフェも併設している。

S ボカシ・バリ Bokasih Bali
MAP P.171-B4
TEL 0818-0355-6677（携帯）
URL bokashibali.com
営業 毎日8:00～23:00

生ハチミツはバリみやげにも人気

のどかな田園風景と広大なインド洋の景観が広がるチャングー。かつてはサーファーが滞在する穴場エリアだったが、近年はスミニャック＆クロボカン開発の波がここまで押し寄せて、最旬のリゾートエリアへと変貌中だ。夕景を満喫できるビーチカフェでのんびりと時を過ごしてみたい。

🎕 ORIENTATION 歩き方

昔ながらのバリ情緒が感じられるチャングーは、欧米からの旅行者や地元サーファーに人気の滞在エリア。その中心部はバトゥボロン・ビーチBatu Bolong Beachやエコー・ビーチEcho Beach。どちらもおしゃれなカフェやビーチクラブが集まり、サンセットタイムは多くの旅行者でにぎわっている。このビーチ周辺のみなら徒歩で散策するのもOK。近年は多くの観光施設が進出し、旅行エリアが広がっている。タクシーは流していないエリアなので、宿泊ホテルや旅行会社などで車の手配をして訪問しよう。

夕暮れ時はビーチを散策したい

---

information

"食べる宝石" コハクを入手！

美しい琥珀糖は店内で抹茶とともに味わうのもOK

寒天と砂糖をベースに作り上げる伝統的な和菓子「琥珀糖」。クリスタルのような見た目と、上品な甘さで話題を集めている。琥珀糖のレシピはスミニャックの匠（→P.153）の料理長Daijiro氏が伝授。江戸時代頃から伝わる伝統菓子をバリならではの味にアレンジし、マンゴー＆柚子、バタフライピー＆シーソルトなど約11種類のフレーバーと形が楽しめる。黒いボックスに入って3個（Rp.16万）、6個（Rp.29万）。

S コハク Kohaku
Map P.171-A4
住所 Jl. Pantai Berawa No.88, Tibubeneng
TEL 0813-3710-3936（携帯）
URL kohakubali.com
営業 毎日10:00～19:00　カード A J M V

🔺ハミダシ チャングー・サーフスクールCanggu Surf School（Map P.170-B1　TEL 0813-3339-5277 携帯 URL www.baliwaveexperience.com）は旅行者に評判の教室。連絡はWhatsAppがスムーズ。

ACTIVITY　アクティビティ

良質の波が楽しめるサーフィン

チャングーは初心者から上級者まで楽しめるサーフスポットとして有名。サンドバーと呼ばれるビーチブレイクのほか、レギュラーやグーフィーの波が立つポイントが数ヵ所ある。バトゥボロン・ビーチはカイトサーフィンのポイントとしてもにぎわっている。

トップサーファーの技も見学できる

ヨガで心身を解放する休日を

古来からの瞑想地として知られるチャングーは、ヨガスポットとしても注目されている。特別な気の流れが感じられる場所として、世界中からヨギーニが集まってくる。「デサスニ・ビレッジ・リゾート」の美しいガーデンでは毎日ヨガ教室が開かれており、初心者向きプログラムも用意されている。

緑のガーデンでヨガが楽しめるデサスニ・ビレッジ・リゾート

チャングーで乗馬体験

乗馬クラブは欧米からの旅行者に人気。45分の英語でのレッスンRp.85万（7歳から受付）。インストラクターがていねいに指導する。子供用のポニーライド（3歳以上、20分Rp.29万）もある。
●バリ・エクエストリアン・センター
Bali Equestrian Centre
MAP P.171-B4
TEL 0878-6294-9030（携帯）
URL www.baliequestriancentre.com
営業 毎日8:45〜11:45、14:45〜17:45

オーストラリア人女性が経営する

旅行者に人気のヨガスポット

デサスニ・ビレッジ・リゾート Desa Seni Village Resort（→P.175）内にあるヨガスタジオでは、毎日7:15から夜まで1〜5回の教室が開催されている。1クラスは90分Rp.14万で、各クラスの定員は36人。初心者OKのオープンレベルから上級クラスまであり、内容もハッタ、アヌサラ、ビンヤサ、アスタンガなどさまざま。スケジュールはホームページ（URL www.desaseni.com/yoga）で確認できる。

Power Push!　バリ島で楽しめるチルアウトの聖地

地中海に浮かぶスペイン・イビサ島を本拠に世界各地で展開するビーチクラブ。プール、カバナ、ステージが海沿いに並ぶオープンスペースに、まったり流れるチルアウト音楽がとても心地いい。シーブリーズに包まれながらランチを味わい、絶景プールでのんびり過ごしてみたい。ポークチョップ・バリ（Rp.18万）、スパイシー・ツナ・ロール（Rp.11万）、ショートリブ・ルンダン（Rp.14万）などバリ風にアレンジされたメニューを試してみよう。夕方はカクテル（Rp.12万〜）とともにサンセットが楽しめる。入場料はRp.25万。

左／デイベッドやカバナの利用はRp.100万〜のミニマムスペンドが設定されている　右／豪快なグリル料理が味わえる

●カフェ・デル・マール・バリ
Cafe del Mar Bali
Map P.171-C3
住所 Jl. Subak Sari, Canggu
TEL 0811-3811-7171（携帯）
URL cafedelmarbali.co.id
営業 毎日11:00〜23:00（L/O〜22:30）
税&サ +18.8%　カード A J M V

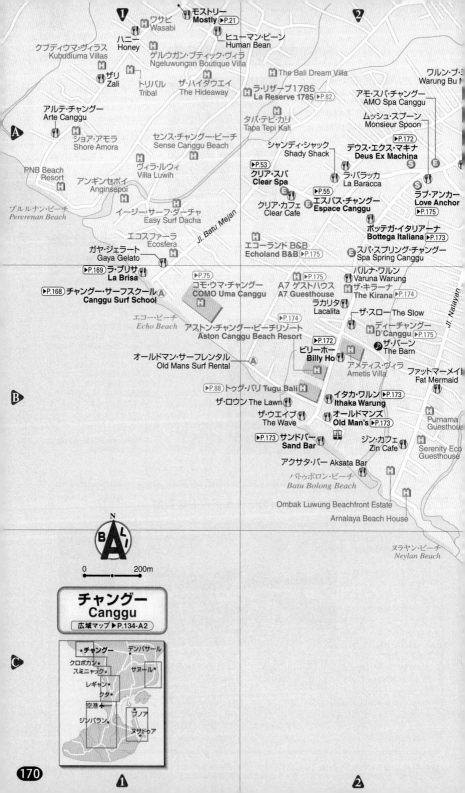

ワサビ Wasabi
ハニー Honey
モストリー **Mostly** ▶P.21
ヒューマン・ビーン Human Bean
クブディウマ・ヴィラス Kubudiuma Villas
ザリ Zali
ゲルウガン・ブティック・ヴィラ Ngeluwungan Boutique Villa
The Bali Dream Villa
ワルン・ブ・N Warung Bu N
トリバル Tribal
ザ・ハイダウェイ The Hideaway
ラ・リザーブ1785 La Reserve 1785 ▶P.82
アモ・スパ・チャングー AMO Spa Canggu
アルテ・チャングー Arte Canggu
タパ・テピ・カリ Tapa Tepi Kali
ムッシュ・スプーン Monsieur Spoon
ショア・アモラ Shore Amora
センス・チャングー・ビーチ Sense Canggu Beach
シャンディ・シャック Shady Shack
▶P.172
デウス・エクス・マキナ **Deus Ex Machina**
PNB Beach Resort
ヴィラ・ルウィ Villa Luwih
▶P.53 クリア・スパ **Clear Spa**
ラ・バラッカ La Baracca
アンギンセポイ Anginsepoi
▶P.55
クリア・カフェ Clear Cafe
エスパス・チャングー **Espace Canggu**
ラブ・アンカー **Love Anchor**
ブルルナン・ビーチ Pererenan Beach
イージー・サーフ・ダーチャ Easy Surf Dacha
ボッテガ・イタリアーナ Bottega Italiana ▶P.173
エコスファーラ Ecosfera
エコーランド B&B Echoland B&B ▶P.175
スパ・スプリング・チャングー Spa Spring Canggu
ガヤ・ジェラート Gaya Gelato
▶P.169 ラ・ブリサ **La Brisa**
▶P.75
コモ・ウマ・チャングー **COMO Uma Canggu**
A7 ゲストハウス A7 Guesthouse ▶P.175
バルナ・ワルン Varuna Warung
ザ・キラーナ The Kirana ▶P.174
▶P.168 チャングー・サーフスクール **Canggu Surf School**
ラカリタ Lacalita
ザ・スロー The Slow
エコー・ビーチ Echo Beach
▶P.174
アストン・チャングー・ビーチリゾート Aston Canggu Beach Resort
ディーチャングー D'Canggu ▶P.175
ザ・バーン The Barn
オールドマン・サーフレンタル Old Mans Surf Rental
▶P.172 ビリー・ホー **Billy Ho**
アメティス・ヴィラ Ametis Villa
ファットマーメイド Fat Mermaid
▶P.88 トゥグ・バリ Tugu Bali
イタカ・ワルン **Ithaka Warung** ▶P.173
Purnama Guesthouse
ザ・ロウン The Lawn
ザ・ウエイブ The Wave
オールドマンズ **Old Man's** ▶P.173
Serenity Eco Guesthouse
▶P.173 サンドバー **Sand Bar**
ジン・カフェ Zin Cafe
アクサタ・バー Aksata Bar
バトゥボロン・ビーチ Batu Bolong Beach
Ombak Luwung Beachfront Estate
Arnalaya Beach House
ヌラヤン・ビーチ Neylan Beach

N

0 ——— 200m

チャングー
Canggu

広域マップ ▶P.134-A2

チャングー
デンパサール
クロボカン
スミニャック
サヌール
レギャン
クタ
空港
ジンバラン
ウブド
ヌサドゥア

1   2

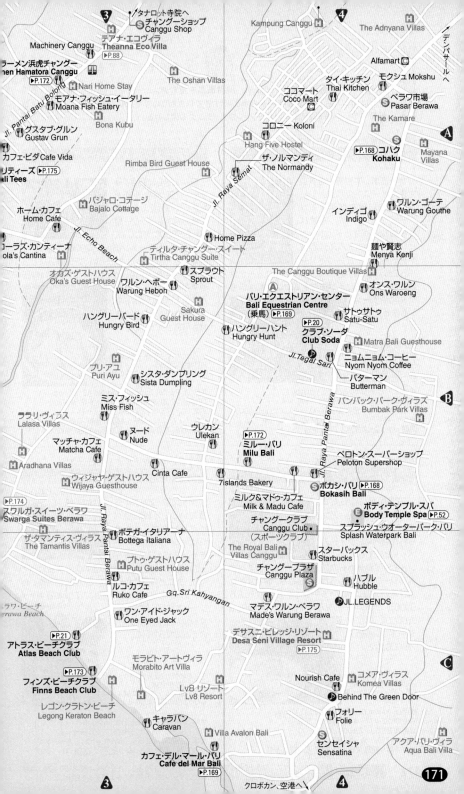

レストラン Restaurant

チャングーには海沿いのレストランや、田園風景を望むカフェが点在している。特にビーチに面した店は、夕暮れ時になると旅行者でにぎわうので早めに席を確保しよう。気持ちのいい海風とともに、サーフィンウオッチングも楽しめる。

居酒屋スタイルの斬新な和風メニュー
ビリーホー
Billy Ho MAP P.170-B2

食を追求して世界中を旅してきたオーストラリア人シェフが創作料理を提供するリゾートダイニング。味噌バター風味のグリルド・ホッカイドー・スカロップ(Rp.12万)やチャーシュー・ポークベリー(Rp.26万)など和食をアレンジしたメニューが話題になっている。ランチタイムには手頃な料金で丼物やラーメンも味わえる。

上／和食を意識した
創作料理は日本人に
もおすすめだ
下／黒を基調としたア
ジアン調のインテリア

住所 Jl. Pantai Batu Bolong, Canggu
TEL 0877-3552-2232(携帯)　予算 ★★★★
URL billyho.co　営業 毎日17:00 〜 23:00(土・日11:00〜)
税&サ +17.5%　カード D J M V　予約 不要
MENU 英語　英語OK　Wi-Fi 無料

自家製麺を味わいたくなったら
ラーメン浜虎チャングー
Ramen Hamatora Canggu　MAP P.171-A3

横浜を中心に展開するラーメン店「浜虎」がチャングーにお目見え。一番人気の豚チャーシュー麺(Rp.8万5000)をはじめ、クリーミー塩ラーメン(Rp.7万7000)、鶏のから揚げ(Rp.3万6000)、餃子(Rp.3万5000)など日本ならではの味が楽しめる。トッピングには味玉や辛ネギのほか、サンバルやテンペなどインドネシア風味をプラスする食材も用意されている。

上／カウンターやテーブル席は
旅行者でにぎわう
下／ボリュームたっぷりの豚
チャーシュー麺

住所 Jl. Pantai Batu Bolong No.43, Canggu
TEL 0859-5532-4263(携帯)　予算 ★★★☆
営業 毎日11:00〜23:00(L/O→21:45)
税&サ +15.5%　カード M V　予約 不要
MENU 英語+写真付き　英語OK　Wi-Fi 無料

メニューも景観もフォトジェニック
ミルー・バリ
Milu Bali　MAP P.171-B4

田園風景に面したコロニアル風カフェ。アンティーク家具や植物が飾られた店内は、フォトスポットとしても人気。インドネシア料理からカフェメニューまで、すべてヘルシー志向なのもうれしいところ。おすすめは滋味深いバリニーズ・シーフードカレー(Rp.8万5000)、クランキー・アジアン・チキンサラダ(Rp.6万5000)、スムージーボウル(Rp.7万5000)など。

上／奥のテラス席から
田園風景が望める
下／幅広いメニュー構
成が特徴

住所 Jl. Pantai Berawa No. 90 XO, Canggu
TEL 0822-4711-4441(携帯)　予算 ★★★☆
営業 毎日8:00〜23:00(L/O→22:30)
税&サ +16%　カード M V
予約 不要　MENU 英語　英語OK　Wi-Fi 無料

名物の子豚の丸焼きを味わえる
バビグリン・メン・ラリ
Babi Guling Men Lari　MAP P.258-C2

チャングーエリアで一番おいしいと評判のバビグリン食堂。イチオシはナシ・バビグリン・チャンプル・コンプリート(Rp.4万5000)でバナナの茎のスープも付いてくる。丸ごとのココナッツ(Rp.2万5000)を楽しめるドリンクもおすすめ。最初に入口にあるキャッシャーで料理を注文し、食後に料金を支払うシステムになっている。

上／バビグリンはテイクアウト
で味わうこともOK
下／本店をムングウィに構え
る昔ながらの味が楽しめる

住所 Jl. By Pass Tanah Lot, Munggu
TEL 0878-6105-0115(携帯)　予算 ★★☆☆
営業 毎日9:00〜21:00　税&サ +10%　カード 不可
予約 不要　MENU 英語　英語少々　Wi-Fi 無料

ハミダシ S デウス・エクス・マキナDeus Ex Machina (Map P.170-A2　TEL 081-138-8150 携帯　営業 毎日8:00 〜 24:00)は大型ショップ&カフェ。サーフボードやカスタムバイクも展示している。

有名シェフのイタリアンが堪能できる
ボッテガ・イタリアーナ
Bottega Italiana 【MAP P.170-A2】

すご腕オーナーシェフのルイージ氏が提供するホームメイドパスタが評判。ラグ・ディ・アナタラ・ソース(Rp.9万5000)やタリオリーニ・バジリコペストソース(Rp.9万5000)など、パスタ麺の種類とソースを自分の好みで選ぶことができる。最初にレジでオーダーし、支払いはキャッシュオンデリバリーとなる。

上／絶品のパスタをワインとともに楽しみたい
下／テラス席をカフェ利用するのもいい

住所 Jl. Pantai Batu Bolong No.77, Canggu
TEL 0822-3611-1011(携帯)　予算 ★★★☆
URL www.bottegaitalianabali.com
営業 毎日9:00～23:00(L/O→21:30)
税&サ 込み　カード 不可
予約 不要　MENU 英語　英語OK

海を眺めながら1日遊べる
フィンズ・ビーチクラブ
Finns Beach Club 【MAP P.171-C3】

話題のビーチクラブがめじろ押しのチャングーでも一番の人気スポットがフィンズ。スイミングプール、デッキチェアエリア、プールサイドバー、レストラン、サーフバーなどで構成され、ダイニングエリアでは本格的な料理が味わえる。デイベッド利用には飲食代のミニマムスペンド(Rp.76万～)が設定されている。

上／ビーチサイドでも食事やカクテルが楽しめる
下／カップルでにぎわうオーシャンビューのプール

住所 Jl. Pantai Berawa, Canggu
TEL (0361)844-6327　予算 ★★★★
URL www.finnsbeachclub.com
営業 毎日7:00～24:00(L/O→22:45)
税&サ 込み　カード JMV
予約 不要　MENU 英語　英語OK　Wi-Fi 無料

スペイン人が経営するローカル食堂
イタカ・ワルン
Ithaka Warung 【MAP P.170-B2】

人気のタパス料理からアジア風カレーやパスタなど幅広いメニューが楽しめるローカルレストラン。ガドガド(Rp.4万8000)やサテ(Rp.4万5000)など、各種インドネシア料理はヘルシー志向。独自のレシピで旅行者向けのマイルドな味つけとなっている。マッシュルーム、野菜、イカなどのタパス料理(Rp.2万8000～)も試してみよう。

上／ビーチ近くの2階にある
下／ヘルシー志向の郷土料理がおすすめ

住所 Jl. Pantai Batu Bolong No.168, Canggu
TEL 0812-3932-5317(携帯)　予算 ★★☆☆
URL www.ithakawarung.com
営業 毎日7:00～23:00(L/O→22:00)
税&サ 込み　カード 不可
予約 不要　MENU 英語　英語OK　Wi-Fi 無料

シーブリーズが心地よく吹き込む
オールドマンズ
Old Man's 【MAP P.170-B2】

バトゥボロン・ビーチ沿いにあり、各国からのサーファーたちでにぎわうオープンカフェ。注文はフードカウンターやドリンクカウンターで先払いし、テーブルに運んでもらうシステム。フィッシュ&チップス(Rp.9万)やグリルド・バラムンディ(Rp.14万)などがおすすめメニュー。夜はDJも入ってクラブのように盛り上がる。

上／チャングー有数の写真映えスポット
下／ビーフバーガー Rp.9万

住所 Jl. Pantai Batu Bolong, Canggu
TEL (0361)846-9158　予算 ★★★☆
URL www.oldmans.net
営業 毎日8:00～翌1:00(L/O→23:00)
税&サ 込み　カード 不可
予約 不要　MENU 英語　英語OK

ハミダシ　Rサンドバー Sand Bar (Map P.170-B2　営業 毎日24時間営業)はクッションを浜辺に並べたバーで、夕暮れ時はサーファーで大にぎわい。バリハイビールRp.3万、カクテルRp.7万～。

ホテル Hotel

チャングーと呼ばれるエリアはとても広いが、中級や格安ホテルはエコー・ビーチ周辺に多い。バトゥボロン・ビーチ沿いにはゲストハウスのほか、高級ヴィラも点在している。チャングーの高級ホテルは、巻頭の「リゾートホテル最新ガイド」も参照。

インスタ映えする今旬ホテル
アストン・チャングー・ビーチリゾート
Aston Canggu Beach Resort **MAP P.170-B2**

バトゥボロン・ビーチまで徒歩1分の好立地にある全93室のカジュアルリゾート。特筆すべきはルーフトップからの風景。近隣に高い建物がないため青い海が見渡せ、夕暮れ時にはドラマチックな夕景が楽しめる。客室は機能的で使いやすい作り。スーペリアとデラックスは同じサイ

ズとインテリアだが、部屋からの眺めにより料金が異なる。ベッドルームからのビューにこだわりたいハネムーナーには、スイートルームがおすすめだ。**Wi-Fi** 客室OK・無料

左／デラックス・ガーデンのベッドルーム
右／フローティングブレックファストはビジター利用もOK

住所 Jl. Pantai Batu Bolong No.99, Canggu
TEL (0361)302-3333
URL canggu.astonhotelsinternational.com
税&サ +21% カード A J M V
料金 AC TV TUB スーペリア⑩Rp.250万〜
AC TV TUB デラックス・ガーデン⑩Rp.278万〜
AC TV TUB デラックス・ラグーン⑩Rp.305万〜
AC TV TUB スイートRp.347万〜
空港→車で1時間(片道1台Rp.35万で送迎可)

高級感たっぷりのリゾート空間
スワルガ・スイーツ・ベラワ
Swarga Suites Berawa **MAP P.171-B3**

チャングーエリアの静かなビーチ沿いに建つ、全60室のオールスイートホテル。550m²もの巨大なインフィニティプールをはじめ、ビーチクラブやサンセットルーフトップなど南国バカンスを盛り上げる施設がめじろ押し。ボトムカテゴリのスワルガスイートでも60m²の贅沢な広さを誇り、プールビュー、オーシャンビュー、プールアクセスと部屋からの眺めも好みで選べる。スタッフの対応も好印象。**Wi-Fi** 客室OK・無料

広大なプールに面したスイート棟

住所 Jl. Pemelisan Agung, Ranjar Berawa, Canggu
TEL (0361)934-7299
URL swargasuitesbali.com
税&サ +21% カード A J M V
料金 AC TV TUB スワルガスイートRp.215万〜
AC TV TUB ベラワスイートRp.247万〜
AC TV TUB ファミリースイートRp.310万〜
空港→車で1時間(片道1台Rp.37万5000で送迎可)

手頃な料金でリゾート気分を味わえる
ザ・キラーナ
The Kirana **MAP P.170-B2**

バトゥボロン・ビーチから500mほど北にある、4階建て全16室のブティックホテル。緑のガーデンに建てられたホテル棟は海側を向いており、リゾート感もたっぷり。特にデラックスの室内は39m²と広々したサイズでおすすめだ。チャングー地区の目抜き通り沿いにあるので、観光やショッピングにもとても便利。ビーチへのシャトルサービスやレンタサイクルも用意されている。**Wi-Fi** 客室OK・無料

デラックスのベッドルーム

住所 Jl. Pantai Batu Bolong, Canggu
TEL (0361)846-9150 URL thekiranabali.com
税&サ +21% カード A M V
料金 AC TV TUB スタンダード⑩Rp.90万〜
AC TV TUB プールアクセス⑩Rp.96万〜
AC TV TUB デラックス⑩Rp.125万〜
AC TV TUB スイートRp.135万〜
空港→車で1時間(片道1台Rp.35万で送迎可)

ホテル設備の記号一覧 AC =エアコン TV =テレビ TUB =バスタブ Wi-Fi =ネット環境 =プール =レストラン
=スパ =室内金庫 =冷蔵庫 =ドライヤー =日本語スタッフ =朝食

ナチュラリストやヨギーニに評判
デサスニ・ビレッジ・リゾート
Desa Seni Village Resort　**MAP** P.171-C4

　南国的な美しいガーデンにたたずむ、全13室のアンティークホテル。ヨガプログラムの充実度はバリでも屈指で、レッスンのために訪れるビジターも多いほど。木造建築の独立した客室は古民家のようなたたずまいだ。

Wi-Fi 客室OK・
無料

シングルルームも充実
した古民家風ホテル
住所 Jl. Subak Sari No.13, Canggu
TEL (0361)844-6392　URL www.desaseni.com
税&サ +21%　カード M V
料金 AC TV TUB ビレッジキャビン⑤US$100
　　 AC TV TUB ビレッジハウス⑤US$135、⑩US$170
　　 AC TV TUB スイートUS$240
空港→車で1時間(片道1台Rp.350,000で送迎可)

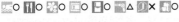

サーファーに人気の新築ホテル
A7 ゲストハウス
A7 Guesthouse　**MAP** P.170-B2

　バトゥボロン・ビーチまで徒歩10分ほどの場所にある全7室のシンプルな宿。部屋は清潔でインテリアも今風な雰囲気。バスルームにバスタブはないが、レインシャワー付き。建物は2階建てでほとんどの客室にテラスかバルコニーが付いている。

Wi-Fi 客室OK
・無料

客室はシンプル&
モダンで快適
住所 Jl. Munduk Catu, Canggu
TEL 0812-3967-7920(携帯)
税&サ 込み　カード J M V
料金 AC TV TUB デラックス⑩Rp.55万
空港→車で1時間(片道1台Rp.25万〜で送迎可)

朝食なしだがコスパがいい宿
ディーチャングー
D'Canggu　**MAP** P.170-B2

　バトゥボロン・ビーチまで徒歩10分ほど、奥まった路地にある全11室の清潔なホームステイ。部屋のテラスやバルコニーからはのどかな田園風景を眺めるロケーション。**Wi-Fi** 客室OK・無料

部屋の種類が多く
グループ利用もOK
住所 Jl. Pantai Batu Bolong No.96B, Canggu
TEL 0819-1673-2806(携帯)
税&サ 込み　カード 不可
料金 AC TV TUB ダブルベッド⑩Rp.35万
　　 AC TV TUB ツインベッド⑩Rp.35万
　　 AC TV TUB トリプルルームRp.45万
空港→車で1時間(片道1台Rp.35万〜で送迎可)

アットホームな雰囲気の格安宿
エコーランド B & B
Echoland B & B　**MAP** P.170-A2

　エコー・ビーチから500mほど北東にある、全19室のリーズナブルなホテル。外観は地味だが、チークを使ったインテリアはなかなかおしゃれ。スタンダードルームなど客室は20m²のコンパクトサイズ。**Wi-Fi** 客室OK・無料

スタンダードの
ベッドルーム
住所 Jl. Pantai Batu Mejan No.88, Echo Beach, Canggu
TEL 0878-6188-2414(携帯)
URL www.echolandbali.com　税&サ +21%　カード M V
料金 AC TV TUB スタンダード⑩Rp.93万〜
　　 AC TV TUB ブティックルーム⑩Rp.98万〜
　　 AC TV TUB デラックス⑩Rp.106万〜
空港→車で1時間(片道1台Rp.27万で送迎可)

---

information 雑貨マーケットでおみやげ探し

　ラブ・アンカー Love Anchorは10店ほどのブティックやカフェが集まるショッピングアーケード。中央にある広場では毎日マーケットが開かれており、手作りアクセサリーや民芸品の出店でにぎわっている。ほかのハンドメイドのアクセサリーが充実

　観光エリアのアートマーケットよりもセンスのいい品揃えなので、外国人旅行者に人気のスポットだ。

S ラブ・アンカー Love Anchor
Map P.170-A2
住所 Jl. Pantai Batu Bolong No.56, Canggu
TEL 0811-3888-557(携帯)
営業 毎日8:00 〜 22:00
カード J M V (店舗によって異なる)

S バリティーズBali Tees (Map P.171-A3　URL lovebalitees.com　営業 毎日9:00〜21:00)
はおすすめのTシャツ店。TシャツRp.29万9000やノースリーブRp.18万9000は均一料金。

クタ&レギャン
Kuta & Legian

クタ&レギャンの充実度

バリ島随一の旅行者エリアなので、レストランやショップは多種多様。宿泊施設はビーチ沿いに大型ホテル、町なかに中級～格安ホテルが密集している。バイクでのひったくりや、抱きつきスリなどの被害はこの地区に集中しているので、散策するときには自分の荷物に十分注意すること。

クタ&レギャンへのアクセス①

空港～クタ&レギャン
空港からエアポートタクシーで15～30分(定額運賃はRp.15万～20万)。クタ&レギャンから空港へはメータータクシー利用でRp.9万～12万ほど。

タクシー

スミニャックから	約15～30分 Rp.7万～
ジンバランから	約20～30分 Rp.9万～
ヌサドゥアから	約30～50分 Rp.13万～
サヌールから	約20～30分 Rp.13万～
ウブドから	約60分 Rp.29万～

感動的なサンセットポイントとして知られるクタ・ビーチ

　クタ&レギャンのメインストリートは、バリの純朴なイメージにはそぐわない光景であふれている。通りは各国のレストランやさまざまなショップで埋め尽くされ、排気ガスを吐き出しながらタクシーやバイクが通り過ぎる。歩道では地元の人たちに交じって、短パン姿のオージー、子供を背負いながら旅をする欧米人カップル、そして日本人旅行者が昼夜行き交う。世界各地から集まった人々が、この刺激的な無国籍タウンを徘徊する姿は、まさに人種のルツボといった風情。しかし「神々の島」のイメージとはかけ離れたこのエリアには、若者を引きつける独特の磁力もある。

　クタ&レギャンは、もともとインド洋の豪快な波を求めてやってきたサーファーによって発展を遂げた町。かつて小さな漁村にすぎなかったクタに、サーファーが集まり、素朴なバンガローが建ち出したのが1960年代。日がな1日海で過ごしたサーファーたちは、海を黄金色に染めて太陽が沈む頃、潮の香りを身にまとい、海辺のバーでその日メイクした波の話に花を咲かせていた。

　サーファーの町クタは、こうして世界中に知られるようになる。そして、いつしかクタの海はサーファーだけのものではなく、海辺に「楽園」を求める若い旅人たちの集まる場所へと変貌していく。町はアメーバのように南北に広がり、北隣のレギャンまでもその中に取り込んだ。それでも黄金色の夕日のなか、今日もボードを抱えて海から上がってくるサーファーのシルエットが揺れている。

Area Topics
クタ・ビーチのウミガメ保護

バリ・シータートル・ソサエティはウミガメの卵を保護し、孵化させて海へと還す活動を行っている組織。啓蒙の一環として赤ちゃんカメのリリースを旅行者が手伝えるイベントも実施している。場所は■グランド・インナ・クタ前のビーチで、ウミガメが孵化するシーズンは4～10月頃。イベント開催の日時はサイトなどで確認できる(リリースに参加する場合は募金に協力すること)。

●バリ・シータートル・ソサエティ(BSTS)
Bali Sea Turtle Society
Map P.178-C1
TEL 0811-388-2683
(携帯)
URL www.baliseaturtle.org

スタッフの指示に従いカメを海に還す

ヒント バリ島の観光エリアではATM利用によるスキミング被害が多発している。キャッシングする場合は、なるべく銀行店舗に併設されたATMを銀行の営業時間内に利用するとトラブルに遭いにくくなる。

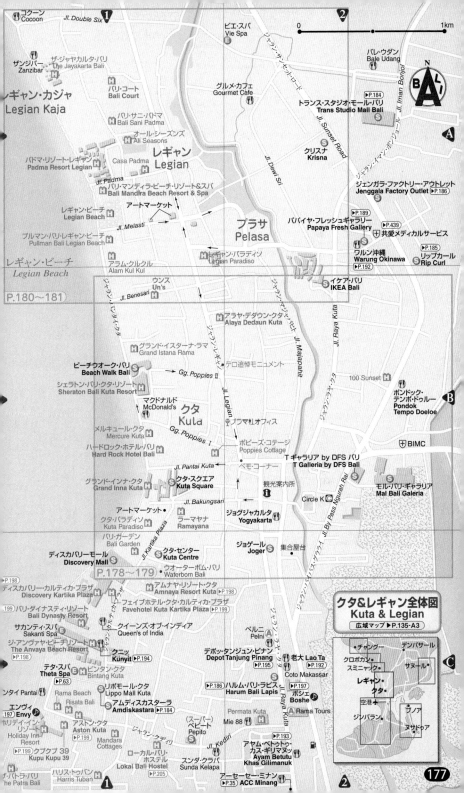

コクーン
Cocoon
Jl. Double Six

ピエ・スパ
Vie Spa

0   1km

バレ・ウダン
Bale Udang

▶P.184
N

ザンジバー
Zanzibar

ザ・ジャヤカルタ・バリ
The Jayakarta Bali

B A L I

レギャン・カジャ
Legian Kaja

バリ・コート
Bali Court

グルメ・カフェ
Gourmet Cafe

トランス・スタジオ・モール・バリ
Trans Studio Mall Bali

A

バリ・サニ・パドマ
Bali Sani Padma

クリスナ
Krisna

オール・シーズンズ
All Seasons

レギャン
Legian

ジェンガラ・ファクトリー・アウトレット
Jenggala Factory Outlet ▶P.186

パドマ・リゾート・レギャン
Padma Resort Legian

カサ・パドマ
Casa Padma

Jl. Padma

Jl. Dewi Sri

Jl. Sunset Road

▶P.189
パパイヤ・フレッシュギャラリー
Papaya Fresh Gallery ▶P.439

バリ・マンディラ・ビーチ・リゾート&スパ
Bali Mandira Beach Resort & Spa

アートマーケット
Art Market

共愛メディカルサービス ▶P.439

レギャン・ビーチ
Legian Beach

Jl. Melasti

プラザ
Pelasa

ワルン沖縄
Warung Okinawa ▶P.185

リップカール
Rip Curl

プルマン・バリ・レギャン・ビーチ
Pullman Bali Legian Beach

レギャン・パラディソ
Legian Paradiso

▶P.192

レギャン・ビーチ
Legian Beach

アラム・クルクル
Alam Kul Kul

イケア・バリ
IKEA Bali

P.180～181

ウンス
Un's

Jl. Benesari

アラヤ・デダウン・クタ
Alaya Dedaun Kuta

Jl. Raya Kuta

グランド・イスターナ・ラマ
Grand Istana Rama

ビーチウォーク・バリ
Beach Walk Bali

Gg. Poppies II

テロ追悼モニュメント

100 Sunset

ポンドック・
テンポ・ドゥルー
Pondok
Tempo Doeloe

シェラトン・バリ・クタ・リゾート
Sheraton Bali Kuta Resort

マクドナルド
McDonald's

クタ
Kuta

B

メルキュール・クタ
Mercure Kuta

Gg. Poppies I

ノブマ社オフィス

BIMC

ハードロック・ホテル・バリ
Hard Rock Hotel Bali

ポピーズ・コテージ
Poppies Cottage

T ギャラリア by DFS バリ
T Galleria by DFS Bali

グランド・インナ・クタ
Grand Inna Kuta

Jl. Pantai Kuta

ベモ・コーナー

クタ・スクエア
Kuta Square

モル・バリ・ギャラリア
Mal Bali Galeria

アートマーケット
Art Market

Jl. Bakungsari

観光案内所

ラーマヤナ
Ramayana

ジョグジャカルタ
Yogyakarta

Circle K

集合屋台

クタ・パラディソ
Kuta Paradiso

バリ・ガーデン
Bali Garden

ジョゲール
Joger

ディスカバリーモール
Discovery Mall

Jl. Kartika Plaza

クタ・センター
Kuta Centre

P.178～179

ウォーターボム・バリ
Waterbom Bali

クタ&レギャン全体図
Kuta & Legian

ディスカバリー・カルティカ・プラザ
Discovery Kartika Plaza ▶P.198

アムナヤ・リゾート・クタ
Amnaya Resort Kuta ▶P.198

広域マップ ▶P.135-A3

199 バリ・ダイナスティ・リゾート
Bali Dynasty Resort

フェイブホテル・クタ・カルティカ・プラザ
Favehotel Kuta Kartika Plaza ▶P.199

チャングー
クロボカン・
スミニャック・

デンパサール

サカンティ・スパ
Sakanti Spa

クイーンズ・オブ・インディア
Queen's of India

ペルニ
Pelni

サヌール・

ジ・アンヴァヤ・ビーチリゾート
The Anvaya Beach Resort ▶P.198

クニッ
Kunyit ▶P.194

デポッ・タンジュン・ピナン
Depot Tanjung Pinang ▶P.195

老大 Lao Ta ▶P.192

レギャン・
クタ

テタ・スパ
Theta Spa ▶P.63

ビンタン・クタ
Bintang Kuta

Coto Makassar

空港

ブノア

リポモール・クタ
Lippo Mall Kuta

ハルム・バリ・ラピス
Harum Bali Lapis ▶P.186

ボシェ
Boshe ▶P.197

ジンバラン

ヌサドゥア

ンタイ Pantai

ラマ・ビーチ
Rama Beach

リサタ・バリ
Risata Bali

アムディスカスターラ
Amdiskastara ▶P.184

ラマ・ツアーズ
Rama Tours

エンヴィ
▶P.197 Envy

アストン・クタ
Aston Kuta ▶P.199

ペルミタ・クタ
Permata Kuta

スーパー
ペピート
Pepito

ホリデイ・イン・
リゾート
Holiday Inn
Resort

Mie 88

▶P.193

クプクプ 39
Kupu Kupu 39

マンダラ・
コテージ
Mandara
Cottages

ローカル・バリ・ホステル
Lokal Bali Hostel ▶P.205

スンダ・クラパ
Sunda Kelapa

アヤム・ベトゥトゥ・
カス・ギリマヌッ
Ayam Betutu
Khas Gilimanuk

ハリス・トゥバン
he Patra Bali

アーセーセーミナン
ACC Minang ▶P.35

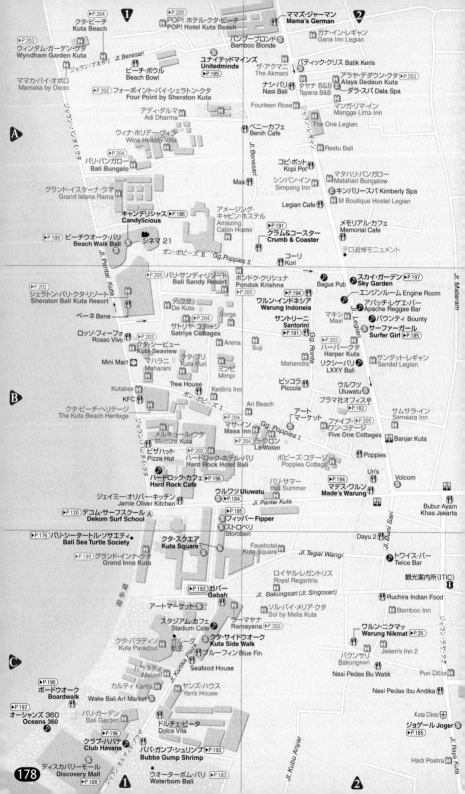

1

▶P.204 クタ・ビーチ Kuta Beach
▶P.205 POP! ホテル・クタ・ビーチ POP! Hotel Kuta Beach

▶P.203 ウィンダム・ガーデン・クタ Wyndham Garden Kuta

ママカ・バイ・オポロ Mamaka by Ovolo

▶P.202 フォーポイント・バイ・シェラトン・クタ Four Point by Sheraton Kuta

ビーチ・ボウル Beach Bowl

ユナイテッドマインズ Unitedminds ▶P.185

アディ・ダルマ Adi Dharma

ウィナ・ホリデー・ヴィラ Wina Holiday Villa

▶P.204 バリ・バンガロー Bali Bungalo

グランド・イスターナ・ラマ Grand Istana Rama

キャンディシャス Candylicious ▶P.186

▶P.189 ビーチウォーク・バリ Beach Walk Bali

シネマ 21

ガン・ポピーズ II Gg.Poppies II

▶P.205 バリ・サンディ・リゾート Bali Sandy Resort

▶P.202 シェラトン・バリ・クタ・リゾート Sheraton Bali Kuta Resort

ベーネ Bene

ロッソ・フィーフォ Rosso Vivo ▶P.203

クタ・シービュー Kuta Seaview

Mini Mart

マハラニ Maharani

▶P.202 クタ・ビーチ・ヘリテージ The Kuta Beach Heritage

Kutabex

KFC

ガン・ポピーズ I

メルキュール・クタ Mercure Kuta

ピザハット Pizza Hut ▶P.202

ハードロック・ホテル・バリ Hard Rock Hotel Bali

ハードロック・カフェ Hard Rock Cafe ▶P.196

ジェイミー・オリバー・キッチン Jamie Oliver Kitchen

▶P.120 デコム・サーフスクール Dekom Surf School

▶P.176 バリ・シータートル・ソサエティ Bali Sea Turtle Society

▶P.199 グランド・インナ・クタ Grand Inna Kuta

▶P.193 ガバー Gabah

アートマーケット

スタジアム・カフェ Stadium Cafe

クタ・パラディソ Kuta Paradiso

カルティ Karthi

ヤンズ・ハウス Yan's House

▶P.190 ボードウォーク Boardwalk

▶P.197 オーシャンズ 360 Oceans 360

バリ・ガーデン Bali Garden

▶P.196 クラブ・ハバナ Club Havana

178 ディスカバリーモール Discovery Mall ▶P.188

ドルチェ・ピータ Dolce Vita

ババ・ガンプ・シュリンプ Bubba Gump Shrimp ▶P.192

ウォーターボム・バリ Waterbom Bali ▶P.183

2

ママズ・ジャーマン Mama's German

バンブー・ブロンド Bamboo Blonde

ガナ・イン・レギャン Gana Inn Legian

ザ・アクマニ The Akmani

バティック・クリス Batik Keris

ナシ・バリ Nasi Bali

アラヤ・デダウン・クタ Alaya Dedaun Kuta ▶P.203

タヤナ B&B Tayana B&B

ダラ・スパ Dala Spa

Fourteen Rose

マンガ・リマ・イン Mangga Lima Inn

ベニ・カフェ Benih Cafe

The One Legian

Restu Bali

コピ・ポット Kopi Pot

マタハリ・バンガロー Matahari Bungalow

シンパン・イン Simpang Inn

キンバリースパ Kimberly Spa

Max

Legian Cafe

M Boutique Hostel Legian

アメージング・キャビン・ホステル Amazing Cabin Hostel

メモリアル・カフェ Memorial Cafe

▶P.191 クラム&コースター Crumb & Coaster

コーリ Kori

テロ追悼モニュメント

▶P.205 ポンドク・クリシュナ Pondok Krishna

▶P.194 ワルン・インドネシア Warung Indoneia

サントリーニ Santorini ▶P.191

デ・クタ De Kuta

ソルガ Sorga

▶P.204 サトリヤ・コテージ Satriya Cottages

Arena

Suji

クタ・プリ Kuta Puri

ミンピ Mimpi

Mahendra

ツリー・ハウス Tree House

マハラニ Maharani

Kedin's Inn

Ari Beach

▶P.204 マサ・イン Masa Inn

アート マーケット

▶P.204 ラ・ワロン La Walon

Gg.Poppies I

ポピーズ・コテージ Poppies Cottage

バリ・サマー Bali Summer

ウルワツ Uluwatu ▶P.184

Jl. Pantai Kuta

▶P.185 フィッパー Fipper

ストロベリ Storoberi

クタ・スクエア Kuta Square

Favehotel Kuta Square

アートマーケット

ラーマヤナ Ramayana

▶P.203

クタ・サイドウォーク Kuta Side Walk

ブルーフィン Blue Fin

Seafood House

ハラスティ Melasti

ウェイク・バリ・アート・マーケット Wake Bali Art Market

Bagus Pub

スカイ・ガーデン Sky Garden ▶P.197

エンジンルーム Engine Room

アパッチ・レゲエ・バー Apache Reggae Bar

マキシ Maxi

バウンティ Bounty

サーファーガール Surfer Girl ▶P.185

ハーバー・クタ Harper Kuta

リクシー・バリ LXXY Bali

ピッコラ Piccola

ウルワツ Uluwatu

ブラマ社オフィス ▶P.182

ファイブ・ワン・コテージ Five One Cottages ▶P.205

Poppies

Un's

▶P.194 マデス・ワルン Made's Warung

Volcom

サンダット・レギャン Sandat Legian

サムサラ・イン Samsara Inn

バンジャール・クタ Banjar Kuta

Bubur Ayam Khas Jakarta

Jl. Buni Sari

Dayu 2

Jl. Tegal Wangi

ロイヤル・レガントリス Royal Regantris

Jl. Bakungsari (Jl. Singosari)

ソル・バイ・メリア・クタ Sol by Melia Kuta

トワイス・バー Twice Bar

観光案内所(ITIC)

Ruchira Indian Food

Bamboo Inn

ワルン・ニクマッ Warung Nikmat ▶P.35

Jesen's Inn 2

バクンサリ Bakungsari

Nasi Pedas Bu Watik

Puri Dibia

Nasi Pedas Ibu Andika

Kuta Clinic

ジョゲール Joger ▶P.185

Hadi Poetra

Jl. Kubu Anyar

Jl. Kartika Plaza

Jl. Raya Kuta

1

2

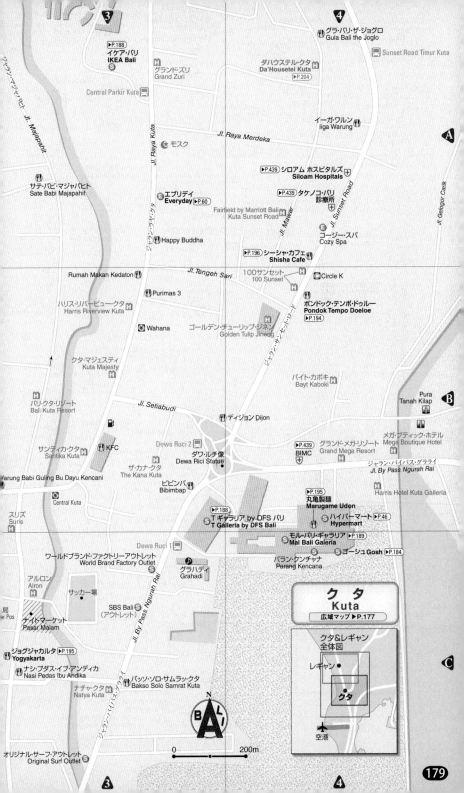

3

4

グラ・バリ・ザ・ジョグロ
Gula Bali the Joglo

▶P.188
イケア・バリ
IKEA Bali

Sunset Road Timur Kuta

グランド・ズリ
Grand Zuri

ダ・ハウステル・クタ
Da'Housetel Kuta
▶P.204

Central Parkir Kuta

イーガ・ワルン
Iiga Warung

Jl. Raya Merdeka

モスク

▶P.439 シロアム ホスピタルズ
Siloam Hospitals

サテ・バビ・マジャパヒト
Sate Babi Majapahit

▶P.439 タケノコ・バリ
診療所

エブリデイ
Everyday ▶P.60

Fairfield by Marriott Bali
Kuta Sunset Road

Happy Buddha

コージー・スパ
Cozy Spa

▶P.196 シーシャ・カフェ
Shisha Cafe

Rumah Makan Kedaton

Jl. Tengeh Sari

100サンセット
100 Sunset

Circle K

Purimas 3

ポンドック・テンポ・ドゥルー
Pondok Tempo Doeloe
▶P.194

ハリス・リバービュー・クタ
Harris Riverview Kuta

Wahana

ゴールデン・チューリップ・ジネン
Golden Tulip Jineng

クタ・マジェスティ
Kuta Majesty

バイト・カボキ
Bayt Kaboki

Pura
Tanah Kilap

B

バリ・クタ・リゾート
Bali Kuta Resort

Jl. Setiabudi

ディジョン Dijon

メガ・ブティック・ホテル
Mega Boutique Hotel

サンディカ・クタ
Santika Kuta

KFC

Dewa Ruci 2

ダワ・ルチ像
Dewa Rici Statue

▶P.439
BIMC

グランド・メガ・リゾート
Grand Mega Resort

ジャラン・バイパス・グラライ
Jl. By Pass Ngurah Rai

ザ・カナ・クタ
The Kana Kuta

ビビンバ
Bibimbap

Harris Hotel Kuta Galleria

Warung Babi Guling Bu Dayu Kencani

Central Kuta

▶P.195
丸亀製麺
Marugame Udon

スリズ
Suris

▶P.188
T ギャラリア by DFS バリ
T Galleria by DFS Bali

ハイパーマート
Hypermart ▶P.46

Dewa Ruci 1

モル・バリ・ギャラリア
Mal Bali Galeria ▶P.189

ワールドブランド・ファクトリーアウトレット
World Brand Factory Outlet

グラハディ
Grahadi

ゴーシュ Gosh ▶P.184

パラン・クンチャナ
Parang Kencana

アルロン
Alron

サッカー場

SBS Bali
（アウトレット）

ナイトマーケット
Pasar Malam

局
er Pos

ジョグジャカルタ ▶P.195
Yogyakarta

ナシ・ブダス・イブ・アンディカ
Nasi Pedas Ibu Andika

バッソ・ソロ・サムラッ・クタ
Bakso Solo Samrat Kuta

ナチャ・クタ
Natya Kuta

オリジナル・サーフ・アウトレット
Original Surf Outlet

クタ
Kuta

広域マップ ▶P.177

クタ&レギャン
全体図

レギャン

クタ

空港

C

N
BALI

0   200m

A

Jl. Gelogor Carik

Jl. Mawar

Jl. Sunset Road

3

4

179

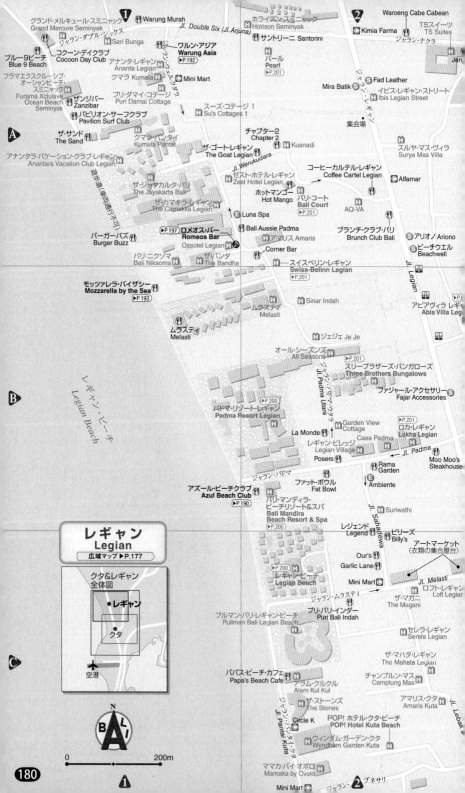

グランド・メルキュール・スミニャック
Grand Mercure Seminyak

Warung Murah

ホライズン・スミニャック
Horison Seminyak

Waroeng Cabe Cabean

ジャラン・ダブル・シックス
Jl. Double Six (Jl. Arjuna)

Kimia Farma

TSスイーツ
TS Suites

Sari Bunga

サントリーニ Santorini

ジャラン・ナクラ

コクーン・デイクラブ
Cocoon Day Club

ワルン・アジア
Warung Asia
▶P.192

パール
Pearl
▶P.201

Jen

ブルー9ビーチ
Blue 9 Beach

アナンタ・レギャン
Ananta Legian

クマラ Kumala

Mini Mart

Mira Batik

Fad Leather

フラマエクスクルーシブ・
オーシャンビーチ・
スミニャック
Furama Xclusive
Ocean Beach
Seminyak

ザンジバー
Zanzibar

プリ・ダマイ・コテージ
Puri Damai Cottage

イビス・レギャン・ストリート
Ibis Legian Street

パビリオン・サーフクラブ
Pavilion Surf Club

スーズ・コテージ 1
Su's Cottages 1

集会場

ザ・サンド
The Sand

クマラ・パンタイ
Kumala Pantai

チャプター2
Chapter 2

スルヤ・マス・ヴィラ
Surya Mas Villa

A

アナンタラ・バケーション・クラブ・レギャン
Anantara Vacation Club Legian

ザ・ジャヤカルタ・バリ
The Jayakarta Bali

Kusnadi

ザ・ゴート・レギャン
The Goat Legian

Jl. Werukudara

コーヒーカルテル・レギャン
Coffee Cartel Legian

Alfamar

ザ・カマキラ・レギャン
The Camakila Legian

ゼスト・ホテル・レギャン
Zest Hotel Legian

ホットマンゴー
Hot Mango

バリ・コート
Bali Court
▶P.201

AQ-VA

バーガーバズ
Burger Buzz

Luna Spa

Bali Aussie Padma

ブランチ・クラブ・バリ
Brunch Club Bali

アリオノ Ariono

▶P.197
ロメオス・バー
Romeos Bar

ビーチウエル
Beachwell

バリ・ニクソマ
Bali Niksoma

Ossotel Legian

ザ・バンダ
The Bandha

アマリス Amaris

Corner Bar

スイスベリン・レギャン
Swiss-Belinn Legian
▶P.201

Jl. Legian

モッツァレラ・バイザシー
Mozzarella by the Sea
▶P.193

Sinar Indah

アビアヴィラ レギ
Abia Villa Leg

B

ムラスティ
Melasti

ムラスティ
Melasti

ジェジェ Je Je

オール・シーズンズ
All Seasons
▶P.201

スリーブラザーズ・バンガローズ
Three Brothers Bungalows

ファジャール・アクセサリー
Fajar Accessories

パドマ・リゾート・レギャン
Padma Resort Legian
▶P.200

Garden View
Cottage

ロカ・レギャン
Lokha Legian
▶P.201

La Monde

Casa Padma

Jl. Padma

レギャン・ヴィレッジ
Legian Village

ムー・ムーズ
ステーキハウス
Moo Moo's
Steakhouse

Posers

Rama
Garden

ジャラン・パドマ

ファット・ボウル
Fat Bowl

Ambiente

アズール・ビーチクラブ
Azul Beach Club
▶P.190

バリ・マンディラ・
ビーチリゾート&スパ
Bali Mandira
Beach Resort & Spa
▶P.200

Suriwathi

レギャン
Legian

Legend

ビリーズ
Billy's

アートマーケット
(衣類の集合屋台)

Our's

Garlic Lane

レギャン・ビーチ
Legian Beach
▶P.200

Mini Mart

Jl. Melasti

ロフト・レギャン
Loft Legian

ジャラン・ムラスティ

ザ・マガニ
The Magani

プルマン・バリ・レギャン・ビーチ
Pullman Bali Legian Beach

プリ・バリ・インダー
Puri Bali Indah

セレラ・レギャン
Serela Legian

ザ・マハタ・レギャン
The Mahata Legian

C

チャンプルン・マス
Camplung Mas

パパス・ビーチ・カフェ
Papa's Beach Cafe

アラム・クルクル
Alam Kul Kul

アマリス・クタ
Amaris Kuta

ザ・ストーンズ
The Stones

POP! ホテル・クタ・ビーチ
POP! Hotel Kuta Beach

Circle K

ウィンダム・ガーデン・クタ
Wyndham Garden Kuta

180

0   200m

ママカ・バイ・オボロ
Mamaka by Ovolo

Mini Mart

レギャン
Legian

広域マップ ▶P.177

クタ&レギャン
全体図

レギャン

クタ

空港

N
BALI

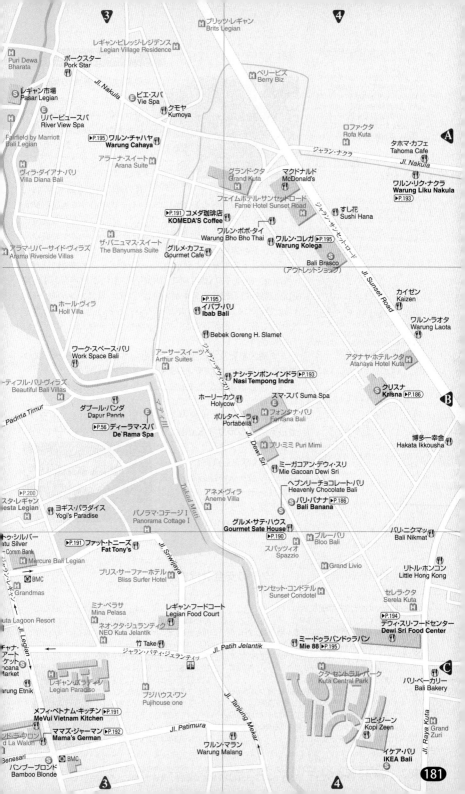

3　4

ブリッツ・レギャン
Brits Legian

レギャン・ビレッジ・レジデンス
Legian Village Residence

Puri Dewa
Bharata

ポークスター
Pork Star

ベリービズ
Berry Biz

Jl. Nakula

レギャン市場
Pasar Legian

ビエ・スパ
Vie Spa

クモヤ
Kumoya

ロファ・クタ
Rofa Kuta

タホマ・カフェ
Tahoma Cafe

A

リバービュースパ
River View Spa

ジャラン・ナクラ

Jl. Nakula

Fairfield by Marriott
Bali Legian

▶P.195 ワルン・チャハヤ
Warung Cahaya

アラーナ・スイート
Arana Suite

グランド・クタ
Grand Kuta

マクドナルド
McDonald's

ワルン・リク・ナクラ
Warung Liku Nakula
▶P.193

ヴィラ・ダイアナ・バリ
Villa Diana Bali

フェイムホテル・サンセットロード
Fame Hotel Sunset Road

すし花
Sushi Hana

▶P.191 コメダ珈琲店
KOMEDA'S Coffee

ワルン・ボボ・タイ
Warung Bho Bho Thai

ワルン・コレガ
Warung Kolega ▶P.195

アラマ・リバーサイド・ヴィラズ
Arama Riverside Villas

ザ・バニュマス・スイート
The Banyumas Suite

グルメ・カフェ
Gourmet Cafe

Bali Brasco
(アウトレットショップ)

Jl. Sunset Road

ホール・ヴィラ
Holl Villa

▶P.195
イバブ・バリ
Ibab Bali

カイゼン
Kaizen

ワーク・スペース・バリ
Work Space Bali

Bebek Goreng H. Slamet

アーサースイーツ
Arthur Suites

ワルン・ラオタ
Warung Laota

ティフル・バリ・ヴィラズ
Beautiful Bali Villas

ナシ・テンポン・インドラ
Nasi Tempong Indra ▶P.193

スマ・スパ Suma Spa

アタナヤ・ホテル・クタ
Atanaya Hotel Kuta

Jl. Padma Timur

ダプール・パンダ
Dapur Panda

▶P.56 ディーラマ・スパ
De`Rama Spa

ホーリーカウ
Holycow

ポルタベーラ
Portabella

フォンタナ・バリ
Fontana Bali

クリスナ
Krisna ▶P.186

B

プリ・ミミ Puri Mimi

博多一幸舎
Hakata Ikkousha

Jl. Dewi Sri

ミーガコアン・デウィ・スリ
Mie Gacoan Dewi Sri

ヘブンリーチョコレート・バリ
Heavenly Chocolate Bali

スタ・レギャン
iesta Legian ▶P.200

ヨギス・パラダイス
Yogi's Paradise

パノラマ・コテージ I
Panorama Cottage I

アネメ・ヴィラ
Aneme Villa

バリ・バナナ
Bali Banana ▶P.186

バリ・ニクマッ
Bali Nikmat

トゥ・シルバー
atu Silver
- Comm Bank

▶P.191 ファット・トニーズ
Fat Tony's

グルメ・サテ・ハウス
Gourmet Sate House
▶P.190

ブルー・バリ
Bloo Bali

リトル・ホンコン
Little Hong Kong

Jl. Sriwijaya

スパッツィオ
Spazzio

Marcure Bali Legian

ブリス・サーファーホテル
Bliss Surfer Hotel

Grand Livio

セレラ・クタ
Serela Kuta

Grandmas

ミナ・ペラサ
Mina Pelasa

レギャン・フードコート
Legian Food Court

サンセット・コンデテル
Sunset Condotel

▶P.194
デウィ・スリ・フードセンター
Dewi Sri Food Center

uta Lagoon Resort

ネオ・クタ・ジュランティク
NEO Kuta Jelantik

竹 Take

Jl. Patih Jelantik

ミー・ドゥラバンドゥラバン
Mie 88 ▶P.195

ジャラン・パティ・ジェランティク

クタ・セントラルパーク
Kuta Central Park

バリ・ベーカリー
Bali Bakery

C

ャナ・
アート
ncana
Market

Jl. Legian

レギャン・パラディソ
Legian Paradiso

プジハウス・ワン
Pujihouse one

コピ・ジーン
Kopi Zeen

Grand
Zuri

arung Etnik

メフィ・ベトナム・キッチン ▶P.191
MeVui Vietnam Kitchen

Jl. Patimura

ワルン・マラン
Warung Malang

イケア・バリ
IKEA Bali

ママズ・ジャーマン ▶P.192
Mama's German

Jl. Tanjung Mekar

Jl. Raya Kuta

ドゥラワロ
d La Walon

Benesari

BMC

バンブーブロンド
Bamboo Blonde

3　4

シャトルバス
　プラマ社のシャトルバスが、バリ島各地から運行(→P.428)。サヌールから30分(Rp.5万)、ウブドから1時間(Rp.10万)、チャンディダサから2.5時間(Rp.12万5000)、ロビナから3.5時間(Rp.25万、最少催行2名)。

プラマ社オフィス
MAP P.178-B2
住所 Jl. Legian No.39, Kuta
TEL (0361) 751-551

配車サービスの利用状況
　GrabやGojekなどの配車サービス(→P.425)が利用できる。クタ&レギャンからは空港への移動にも便利。バイクタクシーの利用は初乗りがRp.4000 〜 9000程度、以後1kmごとにRp.3000 〜。

✉ クタの渋滞は解消されたが…
　渋滞スポットとして知られたジャラン・レギャン通りですが、コロナ禍が過ぎた今は昼も夜もスイスイと移動できます。安宿が密集するガン・ポピーズ地区や、クタ・スクエア周辺には閉鎖したままのホテルや店が多く、往年の活況が戻るのはまだまだ先のように感じました。
　　　　　　(東京都 さかなくん '23)

両替情報
　みやげ物屋が兼業する両替所はトラブルが多いので利用を避けよう。デパート内やツアー会社内の両替所は比較的安全。また、大手コンビニのサークルKでは、店舗によってはCentral Kutaの両替コーナーが併設されていて便利だ。

ORIENTATION　歩き方

目抜き通りのジャラン・レギャンは渋滞の名所でもある

クタはバリ最大の繁華街

　クタからレギャンへ向かって北へ延びる**ジャラン・レギャン**Jl. Legianがクタの目抜き通り。さまざまなレストラン、ショップ、ナイトスポットが並んで、クタ独特の無国籍な雰囲気が漂い、昼夜を問わず観光客の姿が目につく。ビーチに沿って延びる**ジャラン・パンタイ・クタ**Jl. Pantai Kutaは、大型ホテルから安宿まで並ぶホテルエリア。通り越しに青い海や深紅の夕日が望める立地で、眺めのいいレストランも多い。

　ジャラン・レギャンとジャラン・パンタイ・クタの間にはガン(=Gang。路地道の意味。本書ではGg.と略す)が何本もあり、長期滞在者向けの格安ホテルが集中している。特に**ガン・ポピーズ I** Gg. Poppies Iと、**ガン・ポピーズ II** Gg. Poppies IIは、カフェや屋台も多く、世界各地からのバックパッカーや、サーファーたちでにぎわっている。

　クタ地区を散策する場合、起点として便利なのは**クタ・スクエア**Kuta Square。ブティックやファストフード店のほか、ツアー会社や両替所などが集まっており、ショッピングにも情報収集にも便利だ。

　クタ・スクエアの南端から空港方面へ延びるのが**ジャラン・カルティカ・プラザ**Jl. Kartika Plaza。大型ホテルがビーチに沿って建ち並び、アクティビティ施設やレストランも点在している。特にこの通り沿いにある**ディスカバリーモール**Discovery Mallは、大型ショッピングスポットとして人気を集めている。

ビーチに面したディスカバリーモール

---

information　クタの安全な歩き方

トラブルパターン
　通りでのしつこい物売りは少なくなってきたが、相変わらずクタはトラブル多発エリア。特にみやげ物屋が兼業する両替所には注意が必要だ。好レートの看板につられて両替すると、渡される額をごまかされたり、追加でコミッションを請求されたりする。両替は専門のマネーチェンジャーや、ATMでの引き出しが安全上おすすめだ。
　そのほかクタ周辺では後方からのバイクでの引ったくりが多いので、バッグはいつも歩道側に。夜には女性(または女装した男性)の抱きつきスリも出没する。急に抱きつかれたら、鼻の下を伸ばさずに、すぐに貴重品の確認をすること!

ジゴロについて
　ナイトクラブは、外国人女性を食い物にするジゴロの仕事場でもある。甘い言葉に誘われてアバンチュールを楽しむと、あとで金品を要求されるなどのトラブルにつながるケースもある。部屋に入れると、睡眠薬を飲まされて金品を強奪される。また女性が恋人関係にあると思い込み、「ふたりで店を開こう」というジゴロの言葉を信じて多額のお金を渡してしまうケースも多い。実際に店などがオープンしても、離婚すると不動産は名義登録されたインドネシア人のものになってしまうので注意。

ハミダシ　ショッピングセンターなどで日本人旅行者に「今度日本へ行くので円の紙幣を見せてほしい」と近寄ってきて、紙幣を巧妙に抜き取る詐欺被害が増加中。その手の話には耳を貸さないこと。

レギャンは便利な滞在エリア

　クタの北側に広がるレギャン。繁華街のにぎわいが延々と続いているので、旅行者はクタとレギャンでひとつの町のような印象を受けるはず。実際のエリア分けは、**ジャラン・ブネサリ**Jl. Benesari付近から北をレギャンだと思えばいい。

レギャン・ビーチ沿いには眺めのいいレストランも並んでいる

　クタ同様に、ジャラン・レギャンがショップが並ぶ目抜き通りで、ビーチ沿いに大型〜中級のホテルが点在している。

クタ＆レギャンの移動方法

　ショップやレストランが密集しているこのエリアはかなり広大。歩くのに疲れたら、メインストリートを流しているタクシーを利用しよう。ただしクタ＆レギャンは一方通行に注意。中心部をほぼ四角で囲む、ジャラン・パンタイ・クタ、ジャラン・ムラスティ、ジャラン・レギャンが時計回りの一方通行となっている。例えばハードロック・ホテル前から空港方面へ向かう場合、上記のルートをひと回りしてからジャラン・カルティカ・プラザを南下する。この場合、クタ・スクエアまで歩いてタクシーをつかまえれば、双方通行なのでそのまま空港方面へと向かうことができる。

✲ACTIVITY　アクティビティ

✲ファミリーで1日楽しめる水上公園
ウオーターボム・バリ
Waterbom Bali

`MAP P.178-C1`

　家族連れに人気のウオーターパーク。3.8ヘクタールの広々とした敷地内には、くねくね曲がりくねったループを滑り下りるジャングル・ライド・ウオータースライダーや、ラフト（浮き輪）に乗って遊ぶ1周250mの流れるプールなど楽しい施設がめじろ押し。ボンバスティック、キディパークなどのキッズエリアが充実しているのも特徴だ。園内にはレストランやバーのほか、屋台も出ているので食事の心配もなし。もちろんマッサージを受けられるリラクセーション施設も完備している。水しぶきを上げ、食事をし、のんびりまどろむ……。丸1日遊べるスポットだ。

左／サーフィンが体験できるフローライダー（30分 Rp.12万）
上／ウオータースライダーは全22種類もある！

クタ歩きの注意点
　クタやレギャンの通りではひったくり被害の報告が多い。繁華街の人混みを歩くときにはバッグ、財布、スマホなどに注意。またレンタサイクルやバイクを利用する人は、「バッグを上着の中」に身につけること。バッグをむき出しにてたすき掛けにすると、物取りに引っ張られて大けがをする場合もある。

クタのカードリーディング占い
　オーラ・チャクラは、オーラ診断とカードを使った占いでクタのカフェで占ってもらえる（クタ地区内のホテルへの出張もOK）。生年月日と名前を伝えてオーラの色やチャクラのバランスを診断してもらえる。会話はインドネシア語だが、日本人の通訳が対応してくれる。約60分でUS$65。
●オーラ・チャクラ
Aura-Chakra
TEL 0895-3143-0995（携帯）
営業 月〜土10:00 〜 16:00

カリスマヒーラーのガルンさんが占ってくれる

ウオーターボム・バリ
住所 Jl. Kartika Plaza, Tuban
TEL (0361) 755-676
URL www.waterbom-bali.com
料金 大人Rp.53万5000
　　　子供Rp.38万5000
　　　ロッカーは1日Rp.6万5000
　　　（返却時にRp.3万返金される）
営業 毎日 9:00〜18:00

流れるプールに浮かんでのんびりリラックス

クタ中心部にはナチュラル雑貨、インテリア用品、リゾートファッションなどさまざまなショップが並んでいる。短時間でいろいろ見て回りたい人は、中心部にあるディスカバリーモールやビーチウオーク・バリをのぞいてみよう。

ファッション＆サーフショップ

憧れのハンドメイドファッション
ウルワツ
Uluwatu
MAP P.178-B1

バリ島の各エリアで展開しているレース製品の老舗ブティック。素材にはリネンやコットンを使用し、白、黒、茶色など清楚な色合いをベースに、作品として手作りでていねいに仕上げている。南国バカンスを上品に演出してくれそうなワンピースやスカートのほか、仕事着にも使い勝手のいいトップス、フォーマルな場面でも活躍してくれそうなドレスなど、ラインアップは100種類以上も用意されている。ブラウスRp.50万〜や、ワンピースRp.79万5000〜など、国籍を問わず幅広い年代層にアピールするファッションだ。

上／伝統衣装クバヤをアレンジしたブラウス
下／クタなどでアウトレット店も展開している

住所 Jl. Pantai Kuta, Kuta
TEL (0361)755-342　URL uluwatu.co.id
営業 毎日9:00 〜 20:00　カード M V

ギャル向けのサンダル＆バッグ
ゴーシュ
Gosh
MAP P.179-C4

今風なファッションアイテムの人気ブランド。特にバッグは色や素材、フォルムもさまざまで、足しげく店に通うファンも多いほど。Goshのロゴ入りショルダーバッグ（Rp.59万9000）、エナメル生地に鋲をあしらったリュック（Rp.59万5000）、スリングバックのウエッジソールサンダル（Rp.54万9000）などが人気のアイテム。どれも南国ムードたっぷりのデザインで、すぐにバリのリゾートライフで利用したいアイテムが多い。

上／ウエッジソールサンダルはRp.45万〜
下／モル・バリ・ギャラリアに入店している

住所 Mal Bali Galeria, Kuta　TEL (0361)758-239
URL www.goshshoes-fashion.com
営業 毎日10:00 〜 21:00　カード M V

個性的なファッションブランド
アムディスカスターラ
Amdiskastara
MAP P.177-C1

バッグと靴を合体させたオリジナルデザインが入手できる。バリ島の伝統工芸であるサンダルのウッドソールに彫刻を施し、これにバティック柄や刺繍が入ったさまざまな生地との組み合わせが絶妙。革のフリンジ付きや刺繍の入ったナチュラルバッグ（Rp.10万〜）や、サンダルと合体した斬新なバッグ（Rp.40万〜）などどれもていねいに作られている。

左／オリジナルバッグはRp.42万5000〜
右／リポモールの地下に店舗がある

住所 Lippo Mall UG-28A, Jl. Kartika Plaza, Kuta
TEL 0812-8014-7137(携帯)
営業 毎日11:00 〜 20:00　カード A J M V

ドメスティック旅行者が押しかける
ジョゲール
Joger
MAP P.178-C2

インドネシア語のユーモラスなメッセージ入りTシャツ（Rp.3万5500〜）で人気のバラエティショップ。インドネシアン・ジョークの効いた仕掛けが入口や壁にディスプレイされているので、巨大な店内を見て回るだけでも楽しめる。手編みのカゴやステンドグラスの小物入れなど、インドネシア各地の雑貨も充実。定価はどれも安めに設定されているので、おみやげのまとめ買いにも便利だ（いつもローカル観光客でにぎわっているためレジの支払いで時間がかかることが多い）。

Tシャツの生地は厚めで縫製もしっかりしている

住所 Jl. Raya Kuta, Kuta,
TEL (0361)752-523
営業 毎日10:00 〜 17:00　カード M V

ビーサンを現地調達しよう
フィッパー
Fipper
MAP P.178-B1

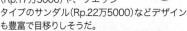

店内がカラフルなビーチサンダルで埋め尽くされた専門ショップ。ベーシックタイプのサンダルはRp.10万〜と手頃な値段なので、色違いで何足も欲しくなりそう。かかとにストラップが付いたサンダル（Rp.17万5000）や、ウエッジタイプのサンダル（Rp.22万5000）などデザインも豊富で目移りしそうだ。

上／ビーチ散歩で活躍しそうなサンダルがいろいろ
下／スミニャック、デンパサール、ウブドにも支店がある

住所 Kuta Square C13, Kuta
TEL 0821-4436-5992(携帯)
営業 毎日9:00 〜 23:00　カード J M V

日本人サーファーの御用達スポット
リップカール
Rip Curl
MAP P.177-A2

大型店舗が並ぶジャラン・サンセット・ロードの通り沿いでも目を引く、バリ最大級のサーフィンブランドショップ。Tシャツ、ショーツ、バッグ、財布などアパレルから雑貨までリップカール商品が充実の品揃え。ビーチサンダルはRp.12万〜、ミニバッグはRp.20万〜で、6月と12月の時期にはセール品もたくさん店頭に並ぶ。2Fにはサーフボード、ボディボード、サーフウエアなどを色とりどりにディスプレイ。サーフィン事情に精通したスタッフが対応してくれる。

リップカール専門店ならではの品揃え

住所 Jl. Sunset Road No.69, Kuta
TEL (0361)754-455　URL www.ripcurl.co.id
営業 毎日10:00 〜 22:00　カード M V

元気印のリゾートグッズがたくさん
サーファーガール
Surfer Girl
MAP P.178-B2

ポップな看板が目を引く、女の子向けの大型サーフショップ。オリジナル製品をはじめ、ロキシー、ビラボンなど日本でもおなじみのブランドが広い店内に並んでいる。キャンディカラーが目を引くサーファーガールのビキニ（Rp.57万5000〜）や、ビーチですぐに使いたいアクセサリー（Rp.5万8000〜）など小物もキュートなデザインで、海好き女子のハートをわしづかみ。スミニャックやヌサドゥアなどバリ各地でショップを展開している。

女性向きサーフブランドの人気店

住所 Jl. Legian No.138, Kuta
TEL (0361)752-693　営業 毎日10:00〜23:00
カード A J M V

ハミダシ S ユナイテッドマインズUnitedminds (Map P.178-A1　URL unitedminds.theshop.jp　営業 毎日11:00 〜 20:00)は南国的なファッション店。TシャツRp.25万〜、ワンピースRp.35万〜。

人気の陶器をお手頃プライスで
ジェンガラ・ファクトリー・アウトレット
Jenggala Factory Outlet　MAP P.177-A2

バリ島が誇る陶器ブランド、ジェンガラの商品を30～40%オフで購入できるアウトレットショップ。色別に陳列されているので選びやすく、品揃えも充実している。型落ち在庫品やロゴ刻印がないなどのB級品もあるが、ほとんど難が目立たないお値打ち商品も見つかる。定期的に70%オフのビッグセールも開催。日本への発送にも対応している。

上／世界的に有名なカラフルな食器をずらり展示
下／ジャラン・サンセット・ロード沿いにある

住所 Jl. Sunset Road No.1, Kuta
TEL (0361)766-466　URL jenggala.com
営業 毎日9:00～19:00　カード AJMV

インスタ映えするお菓子の楽園
キャンデリシャス
Candylicious　MAP P.178-A1

世界各国からのキャンディやチョコレートが5000種類も大集合。おなじみのM＆Mやカファレルなど有名ブランドからジャワ島のモンゴチョコまで、スイートなおみやげを楽しく探せる。ハーシーズのチョコビスケット(Rp.9万)や、ジェリービーンズの詰め合わせ(Rp.12万)など、目利きバイヤーが探してきたお菓子の宝庫だ。

上／ポップコーン柄クッションRp.20万。雑貨も充実
下／ビーチウオーク・バリの入口にある菓子の専門店

住所 Jl. Pantai Kuta ,Unit L1 #C-3A F1, Kuta
TEL (0361)846-5004
営業 毎日10:00～22:00(金・土～23:00)　カード AMV

地元で人気の焼きたてケーキ
ハルム・バリ・ラピス
Harum Bali Lapis　MAP P.177-C2

バリのレイヤーケーキ「ラピス」の人気店。一般的なラピスは油分が多くて激甘だが、この店の製品は上品な甘さが特徴でふんわりミル・クレープのような味わい。フレーバーは15種ほどあり、1ホールのラピスはRp.17万～。ロールケーキやシフォンケーキ(Rp.5万前後)もおいしい。インドネシアでは贈答品や引き出物としても使われており、ひっきりなしに購入客が訪れている。日持ちは1週間～10日が目安。

焼きたてラピス
が並べるそばか
ら売られていく

住所 Jl. Raya Kuta No.448, Tuban
TEL 0851-0046-0050(携帯)
営業 毎日9:00～18:00　カード MV

バリみやげの巨大な激安デパート
クリスナ
Krisna　MAP P.181-B4

広大な店内に足を踏み入れるとバリ島みやげのオンパレード！ メッセージやビンタンビールのロゴが描かれたTシャツ(Rp.3万8500～)やタイダイ風のロングパンツ(Rp.14万5000)など、現地で即使えるファッションが激安。木彫り製品やアクセサリー、バッグ、サンダル、アロマオイルなど多彩な商品構成なので、あれこれと買うことになるが、合計金額の安さにも驚くはず。

格安商品が
店内にズラ
リと展示さ
れている

住所 Jl. Sunset Road No.88, Abian Base, Kuta
TEL (0361)750-031
営業 毎日8:00～22:00　カード AJMV

Ⓢバリ・バナナBali Banana (Map P.181-B4　TEL (0361)762-601　営業 毎日9:00～21:00)は箱入りバナナケーキの専門店。チーズやチョコレートなどフレーバーは4種類でRp.3万8000～。

バリの織物&バティック
Textile & Batik Index

おみやげや洋服の素材として使われることも多いバリの布製品。実際どんなものがあって、バリではどのようなときに使われているのか紹介しよう。

バティック
Batik

いまやインドネシア語のバティックはロウケツ染めを指す国際語になっている。バリのバティックは、普段着(サロン)に使われることが多い。模様は、そのほとんどが中部ジャワのスタイルを踏襲している。

手描きバティック(バティック・トゥリス)、型押しバティック(バティック・チャップ)、手描きと型押しを両方使ったバティック(バティック・コンピナシ)、量産品のプリント物(バティック・プリント)に分かれる。素材はコットン、シルクがあり、一般にシルクのバティック・トゥリスは超高級品で、庶民はあまり身に着けない。バティックはあくまで普段着。消耗品なので、人々は普段サロンとして、コットンの安価なバティック・チャップやバティック・プリントを愛用する。

なお、バリではバティックの産地としてデンパサール郊外のトパティ(→P.270)があるが、実際にはジャワからの「輸入物」がデパートやマーケットでは幅を利かせている。

多彩な色合いと柄が揃う

ウンダック
Endek

バリの伝統的テキスタイルはイカット(かすり織)だ。普通、縦糸か横糸のどちらかに模様を染め込み、その糸を織り込んだものをイカットという。ウンダックは横糸を染めて織り込んだバリで最も一般的なイカットで、シドゥメン(→P.344)やギャニャールなどで織られている。かつては王族の人たちが王宮内や寺院で儀式を行うときにまとっていたもの。当時はおもにシルクが使われていた。しかし、19世紀後半からはコットンのものも織られるようになり、一般にも普及した。色柄の種類も豊富で、現在は布地としてはもちろん、サロンやシャツなどに加工されて売られている。普段着としてよく使われている。

部屋のインテリア用品としても人気

グリンシン
Gringsing

縦糸、横糸ともに染めて織ったイカットを、グリンシン(通称ダブル・イカット)と呼ぶ。世界的に貴重なもので、バリでは東部トゥガナン村(→P.364)で織られているのみだ。糸染め、織り込みに時間がかかるため、1枚の布地を織るのに短くても5年、長いものになると10年以上かかるといわれている。魔よけの効果があるとされ、無病息災の意味で身に着けられた。染料には樹皮や葉、植物の根から作られた黒、赤、黄色などのくすんだ色が使われる。

手作業で数ヵ月かけて完成するグリンシン

ソンケット
Songket

シルクやコットン素材の色鮮やかな糸を用い、模様を織り込んだものがソンケット。草花や動物のほか、ラーマヤナなど物語をモチーフにした柄が多い。織るのに時間がかかるため、ほかのテキスタイルと比べて高価で、日常生活で身に着けることはあまりない。特に赤や紫といった鮮やかな地色に金銀の糸を使って模様を織り込んだ豪華な作品は、結婚式などの晴れ舞台や宗教儀礼の際に使用される。バリ東部のシドゥメン村(→P.344)などが特産地。

上/独特のデザインが施されたソンケット
下/布バッグもおみやげに

ヒント クタでバティックを探すならディスカバリーモール(→P.188)内のピンハウスや、モル・バリ・ギャラリア(→P.189)内のバラン・クンチャナへ。サヌールのピテカントロプス(→P.235)もおすすめだ。

ブランドアイテム充実の免税ショップ
Tギャラリア by DFS バリ
T Galleria by DFS Bali
MAP P.179-B3

世界一流ブランドの化粧品、バッグ、ファッションアイテムから、自然雑貨やバリ島の民芸品まで、幅広い商品が取り揃えられたDFSグループの大型免税店。人気ブランドのブティックは15軒。アジア有数の品揃えを誇るコーチをはじめ、日本でも人気のグッチ、カルティエ、ロエベ、マイケルコース、マークジェイコブスなどの新商品が続々と入荷している。

巨大なスペースを誇るコスメ専用売り場には、ランコム、ディオール、シャネル、エスティーローダー、ロクシタンといった人気ブランドがめじろ押し。Tギャラリアのみの限定品も要チェックだ。

上／コーチやグッチなど有名ブランドのブティックが並ぶ
下／人気コスメのトラベルセットも要チェック！

ランコムやディオールなどコスメコーナーも充実

おみやげ品探しには、バティックや木彫り製品をはじめ、素朴なバリ雑貨や各種アロマオイルをディスプレイした「エクスペリエンシング・バリ」と呼ばれる広大なショッピングゾーンへ。

南部リゾートエリア（クタ、スミニャック、ジンバラン、ヌサドゥア、サヌールなど）のホテルから無料のタクシーサービスあり。

住所 Jl. By Pass Ngurah Rai, Kuta
TEL (0361)758-875　URL www.dfs.com/jp/bali
営業 毎日10:00〜22:00　カード **A J M V**
送迎 リゾートエリア内のホテルと店の間を無料シャトルが運行

ビーチ沿いのショッピングスポット
ディスカバリーモール
Discovery Mall
MAP P.178-C1

ジャラン・カルティカ・プラザにあるバリ最大級のショッピングモール。クタ南部のランドマークとしても定着し、いつも地元の買い物客や旅行者でにぎわっている。建物は4層構造になっており、地階にはバリの人気ブランドも出店している「SOGO」、1階はバリ雑貨やファッションなどを扱うテナントショップ、2〜3階は大型デパート「セントロ」のフロアになっている。特に3階のセントロでは、民芸品が充実したおみやげコーナーがおすすめだ。人気のショップがぎっしりと

上／クイックシルバーなどサーフショップも出店が多い
下／ピンハウスのバティックシャツ

入っている1階（グランドフロア）にはバティックファッションのピンハウスから、ビーチですぐ使える服が多いサーファーガールまでショップは多彩。ファストフード店や海沿いのレストランもある。

3階にはインテリアやバリ雑貨が展示されている

住所 Jl. Kartika Plaza, Kuta
TEL (0361)755-522（代表）
URL www.discoveryshoppingmall.com
営業 毎日10:00〜22:00（各店舗で多少異なる）
カード **A D J M V**（各店舗で異なる）

小ネタ イケア・バリIKEA Bali（Map P.179-A3　URL www.ikea.co.id　営業 毎日10:00〜21:00）は2021年に登場したバリ1号店。店舗面積1200㎡と小さめだがフードコートも完備している。

クタ・ビーチを望むランドマーク
ビーチウオーク・バリ
Beach Walk Bali
MAP P.178-A1

クタ・ビーチ沿いの一等地に建つ、開放的なショッピングスポット。ブティック、サーフショップ、レストランなど世界各地から人気ブランドが勢揃いし、旅行者の話題を集めている。優雅な曲線でデザインされた3階建て施設は「都会のオアシス」がコンセプト。水と緑を涼しげに配置し、1階と2階にはファッションや

上／サーフショップではバリ限定のTシャツも見つかる
下／マイケルコースはファッションやバッグが充実

ビーチを望む大型のショッピングスポット。各フロアに飲食スポットが配置され、撮影用のフォトスポットも多い

コスメを中心に多彩な店舗が入っている。ザラ、マイケルコース、ケイトスペードといった有名ファッションブランドのほか、クイックシルバーやオークリーなどアクティブ系ショップも充実。海岸通りに面した1階スペースにあるカフェやレストランも評判で、3階にはプリペイドカード式の大型フードコートもある。エントランスの先にあるキャンデリシャス（→P.186）は、写真映えするスイーツショップとして大人気だ。

住所 Jl. Pantai Kuta, Kuta
TEL (0361)846-4888　URL beachwalkbali.com
営業 毎日10:00～22:00(金・土・日～23:00) ※各店舗で多少異なる
カード 店舗により異なる

フードコートも併設したメガモール
モル・バリ・ギャラリア
Mal Bali Galeria
MAP P.179-C4

Tギャラリア・バリの東側に隣接する、巨大なショッピングモール。1階には各種テナント、ホームセンターの「エース・ハードウエア」や「マタハリ・デパート」、カフェや食堂各種が

上／レベルの高いバティックスカーフが入手できる「バラン・クンチャナ」
下／センスのいいサンダルショップ「チャールズ＆キース」

ユニクロのバリ1号店も入っている

入っている。2階には書店「グラメディア」や大型スーパーの「ハイパーマート」もあり、広いフロアで存分に買い物と食事が楽しめる。スーパーにはおみやげにも喜ばれそうな食料品が充実しているし、デパートには化粧品から洋服まで各種揃っている。インテリアショップ、美容室、ネイルサロン、ベーカリー、キッズコーナーなどがあり、1ヵ所にいながらいろいろ楽しめる。

SIMカード購入に便利なGraPARI

住所 Jl. By Pass Ngurah Rai, Kuta
TEL (0361)755-277(代表)　URL malbaligaleria.co.id
営業 毎日10:00～22:00(各店舗で多少異なる)
カード 各店舗で異なる

レストラン Restaurant

ローカルな屋台から、格安フードコートや洗練されたビーチ沿いのレストランまで多種多彩。無国籍エリアのクタ＆レギャンはグルメもさまざまな要望や予算に応じてくれる。特にローカル料理や中華料理は、バリ島南部でいちばん充実している。

インターナショナル＆各国料理

絶品サテとデザートを味わおう
グルメ・サテ・ハウス
Gourmet Sate House　　MAP P.181-B4

オーストリア出身のオーナーシェフ、クラウスさんが注文を受けてから焼く串焼きが評判。チキン、ダック、ラム、ビーフのミックス・サテ（Rp.6万4000）やシーフード・ミックス・サテ（Rp.8万2000）は、食品添加物が使われておらずバリ一番のおいしさだ。パパイヤサラダ（Rp.3万2000）やタピオカマンゴー＆アイスクリーム（Rp.3万3000）、ドリンクのライチミント（Rp.2万8000）など、旅行者向けのサイドメニューも充実している。

上／気軽に入れるカジュアルな店
下／4種類の肉をサンバルやソースで味わうミックス・サテ

住所 Jl. Dewi Sri No.101, Legian
TEL 0819-3610-2024(携帯) 予算 ★★★☆
営業 毎日12:00 〜 24:00
税＆サ +15% カード M V 予約 不要
MENU 英語 ▲英語OK Wi-Fi 無料

ビーチを眺めて1日のんびり過ごせる
アズール・ビーチクラブ
Azul Beach Club　　MAP P.180-B2

バリ・マンディラ・ビーチリゾート＆スパ（→P.200）内にあり、ビーチからも直接入れる開放的なスポット。洗練されたバンブー建築は居心地が抜群で、特に夕日を望むことができる2 〜 3階の円形ソファ席がおすすめ。14時間煮込んだビーフショートリブ（Rp.31万5000）やグリルド・ジャンボ・プロウン（Rp.25万）、オリジナルのカクテル（Rp.12万）を楽しもう。カバナやビーチベッドの利用はRp.50万〜 250万のミニマムスペンド設定あり。

上／店いち押しのチキなどカクテルが豊富
下／オンザビーチの立地でのんびり過ごしたい

住所 Jl. Padma No.2, Legian
TEL (0361)765-759 予算 ★★★★
URL www.azulbali.com
営業 毎日7:00 〜 23:00(L/O→22:30) 税＆サ +21%
カード A D J M V 予約 不要 MENU 英語
▲英語OK Wi-Fi 無料

リゾート気分に浸れるリッチな空間
ボードウオーク
Boardwalk　　MAP P.178-C1

目の前に見渡すかぎりの海が広がる、南国ロケーションを満喫できるビーチクラブ。広大な敷地にフロントデッキ席やソファ席、プールバー席など雰囲気の異なるさまざまなスペースが設けられている。人気メニューは豪快に盛りつけられるラムシャンク（Rp.26万9000）やガーリック・チリ・プロウン（Rp.13万9000）など。日中はビーチやプールでのんびりと過ごし、黄昏時はカ

左／バリ・ガーデン・リゾートの敷地内にある
右／インターナショナル料理はボリューム満点

クテルとともにサンセットを眺めて過ごしたい。

住所 Jl. Kartika Plaza, Kuta
TEL 0822-3643-2271(携帯) 予算 ★★★★
URL www.boardwalk-restaurant.com
営業 毎日10:00 〜 22:00(L/O→21:30)
税＆サ +15% カード A J M V 予約 不要
MENU 英語 ▲英語OK Wi-Fi 無料

コスパの高さで旅行者に大評判
サントリーニ
Santorini　MAP P.178-B2

クタの裏通りに建つ、ギリシャ料理の人気ワルン（ワルン・スブラキから改称）。サントリーニ島出身のオーナーが本場の味をリーズナブルな料金で提供し、各国からの旅行者でいつもにぎわっている。店頭で焼き上げるチキンやポークのスブラキ・プレート（Rp.6万5500）や、挽肉をナスやポテトと重ね焼きしたムサカ（Rp.4万6000）がオーナーのいち押し料理。サイドメニューも迷うほど豊富に用意されており、ピタパンやグリークサラダもおいしい。

串焼き料理を盛り合わせたスブラキ・プレート

住所 Gg. Poppies II, Gg. Bedugul, Kuta
TEL 0819-9934-2589（携帯）　予算 ★★★★
営業 毎日8:00 〜 23:00(L/O→22:30)
税&サ 込み　カード MV　予約 不要
MENU 英語+写真付き　英語OK

コーヒーがおいしくて居心地抜群
クラム&コースター
Crumb & Coaster　MAP P.178-A2

クタの路地裏にあるヘルシーなカフェ。店の内外に植物が配置されていて落ち着いて過ごすことができる。フルーツや野菜をオリジナルの組み合わせでミックスしたフレッシュジュース（Rp.4万5000 〜）やスムージー（Rp.4万9000）の種類が豊富。ハム&チーズ・クロワッサン（Rp.8万5000）やエッグベネディクト（Rp.6万5000）などの料理もおいしい。

テラス席からはローカルな風景も望める

住所 Jl. Benesari No.2E, Kuta
TEL 0819-9959-6319（携帯）　予算 ★★★★
営業 毎日7:30 〜 23:00(L/O→22:30)
税&サ 込み　カード JMV　予約 不要
MENU 英語　英語OK　Wi-Fi 無料

ベトナムのローカル飯を満喫
メフィ・ベトナム・キッチン
MeVui Vietnam Kitchen　MAP P.181-C3

バリ各地で人気となっているベトナム食堂のチェーン店。フエ出身のマリアさんのレシピによる料理は、おいしくて体に優しいメニューばかり。できるだけバリの食材を使うことをモットーにしており、フォーの麺もバリ産の米から作られている。24時間かけて調理されるビーフスープフォー・サイゴン（Rp.5万8000）やベトナム式つけ麺のブンチャー（Rp.6万5000）など体に染み込むような深い味わいだ。

店舗のデザインもベトナムの街角を再現

住所 Komplek Lawa Lounge, Jl. Raya Legian, Legian
TEL 081-134-7722（携帯）　予算 ★★★★
URL mevuifamily.com
営業 毎日9:00 〜 22:00(L/O→21:30)
税&サ +15%　カード MV　予約 不要
MENU 英語+写真付き　英語OK　Wi-Fi 無料

インドネシア1号店がオープン
コメダ珈琲店
KOMEDA'S Coffee　MAP P.181-A4

名古屋発祥の喫茶店チェーンがクタに出現。外観の色使い、ログハウス風の店内、赤いベロア生地のソファなど日本と同じ店舗デザインで、コメダブレンド（Rp.3万9000）やシロノワール（Rp.4万8000）など看板メニューを味わえる。開店から11:00まではワンドリンク注文すると、トーストまたはおにぎり&味噌汁のセットが無料サービスされる「モーニング・サービス」は地元のバリ人にも評判。日本で研修を受けたスタッフも在籍し、ゆったりしたレイアウトの店内で快適に過ごせる。

在住日本人にはたまらない喫茶店の味

2023年OPEN!

住所 Jalan Dewi Sri No.108K, Legian, Kuta
TEL 0813-3733-8068(WA)　予算 ★★★★
営業 毎日7:00 〜 23:00(L/O→22:30)
税&サ +16.5%　カード MV　予約 不要
MENU 英語　英語OK　Wi-Fi 無料

ハミダシ　R ファット・トニーズ Fat Tony's (Map P.181-C3　TEL 0857-9264-1911 携帯 営業 毎日14:00 〜 21:30)は人気ハンバーガー&サンドイッチ店。ジューシーなハンバーガー Rp.3万5000 〜。

沖縄料理はバリ島の気候にピッタリ！
ワルン沖縄
Warung Okinawa　　MAP P.177-A2

日本人在住者に愛される沖縄風のカジュアルな居酒屋。紅芋コロッケやゴーヤ・チャンプル、スパムおにぎり、沖縄ソバなど多彩な沖縄料理が楽しめる。バリ産のゴーヤを使ったゴーヤナムル（Rp.3万5000）、ジーマミー豆腐（Rp.3万5000）、マグロたたき（Rp.6万）などはビンタンビール（Rp.3万5000）にもぴったり。新鮮な魚介や和牛を使ったメニューも、お手頃価格で提供している。

居酒屋メニューが充実している

住所 Jl. Merta Nadi, Kuta
TEL (0361)475-4381　予算 ★★★
営業 毎日10:30 ～ 23:00(L/O→22:30)
税&サ +15%　カード JMV　予約 不要
MENU 日本語+写真付き　英語可　Wi-Fi 無料

バリ在住の中国人にもひいきが多い
老 大
Lao Ta　　MAP P.177-C2

24時間営業の中国料理レストラン。バリ在住の日本人や中国人に人気が高く、店内はいつもにぎやかだ。店頭には新鮮な魚やエビが並べてあり、自分で食材を選んでオーダーできる。いち押し料理はブブール・シーフードやブブール・アヤムなど11種類のお粥（Rp.3万5000 ～）で、おなかにも優しい逸品が揃っている。濃厚な味つけのエビの塩ゆで卵入りネギ生姜ソース（Rp.8万）やロースト・ダック（1羽 Rp.32万）など、一品料理もいろいろ用意されている。

11種類から選べるお粥がおすすめ

住所 Jl. Raya Kuta No.530, Tuban
TEL 0851-0042-9068(携帯)　予算 ★★☆☆
営業 24時間営業　税&サ +15%　カード AJMV
予約 なるべく　MENU 日本語+写真付き　英語OK

名作映画の設定を再現した
ババ・ガンプ・シュリンプ
Bubba Gump Shrimp　　MAP P.178-C1

ジャラン・カルティカ・プラザに面した、アメリカ料理のシーフードレストラン。映画『フォレスト・ガンプ』で主人公フォレストが友人ババの遺志を引き継いでエビ漁業を成功させ、その後「もしも彼がレストランをオープンしたら」というのがコンセプト。新鮮なエビにサルサをつけて味わうチルド・ピール&イート・シュリンプ（Rp.17万8000）が看板メニューだ。

世界各地でシュリンプ料理を提供している

住所 Komplek Pertokoan Kuta Centre, Blok A1, Jl. Kartika Plaza No.8X, Kuta
TEL (0361)754-028　予算 ★★★★
営業 毎日11:00 ～ 22:30(L/O→22:00)
税&サ +15.5%　カード ADJMV　予約 不要
MENU 英語+写真付き　英語OK　Wi-Fi 無料

24時間営業の人気レストラン
ママズ・ジャーマン
Mama's German　　MAP P.181-C3

居心地のいいドイツ風のパブレストラン。目抜き通りのジャラン・レギャンに面しており、おいしい生ビールを飲みながら、のんびりストリートウオッチングを楽しめる。スタッフも陽気でフレンドリーだ。人気メニューはビールと相性のいいソーセージ（Rp.7万9500 ～）や、5種類のソーセージを盛り合わせたシェアリング・プラッター（Rp.19万）などのガッツリ系。

本場ドイツのソーセージは絶品！

住所 Jl. Legian, Kuta
TEL (0361)761-151　予算 ★★☆☆
URL www.bali-mamas.com　営業 毎日24時間営業
税&サ +17%　カード JMV
予約 不要　MENU 英語　英語OK　Wi-Fi 無料

R ワルン・アジアWarung Asia (Map P.180-A1　TEL (0361)739-237　営業 毎日11:00 ～ 23:00)はタイ料理店。11種類あるタイカレー Rp.6万9000 ～、パッタイRp.7万5000。

インドネシア料理

気軽に利用したいホテルダイニング
ガバー
Gabah　MAP P.178-C1

ラーマヤナ（→P.203）内にある郷土料理のレストラン。バリ料理をはじめ、ジャワ、スマトラ、カリマンタンなどインドネシア各地の料理を幅広く提供。バリ島の総菜をワンプレートに盛りつけたナシ・バリ（Rp.8万8000）、チキンを甘辛ソースでグリルしたアヤム・バカール（Rp.10万5000）など、観光客にも親しみやすいマイルドな味つけが特徴だ。

エビ料理のウダン・リチャリチャ Rp.13万

住所 Jl. Bakungsari, Kuta
TEL (0361)751-864　予算 ★★★★
営業 毎日7:30 ～ 24:00(L/O→23:00)
税&サ +21%　カード A D J M V　予約 不要
MENU 英語　英語OK　Wi-Fi 無料

いつもローカル客で満員御礼
ナシ・テンポン・インドラ
Nasi Tempong Indra　MAP P.181-B4

インドネシアの大統領や有名歌手も通う人気食堂。この店では「ナシ・テンポン」というセットで、メイン料理に激辛サンバル（薬味ソース）や野菜と一緒に味わおう。アヒル肉がメインのナシ・テンポン・ベベッ（ハーフサイズRp.7万8000）や川魚グラミがメインのナシ・テンポン・グラミ（Rp.7万8000）が鉄板メニューだ。フルーツかき氷のエスチャンプルはRp.2万。

揚げエビがたっぷり乗ったナシ・テンポン・ウダンRp.6万8000

住所 Jl. Dewi Sri No.788, Legian
TEL (0361)934-7508　予算 ★★★★
営業 毎日9:00 ～ 23:00(L/O→22:30)
税&サ 込み　カード M V　予約 不要
MENU インドネシア語　英語少々

バリ人の大好物の激辛料理
アヤム・ベトゥトゥ・カス・ギリマヌッ
Ayam Betutu Khas Gilimanuk　MAP P.177-C2

地鶏をバリの香辛料でじっくり煮込んだアヤム・ベトゥトゥの専門店。ターメリック、コショウ、トウガラシなどを混ぜたオリジナルレシピでの味つけが評判。白飯、カンクン菜、ドリンクが付くアヤム・ベトゥトゥをハーフパケット（Rp.6万）やフルパケット（Rp.12万1000）で味わおう。ただし、料理はどれも激辛なので注意！

アヤム・ベトゥトゥ（左下）はサイズを選べる

住所 Jl. Raya Tuban No.2X, Kuta
TEL (0361)757-535　予算 ★★★★
営業 毎日9:00 ～ 21:00
税&サ +10%　カード 不可　予約 不要
MENU インドネシア語+写真付き　英語少々

感動的なナシチャンプルが味わえる
ワルン・リク・ナクラ
Warung Liku Nakula　MAP P.181-A4

「バリ島ナシチャンプル・ベスト3」に入るといわれる名物食堂。メニューは驚くほど柔らかい鶏肉を使ったアヤム・ベトゥトゥのナシチャンプル（Rp.1万5000）と、豚肉のバビ・ブンブバリとアヤム・ベトゥトゥの合盛りナシチャンプル（Rp.1万5000）の2種のみ。デンパサール本店などバリ島で3店舗を展開しており、いつも地元客でにぎわっている。

辛いが味に深みがあり売り切れることも

住所 Jl .Nakula Timur No.19A, Legian
TEL 0851-0084-2009(携帯)　予算 ★★★★
営業 毎日8:00 ～ 15:00
税&サ 込み　カード 不可　予約 不要
MENU なし　英語少々

ハミダシ　R モッツァレラ・バイザシー Mozzarella by the Sea (Map P.180-B1　TEL (0361)751-654　営業 毎日7:00 ～ 23:00)は開放的なインターナショナル料理のダイニング。ビーチを望む遊歩道沿いにある。

川魚をさまざまな調理で提供
ポンドック・テンポ・ドゥルー
Pondok Tempo Doeloe
MAP P.179-B4

何を食べてもおいしいと地元で評価を集める、ジャワ料理の大型レストラン。淡水に生息するグラミやニラを使った川魚料理が有名で、シンプルながら揚げのグラミ・ゴレン(Rp.13万)や香草のソースが味わい深いグラミ・ペスモール(Rp.13万)は初心者にもおすすめ。小魚とハーブの炊き込みご飯ナシ・リウェット(Rp.4万5000)や、ヤギ肉をオーブンで焼いたカンビン・オーブン(Rp.9万)も絶品だ。

きれいな淡水で取れるグラミの魚料理

住所 Jl. Sunset Road No.8, Kuta
TEL (0361)757-699　予算 ★★★★
営業 毎日10:00 ～ 22:00(L/O→21:30)
税&サ 込み　カード MV　予約 不要
MENU 英語＋写真付き　▲英語OK

王族気分でバリ料理を満喫
クニッ
Kunyit
MAP P.177-C1

ジ・アンヴァヤ・ビーチリゾート(→P.198)の敷地内、ジャラン・カルティカ・プラザに面したバリ料理の高級ダイニング。本格的な味つけと、ゲストを王族のようにもてなすホスピタリティでリピーターに愛され続けている。スパイスが効いた伝統料理、スープ、デザートなどがセットになったムギブン(2人前Rp.42万5000)をぜひ味わってみたい。水～土曜の19:00から店内でバリ舞踊も鑑賞できる。

絶品のサンバルソースで肉や魚介を味わおう

住所 Jl. Kartika Plaza, Kuta
TEL (0361)759-991　予算 ★★★★
営業 毎日6:00 ～ 23:00(L/O→22:00)
税&サ +21%　カード ADJMV　予約 不要
MENU 英語　▲英語OK　Wi-Fi 無料

クタの歴史を感じるレジェンド食堂
マデス・ワルン
Made's Warung
MAP P.178-B2

クタの無国籍で猥雑な雰囲気を感じるには、マデス・ワルンの席から町を眺めるのが一番。1969年にまだ閑静な漁村だったクタの道端で屋台として創業。すぐに旅行者の評判を集め、バリで最も有名な店となり、オランダに支店を出すほどの人気を誇る。各種総菜を楽しめるナシ・チャンプル(Rp.4万5000 ～)、サテ・アヤム(Rp.5万5000)、ガドガド(Rp.4万)などがオープン当初から変わらない看板メニューだ。

創業当時からの伝統の味が楽しめるナシチャンプル

住所 Jl. Pantai Kuta, Banjar Pande Mas, Kuta
TEL (0361)755-297　予算 ★★★★
URL madeswarung.com
営業 毎日10:00 ～ 21:00(L/O→20:30)
税&サ 込み　カード AMV　予約 不要
MENU 英語　▲英語OK　Wi-Fi 無料

リーズナブルな値段で食い倒れ
デウィ・スリ・フードセンター
Dewi Sri Food Center
MAP P.181-C4

小さな食堂が15軒ほど集まっているジャラン・デウィ・スリ沿いのフードコート。インドネシア＆中華料理の店が多く、鶏肉団子そばのバッソ・アヤム(Rp.2万5000)、焼きそばのミーゴレン(Rp.2万5000)、鶏から揚げのアヤムゴレン(Rp.3万)などローカル料理が楽しめる(値段は店により多少異なる)。お好み焼きのマルタバ(Rp.6万5000 ～)や、かき氷のエステレール(Rp.2万)を提供する店もある。

店がにぎわうのは夕方から

住所 Jl. Raya Kuta No.59, Kuta
TEL 0813-3963-6511(携帯・代表番号)　予算 ★★★★
営業 毎日12:00 ～ 24:00(店舗により異なる)
税&サ +10%(店舗により異なる)　カード 不可
予約 不要　MENU インドネシア語　▲英語少々

やみつきになるピリ辛チキン
ワルン・チャハヤ
Warung Cahaya 　　　　MAP P.181-A3

バリ人の大好物であるアヤム・サンバルマタが評判のローカル食堂。揚げたチキンをトウガラシ、赤タマネギ、レモングラスなどで作ったサンバルマタとともに味わえ、ご飯付きでRp.4万8000。薬味ソースのさわやかな辛さは、ジューシーな鶏肉ととても相性がいい。そのほか、豚肉にサンバルマタをのせたバビ・ゴレン・サンバルマタ（Rp.4万8000）や豚のスープのクア・バルン（Rp.1万7000）もおすすめメニューだ。

アヤム・サンバルマタは辛いもの好きにおすすめ

住所 Jl. Dewi Ratih 1A, Behind Sara Hotel, Kuta
TEL 0852-0583-0136(携帯)　予算 ★★☆☆
営業 毎日9:00 ～ 17:00(毎月第1水曜は休業)
税&サ 込み　カード 不可
予約 不要　MENU 英語　🔊英語OK

料理も店内もハイレベル
イバブ・バリ
Ibab Bali 　　　　MAP P.181-B3

アンティーク調のインテリアやガーデン席など、雰囲気のいいレストラン。看板メニューは豚肉を香ばしくローストしたイバブ・パンガン（Rp.5万）や、揚げ豚と薬味をあえたイバブ・ゴレン・サンバルマタ（Rp.5万）。串焼き盛り合わせのイバブ・サテ（Rp.5万）やイバブ・スープ（Rp.2万）などのサイドメニューもおいしい。200gのイチゴを使った濃厚ジュースのビッグベリー（Rp.4万5000）や、ストロベリーコーヒー（Rp.3万8000）も試す価値あり！

豚肉ローストにサテが付いたイバブ・パンガン

住所 Jl. Dewi Sri No.88xx, Legian
TEL 0819-1000-1100(携帯)　予算 ★★★★
営業 毎日11:00 ～ 23:00(L/O →22:00)
税&サ +15.5%　カード MV　予約 不要
MENU 英語+写真付き　🔊英語OK　WiFi 無料

クタの格安食堂巡り

長期滞在者が多いクタ中心部には低予算でもおいしくて、しかもおなかいっぱいになれるスポットが多い。🅡デポッ・タンジュン・ピナンDepot Tanjung Pinang (Map P.177-C2　TEL (0361)

海鮮入りのビーフンゴレン・シーフード

751-841　営業 毎日11:00 ～ 23:00)はインドネシア中華の格安食堂。ビーフンゴレン・シーフード(Rp.3万)やフーヨンハイ(Rp.6万5000)がおすすめ。

麺類好きには🅡ミー・ドゥラバンドゥラバンMie 88(Map P.181-C4　TEL (0361)757-069　営業 毎日9:00 ～ 21:00)がおすすめだ。簡素なお店だが清潔で、初心者にも入りやすい雰囲気だ。ミースペシャル(Rp.4万3500)。

ワンタンの入ったミー・パンシットRp.3万8500

アツアツ揚げたての絶品フライドチキンを味わいたいならば🅡ジョグジャカルタYogyakarta (Map P.179-C3 TEL (0361)754-664 営業 毎日

10:00 ～ 21:30)へ行こう。クタのナイトマーケット近くにあり、おいしい地鶏を食べられると旅行者にも有名だ。揚げた鶏を独特の辛いタレで食べるアヤムゴレン・カラサン(Rp.2万1000)や、アヤム・パンガン(Rp.2万2000)など、どれもローカルプライス。

絶品チキンはジョグジャカルタで

レギャン地区の東、ジャラン・サンセット・ロードから1本西の通り沿いにある🅡ワルン・コレガ Warung Kolega (Map P.181-A4　TEL 0812-3622-2272 携帯 営業 月～土9:00 ～ 20:00)は格安ワルンの名店として評価が高い。ジャワ風の総菜から選んで自分好みのナシチャンプルが注文できる(総菜4点でRp.3万～)。野菜を使ったヘルシーな料理が多く女性にもおすすめ。ミックスかき氷のエス・チャンプル(Rp.1万5000)などデザートメニューも豊富だ。

鶏肉スープのソトアヤムRp.3万

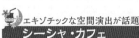

ナイトライフ Night Life

ちょっと大人びたバーから、ジャズやロックのライブスポット、さらに深夜まで汗まみれで踊りまくるクラブなど、さまざまなナイトスポットがクタ&レギャン界隈にギュッと集まっている。夜の更けるのを楽しみながらグラスを傾けたり、踊り明かしたりしてみるのもいいだろう。

エキゾチックな空間演出が話題
シーシャ・カフェ
Shisha Cafe
MAP P.179-A4

ターキッシュブルーの建物の扉を開くと、そこはアラビアンナイトの世界。天井からアンティークなランプがつり下がり、民族衣装をまとったスタッフが出迎えてくれる。おすすめはレバノン料理。ラム肉ミートローフのコフタビル・サナイェー(Rp.14万5000)や、ガーリックチキンのファロージ・メシュル(Rp.14万5000)など、おいしくてボリューム満点。フレーバー豊富なシーシャ(水たばこ)はRp.15万〜。月・水曜20:00〜24:00にはライブもある。

上／金・土曜21:00からはベリーダンスショーで盛り上がる
下／シシケバブ・チキンRp.13万5000

住所 Jl. Sunset Road No.99, Kuta
TEL (0361)759-445　予算 ★★★★
URL shisha.co.id
営業 日〜木10:00 〜 24:00、金・土10:00 〜翌1:00(L/O
→23:00)　税&サ 込み　カード AJMV　予約 不要
MENU 英語+写真付き　**英語OK**　**Wi-Fi** 無料

ラテン音楽が南国ムードを盛り上げる
クラブ・ハバナ
Club Havana
MAP P.178-C1

陽気なラテン音楽と豪快な中南米料理で、夕方から盛り上がるレストラン&バー。エビやチキン、牛肉、豚肉の超ボリューミーな串焼きを味わえるジャイアント・スキュアー(Rp.35万)や、スペアリブ&チョリソーなどを豪快に盛り合わせたミックス・グリル・プラッター(Rp.27万5000)が名物メニュー。キューバ・リブレやフローズン・ストロベリー・ダイキリなどカクテル(各Rp.15万)も種類豊富だ。水・土曜19:00からはサルサタイムとなっている。

上／ドリンクも料理メニューもダイナミック
下／クタの夜を陽気に満喫できるスポット

住所 Jl. Kartika Plaza, Kuta
TEL 0877-6234-5789(携帯)　予算 ★★★★
営業 毎日11:00 〜翌1:00(L/O→22:30)
税&サ +15%　カード JMV　予約 不要
MENU 英語+写真付き　**英語OK**　**Wi-Fi** 無料

ライブ感覚でナイトライフを満喫
ハードロック・カフェ
Hard Rock Cafe
MAP P.178-B1

クタ・ビーチを望む一等地に建つクールなナイトスポット。店内には往年の名曲や最新のヒットナンバーがガンガン流れ、大型モニターではミュージッククリップが楽しめる。看板メニューはベーコン・チーズ・オニオンリングなどを豪快に挟んだステーキバーガー(Rp.20万9000)、クラシック・ナチョス(Rp.19万9000)、ミックス・サテ(Rp.9万9000)など。名物カクテルのハリケーンはRp.13万9000、ビンタンの生ビールは1パイントRp.8万5000。

毎晩22時頃からライブ演奏も楽しめる

住所 Jl. Pantai Kuta, Banjar Pande, Kuta
TEL (0361)755-661　予算 ★★★★
URL www.hardrockcafe.com/location/bali
営業 毎日11:00 〜翌1:00　税&サ +18.25%　カード AJMV
予約 不要　**MENU** 英語+写真付き　**英語OK**　**Wi-Fi** 無料

ヒント クタの中心部にはナイトスポットが乱立し、朝まで遊ぶ観光客たちでにぎわっている。日本人をターゲットにしたジゴロや犯罪者も出没するので、女性だけのグループは特に注意が必要。

レーザーや照明が圧巻のクラブ
ボシェ
Boshe　MAP P.177-C2

　バリの若者たちに圧倒的な人気を誇るクラブ。コンサートホール並みの巨大なクラブスペースはいつも活気でいっぱい。夜が更けるにつれ、バイパス沿いにあるボシェへ向かう車で道路が混雑するほどだ。別棟にはソファ席でくつろぎながら飲めるVIPラウンジやカラオケルームもあり、ライトミールも取れるので夜通し遊ぶのにも困らない。アルコールはRp.7万5000〜。イベントやビッグスターのライブが突然開催されることもあるので、ウェブサイトは要チェックだ。カラオケスペースは14:00から営業している。

観光客にはあまり知られていない穴場クラブ

住所 Jl. By Pass Ngurah Rai No.89X, Kuta
TEL (0361)754-461　予算 ★★★
URL www.facebook.com/boshevvipbalii
営業 毎日22:00 〜3:00(土〜翌4:00)　税&サ +21%
カード AJMV　予約 不要
MENU なし　英語OK　Wi-Fi 無料

ビーチフロントの景観がすばらしい
エンヴィ
Envy　MAP P.177-C1

　夕日スポットとして有名なビーチ沿いにあるオープンレストラン。夕方には食事とサンセットを楽しみに訪れる旅行者でにぎわっている。人気のメニューはチキンタンドーリ・ピザ(Rp.13万8000)、ビーフバーガー(Rp.16万5000)、エンヴィ・シーザーサラダ(Rp.8万4000)など。毎日17:00 〜 18:00はハッピーアワー。木曜夜のバリニーズダンスのほか、不定期で日替わりイベントが楽しめる。

日没後のロマンティックな雰囲気もおすすめ

住所 Jl. Wana Segara No.33, Tuban, Kuta
TEL (0361)755-577　予算 ★★★
税&サ 込み　カード AJMV　予約 なるべく
MENU 英語　英語OK　Wi-Fi 無料

おいしい酒と料理が楽しもう
ロメオス・バー
Romeos Bar　MAP P.180-A1

　オソッテル・レギャンに併設されたクールなレストラン＆バー。ここではカクテル・アンバサダーが作るカクテルを飲もう！ オリジナルカクテルのメイプル・ベーコン・マンハッタン(Rp.13万5000)は、カリカリベーコンとバーボンの絶妙なハーモニーに驚嘆するはず。また、超逸品のポークベリー(Rp.16万5000)は、13時間かけて作ったソースで焼き上げられる自慢のひと皿。火〜土曜は趣向を変えたライブがありダンスもOK。

華麗なボトルアクションも店の名物

住所 Jl. Padma Utara, Legian
TEL (0361)755-225　予算 ★★★★
営業 日〜水7:00 〜 24:00(L/O→22:30)、木〜土7:00 〜翌2:00(L/O→翌1:00)　税&サ +17.5%　カード MV
予約 不要　MENU 英語　英語OK　Wi-Fi 無料

目の前に海が広がるカフェ&レストラン
オーシャンズ 360
Oceans 360　MAP P.178-C1

　ディスカバリーモール(→P.188)の海岸沿いにあり、気軽に利用できるビーチクラブ。東屋やセミオープンのテーブル席で、クタに沈む美しい夕日を楽しめる。オープンキッチンで豪快に調理されるグリルド・リブアイ(Rp.19万5000)や、その日に採れた魚介を味わえるシーフード・グリル(Rp.7万〜)が店のおすすめメニュー。水〜月の17:00 〜 20:00にはDJが入り、不定期でビッグイベントも開催される。

夜には生演奏も楽しめる

住所 Discovery Mall, Jl. Kartika Plaza, Kuta
TEL 081-1397-0407(携帯)　予算 ★★★
営業 毎日11:00 〜 24:00(L/O→23:00)
税&サ +21%　カード MV
予約 不要　MENU 英語　英語OK　Wi-Fi 無料

 ハミダシ　N スカイ・ガーデンSky Garden (Map P.178-B2 URL balliskygarden.com 営業 毎日21:00 〜翌4:00)はクタを代表するナイトクラブ。深夜には通りで強盗事件も頻発しているので注意。

 197

ホ テ ル Ｈｏｔｅｌ

大型〜中級のホテルはレギャン地区やクタ南部のジャラン・カルティカ・プラザ沿いに並んでいる。安い宿はガン・ポピーズI&II周辺に密集している。クタ&レギャンの高級ホテルは、巻頭の「リゾートホテル最新ガイド」も参照。

ジャラン・カルティカ・プラザ周辺

クタ地区の草分けリゾート
ディスカバリー・カルティカ・プラザ
Discovery Kartika Plaza　MAP P.177-C1

　クタ南部エリアでは草分け的な全318室の大型ホテル。ビーチに面した広大な敷地には、ヤシの木が豊かに生い茂り、南国ムードたっぷりの明るい雰囲気だ。緑の中庭に面した「ザ・ポンド・レストラン」やアジア各地の麺料理が味わえる「テッパン・ヌードル」をはじめ、フィットネスセンター、キッズクラブ、クリニックなど施設も充実。フルーツカービングやエッグペインティングなど、日替わりのプログラムやワークショップも開催されている。**Wi-Fi** 客室OK・無料

ビーチ沿いに配された広々としたメインプール

住所 Jl. Kartika Plaza, Tuban
TEL (0361)200-1300
URL www.discoverykartikaplaza.com
税&サ込み　カード A J M V
料金 **AC** **TV** **TUB** ガーデンビュー ⒹRp.131万〜
　　 AC **TV** **TUB** プールビュー ⒹRp.151万〜
　　 AC **TV** **TUB** オーシャンフロント ⒹRp.378万〜
空港→車で15分(片道1名料Rp.25万で送迎可)

快適なバカンスを過ごせる
ジ・アンヴァヤ・ビーチリゾート
The Anvaya Beach Resort　MAP P.177-C1

　海沿い一等地に建つ全493室の大型ホテル。客室はダークブラウンを基調とし、大人っぽいシックな雰囲気。プライベートプール付きの8棟のビーチフロント・スイートは、海を見渡す専用プールも用意されている。インターナショナル料理のレストラン、洗練されたスパなど施設も魅力的。ヨガ教室(月・水・金曜7:00〜)など、無料参加できる日替わりのアクティビティも充実している。**Wi-Fi** 客室OK・無料

中庭に面したデラックスルームのベッドルーム

住所 Jl. Kartika Plaza, Tuban, Kuta
TEL (0361)209-0477
URL www.theanvayabali.com
税&サ込み　カード A D J M V
料金 **AC** **TV** **TUB** プレミアルーム ⒹRp.250万〜
　　 AC **TV** **TUB** ラグーンアクセス ⒹRp.339万〜
　　 AC **TV** **TUB** デラックススイート Rp.480万〜
　　 AC **TV** **TUB** ビーチフロント・スイート Rp.665万〜
空港→車で15分(片道1台Rp.15万で送迎可)

住宅街にあるカジュアルホテル
アムナヤ・リゾート・クタ
Amnaya Resort Kuta　MAP P.177-C1

　ジャラン・カルティカ・プラザから100mほど東の奥まった場所にある、全116室のブティックリゾート。建物やインテリアはモダンコロニアル風にデザインされ、女性へのアピール度が高い。デラックスやアムナヤルームは45㎡の快適サイズで、コネクティングでファミリー利用にも対応している。開放的なレストランやスパも雰囲気がいい。**Wi-Fi** 客室OK・無料

左／広々としたアムナヤルームの室内
右／デザインがかわいい5階建てのホテル

住所 Jl. Kartika Plaza, Gg. Puspa Ayu No.99, Kuta
TEL (0361)755-380　FAX (0361)755-328
URL www.amnayahotels.com/kuta
税&サ込み　カード A J M V
料金 **AC** **TV** **TUB** デラックスルーム ⒹRp.98万〜
　　 AC **TV** **TUB** アムナヤルーム ⒹRp.148万〜
　　 AC **TV** **TUB** ジュニア・スイート Rp.203万〜
空港→車で15分(片道1台Rp.15万で送迎可)

ホテル設備の記号一覧　**AC**=エアコン　**TV**=テレビ　**TUB**=バスタブ　**Wi-Fi**=ネット環境　=プール　=レストラン
=スパ　=室内金庫　=冷蔵庫　=ドライヤー　=日本語スタッフ　=朝食

クタで最高のロケーション
グランド・インナ・クタ
Grand Inna Kuta　MAP P.178-C1

クタ・ビーチに面した老舗の大型ホテル。周囲にはショッピングモールが多く、観光にもショッピングにも絶好の立地だ。全322室は海沿いのビーチウイング棟（シービュー）と中庭を望むバリウイング棟（ガーデンビュー）に分かれている。敷地内に3つのプールを完備し、ビーチにも直結している。**Wi-Fi** 客室OK・無料

海に面したビーチウイング棟がおすすめ

住所 Jl. Pantai Kuta No.1, Kuta
TEL (0361)751-361
URL hig.id/hotels/grand-inna-kuta
税&サ 込み　カード A J M V
料金 AC TV TUB ガーデンビュー D Rp.129万～
　　 AC TV TUB デラックスシービュー D Rp.139万～
　　 AC TV TUB エグゼクティブスイート Rp.350万～
空港→車で20分（片道1台Rp.30万～で送迎可）

ファミリー向けのサービスが魅力
バリ・ダイナスティ・リゾート
Bali Dynasty Resort　MAP P.177-C1

ショッピングスポットが充実したビーチエリアに建つ、全313室の大型ホテル。6軒のレストランや5軒のバーなどグルメ施設の充実が自慢。デラックスの客室はすべてバルコニー付きで、同じ32㎡のサイズでも眺めのいいプールビューは料金がアップ。2023年に新設された「クプクプ・キッズクラブ」では4～9歳と10～16歳のふたつの年代に分けた施設に子供を預けられる（毎日9:00～18:00、無料）。**Wi-Fi** 客室OK・無料

デラックスプールビューの室内

住所 Jl. Kartika Plaza, Tuban, Kuta
TEL (0361)752-403　FAX (0361)752-402
URL bdr.pphotels.com
税&サ +21%　カード A D J M V
料金 AC TV TUB デラックス D US$120～
　　 AC TV TUB デラックスプールビュー D US$125～
　　 AC TV TUB スイート D US$267～
　　 AC TV TUB エグゼクティブスイート US$289～
空港→車で15分（片道1台US$15で送迎可）

空港にもビーチにも近いお手頃ホテル
アストン・クタ
Aston Kuta　MAP P.177-C1

カップルからグループまで幅広いニーズに対応する全209室のホテル&レジデンス。客室棟に囲まれたメインプール、各国料理を楽しめるレストラン、リーズナブルなスパなど施設も充実している。客室はシンプル&機能的なスタイルで、スイートにはキッチン付きの独立したリビングエリアを完備。ルームサービスは24時間対応。クタのビーチや大型ショッピングセンターが徒歩圏内にある好立地も評判だ。**Wi-Fi** 客室OK・無料

ベッドルームは機能的なデザイン

住所 Jl. Wana Segara No.2, Tuban, Kuta
TEL (0361)754-999
URL www.astonhotelsinternational.com
税&サ 込み　カード A M V
料金 AC TV TUB スーペリア D Rp.77万～
　　 AC TV TUB デラックス D Rp.105万～
　　 AC TV TUB ファミリールーム A Rp.161万～
　　 AC TV TUB プレミアムスイート Rp.179万～
空港→車で15分（片道1台Rp.10万で送迎可）

手頃な料金と便利な立地が魅力
フェイブホテル・クタ・カルティカ・プラザ
Favehotel Kuta Kartika Plaza　MAP P.177-C1

リーズナブルに宿泊できる全108室のホテル。ディスカバリーモールへ徒歩3分ほど、クタ・ビーチも徒歩圏なので、クタで遊びたい旅行者にピッタリだ。スーペリアの客室は機能的な造りで、サイズも21㎡と値段相応の広さ。コネクティングルームが多いので、家族やグループでも利用しやすい。屋上階にはレストランやプールが用意されており、西側には海の景色も広がっている。バリ最終日のデイユースにもおすすめのホテルだ。**Wi-Fi** 客室OK・無料

ベッドルームはポップな内装

住所 Jl. Kartika Plaza No. 45X, Kuta
TEL (0361)472-7799
URL www.favehotels.com
税&サ 込み　カード A J M V
料金 AC TV TUB スーペリア D Rp.46万～
空港→車で15分（片道1台Rp.15万で送迎可）

レギャン

便利な大型ホテルで快適に過ごしたい
パドマ・リゾート・レギャン
Padma Resort Legian **MAP P.180-B2**

夕景スポットとして有名なレギャン・ビーチ沿いに建つ全432室の大型ホテル。6.8ヘクタールもの広大な緑の敷地には、ビル棟、シャレー棟、ファミリー棟などが点在し、巨大なメインプールや滑り台付きキッズプールも完備している。室内は、チーク材のフローリングや籐製の家具でナチュラルな雰囲気を演出。デラックスシャレーのバスルームには、自然光が取り込めるよう小さな天窓が付けられているなど、各部屋にいろいろな工夫がなされている。日替わりでディナービュッフェを開催しており、満月と新月の夜にはプールサイドで伝統芸能を鑑賞しながらバリ料理が楽しめる（Rp.38万8000、予約制）。スタッフの対応にも定評がある。**Wi-Fi** 客室OK・無料

デラックスシャレーのベッドルーム

住所 Jl. Padma No.1, Legian
TEL (0361)752-111
URL padmaresortlegian.com
税&サ 込み　カード **A D J M V**
料金 **AC TV TUB** デラックスルーム⑩Rp.352万～
　　 AC TV TUB デラックスシャレー⑩Rp.414万～
　　 AC TV TUB ジュニアスイート⑩Rp.563万～
　　 AC TV TUB ファミリールームRp.899万～
空港→車で20分（片道1台Rp.23万で送迎可）

海やプールでたっぷり遊べる
バリ・マンディラ・ビーチリゾート&スパ
Bali Mandira Beach Resort & Spa **MAP P.180-B2**

オーシャンフロントの好立地に建つ、全189室の人気リゾート。熱帯植物が茂るガーデンやバリの伝統的なデザインなど、施設内はエキゾチックな雰囲気たっぷり。3～4階建てのメインビルディングにあるスーペリアルームは34m²とゆったりしたサイズ。ベッドが4台まで用意できるスーペリアファミリールームは、大人2名と子供2名分の朝食込み。ウオータースライダー付きのメインプールや大人専用のインフィニティプールなど施設も充実している。**Wi-Fi** 客室OK・無料

上／広々としたスーペリアファミリールーム
下／ビーチに面したロケーションが評判

住所 Jl. Padma No.2 Legian
TEL (0361)751-381　URL www.balimandira.com
税&サ 込み　カード **A D J M V**
料金 **AC TV TUB** スーペリアルーム⑩Rp.175万～
　　 AC TV TUB スーペリアファミリールームRp.215万～
　　 AC TV TUB デラックスクラブコテージ⑩Rp.295万～
　　 AC TV TUB マンディラクラブスイート⑩Rp.385万～
　　 AC TV TUB プールクラブヴィラ⑩Rp.495万～
空港→車で20分（片道1台US$20で送迎可）

レギャンの中級リゾートの代表格
レギャン・ビーチ
Legian Beach **MAP P.180-C2**

ジャラン・ムラスティ沿いにある全232室の中級ホテル。敷地内にはふたつのプールとジムやテニスコートなどを完備。特にプール脇にある小さなスパは宿泊客に人気。客室はホテルウイングに入ったデラックスルームと、美しい中庭に点在するバンガローの2タイプが基本。またファミリールームや、ガーデンヴィラも用意されており、さまざまなニーズに対応している。ビーチとホテルの間の道路は自動車が進入できないため、海でリラックスするにも絶好のロケーションだ。**Wi-Fi** 客室OK・無料

中庭にバンガローが並んでいる

住所 Jl. Melasti, Legian Kelod
TEL (0361)751-711　URL legianbeachbali.com
税&サ 込み　カード **A D J M V**
料金 **AC TV TUB** デラックス⑩Rp.216万～
　　 AC TV TUB ガーデンバンガロー⑩Rp.283万～
　　 AC TV TUB ビーチ・バンガロー⑩Rp.431万～
　　 AC TV TUB ファミリールームRp.440万～
空港→車で20分（片道1台Rp.40万～で送迎可）

H シエスタ・レギャンSiesta Legian（Map P.181-B3　TEL (0361)758-306）は夜遊び派に便利な格安ホテル。ジャラン・レギャンから100mほど東に入った場所にある。⑩Rp.32万～。

設備の整ったお手頃ホテル
スイスベリン・レギャン
Swiss-Belinn Legian　　MAP P.180-A2

　レギャン・ビーチまで徒歩5分ほど。クタやスミニャックにも行きやすい全123室の中級ホテル。ホテル全体がモダンで洗練された雰囲気で、客室もコンパクトながら清潔感いっぱい（81室のスーペリアは24m²、40室のデラックスは27m²）。海を望めるルーフトップバーやフィットネスジムなど設備が充実している。**Wi-Fi** 客室OK・無料

機能的なデラックスの室内

住所 Jl. Padma Utara, Legian
TEL (0361)760-300
URL www.swiss-belhotel.com
税&サ 込み　カード A J M V
料金 AC TV TUB スーペリア①Rp.42万〜
　　 AC TV TUB デラックス①Rp.49万〜
　　 AC TV TUB ジュニアスイートRp.120万〜
空港→車で20分（片道1台Rp.25万で送迎可）

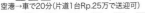

暮らす感覚で滞在できるカジュアルホテル
バリ・コート
Bali Court　　MAP P.180-A2

　ジャラン・ウェルクダラの中ほどに建つ全19室のプチホテル。プールを囲むように建てられた客室は1階がデラックス、2階がスーペリアで、どちらも20m²のサイズ。やや手狭な感じだが、宿泊を重ねるほどに落ち着けるような趣で、長期滞在にもぴったり。2ベッドルームのアパートメントは85m²と広々した間取りでリビングやキッチンも完備している。**Wi-Fi** 客室OK・無料

敷地の奥にあるアパートメントは家族旅行にもおすすめ

住所 Jl. Werkudara No.14, Legian
TEL (0361)750-242
URL balicourthotel.com
税&サ +21%　カード J M V
料金 AC TV TUB スーペリア①Rp.43万〜
　　 AC TV TUB デラックス①Rp.50万〜
　　 AC TV TUB 2ベッドルーム・アパートメントRp.200万
空港→車で20分（片道1台Rp.25万で送迎可）

サーファーにも人気が高い
ロカ・レギャン
Lokha Legian　　MAP P.180-B2

　ジャラン・パドマ沿いにあり、ビーチまで歩いて10分ほどのロケーション。清潔で明るい、開放的な雰囲気の中級ホテルだ。プールを囲むように全49室の客室棟が建っており、プールサイドの東屋ではマッサージを受けることもできる。デラックスルームはクイーンサイズベッドのツインルームなので、女性同士や家族利用なら3〜4人でも宿泊OK。ホームページからプロモーション料金での予約がお得。**Wi-Fi** 客室OK・無料

こぢんまりとした雰囲気で落ち着ける

住所 Jl. Padma, Legian
TEL (0361)767-601　FAX (0361)767-602
URL www.thelokhalegian.com
税&サ 込み　カード A J M V
料金 AC TV TUB スーペリア①Rp.81万〜
　　 AC TV TUB デラックス①Rp.98万〜
　　 AC TV TUB スーパーデラックス①Rp.138万〜
　　 AC TV TUB ファミリー Rp.155万〜
空港→車で20分（片道1台Rp.27万で送迎可）

緑の敷地にバンガローが並ぶ
スリーブラザーズ・バンガローズ
Three Brothers Bungalows　　MAP P.180-B2

　パドマ・バリの東側にある、全90室の快適なバンガロー。細長い敷地には南国の木々が生い茂り、あたかも森の中に滞在しているかのような雰囲気だ。部屋は2階建てやバルコニー付きなど、細かくカテゴリが分かれている。特に広々としたプライベートプール付きの1ベッドルームヴィラはコスパが抜群でリピーターに人気。中庭にある座敷スタイルのレストランものんびりと落ち着ける感じがいい。**Wi-Fi** 客室OK・無料

植物園のような敷地にバンガローが並んでいる

住所 Jl. Legian Tengah, Legian
TEL (0361)757-224
URL threebrothersbungalows.com
税&サ 込み　カード J M V
料金 AC TV TUB スタンダード①Rp.70万〜
　　 AC TV TUB デラックス①Rp.85万〜
　　 AC TV TUB 1ベッドルームヴィラRp.162万〜
空港→車で20分（片道1台Rp.20万で送迎可）

海と観光で1日中アクティブに楽しめる
シェラトン・バリ・クタ・リゾート
Sheraton Bali Kuta Resort　MAP P.178-B1

クタ・ビーチまで徒歩1分！ 人気ショッピングモール「ビーチウォーク・バリ」と隣接する、全203室のラグジュアリーホテル。ロビーラウンジからはインド洋が一望でき、到着早々に南国ムードが盛り上がるはず。モダンな客室にはすべてバルコニーが付いており、海に近いほど料金がアップしていく（スイート以外の客室は46m²で同じサイズ）。iPodドック、ユニバーサル電源、高速Wi-Fiルーターを完備して、ゲストの使い勝手を細かく配慮。24時間利用できるジム、本格的なイタリアンレストラン、ビーチを望むルーフ

トップ・プールなど、施設の充実度も世界有数のホテルチェーンならではだ。 Wi-Fi 客室OK・無料

左／デラックス・オーシャンビューのベッドルーム
右／ルーフトップ・プールからはクタ・ビーチが見渡せる

住所 Jl. Pantai Kuta, Kuta
TEL (0361)846-5555　FAX (0361)846-5577
URL www.sheratonbalikuta.com
日本予約 マリオット・ホテル FD 0120-925-659
税&サ 込み　カード A D J M V
料金 AC TV TUB デラックスⓈRp.235万〜
　　 AC TV TUB デラックス・オーシャンビューⓈRp.295万〜
　　 AC TV TUB ジュニア・スイートⓈRp.385万〜
　　 AC TV TUB オーシャンビュー・スイートRp.645万〜
空港→車で20分（片道1台Rp.23万で送迎可）

〇 〇 〇 〇 〇 〇 〇 〇 〇

世界各地で展開する人気のアミューズメントホテル
ハードロック・ホテル・バリ
Hard Rock Hotel Bali　MAP P.178-B1

広大な敷地内にはウオータースライダーを備えたメインプールをはじめ、スパやジム、ハードロック・カフェなど各種レストランが充実している。全418の客室は、85%の部屋がコネクティングできるので、家族連れやグループでの滞在にも便利だ。館内ラジオ局や音楽スタジオ（自分たちの演奏をCDにできる）など、ユニークな施設もハードロック・ホテルならでは。 Wi-Fi 客室OK・無料

ロビーバーでは毎晩ライブ演奏が楽しめる

住所 Jl. Pantai Kuta, Kuta
TEL (0361)761-869　FAX (0361)761-868
URL www.hardrockhotels.com/bali
税&サ +21%　カード M V
料金 AC TV TUB デラックスⓈRp.190万〜
　　 AC TV TUB デラックスプレミアムⓈRp.220万〜
　　 AC TV TUB ロフトルームⓈRp.352万〜
　　 AC TV TUB ロックスタースイートRp.532万〜
空港→車で20分（片道1台Rp.23万で送迎可）

〇 〇 〇 〇 〇 〇 × 〇

手頃な料金でリゾート気分を満喫
フォーポイント・バイ・シェラトン・クタ
Four Points by Sheraton Kuta　MAP P.178-A1

クタ中心部のショッピングエリアに建つ、全185室のカジュアルリゾート。4つのレストランや3つのプールを完備し、スタッフの接客サービスにも定評がある。デラックスカテゴリの客室はすべて28m²とコンパクトだが、使い勝手のいい機能的なレイアウト。朝食ビュッフェはまるで朝市のように演出され、取れたての新鮮な食材を味わえる。 Wi-Fi 客室OK・無料

ビーチへも徒歩5分ほどのロケーション

住所 Jl. Benesari, Banjar Pengabetan, Kuta
TEL (0361)849-6606
URL fourpointsbalikuta.com
税&サ +21%　カード A J M V
料金 AC TV TUB デラックス・プールビューⓈRp.97万〜
　　 AC TV TUB デラックス・ラグーンアクセスⓈRp.157万〜
　　 AC TV TUB スイートRp.162万〜
空港→車で20分（片道Rp.21万5000で送迎可）

〇 〇 〇 〇 〇 〇 × △

ハミダシ 安宿が集中するガン・ポピーズ地区はバイクによる引ったくりが多いので注意。また、空港タクシーで移動すると「道が細くて入れない」と路地の手前での降車を求められる場合もある。

ハネムーナーやカップルにおすすめ
アラヤ・デダウン・クタ
Alaya Dedaun Kuta　　MAP P.178-A2

全室にプールを完備している、プライベート感たっぷりの全12棟のヴィラ。クタの町なかという便利な立地だが、通りからは奥まっているので敷地内はとても静か。優雅なインテリアとこまやかに配慮されたサービスで、インドネシアセレブの隠れ家としても人気が高い。併設のスパも好評価だ。Wi-Fi 客室OK・無料

プールも広々としている2ベッドルームヴィラ

住所 Jl. Raya Legian No.123B, Kuta
TEL (0361)756-276
URL www.alayahotels.com
税&サ +21%　カード AJMV
料金 AC TV TUB 1ベッドルーム・プールヴィラRp.292万〜
　　 AC TV TUB 1ベッドルーム・デラックスプールヴィラRp.342万〜
　　 AC TV TUB 2ベッドルーム・デラックスプールヴィラRp.492万〜
　　 AC TV TUB 3ベッドルーム・デラックスプールヴィラRp.692万〜
空港→車で20分(無料送迎可)

便利なロケーションにある大型ホテル
ラーマヤナ
Ramayana　　MAP P.178-C1

クタ・スクエアの1ブロック南にあり、買い物にも最適な立地。プールを囲む敷地内には、外の喧騒も届かず静かに滞在できる(通りに面した客室は深夜まで音楽が鳴り響くこともあるので注意)。リゾートルームは50㎡以上の広々とした部屋で、客室内で朝食が取れるなどの特別サービスがある。1階部分にはショップが密集するクタ・サイドウオークもあって便利。全188室。Wi-Fi 客室OK・無料

落ち着いたインテリアのデラックス

住所 Jl. Bakungsari, Kuta
TEL (0361)751-864　FAX (0361)751-866
URL www.ramayanahotel.com
税&サ +21%　カード JMV
料金 AC TV TUB デラックスⓇUS$80〜
　　 AC TV TUB プレミアデラックスⒹUS$93〜
　　 AC TV TUB リゾートルームⒹUS$101〜
　　 AC TV TUB ファミリールームUS$155〜
空港→車で20分(片道1台Rp.15万で送迎可)

ダウンタウンの便利な立地
ハーパー・クタ
Harper Kuta　　MAP P.178-B2

クタを満喫したい若者に選ばれる全149室のおすすめホテル。バリ島で多彩なホテルを展開しているアストングループの運営で、サービスやホテル設備も充実している。にぎやかなメインストリートに面しているため、ショッピングや夜遊びにも便利な立地。モダンなインテリアの客室も機能的で、特にデラックスは32㎡のゆったりサイズでおすすめ。Wi-Fi 客室OK・無料

料金以上に雰囲気のいいデラックスの室内

住所 Jl. Legian No.73, Kuta
TEL (0361)846-9869　URL www.harperhotels.com
税&サ 込み　カード JMV
料金 AC TV TUB スーペリアⒹRp.57万〜
　　 AC TV TUB デラックスⒹRp.72万〜
　　 AC TV TUB ファミリースイートRp.105万〜
　　 AC TV TUB ハーパースイートRp.123万〜
空港→車で20分(片道1台Rp.20万〜で送迎可)

クタ・ビーチの夕日を満喫
ウィンダム・ガーデン・クタ
Wyndham Garden Kuta　　MAP P.178-A1

日本からのツアーでも利用される中級ホテル(旧称クタ・プラヤ・ホテル)。目の前にビーチが広がり、朝夕の散歩も気軽に楽しめる立地がうれしい。客室はボトムカテゴリのデラックスでも27㎡とゆったりサイズ。エグゼクティブは37㎡とさらに広く、プールアクセスまたはオーシャンビューのバルコニーが付いている。周辺にはナイトクラブもあり深夜までダンスミュージックが鳴り響く。Wi-Fi 客室OK・無料

ビーチとクタの繁華街を楽しめる立地

住所 Jl. Pantai Kuta No.99 X, Legian
TEL (0361)755-755
URL www.wyndhamgardenkutabali.com
税&サ +21%　カード AMV
料金 AC TV TUB デラックスⒹRp.76万〜
料金 AC TV TUB エグゼクティブⒹRp.113万〜
料金 AC TV TUB エグゼクティブ・バルコニーⒹRp.121万〜
空港→車で20分(片道1台Rp.20万〜で送迎可)

値段のわりに設備が充実
サトリヤ・コテージ
Satriya Cottages　MAP P.178-B1

ビーチにもクタの中心部にも近くて、サーファーたちに人気のホテル。敷地内にはサウナ施設もある。全61室にホットシャワーとエアコンを完備。バリらしい雰囲気で落ち着いて過ごせる。Wi-Fi 客室OK・無料

スタンダードの室内

住所 Gg. Poppies II, Kuta
TEL (0361)758-331　URL www.satriyacottages.com
税&サ 込み　カード MV
料金 AC TV TUB スタンダードⒹRp.60万～
AC TV TUB スーペリアⒹRp.100万～
AC TV TUB デラックスⒹRp.145万～
空港→車で20分(片道1台Rp.15万で送迎可)
○ ○ ○ ○ ○ △ × ○

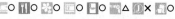

ホテルスタッフの対応にも定評がある
マサ・イン
Masa Inn　MAP P.178-B2

広々とした敷地に南国の花々が咲き誇る全89室の人気ホテル。中庭には大きなプールがあり、ファミリータイプの部屋は4名でも宿泊できる。シングル利用はRp.20万ほど割安料金になる。Wi-Fi 客室OK・無料

満室のことも多いので予約は早めに

住所 Gg. Poppies I No27, Kuta
TEL (0361)758-507　URL www.masainn.com
税&サ 込み　カード MV
料金 AC TV TUB スタンダードⒹRp.45万～
AC TV TUB デラックスⒹRp.57万～
AC TV TUB ファミリー Rp.94万～
空港→車で20分(片道1台Rp.20万～で送迎可)
○ ○ × ○ ○ × × ○

クタらしい雰囲気の宿
ラ・ワロン
La Walon　MAP P.178-B2

ガン・ポピーズIの中ほど、アートマーケットに面している。全56室はバスタブ付きで、温水も使える。木製ベッドも素朴な雰囲気でいい。広々としたサイズのプールも完備している。Wi-Fi 客室OK・無料

プールもこのクラスのホテルとしては広い

住所 Gg. Poppies I, Kuta
TEL (0361)757-234
税&サ +15%　カード MV
料金 AC TV TUB スーペリア ⒹRp.50万～
AC TV TUB デラックスⒹRp.65万～
AC TV TUB スイートRp.100万～
空港→車で20分(片道1台Rp.20万～で送迎可)
○ ○ ○ ○ ○ ○ × ○

立地のわりに手頃なプライス
クタ・ビーチ
Kuta Beach　MAP P.178-A1

クタ・ビーチから徒歩1分の人気ホテル(旧称ベストウエスタン・クタ)。カラフルな建物の屋上に海を望めるプールを完備。客室はスタンダード(18m²)、スーペリア(20m²)ともにコンパクト。Wi-Fi 客室OK・無料

スーペリアルームの室内

住所 Jl. Benesari, Legian
TEL (0361)754-396　URL thekutabeachhotel.com
税&サ 込み　カード AJMV
料金 AC TV TUB スタンダードⒹRp.38万～
AC TV TUB スーペリアⒹRp.61万～
AC TV TUB デラックスⒹRp.75万～
空港→車で20分(片道1台Rp.20万～で送迎可)
○ ○ × ○ ○ ○ × △

気さくなスタッフが迎えてくれる
バリ・バンガロー
Bali Bungalo　MAP P.178-A1

ビーチ沿いのジャラン・パンタイ・クタから80mほど路地を東へ。サーフポイントのハーフウエイの近くにあるので、常宿としている日本人サーファーやリピーターも多い。全44室の客室棟はプールを囲むように建っている。ベッドルームは簡素な雰囲気だが、設備はひととおり揃っている。ベッドの脇に置かれたドレッサーなども広くてなかなか便利だ。Wi-Fi 客室OK・無料

プールとレストランも完備している

住所 Jl. Pantai Kuta, Kuta　TEL (0361)761-447
税&サ 込み　カード MV
料金 AC TV TUB スタンダードⒹRp.55万
AC TV TUB スーペリアⒹRp.80万
空港→車で20分(片道1台Rp.20万で送迎可)
○ ○ × × ○ △ × ○

ハミダシ　H ダハウステル・クタ Da' Housetel Kuta (Map P.179-A4　TEL 0838-3473-3403 携帯)はサンセット・ロード近くにあるバックパッカー宿。ドミトリー Rp.10万～、個室はRp.27万5000。

ビーチまで徒歩3分の立地
バリ・サンディ・リゾート
Bali Sandy Resort　MAP P.178-B1

敷地内に古きよきクタの風情が漂っている

ガン・ポピーズⅡから東の路地へ。奥まった場所にあるエコノミーホテルで、長期滞在のサーファーにも利用されている。部屋のサイズはスーペリアと同じだが、デラックスには冷蔵庫や室内金庫が付く。Wi-Fi 公共エリアのみ・無料

住所 Jl. Pantai Kuta, Poppies Lane Ⅱ, Kuta
TEL (0361)755-601　税&サ 込み　カード 不可
料金 AC TV TUB スーペリアⓄRp.33万～
　　 AC TV TUB デラックスⓄRp.36万～
空港→車で20分

世界各国を旅したバリ人が経営
ローカル・バリ・ホステル
Lokal Bali Hostel　MAP P.177-C1

「圧迫感のないユースホステル」をコンセプトにした、ゆったり快適に過ごせるドミトリー宿。清潔な4室に20のベッドが設置され、リビングには冷蔵庫やパソコンコーナー、チャージ式ロッカーなどを完備。風通しのいい中庭にはプールや東屋があり、スタッフの対応もしっかりしている。Wi-Fi 客室OK・無料

中庭でのんびり過ごす旅行者も多い

住所 Jl. Kediri No.93, Kuta
TEL (0361)475-3707　URL lokalbalihostel.com
税&サ 込み　カード JMV
料金 AC TV TUB ドミトリー Rp.22万～
空港→車で15分

短期滞在でクタを楽しむなら
POP! ホテル・クタ・ビーチ
POP! HOTEL Kuta Beach　MAP P.178-A1

ビーチやショッピングモールが徒歩圏にありクタをじっくり楽しむのに最適のロケーション。客室は16㎡でシャワールームも手狭だが値段を考慮すれば妥当なところ。エコアンや水回りが老朽化している部屋もあるのでチェックイン時にまず確認を。Wi-Fi 客室OK・無料

シャワールームがベッドの脇にある

住所 Jl. Kubu Bene, Legian　TEL (0361)846-5656
URL www.discoverasr.com/en/pop-hotels
税&サ 込み　カード MV
料金 AC TV TUB ポップルームⓄRp.33万～
空港→車で20分

プール付きの快適アコモデーション
ファイブ・ワン・コテージ
Five One Cottages　MAP P.178-B2

日本人のリピーターも利用する、全11室の格安ホテル。ビーチやジャラン・レギャンの繁華街へ気軽に歩ける好立地。室内はベッドルーム、バスルーム、トイレが分かれる気の利いたレイアウト。ホットシャワー、朝食付きでこの料金はお得だ。Wi-Fi 客室OK・無料

ガン・ポピーズⅠの路地にある

住所 Gg. Poppies Ⅰ, Kuta　TEL (0361)754-944
URL 51cottages.tumblr.com　税&サ 込み　カード 不可
料金 AC TV TUB ⓈRp.20万、ⒹRp.25万
空港→車で20分(片道1台ույRp.7万で送迎可)

昔ながらの家庭的なゲストハウス
ポンドク・クリシュナ
Pondok Krishna　MAP P.178-B1

クタ中心部にあり海遊びにも食事にも便利な全6室の宿。格安料金のわりに部屋は清潔で、内装もモダンな雰囲気(客室サイズは15㎡ですべてダブルベッドのみ)。中庭には家のお寺を望むテラスもあり、朝食は部屋まで持ってきてくれる。Wi-Fi 客室OK・無料

客室は料金以上のクオリティ

住所 Gg. Poppies Ⅱ, Gg Dewi No.3, Kuta
TEL (0361)750-648
税&サ 込み　カード 不可
料金 AC TV TUB スタンダードⓄRp.25万～
空港→車で20分

!ヒント　ジャラン・レギャンにはナイトクラブが集中し、深夜まで派手な音楽が流される。外国人やローカルで混み合っている。夜遊びを満喫したい旅行者ならば、この繁華街エリアに宿泊すると便利だ。

ジンバラン

Jimbaran ★

ジンバランの充実度

レーダーチャート：ホテル、ショッピング、グルメ、バリ情緒、アクティビティ、観光スポット、治安、エステ

高級リゾートの充実度はバリでもトップクラス。中心部には中級～格安ホテルも点在している。滞在中に一度は話題のシーフード屋台へ出かけてみよう。

ジンバランへのアクセス

空港～ジンバラン
空港からエアポートタクシーで15～30分(定額運賃はRp.18万～25万)。ジンバランエリアから空港へ行く場合は、メータータクシー利用でRp.8万～。

タクシー
スミニャックから	約40～50分	Rp.15万～
クタから	約20～30分	Rp.9万～
ヌサドゥアから	約10～15分	Rp.7万～
サヌールから	約40～50分	Rp.15万～
ウブドから	約80分	Rp.32万～

両替事情
ジンバランの中心部には銀行や両替所が数軒ある。レートはクタ＆レギャンなどとほぼ同じか、やや悪い程度。

ジンバラン中心部から10kmほど西のウルワツ寺院でケチャ舞踊を体験できる

バドゥン半島の入口に当たる穏やかなビーチと、荘厳な夕日が見られる場所として人気を集めるジンバラン。1990年代初頭までは、静かな漁村で宿泊施設もほとんどなかったが、いつの間にかリゾートエリアへと変貌。騒々しいクタやホテルが過密気味のヌサドゥアに比べて、のんびりとリゾート気分が満喫できる。海岸線沿いには美しいビーチが続き、魚市場のパサール・イカンでは、ローカルの活気を体感できる。朝夕の涼しい時間帯に散歩を楽しむ欧米人の姿も多い。

ジンバランというと「超高級リゾート」のイメージが強いが、その落ち着いた雰囲気は、若い旅行者も引きつけており、手頃な料金で快適に過ごせるホテルも増えてきている。また、ビーチ沿いで営業している「海の家」風のシーフードレストランは、バリの定番スポットとして人気が高い。

ビーチ周辺やこぢんまりとしたジンバランの町には、まだまだ田舎の風情が残っている。道ですれ違う子供たちは好奇心旺盛な目で旅行者を見つめてくるし、ショップやレストランの店員たちからも、商売っ気よりバリ人特有のホスピタリティを感じるだろう。

information

ローカルエリアを今風に楽しむなら

夕暮れ時には幻想的な雰囲気に包まれる

クドガナン魚市場の周辺はイカン・バカール(魚のBBQ)で有名なエリアだが、 Ⓡバリ・シー・ビーチハウスはピザやパスタなどカフェメニューが充実。海沿いに小さなプールもあり、どこかプチ・ビーチクラブのような雰囲気が漂い、ドメスティック旅行者の撮影スポットにもなっている。シーフード

ヘルシーメニューを味わうカフェとしても評判

バスケット(Rp.14万)や、ビーチ・タコス(Rp.6万5000)などがおすすめ。
Ⓡバリ・シー・ビーチハウス
Bali Sea Beach House
Map P.209-A1
住所 Jl. Pantai Kedonganan, Kedonganan
TEL 0812-3806-0898(携帯)
営業 毎日12:00 ～ 23:00(L/O→22:30)
税＆サ +17%　カード ⅯⅤ

 ヒント　クドガナン魚市場 Pasar Ikan Kedonganan (Map P.209-A1)は魚を売買するローカル市場。早朝には市場前の浜辺で漁船が水揚げする光景が広がる。購入した魚をBBQで味わえる簡易食堂もある。

ORIENTATION 歩き方

グラライ国際空港の南側にあるジンバラン。サヌールとヌサドゥアを結ぶ幹線道路ジャラン・バイパス・グラライJl. By Pass Ngurah Raiが南北に走っているが、町の目抜き通りはジャラン・ラヤ・ウルワツJl. Raya

のんびりとビーチ沿いの散歩もおすすめ

Uluwatu。ジンバラン市場を中心に、ローカルなレストランや、両替所・ショップなどがポツポツと並んでいる。ジンバラン市場は毎日未明から開き、お昼頃まで魚や野菜などの食料品や生活雑貨を求める人でにぎわっている。バリ人の生活ぶりをうかがうには絶好の場所だ。

その1本西には、海岸沿いにジャラン・パンタイ・ジンバランJl. Pantai Jimbaranが通っている。ロケーションのいいレストランが、やはりこちらもポツポツとある。通りの北端にあるのはクドガナン魚市場Pasar Ikan Kedonganan。広い敷地内には数十軒の売り場があり、地元や近郊から多くの人が買い出しに来ている。市場での魚の価格は、レストランの半額以下。キッチン付きのヴィラに滞在しているのなら、好きな魚を選んで持ち帰り、自分で料理してみるといいだろう。早朝に訪れれば、魚市場の桟橋周辺で、漁から戻った船が水揚げをしているなど、漁村の鮮やかな光景があふれている。

配車サービスの利用状況

GrabやGojekなどの配車サービス（→P.425）が利用できる。シーフードBBQで有名な「イカン・バカール・ジンバラン」周辺からの乗車は禁止されていたが、近年は問題なく利用できるようになっている。

✉ ジンバランの車事情も激変

以前はバンジャールの取り締まりでピックアップNGだったジンバラン地区ですが、今では最も規制が厳しかったイカン・バカールに呼び出しての乗車でも問題なく利用できます。以前に貼られていた配車サービス利用禁止の大きな垂れ幕もなくなっています。

（ヌサドゥア在住 M.N. '23）

ひんやりスイーツを楽しもう

🏪 パレタス・ウエイはバリ島のフルーツを贅沢に使ったアイスバーの専門店。濃厚なアボカド・チョコ（Rp.4万）やワイルドベリー（Rp.3万5000）が人気。

🏪 パレタス・ウエイ
Paletas Wey

MAP P.209-C1

TEL 0811-388-6262（携帯）
営業 毎日12:00～20:00

新鮮なフルーツをぎゅっと濃縮

Power Push!

シーフードBBQで夕景とバリ風情を満喫しよう

セットメニューで海の幸を満喫するのもいい

ジンバランのビーチ沿いに並ぶシーフードレストランの「イカン・バカール・ジンバラン」。新鮮な魚介類のBBQと夕日観賞が楽しめ、日本人旅行者にも定番スポットとなっている。営業時間はおおむね16:00～22:00前後（朝から営業する店もある）で、屋台街は大きく3つのエリアに分かれている。

●クドガナン地区　Map P.209-A1

20店以上が並ぶ最多エリア。夕日の観賞に絶好の立地で、ツアーで利用される店も多い。屋台選びに迷いがちな初心者は、この地区のレストランを選ぶと無難。トイレも水洗で比較的清潔だし、セットメニューならボラれることもない。🏪ニュームーン・カフェ New Moon Cafe（Map P.209-A1　TEL

0811-399-7929（携帯）　営業 毎日11:00～23:00）のように、スタッフが日本語を話し、写真付きメニューを用意している店もある。

●ジンバラン地区　Map P.209-B1

10店ほどの屋台街。バリ在住者にも利用される老舗店が多く、事前に料金確認をすればボラれることも少ない（やや古びている店が多い）。🏪ラーマヤナ・カフェ Ramayana Cafe（Map P.209-B1　TEL 0811-397-283（携帯）　営業 毎日8:00～23:00）はリピーターの利用も多い。

●ムアヤ・ビーチ地区

Map P.209-C1

小高い丘の北側にあり、季節によっては夕日が丘の方角に落ちる。やや施設が古いぶん、値段も割安感がある。

新鮮なシーフードを
自分で選べる

　🏪 バリクBalique（Map P.209-C1　TEL（0361）704-945　営業 毎日11:00～23:00）は内装がすてきなコロニアルカフェ。おすすめはチョコレートフォンダンRp.9万。

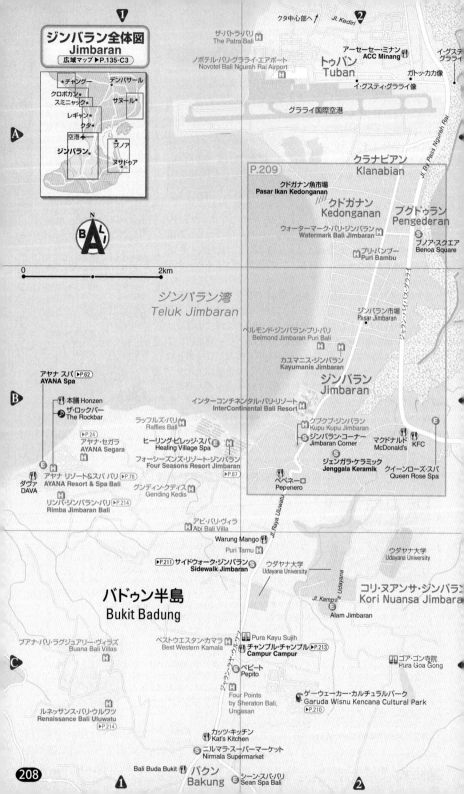

ジンバラン全体図
Jimbaran
広域マップ ▶P.135-C3

チャングー
デンパサール
クロボカン
スミニャック
サヌール
レギャン
クタ
空港
ブノア
ジンバラン
ヌサドゥア

A

N
BALI

0 ─────────── 2km

ジンバラン湾
Teluk Jimbaran

ザ・パトラ・バリ
The Patra Bali
クタ中心部へ→ Jl. Kediri ②

ノボテル・バリ・グラライ・エアポート
Novotel Bali Ngurah Rai Airport

アーセーセー・ミナン
ACC Minang

トゥバン
Tuban

ガトッ・カカ像
イ・グスティ・グラライ像

イ・グスティ・グラライ

グラライ国際空港

P.209
クラナビアン
Klanabian

クドガナン魚市場
Pasar Ikan Kedonganan

クドガナン
Kedonganan

プゲドゥラン
Pengederan

ウォーターマーク・バリ・ジンバラン
Watermark Bali Jimbaran

ブノア・スクエア
Benoa Square

プリ・バンブー
Puri Bambu

ジンバラン市場
Pasar Jimbaran

ベルモンド・ジンバラン・プリ・バリ
Belmond Jimbaran Puri Bali

カユマニス・ジンバラン
Kayumanis Jimbaran

ジンバラン
Jimbaran

B

アヤナ スパ ▶P.62
AYANA Spa

本膳 Honzen

ザ・ロックバー
The Rockbar

▶P.24

アヤナ・セガラ
AYANA Segara

ラッフルズ・バリ
Raffles Bali

ヒーリング・ビレッジ・スパ
Healing Village Spa

フォーシーズンズ・リゾート・ジンバラン
Four Seasons Resort Jimbaran
▶P.87

インターコンチネンタル・バリ・リゾート
InterContinental Bali Resort

クプクプ・ジンバラン
Kupu Kupu Jimbaran

ジンバラン・コーナー
Jimbaran Corner

マクドナルド
McDonald's

KFC

ジェンガラ・ケラミック
Jenggala Keramik

クイーンローズ・スパ
Queen Rose Spa

ダヴァ
DAVA

アヤナ リゾート&スパ バリ ▶P.78
AYANA Resort & Spa Bali

グンディン・クディス
Gending Kedis

リンバ・ジンバラン・バリ ▶P.214
Rimba Jimbaran Bali

ペペネーロ
Pepenero

アビ・バリ・ヴィラ
Abi Bali Villa

Warung Mango
Puri Tamu

▶P.211 サイドウォーク・ジンバラン
Sidewalk Jimbaran

ウダヤナ大学
Udayana University

ウダヤナ大学
Udayana University

Jl. Kampus

コリ・ヌアンサ・ジンバラン
Kori Nuansa Jimbaran

Alam Jimbaran

バドゥン半島
Bukit Badung

プアナ・バリ・ラグジュアリー・ヴィラズ
Buana Bali Villas

ベストウエスタン・カマラ
Best Western Kamala

Pura Kayu Sujih

チャンプル・チャンプル ▶P.213
Campur Campur

ゴア・ゴン寺院
Pura Goa Gong

C

ペピート
Pepito

ゲーウェーカー・カルチュラルパーク
Garuda Wisnu Kencana Cultural Park
▶P.210

ルネッサンス・バリ・ウルワツ
Renaissance Bali Uluwatu
▶P.214

Four Points
by Sheraton Bali,
Ungasan

カッツ・キッチン
Kat's Kitchen

ニルマラ・スーパーマーケット
Nirmala Supermarket

Bali Buda Bukit

バクン
Bakung

シーン・スパ・バリ
Sean Spa Bali

① ②

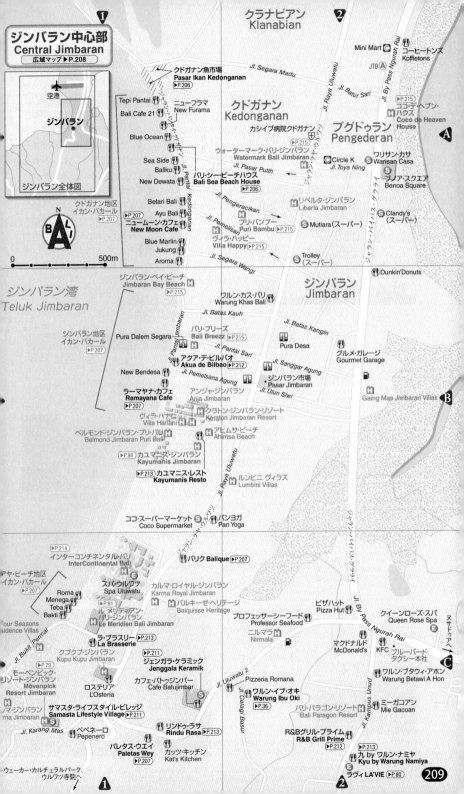

ジンバラン中心部
Central Jimbaran
広域マップ ▶ P.208

空港

ジンバラン

ジンバラン全体図

クドガナン地区
イカン・バカール
▶P.207

0 ─── 500m

クラナビアン
Klanabian

Mini Mart
JTB A
コーヒートンズ
Koffietons

クドガナン魚市場
Pasar Ikan Kedonganan
▶P.206

Jl. Segara Madu

クドガナン
Kedonganan

Jl. Raya Uluwatu
Jl. Batur Sari

プグドゥラン
Pengederan

▶P.215
ココ・デ・ヘブン・ハウス
Coco de Heaven House

Tepi Pantai
ニューフラマ
New Furama
Bali Cafe 21

Blue Ocean

Sea Side
Baliku
New Dewata

カシイブ病院クドガナン

ウォーターマーク・バリ・ジンバラン
Watermark Bali Jimbaran
Jl. Pasar Putih
バリ・シー・ビーチハウス
Bali Sea Beach House
▶P.206

Jl. Pengeracikan

▶P.215
Circle K
Jl. Toya Ning

リベルタ・ジンバラン
Liberta Jimbaran

ワリサン・カサ
Warisan Casa

ブノア・スクエア
Benoa Square

クランディーズ
Clandy's (スーパー)

A

Betari Bali
Ayu Bali
ニュームーン・カフェ
New Moon Cafe
▶P.207

Blue Marlin
Jukung
Aroma

Jl. Pemelisan
ヴィラ・ハッピー
Villa Happy

Jl. Segara Wengi

プリ・バンブー
Puri Bambu ▶P.215

Mutiara (スーパー)

Trolley (スーパー)

Dunkin'Donuts

ジンバラン湾
Teluk Jimbaran

ジンバラン・ベイ・ビーチ
Jimbaran Bay Beach
▶P.215

ジンバラン地区
イカン・バカール
▶P.207

ジンバラン
Jimbaran

ワルン・カス・バリ
Warung Khas Bali

Jl. Batas Kauh

Pura Dalem Segara
バリ・ブリーズ
Bali Breeze ▶P.215

New Bendesa

ラーマヤナ・カフェ
Ramayana Cafe
▶P.207

ヴィラ・ハラニ
Villa Hanani

ベルモンド・ジンバラン・プリ・バリ
Belmond Jimbaran Puri Bali

Jl. Pantai Sari
アクア・デ・ビルバオ
Akua de Bilbao ▶P.212

Jl. Pemelsana Agung
アンジャ・ジンバラン
Anja Jimbaran

クラトン・ジンバラン・リゾート
Keraton Jimbaran Resort

アヒムサ・ビーチ
Ahimsa Beach

▶P.86 カユマニス・ジンバラン
Kayumanis Jimbaran

▶P.213 カユマニス・レスト
Kayumanis Resto

Jl. Batas Kangin

Pura Desa

Jl. Sanggar Agung
ジンバラン市場
Pasar Jimbaran

Jl. Ulun Siwi

グルメ・ガレージ
Gourmet Garage

Gaing Mas Jimbaran Villas
B

ルンビニ ヴィラス
Lumbini Villas

ココ・スーパーマーケット
Coco Supermarket
パンヨガ
Pan Yoga

▶P.214
インターコンチネンタル・バリ
InterContinental Bali

アヤ・ビーチ地区
イカン・バカール
▶P.207

Roma
Menega
Teba
Bakti

Four Seasons
Residence Villas

Jl. Bukit Permai

バリク Balique ▶P.207

スパ・ウルワツ
Spa Uluwatu
▶P.81
ル・メリディアン・バリ・ジンバラン
Le Meridien Bali Jimbaran

ラ・ブラスリー
La Brasserie ▶P.213

クプクプ・ジンバラン
Kupu Kupu Jimbaran
▶P.79

ロステリア
L'Osteria

モーベンピック・リゾート・ジンバラン
Mövenpick Resort Jimbaran

マ・ジンバラン
ma Jimbaran

Jl. Karang Mas

ペペネーロ
Pepenero

パレタス・ウエイ
Paletas Wey
▶P.207

カルマ・ロイヤル・ジンバラン
Karma Royal Jimbaran

バルキーゼ・ヘリテージ
Balquisse Heritage

ジェンガラ・ケラミック
Jenggala Keramik
▶P.211

カフェ・バトゥジンバー
Cafe Batujimbar

サマスタ・ライフスタイル・ビレッジ
Samasta Lifestyle Village ▶P.211

リンドゥ・ラサ
Rindu Rasa ▶P.213

カッツ・キッチン
Kat's Kitchen ▶P.207

Jl. Uluwatu 2

Jl. Celagi Basur

プロフェッサーシーフード
Professor Seafood

Nirmala
ニルマラ

ピザリア・ロマーナ
Pizzeria Romana

ワルン・イブ・オキ
Warung Ibu Oki
▶P.36

ピザハット
Pizza Hut

マクドナルド
McDonald's

Jl. By Pass Ngurah Rai

クイーンローズ・スパ
Queen Rose Spa

KFC
ブルーバード・タクシー本社

C

ワルン・ブタウィ・アホン
Warung Betawi A Hon

ミーガコアン
Mie Gacoan

バリ・パラゴン・リゾート
Bali Paragon Resort

Jl. Kampus Unud

R&Bグリル・プライム
R&B Grill Prime ▶P.212

九 by ワルン・ナミヤ
Kyu by Warung Namiya ▶P.213

ラヴィ LA'VIE ▶P.60

ウェーカー・カルチュラルパーク、ウルワツ寺院へ

209

ゲーウェーカー・カルチュラル
パーク
TEL (0361) 700-808
URL www.gwkbali.com
入場 毎日9:00～21:00
料金 敷地内への入場料Rp.12万
5000
※ガルーダ・ヴィシュヌ像の入館
は別途Rp.20万
　ジンバランからタクシーで約15
分。ウルワツ方面へ向かう街道
を上っていくと、左側に「GWK」
という看板が見えてくる。

✿ジンバランの丘に建つテーマパーク ★★★

ゲーウェーカー・カルチュラルパーク

Garuda Wisnu Kencana Cultural Park

`MAP P.208-C2`

　世界の文化交流をコンセプトにした、ジンバランの観光スポット。230ヘクタールの広大な公園の頂に建つのは、巨大なガルーダ・ヴィシュヌ像。ヒンドゥー教の知性の神ヴィシュヌが翼を広げた神鳥ガルーダに乗る姿が表現されている。最新のテクノ

ロジーにより完成した展望台を併設する像は高さ75m（台座部分の建物を含めると高さ121m）。像の外面は銅貼りとなっており、銅で造られたインドネシア最大の文化遺産となっている。敷地内にはバリ舞踊を無料で見学できるシアターがあり、フードコートやジンバラン湾を一望できるカフェも営業。大規模なコンサートの会場としても利用されている。

2018年に完成したガルーダ・ヴィシュヌ像

✿絶景の地に建つ古刹 ★★★

ウルワツ寺院

Pura Luhur Uluwatu

`MAP P.134-C2`

ウルワツ寺院
入場 毎日7:00～19:00（日没）
料金 大人Rp.5万、子供Rp.3万
　タクシーやツアーバスでのアク
セスが一般的。
　毎日18:00～19:00には、ウル
ワツ寺院を望む切り立った広場で
ケチャダンス（別途Rp.15万を支
払う）も鑑賞できる。予約が多い
場合には19:00より2回目の公演
がある場合もあり。

寺院ではサルに注意
　ウルワツ寺院の敷地にいるサ
ルは危険。めがね、バッグ、帽
子などを奪われるケースもあるの
で、注意しておくこと。

　ジンバランから約10km、バドゥン半島の南西の外れにある寺院。ウルワツとは「岬」という意味で、その名が示すようにインド洋の荒波が打ち寄せる70mもの絶壁の上にある。言い伝えでは10世紀に高僧ウンプ・クトゥランEmpu Kuturanによって建立され、16世紀に高僧ニラルタがこの寺院を訪れてパドマサナ（最高神を祀る3層のメル）を増築したといわれており、現在もバリ島の最も由緒ある寺院のひとつだ。建物はサンゴ性石

小さな寺院が断崖の先端に建っている

灰岩で造られており、チャンディ・ブンタルやチャンディ・クルンにはガネーシャ神やカレ（魔神）の顔、不死鳥など見事な石彫りが見られる。

　その雄大なロケーションから、夕日の観賞スポットとしても人気が高い。夕日の時間帯は18:00～18:30の間で、ベストシーズンは7～9月。また周辺の**スルバン・ビーチ**Pantai Sulubanは、世

スルバン・ビーチへのアクセス
　ウルワツ寺院に向かう途中に
「サーフポイント」と示された看
板のある場所で右折し、約2km
行った所に駐車場がある。その
先をさらに250m歩き、崖の石段
を下りた所がスルバン・ビーチ。
ここに広がる海の景色は圧巻なの
で、サーフィンをしない人でも立
ち寄ってみよう。高台には景色を
楽しめるカフェも並んでいる。

界的なサーフポイントとして有名だ。特に乾季は多くのサーファーでにぎわい、サーフィンの国際大会も開かれている。

ウルワツ・エリアにはサーフポイントが多い

寺院と海を背景にしたドラマチックなケチャを楽しもう

✎ヒント　ウルワツ寺院のケチャ公演は人気が高いので、良席を確保するには開演の1時間前には到着しよう。屋根がないので強烈な日差し対策が必要。日焼け止め、帽子、サングラス、折りたたみ傘など忘れずに。

ショッピング　Shopping

近年はオシャレなギャラリーも増えてきている。ジェンガラ・ケラミックは、バリ有数のショッピングスポットとなっている。

エキゾチックなバリ陶磁器が揃う
ジェンガラ・ケラミック
Jenggala Keramik　**MAP P.209-C1**

ユニークなセンスと質の高さで知られるジェンガラ工房は、バリの自然からインスピレーションを受けた陶磁器の宝庫。ハスの葉やカエル、バリの女神などをモチーフとして使い、エキゾチックな作品を生み出している。その芸術世界に浸るならジンバランの巨大なショップへ足を運んでみよう。約3500種類もの全商品が整然と並んでいる。アートギャラリーやカフェテリアも併設されており、観光スポットとしても人気だ。

上／南国的なデザイン食器が揃っている
下／商品が整然と並ぶ大型ショップ

住所 Jl. Uluwatu II, Jimbaran
TEL (0361)703-311　URL jenggala.com
営業 毎日9:00～19:00　カード A J M V

シネコン完備の大型モール
サイドウォーク・ジンバラン
Sidewalk Jimbaran　**MAP P.208-C2**

ジンバラン・ビーチから2kmほど南にあるショッピングモール。インドネシア料理、中華、韓国料理のレストランや、JCOドーナッツ＆カフェなどグルメスポットが豊富。ジンバラン地区で最大級のスーパーマーケット「グルメマーケット・バイ・ペピート」はデリ系商品が充実している。バリ雑貨やリゾートウエアなどのショップもあるので、日本へのおみやげ探しにもおすすめだ。併設のシネコンでは平日Rp.4万～で映画も楽しめる(新作ハリウッド映画の公開が一般的に日本よりかなり早い)。

上／トルコアイスなど各国スイーツも味わえる
下／フルーツ売り場が充実したグルメマーケット・バイ・ペピート

住所 Jl. Raya Uluwatu No.138A, Ungasan
TEL (0361)446-9999　URL www.sidewalk.id
営業 毎日10:00～22:00(金・土・日～23:00)
カード M V(店舗により異なる)

---

information
ジンバラン地区のショッピングモール

グラライ国際空港にほど近いロケーションに建つ、ショッピングやグルメの複合施設。おしゃれなカフェやジェラート店など、気軽に使える飲食店が軒を並べている。大型スーベニアショップやグルメ食材が充実したスーパーマーケットも入店しているので、帰国便の出発までバラマキみやげを探すのにも便利なスポットだ。

S サマスタ・ライフスタイル・ビレッジ
Samasta Lifestyle Village
Map P.209-C1
住所 Jl. Wanagiri, Jimbaran
TEL (0361)446-8600
URL www.samastabali.com
営業 毎日 10:00～22:00
(店舗により異なる)
カード 店舗により異なる

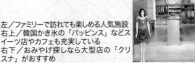

左／ファミリーで訪れても楽しめる人気施設
右上／韓国かき氷の「パッピンス」などスイーツ店やカフェも充実している
右下／おみやげ探しなら大型店の「クリスナ」がおすすめ

レストラン Restaurant

ジンバランでの食事はP.207で紹介しているイカン・バカール・ジンバラン（シーフード屋台）がおすすめ。ビーチ沿いには、眺めのいいレストランも並んでいる。

本格的なスペイン&バスク料理を提供
アクア・デ・ビルバオ
Akua de Bilbao　　MAP P.209-B1

シーフードの屋台が集まるクドガナン・ビーチ沿いにある開放的なダイニング。魚のフィレを芳醇なソースで味わうルビナ・バラムンディ・アラ・ビルバイナ（Rp.13万5000）やバスク・トラディショナル・チーズケーキ（Rp.6万）など、バスク地方の郷土料理が評判。スペイン人オーナーご自慢のイベリコハムを使ったイベリコ豚のサラミハム（Rp.37万5000）や、エビをオイルと塩で味わうガンバス・ラ・プランチャ（Rp.8万〜）など代表的なスペイン料理もおいしい。

上／バスク出身のシェフが腕を振るっている
下／パエリア・シーフードは2人前Rp.28万5000。種類豊富なワインと一緒に味わおう

住所 Jl. Pemelisan Agung No.27, Jimbaran
TEL 0816-800-542(携帯)　予算 ★★★★
営業 毎日12:00〜22:00(L/O→21:00)
税&サ +18%　カード AJMV　予約 不要
MENU 英語　スタッフ〜英語OK　Wi-Fi 無料

ステーキ肉と絵菜を自分好みにチョイス
R&B グリル・プライム
R&B Grill Prime　　MAP P.209-C2

食肉などを扱うミートショップの2階にあるレストラン。クオリティの高い肉が味わえるとあって、足しげく通うバリ在住者も多い。店内でステーキを食べるなら、まずは1階のショーケースから300〜500gの肉を選ぼう（グリル代は別途Rp.4万）。野菜・ポテト・ソースもRp.6万で追加してフルミールとして注文するのがおすすめだ（野菜・ポテトは6種類、ソースは8種類から選べる）。ステーキ&エッグス（Rp.9万8000）やプライム・バーガー（8万7000）などアラカルトもいろいろ。昼間からビール（Rp.3万〜）でゆっくり過ごすのもOK。

上／鶏か牛のソーセージを選べるプライムドッグRp.8万7000
下／ゆったりした店内はエアコンがガンガン効いている

住所 Jl. Raya Kampus Unud No.99, Jimbaran
TEL (0361)446-7171　予算 ★★★☆
営業 毎日10:00〜22:00(L/O→21:30)
税&サ +15%　カード AJMV　予約 不要
MENU 英語　スタッフ〜英語OK　Wi-Fi 無料

バリの無添加ソーセージを味わう
ブキットソーセージ
Bukit Sausage　　MAP P.134-C2

ライス・フォカッチャ・スープもセットで選べる

ジンバランからウルワツに向かう道路沿いにあるナチュラル志向のレストラン。日本人の女性オーナーが、子供に安心な無添加ソーセージを作り始めたのが開店のきっかけ。そのためソーセージやベーコンのほか、パンやデザートもすべてホームメイドとなっている。おすすめはブキット・プレート（Rp.7万8000）、フォカッチャ・サンドイッチ（Rp.5万8000）など。小売りもしているのでホテルで味わうのもいい。

住所 Jl. Raya Uluwatu Pecatu No.8X, Pecatu
TEL 0821-4444-3582(携帯)　予算 ★★★☆
URL bukitfoods.com　営業 月〜土8:00〜22:00(L/O→21:30)　税&サ 込み　カード AMV　予約 不要
MENU 英語　スタッフ〜英語OK

　レストラン記号一覧　予算=★500円以下　★★500円〜　★★★1000円〜　★★★★2000円〜
L/O =ラストオーダー　予約=予約の必要性　MENU =メニュー表記　スタッフ=スタッフの会話力　Wi-Fi =ネット環境

芸術的な料理を楽しむ庭園レストラン
カユマニス・レスト
Kayumanis Resto MAP P.209-B1

　カユマニス・ジンバラン（→P.86）のガーデンにたたずむ、ジョグロ建築の優雅なダイニング。アマン出身シェフのオカ氏が多彩なインドネシア料理を提供する。アヒル肉をスパイスで蒸し焼きにしたベベッ・パンガン・ムクドゥスのセット（Rp.30万）がシグネチャーメニュー。海の幸を存分に味わえるカランガンベパシー（Rp.37万5000）や牛肉料理ビーフ・ルンダン（Rp.16万）も絶品。タピオカとジャックフルーツのアイスクリームが乗った郷土スイーツのチェンドル（Rp.7万5000）も試してみよう。

繊細で味わい深い料理が堪能できる

住所 Jl. Yoga Perkanthi, Jimbaran
TEL (0361)705-777　予算 ★★★★
URL www.kayumanisresto.com
営業 毎日7:00 ～ 23:00(L/O→22:00)
税&サ +21%　カード A D J M V　予約 なるべく
MENU 日本語+写真付き　英語OK　Wi-Fi 無料

グルメに話題のダイニング
ラ・ブラスリー
La Brasserie MAP P.209-C1

　ウブドの人気店メルティング・ウォッの姉妹店がジンバランにオープン。フランス人の奥さんが提供するフレンチ家庭料理と、ラオス出身のご主人が作るラオス風ココナッツカレーが楽しめる。おすすめ料理はスモークサーモンやフェタチーズなどをパンに乗せたタルティーヌ（Rp.12万）やラオススタイルのカレー・ココ・ヌードル（Rp.8万）など。チョコレートフォンデュやクリームカラメルなどの本格的なデザート（Rp.2万5000～5万）も、ぜひ味わいたい逸品だ。

ダック・コンフィ Rp.18万(手前)

住所 Jl. Bukit Permai No.8, Jimbaran
TEL 0812-3950-0044(携帯)　予算 ★★★
営業 木～火9:00 ～ 22:00(L/O→21:00)
税&サ 込み　カード 不可
予約 不要　MENU 英語　英語OK　Wi-Fi 無料

バリ在住の日本人が通う店
九 by ワルン・ナミヤ
Kyu by Warung Namiya MAP P.209-C2

　バリ島に魅せられた日本人サーファーとバリ人の奥さんが営む和食ワルン。オーナーいち押しはジューシーなチキン唐揚げ（3個Rp.3万5000、5個Rp.4万8000、ライス付き＋ Rp.7000）。お好み焼き（Rp.3万2000 ～）やゴーヤのおひたし（Rp.1万8000）など、おつまみメニューも充実。ビンタンビールは小瓶でRp.3万。のんびりできる雰囲気と手頃な料金設定で、日本人在住者の隠れ家スポットとなっている。

トッピングソースが選べる絶品のチキン唐揚げ

住所 Jl. Taman Unud No.20, Jimbaran
TEL 0812-3789-8226(携帯)　予算 ★★★
営業 木～火11:00 ～ 22:00
税&サ 込み　カード 不可
予約 なるべく　MENU 日本語+写真付き　日本語OK

ジンバラン地区のおすすめ食堂

　高級リゾートが並ぶジンバランにも、手頃なワルンや人気のローカル食堂が点在している。

R チャンプル・チャンプルCampur Campur（Map P.208-C2　TEL 0812-3853-2548 携帯　営業 毎日9:00 ～ 21:00）は45種類の総菜を提供するナシチャンプル店。新鮮な食材を使ったバリ＆ジャワの郷土料理がメインだが、日替わりで多国籍メニューも味わえる。総菜を4～5品ほど選んでRp.3万～5万ほど。

ご飯は赤米やナシクニンも好みで選べる

R リンドゥ・ラサRindu Rasa（Map P.209-C1　TEL 0851-0908-1789 携帯　営業 毎日9:00 ～ 24:00）はスマトラ島の多彩な総菜が楽しめるパダン料理店。チキンをサンバル・ヒジョウであえたアヤムポップや、魚カレーのイカン・タクールなどスパイシーで深い味わい。ご飯と総菜を盛り合わせて1皿Rp.4万5000 ～。

テーブル席に小皿が並べられるので手をつけた料理のみ支払うシステム

R エルカブロンEl Kabron（Map P.134-C2　TEL 0813-3723-5750 携帯　営業 毎日11:00 ～ 23:00）はスペイン料理の絶景ダイニング。イベリコ豚のガスパチョ Rp.14万。

ホ テ ル Hotel

高級リゾートはバリ有数のクオリティで、近年はウルワツやウンガサン地区にヴィラが増加中。ただし、ホテルの絶対数は少なく中級〜格安は探すのに苦労する。ジンバラン＆周辺エリアの高級ホテルは、巻頭の「リゾートホテル最新ガイド」も参照。

高台からインド洋が広がる
ルネッサンス・バリ・ウルワツ

Renaissance Bali Uluwatu MAP P.208-C1

ウンガサン地区の丘に建つ全207室の高級ホテル。周囲にはゴルフコースや文化公園が点在し、オーシャンプールや、4つのレストラン＆バー、スパやフィットネスジム、専用ビーチクラブなど施設もハイレベル。客室はベーシックなガーデンビュールームでも43m²の広さで、全室にバスタブと眺めのいいバルコニーが付いている。Wi-Fi 客室OK・無料

開放感たっぷりのメインプール。下層には静かなロワープールも完備している

スイートのベッドルーム。モダンなインテリアは各カテゴリで共通

住所 Jl. Pantai Balangan I No.1, Ungasan
TEL (0361)200-3588
URL renaissancebali.com
税&サ +21%　カード A D J M V
料金 AC TV TUB ガーデンビュー①Rp.240万〜
　　 AC TV TUB オーシャンビュー①Rp.284万〜
　　 AC TV TUB スイートRp.315万〜
空港→車で40分(片道1台Rp.39万で送迎可)

観光にもビジネス滞在にも便利なリゾート
リンバ・ジンバラン・バリ
Rimba Jimbaran Bali MAP P.208-B1

アヤナ リゾートの敷地内に建つ全403室のホテル。小高い丘にビルディングタイプの客室が並んでおり、ジンバラン・ベイ側の客室やルーフトップバーから、インド洋を望むことができる。周囲の森と調和するようなオブジェが飾られた客室は、ツインルームも多いので友人同士の滞在にもオススメ。Wi-Fi 客室OK・無料

上／ジンバランベイルームのベッドルーム
下／メインプールの周りには東屋やカバナを完備している

住所 Jl. Karang Mas Sejahtera, Jimbaran
TEL (0361)846-8468
URL www.rimbajimbaran.com
日本予約　アヤナリゾート東京オフィス TEL (03)6459-3670
税&サ +21%　カード A J M V
料金 AC TV TUB リゾートビュールーム①Rp.243万〜
　　 AC TV TUB ジンバランベイルーム①Rp.383万〜
　　 AC TV TUB オーシャンビュールーム①Rp.465万〜
空港→車で20分(片道1台Rp.39万で送迎可)

500m のビーチ沿いに広がる
インターコンチネンタル・バリ
InterContinental Bali MAP P.209-C1

ジンバラン最大規模を誇る全417室の大型ホテル。広大な敷地には3つのプールとジャクージを完備。目の前のビーチにはマリンスポーツ・センターもあり、開放的なロケーションでアクティブに過ごしたい人にぴったりだ。すべての部屋は緑豊かな中庭に面しており、フローリングの床や壁に飾られたイカットが上品な雰囲気を演出している。Wi-Fi 客室OK・無料

上／広大な3つのプールを完備している
下／客室は49m²のゆったりサイズ

住所 Jl. Raya Uluwatu No.45, Jimbaran
TEL (0361)701-888
URL www.bali.intercontinental.com
税&サ 込み　カード A D J M V
料金 AC TV TUB ガーデンビュー①US$210〜
　　 AC TV TUB シガラジャ・ラウンジ・アクセス①US$305〜
　　 AC TV TUB スイートUS$716〜
空港→車で15分(片道1台Rp.55万〜で送迎可)

ホテル設備の記号一覧　AC=エアコン　TV=テレビ　TUB=バスタブ　Wi-Fi=ネット環境　=プール　=レストラン　=スパ　=室内金庫　=冷蔵庫　=ドライヤー　=日本語スタッフ　=朝食

開放的なビーチフロントで過ごせる
ジンバラン・ベイ・ビーチ
Jimbaran Bay Beach
MAP P.209-B1

とにかくビーチに面したロケーションがすばらしい。全117室はタルナジャヤやレゴンクラトンなど舞踊名で11のカテゴリに分かれている。外側から室内が見えてしまう場合もあるので3階以上の部屋を指定しよう。**Wi-Fi** 客室OK・無料

国際空港から近く夕景も満喫できる好立地

住所 Jl. Pantai Kedonganan No.888, Kedonganan
TEL (0361)705-999　URL jimbaranbaybeach.com
税&サ +21%　カード AJMV
料金 AC TV TUB マヌラワDRp.66万〜
　　 AC TV TUB タルナジャヤDRp.75万〜
　　 AC TV TUB レゴンクラトンDRp.172万〜
空港→車で15分(片道1台Rp.15万〜で送迎可)

日本からのツアーでも利用される4つ星ホテル
ウォーターマーク・バリ・ジンバラン
Watermark Bali Jimbaran
MAP P.209-A2

ジンバラン中心部の便利な立地に建つ、全143室のホテル。水をデザインコンセプトにしており、1階のメインプールのほか屋上にも涼しげなプールを配置。スーペリアの室内も32㎡と快適な広さで、キッズクラブ(2〜12歳)も完備している。**Wi-Fi** 客室OK・無料

スーペリアは木を使った落ち着いたインテリア

住所 Jl. Uluwatu No.88, Kedonganan
TEL (0361)472-5100
URL www.watermark-bali.com
税&サ +21%　カード JMV
料金 AC TV TUB スーペリアDRp.72万〜
　　 AC TV TUB スイートRp.122万〜
空港→車で15分(片道1台Rp.15万で送迎可)

ひっそりとしたヤシの木立のなかに建つ
プリ・バンブー
Puri Bambu
MAP P.209-A2

全48室のこぢんまりした中級ホテル。部屋は3タイプに分かれているが、基本的な設備は同じ。スタンダードでも値段のわりに広く、バルコニーもゆったりめに造られている。公式サイト予約でシーズンにより20%程度の割引可。**Wi-Fi** 公共エリアのみ・無料

客室が青いプールを囲むレイアウト

住所 Jl. Pengeracikan, Kedonganan, Jimbaran
TEL (0361)701-377　FAX (0361)701-440
URL www.hotelpuribambu.com
税&サ 込み　カード AJMV
料金 AC TV TUB スタンダードDRp.95万〜
　　 AC TV TUB スーペリアDRp.105万〜
　　 AC TV TUB デラックスDRp.130万〜
空港→車で15分(直接予約は無料送迎可)

浜辺に近くてリーズナブル
バリ・ブリーズ
Bali Breezz
MAP P.209-B1

ビーチから100mほど東。緑に囲まれたプールとレストランを完備し、コスパの高さから長期滞在する欧米人旅行者も多い。スーペリア(17㎡)はやや手狭なので、宿泊料がほとんど変わらないデラックス(26㎡)を指定しよう。**Wi-Fi** 客室OK・無料

コテージのように客室が並んでいる

住所 Jl. Pantai Sari No.23, Jimbaran
TEL (0361)708-524
URL www.breezzhotel.com
税&サ 込み　カード AJMV
料金 AC TV TUB スーペリアDRp.70万〜
　　 AC TV TUB デラックスDRp.72万〜
　　 AC TV TUB プレミアDRp.96万〜
空港→車で15分(片道1台Rp.15万〜で送迎可)

夜遅くのバリ到着にも便利
ヴィラ・ハッピー
Villa Happy
MAP P.209-A1

スタンダードコテージの室内

グララス空港から2kmほど南、ジンバランの浜辺まで徒歩3分。シーフード食堂街や海辺の散歩が気軽に楽しめる立地がうれしい。客室は広々としているが、バスルームなどは老朽化しており値段相応の内容。**Wi-Fi** 客室OK・無料

住所 Jl. Pemelisan No.12B, Kedonganan
TEL (0361)702-516　税&サ 込み　カード MV
料金 AC TV TUB スタンダードコテージDRp.30万〜
　　 AC TV TUB デラックスDRp.35万〜
空港→車で15分(片道1台Rp.15万〜で送迎可)

ハミダシ　Hココ・デ・ヘヴン・ハウスCoco de Heaven House (Map P.209-A2　TEL 0812-4657-8446 携帯)はジャラン・バイパス沿いにあるプール付きのゲストハウス。スタンダードDRp.30万〜。

ヌサドゥア＆ブノア
Nusa Dua & Benoa

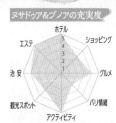

ヌサドゥア＆ブノアの充実度

（レーダーチャート：ホテル、ショッピング、グルメ、バリ情緒、アクティビティ、観光スポット、治安、エステ）

ヌサドゥアはビーチに沿って世界的な高級ホテルが並ぶエリア。レストランやスパも、多くのホテルで併設されている（ショップはクタに比べると見劣りする）。その北に延びるブノアは、大型ホテルのほかにマリンスポーツ施設も充実。治安は良好だが、アクティビティの事故には注意。

ヌサドゥア＆ブノアへのアクセス

空港〜ヌサドゥア＆ブノア
空港からエアポートタクシーで20〜40分(定額運賃はRp.23万〜30万)。ヌサドゥア＆ブノアから空港へはメータータクシーでRp.10万〜16万ほど。

タクシー
スミニャックから	約50〜60分 Rp.16万〜
クタから	約30〜50分 Rp.12万〜
ジンバランから	約10〜15分 Rp.7万〜
サヌールから	約50〜60分 Rp.20万〜
ウブドから	約90分 Rp.36万〜

✉ **バリでも新札が流通**
2023年春からルピア新札がバリでもかなり出回っています。現状では旧札と半々くらいですが、新札はひと回り小さく、子供銀行のお金みたいに思えちゃいます。
（ヌサドゥア在住 M.N. '23）

ルネッサンス・バリ・ヌサドゥアなど最高級ホテルが続々とオープン

　リゾートを求めてバリにやってくる人にとって、ヌサドゥアは究極の地といっていい。1971年、インドネシア政府はバリの観光化を促進するため、ある計画を打ち出した。バリの人々に観光による悪影響を及ぼさず、しかも東洋一のリゾートを造る。それが基本コンセプトだった。空港からのアクセスのよさ、白砂のビーチ、珊瑚礁によって造られたラグーン……。当時静かな漁村だったヌサドゥア（ブアル地区）が、政府の計画を実行するには最も適した場所であった。そして、次々と世界的なホテルチェーンが進出し、現在のヌサドゥアが誕生した。

　政府の計画どおり、ヌサドゥアはバリの中に造られたリゾートタウンだ。エリア内には快適なホテルが建ち、プライベートビーチで思う存分に完璧なバカンスが楽しめ、夜になると「バリらしさ」を演出するための芸能イベントが催される。バリの人々に影響を与えないよう、エリアは完全に仕切られ、人々の生活臭はほとんど感じられない。落ち着いたロケーションで、優雅に休日を過ごすのには最適のエリアだろう。その北部に延びるブノア地区はマリンアクティビティで有名だ。

---

information

のんびりとアートの世界に浸れる美術館

閑静なリゾートエリアに建つ**パシフィカ美術館**は、絵画鑑賞の穴場スポット。広大な11の展示室には、ニョマン・レンバッドやアファンディなど国内アーティスト

著名な画家の作品をじっくり鑑賞できる

のほか、ルドルフ・ボネやアリー・スミットなどバリ島に住んだ外国人画家の作品も豊富に展示。特に第6展示室に飾られたスイス人画家セオ・メイヤーのコレクションが圧巻だ。

●パシフィカ美術館 Museum Pasifika
Map P.218-C2
TEL (0361)774-935
URL www.museum-pasifika.com
営業 毎日10:00〜18:00
料金 Rp.10万(オンライン予約で10%割引あり)

!ヒント ブノア地区は宿泊料金に食事＆ドリンク代を含んだ「オールインクルーシブ」のホテルが増加中。ビーチアクティビティも料金に含まれる場合もあり、欧米からの旅行者に人気がある。

ORIENTATION　歩き方

　ヌサドゥアは主要な通りにチャンディ・ブンタル（バリ寺院の割れ門）を模したゲートが造られたバリ最大のリゾートエリア。白砂のビーチに面して高級ホテルが建ち並んでいる。だから、ヌサドゥアにはこれといった「歩き方」は存在しない。ただ、ちょっと隣のホテルへとか、ちょっと周辺のショップまでといったときに歩くか、それともタクシーを使うかの選択が必要になるだけだ。

　ヌサドゥアの北側に延びる岬の町ブノアは、マリンスポーツのスポットとして有名。マリンスポーツ・ショップが軒を並べ、各種アクティビティを満喫できる。ヌサドゥアとは少し趣が異なり、高級リゾートの合間に格安～中級ホテルや手頃なレストランも点在して、のんびりした雰囲気だ。

ファミリー向けホテルが充実

　ブノア岬の先端にあるのは、かつて港町として栄えた村ののどかな光景。バリ寺院、モスク、仏教寺院などが並び、どことなく不思議な情緒を感じる無国籍地帯だ。バリの生活を垣間見るために、足を運んでみるのもいいだろう。

ACTIVITY　アクティビティ

マリンスポーツならブノアがいちばん！

　ブノアはマリンアクティビティの中心地として、バリで最もにぎわっているエリア。海は珊瑚礁に囲まれたラグーンのようになっているので、遠浅で波も穏やかだ。ヌサドゥアはもちろん、クタ＆レギャンなどからもパラセイリングやジェットスキーを楽しみに観光客がやってくる。ビーチ沿いには、いくつもマリンアクティビティ・ショップがあるので、何軒かあたってみてスタッフの雰囲気、値段など納得のいくショップで申し込もう。

マリンスポーツを満喫しよう

配車サービスの利用状況
　GrabやGojekなどの配車サービス（→P.425）が利用できる。各ホテルやスーパーなどで呼び出せば、スムーズにマッチングされる。Grabでは「Grab Nusa Dua」というサービスしか選択できないケースもあるので注意（その場合は通常運賃より割高になる）。

ブノアのビーチアクティビティ
　一般的な料金は次のとおり。
▶パラセイリング　Rp.39万～/1回
▶ジェットスキー Rp.35万～/15分
▶フライフィッシュ
　　　　　　　Rp.35万～/2回
▶ドーナッツボート
　　　　　　　Rp.17万～/15分
▶ウェイクボード
　　　　　　　Rp.42万～/15分
▶フライボード　Rp.65万～/15分
▶スノーケリングツアー（2名以上）
　　　　　　　Rp.45万～/1時間
▶バナナボート（2名以上）
　　　　　　　Rp.15万～/15分
　マリンアクティビティを扱うショップはビーチ沿いにたくさんあるが、おすすめしたいのは下記のショップだ。
●Benoa Marine Recreation MAP P.219-A1
TEL (0361) 771-757
URL www.bmrbaliofficial.com

アクティビティに関する注意
　ブノアのビーチだけでなく、クタ・スクエアなど旅行者が集まるスポットで、マリンスポーツに勧誘されてトラブルになったという報告が多い。例えば、「僕の紹介だと料金が安くなる」とか「無料で送迎する」などという誘いに乗ってしまい、実際は現地ショップで直接申し込むよりも高い料金を請求された、といったケース。マリンスポーツをするならば、評判のよいきちんとしたショップを利用すること。

ブノア
Benoa

モスク
仏教寺院
クイックシルバー・ハーバー

サカラ・リゾート
Sakala Resort
サカラ・ビーチクラブ
Sakara Beach Club

チャングー　デンパサール
クロボカン・
スミニャック・
サヌール
レギャン・
クタ・
空港✈
ジンバラン・
ブノア
ヌサドゥア

トゥンクルン
Tengkulung

ノボテル・バリ・ブノア
Novotel Bali Benoa

ラサ・サヤン・ビーチ・イン
Rasa Sayang Beach Inn

グランド・ミラージュ・リゾート
Grand Mirage Resort

ブノア湾
Teluk Benoa

ブンブ・バリ 2
Bumbu Bali 2

ルマ・バリ
Rumah Bali

ニッコー・バリ・ベノアビーチ
Nikko Bali Benoa Beach

トゥロラ
Terora

ブノア半島
Tanjung Benoa

バドゥン海峡
Selat Badung

コンラッド・バリ
Conrad Bali

ザ・ロイヤル・サントリアン
The Royal Santrian

サマサマ
Sama Sama

バリ・トロピック　Bali Tropic

エリーズ
Ellie's

アディ・スパ
Adi Spa

ソル・ブノア・バリ
Sol Benoa Bali

ジ・アムルタ
The Amerta ▶P.54

ザ・クリスタル・ラグジュアリーベイ
The Crystal Luxury Bay

北ゲート
クラブメッド・バリ
Club Med Bali ▶P.225

ソフィテル・バリ・ヌサドゥア
Sofitel Bali Nusa Dua ▶P.225

フランジパニ・エステティックス
Frangipani Esthetics
▶P.55

Jl. Pratama Raya

Nusa Dua 2

ヌサドゥア
Nusa Dua

ソースパ
So Spa ▶P.66

Bualu 1

カユマニス・スパ・アット・ヌサドゥア
Kayumanis Spa at Nusa Dua ▶P.67

ヌサドゥア・ビーチ・ホテル＆スパ ▶P.226
Nusa Dua Beach Hotel & Spa

▶P.84 カユマニス・ヌサドゥア
Kayumanis Nusa Dua

ウェスティン・リゾート・ヌサドゥア ▶P.22
Westin Resort Nusa Dua

警察署✕
KFC

ムンブル
Mumbul

Nusa Dua 1

郵便局

Bali Nusa Dua
Convention Center

ラグーナ・リゾート＆スパ ▶P.224
Laguna Resort & Spa

メリア・バリ ▶P.226
Melia Bali

▶P.222 BIMCシロムホスピタル
BIMC Siloam Hospital

パシフィカ美術館 ▶P.216
Museum Pasifika

▶P.37 バビグリン・バッ・ドビール
Babi Guling Pak Dobiel

ブアル
Bualu

▶P.223 アートカフェ・ブンブバリ
Art Cafe Bumbu Bali

サンティカ・シリギタ
Santika Siligita

バリ・コレクション
Bali Collection ▶P.220

BTDC 1

デヴダンDevdan ▶P.217

ケケブ・レストラン
Kekeb Restaurant ▶P.223

Jl. Sikandi
Jl. Siligita

Mai Mai

神楽
Kagura

グランド・ハイアット・バリ
Grand Hyatt Bali ▶P.225

ベベ・ブンギル
Bebek Bengil ▶P.223

ブミン
Peminge ▶P.74

メルキュール・バリ・ヌサドゥア
Mercure Bali Nusa Dua ▶P.226

ウラム
Ulam

南ゲート

インナ・プトゥリ
Inna Putri

ルネッサンス・バリ・ヌサドゥア・リゾート
Renaissance Bali Nusa Dua Resort

アヨディア・リゾート ▶P.226
Ayodya Resort

ウオーターブロ
Waterblow ▶P.220

▶P.62 ザ・スパ・アット・ルネッサンス
The Spa at Renaissance

マリオット・バリ・ヌサドゥア・テラス
Marriott's Bali Nusa Dua Terrace ▶P.25

ノボテル・バリ・ヌサドゥア
Novotel Bali Nusa Dua ▶P.226

バリ・ナショナル・ゴルフ
Bali National Golf ▶P.122

アマン・ヴィラス・アット・ヌサドゥア
Aman Villas at Nusa Dua

セントレジス バリ リゾート
St.Regis Bali Resort ▶P.79

江戸銀 ▶P.222
Edogin

ゲゲル・ビーチ
Geger Beach

ブアル
Bualu

▶P.222 タパビストロ TAPA Bistro

▶P.65 ザ・スパ The Spa ▶P.84

ザ・バレ The Bale

ソレイユ
Soleil ▶P.221

ザ・ムリア、ヌサドゥア・バリ
The Mulia, Nusa Dua-Bali ▶P.76

▶P.76 ムリア ヴィラス、ヌサドゥア・バリ
Mulia Villas, Nusa Dua-Bali

ムリア リゾート、ヌサドゥア・バリ
Mulia Resort, Nusa Dua-Bali ▶P.76

Jl. Dharmawangsa

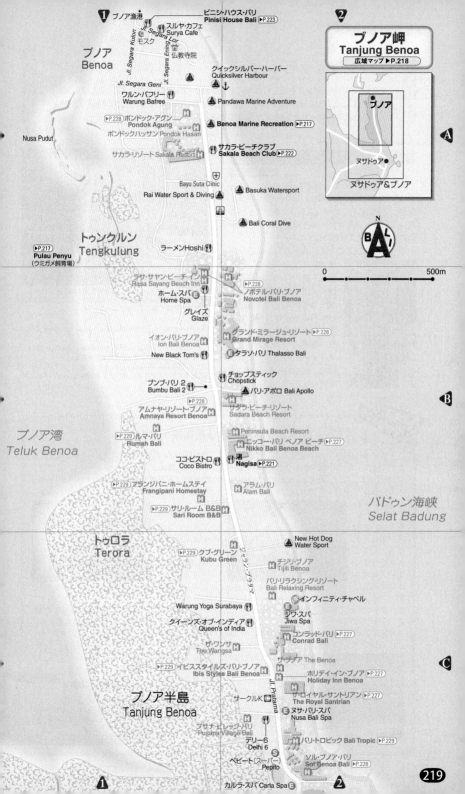

ブノア岬
Tanjung Benoa
広域マップ ▶P.218

ブノア漁港
ビニシ・ハウス・バリ
Pinisi House Bali ▶P.223

スルヤ・カフェ
Surya Cafe
セガラ・ロル Segara Lor
モスク
仏教寺院

ブノア
Benoa

Jl. Segara Kulon
Jl. Segara Ening
Jl. Segara Geni

クイックシルバー・ハーバー
Quicksilver Harbour

ワルン・バフリー
Warung Bafree

Pandawa Marine Adventure

ポンドック・アグン ▶P.228
Pondok Agung
ポンドックハッサン Pondok Hasan

Benoa Marine Recreation ▶P.217

サカラ・ビーチクラブ
Sakala Beach Club ▶P.222

サカラ・リゾート Sakala Resort

Nusa Pudut

Bayu Suta Clinic

Rai Water Sport & Diving

Basuka Watersport

Bali Coral Dive

トゥンクルン
Tengkulung

▶P.217
Pulau Penyu
(ウミガメ飼育場)

ラーメンHoshi

ラサ・サヤン・ビーチ・イン
Rasa Sayang Beach Inn

ホーム・スパ
Home Spa

グレイズ
Glaze

▶P.228
ノボテル・バリ・ブノア
Novotel Bali Benoa

イオン・バリ・ブノア
Ion Bali Benoa

New Black Tom's

グランド・ミラージュ・リゾート ▶P.228
Grand Mirage Resort

タラソ・バリ Thalasso Bali

チョップスティック
Chopstick

ブンブ・バリ 2
Bumbu Bali 2

バリ・アポロ Bali Apollo

アムナヤ・リゾート・ブノア ▶P.228
Amnaya Resort Benoa

サダラ・ビーチ・リゾート
Sadara Beach Resort

▶P.229 ルマ・バリ
Rumah Bali

Peninsula Beach Resort

ニッコー・バリ ベノア ビーチ ▶P.227
Nikko Bali Benoa Beach

ブノア湾
Teluk Benoa

ココ・ビストロ
Coco Bistro

渚
Nagisa ▶P.221

▶P.229 フランジパニ・ホームステイ
Frangipani Homestay

アラム・バリ
Alam Bali

▶P.229 サリ・ルーム B&B
Sari Room B&B

バドゥン海峡
Selat Badung

トゥロラ
Terora

New Hot Dog
Water Sport

▶P.229 クブ・グリーン
Kubu Green

チジリ・ブノア
Tijili Benoa

バリ・リラクシング・リゾート
Bali Relaxing Resort

Warung Yoga Surabaya

インフィニティ・チャペル

クイーンズ・オブ・インディア
Queen's of India

ジワ・スパ
Jiwa Spa

ザ・ワンサ
The Wangsa

コンラッド・バリ ▶P.227
Conrad Bali

ザ・ブノア The Benoa

イビススタイルズ・バリ・ブノア
Ibis Styles Bali Benoa

ホリデイ・イン・ブノア ▶P.227
Holiday Inn Benoa

Jl. Pratama

サークルK

ザ・ロイヤル・サントリアン ▶P.227
The Royal Santrian

ブノア半島
Tanjung Benoa

ヌサ・バリ・スパ
Nusa Bali Spa

プサナ・ヴィレッジ・バリ
Pusana Village Bali

デリー6
Delhi 6

バリ・トロピック Bali Tropic ▶P.229

ペピート(スーパー)
Pepito

ソル・ブノア・バリ
Sol Benoa Bali ▶P.228

カルラ・スパ Carla Spa

0   500m

BALI
N

ブノア
ヌサドゥア
ヌサドゥア&ブノア

A

B

C

ショッピング 🧁 Shopping

ヌサドゥアでショッピングを楽しむなら、まずはバリ・コレクションへ。中心となるSOGOは品揃えも豊富だ。そのほか、各大型ホテル内にギャラリーやショップがあるほか、ブノア岬の北側にローカルショップが点在している。

🐦 ヌサドゥア地区の大型モール

バリ・コレクション
Bali Collection
MAP P.218-C2

ヌサドゥアの中心部に位置する一大ショッピングエリア。広大な敷地内にはブティックやギフトショップをはじめ、各種レストランやカフェが点在。ヌサドゥア＆ブノアの主要ホテルからは無料のシャトルバスも運行している。

中心となる**SOGO** (TEL (0361)772-655　営業 毎日10:00〜22:00)は衣類＆下着、サンダル＆ミュール、スポーツ用品など充実したラインアップ。雑貨などのおみやげは、アルンアルンなどで探すといいだろう。各国レストランからアイスクリームショップまで揃うので、グルメスポットとしても利用してみたい。

左／リゾートファッションやバリ雑貨を探すならSOGOへ
右／広い敷地内にはカフェやレストランも点在。2023年8月の時点では一部エリアがクローズしている

住　所 Kawasan Pariwisata Nusa Dua Komplek ITDC, Nusa Dua
TEL (0361)771-662　URL www.bali-collection.com
営業 毎日10:00〜22:00(店舗により異なる)
カード 店舗により異なる
送迎 ヌサドゥア地区の主要ホテルより無料のシャトルバスが運行している

Area Topics

ヌサドゥアからバリ最南端エリアへ

ヌサドゥア周辺には海の絶景スポットが点在。まずはパワスポとして知られる**ウオーターブロー Waterblow** (Map P.218-C2　毎日9:00〜18:00、入場料Rp.2万5000)へ。飲食店が集うバリ・コレクションから歩いて行くと、荒々しい火山岩が海辺にそびえ、そこに波が押し寄せて盛大に水しぶきが吹き上がっている。

時期によって8mもの波が吹き上がるウオーターブロー

陽光でキラキラと飛沫が輝く光景を目の当たりにすると心身が浄化されそうだ。

パンダワ・ビーチPandawa Beach (Map P.135-C3)へは車の手配が必要。ホワイトサンドが広がるバリ島で最も美しいビーチのひとつで、波打ち際もとても穏やか。観光客用の海の家も並んでおり、泳いだ後に真水のシャワーも浴びられる。その1kmほど西にある**パンタイ・バトゥ・バラッ Pantai Batu Barak** (Map P.135-C3)は知る人ぞ知る隠れ家ビーチ。巨大な岩を削って造った道路の先に見えてくる壮大な光景は感動的だ。

さらに2km西には、高級ビーチクラブが並ぶ**ムラスティ・ビーチMelasti Beach** (Map P.135-C3)が広がっている。「バリ島最南端の地」と呼ばれる埠頭はプレウエディングの撮影スポットとしても人気が高い。

撮影用のブランコなども設置されたパンダワ・ビーチ

潮の満ち引きが激しいパンタイ・バトゥ・バラッ

最旬ビーチクラブが点在しているムラスティ・ビーチ

✏️ **投稿** 2022年オープンのSurf skate park cintalam (Map P.135-C3)は日本人が手作りで完成させた屋内でサーフスケートボードを楽しめる施設です。カフェも併設されてます。(神奈川県　翔平 '23)

レストラン 📖 Restaurant

ヌサドゥアの各ホテル内にはシーフードをはじめ、ヨーロピアン、中華、和食などの各国レストランが揃っている。バリ・コレクション内などのレストランでは、ヌサドゥア地区内の無料送迎サービスも行っている。

インターナショナル＆各国料理

リゾート感たっぷりのダイニング
ソレイユ
Soleil MAP P.218-C2

地中海料理やパンアジア料理が満喫できるムリア リゾート(→P.76)内にある高級ダイニング。おすすめはエビやカニが入ったトスカーナ風シチューのカッチュッコ、炭火でタコをグリルしたピオブラ、ジャンボ・リバープラウンを使ったトムヤムクンなど新鮮な魚介メニューの数々(メイン料理はRp.25万〜)。

また、日曜11:00〜15:00のソレイユブランチ(Rp.82万9000、アルコール込みはRp.139万9000)ではビュッフェスタイルでグルメ三昧が楽しめる。ビーチが望めるエレガントな雰囲気のなか、厳選された高級食材を使った絶品メニューを堪能しよう。

左／エビや貝など魚介類たっぷりのカッチュッコ
右／グルメリゾートとして名高いムリアのダイニング

※一部メニューは変更の可能性があります

住所 The Mulia, Mulia Resort & Villas - Nusa Dua, Bali 内, Jl. Raya Nusa Dua Selatan, Kawasan Sawangan, Nusa Dua
TEL (0361)301-7777　予算 ★★★★
URL muliadining.com/bali/soleil
営業 毎日11:00〜23:00(L/O→22:30)
税&サ +21%　カード A J M V　予約 不要
MENU 英語　🗣英語OK　Wi-Fi 無料

美食の海中世界へと誘うダイニング
コーラル
Koral MAP P.135-C4

最高級リゾートのジ アプルヴァ ケンピンスキー(→P.80)で話題を集めているグルメスポット。本格的な水族館レストランはバリ島唯一で、優雅に泳ぐ熱帯魚やサメを眺めながら、シーフード料理が味わえる。コース料理はRp.88万8000〜で、テーブル予約にはデポジットが必要。ドレスコードはスマートカジュアル。

テーブル位置の事前予約は受け付けていない

住所 Jl. Raya Nusa Dua Selatan, Sawangan, Nusa Dua
TEL (0361)209-2288　予算 ★★★★
URL www.kempinski.com/en/the-apurva-kempinski-bali/restaurants-bars
営業 毎日12:00〜15:00、17:00〜22:30(L/O→22:00)
税&サ +21%　カード A D J M V
予約 必須　MENU 英語　🗣英語OK　Wi-Fi 無料

居酒屋スタイルがコンセプト
渚
Nagisa MAP P.219-B2

ニッコー・バリ ベノア ビーチ(→P.227)内にある日本食レストラン。寿司、丼もの、焼き鳥などメニューが充実。海鮮料理や牛サーロインをシェフのパフォーマンスとともに提供する鉄板焼きコーナーも評判だ。おすすめはサーモンスパイシーロール(Rp.16万5000)や焼き鳥盛り合わせ(Rp.10万)など。そばやうどんもあるので日本の味が恋しくなったら立ち寄ってみよう。

取れたての魚介を使った刺身や寿司も楽しめる

住所 Jl. Pratama No.68X, Tanjung Benoa
TEL (0361)773-577　予算 ★★★★
URL hotelnikkobali-benoabeach.com
営業 水〜日12:00〜22:00(L/O→21:00)
税&サ +21%　カード A J M V　予約 不要
MENU 日本語　🗣英語OK　Wi-Fi 無料

レストラン記号一覧　予算=★500円以下　★★500円〜　★★★1000円〜　★★★★2000円〜
L/O=ラストオーダー　予約=予約の必要性　MENU=メニュー表記　🗣=スタッフの会話力　Wi-Fi=ネット環境

開放的なグルメスポット
サカラ・ビーチクラブ
Sakala Beach Club
MAP P.219-A1

洗練されたフレンチ＆アジア料理が楽しめる海沿いのファインダイニング。メニューはベイクド・タスマニアン・サーモン(Rp.19万5000)、ビーフ・ルンダン(Rp.19万5000)などが看板料理。ライティングが映えるディナータイムはムード満点のロマンティックな雰囲気に包まれる。ミニマムチャージは飲食のみでRp.10万(1名)、プール利用＆飲食でRp.15万(1名)。

ブノア岬のビーチフロントに建つ

住所 Jl. Pratama No.95, Tanjung Benoa
TEL (0361)775-216　予算 ★★★★
営業 毎日10:00 〜 22:00(L/O→21:30)
税＆サ +21%　カード MV
予約 ディナーなるべく
MENU 英語　英語OK　Wi-Fi 無料

懐石料理からラーメンまでメニュー多彩
江戸銀
Edogin
MAP P.218-C2

ムリア リゾート(→P.76)内にある本格的な日本食レストラン。上品なインテリアの店内にはテーブル席のほか鉄板焼きカウンターを完備。おすすめメニューは各種ラーメンや銀ダラの西京焼きで、メイン料理はRp.25万〜。金曜〜日曜18:00〜23:00には鉄板焼きや天ぷら、寿司、刺身などが食べ放題の鉄板焼きビュッフェ(Rp.63万9000〜)が人気を集めている。ちょっとドレスアップして優雅に食事を楽しんでみたい。

厳選食材を使った鉄板焼きが楽しめる

住所 The Mulia, Mulia Resort & Villas - Nusa Dua, Bali 内, Jl. Raya Nusa Dua Selatan, Kawasan Sawangan, Nusa Dua　TEL (0361)301-7777　予算 ★★★★
URL muliadining.com/bali/edogin
営業 毎日18:00〜23:00(L/O→22:30)
税＆サ +21%　カード AJMV
予約 必須　MENU 日本語　英語OK　Wi-Fi 無料

隠れ家ダイニングで大人の時間を
タパ・ビストロ
TAPA Bistro
MAP P.218-C2

ザ・バレ(→P.84)内にあるカジュアルなタパス料理店。インドネシア料理を含む世界各地の味が小皿で提供され、種類豊富なカクテル(Rp.13万〜)と一緒に楽しめる。シェフのおすすめはパン・シーレッド・バラムンディ(Rp.9万)や、グリルド・モロッカン・ラム・カットレット(Rp.12万)など。黄昏時をムーディに過ごせるスポットとして近隣の大型ホテルからのビジター利用も多い。

タパス形式で好きな料理を味わおう

住所 Jl. Raya Nusa Dua Selatan, Nusa Dua
TEL (0361)775-111　予算 ★★★★
URL www.thebale.com/tapa-nusa-dua
営業 火〜日17:00 〜 23:00(L/O→22:30)
税＆サ +21%　カード AJMV
予約 不要　MENU 英語　英語OK　Wi-Fi 無料

青い海を望む隠れ家ダイニング
ヌサドゥア・ビーチグリル
Nusa Dua Beach Grill
MAP P.135-C4

イタリア人シェフ監修のシーフードレストラン。ゲゲール・ビーチを望む美しい立地にあり、リピーターの隠れ家スポットにもなっている。シェフのおすすめ料理はシーフード・ラビオリ(Rp.13万)、グリルドツナアボカド(Rp.11万)。ロブスターやキングプロウンなど海の幸を贅沢に盛り合わせたシーフードプラッター(2人前Rp.65万)もお得感たっぷりだ。テーブルは気分に合わせて開放的なシーサイド席や、屋内のダイニング席を選ぼう。

海沿いのテラス席がおすすめ

住所 Jl. Pura Geger, Nusa Dua
TEL 0811-3983-779(携帯)　予算 ★★★★
URL nusaduabeachgrill.com　営業 毎日9:00〜21:00
(L/O→20:30)　税＆サ +18%　カード JMV
予約 なるべく　MENU 英語　英語OK　Wi-Fi 無料

インドネシア＆シーフード料理

カリスマの逸品を味わうアート空間
アートカフェ・ブンブ バリ
Art Cafe Bumbu Bali　　MAP P.218-C1

高級リゾートのシェフを歴任したハインツ氏がプロデュースするバリ＆インドネシア料理のレストラン。看板メニューはエビをライムなどと煮込んだサンバル・ウダン(Rp.24万)、牛肉ココナッツミルク煮のべ・サンピ・ムバセ・バリ(Rp.14万5000)、子羊コココナッツミルクシチューのカンビン・ムクア(Rp.15万)など。洗練されたアート空間で芸術作品のような料理が味わえる。

単品料理には総菜の小鉢とご飯が付く

住所 Jl. Pintas Siligita No.101C, Nusa Dua
TEL (0361)772-344　予算 ★★★★
URL www.artcafebumbubali.com
営業 毎日11:00～22:00(L/O→21:30)
税&サ +21%　カード AMV
予約 なるべく　MENU 英語　英語OK　Wi-Fi 無料

アヒル料理など地元の味が勢揃い
ベベ・ブンギル
Bebek Bengil　　MAP P.218-C2

ウブドの老舗レストランがヌサドゥアに登場。約100席もの広い客席は、半オープンで明るい雰囲気(海も眺められる敷地奥のバレ席がおすすめ!)。店のおすすめメニューはカラッと揚げたアヒル料理に野菜とサンバルが付くべべ・ブンギル(Rp.13万9500)。海の幸を楽しめるグリルシーフード(Rp.13万2000)や、ブラックルシアンパイ(Rp.8万)などのスイーツも評判だ。

アヒル料理はバリの名物メニュー

住所 ITDC Area Lot-C-0, Nusa Dua
TEL (0361)894-8111　予算 ★★★★
URL www.bebekbengil.co.id
営業 毎日10:00～22:00(L/O→21:30)
税&サ +21%　カード AJMV　予約 不要
MENU 英語　英語OK　Wi-Fi 無料

ヌサドゥアのビーチを一望できる
ケケブ・レストラン
Kekeb Restaurant　　MAP P.218-C2

ビーチフロントにあるバリ＆インドネシア料理のレストラン。開放的なテーブル席やビーチフロントのテラス席のほか、注文した料理を浮かべて水中で味わえるプールも完備している。チキンサテ8本セット(Rp.12万5000)、BBQビーフリブ(Rp.16万5000)、チキンベトゥトゥ＆サテ(Rp.15万5000)など、ワンプレートでも数人でシェアして楽しめるメニューが人気。7種類の総菜がセットになったベジタリアン・ディッシュ(Rp.16万5000)や、ご飯や野菜も付くグリル・フィッシュ(500gでRp.13万)も提供している。

店いち押しのバリニーズ・ミックスサテ

住所 ITDC Area Lot C-0, Nusa Dua
TEL 0877-6155-6688(携帯)　予算 ★★★☆
URL www.kekebrestaurant.com
営業 毎日10:00～22:00(L/O→21:00)
税&サ +16.6%　カード MV
予約 不要　MENU 英語+写真付き　英語OK　Wi-Fi 無料

ローカルツーリストに大評判
ピニシ・ハウス・バリ
Pinisi House Bali　　MAP P.219-A1

ブノア半島の北端、異国情緒漂う漁港近くのシービューレストラン。ピニシとはインドネシアの帆船のことで、その名のとおり船体が2階に設置されている。クルーズ船の出入りやマリンスポーツに興じる姿を眺めながら、グリルフィッシュセット(Rp.12万～)など新鮮な海の幸を味わおう。ティパッ・チャント(Rp.1万5000)、ルジャッ(Rp.1万)などのローカルスナックや本格的なコーヒーもおすすめだ。

テラス席の先にはスランガン島が浮かんでいる。アルコール類の提供はしていないので注意

住所 Jl. Segara Lor No.11, Tanjung Benoa
TEL 0818-0417-4511(携帯)　予算 ★★★☆
営業 毎日10:00～22:00
税&サ +10%　カード MV　予約 不要
MENU 英語　英語OK　Wi-Fi 無料

R アートカフェ・ブンブバリは水曜にクッキングコースを開催している。カリスマシェフのハインツ氏などからバリ料理を習える。1日クラスでUS$65～85(ランチ込み)。

ホテル Hotel

ヌサドゥアに建つのは、世界的に有名な大型ホテルが中心。周辺にはヴィラタイプのリゾートも増えている。ブノアには高級ホテルだけでなく、中級ホテルや格安ホテルも点在している。ヌサドゥア＆ブノアの高級ホテルは、巻頭の「リゾートホテル最新ガイド」も参照。

ヌサドゥア＆周辺

充実施設でハネムーナーにもファミリーにも評判
ヒルトン・バリ・リゾート
Hilton Bali Resort MAP P.135-C4

目の前に壮大な景観が広がる、全420室の大型ホテル。地上40mの崖の上に建ち、客室棟からはインド洋の眺望が堪能できる。ハネムーナーやカップルには、プライベートプール付きのヴィラがおすすめ。地中海レストラン「ザ・ショア」など3つのレストラン＆ラウンジを完備。プライベートビーチ沿いには4つの連結プール、8棟の

左／海を見渡せるオーシャンビューの室内
右／ビーチの景観に溶け込むラグーンプール

スパヴィラ、淡水ジェットバスなど設備も充実している。**Wi-Fi** 客室OK・Rp.15万～（公共エリアでは無料）

住所 Jl. Raya Nusa Dua Selatan, Nusa Dua
TEL (0361)773-377　URL www.baliresort.hilton.com
日本予約 ヒルトンリザベーションズ　FD 0120-489-852
税&サ +21%　カード A D J M V
料金 AC TV TUB デラックス・オーシャンビューDRp.246万～
　　 AC TV TUB エグゼクティブ・ラグーンDRp.300万～
　　 AC TV TUB スイートRp.320万～
　　 AC TV TUB ヴィラRp.542万～
空港→車で30分（片道1台Rp.30万～で送迎可）

水の宮殿を思わせる大型ホテル
ラグーナ・リゾート＆スパ
Laguna Resort & Spa MAP P.218-C2

空の色を映したラグーンプールが中庭に配され、客室棟がまるでその中に浮かぶように造られている全287室の高級ホテル。できれば室内のテラスから直接ラグーンに泳いで出られるラグーンアクセスを指定するといい。エスニック調のベッドルームは自然素材を生かした造り。全カテゴリでバトラーサービスも受けることができる。ビジネスセンター、ショッピング施設、クリニックなどの施設も完備。毎週木曜18:00からは

左／敷地内に広大で美しいプールがデザインされた「水の宮殿」
右／1階にあるラグーンアクセスが人気

デ・バレ・ラウンジ＆バーでラーマヤナ舞踊のショーも体験できる。**Wi-Fi** 客室OK・無料

住所 Kawasan Pariwisata Nusa Dua Lot N2, Nusa Dua
TEL (0361)771-327　FAX (0361)771-326
URL www.thelagunabali.com
日本予約 マリオットインターナショナル　FD 0120-142-890
税&サ +21%　カード A J M V
料金 AC TV TUB ガーデンビューDRp.410万～
　　 AC TV TUB ラグーンビューDRp.430万～
　　 AC TV TUB ステューディオDRp.460万～
　　 AC TV TUB ラグーンアクセスDRp.530万～
　　 AC TV TUB プールヴィラRp.1470万～
空港→車で20分（片道1台Rp.35万～で送迎可）

ホテル設備の記号一覧　AC ＝エアコン　TV ＝テレビ　TUB ＝バスタブ　Wi-Fi ＝ネット環境　＝プール　＝レストラン　＝スパ　＝室内金庫　＝冷蔵庫　＝ドライヤー　＝日本語スタッフ　＝朝食

まるでひとつの村のような広大さ
グランド・ハイアット・バリ
Grand Hyatt Bali MAP P.218-C2

　全636室が4つのブロックに分かれ、8つのレストラン＆バーや大小6つのプールを有し、さまざまな野鳥も生息する大型ホテル。49m²と広々とした客室には、和紙のような素材をさりげなく使用し、落ち着いたアジア的な雰囲気を演出。大理石とフローリングを組み合わせたバスルームはバスタブとシャワールームが分かれ、

左／ガーデンビュールームの高級感あるベッドルーム
右／色鮮やかな南国の景観が敷地全体に広がっている

ベッドルームとの仕切りに木製のブラインドを使うアイデアもハイアットならでは。イタリア料理のサルサ・ベルデや和食の南風などダイニングも充実している。**Wi-Fi** 客室OK・無料

住所 Kawasan Wisata Nusa Dua ITDC, Nusa Dua
TEL (0361)771-234　URL grandhyattbali.com
日本予約 ハイアット　FD 0120-923-299
税金＆サ +21%　カード A D J M V
料金 AC TV TUB ガーデンビュールームＤRp.225万〜
　　 AC TV TUB オーシャンビューＤRp.262万〜
　　 AC TV TUB クラブアクセスＤRp.307万〜
　　 AC TV TUB グランドスイートRp.465万〜
空港→車で20分(片道1台Rp.39万〜で送迎可)

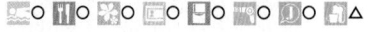

カップルにもファミリーにもおすすめ
ウェスティン・リゾート・ヌサドゥア
Westin Resort Nusa Dua MAP P.218-B2

　ヌサドゥアエリアの中心部にある、全433室の大型リゾートホテル。広大な敷地には、リラクセーション効果や美肌効果を高める海水プール、7つの大小レストラン＆バーなどが点在し、大規模なコンベンションセンターも併設されている。また柔らかい寝心地が得られる「ヘブンリーベッド」が、全室に設置されくいるのも大きな魅力。キッズクラブでは、キッズ・ヨガやロッククライミングなど子供向けプログラムが充実している。**Wi-Fi** 客室OK・無料

上／全室にヘブンリーベッドを用意
下／中庭の中央にメインプールを配置している

住所 Kawasan Pariwisata, ITDC Lot N-3, Nusa Dua
TEL (0361)771-906　FAX (0361)771-908
URL www.westinnusaduabali.com
日本予約 マリオットインターナショナル　FD 0120-142-890
税金＆サ +21%　カード A D J M V
料金 AC TV TUB デラックス・ガーデンＤRp.210万〜
　　 AC TV TUB デラックス・プールビューＤRp.225万〜
　　 AC TV TUB プレミアムＤRp.239万〜
　　 AC TV TUB スイートRp.360万〜
空港→車で20分(片道1台Rp.33万〜で送迎可)

洗練されたフランス系のリゾート
ソフィテル・バリ・ヌサドゥア
Softel Bali Nusa Dua MAP P.218-B2

　8ヘクタールの広大な敷地にホテル＆ヴィラが配置された、アコーグループが運営する全415室の大型リゾート。白砂が続くプライベートビーチ、ホテル棟を取り囲むラグーンプール、南国情緒たっぷりのガーデンなど優雅にバカンスを過ごせるエッセンスが満載。オフホワイトを基調にしたモダンな客室は48m²が基本サイズでオーシャンビューなど眺めにより料金設定が異なっている。**Wi-Fi** 客室OK・無料

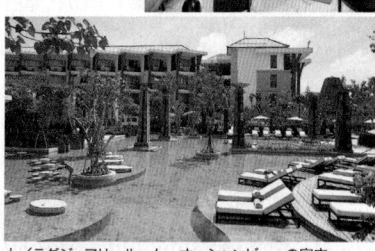

上／ラグジュアリールーム・オーシャンビューの室内
下／1階の客室からはプールにアクセスできる

住所 Kawasan Pariwisata ITDC, Lot N5, Nusa Dua
TEL (0361)849-2888
URL all.accor.com/hotel/9078/index.en.shtml
税金＆サ +21%　カード A J M V
料金 AC TV TUB ラグジュアリールームＤRp.253万〜
　　 AC TV TUB ラグジュアリールーム・オーシャンビューＤRp.330万〜
　　 AC TV TUB ラグジュアリールーム・ブランジプールＤRp.347万〜
　　 AC TV TUB プレステージ・スイートRp.570万〜
空港→車で20分(片道1台US$30〜で送迎可)

ハミダシ H クラブメッド・バリClub Med Bali (Map P.218-B2　TEL (0361)771-521　URL www.clubmed.co.jp)は全393室の会員制クラブ。オールインクルーシブで3泊6万2000円〜。

225

日本人向けサービスが人気
アヨディア・リゾート
Ayodya Resort   MAP P.218-C2

巨大な噴水を配したエントランスが宮殿のような、全537室の大型ホテル。300mものビーチに面した敷地は熱帯の樹木で覆われ、池に面したテラスでの朝食は鳥のさえずりとともに味わえる。客室はやや古さを感じるもののボトムカテゴリのデラックスルームでも48m²と広々したサイズ。プールやスパ、各国料理のレストラン、託児所も完備している。**Wi-Fi** 客室OK・無料

メインプールを囲んで施設が並ぶ

住所 Jl. Pantai Mengiat, Nusa Dua
TEL (0361)771-102　FAX (0361)771-616
URL www.ayodyaresortbali.com
税&サ +21%　カード AJMV
料金 AC TV TUB デラックスDRp.230万～
　　AC TV TUB グランデDRp.280万～
　　AC TV TUB アヨディア・パレスDRp.420万～
空港→車で20分(片道1台Rp.25万で送迎可)

🏖○ 🍴○ 🛎○ 💰○ 🛗○ 📶○ 🐕○ 🏧△

ヌサドゥア開発の口火を切った老舗ホテル
ヌサドゥア・ビーチ・ホテル&スパ
Nusa Dua Beach Hotel & Spa MAP P.218-B2

エントランスに建つ割れ門、噴水をもつハス池など、バリ風に演出された全382室の大型ホテル。1983年の創業時から各国の国王や大統領などにも利用され、伝統的なバリ島リゾートの雰囲気は今も健在。月・水・金19:00～はバリ舞踊のディナーショー(Rp.41万～51万)も行われている。パレス・クラブに宿泊すれば、アフタヌーンティーやカクテルなど無料のクラブラウンジサービスも楽しめる。

Wi-Fi 客室OK・無料

シックな雰囲気のパレス・クラブ

住所 Kawasan Pariwisata, Nusa Dua
TEL (0361)771-210　FAX (0361)771-229
URL www.nusaduahotel.com
税&サ +21%　カード ADMV
料金 AC TV TUB デラックスDRp.194万～
　　AC TV TUB プレミアDRp.209万～
　　AC TV TUB ファミリールームRp.316万～
　　AC TV TUB パレス・クラブRp.486万～
空港→車で20分(片道1台US$25で送迎可)

🏖○ 🍴○ 🛎○ 💰○ 🛗○ 📶○ 🐕○ 🏧△

ラグジュアリーなホテル&ヴィラ
メリア・バリ
Melia Bali MAP P.218-C2

緑の木々が豊かに茂る敷地内に建つ、全494室のスペイン系ホテル。自然味あふれる中庭同様、部屋も広々として居心地満点。独立した敷地にプライベートプールをもつガーデンヴィラ(全10棟)は、ハネムーナーにおすすめだ。宿泊料金に滞在中の食事(朝食・ランチ・ディナー)がセットになったオールインクルーシブの設定もある。**Wi-Fi** 客室OK・無料

緑の庭園が広がるプレミアムルームのバルコニー

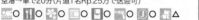

住所 Kawasan ITDC Lot N1, Nusa Dua
TEL (0361)771-510
URL www.meliabali.com
税&サ +21%　カード AJMV
料金 AC TV TUB ガーデンビューDRp.229万～
　　AC TV TUB プレミアムルームDRp.232万～
　　AC TV TUB ファミリースイートRp.333万～
　　AC TV TUB 1ベッドルーム・ガーデンヴィラRp.1007万～
空港→車で20分(片道1名Rp.25万で送迎可)

🏖○ 🍴○ 🛎○ 💰○ 🛗○ 📶○ 🐕○ 🏧△

料金のわりに充実した設備
メルキュール・バリ・ヌサドゥア
Mercure Bali Nusa Dua MAP P.218-C2

緑が生い茂るヌサドゥアの閑静なエリアにある全198室のリーズナブルなホテル。ホテル敷地から離れているがビーチクラブも併設されている。遊び心いっぱいのプールやスパなど施設が充実し、カップルでも家族連れでも満足できそう。コンパクトながら部屋は明るい雰囲気に仕上げられている(バスタブは完備していない)。

Wi-Fi 客室OK・無料

プールサイドでのんびり過ごせる

住所 Jl. Nusa Dua Selatan Lot SW 03, Nusa Dua
TEL (0361)846-7000　FAX (0361)846-7001
URL www.accorhotels.com/8006
税&サ 込み　カード AMV
料金 AC TV TUB スーペリアガーデンビューDRp.65万～
　　AC TV TUB スーペリアプールビューDRp.73万～
　　AC TV TUB デラックスガーデンビューDRp.77万～
　　AC TV TUB デラックスプールビューDRp.82万～
空港→車で30分(片道1台Rp.25万で送迎可)

🏖○ 🍴○ 🛎○ 💰○ 🛗○ 📶○ 💧× 🏧△

🏨ノボテル・バリ・ヌサドゥアNovotel Bali Nusa Dua (Map P.218-C2　TEL (0361)848-0555　URL novotelnusaduabali.com)は全173室の大型ホテル。DRp.210万～。

南国の楽しみを凝縮した気品あるヴィラ
ザ・ロイヤル・サントリアン
The Royal Santrian　MAP P.219-C2

　200mもの白いビーチに面した全20棟の高級リゾート。ヴィラは伝統とモダンスタイルが調和したインテリア。約4×8mのゆったりしたプライベートプールをはじめ、ベッドルームと同じサイズのバスルームなど贅沢に空間が使われている。部屋から海を望めるオーシャンビューのロイヤルヴィラ（3棟）は、ヴィラからビーチへ直接アクセスもOK。

和食＆ウエスタン料理を味わえるレストラン「オールスパイス」からも、美しい景観を満喫できる。 Wi-Fi 客室OK・無料

上／海に面したメインプールは35×10mのゆったりサイズ
下／広々としたヴィラの室内

住所 Jl. Pratama, Tanjung Benoa 80363
TEL (0361)778-181　FAX (0361)776-999
URL www.theroyalsantrian.com
税&サ +21%　カード AMV
料金 AC TV TUB デラックスヴィラRp.747万～
　　 AC TV TUB ロイヤルヴィラRp.1061万～
空港→車で30分（片道1台US$40で送迎可）

ビーチフロントで快適な休日を
ニッコー・バリ ベノア ビーチ
Nikko Bali Benoa Beach　MAP P.219-B2

　青い海を見渡すビーチ沿いに登場した全188室のリゾートホテル。美しいラグーンプールを囲むようにレストランやバーが並び、南国ならではののんびりしたムードで落ち着ける。客室はロケーションによってカテゴリが異なるが、デラックスルーム（45m²）はすべてウッドフローリングの上品なインテリア。海を望めるスイートは87m²～と広々

としている。家族連れのためのキッズクラブも完備。 Wi-Fi 客室OK・無料

上／デラックス・ガーデンの室内
下／海沿いにあるラグーンプール

住所 Jl. Pratama No.68X, Tanjung Benoa, Nusa Dua
TEL (0361)773-577　FAX (0361)774-953
URL hotelnikkobali-benoabeach.com
税&サ +21%　カード JMV
料金 AC TV TUB デラックス・ガーデン Ⓓ Rp.123万～
　　 AC TV TUB デラックス・オーシャン Ⓓ Rp.132万～
　　 AC TV TUB ファミリールームRp.190万～
　　 AC TV TUB スイートRp.214万～
空港→車で30分（片道1台Rp.40万で送迎可）

スタイリッシュな大型リゾート
コンラッド・バリ
Conrad Bali　MAP P.219-C2

　白砂のビーチと青い海に面した全358室の大型ホテル。バリ最大級のラグーンプールやガーデンの美しさは特筆もの。客室はボトムカテゴリでも45m²と十分な広さで、テラスから直接ラグーンプールに入れるラグーンアクセスが人気。満月の日にはリゾート内で供物作りや寺院参拝と3コー

スディナーがセットになったプログラム（Rp.55万）も体験できる。 Wi-Fi 客室OK・24時間Rp.15万（公共エリアやスイートとヴィラ内では無料）

左／2019年に改装されたデラックス・ガーデンの室内
右／ビーチに面して東屋も並んでいる

住所 Jl. Pratama No.168, Tanjung Benoa
TEL (0361)778-788　URL conrad.hilton hotels.jp
日本予約 ヒルトンリザベーション　FD 0120-489-852
税&サ +21%　カード ADJMV
料金 AC TV TUB デラックス・ガーデン Ⓓ Rp.258万～
　　 AC TV TUB デラックス・プールビュー Ⓓ Rp.266万～
　　 AC TV TUB デラックス・ラグーンアクセス Ⓓ Rp.339万～
　　 AC TV TUB コンラッドスイートRp.355万～
空港→車で30分（片道1台US$28で送迎可）

Ⓗ ホリデイ・イン・ブノアHoliday inn Benoa（Map P.219-C2　TEL (0361)894-7888　URL balibenoa.holidayinnresorts.com）は全171室のビーチフロントリゾート。Ⓓ US$120～。

ブノアでも有数のサービスを味わう
グランド・ミラージュ・リゾート
Grand Mirage Resort MAP P.219-B2

　快適なビーチバカンスが楽しめる、全377室の大型ホテル。多くの部屋から海が眺められるよう設計され、プレミアガーデンビューでも十分に快適な広さを誇る。特に人気のプレミアオーシャンビューは眺めが期待できる。本格的なスパ施設の「タラソ・バリ」が併設され、ヨガやカヤックなどの無料プログラムも用意されている。**Wi-Fi**
客室OK・
無料

夜にはプールも建物も美しくライトアップされる

住所 Jl. Pratama No.74, Tanjung Benoa
TEL (0361)771-888　FAX (0361)772-148
URL www.grandmirage.com
税&サ +21%　カード ADJMV
料金 AC TV TUB プレミアガーデンビューⒹUS$120～
　　 AC TV TUB プレミアオーシャンビューⒹUS$140～
　　 AC TV TUB ファミリースタジオⒹUS$153～
　　 AC TV TUB オーシャンビュースイートUS$330～
空港→車で30分(片道1台US$40で送迎可)

リーズナブルな料金設定がうれしい
アムナヤ・リゾート・ヌサドゥア
Amnaya Resort Nusa Dua MAP P.219-B1

　2019年にオープンした全52室のプチリゾート。客室はデラックスルームでも41m²とゆったりサイズで、バルコニーにはデイベッドも置かれている。ナチュラル素材を使用した南国的なインテリアも雰囲気がよく、存分にバリ風情が楽しめる。バリ伝統料理も提供するレストランやスパを完備している。道路を挟んで東側にあるビーチへも徒歩5分ほど。**Wi-Fi** 客室OK・無料

プールサイドには東屋も設置されている

住所 Jl. Pratama No.87, Tanjung Benoa
TEL (0361)477-3380
URL www.amnayahotels.com/nusadua
税&サ +21%　カード AMV
料金 AC TV TUB デラックスⒹRp.77万～
　　 AC TV TUB アムナヤルームⒹRp.86万～
　　 AC TV TUB ジュニアスイートⒹRp.150万～
空港→車で40分(片道1台Rp.30万で送迎可)

マリンスポーツを徹底的に楽しめる
ノボテル・バリ・ブノア
Novotel Bali Benoa MAP P.219-B2

　目の前のビーチでパラセイリングやジェットスキーなど、各種マリンスポーツが楽しめる全187室の大型ホテル。敷地はブノア岬を南北に突っ切るジャラン・プラタマを挟んで、海側のトロピカルテラスと陸側のデラックスに分かれている。コテージタイプのビーチカバナ(全10室)は、広々としたプライベートガーデンをもち、料金以上に贅沢な内容だ。**Wi-Fi**
客室OK・無料

42m²と広々としたデラックスルームの室内

住所 Jl. Pratama No.70, Tanjung Benoa
TEL (0361)772-239　FAX (0361)772-237
URL www.novotelbalibenoa.com
日本予約 アコーホテルズ TEL (03)4578-4077
税&サ +21%　カード AJMV
料金 AC TV TUB デラックスⒹRp.147万～
　　 AC TV TUB トロピカルテラスⒹRp.317万～
　　 AC TV TUB ビーチカバナⒹRp.355万～
　　 AC TV TUB プールヴィラRp.600万～
空港→車で30分(片道1台Rp.25万で送迎可)

多彩なアクティビティを満喫する休日なら
ソル・ブノア・バリ
Sol Benoa Bali MAP P.219-C2

　スペイン系チェーンのため、ヨーロッパからの滞在者が多い全127室の大型ホテル。滞在中の食事やドリンクが室料に含まれるオールインクルーシブ設定(1名Rp.290万～)が人気だが、宿泊のみでの利用もOK。レストラン&バーも6軒を併設し、日替わりでテーマディナーを開催。ヨガやカヤックなどプログラムも充実している。**Wi-Fi** 客室OK・無料

ベッドルームは50m²のゆったりスペース

住所 Jl. Pratama, Tanjung Benoa
TEL (0361)771-714
URL www.melia.com/ja/hotels/indonesia/bali/
税&サ 込み　カード ADJMV
料金 AC TV TUB ソルルームⒹRp.165万～
　　 AC TV TUB ジュニアスイートRp.195万～
　　 AC TV TUB ファミリースイートRp.437万～
空港→車で30分(片道1台Rp.30万～で送迎可)

ハミダシ Ⓗ ポンドック・アグンPondok Agung (Map P.219-A1　TEL (0361)771-143　URL www.pondokagung.com)は全9室の家庭的なプチホテル。ⒹRp.30万～。長期滞在で割引あり。

ツアーでも人気のリーズナブルな中級ホテル
バリ・トロピック
Bali Tropic　MAP P.219-C2

全150室のバンガロースタイルのホテル。ビーチに面したロケーションと、緑豊かなトロピカルガーデンで人気。オールインクルーシブの設定もあるので、予算を気にせずに食事やアクティビティ＆プログラムを満喫できる。**Wi-Fi**
客室OK・無料

雰囲気のいい天蓋付きベッドが自慢

住所 Jl. Pratama No.34 A, Nusa Dua
TEL (0361)772-130　URL www.balitropic-resort.com
税&サ +21%　カード A M V
料金 AC TV TUB デラックスルームⒹRp.203万～
　　 AC TV TUB デラックスバンガローⒹRp.275万～
　　 AC TV TUB ロイヤルルームⒹRp.322万～
空港→車で30分(片道1台Rp.30万で送迎可)

ビジネスホテルとしても利用OK
イビススタイルズ・バリ・ブノア
Ibis Styles Bali Benoa　MAP P.219-C2

ブノア岬の中ほど、プラタマ通り沿いにある全174室のリーズナブルなホテル。コンパクトで機能的なスタンダードルームは、バルコニーのあるなしでUS$10ほど料金が異なる。スパ、レストラン、ジムなども完備している。**Wi-Fi** 客室OK・無料

近代的なホテルの外観は通りからも目立つ

住所 Jl. Pratama No.57 A, Tanjung Benoa
TEL (0361)894-7788　FAX (0361)894-7798
URL all.accor.com/hotel/8449/index.ja.shtml
税&サ 込み　カード M V
料金 AC TV TUB スタンダードルームⒹRp.53万～
　　 AC TV TUB ファミリールームRp.74万～
空港→車で30分(片道1台Rp.25万で送迎可)

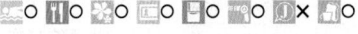

アットホームなバリのわが家
ルマ・バリ
Rumah Bali　MAP P.219-B1

ビーチまで徒歩5分、木々が生い茂った閑静な敷地に建つ全22棟のヴィラ＆バンガロー。独立したタイプの客室は、あたたかみのあるインテリアで落ち着ける雰囲気。ボリュームたっぷりの朝食が評判で、キッチン付きの部屋に長期滞在する旅行者も多い。
Wi-Fi 客室
OK・無料

室内は伝統的なバリのレイアウト

住所 Jl. Pratama, Tanjung Benoa
TEL (0361)771-256
税&サ +21%　カード A M V
料金 AC TV TUB スタンダードⒹUS$97.5
　　 AC TV TUB スーペリアⒹUS$100
　　 AC TV TUB ヴィラⒹUS$270～
空港→車で30分(片道1台Rp.25万～)

おしゃれな雰囲気のB&B
クブ・グリーン
Kubu Green　MAP P.219-C2

ビーチへ徒歩5分ほどのロケーションにある、全6室のホテル。部屋の前がプールなので、リゾート感も味わえる。女性オーナーのクトゥさんは日本語が堪能。マタナイルームは36m²のゆったりサイズでおすすめだ。**Wi-Fi**
客室OK・無料

料金のわりに設備が整っている

住所 Jl. Pratama No.67, Nusa Dua
TEL (0361)472-8840
URL kubugreen.wixsite.com/home
税&サ 込み　カード 不可
料金 AC TV TUB デラックスルームⒹRp.40万～
　　 AC TV TUB マタナイルームⒹRp.46万～
空港→車で30分(片道1台Rp.22万～で送迎可)

コスパのいい快適なアコモデーション
サリ・ルーム B&B
Sari Room B&B　MAP P.219-B2

ベッドは全室ダブルベッドのみ

全11部屋のベッド&ブレックファスト。建物の1階がレストラン、2階に客室となっている。新築なので部屋は清潔で、インテリアもモダンな雰囲気。ビーチアクティビティが盛んな浜辺まで徒歩5分ほど。**Wi-Fi** 客室OK・無料

住所 Jl. Pratama No.71, Tanjung Benoa
TEL 0899-5786-636(携帯)
税&サ 込み　カード M V
料金 AC TV TUB スタンダードⒹRp.20万～
空港→車で30分(片道1台Rp.20万で送迎可)

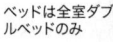

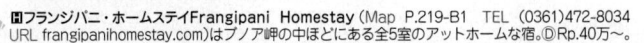
Ⓗフランジパニ・ホームステイFrangipani Homestay (Map P.219-B1　TEL (0361)472-8034
URL frangipanihomestay.com)はブノア岬の中ほどにある全5室のアットホームな宿。ⒹRp.40万～。

サヌール

Sanur

サヌールの充実度

（レーダーチャート：ホテル、ショッピング、グルメ、バリ情緒、アクティビティ、観光スポット、治安、エステ）

バリの村とリゾートの雰囲気がほどよく交じり合った滞在エリア。目抜き通りのジャラン・ダナウ・タンブリンガン沿いには、小粋なカフェやかわいいブティックが並んでいる。宿泊施設は手頃な料金の中級ホテルが多い。

サヌールへのアクセス①

空港～サヌール
空港からエアポートタクシーで約30～40分（定額運賃はRp.25万）。サヌールから空港へは、メータータクシーでRp.15万ほど。

タクシー
スミニャックから	約40～50分	Rp.18万～
クタから	約20～30分	Rp.13万～
ジンバランから	約40～50分	Rp.15万～
ヌサドゥアから	約50～60分	Rp.19万～
ウブドから	約40分	Rp.21万～

旅行者も集うビーチヨガ教室
パンタイ・カランでは無料のヨガ教室（Map P.233-C2）が開催されている。内容はバリ講師によるオーソドックスなハタヨガで、ローカルに混じって参加する旅行者も多い。毎日7:30スタートで60分ほどだが、雨天や参加者が少ない場合は中止となる。月～金の16:30からはイブニングヨガも開催されている。

ビーチでは昔ながらのバリ情緒を感じられる

珊瑚礁が広がるコバルトブルーの海では、パラセイリングやジェットスキーが行われ、8kmにも及ぶ白砂のビーチでは肌を焼いたり、本を読んだり……、思いおもいのリゾートを楽しむ観光客たち。サヌールはバリ最初のリゾート地といってもいいビーチだ。

ブラフマナ（僧侶）階級の人々が多く住むサヌールは、かつてバリ芸能の中心地でもあった。オランダ統治の1930年代、ヨーロッパやアメリカからやってきた欧米人たちは、ある者は芸能に触れるため、またある者は南の海に憧れて、好んでサヌールに滞在した。ベルギー人画家ル・メイヨール、オーストラリア人画家ドナルド・フレンドなど、当時サヌールに滞在しバリ絵画に影響を及ぼした芸術家も多い。そして徐々に、ビーチ沿いにホテルや長期滞在のための別荘が増え、グランド・バリ・ビーチ、タンジュン・サリなど、当時の「最高級」ホテルが建ち並んでいく。

月日は流れ、バリ随一のリゾートとして君臨したサヌールも、高級リゾート地ヌサドゥアの登場で観光客離れが進み、かつてのにぎわいも影を潜めた。しかし観光客の離れたサヌールは、幸いにもバリの村としての落ち着きを取り戻した。まるで1930年代、欧米人たちがサヌールを訪れ出したときのように……。

Power Push!

歴史的な名車が並ぶミュージアム

車マニアにはたまらないヴィンテージカーの宝庫

1996年からヴィンテージカーを蒐集しているジョシュ・ダルマワン氏のコレクションはインドネシアにとっても貴重な宝。2020年からサヌール郊外に200台ほどの貴重な車が公開されている。手回しクランクで始動する1917年式フォードモデルTやスカルノ大統領の妻が愛用した1947年式プリムスなど数々の名車と一緒に、ダイハツの三輪ミゼットやスズキのジムニーが展示されているのも微笑ましい。入場料は大人Rp.10万、子供Rp.5万。

ケボン・ヴィンテージ・カーズ
Kebon Vintage Cars
Map P.259-C3
住所 Jl. Tegal Harum No.13, Biaung, Denpasar Timur TEL 0818-0864-1111（携帯）
URL www.kebonvintagecars.id
営業 毎日10:00～17:00 カード MV

✎投稿 レンボガン島などへのボートの発着所は、500mほど北に完成したサヌール・ポートに変わりました。タクシーが以前の発着所で降ろすケースもあるので注意しましょう。（サヌール在住 Y.K. '23）

ORIENTATION　歩き方

ビーチでアクティビティを楽しもう

波穏やかな珊瑚礁の海をもつ白砂のリゾート地サヌール。パラセイリング、ジェットスキーなどのマリンアクティビティが楽しめるとあって、長いビーチエリアは多くの人でにぎわっている。申し込みはビーチ沿いに並ぶスポーツカウンターや、主要ホテルのアクティビティデスクで。ビーチ沿いには遊歩道が造られており、おみやげ市場や海を見渡せるカフェも点在している。

各種アクティビティが楽しめる

またサヌールのビーチは朝日の名所としても有名。早朝の浜辺で、遠浅の海の向こうから昇る朝日を眺める人も多い。早起きしたら、心洗われるさわやかな朝日を見に出かけてみよう。

ジャラン・ダナウ・タンブリンガンを散策

サヌールの目抜き通りは、**ジャラン・ダナウ・タンブリンガン** Jl. Danau Tamblingan。通りのビーチ側には、中・高級ホテルが建ち並び、内陸側にはレストラン、ショップ、安宿が多い。北端にある朝市など、少し路地に入れば、昔ながらの村の風景が見えてくる。また、おしゃれなカフェテリアやブティックも、**バトゥジンバー** Batujimbarなどに増えてきているので、のんびりと散策を楽しんでみよう。ただし実際にすべて歩くとかなり距離がある。日中はベモが南北双方向へ頻繁に行き来しているので、気軽に乗って好きな所で降りてみるといいだろう。

シンドゥー市場にあるナイトマーケットで気軽に屋台を体験できる

サヌールへのアクセス②

シャトルバス
プラマ社のシャトルバスが各地から運行（→P.428）。クタから30分（Rp.5万）、ウブドから50分（Rp.8万）、チャンディダサから2時間（Rp.12万5000）、ロビナから3時間（Rp.25万）。

プラマ社バス乗り場　`MAP` P.232-A2
雑貨店のワルン・ポジョッ Warung Pojokがチケット販売所と乗り場となっている。
TEL (0361) 285-592

配車サービスの利用状況
GrabやGojekなどの配車サービス（→P.425）が利用できる。サヌールからは空港への移動にも便利。かつては地元のドライバーがたむろするエリアでは乗車NGとなるケースもあったが、現在はほとんど問題がない。

レンタサイクル
交通量が少ないサヌールの中心部ではレンタサイクルも便利だ。§Baik Bike Rental（Map P.232-C2　TEL 0813-3847-7970 携帯）では1日Rp.4万でレンタル可。営業は毎日10:00〜20:00。

サヌールでの両替
ジャラン・ダナウ・タンブリンガン沿いにたくさんの両替所がある。レートはクタ＆レギャンとあまり変わらないが、みやげ物屋が兼業する店では、だますことを目的として営業している人間もいる。しつこく両替を呼びかける店は避けたほうが無難だ。
シンドゥー市場の東にあるBMC（Map P.233-A1）や、ガゼボ・ビーチホテル向かいにあるDirgahayu（Map P.233-B2）の利用がおすすめ。

---

information　試飲もできる、バリ島ワインのショールーム

おみやげ品としても人気のハッテン・ワインズが、サヌールにショールームをオープン。バリ島産のブドウを使ったハッテン（Rp.18万4800〜）や、オーストラリア産のブドウを使ってバリ島で製造するツーアイランズ・ワイン（Rp.25万8500〜）を、テイスティングして購入できる。

§ハッテン・ワインズHatten Wines
Map P.232-C1
住所 Jl. By Pass Ngurah Rai No. 393. Sanur
TEL (0361)472-1377
URL www.hattenwines.com
営業 毎日9:00〜20:00
カード MV

バリ島産のワインがスーパーマーケットよりも安い値段で購入できる

ヒント　サヌールでマリンスポーツならバリ・ハイアット脇のビーチがおすすめだ。Surya Water Sports（Map P.232-C2　TEL 0858-1056-9219 携帯）などでいろいろなアクティビティが楽しめる。

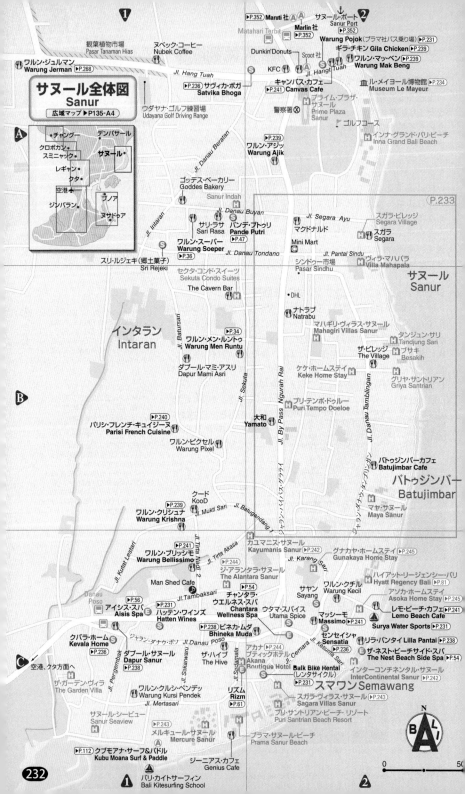

サヌール全体図
Sanur
広域マップ ▶P135-A4

サヌール
Sanur

インタラン
Intaran

バトゥジンバー
Batujimbar

スマワン Semawang

観葉植物市場
Pasar Tanaman Hias

ヌベック・コーヒー
Nubek Coffee

ワルン・ジュルマン
Warung Jerman ▶P.268

Maruti 社 ▶P.352

Matahari Terbit

Marlin 社 ▶P.352

Dunkin'Donuts

KFC

Scoot 社

サヴィカ・ボガ ▶P.236
Satvika Bhoga

警察署

Jl. Hang Tuah

ウダヤナ・ゴルフ練習場
Udayana Golf Driving Range

サヌール・ボート
Sanur Port

Warung Pojok（プラマ社バス乗り場）▶P.231

ギラ・チキン Gila Chicken ▶P.239

ワルン・マッ・ベン ▶P.239
Warung Mak Beng

キャンバス・カフェ ▶P.241
Canvas Cafe

ル・メイヨール博物館 ▶P.234
Museum Le Mayeur

プライム・プラザ・サヌール
Prime Plaza Sanur

ゴルフコース

ワルン・アジッ ▶P.239
Warung Ajik

インナ・グランド・バリ・ビーチ
Inna Grand Bali Beach

ゴッデス・ベーカリー
Goddes Bakery

Sanur Indah

Jl. Danau Buyan

サリ・ラサ
Sari Rasa

パンデ・プトゥリ ▶P.47
Pande Putri

ワルン・スーペル ▶P.36
Warung Soeper

Jl. Danau Tondano

スリ・ルジェキ（郷土菓子）
Sri Rejeki

セクタ・コンド・スイーツ
Sekuta Condo Suites

The Cavern Bar

ワルン・メン・ルントゥ ▶P.34
Warung Men Runtu

ダプール・マミ・アスリ
Dapur Mami Asri

パリシ・フレンチ・キュイジーヌ ▶P.240
Parisi French Cuisine

ワルン・ピクセル
Warung Pixel

クード ▶P.239
KooD

ワルン・クリシュナ
Warung Krishna

ワルン・ブリッシモ ▶P.241
Warung Bellissimo

Man Shed Cafe

アイシス・スパ ▶P.56
Aisis Spa

ハッテン・ワインズ ▶P.231
Hatten Wines

クバラ・ホーム
Kevala Home ▶P.236

空港、クタ方面へ

ザ・ガーデン・ヴィラ
The Garden Villa

ダプール・サヌール ▶P.238
Dapur Sanur

ワルン・クルシ・ペンデッ
Warung Kursi Pendek

サヌール・シービュー
Sanur Seaview

メルキュール・サヌール ▶P.243
Mercure Sanur

クブモアナ・サーフ＆パドル ▶P.112
Kubu Moana Surf & Paddle

バリ・カイトサーフィン
Bali Kitesurfing School

Jl. Danau Beratan

Jl. Segara Ayu

マクドナルド

Mini Mart

Jl. Pantai Sindu

シンドゥー市場
Pasar Sindhu

DHL

ナトラブ
Natrabu

マハギリ・ヴィラス・サヌール
Mahagiri Villas Sanur

ケケ・ホームステイ
Keke Home Stay

プリ・テンポ・ドゥルー
Puri Tempo Doeloe

大和
Yamato

バトゥジンバーカフェ
Batujimbar Cafe

マヤ・サヌール
Maya Sanur

スガラ・ヴィレッジ
Segara Village

スガラ
Segara

ヴィラ・マハパラ
Villa Mahapala

タンジュン・サリ
Tandjung Sari

ブサキ
Besakih

ザ・ビレッジ
The Village

グリヤ・サントリアン
Griya Santrian

カユマニス・サヌール ▶P.242
Kayumanis Sanur

グナカヤ・ホームステイ ▶P.245
Gunakaya Home Stay

ジ・アランタラ・サヌール ▶P.244
The Alantara Sanur

チャンタラ・ウエルネス・スパ ▶P.54
Chantara Wellness Spa

ウタマ・スパイス
Utama Spice

ビネカ・ムダ ▶P.238
Bhineka Muda

ザ・ハイブ
The Hive

アカナ・ブティックホテル ▶P.244
Akana Boutique Hotel

リズム ▶P.61
Rizm

ジーニアス・カフェ
Genius Cafe

サヤン
Sayang

ワルン・クチル
Warung Kecil

マッシーモ ▶P.241
Massimo

センセイシャ ▶P.236
Sensatia

バリ・バイク・レンタル
（レンタサイクル）▶P.231
Bali Bike Hental

ハイアット・リージェンシー・バリ
Hyatt Regency Bali ▶P.81

アソカ・ホームステイ ▶P.245
Asoka Home Stay

レモ・ビーチ・カフェ ▶P.241
Lemo Beach Cafe

スーリャ・ウオーター・スポーツ ▶P.231
Surya Water Sports

リラ・パンタイ Lilla Pantai ▶P.238

ザ・ネスト・ビーチサイド・スパ ▶P.54
The Nest Beach Side Spa

インターコンチネンタル・サヌール ▶P.242
InterContinental Sanur

スガラ・ヴィラス・サヌール ▶P.243
Sagara Villas Sanur

プリ・サントリアン・ビーチ・リゾート
Puri Santrian Beach Resort

プラマ・サヌール・ビーチ
Prama Sanur Beach

Jl. Hang Tuah
Jl. Danau Tamblingan
Jl. By Pass Ngurah Rai
Jl. Batursari
Jl. Sakuta
Jl. Mukti Sari
Jl. Batugandang 1
Jl. Tirta Nadi 2
Jl. Tirta Akasa
Jl. Tambaksari
Jl. Danau Poso
Jl. Cemara
Jl. Kesuna Sari
Jl. Sidamani
Jl. Danau Poso
Jl. Kutat Lestari
Jl. Pergembak
Jl. Jalan Danau Poso
Jl. Sakraman
Jl. Mertasari

Danau Poso

Intaran

Danau Poso

P.233

0   50

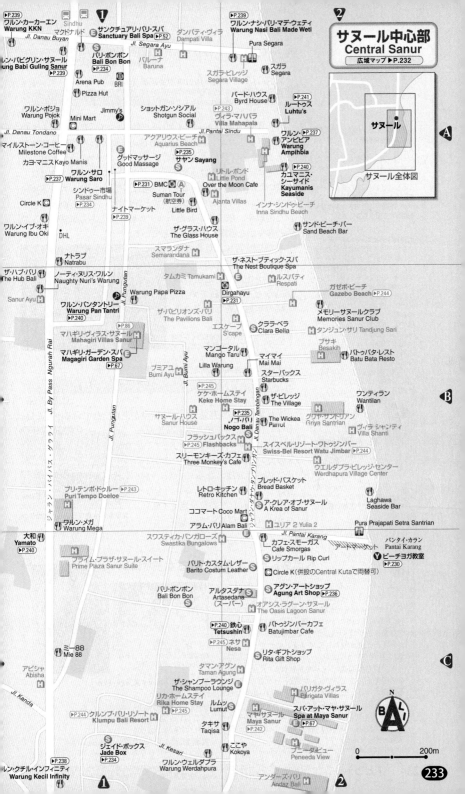

ル・メイヨール博物館
TEL (0361) 286-201
入館 土〜木 8:00〜15:30
　　 金　 8:00〜12:30
料金 大人 Rp.5万
　　 子供 Rp.2万5000

シンドゥー市場 MAP P.233-A1
　村人たちの台所としてにぎわうシンドゥー市場 Pasar Sindhu。食料品や生活雑貨などが並び、庶民の生活を実感できる。朝6時頃からにぎわい始めて昼前にはほとんど店じまいしてしまう。そして夕方から同じ場所でナイトマーケットが開かれ、さまざまな食事を楽しめる屋台も立ち並ぶ。

大評判のチョコレート専門店
　女性ショコラティエが営むチョコの専門店。シナモン、ヘーゼルナッツ、リキュールなど約40種類は1粒Rp.8000〜。チリフレーバーの板チョコ（Rp.3万5000〜）はおみやげにおすすめ。ジャラン・ダナウ・タンブリンガンにも店舗がある。
Sバリ・ボンボン
Bali Bon Bon
Map P.233-A1
住所 Jl. Danau Buyan No.68A, Sanur
TEL 0813-3863-7110（携帯）
URL www.balibonbon.com
営業 月〜土10:00〜19:00

チョコは店内でも味わえる

スランガン島へのアクセス
　タクシーでサヌール中心部からRp.5万ほど。

🌸バリ・ルネッサンス期の1930年代を垣間見る　★★★

ル・メイヨール博物館
Museum Le Mayeur
MAP P.232-A2

　ベルギー人画家ル・メイヨールが1946〜1958年の間住んでいた住居兼アトリエ。現在は89点の彼の絵画が展示された博物館となっている。彼の夫人は当時レゴンダンスの名手として知られていたニョマン・ポロックNyoman Polokで、彼女をモデルにして描いた絵も多い。メイヨールの絵はグラスマット、ハードボード、キャンバス、トリプレックスと呼ばれる3枚合板などに描かれた油絵や、紙に描かれたパステル画。迫力ある筆使いで、熱帯の鮮やかな雰囲気を描き出している。

　また建物自体、見事な木彫りが扉や柱にあり、メイヨールが住んでいた頃の調度品なども飾られていて、当時の雰囲気をしのぶことができる。

絵画や建物をじっくり見学してバリの歴史を感じたい

🌸素朴さと商売気が入り交じる「カメの島」　★★★

スランガン島
Pulau Serangan
MAP P.135-B4

　マリンスポーツ基地としての開発が進められている小さな島。かつてはアオウミガメの産卵地だったため、タートルアイランド（ウミガメの島）と称され、ジュクンでのセイリングの目的地となっていた。バリ有数のフィッシングポイントともなっており、取れたての魚を焼くイカン・バカール食堂が並んでいる。

無邪気に水遊びを楽しむ島の子供たち

information
ヘナタトゥーを体験できる女子サロン

　天然のヘナを使った消えるタトゥー、ヘナタトゥー（メヘンディ）はツーリストやバリ在住者に評判。サヌールの住宅街にある**ジェイド・ボックス**では、好みに合わせて手や足、腕、ボディにエキゾチックな模様やイラストを描いてくれる（特にホワイト・タトゥーと組み合わせたオリジナルデザインが人気）。手足や腕がRp.10万〜60万、ボディはRp.12万〜で描く範囲によって料金が異なる。完全予約制なので事前にウェブサイトや電話（日本語でOK）で予約を入れること。サヌールエリア内なら出張サービスも可能だ。ブライダルタトゥーやマタニティタトゥーは、SNSにも映えるのでユニークな旅の思い出になりそう。店内にはヘナタトゥーに似合う小物雑貨も揃っている。

敏感肌の人はパッチテストなどでアレルギー反応の確認を

Sジェイド・ボックスJade Box
Map P.233-C1
住所 Jl. Kesari No.19, Sanur
TEL 0813-3856-8838（携帯）
URL jadeboxbali.com
営業 毎日10:00〜20:00　カード 不可

サヌールに滞在したら、一度は早起きをしてビーチ沿いの朝日を見に行こう。幻想的な景色に心が洗われる。地元の人たちも日差しの強い時間帯は避けて、早朝や夕方にビーチへと出かける。

ショッピング　Shopping

ジャラン・ダナウ・タンブリンガン沿いに、ブティックやナチュラルコスメ店からスーパーや自然食料品店までが集まっている。サヌール南側のジャラン・ダナウ・ポソ周辺などにもおしゃれなショップが増えている。

工房併設のアクセサリーショップ
サヤン
Sayang　　MAP P.233-A1

日本人にも人気が高いシルバーアクセサリーショップ。品質の高いシルバーと石を組み合わせた指輪やブレスレットが充実しており、繊細なデザインのピアスは幅広い年代にアピールする。常時50種類ほどあるガムランボールのアクセサリー（Rp.15万〜）、緻密な細工が施されたピアス（Rp.13万5000〜）、やや大きめのストーン・リング（Rp.42万〜）などハイセンスな商品が展示されている。

上／ガムランボール付きブレスレットRp.25万〜
下／人気のガムランボールが充実の品揃え

住所 Jl. Danau Tamblingan No.11B, Sanur
TEL 0813-3860-8566（携帯）
URL www.sayang-bali.com
営業 毎日9:00 〜 22:00　カード J M V

バティックファッションの宝庫
ピテカントロプス
Pithecanthropus　　MAP P.259-C3

「インドネシア文化の再発見」をコンセプトにバリ島各地で展開しているバティックの専門店。サヌール郊外に登場した最新ショップは、郷土料理のマサマサ（→P.237）やヴィンテージバティックのプサカも併設された文化紹介の集大成。バティックはすべてオリジナル製品で、ポップな色合いの物から伝統を感じさせる作品まで、幅広い年代にアピールしている。バティックシャツ（Rp.110万前後〜）やブラウス（Rp.88万前後〜）など、外国人でも気兼ねなく着られる実用的なデザインがうれしい。

2022年OPEN!

上／エキゾチックで清楚なワンピースRp.83万
下／スマトラ島から移築した邸宅をショップとして利用

住所 Jl. SubakTelaga I No.9, Ketewel, Kec. Sukawati
TEL 0819-4630-5162（携帯）
営業 毎日9:00 〜 22:00　カード J M V

ハイセンスなイカット作品を手に入れる
ノゴ・バリ
Nogo Bali　　MAP P.233-B2

バリの手工芸イカット織り生地の専門店。バリ人デザイナーが手がけるアイテムは、どれも独創的でセンスもいい。チュニックやワンピースはRp.69万〜130万、メンズシャツ

左／伝統的なイカットファッションを着こなしたい
右／手織り生地のオートクチュールは最短4日で仕上がる

はRp.69万 〜96万。安くはないが、クオリティは折り紙付き。手織りの一点物が多いので、お気に入りを見

つけたら即買い必須だ。好みの布地とデザインで、シャツやワンピースなどのオーダーメイドもできる（製作の日数は要相談）。

住所 Jl. Danau Tamblingan No.104, Sanur
TEL (0361)288-765
営業 毎日9:00 〜 20:00　カード M V

自然由来のプロダクトが勢揃い
センセイシャ
Sensatia
MAP P.232-C2

世界中にファンをもつバリ島発のナチュラル・コスメブランド。ティーツリーソープなどベストセラー商品が多く、百花草のはちみつとカカドゥプラムのダブル効果で小じわに効くワイルドハニー・フェイスマスク(Rp.12万)も話題。南国の日差し対策にはサンスクリーン(Rp.9万)も重宝する。また炭を配合した歯磨き剤のチャコールミント・ナチュラル・トゥース・ペースト(Rp.5万〜)は壮快な使い心地で歯がツルツルに! 新発売のキッズやベビー向けのプロダクトも要チェック。

膨大な種類のプロダクトに圧倒される
住所 Jl. Danau Tamblingan No.121, Sanur
TEL (0361)283-118　URL sensatia.com/jp
営業 毎日9:00 〜 22:00　カード AJMV

パステルカラーのかわいい食器
クバラ・ホーム
Kevala Home
MAP P.232-C1

ジェンガラ・ケラミックとともにバリ島を代表する、陶器メーカーの直営ショップ。本社と工場はサヌールにあるので、もともとサヌールとはゆかりが深い。バリの伝統的な竹カゴを模した器(Rp.47万)、ポップな柄のケーキ皿(Rp.45万)などインテリアとして食卓を華やかにする作品が多い。カゴの網目模様が印象的なナチュラルなシリーズ(Rp.12万5000 〜)は陶器好きの友人へのプレゼントとしてもおすすめ。一つひとつに手作りの味わいが感じられる。

ポップであたたかみのあるデザインが特徴
住所 Jl. Danau Poso No.20, Sanur
TEL (0361)449-0064　URL www.kevalaceramics.com
営業 毎日10:00 〜 19:00　カード JMV

アタ製品をロープライスで入手できる
アグン・アートショップ
Agung Artshop
MAP P.233-C2

今やサヌール名物的な存在となっているアタショップ。違う編み方を組み合わせた凝ったデザインや、持ち手が皮のコンビの作品などファッション性の高いアタバッグはRp.30万 〜 Rp.40万。オーナーのアルサさんが気さくに対応してくれ、売買交渉がスムーズに進めば気前よくおまけしてくれることもある(とのこと)。

上／浴衣にも合わせやすい手提げバッグRp.30万
下／この50年のアルサさんがひとりで切り盛りしている
住所 Jl. Danau Tamblingan No.67, Sanur
TEL 0896-6143-9898(携帯)
営業 毎日9:00 〜 17:00　カード 不可

ヘルシーな食料品の宝庫
サヴィカ・ボガ
Satvika Bhoga
MAP P.232-A2

インド人夫婦が営むオーガニック&ベジタリアンショップ。バリ島産の果物、乾物、菓子、ソース、コスメ、お茶などが揃っている。日本人女性に人気が高いココナッツシュガー(Rp.2万5000〜)やカランアサム産の生はちみつ(Rp.5万〜)、モリンガティー(Rp.2万)などヘルシーな自然食品はおみやげ品にもおすすめ。

上／シルサックの葉のお茶Rp.3万8000
下／環境保全のためエコバッグ持参で訪れること
住所 Jl. Hang Tuah No.9A-B, Sanur
TEL 0851-0083-6741(携帯)
URL satvikabhoga.wordpress.com
営業 毎日8:00 〜 20:00　カード AJMV

レストラン 【REMEI】 Restaurant

サヌールの目抜き通りジャラン・ダナウ・タンブリンガンにインドネシア料理やインターナショナルなどの各種レストランが並んでいる。ビーチ沿いのエリアでは開放的なカフェやカジュアルなシーフードレストランが人気を集めている。

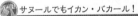

インドネシア料理＆シーフード

【REMEI】サヌールでもイカン・バカール！
ワルン・アンピビア
Warung Amphibia　　MAP P.233-A2

素朴なイカン・バカール（シーフードBBQ）の穴場店。潮風が吹き抜けるビーチ沿いのテーブルで新鮮な魚介を堪能できる。自分で魚を選んで計量したサイズで値段が決まるシステムが基本。魚、エビ、イカなどを盛り合わせたシーフードプラッター（Rp.11万）は野菜やご飯も付く太っ腹メニュー。生カキ（Rp.1万/100ｇ）やホタテ（Rp.2万/100ｇ）などもリーズナブルブルな値段設定なのがうれしい。

上／1名用のミックスメニューはRp.11万
下／ビーチサイド席でシーフードを堪能しよう

住所 Jl. Pantai Sindu, Sanur
TEL 0823-4037-4690(携帯)　予算 ★★★☆
営業 毎日10:00 ～ 22:00(L/O～21:00)
税＆サ 込み　カード 不可　予約 不要
MENU なし　▲英語少々

【REMEI】インドネシアの伝統文化に魅了される
マサマサ
Masa Masa　　MAP P.259-C3

スマトラ島パレンバンから移築された1850年代の邸宅を使ったミュージアム級のレストラン。老舗のバティックブランドが集大成として開業し、ダイニングの両脇にはピテカントロプスやプサカなど自社で展開するショップが並んでいるので、時間をかけて食事とショッピングを楽しみたい。ジャワの伝統料理やプラナカン料理の代表的なメニューがセレクトされており、ウダン・ハルム・マサマサ（Rp.16万5000）やアッサム・ラクサ（Rp.5万5000）は奥深いスパイスの旨味が堪能できる。

2022年OPEN！

上／魚の出汁やエビ味噌を発酵させた調味料を使ったアッサム・ラクサ（手前）
下／歴史ロマンに浸れる2階のダイニングスペース

住所 Jl. SubakTelaga I No.9, Ketewel, Kec. Sukawati
TEL 0819-4630-5122(携帯)　予算 ★★★☆
営業 毎日9:00 ～ 22:00
税＆サ +10%　カード JMV　予約 不要
MENU 英語　▲英語OK　Wi-Fi 無料

【REMEI】民家を利用したガーデンカフェ
ワルン・サロ
Warung Saro　　MAP P.233-A1

バリ民家でのんびりと郷土料理が楽しめる隠れ家スポット。名物メニューは串焼きのサテで、サンバルマタやブンブバリなど5種類のソースを選べる

左／サテ・バビにはサンバルマタのソースが合う
右／店主の父親はアートを教える大学教授。敷地内のオブジェ見学も楽しい

のが特徴だ。サテ・バビやバビ・ゴレン（各Rp.5万5000～）や、クリスピーポークベリー（Rp.6万）など豚肉を使った

料理がいち押し。こってりした骨付き豚スープのスプ・イガ（Rp.4万5000）もおいしい。

住所 Jl. Danau Tandakan No.10, Sanur
TEL 0821-4434-7837(携帯)　予算 ★★☆☆
営業 毎日10:00 ～ 22:00(L/O～21:30)
税＆サ +5%　カード MV　予約 不要
MENU 英語　▲英語少々　Wi-Fi 無料

レストラン記号一覧　予算＝★500円以下　★★500円～　★★★1000円～　★★★★2000円～
L/O＝ラストオーダー　予約＝予約の必要性　MENU＝メニュー表記　▲＝スタッフの会話力　Wi-Fi＝ネット環境

人気のワルンの2号店が登場
ワルン・クチル・インフィニティ
Warung Kecil Infinity　**MAP** P.233-C1

フレッシュな総菜で評判のナシチャンプル店がバイパス沿いに2号店をオープン。店名はクチル(=小さい)だがテラス席もある開放的なカフェとなり、コーヒーブランドのインフィニティとコラボして店内には芳香が立ち込めている。ナシチャンプルは3種の野菜料理を盛りつけたパケットAでRp.2万5000、野菜・肉料理が各2種つくパケットEでRp.4万5000。アラカルトメ

ニューも豊富でオーガニック素材を使ったパニーニ(Rp.4万4000～)は付け合わせのサラダやドレッシングも感動的においしい。

作りたての総菜が味わえるナシチャンプルはランチ利用におすすめ

住所 Jl. Bypass Ngurah Rai No.279, Sanur
TEL 0821-4734-1758(携帯)　予算 ★★☆☆
営業 毎日8:00～22:00(L/O→21:30)
税&サ 込み　カード MV　予約 不要
MENU 英語　英語OK　Wi-Fi 無料

本格的なバリ料理とコーヒーが話題
ビネカ・ムダ
Bhineka Muda　**MAP** P.232-C2

1935年に創業したコーヒー店「ビネカ・ジャヤ」が手がける、バリ情緒が演出されたカフェレストラン。洗練された料理は、伝統レシピでスパイスを多用するのが特徴。おすすめはカリッと揚げた鶏肉と生サンバルの相性がいいアヤム・ゴレン・サンバルマタ(Rp.2万7000～)や、バリの名物総菜を盛り合わせたナシチャンプル・ビネカ(Rp.4万5000)な

ど。コーヒー好きなら濃厚な味わいのピッコロ(Rp.2万)を試してみよう。

上／伝統をコンセプトにした趣ある店内
下／コーヒーとバリ料理も相性がいい

住所 Jl. Danau Poso No.115, Sanur
TEL (0361)472-0598　予算 ★★☆☆
営業 毎日8:00～22:00(L/O→21:30)
税&サ +10%　カード 不可　予約 不要
MENU 英語+写真付き　英語OK　Wi-Fi OK

在住外国人も通いつめる人気ワルン
ダプール・サヌール
Dapur Sanur　**MAP** P.232-C1

オーナー出身地のスラウェシ島マナドをはじめ、スンバ、ジャワ、スマトラ、バリなど各島の総菜が40種類ほど並ぶナシチャンプル(Rp.2万5000～)が人気。ショーケースに料理が揃う11時すぎに訪問するのがおすすめ(14時頃には総菜が品薄になってしまう)。カツオ汁麺のミーチャ

カラン(Rp.3万)や、イカ煮込みのチュミ・ガロリチャ(Rp.1万3000)など単品オーダーできるマナドの郷土料理も味わいたい。

上／マナド料理は日本人の口にも合う
下／総菜を指さして盛りつけてもらうナシチャンプルコーナー

住所 Jl. Danau Poso No.15, Sanur
TEL 0851-0051-0523(携帯)　予算 ★☆☆☆
営業 毎日10:00～15:30
税&サ 込み　カード 不可　予約 不要
MENU なし　英語OK　Wi-Fi OK

オンザビーチで心地いい時間を
リラ・パンタイ
Lilla Pantai　**MAP** P.232-C2

開放的な遊歩道沿いにある人気のビーチレストラン。木立に囲まれたオープン席からは海が一望でき、のんびりと過ごすリピーターの姿も多い。メニューはインドネシア&インターナショナル料理でナシチャンプル(Rp.5万9000)やトゥトゥ・アヤム(Rp.6万9000)が人気。オーナーの母親の郷土料理であるスウェーディッシュ・ミートボール(Rp.7万5000)や、さわやか

な味わいのストロベリー・フェタサラダ(Rp.5万5000)にもファンが多い。

上／ララバン・スナッパー Rp.6万9000
下／砂浜に建つ昔ながらの雰囲気がいい

住所 Jl. Duyung, Beach Front, Sanur
TEL 0877-6777-5050(携帯)　予算 ★★☆☆
営業 毎日9:00～22:00(L/O→22:30)
税&サ +15%　カード JMV
予約 不要　MENU 英語　英語OK　Wi-Fi 無料

投稿 新規リゾート計画のため **R** リラ・パンタイのある遊歩道一帯の店に立ち退き要請が出ています。昔ながらの情緒漂うビーチカフェが今後も営業できるといいのですが……。(サヌール在住　Y.K.　'23)

取れたてシーフードをナシチャンプルで
ワルン・アジッ
Warung Ajik
MAP P.232-A2

　地元で愛されるローカルワルン。この店に来たら迷わずナシ・ペシシール(Rp.3万5000)を注文しよう。魚、タコ、イカ、海藻、野菜料理を盛り合わせたナシチャンプルで、魚のスープも付いて満足すること請け合い。タワ・ニャッニャッ(Rp.2万5000)はターメリックを使った芳醇なソースで絡めた魚料理でさわやかな辛さが楽しめる。居酒屋ダイニングとして開業したが2023年8月現在はランチのみ営業している。

化学調味料は使わずにバリ島のレシピで調理する

住所 Jl. Pemamoran, Gang1, Sanur
TEL 0812-4648-2148(携帯)　予算 ★★☆☆
営業 月〜土10:00 〜 15:00(売り切れまで)
税&サ 込み　カード 不可　予約 不要
MENU インドネシア語　🍴英語少々

1970 年創業、毎朝行列ができる店
ワルン・ナシ・バリ・マデ・ウェティ
Warung Nasi Bali Made Weti
MAP P.233-A2

　ビーチ前の通りで営業する簡素なワルンは、朝から地元客で大にぎわい。メニューはバリ島の名物料理アヤム・ベトゥトゥ(Rp.3万)のナシチャンプルのみで、50年もの間ずっと行列が途絶えたことがないほどの人気ぶりだ。路上に出したテーブルやイスは開店とともに満席となり、パワフルな朝食として出勤や通学前にナシチャンプルをかき込む人々でカオス状態に(10時までがピーク)。とりあえず席を確保すれば料理が鶏スープとともに登場する。

創業者イブ・ウェティさんの娘や孫がレシピを引き継いで営業中

住所 Jl. Segara Ayu, Sanur
TEL 0812-3899-0448(携帯)　予算 ★★★★
営業 毎日8:00 〜売り切れまで(通常は13時頃)
税&サ 込み　カード 不可
予約 不要　MENU なし　🍴英語少々

サヌールの格安グルメ情報

　昔ながらのバリ情緒が漂うサヌールには、ローカルに人気の格安食事スポットもたくさんある。特に旅行者にも有名なのは、シンドー市場にあるナイトマーケット(Map P.233-A1　営業 毎日17:00 〜 23:00頃まで)だ。都市としてにぎわう場所は、夕方になると食事の屋台が立ち並ぶ。ナシゴレンやミーゴレン(各Rp.2万5000〜)から、ジャワ風ナシチャンプル(Rp.2万5000〜)やサテ・カンビン(Rp.2万5000)までメニューもいろいろ。手打ち屋台麺のミーアヤム・アレマ・バンジール(Rp.2万5000)も味わってみたい。

スープ付きのバビグリン

　🅡ワルン・バビグリン・サヌールWarung Babi Guling Sanur(Map P.233-A1　TEL 0812-3961-0635 携帯　営業 毎日11:00〜21:00)は、バイパスを挟んでマクドナルドの西側にあるバビグリンの老舗ワルン。売り切れてしまうこともあるナシ・バビグリン(Rp.5万〜)には、アレス(バナナの茎を煮たスープ)も付いてくる。辛いサンバルがたくさん入っているので、好みで少しずつ混ぜながら食べよう。

　🅡ワルン・クリシュナWarung Krishna (Map P.232-B1　TEL (0361)281-661　営業 日〜金7:00〜17:00)は、ナシチャンプル(Rp.3万〜)が在住日本人にも評判になっている店。しっとりと

地元で一番人気のナシチャンプルがこれ!

した鶏肉とサンバルマタが絶妙にマッチして、くせになってしまうおいしさ。具だくさんお粥風のブブールチャンプル(Rp.3万5000)や、ちまき風のティパットチャンプル(Rp.3万5000)もおすすめ。昼すぎにはすべて売り切れてしまうこともあるので注意。

　🅡ワルン・マッ・ベンWarung Mak Beng(Map P.232-A2 TEL (0361)282-633　営業 毎日8:00 〜 22:00)はレンボンガン島へのボート乗り場近くにあり、揚げ魚・魚のあらスープ・ご飯がセット(Rp.5万5000)になった定食屋。新鮮な魚はその日の仕入れで種類が替わる。朝早くから地元の人でにぎわっている。

　🅡ワルン・カーカーエンWarung KKN (Map P.233-A1　TEL (0361)472-0559 携帯　営業 毎日7:00 〜 20:30)はリピートしたくなる人気のナシチャンプル店。ショーケースには総菜がずらりと並んでおり、指さして盛りつけてもらう。おかずの種類によりひと皿Rp.3万が目安。

種類豊富な総菜をご飯に盛りつけてもらおう

🅡ギラ・チキンGila Chiken (Map P.232-A2　TEL 0813-3912-9855 携帯　営業 毎日17:00 〜 24:00)は屋台感覚で楽しめる穴場ワルン。焼き鳥2本Rp.1万2000〜、ラーメンRp.6万〜など激うま!

行列ができるサヌールの名店
パリシ・フレンチ・キュイジーヌ
Parisi French Cuisine
MAP P.232-B1

パリジャンのダミアンさんが営む、フランスの家庭料理店。もともとは在住フランス人たちのたまり場だったが、日本人ブログからうわさが一気に広まり、各国からの旅行者が押し寄せる大人気店となっている。看板メニューのフィレ・ステーキ（Rp.13万）はブルーチーズソース（Rp.1万）やフォアグラ（Rp.7万5000）を追加トッピングして一緒に味わってみよう。エスカルゴ（6個でRp.4万）やグラタン（Rp.8万）も至福のおいしさだ！

左／ブルーチーズソースとともにステーキを味わおう
右／キッチンで調理するダミアンさん

住所 Jl. Batur Sari No.36, Sanur
TEL 0812-3856-9393(携帯) 予算 ★★★☆
営業 毎日12:00 ～ 22:00(L/O→21:30)
税&サ +15% カード Ⓜ Ⓥ 予約 ディナータイムはなるべく
MENU 英語 🔊 英語OK Wi-Fi 無料

日本人の板前が自慢のメニューを提供
大 和
Yamato
MAP P.233-C1

寿司や天ぷらから、家庭料理までメニュー多彩な日本食レストラン。オーナーのおすすめ料理はトリから揚げのザンギ（Rp.5万2000）、天ぷらうどん（Rp.7万）、地鶏の水炊き（2人前Rp.48万、要予約）。釣った魚を持ち込めば、板前さんが寿司や鍋などに調理してくれるサービスも実施している（調理代は1名分Rp.15万～。2日前に予約）。

新鮮な魚を使った本日料理も提供

住所 Jl. Bypass Ngurah Rai No.101X, Sanur
TEL (0361)289-030 予算 ★★★☆
営業 毎日11:30 ～ 14:30、17:00 ～ 23:00(L/O→22:30)
税&サ +16% カード Ⓙ Ⓜ Ⓥ 予約 不要
MENU 日本語 🔊 日本語少々 Wi-Fi 無料

青い海が望める隠れ家ダイニング
カユマニス・シーサイド
Kayumanis Seaside
MAP P.233-A2

海辺の一等地に登場したカユマニス・リゾート系列の高級ダイニング。5スターホテルと同様の料理やサービスが、リーズナブルな料金で楽しめる。人気メニューは串焼き盛り合わせサテ・チャンプル（Rp.9万5000）や、海の幸が共演するシーフード・プラッター（Rp.14万）など。伝統レシピを現代風にアレンジした、バリスタイルのBBQが味わえる。

デッキ席はサヌール随一の高級感

住所 Jl. Pantai Sindhu, Sanur
TEL (0361)620-0777 予算 ★★★☆
営業 毎日7:00 ～ 22:00(L/O→21:00)
税&サ +16.6% カード Ⓜ Ⓥ 予約 不要
MENU 英語 🔊 英語OK Wi-Fi 無料

---

information 路地裏の居酒屋ワルンでちょっと一杯

Ⓝ ワルン・パンタントリー Warung Pan Tantri（Map P.233-B1 営業 月～土17:00 ～翌1:00）はディープに過ごせる路地裏のワルン。夜な夜な若者が集まってアラックやビールを酌み交わし、ガヤガヤとにぎやかな雰囲気で深夜まで盛り上がっている。旅行者だと入ることを躊躇するようなエナジー渦巻くスポットだが、場の空気になじめばこれほど楽しい場所はない。バリっ子が大好きなローカル料理やスナックも味わえる。

若者たちでごった返している

Ⓡ 鉄心Tetsushin (Map P.233-C2 URL tetsushinbali.com 営業 毎日11:00 ～ 23:00)は2023年にオープンした和食レストラン。厳選素材を使った料理は優雅なディナーにおすすめ。

キャンバス・カフェ
 若きオーナーシェフが腕を振るう

Canvas Cafe　MAP P.232-A2

　ビーチまで徒歩3分の場所にある居心地抜群のカフェテリア。学生時代からコンテストで名をはせ、ブルガリ・リゾートでシェフを務めたマルセル・スマルガさんが魅惑の料理を提供。その端正なルックスもあって、女性から絶大な支持を獲得している。人気メニューはポークベリーとバンズのバランスが絶妙なベリー・バン(Rp.4万6000)や、ポーチドエッグがとろけるアボカドトースト(Rp.6万1000)。おしゃべりしながら友達とのブランチにピッタリだが、おひとり様でも利用しやすい雰囲気だ。

じっくり煮込まれたインドネシアン・レッド・チキンカレー Rp.7万9000(手前)

住所 Jl. Hang Tuah No.45, Sanur
TEL 0813-5385-7878(携帯)　予算 ★★★★
営業 毎日7:00 ～ 22:00(L/O ～21:30)
税&サ 込み　カード MV　予約 不要
MENU 英語　英語OK　Wi-Fi OK

ワルン・ブリッシモ
長期滞在者が集うローカルプライスの店

Warung Bellissimo　MAP P.232-C1

　ヴィラが点在するジャラン・ティルタ・ナディ沿いの隠れ家スポット。閑静なロケーションにあるので友人とのんびり談笑したり、ワークスペースとして活用する在住者も多い。料理のコスパも抜群に高く、自家製パスタRp.3万～、カルツォーネRp.4万5000 ～。長居のお供にピッタリのフレンチフライやオニオンリングは各Rp.1万5000、ロングブラック・コーヒーはRp.1万。月～水8:30 ～ 11:00には朝食ビュッフェを超破格のRp.3万で提供している。

風通しのいいテラス席でゆっくり過ごせる

住所 Jl. Tirta Nadi II No.17, Sanur
TEL 0877-5870-9192(携帯)　予算 ★★★★
営業 毎日8:00 ～ 22:00
税&サ 込み　カード MV　予約 不要
MENU 英語+写真付き　英語OK　Wi-Fi 無料

レモ・ビーチカフェ
ローフードで心と体を健康に

Lemo Beach Café　MAP P.232-C2

　女性シェフのマライカさんが営むヘルシーカフェ。野菜やチーズがタワーのように盛りつけられたシークレット・ガーデン・ブルスケッタ(Rp.5万1000)など、新鮮なフルーツや野菜の栄養を体に届けてくれるローフードが評判だ。スーパーフードを使ったモリンガ・カレー(Rp.4万8000)や、ノンシュガーでも夢のようにおいしいケーキ(Rp.4万5000)も試してみよう。土・日8:00～14:00はお得なナシチャンプルブッフェ(Rp.2万～)が味わえる。

マライカさんがヘルシーなローフードを提供している

住所 Beachfront Hyatt, Jl. Duyung No.69A, Sanur
TEL 0811-389-897(携帯)　予算 ★★★★
営業 火～日7:00 ～ 22:00(L/O ～21:00)
税&サ +5%　カード MV　予約 不要
MENU 英語　英語OK　Wi-Fi 無料

ルートゥス
潮風を感じる木陰のコーヒーショップ

Luhtu's　MAP P.233-A2

　青い海に面した席が朝からにぎわうコーヒーショップ。ケーキやサンドイッチなどの軽食メニューがおいしく、ブランチ利用にもおすすめ。メレンゲの焦げ目が香ばしいココナッツクリームタルト(Rp.3万)、シナモンやクローブが効いたキャロットケーキ(Rp.3万)、雨季シーズン限定の絶品マンゴータルト(Rp.3万)など、ケーキも20種類ほど用意されている(前日に予約すればホールケーキも購入OK)。カプチーノはRp.3万7000。

南国ならではの海沿いのロケーション

住所 Jl. Pantai Sindhu, Sanur
TEL 0821-4434-7837(携帯)　予算 ★★★★
営業 毎日10:00 ～ 22:00(L/O ～21:30)
予約 不要　MENU 英語　英語OK　Wi-Fi 無料

マッシーモMassimo (Map P.232-C2　TEL (0361)288-942　URL www.massimobali.com
営業 毎日11:00 ～ 23:00)はイタリア人シェフが営む人気店。店頭のジェラートスタンドも評判。

ホテル Hotel

大型ホテルから小粋なヴィラ&コテージ、さらに格安ロスメンまで、各タイプの宿泊施設がジャラン・ダナウ・タンブリンガン沿いに並んでいる。近年は新しいホテルも増加中。サヌールの高級ホテルは、巻頭の「リゾートホテル最新ガイド」も参照。

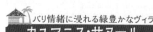

バリ情緒に浸れる緑豊かなヴィラ
カユマニス・サヌール
Kayumanis Sanur　　**MAP P.232-C2**

サヌールの住宅街に建つ12棟の隠れ家的ヴィラ。ていねいに手入れされた熱帯の美しい庭が、エキゾチックな雰囲気を演出している。ヴィラにはリビングスペースとプールを完備。1ベッドルームヴィラには建物の2階部分に書斎感覚で使えるスタジオルームもある。スタッフの洗練されたホスピタリティも定評があり、スパの優雅な雰囲気や朝食のおいしさも特筆もの。バリ島各地で高級ヴィラを展開するカユマニスグループの施設なので、大人のバカンスを過ごしたいカップルにもぴったりだ。**Wi-Fi** 客室OK・無料

広いプールを完備する1ベッドルームヴィラ

住所 Jl. Tirta Akasa No.28, Sanur
TEL (0361)270-260　URL www.kayumanis.com
税&サ +21%　カード **A J M V**
料金 **AC TV TUB** 1ベッドルームヴィラRp.530万
　　 AC TV TUB 2ベッドルームヴィラRp.780万
　　 AC TV TUB 3ベッドルームヴィラRp.990万
空港→車で45分(片道1台Rp.38万で送迎可)

客室もバスルームも驚くほど広い
インターコンチネンタル・サヌール
InterContinental Sanur　　**MAP P.232-C2**

サヌール南部のビーチ沿いに建つ、開放的な高級リゾート。客室はスイート94室とヴィラ26棟で構成され、とにかく贅沢すぎるほど広くスペースを使った居住性の高さが特徴。ボトムカテゴリのジュニアスイートでも90㎡の広さを誇り、格調高いリビングエリアも完備。さらに1ベッドスイートでは135㎡と約1.5倍のサイズとなる。リゾートの中庭に配置されたスパや、4つのダイニングなど、設備もサヌールで突出したレベルを誇る。**Wi-Fi** 客室OK・無料

ビーチフロントに4ヘクタールの敷地が広がる

住所 Jl. Kusuma Sari No.8, Sanur
TEL (0361)620-1888
URL www.ihg.com/intercontinental/hotels/
税&サ +21%　カード **A D J M V**
料金 **AC TV TUB** ジュニアスイートRp.337万〜
　　 AC TV TUB 1ベッドスイートRp.586万〜
　　 AC TV TUB プールヴィラRp.2310万〜
空港→車で30分(片道1台Rp.40万〜で送迎可)

日本人にも使いやすい高級リゾート
マヤ・サヌール
Maya Sanur　　**MAP P.233-C2**

ビーチと目抜き通りに挟まれた、バリ情緒を満喫できる全103室のリゾート。109mのラグーンプール沿いに建つ客室棟は、鳥カゴをイメージしたバルコニーをもつ斬新なデザイン。自然光がたっぷりと入る客室は、木のぬくもりが感じられるナチュラルなインテリアだ。客室の位置によってカテゴリが分かれ、ラグーンプール棟の2〜4階がラグーンビュー、1階がラグーンアクセスとなっている。全室にバスタブを完備し、和食レストランもある。**Wi-Fi** 客室OK・無料

開放的なラグーンアクセスの室内

住所 Jl. Danau Tamblingan No.89 M, Sanur
TEL (0361)849-7800　URL mayaresorts.com
税&サ +21%　カード **A D J M V**
料金 **AC TV TUB** ガーデンビュー⑩Rp.400万
　　 AC TV TUB ラグーンビュー⑩Rp.410万
　　 AC TV TUB ラグーンアクセス⑩Rp.445万
　　 AC TV TUB ビーチフロント・プールスイートRp.623万
空港→車で30分(片道1台Rp.40万で送迎可)

ホテル設備の記号一覧 **AC**=エアコン **TV**=テレビ **TUB**=バスタブ **Wi-Fi**=ネット環境 =プール =レストラン =スパ =室内金庫 =冷蔵庫 =ドライヤー =日本語スタッフ =朝食

ヴィラ・マハパラ
Villa Mahapala　MAP P.233-A2

バリ情緒を満喫できる家庭的なリゾート

ビーチまで歩いて2分と、散策にも買い物にも便利なロケーション。全20棟のヴィラは落ち着きのあるマスキュリンと、ソフトリーセクシーの2タイプ。ゲストの星座に合わせてブロンズ風のモチーフも飾られ、バスルームからはプライベートプールへのアクセスもOKだ。スタッフの対応もスモールリゾートならではの家庭的なあたたかみが感じられる。南国でのんびり休日を過ごしたい、カップルやハネムーナーにもおすすめだ。Wi-Fi 客室OK・無料

女性的な印象のソフトリーセクシーのベッドルーム

住所 Jl. Pantai Sindu, Sanur
TEL (0361)286-222　FAX (0361)281-222
URL www.villamahapala-bali.com
税&サ +21%　カード AJMV
料金 AC TV TUB 1ベッドルームヴィラRp.300万〜
AC TV TUB 2ベッドルームヴィラRp.400万〜
空港→車で30分(片道1台Rp.22万〜28万で送迎可)

スガラ・ヴィラス・サヌール
Segara Villas Sanur　MAP P.232-C2

バリ情緒が漂うプライベートホテル

サヌール南部の閑静なエリアにある、19室(ヴィラ7棟＆スイート12室)のブティックリゾート。ヴィラの敷地は1ベッドルームでも180m²とゆったりサイズで、キッチン付きのオープンリビングではサヌールの風情を満喫できる。ヴィラのインテリアは暖色系でまとめられ、バスルームには開放的なレインシャワーも完備している。Wi-Fi 客室OK・無料

緑がプールに映えるヴィラのオープンスペース

住所 Jl. Cemara No.33, Sanur
TEL (0361)270-567　FAX (0361)270-562
URL sanur.kamuelavillas.com
税&サ +21%　カード AJMV
料金 AC TV TUB 1ベッドルームスイートRp.130万〜
AC TV TUB 1ベッドルームヴィラRp.202万〜
AC TV TUB 2ベッドルームヴィラRp.362万〜
AC TV TUB 3ベッドルームヴィラRp.401万〜
空港→車で30分(片道1台Rp.30万〜35万で送迎可)

メルキュール・サヌール
Mercure Sanur　MAP P.232-C1

ホテルのクオリティに定評のある

気持ちのいいトロピカルガーデンと広いプールを完備したホテル。全189室のコテージは、シンプルなインテリアで装飾され、ビーチフロントにはプールやレストランが併設されている。チェックアウト後にシャワーを浴びたり、夜のフライトまでの時間を過ごせるディパーチャー・ラウンジも設けられている。Wi-Fi 客室OK・無料

ベッドルームは明るい雰囲気

住所 Jl. Merta Sari, Sanur
TEL (0361)288-833　FAX (0361)287-303
URL all.accor.com/hotel/5474/index.ja.shtml
日本予約 アコーホテルズ FD 0120-993-130
税&サ 込み　カード ADJMV
料金 AC TV スーペリア DRp.180万〜
AC TV TUB デラックス DRp.205万〜
AC TV TUB ファミリースイートRp.380万〜
空港→車で30分(片道1台Rp.35万で送迎可)

ザ・サマタ
The Samata　MAP P.259-C3

サヌール郊外でヘルシーな休日を

サヌールから車で約15分、のどかな田園風景が広がるタントゥ村にある全9室のリトリート。敷地内には3つのプールやテニスコートのほか、設備が充実したフィットネスジムを完備。客室もスイートやヴィラなど個性的なデザインだ(建物の2、3階に位置するオーシャンビューがおすすめ)。ウエディングチャペルも併設されている。Wi-Fi 客室OK・無料

セレブの別荘のようなプライベート空間

住所 Jl. By Pass Ida Bagus Mantra, Gg. Pucuk 1 No.67, Br. Tangtu, Denpasar Timur
TEL (0361)466-229　URL www.thesamata.com
税&サ +21%　カード ADJMV
料金 AC TV TUB スパスイートRp.191万〜
AC TV TUB オーシャンビュー・スイートRp.191万〜
AC TV TUB 1ベッドルーム・プールヴィラRp.220万〜
AC TV TUB 2ベッドルーム・プールヴィラRp.386万〜
空港→車で40分(無料送迎可)

H プリ・テンポ・ドゥルー Puri Tempo Doeloe (Map P.233-B1　URL puritempodoeloe sanur.com)はジャワ島の伝統村が再現された全20棟のホテル。コテージ DRp.138万〜。

居住性の高いブティックリゾート
ジ・アランタラ・サヌール
The Alantara Sanur　MAP P.232-C1

　ビーチまで車で5分、サヌールの閑静なエリアに建つおすすめリゾート。全42室はオーダーメイドのバリ家具やアンティーク調のタイルで彩られた心安らぐ空間。1ベッドルーム・プールヴィラは100m²ものスペースを誇る。緑豊かな敷地には美しい曲線のメインプールを中心に、プールバーやレストランも完備している。**Wi-Fi** 客室OK・無料

広々としたプールでのんびり過ごせる

住所 Jl. Tirta Ening No.12, Sanur
TEL (0361)449-1771　URL www.thealantarasanur.com　日本予約 ゼノンバリ URL www.zenonbali.com/jp
税&サ +21%　カード A J M V
料金 AC TV TUB デラックスⒹRp.150万〜
　　 AC TV TUB スイートRp.190万〜
　　 AC TV TUB 1ベッドルーム・プールヴィラRp.400万〜
空港→車で30分(片道1台Rp.30万〜35万で送迎可)

施設充実のおすすめリゾート
スイスベル・リゾート・ワトゥジンバー
Swiss-Bel Resort Watu Jimbar　MAP P.233-B2

　ロビーから望むプールと中庭が美しい、敷地も客室もゆったりとデザインされた全306室の大型ホテル。客室は癒しムードたっぷりのインテリアで、バルコニーにジャクージが付くデラックス・ジャクージが人気。ホテルから徒歩5分の浜辺には、ビーチクラブも完備している。**Wi-Fi** 客室OK・無料

リゾート気分が盛り上がるメインプール

住所 Jl. Danau Tamblingan No.99A, Sanur
TEL (0361)849-7000　FAX (0361)849-7700
URL www.swiss-belresortwatujimbar.com
税&サ +21%　カード A D J M V
料金 AC TV TUB デラックス・プールビューⒹRp.130万〜
　　 AC TV TUB デラックス・ジャクージⒹRp.130万〜
　　 AC TV TUB グランド・プランジプールⒹRp.160万〜
空港→車で30分(片道1台Rp.27万3000で送迎可)

ロマンティックな雰囲気にうっとり
クルンプ・バリ・リゾート
Klumpu Bali Resort　MAP P.233-C1

　メインストリートから少し奥まった場所にある隠れ家リゾート。小さなエントランスからは想像できないほど、緑豊かな居住空間が広がっている。全8室の客室はすべてバンガロータイプで、プールを囲むバリらしい庭園は南国ムード満点だ(夜は庭園にキャンドルが灯されてロマンティックな雰囲気になる)。スタッフのきめ細かなサービスも評判が高い。サヌールエリアの送迎は無料。**Wi-Fi** 客室OK・無料

お値打ちプライスのおすすめホテル

住所 Jl. Kesari No.16B, Sanur
TEL 0811-2030-402(携帯)　URL www.klumpu.com
税&サ +21%　カード A J M V
料金 AC TV TUB クルンプ・ヴィラⒹRp.200万〜
　　 AC TV TUB ロフト・ヴィラⒹRp.250万〜
空港→車で30分(片道1台無料送迎可)

モダンなデザインのお手頃ホテル
アカナ ブティックホテル
Akana Boutique Hotel　MAP P.232-C1

　ビーチまで徒歩5分の立地にある、全36室のブティックホテル。プールを囲むように造られた客室棟は、ナチュラル&モダンの落ち着いたデザイン。道路に面したスーペリア(28m²)、中庭を見下ろすデラックスプールビュー(30m²)、プール脇のデラックスプールアクセス(32m²)の3タイプで、いずれも車イスが利用できるバリアフリー対応になっている。**Wi-Fi** 客室OK・無料

デラックスプールビューの室内

住所 Jl. Sudamala No.17, Sanur
TEL (0361)472-1917　URL www.akanasanur.com
日本予約 ゼノンバリ URL www.zenonbali.com/jp
税&サ 込み　カード J M V
料金 AC TV TUB スーペリアⒹRp.80万〜
　　 AC TV TUB デラックスプールビューⒹRp.95万〜
　　 AC TV TUB デラックスプールアクセスⒹRp.105万〜
空港→車で30分(片道1台Rp.30万で送迎可)

H ガゼボ・ビーチGazebo Beach (Map P.233-B2　URL gazebohotelbali.com)はビーチを望む老舗コテージ。伝統的なバリ様式で建てられたバンガローやヴィラが人気。ⒹRp.50万〜。

プール付きで長期滞在者にも好評
グナカヤ・ホームステイ
Gunakaya Home Stay　MAP P.232-C2

　設備の整った全15室のホームステイ。客室は広くて清潔感があり、手入れが行き届いた中庭にはプールもある。長期滞在者に人気が高いので早めに予約を入れよう。**Wi-Fi** 客室OK・無料

通りから外れた立地で静かに過ごせる

住所 Jl. Karang Sari No.11A, Sanur
TEL (0361)284-229　FAX (0361)282-342
税&サ 込み　カード MV
料金 AC TV TUB スタンダードDRp.65万〜
　　 AC TV TUB デラックススイートDRp.75万〜
空港→車で30分(片道1台Rp.25万〜30万で送迎可)

邸宅を改築した個性派ホテル
ネサ
Nesa　MAP P.233-C2

　ビーチに近くて便利な全20室のホテル。設備は簡素だがスーペリアでも28m²〜と十分な広さ。朝食はホテルの北隣にあるカフェ Nesa Combiで提供されている。**Wi-Fi** 客室OK・無料

シンプルだが機能的で広々としている

住所 Jl. Danau Tamblingan No.144, Sanur
TEL (0361)281-939　URL nesasanur.com
税&サ 込み　カード A J M V
料金 AC TV TUB スーペリアDRp.65万〜
　　 AC TV TUB バリニーズ・スイートDRp.75万〜
空港→車で30分(片道1台Rp.20万〜35万で送迎可)

ビーチへ朝日を見に行きたくなる立地
アソカ・ホームステイ
Asoka Home Stay　MAP P.232-C2

　ビーチへもメインストリートにも徒歩3分ほどで出られる抜群のロケーション。小さな敷地だがレストランやプールもあり、部屋も快適で不自由ない。家族経営でいつも近くにスタッフがいるので安心だ。人気が高いので予約は早目に。全12室。**Wi-Fi** 客室OK・無料

家族経営で庶民的

住所 Jl. Duyung No.4, Sanur
TEL (0361)289-037　URL asokahomestay.com
税&サ +10%　カード J M V
料金 AC TV TUB スタンダードDRp.45万〜
　　 AC TV TUB ステューディオDRp.65万〜
空港→車で30分(片道1台Rp.20万〜25万で送迎可)

長期滞在は宿泊料が割引になる
リカ・ホームステイ
Rika Home Stay　MAP P.233-C1

　フレンドリーで親切な夫婦があたたかく迎えてくれるホームステイ。ご主人は日本語堪能で、奥さんは日本人なので安心だ。部屋は2タイプあり、メゾネットタイプは1階がキッチン完備のリビングスペースで2階が寝室になっている。全4室。**Wi-Fi** 客室OK・無料

長期滞在者やリピーターの利用が多い

住所 Jl. Kesari, Gang Buntu 2 No.16A, Sanur
TEL (0361)472-0755
税&サ 込み　カード 不可
料金 AC TV TUB ワンルームDRp.35万
　　 AC TV TUB メゾネットルームDRp.45万
空港→車で30分(片道1台Rp.25万で送迎可)

家庭的な雰囲気のホームステイ
ケケ・ホームステイ
Keke Home Stay　MAP P.233-B2

家庭的な雰囲気でリピーターも多い

　バリ人のオーナー家族があたたかく迎えてくれる全14室の宿。客室はホットシャワーやエアコン付きもある。その居心地のよさから欧米人のリピーターが多く、満室になってしまうことも珍しくないので旅行シーズンは事前予約を。朝食は別途Rp.3万5000。**Wi-Fi** 客室OK・無料
住所 Jl. Dauau Tamblingan No.100, Gg. Keke No.4, Sanur
TEL (0361)472-0614
URL www.keke-homestay.com　税&サ 込み　カード 不可
料金 AC TV TUB ファンDRp.35万〜
　　 AC TV TUB エアコンDRp.40万〜
空港→車で30分(片道1台Rp.15万〜25万で送迎可)

ハミダシ　🄷 フラッシュバックスFlashbacks (Map P.233-B2　TEL (0361)281-682　URL www.flashbacks-chb.com)は全7室のバンガロー。ファンルームSRp.45万〜、バンガローDRp.65万〜。

Bali Culture Guide バリ島カルチャーガイド

バリの伝統舞踊図鑑

ウブドの舞踊公演→P.288

伝統が息づく
バリ文化の
ハイライト

バリ舞踊は元来、宗教儀礼を基に誕生した芸能だ。その後、何世紀もの時代を経て、その姿はさまざまな形に変容している。王国時代には宮廷で優雅な鑑賞用舞踊が、村では娯楽性の強い舞踊劇や新作舞踊が生まれ、近年では外国人により考案されたパフォーマンスまで登場した。人間が最も美しい姿となる舞いは、民族芸能の域を超えて、いつまでも踊り継がれてほしいものだ。

神々にささげる歓迎の舞い
タリ・プニャンブタン
Tari Penyambutan

「歓迎の踊り」の総称で、ウエルカムダンスとも呼ばれる。降臨した神々にささげる儀礼舞踊ペンデットPendetなどをもとに、娯楽のために創られた。複数の若い女性たちによって踊られ、片手に花を盛った銀盆を携え、踊りながら観客席に向かって花を投げかけてくれる。物語性はないが、パンニャンブラモ、プスパ・ウレスティ、プスパ・ムカールなど演目は数多くある。

花々をまいて神と観客を祝福する

華やかな宮廷文化を伝える舞踊
レゴン
Legong

バリ王国時代の宮廷内での娯楽として創られた優雅な舞踊。現在では20種類近くのレゴンがあるが、レゴン・クラトン・ラッサムやレゴン・ジョボッなどがその代表格。舞踊にはストーリーがあり、ふたりの踊り子がまるで鏡に映ったように同じ動きをするかと思えば、目を大きく開けていさかいを始めたり、さらにあやしく絡んだりと、観る者をいにしえの世界へと引き込む。

ランケサリ姫(右)とラッサム王(左)が物語を紡ぐ

246

2015年に
ユネスコの世界無形
文化遺産に登録された
バリの伝統舞踊を
体験しましょう！

男性舞踊の基本となる力強い戦士の舞い
バリス
Baris

　儀礼用の群舞だったが、近年に子供（もしく
は青年）によって踊られるソロ舞踊にアレンジ
された。群舞をバリス・グデ、ソロをバリス・
トゥンガルと呼び分けている。バリス・トゥ
ンガルは戦士の舞いと呼ばれ、緊張感あふれ
る序盤、憂いと戸惑いを感じさせる中盤、そ
して最後には戦場へ勇敢に赴く場面が表現さ
れる。何本もの帯が重なった衣装は、戦士の
甲冑をイメージしたもの。

天才舞踊家マリオが生み出した美の極地
クビャール・トロンポン
Kebyar Torompong

　20世紀中頃に活躍した舞踊家マリオが、そ
の強靭で柔軟な体をガムラン・ゴン・クビャ
ールのリズムに生かして創作した舞踊。踊り
手は女装した男性で、大小10個のゴンを並べ
たトロンポンという打楽器の前に座り、両手
にバチを持って踊る。半座の足さばきは非常
に難易度が高く、並たいていの筋力では踊れ
ないほど。その動きや顔の表情は独特の色香
を放つ。

軽妙な
バチさばきで
楽器を演奏
しながら踊る

戦士の
心情表現を
じっくり
楽しめる

幻想的な声のガムランが闇に溶ける
ケチャ
Kecak

男性たちが表現する大蛇に捕らえられたシータ王女

　大勢の男性によって演じられる合唱舞踊は、旅行者に最も人気の高いプログラム。ラーマヤナ叙事詩をモチーフにした舞踊劇とともに演じられることが多い。「チャ」の掛け声はでたらめに発せられるのではなく、きちんと5つか7つのパートに分かれており、その高度なリズム感は驚異的。各パートの微妙で複雑なズレが全体の掛け声に厚みと深さを与え、聴く者を不思議な感覚に陥らせる。寺院や広場などの地面で、ヤシ油ランプの揺れる炎の明かりのなかで演じられるため、観客も臨場感をたっぷり味わうことができる。

男性たちが取り巻く中央でラーマヤナ物語が展開する

バリ人の世界観を象徴する舞踊劇
バロン
Barong

魔女ランダに戦士たちが戦いを挑むクライマックス

　バロンは森にすむ想像上の聖獣だといわれており、村を守るご神体として寺院の祠に安置されている。祭礼のときにはふたりの踊り手が入って奉納の舞いをしたり、村内を練り歩いて災難のあった屋敷の門前で厄払いをすることもある。近年では、ご神体とは別に観光用の舞台で踊られるバロンをあつらえ、マハーバーラタ叙事詩からヒントを得た劇中に善の象徴として登場。悪の象徴であるランダと終わりなき戦いを繰り広げる。中に入った踊り手が両手を駆使して面を操り、まるで生きているかのような表情をつくるのが見どころだ。

聖獣バロンとサルのコミカルなやり取りでスタート

宗教儀式に欠かせない影絵芝居
ワヤン・クリッ
Wayang Kulit

　寺院祭礼での奉納のほか、冠婚葬祭でもよく演じられる影絵芝居。会場に張られた白いスクリーンが、ヤシ油ランプの炎でオレンジ色に浮き上がり、神秘的な雰囲気を醸し出す。揺らめくともしびを受けて、先のとがった山のような形のグヌンガン（宇宙の象徴といわれる）が、蝶が舞うようにあやしく揺れて舞台が開演。物語はおもにインドの古典叙事詩マハーバーラタ、ラーマヤナから抜粋され、善と悪の戦いがテーマになっている。最後には善が勝利を収めるという道徳的、宗教的な展開で終わる。人形遣いのダランは、ひとりで100体以上の人形を操り、役柄ごとに声色も変えて演じていく。

激しい動きと勝ち誇った女性の表情が特徴
タルナ・ジャヤ
Taruna Jaya

ゴン・クビャールの発祥地シガラジャ地方で創作されたクビャール舞踊の傑作。激しく、華々しく、そして弾けるような切れ味のいい振り付け。息つく間もないほどのスピードで炸裂するこの踊りのエネルギーは、ゴン・クビャールのリズムと同化している。男踊りの足さばきと、女性踊りにはなかったカイン（腰布）の巻き方のせいか、男っぽさを感じさせる女性舞踊だ。

エキサイティングで情熱的な女性舞踊

美男・美女の踊り子がペアになって踊る
オレッグ・タムリリンガン
Oleg Tambulilingan

まずひとりの女性の踊り手がゴージャスな冠と衣装で登場し、柔らかに、華々しく踊る。後半から男性（または男役）の踊り手が加わり、ペアになって蜂の戯れる様子を表現する。創作された時点では13歳の少女が踊る清楚な舞踊だったようだが、初代の踊り子は自身の成長とともにアレンジを加えていき、現在のような艶やかな振り付けになって広まった。

ミツバチの求愛を描いた優美なペアの舞い

バリ王朝史をテーマにした仮面劇
トペン・トゥオ
Topeng Tua

トペンは仮面、トゥオは老人の意味。老大臣（または翁）を演じる儀礼性の強い仮面劇だが、観光客用の定期公演でも舞われる。踊りは「わしも年をとったな」と感慨深げに自分の手を見つめるところから始まり、ユーモラスな演技を交えながらいかに老人らしく見え、かつ威厳も感じさせるかが見どころ。うまい踊り手は仮面に表情さえももたせることができる。

ベテラン舞踊家が定期公演の締めくくりとしても舞う

ステージで楽しく戯れる魔物と演奏
ジャウツ
Jauk

ジャウツは半分人間、半分巨人（ラクササ）といわれる、怒りっぽいキャラクター。驚いたように目を見開いた表情の仮面をつけ、魔物の特徴である長い爪を終始震わせながら踊る。この愛嬌ある魔物が森の中でひとり自由に動き回り、笑いを誘うアドリブの部分もある。踊り手がその動きやジェスチャーによって、歯切れよくガムランの演奏をリードしていくのも楽しい。

トペン劇のなかでも最もユーモラスなパフォーマンス

魅惑のリフレインで誘う打楽器のオーケストラ

ガムラン音楽への誘い Musik Gamelan

ガムランの魔法のような
旋律に酔いしれよう

古世時代

宗教儀礼のなかで神事の伴奏としての役割を担ったこの時代のガムラン音楽は、その後、進化していない。今でも、この時代のガムランはごく一部の宗教儀礼でしか見ることはできない。

スロンディン Slonding

♪ 先住民バリアガの
伝統的なガムラン

東ジャワを支配していたマジャパイト王朝の崩壊により、貴族や僧侶たちがバリに移住する16世紀以前から存在していた古代バリの鉄製ガムラン。現在ではバリ島東部のごく一部エリアでしか見られない。宗教儀礼のなかで神事の伴奏としての役割を担っているこの楽器の音色は「音そのものが神」といわれるように神々しく、聴く者をいにしえのバリの深層部へといざなう。特にカランアスム県の**トゥガナン村**（→P.364）のものが有名。

中世時代

この時代にジャワ・ヒンドゥー文化の影響を受け、バリのヒンドゥー教が確立。マジャパイト王朝の崩壊後にその末裔がジャワから移住してきたため、バリ芸能が一気に花開いた。

ゴン・グデ Gong Gede

バリ東部バンリ県、特にキンタマーニ周辺に伝わる古代～中世のガムラン。通常は寺院祭礼の際に伴奏として演奏される。ほかのどのガムランと比べても構成される楽器の種類が多くて音量が大きく、その音色は重厚・荘厳だ。特にバリ・ヒンドゥーの主要寺院のひとつである**ウルン・ダヌ・バトゥール寺院**（→P.382）の祭礼で演奏されるものが有名で、山の澄んだ空気とあいまって畏怖の念を抱かせる。現在はデンパサールなどその他エリアの村々で新たに作られることもあるが、その構造や音色はバンリ地方の本家にはかなわないという。

寺院祭礼オダランで
体験してみたい ♪

グンデル・ワヤン Gender Wayan

おもに影絵芝居（ワヤン・クリッ）の伴奏、もしくはバリ人の乳児・成人・結婚などの通過儀礼で演奏される古代ガムランのひとつ。青銅製の鍵盤打楽器で4台の編成になることが多く、楽曲によっては小型のクンダン（太鼓）やシンバルが加わることもある。独特のバチの使い方で軽妙に奏でられるこの楽器は、黄金の球を転がしたような、繊細で幽玄な音色が特徴的。ギャニャール県**スカワティ村**（→P.272）周辺が、卓越した演奏者が多いことで知られる。

民家でも演じられる
ワヤン・クリッ ♪

アンクルン Angklung

インドネシアにはさまざまな素材でできた多様な形態のアンクルンがあるが、バリでアンクルンといえば青銅製鍵盤楽器のひとつ。クンダン（太鼓）やシンバル類なども加わり、高音域中心の音でまとめられた編成になっている。このガムランの特色は4音階という少ない音で構成される、軽やかだがどことなく物悲しい音色。おもに**火葬儀礼ガベン**（→P.253）のとき、遺族の家もしくは火葬場で遺体を燃やすかたわらで演奏される。バリのほぼ全域で用いられるガムランのひとつ。

人生のフィナーレでの
重要なBGM ♪

スマル・プグリンガン Semar Pegulingan

16世紀以降、ジャワ島のマジャパイト王朝の末裔たちがバリに移り住み、バリ独特の文化・芸能の基を形成した中世時代の後期に作られたガムラン。青銅鍵盤楽器群を中心にクンダン（太鼓）やシンバル類など多様な楽器によって装飾音がつけられ、その音色・音階は優美で気品がある。当初は宮廷のBGMとして王族たちのために演奏されていたという。このガムランが一部アレンジされ、やがて宮廷舞踊であるレゴンの伴奏としても用いられるようになった。プリアタン村の**ティルタ・サリ歌舞団**（→P.290）が伝統的にこのガムランを使用している。

♪ 世界的に有名な
ティルタ・サリ

　ガムランは中部ジャワを中心にインドネシア各地で発展した民族音楽だ（楽器そのものを指す場合もある）。バリ島にはおもに20数種のガムラン音楽があるといわれているが、ここでは旅行者も触れる機会の多い9種類のガムランを、おすすめの歌舞伎や体験スポットとともに紹介しよう。

　ガムランの歴史には諸説あるが、バリの王ダルマウダヤナがマジャパイト王朝に征服される以前の「古世時代」、マジャパイトの支配とそのマジャパイトの末裔が移り住んだ「中世時代」、そして中世の王国時代が終わってから現代までの「近世時代」の3つに分けてある。

近世時代

バリ島で最も耳にすることの多いのが、この時代のガムランだ。旅行者からすればこれも古典的な民族音楽だが、バリ人にとっては日常聴くポピュラー音楽。神事に使われるものから、娯楽性の強いものまで内容も多岐にわたる。

ゴン・クビャール Gong Kebyar

　ガムランが寺院や王宮でしか所有されなかった時代が終わり、庶民の楽しみとしても定着した近世、1910年代にシガラジャ地方で新しくアレンジ・編成されたガムランがゴン・クビャール。クビャール＝閃光の意味のとおり、それまでの優雅な宮廷音楽とは異なり、ダイナミックにしてドラマチック。スピード感あふれる音色と演奏はバリ庶民の気質にぴったり合い、たちまちバリ全土に広がった。儀礼用の古典音楽にも新しい舞踊楽曲にもほぼ対応できる音階構成になっており、現在のバリではこのガムラン形態が主流になっている。プリアタン村の**グヌン・サリ歌舞団**（→P.288）で体験するのがおすすめだ。

♪ 演奏レベルの高い
グヌン・サリ

ゴン・スマランダナ Gong Semarandana

　ゴン・クビャールの進化系。1988年、デンパサールでガムラン製造職人でもあった演奏者によって考案・制作されたのが始まり。ゴン・クビャールにスマル・プグリンガンやアンクルンがもつ特徴的な音階が加えられ、さらに多彩な楽曲演奏、メロディ構築が可能になった。特に創作楽曲に好んで使われることが多く、近年デンパサールを中心にじわじわ人気が高まっている。ウブドでは**スマラ・ラティ歌舞団**（→P.289）がこのガムランの魅力を最大限に引き出す演奏で有名。

♪ 稲妻のような音が
響くスマラ・ラティ

ティンクリック（リンディック）
Tingklik（Rindik）

　竹でできた素朴なガムラン。竹筒を一部切り取って音階を調律し、残った筒の部分で共鳴させるというシンプルな構造。2台でワンセットとなり、竹笛や太鼓が入ることもあるが1台でも演奏が可能。バリの田舎の風景を彷彿させる軽やかでのんびりした音色はバリの庶民にも愛されている。ほかのガムランと比べて安価なので購入しやすく、自宅で暇な時間に気ままにたたく愛好家も珍しくない。高級ホテルのロビーでBGMとして演奏される光景もよく見かける。

♪ ワークショップでも
体験できる

ジェゴグ Jegog

　大小さまざまな大きさの竹筒を使った打楽器群だが、ジェゴグの特徴は低音を担うパートに使われる竹の巨大さである。直径20cm以上の太い竹筒から発せられる、大地を揺るがすような重低音からは人間の耳では聞こえない低い周波数が出ており、その上にさまざまな音域のパートが重なってこの世のものとは思えないような音のうねりを作り出す。1912年頃、バリ西部ジュンブラナ県ヌガラ地方で生まれ、農民の娯楽だったジェゴグは、竹筒が武器になりうるという理由からオランダ統治時代に禁止された。その後、インドネシア独立という激動の時代を経ていつの間にか忘れ去られていたジェゴグを復活させたのがヌガラの名士スウェントラ氏である。彼が1979年に結成した**スアール・アグン歌舞団**（→P.405）の活躍によって名が知られるようになって以来、バリに100を超えるジェゴグのグループができた。ジェゴグの醍醐味は2チームによる音のバトル「ムバルン」。演奏の技量・音量・力量を競い合い、相手のペースにのまれたら負け、という凄まじい音の洪水を体感できる。

♪ 重低音に圧倒される
竹のガムラン ♪

伝統音楽の CD 入手方法
ゴン・クビャールの**グヌン・サリ歌舞団**（→P.288）やスマランダナの**スマラ・ラティ歌舞団**（→P.289）などの公演会場では各グループのCDが購入できる。インドネシアでも配信サービスで音楽を聴くことが一般的となり、CDを販売するミュージックショップは残念ながらウブドでも姿を消してしまっている。

神秘的な祭礼と華やかなイベントがあなたを待っている

バリの祭礼&儀式
Pengalaman upacara agama Bali

左／集落の人々が寺院へと集まるオダランの光景は圧巻だ
右／寺院の境内で真剣に祈る姿が厳かな雰囲気を醸し出す

祭礼の島で体験する
オダラン　"Odalan" Festival

オダランはバリ文化の華！

オダランOdalanとはバリ・ヒンドゥー寺院の創設を記念した祭礼のこと。バリには数万ともいわれる寺院があり、それぞれが祭礼をウク暦やサコ暦に沿って1年ごとに執り行う。バリ島で毎日のようにお祭りの行列を見かけるのは、このオダランが多いためだ。

オダランは通常数日間にわたって行われる。何日も前から村人総出で寺院を浄め、祭礼当日には豪華な供物を持ってお祈りに行く。境内周辺には屋台が並び、闘鶏場や賭場も開かれて、とてもノスタルジックな雰囲気。そしてオダランのハイライトは、何といっても深夜に奉納される伝統芸能だ。コミカルな劇のやりとりに笑いがこだまし、緊迫した場面では観衆が逃げ惑うほどの大迫力。観光用の芸能とは緊張感がまるで違うので、チャンスがあればぜひ見学してみたい。

滞在エリアとして人気の高いウブドでは、各観光案内所が祭礼イベントの情報をもっているので、短期旅行者でもオダランを体験しやすい。特にウク暦の祝日クニンガンが終わったあとの1ヵ月間はオダランが集中するので、この時期にバリ島内を巡れば、いろいろな宗教儀式や人々に出会えるだろう。

見学する前の予備知識

旅行者であっても、❶事前にシャワーを浴びて体を浄める、❷バリ式の正装をする、❸お祈りのじゃまをしない（＝祭司や僧侶より高い位置に立たない、カメラのフラッシュをたかない、大声を出さない）など、基本的なマナーを守れば好意的に受け入れてもらえる。ただし生理やけがで出血している人、近親が亡くなって12日以内や出産後42日以内の人、飲酒している人などは立ち入り厳禁になっているので注意。初めて参加する人は、知り合いのバリ人と行動し、お祈りの方法なども教えてもらうといい。またバリの正装はウブド内の観光案内所でレンタルできるし、スーパーで購入してもあまり高くはない。

バリの正装

ウドゥン
サファリ
クバヤ
スレンダン（内側）
スレンダン
サルン
サルン
サプッ

左上／合同葬儀ではさまざまなデザインの棺が一緒に並ぶ　左下／棺の行列を先導するバラガンジュールの楽隊　右／火葬は昼から夕方にかけて墓地で行われ、遺骨はヤシの実の殻に入れられて海や川へと流される

天界へと昇る儀式
火葬式ガベン

"Ngaben" Cremation

歓喜に満ちた葬式は
人生最大のイベント

バリ人は母親の体の中に生を受けてから死ぬまでの間に、いくつもの儀礼を通過しなくてはならない。神の化身から人として魂を受け、一個人として村の一員として認められ、成人として人間性を完成させるために獣性を払拭し、結婚し、死して祖霊に昇格するまでの一連の儀式である。これらの儀式はバリ・ヒンドゥー教の教えにのっとって節目節目に行われるが、個人のために村人や親戚が総出で行う。特にガルンガン後の1ヵ月は、儀式の多いシーズンだ。

ガベンNgaben（トリワンサ階層の火葬式はプレボンPlebonと呼ばれ区別される）と呼ばれる火葬式は、一生のフィナーレにふさわしい人生最大のイベントとなる。バリ火葬の大きな特徴は、遺体を入れる棺の形だ。一般にヒンドゥー教の聖なる動物である牛の形をしたものが使われる（スードラ層の場合、魚の形の棺が使われることもある）。なお裕福な家庭では、メル（塔）を模して飾りつけられた壮麗なやぐらを組み、それに棺を入れて家から火葬場まで行列をなして運ぶこともある。日本人のお葬式という観念とはかけ離れ、壮大で陽気で雄々しく、まるでお祭りのような華やかさだ。

火葬は午後から夕方にかけて墓地の小高い場所で行われる。火葬後、灰や骨はヤシの実の殻に入れられ、高僧に祈りをささげてもらったあと、海に流す（山間部では川に流す）。これにより魂は清浄になり、天界に昇ると考えられている。

ガベンを体験するには？

バリは世界でも数少ない公開火葬の地として知られており、一般観光客でも日時さえわかれば見学できる。クタ＆レギャン、ウブドなどの旅行会社では、ガベンがあるとクレメーション・ツアーも催行する（P.276のAPA?情報センターなど参照）。これに参加してもいいし、場所が特定できていれば、チャーター車でアクセスすることも可能だ。

バリ家庭で儀式を見学

バリ人の一生は通過儀礼とともにある。家庭での儀式も独自の風習なので、バリの知り合いから誘われたら訪ねてみよう。赤ん坊のへその緒が取れたときのウパチャラ・ムプウ・ブウや、成人式となる削歯儀礼のウパチャラ・ボトンギギ・ギギなど、親戚や僧侶も集まってにぎやかなイベントとなる。

赤ん坊の通過儀礼は
親族みんなで祝う

バリの祝祭日 The Ceremony in Bali

新年を迎えるバリで最も重要な祭日

ニュピ Nyepi

バリではふたつの暦（ウク暦、サコ暦）に従って人々が生活している。ニュピはサコ暦（月の満ち欠けによって決まる）によるバリの新年。この時期、地獄の主神ヤマが悪霊の国を掃除するため、悪霊たちはバリに逃れてくるのだという。そのため人々は、島中を浄化する必要があると考えている。

ニュピの祭りは、前々日から始まる。この日は、寺院の御神体などを海辺に運んで清める儀式が行われる。浜辺にいると村ごとに御神体、お供えを持った行列が次から次へとやってくる。クタ＆レギャンやサヌールで、浜辺にいる観光客など目に入らぬかのように延々この儀式が行われる。

次に前日。村々の辻には悪霊へのお供えが置かれる。夜はオゴホゴと呼ばれる山車が町中を練り歩き、人々は松明をたき、楽器を鳴らし、供物を食べた悪霊に、もう危害を加えることなく立ち去るよう促すのだ。

そしてニュピ当日。この日は悪霊が去るのを瞑想して待つ日だ。いかなる活動もしてはならず、人々は家の外へ出ることも禁じられる。火を起こすことも、家の中で遊ぶことさえも禁じられている。バリ中が静寂に包まれる日で、観光客とて例にもれない。ホテルから出ることはもちろん、夜電気をつけることさえ禁じられている。大きなホテルではレストランなどが宿泊客のために営業するが、安宿に泊まっている人は、宿から外へ出られないため食事をする場所がない。そのため、前日に保存食料を買い出ししておく必要がある。

なお、島内交通は一部許可証をもった車のみが通行可能。ちなみに「禁」を破って外出すると旅行者でも逮捕される。ニュピが行われるのは毎年2〜5月で、2023年は3月22日に行われた。

ニュピが終わったあとのオゴホゴは広場などで焼かれる

上／ニュピの前日の夜には悪魔を象徴するオゴホゴを担いで練り歩く　中／浜辺に集まりバロンとともにお清めを受けるニュピの前々日　下／サヌールの浜辺でのニュピ前々日の光景。南部リゾートエリアでもお清めに向かう人々であふれかえる

左／各家々々は竹で作ったペンジョールを飾りつける。祖先の霊はこれを目印に戻ってくるといわれる　右／村の守り神バロンとともに寺院で参拝を行うガルンガン

祖先の霊が島へと戻る聖なる日
ガルンガン＆クニンガン　Galungan & Kuningan

　ガルンガンは善ダルマが悪アドハルマに勝利したことを象徴する日で、日本のお盆のように祖先の霊がこの世に戻ってくる日とされている。この日は高い竹の棒にヤシの葉や花などで飾りつけをしたペンジョールを、家の門の右側に上げて目立たせる。日本の七夕に似た光景だ。この日、バリ人はとっておきの衣装を着、祖先の霊を迎えるため寺に詣でる。朝、「町」でお参りに行く人たちの行列を見ることが多い。また悪霊を鎮めるためバロン・ランドゥンを寺院から出して練り歩かせる村もある。なおこの日を含む数日間は、官公庁や博物館などは休みになり、個人経営のショップやレストランなどもほとんどがクローズする。

　ガルンガン翌日は**マニス・ガルンガン**Manis Galunganという日で、親戚、友達や隣近所の人の家を訪ね合うのが習わしだ。

　クニンガンはこの世にやってきていた祖先の霊を送り出す日。ガルンガンの10日後に行われ、この日をもって祖先の霊に対する祭りは終了する。なお、クニンとは黄色を意味する言葉で、この日、各家庭では黄色く色づけされたご飯（ナシクニン）が供される。

　ガルンガン＆クニンガンはウク暦に基づいて行われ、210日に1回巡ってくる。2023年は、ガルンガンが1月4日と8月2日、クニンガンが1月14日と8月12日に行われた。

左／子供たちのバロンが門付けをして回る　右／寺院は供物であふれかえる

芸能好きならバリ・アートフェスティバルへ！

　芸術の島バリで最も盛り上がるイベントが、毎年6〜7月にかけて催されるバリ・アートフェスティバル（→ P.265）。州都デンパサールのウェルディ・ブダヤ・アートセンターを会場とする1ヵ月にも及ぶ芸術祭だ。この期間は各地の演奏家や舞踊家が集まり、朝から夜まで複数のステージで、華やかなパフォーマンスが披露される。特に青銅楽器を中心とした

バリの舞踊トレンドを体感できる

打楽器のアンサンブル「ガムラン」は、全島コンクールを勝ち抜いてきたグループがトーナメント戦を行うので、演奏の熱の入れようはすさまじい。ステージの両脇にふたつのグループが対峙して演奏を競い合い、客席に陣取った各村の応援団も熱狂的だ。

　また芸術大学の学生や、若きアーティストたちの世界に触れることができるのもこのイベントの大きな魅力。観光客向けの様式化された演目とは異なり、新たな舞踊の潮流がステージに反映される。庭ほうきとドラム缶だけで前衛的な音楽を奏でて寸劇を演じたり、伝統的な宗教劇をハウスミュージックにのせてアクロバティックに踊ったり…。タイミングが合えば、ぜひ会場へ足を運んでバリの奥深い芸能世界をのぞいてみたい。

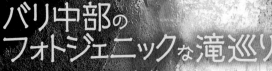

バリ中部の
フォトジェニックな滝巡り
photogenic waterfall

ウブド周辺にはインスタグラマーに人気の滝が点在している。どこもアクセスが不便なので車を手配して訪れよう。

📷 撮影のヒント！
滝つぼまでは徒歩15分ほど。小さい滝に着いたらサンダルに履き替え、カメラも防水対策をしっかりと

清冽な空気で満たされた神秘的な滝
トゥカッ・チュプンの滝
Tukad Cepung Waterfall
MAP P.259-A4

光と水が織りなす幻想的なロケーションで話題の撮影スポット。カーテンのような滝が洞窟に流れ込み、ミステリアスな雰囲気たっぷりの写真は「いいね！」急増間違いなし。

入場 毎日7:00 ～ 18:00　料金 Rp.2万

📷 撮影のヒント！
滝つぼにはサインボードや船のオブジェなどインスタ映えする小道具がいろいろ用意されている

ウブドから気軽に訪問できる穴場
カント・ランポの滝
Kanto Lampo Waterfall
MAP P.259-B4

📷 撮影のヒント！
眺めのいい滝つぼへは川の中を歩いて移動。腰まで水浸しになるので水着とカメラの防水グッズは必携

駐車場から100段の階段を下れば、渓谷の美しい景観を満喫できる（他の滝スポットよりアクセスが楽）。滝の高さは6mだが段々になった岩場で水が無数に跳ね返り、とても幻想的だ。

入場 毎日6:30 ～ 17:30
料金 Rp.2万

迫力満点のロケーションで人気急上昇
トゥグヌンガンの滝
Tegenungan Waterfall
MAP P.259-B3

スカワティ村のプタヌ渓谷沿いにある落差20mほどの滝。知る人ぞ知る秘境だったが、滝つぼまで降りる道が整備されて、ウブド近郊でもトップクラスの撮影スポットになっている。

入場 毎日7:00 ～ 18:00　料金 Rp.2万

滝を見下ろす人気スポット

トゥグヌンガン滝のすぐ上流にはリバークラブが登場。DJのクラブミュージックが流れるなか、ブランコやプールを楽しむ人たちで盛り上がっている。滝つぼへも階段が整備され簡単にアクセスできる。

川沿いでブランコも楽しめる

●ディートゥカッ・リバークラブ
D'tukad River Club
MAP P.259-B3
URL www.dtukad.com　TEL 0811-3986-168（携帯）
営業 毎日9:00 ～ 19:00　料金 Rp.10万（入場料）のほか、食事、ドリンク、プールやブランコなどの利用はバウチャー制

芸術や芸能を満喫できるバリ有数のアートエリアへ

ウブド&バリ中部
Ubud & Central Bali

バリ中部では伝統文化や、ローカルな暮らしぶりを気軽に体感できる。
バリ舞踊の中心地ウブドや州都デンパサールをはじめ、
世界遺産に登録されている寺院や田園地帯も必見だ。

デンパサール ……………………… 260
デンパサールからウブドへ ………… 270
ウブド ……………………………… 274
ムングウィ ………………………… 324
タナロット寺院 …………………… 326
タバナン …………………………… 328
タンパシリン ……………………… 332

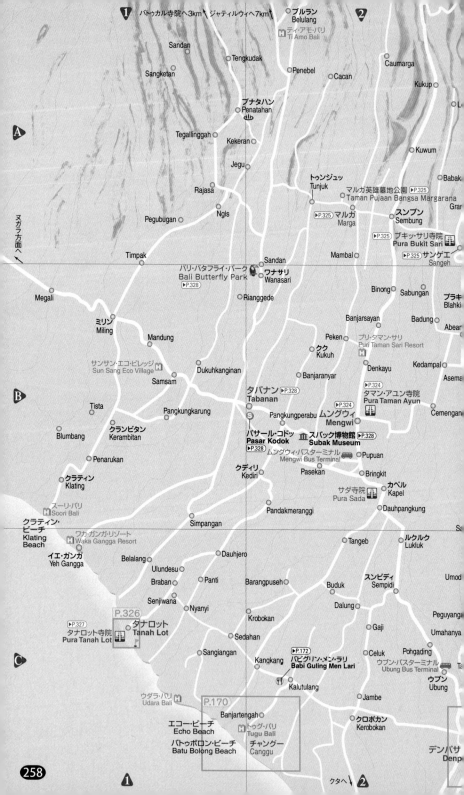

バトゥカル寺院へ3km　ジャティルウィへ7km

ブルラン
Belulang

ティ・アモ・バリ
Ti Amo Bali

Sandan

Tengkudak

Penebel

Cacan

Caumarga

Kukup

Sangketan

Sangketan

プナタハン
Penatahan

Kekeran

Babak

Grar

Tegallinggah

Jegu

トゥンジュッ
Tunjuk

マルガ英雄墓地公園 ▶P.325
Taman Pujaan Bangsa Margarana

スンブン
Sembung

Rajasa

Ngls

マルガ ▶P.325
Marga

Pegubugan

ブキッ・サリ寺院 ▶P.325
Pura Bukit Sari

サンゲエ
Sangeh

Timpak

Sandan

Mambal

バリ・バタフライ・パーク ▶P.328
Bali Butterfly Park

ワナサリ
Wanasari

Binong

Sabungan

ブラキ
Blhaki

Megali

Rianggede

Banjarsayan

Badung

Abear

ミリン
Miling

Mandung

Peken

プリ・タマン・サリ
Puri Taman Sari Resort

Denkayu

Kedampal

Asema

サンサン・エコ・ビレッジ
Sun Sang Eco Village

Dukuhkanginan

 クク
Kukuh

Banjaranyar

タマン・アユン寺院 ▶P.324
Pura Taman Ayun ▶P.324

Samsam

タバナン ▶P.328
Tabanan

Tista

Pangkungkarung

Pangkungperabu

ムングウィ
Mengwi

Cemengan

クランビタン
Kerambitan

Blumbang

バサール・コドッ
Pasar Kodok ▶P.328

スバック博物館 ▶P.328
Subak Museum

Penarukan

ムングウィ・バスターミナル
Mengwi Bus Terminal

Pupuan

クディリ
Kediri

Pasekan

Bringkit

クラティン
Klating

サダ寺院
Pura Sada

カベル
Kapel

スーリ・バリ
Soori Bali

Pandakmeranggi

Dauhpangkung

Sa

クラティン・
ビーチ
Klating
Beach

Simpangan

Tangeb

ルクルク
Luluk

ワカ・ガンガ・リゾート
Waka Gangga Resort

Dauhjero

イエ・ガンガ
Yeh Gangga

Belalang

Ulundesu

Barangpuseh

Buduk

スンビディ
Sempidi

Umod

Braban

Panti

Dalung

Peguyang

タナロット ▶P.327　P.326
タナロット寺院
Pura Tanah Lot

Senjiwana

Nyanyi

Krobokan

Gaji

Umahanya

Sedahan

Kangkang

バビグリン・メン・ラリ ▶P.172
Babi Guling Men Lari

Celuk

Pohgading

ウブン・バスターミナル
Ubung Bus Terminal

Ta

Sangiangan

Kalutulang

ウブン
Ubung

ウダラ・バリ
Udara Bali

P.170

Jambe

エコー・ビーチ
Echo Beach

Banjartengah

トゥグ・バリ
Tugu Bali

クロボカン
Kerobokan

バトゥボロン・ビーチ
Batu Bolong Beach

チャングー
Canggu

デンパサ
Denp

クタへ

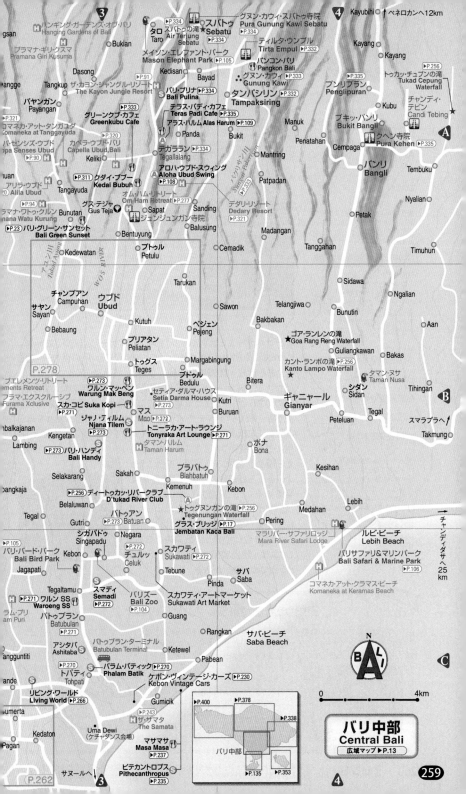

Labels on the map:

- Hanging Gardens of Bali / バンギング・ガーデンズ・オブ・バリ
- プラマナ・ギリ・クスマ / Pramana Giri Kusuma
- gsan
- Buklian
- Dasong
- Tangkup
- 3
- タロ / Taro [P.334]
- Air Terjung Sebatu / スバトゥの滝 [P.334]
- メイソン・エレファント・パーク / Mason Elephant Park [P.105]
- グヌン・カウィ・スバトゥ寺院 / Pura Gunung Kawi Sebatu [P.334]
- スバトゥ / Sebatu [P.334]
- ティルタ・ウンプル / Tirta Empul [P.332]
- Pangkon Bali / パンコン・バリ [P.335]
- Kayubihi
- ベネロカンへ12km
- Kayang
- Kayang
- 4
- P.256
- Kisuang
- パヤンガン / Payangan [P.321]
- コマネカ・アット・タンガユダ / Komaneka at Tanggayuda [P.90]
- ザ・カヨン・ジャングル・リゾート / The Kayon Jungle Resort [P.91]
- Tangkup
- Bukian
- Kedisan
- Bayad
- バリ・プリナ / Bali Pulina [P.334]
- テラス・パディ・カフェ / Teras Padi Cafe [P.335]
- グヌン・カウィ / Gunung Kawi [P.333]
- タンパシリン / Tampaksiring [P.332]
- Manuk
- Penatahan
- Cempaga
- プンリプラン / Penglipuran [P.335]
- Kubu
- トゥカッ・チュプンの滝 / Tukad Cepung Waterfall [P.256]
- チャンディ・テビン / Candi Tebing
- A
- グリーンクブ・カフェ / Greenkubu Cafe [P.333]
- カペラ・ウブド・バリ / Capella Ubud,Bali [P.320]
- opa Senses Ubud [P.90]
- Keliki
- Panda
- アラス・ハルム / Alas Harum [P.109]
- Bukit
- Mantring
- ブキッ・バンリ / Bukit Bangli
- クベン寺院 / Pura Kehen [P.335]
- バンリ / Bangli
- Tembuku
- angge
- huan
- アリラ・ウブド / Alila Ubud [P.311]
- 20 Alila Ubud [P.94]
- クダイ・ブブー / Kedai Bubuh [P.311]
- Tangayuda
- テガララン / Tegallalang [P.334]
- アロハ・ウブド・スウィング / Aloha Ubud Swing [P.108]
- Patpadan
- Madangan
- Nyalian
- ラマナ・ワトゥ・クルン / ama Watu Kurung [P.23]
- バリ・グリーン・サンセット / Bali Green Sunset [P.23]
- Bunutan
- グス・テジャ / Gus Teja
- オム・ハム・リトリート / Om Ham Retreat [P.277]
- Sapat
- ジュンジュンガン寺院
- Sanding
- Balusung
- デダリ・リゾート / Dedary Resort [P.321]
- Petak
- Bentuyung
- Cemadik
- Tanggahan
- Timuhun
- B
- カエン・川 / Tukad Ayung
- Kedewatan
- プトゥル / Petulu
- Tarukan
- Sidawa
- Ngalian
- チャンプアン / Campuhan
- サヤン / Sayan
- ウブド / Ubud
- Telangjiwa
- Bunutin
- Bebaung
- Kutuh
- ペジェン / Pejeng
- Sawon
- Bakbakan
- Aan
- P.278
- プリアタン / Peliatan
- Margabingung
- Bitera
- ゴア・ランレンの滝 / Goa Rang Reng Waterfall
- Guliangkawan
- Bakas
- カント・ランボの滝 / Kanto Lampo Waterfall [P.256]
- タマン・ヌサ / Taman Nusa
- Tihingan
- トゥグス / Teges
- ブドゥル / Bedulu
- シダン / Sidan [P.256]
- ブレメンツ・リトリート / ements Retreat
- ワルン・マッ・ペン / Warung Mak Beng [P.273]
- スカ・コピ / Suka Kopi [P.271]
- セティア・ダルマ・ハウス / Setia Darma House [P.273]
- ギャニャール / Gianyar
- スマラプラへ / スマラプラへ
- ラマ・エクスクルーシブ / Furama Xclusive
- マス / Mas
- ジャノ・フィルム / Njana Tilem [P.273]
- トニーラカ・アート・ラウンジ / Tonyraka Art Lounge [P.271]
- Mao [P.272]
- Kutri
- Buruan
- Peteluan
- Tegal
- Takmung
- mbalkajanan
- Lambing
- Kengetan
- バリ・ハンディ / Bali Handy [P.273]
- タマン・ハルム / Taman Harum
- ボナ / Bona
- Kesihan
- Lebih
- Selakarang
- Sakah
- ブラバトゥ / Blahbatuh
- Kemenuh
- Kebon
- Medahan
- Belaluwan
- ディートゥカッ・リバークラブ / D'tukad River Club [P.256]
- トゥグヌンガンの滝 / Tegenungan Waterfall [P.256]
- Pering
- angkaja
- Gutri
- バトゥアン / Batuan [P.273]
- グラス・ブリッジ / Jembatan Kaca Bali [P.17]
- チャンディダサへ25km
- Tegal
- シガパドゥ / Singapadu
- Negara
- スカワティ / Sukawati [P.272]
- マラリバー・サファリロッジ / Mara River Safari Lodge
- ルビ・ビーチ / Lebih Beach
- バリ・バード・パーク / Bali Bird Park [P.105]
- Kebon
- チュルッ / Celuk
- バリサファリ＆マリンパーク / Bali Safari & Marine Park [P.106]
- Jagapati
- Tebune
- サバ / Saba
- Pinda
- バリズー / Bali Zoo [P.104]
- スマディ / Semadi [P.272]
- ワルン SS / Waroeng SS [P.271]
- テガルタム / Tegaltamu
- バリーズ・バリ・ズー / Bali Zoo
- スカワティ・アートマーケット / Sukawati Art Market
- コマネカ・アット・クラマス・ビーチ / Komaneka at Keramas Beach
- バトゥブラン / Batubulan
- アシタバ / Ashitaba [P.271]
- Guang
- am Puri
- Rangkan
- サバ・ビーチ / Saba Beach
- angguntiti
- バトゥブラン・ターミナル / Batubulan Terminal
- Ketewel
- Pabean
- N
- BALI
- C
- トハティ / Tohpati
- パラム・バティック / Phalam Batik [P.270]
- ケボン・ヴィンテージ・カーズ / Kebon Vintage Cars [P.230]
- リビング・ワールド / Living World [P.266]
- Gumicik
- umerta
- P.105
- Kedaton
- Pagan
- ande
- ザ・サマタ / The Samata [P.243]
- ウマ・デウィ / Uma Dewi（ケチャダンス会場）
- マサマサ / Masa Masa [P.237]
- ピテカントロプス / Pithecanthropus [P.235]
- サヌールへ
- 3
- P.262
- 0 ... 4km
- バリ中部 / Central Bali
- 広域マップ▶P.13
- P.400
- P.378
- P.338
- バリ中部
- P.135
- P.353

デンパサール

Denpasar

デンパサールの充実度

ホテル / ショッピング / グルメ / バリ情緒 / アクティビティ / 観光スポット / 治安 / エステ

観光やショッピング施設が充実したバリの州都。滞在地として訪れる旅行者は少ないが、ホテルやレストランも整っている。

デンパサールへのアクセス

空港～デンパサール
空港からエアポートタクシーで約50～60分（定額運賃はRp.20万～30万）。デンパサールから空港へメータータクシーでRp.13万ほど。中心部は渋滞がひどいので注意しよう。

タクシー

クタから	約40分	Rp.16万～
スミニャックから	約40分	Rp.16万～
ジンバランから	約50分	Rp.21万～
ヌサ ドゥアから	約60分	Rp.26万～
サヌールから	約20分	Rp.8万～

デンパサールで映画鑑賞
インドネシア各地で展開しているシネマ21は快適な複合映画館。デンパサールはレベル21モール内にあり、入場料はRp.5万～12万5000（週末や席種で異なる）。字幕はインドネシア語。
●シネマ21 Cinema XXI
Map P.262-C2
住所 Jl. Teuku Umar No. 1
TEL (0361)335-2121
URL 21cineplex.com

2023年にオープンしたリビング・ワールドはバリ最大級のショッピングモール

デンパサールとは「北（デン）の市場（パサール）」という意味だ。この町はバリ州の州都であり、バリ南部バドゥン県の県庁所在地でもある行政・経済の中心地。しかし、それはあくまで表向きの顔だ。デンパサールの素顔は、市場や庶民の生活のなかにある。町のあちらこちらに立つ市場、周りに密集する生活用品を扱う小売り店、狭い道をベモやバイクがわがもの顔に走り、それをぬうように、人は食材・日用品を求めて通りを横断する。太陽が熱射のごとく照りつけ、アスファルトの道から陽炎が揺れる時間は、店はシャッターを下ろし安息の時間に入る。住宅街をのぞくと、静まり返った細い路地に、アイスクリーム売り屋台のゆったりした音楽が響く。音を聞きつけた子供たちが屋台に群がり、歓声を上げる。ここには『観光客用バリ』ではない、『もうひとつのバリ』がある。

デンパサール中心部にあるププタン広場のモニュメント

Z世代の若者が集うレノン地区のカフェ

ひと昔前までのワルン食堂オンリーだった時代が嘘のようにデンパサールにおしゃれなカフェが増加している。レノン地区にあるジ・アレウェイ・カフェはその代表格。フォトジェニックな料理や内観が評判となり、意識高い系の若者たちのたまり場となっている。ハンバーガーやピタなど写真映えする料理が多く、1日中オーダーできる朝食メニューは8:00～12:00まで25％オフ。エアコンやWi-Fiも完備しているので、観光の合間の休憩スポットとして立ち寄ってみよう。

ビーフテリヤキライスRp.3万8000など丼飯も今風なスタイル！

R ジ・アレウェイ・カフェ The Alleyway Cafe
Map P.263-B4
住所 Jl. Merdeka No.10B, Sumerta Kelod, Denpasar
TEL (0361)474-2774　URL thealleywaycafe.com
営業 毎日8:00～22:00

ヒント クレネン市場のナイトマーケット（→P.269）は、庶民の活気あふれる屋台街。屋台の衛生面が気になる人は、お好み焼き風のマルタバや焼きトウモロコシのジャグンなどスナック類を味わってみよう。

✿ORIENTATION 歩き方

町の中心はププタン広場

デンパサールの町は**ププタン広場**Lapangan Puputanを中心とし、東西に別の顔を見せている。ププタン広場は東西約150m、南北約200mの大きな広場だ。広場の一角には、オランダ侵攻に対し、デンパサールの人々が自決覚悟で立ち向かった行進（ププタン）をたたえる記念碑が立っている。そして広場の東側に面して、毎日観光客を乗せたツアーバスが横づけされるバリ博物館、ジャガッナタ寺院がある。デンパサールの町の中心部は一方通行の道が多く、交通量も多い。そのためププタン広場を中心とした1km四方なら、歩いてみることをおすすめする。

観光用の馬車が走る

ププタン広場西側は生活の匂いのする町

ププタン広場北側から西へ延びる通りがデンパサールのメインストリート、**ジャラン・ガジャマダ**Jl. Gajah Mada。道路の両側には、生活用品を売る店が1km以上も並んでいる。通りの西外れ、バドゥン川の東側にあるのが**パサール・バドゥン**Pasar Badung（→P.264）。フルーツや食肉、香辛料や生活用品などが所狭しと並べられており、商業の町デンパサールを実感できる場所だ。その対岸にはおみやげ品市場の**クンバサリ・アートマーケット**Pasar Seni Kumbasariもある。

バドゥン川の東岸、ジャラン・ガジャマダと南北に交差する通りは、**ジャラン・スラウェシ**Jl. Sulawesi（別名アラブ人街Kampung Arab）。狭い通りの両側は、バティックやカラフルなレースを売る生地の問屋街としてにぎわっている。

生地のショップが並ぶジャラン・スラウェシ

ププタン広場の東側はちょっとしたオフィス街

ジャラン・ガジャマダはププタン広場から東に行くと、**ジャラン・スラパティ**Jl. Surapatiと名前が変わる。あれほどにぎやかだった通りも、落ち着いたオフィス街にたたずまいが変わる。ジャラン・スラパティの東外れには、夕暮れ時になると食べ物屋台が出る**クレネン・ナイトマーケット**Pasar-malam Kereneng（→P.269）がある。デンパサールにあるナイトマーケットでは最も規模が大きい。アセチレンランプの明かりの下、あたり一帯にはサテを焼く煙が立ち込め、ヤシ油で豪快に炒める音や匂いが、食欲を刺激する。

ナイトマーケットで庶民の味を満喫できる

配車サービスの利用状況
GrabやGojekなどの配車サービス（→P.425）が利用できる。デンパサールでは流しのタクシーをつかまえにくいので、配車アプリで車やバイクを呼び出すとスムーズに移動できる。

中央郵便局 ＭＡＰ P.263-C3
住所 Jl. Raya Puputan, Renon, Denpasar
TEL (0361) 223-565
URL www.posindonesia.co.id
営業 毎日 7:00〜22:00（土・日20:00、日9:00〜14:00）

両替事情
日本円や米ドルは、ジャラン・ガジャマダ（Map P.262-A1〜2）に集まっている銀行で両替できる。ATMはショッピングセンターやコンビニ内にもある。

鳥市場 Pasar Burung ＭＡＰ P.262-A2
ジャラン・ベテランの通りに面してペット店が並ぶローカル市場がある。鳥を扱う店（Burungはインドネシア語で鳥の意味）が多いが、フクロウやサル、爬虫類など珍獣にもお目にかかれるのでマニアに人気。鳥市場の向かいには仔犬専門の販売店があり、触れ合うこともできるので犬好きな人に好評だ。

ロックカルチャーに触れる店
デンパサールは若者文化の発信基地でもあり、若手デザイナーのブティックも多い。Ⓢエレクトロヘルはバリの人気パンク・バンド「スーパーマン・イズ・デッド」が運営するショップ。バイクが飾られたクールな店内にはTシャツやキャップが並んでいる。デンパサール中心部にあるのでロックファンなら訪れてみよう。

Ⓢ エレクトロヘル・ヘリテージ Electrohell Heritage ＭＡＰ P.262-A2
住所 Jl. Veteran No.11A, Denpasar
TEL (0361) 226-479
URL www.electrohell.net
営業 毎日10:00〜21:00

バリ出身の人気バンド「スーパーマン・イズ・デッド」

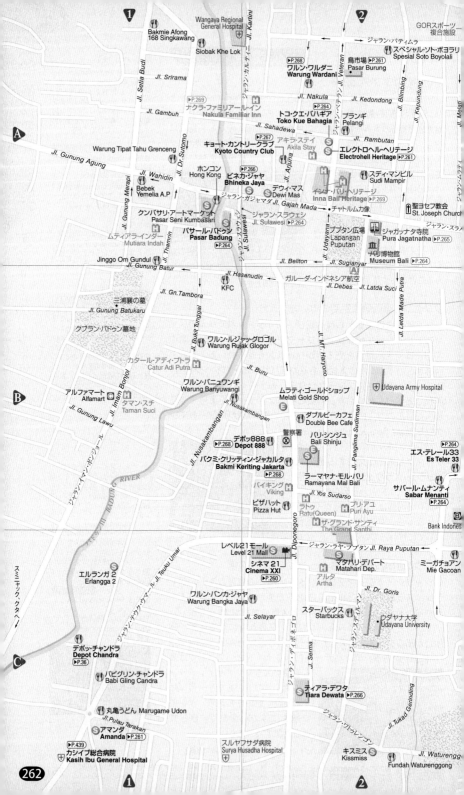

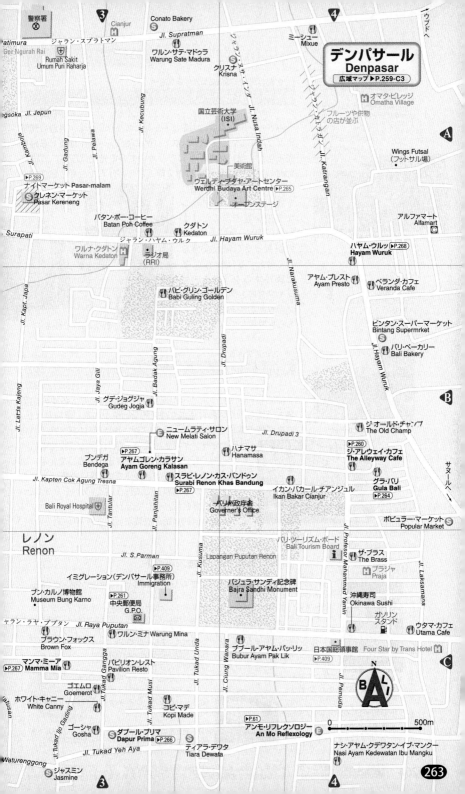

警察署
Patimura
Gor Ngurah Rai

Cianjur

Conato Bakery

Jl. Supratman

ミーシュー
Mixue

ジャラン・スプラトマン

Rumah Sakit
Umum Puri Raharja

ワルン・サテ・マドゥラ
Warung Sate Madura

クリスナ
Krisna

オマタ・ビレッジ
Omatha Village

Jl. Jepun

国立芸術大学
(ISI)

フルーツや供物
の店が並ぶ

ナイトマーケット Pasar-malam ▶P.269

クレネン・マーケット
Pasar Kereneng

美術館

ウェルディ・ブダヤ・アートセンター
Werdhi Budaya Art Centre ▶P.265

Wings Futsal
(フットサル場)

オープンステージ

アルファマート
Alfamart

バタン・ポー・コーヒー
Batan Poh Coffee

クダトン
Kedaton

Jl. Surapati

ワルナ・クダトン
Warna Kedaton

ジャラン・ハヤム・ウルク

ラジオ局
(RRI)

Jl. Hayam Wuruk

ハヤム・ウルッ ▶P.268
Hayam Wuruk

バビ・グリン・ゴールデン
Babi Guling Golden

アヤム・プレスト
Ayam Presto

ベランダ・カフェ
Veranda Cafe

ビンタン・スーパーマーケット
Bintang Supermrket

バリ・ベーカリー
Bali Bakery

グデ・ジョグジャ
Gudeg Jogja

ニューメラティ・サロン
New Melati Salon

Jl. Drupadi 3

ジ・オールド・チャンプ
The Old Champ

ブンデガ
Bendega

アヤムゴレン・カラサン
Ayam Goreng Kalasan

ハナマサ
Hanamasa

ジ・アレウェイ・カフェ ▶P.260
The Alleyway Cafe

Jl. Kapten Cok Agung Tresna

スラビ・レノン・カス・バンドゥン
Surabi Renon Khas Bandung ▶P.267

イカン・バカール・チアンジュル
Ikan Bakar Cianjur

グラ・バリ
Gula Bali ▶P.264

Bali Royal Hospital

バリ州政庁舎
Governor's Office

ポピュラー・マーケット
Popular Market

レノン
Renon

Lapangan Puputan Renon

バリ・ツーリズム・ボード
Bali Tourism Board

ザ・ブラス
The Brass

Jl. S. Parman

イミグレーション(デンパサール事務所) ▶P.409
Immigration

プン・カルノ博物館
Museum Bung Karno

中央郵便局 ▶P.261
G.P.O.

バジュラ・サンディ記念碑
Bajra Sandhi Monument

プラジャ
Praja

沖縄寿司
Okinawa Sushi

ガソリン
スタンド

ウタマ・カフェ
Utama Cafe

ジャラン・ラヤ・ププタン Jl. Raya Puputan

ブラウン・フォックス
Brown Fox

ワルン・ミナ Warung Mina

ブブール・アヤム・パッ・リッ
Bubur Ayam Pak Lik

日本国総領事館 Four Star by Trans Hotel
▶P.409

マンマ・ミーア ▶P.267
Mamma Mia

パビリオン・レスト
Pavilion Resto

ゴエムロ
Goemerot

ホワイト・キャニー
White Canny

コピ・マデ
Kopi Made

ゴーシャ
Gosha

ダプール・プリマ
Dapur Prima ▶P.266

ティアラ・デワタ
Tiara Dewata

アンモ・リフレクソロジー ▶P.61
An Mo Reflexology

Jl. Tukad Yeh Aya

ナシ・アヤム・クデワタン・イブ・マンクー
Nasi Ayam Kedewatan Ibu Mangku

Waterenggong

ジャスミン
Jasmine

パサール・バドゥン

2016年の火災により閉鎖されていた**パサール・バドゥン**（Map P.262-A1）が、2019年から営業を再開している。庶民の生活風景が見学できるデンパサールの必見スポットだ。

新築の建物内で生鮮食料品や日用品が売られている

バリ博物館
TEL (0361) 222-680
入場 毎日 7:30～15:30
料金 大人 Rp.5万
　　　 子供 Rp.2万5000

バリ建築で造られた展示棟

伝統的な衣装の展示も豊富

SIGHTSEEING　おもな見どころ

❀生地の問屋が集まるにぎやかな通り　★★★
ジャラン・スラウェシ
Jl. Sulawesi
MAP P.262-A2

バドゥン川の東岸にあるジャラン・スラウェシは、布地の問屋街となってる。バティックやクバヤに使うレース生地など布地を売る店が、狭い道路沿いにひしめいている光景は圧巻。普段は地元の市場で正装用の布地を購入するバリ人たちも、個性的な一品を探すときはこの通りを訪れるという。カラフルな布地を見て歩くだけでも楽しいが、気に入ったものがあったら値段交渉をして購入するのもいい。また隣接するジャラン・ガジャマダにもクバヤやサロンの専門店があるので、こちらも散策してみよう。

オーダーメイドで伝統衣装の購入もできる

❀バリの習慣や伝統についての知識を仕入れる　★★★
バリ博物館
Museum Bali
MAP P.262-A2

1932年にオープンしたバリを代表する博物館で、各地の建築様式で造られた建物自体にも歴史的な価値がある。博物館は4つの展示棟で構成されている。入口に近い棟は1階に石器時代の発掘品やオランダ軍との戦争で使われた武器、2階にバリの伝統工芸である木彫りや象牙の装飾品を展示。次の棟はバティックやイカットを、3番目の棟はバリ人が生まれてから死ぬまでに行う儀式（ウパチャラ）についての説明を展示。そして最も北側の棟には、バロンなど仮面や伝統舞踊の衣装が展示されている。

---

information　おやつを味わう休憩スポット

果物を使ったルジャッ・グラ・バリ（手前）

🅡 **グラ・バリGula Bali**（Map P.263-B4　TEL 0821-4557-0188 携帯　営業　毎日9:00～16:30）は人気の甘味処カフェ。おすすめは黒米おしるこ風のブブール・クタン・ヒタム（Rp.1万5000）、薬草ゼリーと黒糖を使ったエス・ダルマン（Rp.1万7000）、新鮮なフルーツを使ったルジャッ・グラ・バリ（Rp.1万6000～1万8000）など。ジョグロ建築の店内には、ガーデン席もあって居心地もいい。

お好み焼き風のマルタバ

🅡 **サバール・ムナンティ Sabar Menanti**（Map P.262-B2　営業　毎日10:00～23:30）は地元で人気のスナック屋台。マルタバ・イスティメワ（チキンRp.4万5000）やトゥランブラン・ケジュ・スペシャル（Rp.3万）を試してみよう。

🅡 **エス・テレール33 Es Teler 33**（Map P.262-B2　営業　毎日8:00～23:00）は種類豊富なかき氷が楽しめる人気屋台。チーズが乗ったエス・テレール・ケジュはRp.1万、ドリアンかき氷はRp.1万8000。

暑いデンパサールで食べるかき氷は最高！

🅢 **トコ・クエ・バハギアToko Kue Bahagia**（Map P.262-A2　TEL (0361)226-839　営業　毎日5:00～18:00）は簡素な老舗の菓子店。クエ・ルンプールなど菓子はひとつRp.3000前後。

ジャガッナタ寺院
Pura Jagatnatha

❀ バリ・ヒンドゥーの最高神サンヒャン・ウィディを祀る ★★★

`MAP P.262-A2`

ジャガッナタ寺院の境内

ププタン広場東側に面して建つジャガッナタ寺院。「ジャガッ」とは「宇宙／世界」を意味する言葉だ。境内中央に宇宙をシンボライズした石灰岩の塔（パドマサナ）が建てられ、バリ・ヒンドゥー教の最高神サンヒャン・ウィディが祀られている。パドマサナの根元には龍にかみつかれた大きな亀の石彫りが施されている。この龍と亀の微妙な力のバランスによって、宇宙の秩序は保たれているとバリでは考えられている。独特の宇宙観、宗教観がこの寺院を参拝するとわかってくる。

ジャガッナタ寺院
入場の時間制限などはなく、入口でサロンと帯を借りて入場できる。お布施Rp.5000程度が必要。また、満月の夜には多くの参拝者でにぎわう。
※参拝の際にはサロンとスレンダンを着用すること

バリ・ヒンドゥー教の独自の最高神
インドを起源とする本来のヒンドゥー教がシヴァ、ブラフマ、ヴィシュヌの3大神を最高位におくのに対し、バリ・ヒンドゥーの教義では3大神の上にさらに最高神サンヒャン・ウィディをおいている。さまざまな神を統合した唯一神の存在は、ヒンドゥー教を独自の文化と融合させたバリの奥深さがうかがえる。

ウェルディ・ブダヤ・アートセンター
Werdhi Budaya Art Centre

❀ バリ文化の殿堂 ★★★

`MAP P.263-A4`

バリの芸術の粋を集めた文化の殿堂だ。木々の生い茂る広大な敷地のなかに美術館、伝統芸能のメッカであるオープンステージや屋内劇場などが建ち並んでいる。アートセンター内の美術館（マヘンドラ・マンダラ・ギリ・ブワナ）には、バリの伝統的な絵画や、木彫り、舞踊に使われる仮面などが系統立てて展示されている。銀細工やバティックの作品も見られる。

毎年6月中旬から1ヵ月間、アートセンターのステージを使ってバリ・アートフェスティバルBali Arts Festivalが開かれる。バリ島あげての祭りで、バリ中の踊りの名手、歌舞団、それに芸術大学（ISI）の学生たちによるコンテストが行われる。

バリの伝統文化に興味があればアートセンター内の美術館も訪ねてみよう

ウェルディ・ブダヤ・アートセンター
TEL (0361) 227-176
ププタン広場の東2km。美術館に入場する場合、入口で料金を支払う。美術館はみやげ物屋や事務所が1階にある建物を抜けた右側にある。
美術館
入場 月～土 7:30～15:30
料金 大人 Rp.5万
　　　子供 Rp.2万5000

バリ・アートフェスティバルのメイン会場となるオープンステージ

---

information
バリ・アートフェスティバル情報

ウェルディ・ブダヤ・アートセンターで毎年6～7月の1ヵ月間にわたって開催される文化イベント（→P.255）。バリ島内外の舞踊や音楽のパフォーマンスを中心に、絵画や彫刻などさまざまな芸術文化が披露される。特に毎夜複数の会場で披露される伝統芸能は、トップクラスの技を観る最高のチャンスだ。会場の周辺には食べ物の屋台も軒を並べ、華やかなお祭りムードに包まれる。プログラム情報は「Pesta Kesenian Bali」で検索してみよう。

前衛的なパフォーマンスも体験できる

/ヒント　アートフェスティバルは毎日さまざまな舞台がよりどりみどりで鑑賞できるので、芸能好きにはとてもうれしい芸能イベント。芸術大学の実験的なダンスから、村対抗のガムラン合戦まで演目もいろいろ。

ショッピング　Shopping

パサール・ティアラ・グロシールなどの市場から近代的なショッピングセンター、さらに雑多な小売店が集まっている。ファッションショップはジャラン・ワトゥレンゴン周辺にある。

デンパサール郊外に超大型モールが登場
リビング・ワールド
Living World

MAP P.259-C3

バリ最大級の規模を誇るショッピングモール。ローカル観光客や現地の人々にアピールするテナントが多く入り、ユニクロやゴーゴーカレー、銀だこといった日本ブランドの出店も目立つ。吹き抜けの快適な店内で、バティックファッションや南国バッグ、雑貨などのバリみやげを探してみよう。ローカルフードが楽しめる2ヵ所のフードコートや映画館も入っている。

2023年OPEN!

地下フロアと屋上階を含めて7階建ての巨大モール

住所 Jl. Gatot Subroto Timur, Tonja, Denpasar
TEL 0821-1311-4100(携帯)
営業 毎日10:00 〜 22:00
カード A D J M V(店舗により異なる)

1935年創業のコーヒー卸売店
ビネカ・ジャヤ
Bhineka Jaya

MAP P.262-A2

看板ブランドのKupu Kupu Dunia(蝶のマークが目印)はスーパーやおみやげ店などバリ島のいたるところで見かける定番商品。バリ、ジャワ、スマトラなど各地から厳選した豆を仕入れ100gから量り売りをしているのでおみやげに最適だ。店内にはテーブル席があり、コーヒー Rp.1万〜、アフォガードRp.2万〜、コピ・ルアクRp.10万などの試飲も楽しめる。

元祖コピバリ(= バリコーヒー)の本店

住所 Jl. Gajah Mada No.80, Denpasar
TEL (0361)224-016
URL www.kopibali.com
営業 月〜土9:00 〜 15:00　カード 不可

問屋プライスの格安スポット
ウナギ・ハンディクラフト
Unagi Handicraft

MAP P.135-A3

店内にぎっしりとバリ島の工芸品や定番商品が並ぶおみやげ店。マグネットやコースターなどの小物雑貨から、木彫りの椅子や絵画、彫刻オブジェなどバラエティに富んでいる。日本人に人気は木製のタペストリーハンガー(Rp.8万〜)、プルメリアのヘアクリップ(Rp.3万5000 〜)、木のお椀(Rp.9万5000 〜)など。定価販売だが、値札は付いておらず金額を店員に聞くシステム。

世界各地からバイヤーも訪れる雑貨の専門店

住所 Jl. Teuku Umar Barat, Marlboro No.383, Denpasar
TEL (0361)737-782
営業 毎日9:30 〜 18:30　カード A J M V

バラマキみやげの宝庫
ティアラ・デワタ
Tiara Dewata

MAP P.262-C2

ローカルの人たちの憩いの場でもある庶民派デパート。大型スーパーマーケットを中心に、食料品や衣料品などが安めの価格で売られている。バリの物価感覚を得るには最適だ。旧店舗から2kmほど南に移転し規模はやや小さくなったものの、フードコートは開放的なテラス席となり使い勝手もアップ。ローカルの生活に必要なものすべてが揃うので、リアルなバリ島を垣間見るスポットとしてもおすすめだ。レノン地区にも支店がオープンしている。

クバヤやサロンなどバリの正装も品揃え豊富

住所 Jl. Diponegoro No.183, Denpasar
TEL (0361)235-733　営業 毎日8:45〜22:00
カード M V

ハミダシ Sダプール・プリマDapur Prima (Map P.263-C3　TEL (0361)895-5855　営業 毎日8:30 〜 22:00)はバリのキッチン用品や生活雑貨の専門店。コーヒーカップなど種類いろいろ。

レストラン　Restaurant

バリの州都には地元客に愛されるローカルレストランが多い。ワルンや屋台などのB級グルメもいろいろ見つかるので味わってみよう。

イタリア人ハーフが経営する
マンマ・ミーア
Mamma Mia　　MAP P.263-C3

イタリアの血を引く若きバリ人オーナーが営む、活気のあるカジュアルレストラン。13種類の窯焼きピザが人気で、特にクアトロ・フロマージュ（Rp.7万5000）やメラ・ゴルゴンゾーラ（Rp.7万5000）などは鉄板メニュー。ラビオリ（Rp.6万5000）やペンネ（Rp.5万5000〜）など手打ちパスタも16種類ある。ルッコラのパルミジャーノサラダ（Rp.4万）、イタリア風コロッケのアランチーニ（Rp.4万5000）など財布に優しい値段設定がうれしい。

若いローカルが集う人気スポット

住所 Jl. Tukad Jinah No.5, Renon, Denpasar
TEL 0811-3980-918（携帯）　予算 ★★★
営業 毎日11:00 〜 22:00(L/O →21:30)
税&サ +10%　カード MV　予約 不要
MENU 英語+写真付き　A英語少々　Wi-Fi 無料

ローカル食堂でアツアツ料理を！
アヤムゴレン・カラサン
Ayam Goreng Kalasan　　MAP P.263-B3

特製ソースにつけ込んでから揚げるアヤムゴレン・カラサン（Rp.2万2000）が絶品。サックサクでジューシーなフライドチキンはデンパサールで一番のおいしさ。ソト・アヤム・スラバヤ（Rp.1万5000）や、ナシゴレン・シーフード（Rp.2万）など定番メニューいろいろ。店内は広くて清潔だ。

上／レノン地区のオフィス街にある
下／アヤムゴレン・カラサンは通いたくなるおいしさ！

住所 Jl. Kapten Cok Agung Tresna No.6, Renon, Denpasar　TEL 081-2380-9934（携帯）
予算 ★★★★　営業 毎日9:00 〜 22:00
税&サ 込み　カード 不可　予約 不要
MENU インドネシア語　A英語少々　Wi-Fi 無料

郷土スイーツをおしゃれにアレンジ
スラビ・レノン・カス・バンドゥン
Surabi Renon Khas Bandung　　MAP P.263-B3

ジャワの伝統的なスナックを洗練された空間で味わえると大評判。スラビはプレーンでRp.8000、スペシャルでRp.1万4000。ヤシ砂糖が入った甘口（Manis）と塩入り（Asin）の2種類があり、チーズやチョコなど28種のトッピングを追加して楽しめる。手軽な値段とクセになるおいしさで、はまってしまう日本人在住者も続出している。2階席もある店内は広々としており、毎晩ライブ演奏でも盛り上がる。アヤムサンバルマタ丼やサテ・カンビンも絶品だ。

上／スラビはパンケーキのふんわりとしたスナック
下／伝統的な器具で焼き上げるのを見るのも楽しい

住所 Jl. Cok Agung Tresna No.47, Denpasar
TEL 0813-1628-7796（携帯）　予算 ★★★★
営業 毎日17:30 〜 22:45
税&サ 込み　カード 不可　予約 不要
MENU 英語　A英語OK　Wi-Fi 無料

個性的な和食フュージョンが味わえる
キョート・カントリークラブ
Kyoto Country Club　　MAP P.262-A2

京都の長屋風の外観が地元っ子の話題。とがったセンスのインドネシア人オーナーが盛りつけの美しく多彩な料理を提供している。ツナの握り寿司（2個Rp.3万5000）、焼き鳥（1串Rp.1万2000〜）、豚丼（Rp.5万5000）。ラズベリーウオッカが入ったティラミス（Rp.5万5000）など大人スイーツも試してみよう。

2023年OPEN!

デンパサールの風景に溶け込む和食フュージョンの店

住所 Jl. Arjuna No.25, Denpasar
TEL 0812-3972-2668（携帯）　予算 ★★★★
営業 毎日7:00 〜 22:30(L/O→22:00)
予約 不要　MENU 英語　A英語OK　Wi-Fi 無料

レストラン記号一覧　予算=★500円以下　★★500円〜　★★★1000円〜　★★★★2000円〜
L/O =ラストオーダー　予約=予約の必要性　MENU=メニュー表記　A=スタッフの会話力　Wi-Fi=ネット環境

クリスピーなチキンが絶品です
ハヤム・ウルッ
Hayam Wuruk

MAP P.263-A4

香ばしくてサクサクのアヤム・ゴレン(揚げ鶏)と、甘辛で絶妙に味つけたアヤム・バカール(焼き鶏)がとにかくおいしい! どちらも骨までポリポリとスナック菓子のように食べられる。基本メニューはクリスピーチキンのアヤム・ブレスト・ゴレン(Rp.2万5500)と、照り焼き風のアヤム・ブレスト・バカール(Rp.2万6500)。この2種にソースや薬味のバリエーションがある。川魚の姿揚げグラミ・ゴレン(Rp.6万8000)も淡泊な白身にサンバルソースが絶妙にマッチしている。

アヤム・ゴレンのセット(手前)、グラミ・ゴレン(奥)

住所 Jl. Hayam Wuruk No.88, Denpasar
TEL (0361)245-230　予算 ★★★★
営業 毎日9:00〜22:00(L/O→21:30)
税&サ +10%　カード MV　予約 不要
MENU インドネシア語+写真付き　英語少々

小腹がすいたらヌードルタイム!
バクミ・クリッティン・ジャカルタ
Bakmi keriting Jakarta

MAP P.262-B2

絶大な人気を誇る中華料理と麺の店。店名のクリッティンとは「ちぢれ麺」のこと。何を食べてもおいしいけれど、店名にもなっているミーアヤム・クリッティン(Rp.2万7000)は外せない。そぼろ状の鶏肉がどっさりのっていて、野菜もシャキシャキ(一緒に出てくるスープをかけて食べよう)。豚肉のそぼろやチャーシューが入ったミー・クリッティン・スペシャル・バビ(Rp.4万5000)や、あっさりとしたスープがうれしいミー・クワ(Rp.4万5000)も感激のおいしさだ。

上/ラーマヤナデパートの向かいにある
下/ミーアヤム・クリッティンがいち押し!

住所 Jl. Diponegoro Komp, Diponegoro Megah Blok C/5-6, Denpasar
TEL (0361)225-124　予算 ★★★★
営業 毎日7:00〜15:00、17:30〜21:00
税&サ 込み　カード不可　予約 不要
MENU インドネシア語+写真付き　英語少々

マカッサルの名物スープが味わえる
デポッ 888
Depot 888

MAP P.262-B2

魚好きにはたまらないバカうまスープが評判となっている。看板メニューのソプ・クパラ・イカンは、魚の頭をスパイスと野菜で煮込んだ料理(Rp.3万〜)。定番のパパ・パパと、ココナッツソースを加えた濃厚なノナ・ノナという2種のスープがある。魚卵フライがたっぷり入ったスープのソプ・テロール・イカン(Rp.3万)、白身魚のフライ(Rp.3万5000)、魚卵のフライ(Rp.3万5000)などもおいしい。

上/トラギア・ショッピングセンターの西側にある
下/マカッサル家庭料理の秘伝スープ

住所 Jl. MalukuⅡ-2D, Denpasar
TEL 0821-3389-7622(携帯)　予算 ★★★★
営業 月〜土10:00〜22:00(L/O→21:00)
税&サ +10%　カード JMV　予約 不要
MENU インドネシア語　英語不可

絶品ナシチャンプルが味わえる
ワルン・ワルダニ
Warung Wardani

MAP P.262-A2

1955年にオープンして以来、不動の人気を誇る老舗ワルン。こぎれいな食堂といった雰囲気で旅行者も利用しやすい。おすすめはセットメニューのナシチャンプル3(Rp.5万)で、牛肉料理のデンデンやエビ料理のウダン・ゴレンなど店自慢の総菜がすべて味わえる。郷土料理のナシ・カレ・アヤム(Rp.3万5000)やガドガド(Rp.2万2000)、デザートドリンクのエス・ダルマン(Rp.1万8000)などメニューは豊富。

上/好みの総菜を自分で選ぶのもOK
下/総菜全部のせのナシチャンプル3

住所 Jl. Yudistira No.2, Denpasar
TEL (0361)224-398　予算 ★★☆☆
営業 毎日9:00〜16:00
税&サ 込み　カード MV　予約 不要
MENU インドネシア語　英語少々

Rワルン・ジュルマンWarung Jerman (Map P.232-A1　TEL (0361)247-751　営業 毎日8:00〜17:30)は穴場のワルン。ナシチャンプルはスープ付きでRp.2万8000(テイクアウトはRp.2万5000)。

ホテル　Hotel

バリ最初のホテルは今も健在
インナ・バリ・ヘリテージ
Inna Bali Heritage　**MAP** P.262-A2

　1927年にバリで最初のホテルとして誕生した老舗。当時の「バリ・ホテル」という名前は、1930年代のバリ島を描いた書物には必ず登場しており、今も往時をしのんでこのホテルに滞在する旅行者もいる。伝統的なインドネシア＆バリ料理を提供するダイニング「ワルン・シンタ」も敷地内に併設。ププタン広場やバリ博物館などの観光スポットにも歩いて行けるロケーションだ。全70室。道路を挟んで旧館と向かいの新館とに分かれている。

Wi-Fi 客室
OK・無料

歴史あるホテルだけに各施設は落ち着いた雰囲気

住所 Jl. Veteran No.3, Denpasar　TEL (0361)225-681
URL www.innabaliheritagehotel.com
税&サ 込み　カード **M** **V**
料金 **AC** **TV** **TUB** スタンダード**D**Rp.40万
　　 AC **TV** **TUB** デラックス**D**Rp.50万
　　 AC **TV** **TUB** スイートRp.150万
空港→ 車で40分

🏊○ 🍴○ 🧖× 🔒○ 🧊○ 💨× 🧑× 🍳○

家族経営のアットホームな安宿
ナクラ・ファミリアール・イン
Nakula Familiar Inn　**MAP** P.262-A2

　ププタン広場から700m北西にある全8室のゲストハウス。客室も中庭も手入れが行き届いており、併設のレストランは家庭の食卓のような雰囲気で落ち着ける。旅行者のニーズに合わせて設備も年々アップグレードされ、デンパサールをディープに体験したい各国からのバックパッカーに根強い人気を誇っている。シングルは23m²、スーペリアは35m²のサイズで、どちらも客室内のエアコン未使用の場合はRp.5万割安になる。

Wi-Fi 客室
OK・無料

全室に小さなバルコニーが付く

住所 Jl. Nakula No.4, Dauh Puri Kaja, Denpasar
TEL (0361)226-446
URL www.nakulafamiliarinn.com
税&サ 込み　カード 不可
料金 **AC** **TV** **TUB** シングルルーム**S**Rp.25万〜
　　 AC **TV** **TUB** スーペリア**D**Rp.27万5000 〜
空港→ 車で40分

🏊× 🍴○ 🧖○ 🔒× 🧊× 💨× 🧑× 🍳△

---

information

B級グルメをいろいろ味わおう

左／ナイトマーケットで地元B級グルメを満喫しよう
下／市場の前に屋台が出る焼きとうもろこし（ジャグンバカール）も絶品！

　デンパサールは観光地とはひと味違う魅力にあふれた庶民の町。食事も地元の人が通う、おいしいワルン（＝安食堂）を訪ねてみよう。
　最初に足を運んでみたいのは、カップルや家族連れでにぎわうク

ヤギ肉のサテ・カンビンはビールのお供にもピッタリ

レネン市場の**ナイトマーケットPasar-malam**（Map P.263-A3）。バビグリン（Rp.3万5000〜）やサテ・アヤムなどの屋台がひしめき合っていて、たっぷり地元グルメを堪能できる。食べ過ぎてしまったらジャムー（地元の漢方薬）の屋台で、消化促進ドリンクに挑戦してみるのもいいだろう。
　バリ初心者にはデパートや大型スーパーマーケット内のフードコートがおすすめ。これは一度にいろいろな料理を試せる清潔な屋台街のようなもの。**S リビング・ワールド**（→P.266）にはフードコートが2ヵ所にあり、ファストフード

新食感のバビクリスピー

風にテイクアウトやイートインがOK。現地で評判のラフ・バビ・クリスピー Raf Babi Krispiも出店しているので、カリカリした皮の食感がクセになるバビクリスピー（SサイズRp.7万1500）を味わってみよう。

ホテル設備の記号一覧 **AC**＝エアコン　**TV**＝テレビ　**TUB**＝バスタブ　**Wi-Fi**＝ネット環境　🏊＝プール　🍴＝レストラン　🧖＝スパ　🔒＝室内金庫　🧊＝冷蔵庫　💨＝ドライヤー　🧑＝日本語スタッフ　🍳＝朝食

バリならではの伝統工芸村を巡る
デンパサールからウブドへ
From Denpasar to Ubud

バトゥブラン村のバロンダンス

デンパサールからウブドへの旅は、バリの伝統工芸・芸能に触れる旅でもある。街道沿いの村々には、石彫り、木彫り、銀細工などの工房兼アートショップが並び、それらのほとんどでは、実際に作品を作る制作工程が見学できる。値段は交渉しだいなので、南部リゾートエリアのショップで購入したほうが格安のケースもあるが、確かなハンディクラフトの逸品も見つかる。各工芸村へはツアーバスでのアクセスが一般的だが、じっくりと買い物したいならば、車をチャーターして回ってみるといいだろう。またバトゥブランのバロンダンスやバトゥアンのガンブー舞踊など、芸能体験スポットとしても有名だ。

トパティへのアクセス
空港からエアポートタクシーで約1時間（定額運賃はRp.30万）。島内ツアーで立ち寄るものもある。

工房での買い物の際の注意
バリ島の工房では、お客を連れてきた人（旅行会社、ガイド、ドライバーなど）へのバックマージンが完全にルール化されている。近年は各工房で商品に値札を付けるようになったが、これはバックマージンの料金をあらかじめ含んだもの。どの工房でも値引き交渉は可能だが、間に人が入れば入るほど値引き率が悪くなる。

女性好みバティックが揃う
トパティのおすすめバティックショップ。バッグや服などのファッションアイテムが充実している。ポーチはUS$10前後、バティックサロンはUS$30〜。店の奥でバティック作りの工程が見学できるほか、1日前に予約すればバティック製作のワークショップ（Rp.50万、所要2時間）も体験できる。
S バラム・バティック
Phalam Batik MAP P.259-C3
住所 Jl. W. R. Supratman No. 333, Tohpati
TEL (0361) 462-215
URL www.phalambatik.com
営業 毎日9:00〜17:00

バティック工房が軒を並べる ★ ★ ★
トパティ
Tohpati
MAP P.259-C3

デンパサールの東の外れ、バドゥン県とギャニャール県の県境にあるのがトパティ。バティックで知られる町で大小のバティック・ショップが集まっている。バリのバティックはお隣ジャワに比べると知名度は低い。そのためトパティの各工房では、ジャワの逸品として知られるカインソガンやチレボン、プカロンガン、ラッサムの各様式をまねたものや、これらの様式にバリならではのデザインを盛り込んだものを作り出している。

バティックはその作り方により、手描きのバティック・トゥリス、銅製の型押しを使ったバティック・チャップ、このふたつの方法をミックスしたバティック・コンビナシ、そして大量生産のバティック・プリントに分類されている。もとになる布地はコットンやシルクがあり、一般に安く売られているのはコットン地のバティック・チャップやバティック・プリントだ。シルクのバティック・トゥリスはUS$500以上するものもあり、数あるバティック製品のなかで最も高級なものとして知られている。

大型店ではバティック製作も見学可

ヒント デンパサールからウブドに向かう街道沿いはツアー客の減少でさびれ気味だが、マスの大通り沿いにはレストランやカフェが増加中。ローカル向けだがおしゃれな店も多く、休憩に利用するのもいい。

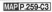

🐘 石彫りとバロンダンスで有名な村　　　★★★

バトゥブラン
Batubulan

MAP P.259-C3

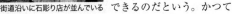

街道沿いに石彫り店が並んでいる

バリの寺院などで見られるガルーダや神様の石の彫刻が、「これでもか」という感じで街道沿いの店先に並べられており、そのさまは実に壮観だ。ここで用いられている石は、軟らかい火山性凝灰岩で、そのために芸術性が高く緻密な彫刻ができるのだという。かつては寺院や王宮などの装飾にのみ使われていた石彫りも、最近では一般家庭やホテル、レストランなどの守り神として求められることが多い。日本への搬送を手配している店も多いので、観光客が買い求めるのにも不自由しない。

また、この町には毎朝観光用のバロンダンスを観せてくれる会場が5ヵ所ある。3ヵ所はウブドへの街道沿いに、そのほかは街道からバトゥブランの中心部で東側へ向かう脇道へそれて200mほど行った**プセ寺院**Pura Puseh Batubulan脇にある。デンジャラン・バロン歌舞団Denjalan Barong、トゥガルタム歌舞団Tegaltamu、プリ・アグン歌舞団Puri Agung、シラ・ブダヤ歌舞団Sila Budayaなど、どのグループも1970年代以降に結成された歌舞団で、高レベルの踊りを観せてくれる。

バロンとサルのユーモラスな場面

バトゥブランへのアクセス
空港からエアポートタクシーで約1時間(定額運賃はRp.30万)。

バロンダンス
5会場とも毎朝9:30より約1時間ほど上演される。料金はRp.10万。日本語の説明書も付いている。

激辛料理で評判のワルン
33種類の激辛サンバル(=ソース)を取り揃えた人気の食堂。地鶏のアヤム・カンプン・ゴレン(Rp.2万)などの一品料理に、激辛サンバル(各Rp.8000〜)を組み合わせて注文するスタイル。辛さに自信がある人はぜひチャレンジしてみよう!

🍴ワルン SS
Waroeng SS　　MAP P.259-C3
住所 Jl. Raya Batubulan, Gianyar
TEL 0856-2575-039(携帯)
営業 毎日10:00 〜 22:00

地元の辛いもの好きに絶大な人気を誇るワルンSS

---

information

芸術の村マスでカフェ巡り

南部エリアからウブドへ向かうマスの街道沿いは、おしゃれなカフェストリートとして地元の若者から注目の的。🍴トニーラカ・アート・ラウンジ Tonyraka Art Lounge (Map P.259-B3　TEL 0898-0780-006 携帯　営業 毎日9:00 〜 20:00)は、広々とした空間にカフェとアート作品を融合したスタイリッシュな空間が話題。ラウンジやガーデ

カウンター中央に岩が鎮座するトニーラカ・アート・ラウンジ

ン席、さらにワーキングスペース風の客席スペースがあり、お気に入りの空間でのんびり過ごせる。おすすめはキャラメルラテ(Rp.3万6000)。

🍴スカ・コピ Suka Kopi (Map P.259-B3　TEL 0813-3915-5272 携帯　営業 毎日8:00 〜 23:00)はレトロモダンな店舗スペースのほか、奥のバリ家屋にも客席が用意されたユニークな作りが楽しい。のんびりくつろげるソファ席もある。フレッシュジュース(Rp.2万〜)などのドリンクのほか、チキンパルミジャーナ(Rp.5万5000)などの食事メニューも人気。

スカ・コピの東屋はマス伝統の木彫りも必見

❗ヒント　石彫りの村バトゥブランでは、各寺院の壮麗な装飾も楽しみたい。特にバロン会場脇のプセ寺院は、4体のヴィシュヌ像をはじめ石彫りの粋を集めた彫刻で装飾されていて必見だ。

チュルッ 金銀細工のギャラリーが並ぶ ★★★

Celuk

MAP P.259-C3

金銀細工、特に精緻な銀細工で知られるのがチュルッ。バトゥブランから北上し、トゥガルタム村Tegaltamuで街道沿いに東へ折れると、道の両側に"Silver & Gold"という看板を出した工房が並び出す。

観光バスが乗りつける大型ギャラリーが多い

バリの金銀細工、というよりも金属加工は、もともと高貴な人が身につけるクリス（剣）を作ることから歴史が始まっている。クリスの刃には先祖たちの霊が宿り特別な力があると信じられ、その柄や鞘は男たちの富を示すもので、金・銀の細工や宝石で飾りたてられている。霊力、魔力をもつ金属を扱う者は、バリでは極めて強力な呪術師であると考えられており、彼らはパンデと呼ばれ、下層カーストの貴族という特別なカーストが与えられている。昔からこうした細工師たちが多く住んでいたのがチュルッで、今もその伝統を受け継いでいる。

チュルッの銀細工の特徴は、細い銀線でデコレーションする線条細工。細い銀線を何本も重ねて蝶や花、あるいはベチャ引きの様子が作られており、その完成度は芸術の域にまで達している。街道沿いには大きなアートショップが多いが、一歩脇道へ入ると家族経営の小さな工房も点在している。

スカワティ アートセンターで伝統工芸品を探す ★★★

Sukawati

MAP P.259-C3

竹鳴子ピンジャカンの産地として知られるのがスカワティ。村の中心に3階建ての大きな**スカワティ・アートマーケット** Sukawati Art Market (Pasar Seni)があり、衣料品のほかピンジャカンなどバリの民芸品が、手頃な値段で売られている（もちろん値段交渉の腕しだいだが……）。ピンジャカンは、もともとは田畑の雀追いに使われるものだが、風によって奏でられるカラカラという音がさわやかなため、最近では家の屋根にも付けられている。ピンジャカン以外にも竹製のバスケットや影絵芝居ワヤン・クリッの人形にいい物が多い。

さまざまな民芸雑貨が並ぶスカワティのアートマーケット

チュルッへのアクセス
島内ツアーやチャーター車で立ち寄るのが一般的。

チュルッでの金銀細工の値段
ショッピングツアーでよく訪れるチュルッの銀工房はかなり割高。あらかじめ値札が高めに設定されているので、「特別に50%の割引」となっても、同じような品物がクタの免税店より高いケースもある。ここでは「産地だから安い」という先入観は捨て、あらかじめ相場を知ってから買い物するといいだろう。

繊細なデザインが施された銀細工のアクセサリー

チュルッのショップ
Ⓢスマディ
Semadi MAP P.259-C3
毎日、観光バスが横づけされ、ツアー参加者が押し寄せるシルバーショップ。品数の豊富さはチュルッ有数。銀のアクセサリーが中心だが、銀製のスプーンやティーセットなどのテーブルウエアも充実している。
住所 Celuk, Sukawati, Gianyar
TEL (0361) 298-140
営業 毎日9:00〜17:00

スカワティへのアクセス
空港からエアポートタクシーで約1時間（定額運賃はRp.31万）。

絵画と舞踊で知られる芸術村　★★★

バトゥアン
Batuan　　　MAP P.259-B3

「バトゥアン・スタイル」という
バリ絵画の伝統スタイルを確立
した村。小さな画面を隙間なく
埋め尽くすように、森羅万象を描き
込んでいく絵で、1930年代にグ
ンドンNgendonとパトゥラPatera
の兄弟によって創作されたもの
だ。今でもウブド、プンゴセカン、カマサンと並ぶ絵画村として
有名で、村にはいくつものギャラリーがある。また、舞踊の村と
してバリ全土に広く知れわたってもいる。

村にはギャラリーが点在している

木彫工房でバリアートに触れる　★★★

マス
Mas　　　MAP P.259-B3

　バリの木彫りの中心地として知られるのがマス。15世紀、マ
ジャパイト王国の崩壊とともにジャワから多くの知識人がバリ
へ渡ってきたが、そのひとりであるヒンドゥー教の高僧ニラルタ
Nirarthaが住み着いた村がマスだった。マスの村に今も残るタ
マン・プル寺院Pura Taman Puleに彼は住んだといわれ、この
地で神のお告げにより木彫りの才を村人に与えたという。

　当初木彫りはブラフマナ層の仕事で、おもに寺院や王宮を飾
るために彫られた。こうした技術が父から子へと受け継がれ、
マスは木彫りの村となっていく。当時はワヤン・スタイルと呼ば
れるラーマヤナやマハーバーラタの物語の一部を彫り込んでい
たが、1930年代、ウォルター・シュピースらの影響により、新し
いスタイル、つまり人や動物など普段目にする日常を1本の木で
彫り上げていく「芸術としての木
彫り」が誕生することになった。

　現在、ウブドへ向かう街道沿
いに多くの木彫りの店が並んでお
り、実際に彫り込んでいく作業を
見ることができる。

木彫り工房で実際の作業風景を見学してみよう

バトゥアンへのアクセス
　島内ツアーやチャーター車で立
ち寄るのが一般的。

アタ製品を入手するなら
　トゥガナン産のアタ製品を扱う
専門店。さまざまなデザインの
バッグや小物雑貨の品揃えが圧
巻で、制作工程の見学もできる。
バッグはRp.1万～。
Ⓢバリ・ハンディ
Bali Handy　MAP P.259-B3
住所 Jl. Raya Lodtunduh, Br.
Silungan, Ubud
TEL (0361) 974-799
営業 毎日9:00～18:00

マスへのアクセス
　空港からエアポートタクシーで
約1時間（定額運賃はRp.43万）。
島内ツアーやチャーター車で立ち
寄るのが一般的。

マスのショップ
Ⓢジャナ・ティルム
Njana Tilem　MAP P.259-B3
　マスの木彫りの巨匠イダ・バ
グース・ティルム氏のギャラリー。
1本の木から彫り出されたものとは
思えないほど緻密でダイナミック
な作品には圧倒させられる。
住所 Mas, Ubud, Gianyar
TEL (0361) 975-099
営業 毎日9:00～18:00

**行列ができる魚料理ワルンの
2号店**
　サヌールで大人気の食堂ワル
ン・マッ・ベンがマスにも出店。
こちらは1軒家レストランなので、
サヌール本店のように長い行列が
できて待つこともほぼない。魚のフ
ライとスープ、白飯がセットになっ
たパッケージでRp.5万5000。魚
はカリカリとした食感で、新鮮な
サルサソースとの相性が抜群だ。
Ⓡワルン・マッ・ベン
Warung Mak Beng
MAP P.259-B3
住所 Jl. Cok Rai Pudak, Mas
TEL (0361) 974-091
営業 毎日8:30～22:00

---

information　仮面と人形を集めたミュージアム

　マス～ウブド間ののどかな村に、仮面と人形を集
めたユニークな博物館がある。バリ島のトペンはも
ちろん、ジャワ島のワヤン・クリッやワヤン・ゴレッ、
巻物を使ったワヤン・ベベールなど、インドネシア
各地からの貴重なコレクションが充実。日本やイタ
リアなどの仮面もあり、展示は見応え十分だ。博物
館の建物自体も、ジャワ島の伝統様式で建てられて
いる。

セティア・ダルマ・ハウス
Setia Darma House
Map P.259-B3
住所 Jl. Tegal Bingin,
Banjar Tengkulak Tengah
TEL (0361)898-7493
営業 毎日8:00～16:00
料金 寄進のみ

インドネシア各地からのコレク
ションが圧巻

!ヒント　バリのごみ問題は深刻な状況。旅行中はごみを出さないことを心がけ、なるべくペットボトルの
購入・使用は避けたい。ステンレス製の携帯マグは保冷効果も高く、南国でも重宝する。

ウブド

Ubud

ウブドの充実度

（レーダーチャート：ホテル、ショッピング、グルメ、バリ情緒、アクティビティ、観光スポット、治安、エステ）

毎年のように観光施設が充実中で、ホテルやレストランのレベルはすでに南部エリアと遜色ない。村歩きも芸能鑑賞も楽しめる人気の滞在スポットとなっている。

ウブドへのアクセス①

空港→ウブド
空港からエアポートタクシーで1〜1.5時間（定額運賃はウブド中心部へRp.43万）。ウブドにはメータータクシーがないので、空港はホテルや観光案内所で車を手配してもらう（格安ホテルや観光案内所でUS$30〜、高級ホテルでUS$40〜程度）。

タクシー

スミニャックから	約1時間20分	Rp.33万〜
クタから	約1時間	Rp.28万〜
ジンバランから	約1時間20分	Rp.32万〜
ヌサドゥアから	約1時間30分	Rp.36万〜

※南部リゾートエリア各地からメータータクシーが利用できるが、遠距離なので割増料金が設定されている（Bali Taxi社の場合、メーター料金の30％増し）。

ウブド王宮でガムランの調べに包まれ、優美な舞いを体験しよう

　ウブドはバリ芸能・芸術の中心地だ。毎夜、村のあちらこちらで観光客用に伝統舞踊が舞われ、バリ有数のガムラン演奏が村を包み込む。また、ウブド周辺には素朴な田園風景、渓谷、ライステラスなど名も知れぬ景勝地が点在し、それら自然のなかで、森羅万象を描き込む細密画ウブド・スタイルの絵が確立された。

　オランダ統治下の1930年代。バリが西欧に紹介されるや、南方への憧憬を抱いた多くの芸術家がバリを訪れ、ウブドに居を構えた。ドイツ人芸術家ヴァルター・シュピース、オランダ人画家ルドルフ・ボネ、メキシコ人画家ミゲル・コバルビアス、カナダ人音楽家コリン・マックフィーたちだ。彼らはこの地で、自分たちの芸術観をバリ人に伝え、バリ人たちはそれを昇華して新たなスタイルの芸術を生み出していく。バリ・ルネッサンスといわれる時期だ。以来、ウブドはバリアートの中心地として知られることになる。そして、ウブドに魅せられた外国人と村人が協力しあって『バリの村』であり、『観光地』である今のウブドを造り出していった。

　さわやかな朝日が田園風景に差し込み、市場に活気があふれる朝。田んぼを手入れする村人が汗を流し、笑顔の子供たちが通りを駆け抜ける昼下がり。そして夕暮れ時には、どこからともなくガムランの調べが聞こえてきて、不思議な安らぎが心を満たす。観光化が進んでも、ウブドの素朴な雰囲気は昔のままだ。

旅情たっぷり、ウブド市場の裏通り

　ウブド市場の南側からデウィシタ通りへ延びる**ジャラン・カルナJl.Karna**（Map P.301-A1）は手工芸品の露店がひしめき合っている裏通り。アタ製品や木工製品、アクセサリー、編みバッグなどがところ狭しと並び、さながらアートマーケットのような風情だ。元気な売り子たちと挨拶を交わしながらのんびりと散歩するのも楽しい。ウブド市場内のおみやげ屋と同様に、露店にも定価表示は

ないので値段交渉は必須。8:30〜9:00頃からオープンする店が多く、朝はモーニングプライスで安く購入できるかも。

子供たちのバロンも出没してて不思議な懐かしさを感じる

ヒント　ウブドの今旬エリアはジャラン・ゴータマ通り（Map P.301-A2〜B2）の周辺。昔ながらの情緒が残る通りに個性的なカフェが急増している。その南に延びるJl. Goutama Sel.にも注目店が多い。

ORIENTATION 歩き方

ウブド・エリアは いくつもの村の集合体

一般に「ウブド」と呼ばれるエリアは、いろいろな村（デサ）の集まった広範な地域を指す。まずウブド・エリアの中に点在する主要な村の位置関係を頭に入れよう。

中心部の路地には深夜まで旅行者が行き交う

中心となるのが**ウブド村**（本書では単にウブドと表記。以降すべて「村」を省略）。ホテルや観光案内所も多く、ほとんどの旅行者はまずこの村に荷を解く。

ウブド郊外の絶景ブランコも人気

ウブドの東隣には「バリ舞踊の中心地」として知られる**プリアタン**Peliatanがある。ティルタ・サリ歌舞団やグヌン・サリ歌舞団などは日本公演も行っており、バリでトップクラスのガムラン演奏、踊りを披露してくれる。

ウブドの南隣は「バリ絵画の村」**プンゴセカン**Pengosekanだ。1970年にこの村で起こったバリ絵画のスタイル（プンゴセカン・スタイル）は、バリの花鳥風月を自由な色使いで描き上げる独特なもの。ウブド西隣、渓谷に面した**チャンプアン**Campuhanもバリ芸術の聖地。1930年代にバリ絵画ルネッサンスのきっかけを作ったウォルター・シュピースや、スペイン人のアントニオ・ブランコがアトリエを構え、独特の雰囲気が今も残る。

チャンプアンの西、アユン川を望む渓谷沿いの村が**サヤン**Sayanと**クデワタン**Kedewatan。やはり1930年代、カナダ人作曲家のコリン・マックフィーが家をもっていたことでも知られている。バリでも有数の美しさをもつライステラスが広がり、アユン川の急流を使ってのラフティングも人気。また渓谷沿いにはマンダパ・ア・リッツ・カールトン・リザーブ、フォーシーズンズ・リゾート・サヤンなどバリを代表する高級リゾートや、洗練されたブティックホテルが点在している。

ウブドへのアクセス②

シャトルバス

プラマ社などのシャトルバスが各地から運行（→P.428）。チャングーから2時間（Rp.15万）、クタから1時間（Rp.10万）、サヌールから50分（Rp.8万）、チャンディダサから1時間（Rp.10万）、ロビナから3時間（Rp.25万）。

プラマ社発着所 MAP P.282-A2

住所 Jl. Hanoman, Padang Tegal, Ubud
TEL (0361) 973-316

両替事情

ジャラン・モンキーフォレストなど中心部にはマネーチェンジャーが多く、レートもクタなどに比べて悪くない。銀行はジャラン・ラヤ・ウブドに数軒あるが、両替には時間がかかる。

病院

Ubud Clinic MAP P.278-B2

住所 Jl. Raya Ubud No.36, Champuhan, Ubud
TEL (0361) 974-911

24時間医師が常駐しており、英語やカタコトの日本語で診療を受けられる。日本で加入した旅行保険も利用OK。

警察 MAP P.281-A4

住所 Jl. Raya Andong, Ubud
TEL 110

📷 **サウンドヒーリングを体験**

ウブド郊外の田園地帯にあるピラミッド・オブ・チで、サウンドヒーリングを体験しました。マットレスに横たわり、さまざまな楽器の音に包まれリラックスできました。ビーガンレストランを併設しており、新月と満月には特別セッションも開催してます。
（神奈川県 小峯麻衣子）[23]

●ピラミッド・オブ・チ
Pyramids of Chi MAP P.278-A2

TEL 0821-4782-3397（携帯）
URL pyramidsofchi.com
営業 毎日10:00 ～ 20:00

Area Topics

公共の路線バスでウブド内を気軽に移動

デンパサールを中心に5路線が運行する**トランス・メトロ・デワタ**Trans Metro Dewataは国営の路線バス。特にウブドも一周する「K4B」の路線は、ちょっとした移動にも便利。GOR Ngurah Rai（デンパサール競技場）からマスを通り、プリアタンのLPD前→ダラム・プリ寺院→ハノマン通り3ヵ所→モンキーフォレストの駐車場→モンキーフォレスト通り→サッカー場→ウブド王宮→ダラム・プリ寺院の向かい側→プリアタン村役場前、その後再びデン

パサールへと向かう。ほぼ10分間隔で運行しているのでウブド内の移動にも気軽に利用できる（料金は一律Rp.4400）。

2020年から運行をスタートしたトランス・メトロ・デワタ

ウブドの中心地とおもな通り

APA? 情報センター
MAP P.281-C3
住所 Jl. Sugriwa No.59, Ubud
TEL 0851-0800-1110（携帯）
URL informationcenter-apa.
com
営業 月～土10:00～18:00
オダランや葬式などの宗教儀
礼、各種パフォーマンスの情報
提供をはじめ、バリ文化体験プロ
グラムやフォトジェニック・ツアーの
手配、さらにバリ式正装のレンタ
ル（1日Rp.5万）なども可。スタッ
フは日本語で応対する。

日本語でウブド文化情報を発信！

サヤンでナイトマーケット体験
MAP P.278-C1
ウブド郊外のサヤン村の市場前
広場では毎晩17:30頃から深夜ま
でセンゴール（ナイトマーケット）
が開かれている。屋台料理やス
ナック、中古衣料品を売る露店で
にぎわうおすすめスポットだ。

**地元で流行りのスナック食べ歩
きも楽しめる**

ウブドの全容を把握するには、まずふたつの通りを覚えよう。ひとつはウブド王宮を中心に東西に延びるメインストリート、**ジャラン・ラヤ・ウブド**Jl. Raya Ubud。もうひとつは、ウブド王宮から**モンキーフォレスト**Monkey Forestを目指して南に延びる、**ジャラン・モンキーフォレスト**Jl. Monkey Forest。どちらの通りもホテル、ショップ、レストランがびっしりと建ち並び、1日中地元の人や旅行者でにぎわう目抜き通りとなっている。この2本の通りが交差する所が村の中心地で、王宮のほかウブド村寺院やウブド市場など、観光スポットも集まっている。

**ショップが密集するジャラン・モンキー
フォレスト**

ジャラン・モンキーフォレスト沿いのサッカー場から、東へ延びる**ジャラン・デウィシタ**Jl. Dewisitaにも、旅行者に評判のハイセンスなカフェや雑貨店が多い。そのほか、ジャラン・モンキーフォレストの1本東側を同じく南北に延びる**ジャラン・ハノマン**Jl. Hanomanと**ジャラン・ラヤ・プンゴセカン**Jl. Raya Pengosekan沿いも、カフェやショップのほか、エステサロンも点在している。

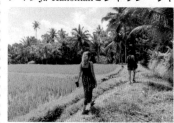

**路地に入ればのどかな光景が
広がっている**

田園文化を体感するウオーキングツアー

information

ウブド周辺の田園は気軽に歩けるが、ツアーに参加してガイドからレクチャーを受ければより理解が深まる。**ハーブ・ウオーク**Harb Walk（URL baliherbalwalks.com）では、農村地帯を散策しながらセンゴールなど植物への知識を深められる。**プリ・ルキサン美術館**（Map P.280-A2）前に集合し、北側に広がる田園へ。道すがら自生するハーブを手に取り、香りや感触を確かめながら説明を受けられる。ガイドは英語やインドネシア語に片言の日本語を交えながら、ていねいに解説してくれる。ツアー催行は毎日8:30～

12:00で、参加料はRp.30万～45万（事前予約が必要となる）。

また、自然派ワークショップの**ウブド・ボタニ・インタラクティブ**Ubud Botany Interactive（Map P.278-B2　TEL 085-6371-9259 携帯　URL www.ubudbotany.com）でも田園ウオーキングツアーを催行している。90分間で参加料US$20～36。田園散歩と伝統コスメ作りを合わせたツアー（3時間US$40～）もおすすめだ。参加する場合には開催状況を事前にチェックすること。

バリの植物について深く学べるハーブ・ウオーク

デウィさんが主催するウブド・ボタニ・インタラクティブ

📝投稿　ウブド王宮の南西にあるウブド観光案内所は2019年末から休業中です。もともと1983年にピナ・ウィサタとして作られた「ウブドと旅行者を結ぶ窓口」の復活を願ってます。（ウブド在住　A.A '23）

ウブドでの足の確保

「ウブド」の村々はかなり広範囲に散らばっている。中心部だけならば、のんびりと歩き回るのがいちばんだ。ジャラン・モンキーフォレスト沿いにレンタサイクル屋が数軒あるが、近年は交通量も増えてきたので利用には注意が必要。また旅慣れた人はホテルやゲストハウスでレンタバイクを借りるケースも多いが、安全には十分注意しよう。インドネシアと日本は国際免許の協定を結んでいない(→P.427)。

ウブドにメータータクシーは走っていないので、ウブドを起点に島内観光したい人は、ホテルや旅行会社で車をチャーターすると便利。運転手付きのチャーター車は、レンタカーとあまり料金差はない。

ウブドのほとんどのエリアでは配車サービスの利用も可能(以前は地元ドライバー保護のためピックアップ禁止のエリアもあった)。また公共バスのトランス・メトロ・デワタ(→P.275)もエリア内の移動に利用できる。

ウブド中心部はのんびりと徒歩での散策が楽しい

レンタサイクル&バイク

自転車は1日Rp.3万〜。1週間のレンタルでは1日当たりRp.2万ほどが目安となる。バイクは1日Rp.7万5000〜。

車のチャーター

立ち寄る場所によって料金は異なるが、1日US$50〜60が目安。

配車サービスの利用状況

GrabやGojekなどの配車サービス(→P.425)は、ウブドエリアでも呼び出しもドロップも利用可能。呼び出しの場合、ウブド中心部からだと多少割高に設定されている。

配車サービスや大手タクシー会社を規制する看板も近年では見かけなくなった

眺望にも癒やされるウブドのヨガスポット

田園風景を望む「ウブド・ヨガハウス」

世界中からヨギー&ヨギーニが集まるウブドにはたくさんのヨガ施設があり、その特徴もさまざま。近年は田園風景に面した美しいロケーションの施設も増えている。

ウブド・ヨガハウスUbud Yoga House(Map P.278-B2 TEL 0821-4418-1058 携帯 URL www.ubudyogahouse.com)は、月〜土の7:30、9:00(火・木16:30〜サンセットヨガも開催)にハタヨガとヴィンヤサヨガのクラスを開催。初めてヨガを体験するなら9:30からのビギナークラスがおすすめ。各クラスとも1時間Rp.15万。

ヨガ・バーンYoga Barn(Map P.283-A3 TEL (0361)971-236 URL www.theyogabarn.com)は、ウブドのヨガブームの火付け役。6つのスタジオをもち、毎日7:00〜21:00までバラエティに富

「ヨガ・バーン」のスケジュールは月ごとに変更されるのでウェブサイトで確認しよう

んだクラスを開催している(1時間Rp.15万)。とにかく人気で混み合うので、ゆったり体験したいなら早朝クラスがおすすめ。

オム・ハム・リトリートOm Ham Retreat(Map P.259-A3 TEL (0361)900-0352 URL www.omhamretreat.com)は、カリスマヒーラーとして名高いクトゥッ・アルサナ氏が提唱するクンダリーニ・タントラ・ヨガを体験できる。クラスは毎日7:30、17:00(90分Rp.13万)。アルサナ氏が講師を務めるクラスは土曜16:00〜(90分Rp.15万)。

ウブド・ヨガ・センターUbud Yoga Centre(Map P.278-C2 TEL (0361)981-782 URL ubudyogacentre.com)は渓谷に面した近代的なヨガ施設。3つのスタジオを有し、6:00〜20:00まで毎日7〜9クラスを開催している。1レッスンはRp.14万。最新のスケジュールはホームページで確認できる。

渓谷ビューが評判の「ウブド・ヨガ・センター」

投稿　ウブドでGrabやGojekを呼び出す場合、モンキーフォレストやジャラン・ラヤ・ウブドなど渋滞が慢性化している場所からは特別運賃となり、割高になるので注意しましょう。(福岡県 歩夢 '23)

デワタ・ラウンジ
Dewata Lounge

ロイヤル・キラーナ・スパ
Royal Kirana Spa

ロイヤル・ピタ・マハ P.95
Royal Pita Maha

マンゴーツリー・スパ・バイ・ロクシタン
Mango Tree Spa by L'occitane

クプクプバロン・ヴィラズ
Kupu Kupu Barong Villas

クデワタン
Kedewatan

ワルン・カヤナ
Warung Kayana

ジャングル・リトリート・ウブド
Jungle Retreat Ubud

ナシ・アヤム・クデワタン
Nasi Ayam Kedewatan

ブラック・ベニー・ヴィラズ
Black Penny Villas

マンダパ・ア・リッツ・カールトン・リザーブ P.92
Mandapa, a Ritz-Carlton Reserve

マティス・リトリート・ウブド
Mathis Retreat Ubud

フュージョン・カフェ
Fuzion Cafe

アマンダリ P.319
Amandari

ムカール・サリ
Mekar Sari

フライ・カフェ
Fly Cafe

Sujati Salon

バリ・スウィング P.109
Bali Swing

ソベック・ラフティング
ベジ・ウブド
Beji Ubud

ヌリス・ワルン Nuri's Warung

バリ・ボタニカ P.59
Bali Botanica

モザイク Mozaic

ワルン・プラウ・クラパ
Warung Pulau Kelapa

インピアナ・プライベート・ヴィラス・ウブド
Impiana Private Villas Ubud

ザ・サヤン・ハウス P.307
The Sayan House

ビンタン・スーパーマーケット
Bintang Super Market

サヤン・テラス・リゾート
Sayan Terrace Resort

サヤン・ポイント Sayan Point P.23

フォーシーズンズ・リゾート・サヤン P.92
Four Seasons Resort Sayan

チャンプアン
Campuhan

イントゥイティブ・フロー
Intuitive Flow

ザ・スパ
The Spa

サヤン
Sayan

カフェ・ベスパ
Cafe Vespa

プラ・グヌン・ルバ寺院 P.285
Pura Gunung Lebah

チャンプアン・ホテル&スパ
Tjampuhan Hotel & Spa

モクサ・ウブド
Moksa Ubud

プラサンティ
Prasanti

メル・ウブド
Meru Ubud P.22

アンマ・レストラン
Amma Restaurant P.302

ソキ・ギャラリー P.295
Soki Gallery

ダイニングコーナー
Dining Corner

カユマニス・スパ・ウブド
Kayumanis Spa Ubud

カユマニス・ウブド P.318
Kayumanis Ubud

プネスタナン
Penestanan

デ・ムヌッ・リゾート P.319
De Munut Resort

ガヤトゥリ
Gayatri

ウマ・カラ
Uma Kalai P.26

サンティ・スパ P.68
Santi Spa

サンティカ・ゼスト
Cantika Zest P.59

ザ・サマヤ・ウブド P.95
The Samaya Ubud

ザ・トロピカル・アンツ
The Tropical Ants

マナ・アースリー・パラダイス P.318
Mana Earthly Paradise

スウェプト・アウェイ
Swept Away

ザ・カンプン・ウブド・ヴィラ
The Kampung Ubud Villa

マナ・キッチン
Mana Kitchen P.303

ヴィラ・マンディ
Villa Mandi

カティッ・ランタン
Katik Lantang

ブミ・ムワ・ウブド
Bumi Muwa Ubud

ウブド・ラヤ・リゾート P.276
Ubud Raya Resort

サヤン・ナイトマーケット
Sayan Night Market

ワヤンズ・ワルン
Wayan's Warung

ワルン・イカン・バカール・パッ・ニョマン
Warung Ikan Bakar Pak Nyoman

ニュー・クニン
Nyuh Kuning

ヴィラ・スマナ
Villa Semana

ココマート
Cocomart

ミーシュー
Mixue

スリ・ナディ（木彫り）
Sri Nadi

セクション・ナイン P.304
Section 9

ウブド・ヨガ・センター P.277
Ubud Yoga Centre

シンガクルタ
Singakerta

Jl. Raya Singakerta
ダンギン・アバッ集会所
Balai Br.Dangin Abak

右側・中央・上部エリア

スバリ
Sebali

ウブド・トラディショナル・スパ P.275
Ubud Traditional Spa P.58

チャンパカ・スパ P.69
Champaka Spa

ジャンナタ・リゾート P.318
Jannata Resort

ジャングルフィッシュ
Junglefish

プント・ユン村寺院
Pura Bentuyung

ピラミッド・オブ・チ P.275
Pyramids of Chi

サッティ
Sakti

ブラ・ビナカ
Bula Vinaka

トゥレン P.304
Tulen

トゥガ・ゲストハ
Tuga Guesthou

ウルン・ウブド
Ulun Ubud

カスタラ・リゾート
Kastara Resort

ヴィセサ・スパ P.69
Visesa Spa

カルサ・スパ P.57
Karsa Spa

ヴィセサ・ウブド・リゾート P.321
Visesa Ubud Resort

コモ・ウマ・ウブド
COMO Uma Ubud

ワパ・ディ・ウメ P.319
Wapa di Ume

ネカ美術館 P.286
Museum Neka

The Lokha Ubud

B.サヤ・ヴィラ
B. Saya Villa

ピタ・マハ・チャンプアン・スパ
Pita Maha Tjampuhan Spa

ピタ・マハ
Pita Maha

カフェ・ポメグラネート
Cafe Pomegranate

ジャラン・カジェン発
散歩コース P.107

インドゥス Indus P.309

ジ・エレファント P.277
The Elephant

ウブド・ヨガハウス Ubud Yoga Hou

ニョマン・サンディ・ゲストハウス
Nyoman Sandi Guest House P.319

グリーン・ハビット P.301
Green Habit

ウブド・クリニック P.275
Ubud Clinic

プラ・バトゥカル寺
Pura Batuka

ウブド・ボタニ
Ubud Botany

Ibah

P.280〜281

ブランコ美術館 P.286
Blanco Museum

プリ・ルキサン美術館
Puri Saren

プリ・サレン
Puri Saren

アユシャ・ウエルネス・スパ P.57
Ayusha Wellness Spa

ネカ・ギャ
Neka Ga

ウブド市場
Pasar Ubud

カフェ・ワヤン P.57
Cafe Wayan

パダン・トゥガ
Padang Tega

ウブド・クロッド
Ubud Kelod

モンキーフォレスト
Monkey Forest

アラヤ・ウブド
Alaya Ubud

ラカレケ
Laka Leke

ブラマ社バス発着
ARMA

ARMA
アルマ

ザ・ウブド・ビレッジ・リゾート&スパ
The Ubud Village Resort & Spa

アルマ・リゾー
ARMA Resc

P.282〜283

プンゴセカン
Pengosekan P.306

ワルン・ウブド・ラヤ
Warung Ubud Raya

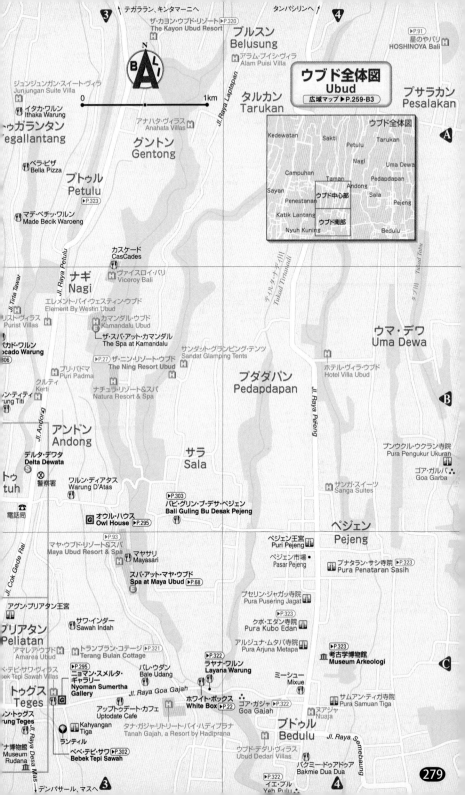

ウブド全体図 Ubud

広域マップ ▶P.259-B3

3 テガラランゲ、キンタマーニへ
ザ・カヨン・ウブド・リゾート ▶P.320
The Kayon Ubud Resort

4 タンパクシリンへ

ジュンジュンガン・スイート・ヴィラ
Junjungan Suite Villa

**ブルスン
Belusung**

アラム・プイシ・ヴィラ
Alam Puisi Villa

▶P.91
星のやバリ
HOSHINOYA Bali

イタカ・ワルン
Ithaka Warung

アナハタ・ヴィラス
Anahata Villas

**タルカン
Tarukan**

**プサラカン
Pesalakan**

**ゥガランタン
Tegallantang**

**グントン
Gentong**

ウブド全体図

Kedewatan		Sakti		Tarukan
			Petulu	
				Nagi
Campuhan				Uma Dewa
	Taman		Pedapdapan	
Sayan		Andong	Sala	
Penestanan	ウブド中心部		Pejeng	
Katik Lantang				
Nyuh Kuning	ウブド南部		Bedulu	

A

ベラ・ピザ
Bella Pizza

**プトゥル
Petulu** ▶P.323

マデ・ベチッ・ワルン
Made Becik Waroeng

カスケード
CasCades

**ナギ
Nagi**

ヴァイスロイ・バリ
Viceroy Bali

**ウマ・デワ
Uma Dewa**

エレメント・バイ・ウェスティン・ウブド
Element By Westin Ubud

リスト・ヴィラス
Purist Villas

カマンダル・ウブド
Kamandalu Ubud

ザ・スパ・アット・カマンダル
The Spa at Kamandalu

サンダット・グランピング・テンツ
Sandat Glamping Tents

**ペダパン
Pedapdapan**

ホテル・ヴィラ・ウブド
Hotel Villa Ubud

B

カド・ワルン
cado Warung
806

▶P.27 ザ・ニン・リゾート・ウブド
The Ning Resort Ubud

プリ・パドマ
Puri Padma

クルティ
Kerti

ナチュラ・リゾート＆スパ
Natura Resort & Spa

ティティ
ng Titi

**アンドン
Andong**

デルタ・デワタ
Delta Dewata

警察署

**サラ
Sala**

プンウクル・ウクラン寺院
Pura Pengukur Ukuran

ゴア・ガルバ
Goa Garba

ゥ
tuh

ワルン・ディアタス
Warung D'Atas

サンガ・スイーツ
Sanga Suites

電話局

▶P.303
バビ・グリン・ブ・デサ・ペジェン
Bali Guling Bu Desak Pejeng

**ペジェン
Pejeng**

オウル・ハウス
Owl House ▶P.295

ペジェン王宮
Puri Pejeng

マヤ・ウブド・リゾート＆スパ ▶P.93
Maya Ubud Resort & Spa

マヤサリ
Mayasari

ペジェン市場
Pasar Pejeng

プナタラン・サシ寺院 ▶P.323
Pura Penataran Sasih

スパ・アット・マヤ・ウブド
Spa at Maya Ubud ▶P.68

プセリン・ジャガッ寺院
Pura Pusering Jagat

アグン・プリアタン王宮
Agung Peliatan

サワ・インダー
Sawah Indah

クボ・エダン寺院 ▶P.323
Pura Kubo Edan

**プリアタン
Peliatan**

アマレア・ウブド
Amarea Ubud

トランブラン・コテージ ▶P.321
Terang Bulan Cottage

アルジュナ・ムタバ寺院
Pura Arjuna Metapa

考古博物館 ▶P.323
Museum Arkeologi

C

ベ・テピ・サワ・ヴィラス
bek Tepi Sawah Villas

▶P.295
ニョマン・スメルタ・
ギャラリー
Nyoman Sumertha
Gallery

バレ・ウダン
Bale Udang

▶P.322
ラヤナ・ワルン
Layana Warung

ミーシュー
Mixue

サムアン・ティガ寺院
Pura Samuan Tiga

**トゥグス
Teges**

アップトゥデート・カフェ
Uptodate Cafe

ホワイト・ボックス
White Box ▶P.22

ゴア・ガジャ ▶P.322
Goa Gajah

ング・テゲス
rung Teges

カヒャンガン
Tiga

タナ・ガジャ・リトリート・バイ・ハディプラナ
Tanah Gajah, a Resort by Hadiprana

ヌアジャ
Nuaja

**ブドゥル
Bedulu**

ナ博物館
Museum
Rudana

ランティル

ベベ・テピ・サワ ▶P.302
Bebek Tepi Sawah

ウブド・デダリ・ヴィラス
Ubud Dedari Villas

バクミー・ドゥアドゥア ▶P.322
Bakmie Dua Dua

3 デンパサール、マスへ

4 イエ・プル
Yeh Pulu ▶P.322

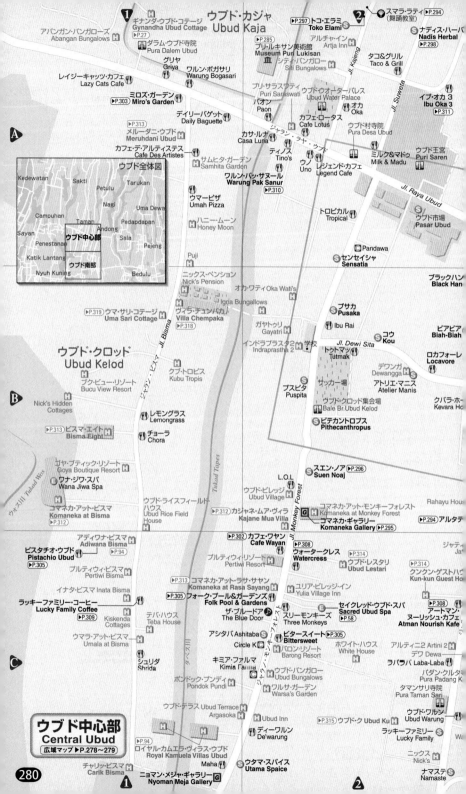

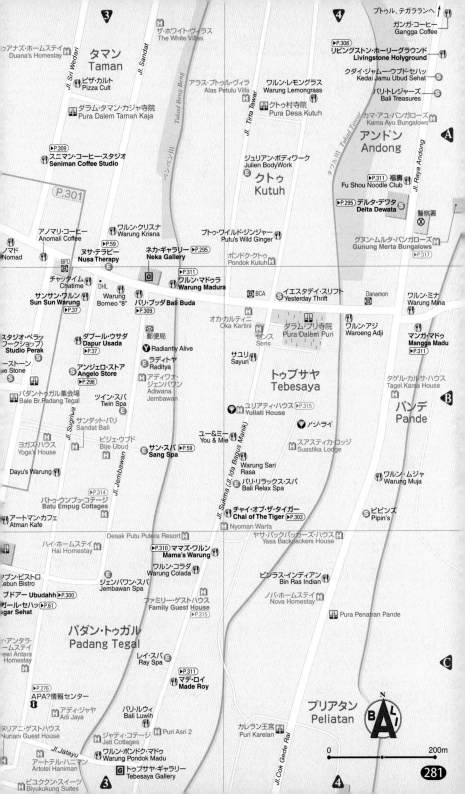

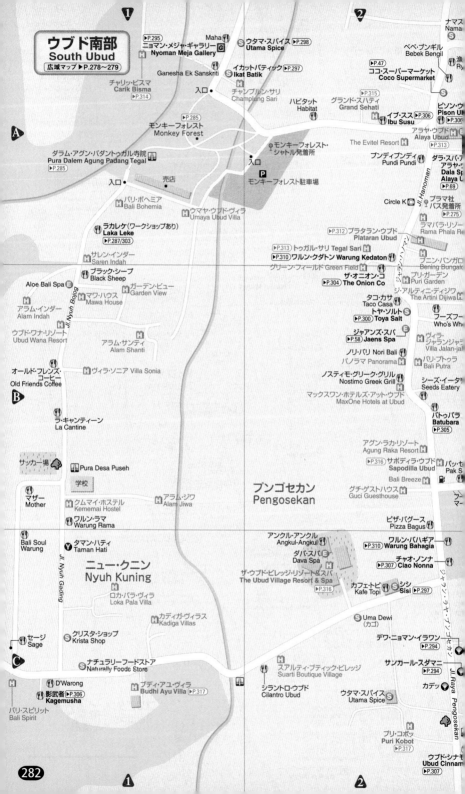

ウブド南部
South Ubud

広域マップ ▶P.278〜279

A

B

C

▶P.295
ニョマン・メジャ・ギャラリー **G**
Nyoman Meja Gallery

Ganesha Ek Sanskriti

チャリッ・ビスマ
Carik Bisma ▶P.314

モンキーフォレスト
Monkey Forest

ダラム・アグン・パダントゥガル寺院
Pura Dalem Agung Padang Tegal ▶P.285

入口・

売店

バリ・ボヘミア
Bali Bohemia

ラカレケ（ワークショップあり）
Laka Leke ▶P.287/303

サレン・インダー
Saren Indah

ブラック・シープ
Black Sheep

Aloe Bali Spa

ガーデン・ビュー
Garden View

アラム・インダー
Alam Indah

マワ・ハウス
Mawa House

ウブド・ワナ・リゾート
Ubud Wana Resort

アラム・サンティ
Alam Shanti

オールド・フレンズ・コーヒー
Old Friends Coffee

ヴィラ・ソニア Villa Sonia

ラ・キャンティーン
La Cantine

サッカー場

Pura Desa Puseh

学校

アラム・ジワ
Alam Jiwa

マザー
Mother

クムマイ・ホステル
Kememai Hostel

ワルン・ラマ
Warung Rama

Bali Soul
Warung

タマン・ハティ
Taman Hati

ニュー・クニン
Nyuh Kuning

ロカ・パラ・ヴィラ
Loka Pala Villa

カディガ・ヴィラス
Kadiga Villas

クリスタ・ショップ
Krista Shop

セージ
Sage

ナチュラリーフードストア
Naturally Foods Store

D'Warong

影武者 ▶P.306
Kagemusha

バリ・スピリット
Bali Spirit

ブディ・アユ・ヴィラ
Budhi Ayu Villa ▶P.317

Maha
ニョマン・メジャ

ウタマ・スパイス ▶P.298
Utama Spice

イカットバティック ▶P.297
Ikat Batik

チャンプルン・サリ
Champlung Sari

ハビタット
Habitat

モンキーフォレスト・
シャトル発着所

入口

モンキーフォレスト駐車場

ウマヤ・ウブド・ヴィラ
Umaya Ubud Villa

▶P.313 プラタラン・ウブド
Plataran Ubud

▶P.313 トゥガル・サリ Tegal Sari

▶P.310 ワルン・クダトン **Warung Kedaton**

グリーン・フィールド Green Field

ザ・オニオン・コ
▶P.304 **The Onion Co**

タコ・カサ
Taco Casa

トヤ・ソルト
▶P.300 **Toya Salt**

ジャンズ・スパ
▶P.58 **Jaens Spa**

ノリ・バリ Nori Bali

パノラマ Panorama

ノスティモ・グリーク・グリル
Nostimo Greek Grill

マックスワン・ホテルズ・アット・ウブド
MaxOne Hotels at Ubud

アグン・ラカ・リゾート
Agung Raka Resort

プンゴセカン
Pengosekan

サポディラ・ウブド
Sapodilla Ubud

Bali Breeze

グチ・ゲストハウス
Guci Guesthouse

ピザ・バグース
Pizza Bagus

アンクル・アンクル
Angkul-Angkul

ワルン・バハギア
▶P.310 **Warung Bahagia**

ダバ・スパ
Dava Spa

チャオ・ノンナ
▶P.307 **Ciao Nonna**

ザ・ウブド・ビレッジ・リゾート＆スパ
The Ubud Village Resort & Spa ▶P.316

カフェ・トピ
Kafe Topi

シシ
Sisi ▶P.297

Uma Dewi

デワ・ニョマン・イラワン
▶P.294

サンカール・スダマニ
▶P.294

スアルティ・ブティック・ビレッジ
Suarti Boutique Village

シラントロ・ウブド
Cilantro Ubud

ウタマ・スパイス
Utama Spice

カデツ

プリ・コボッ
Puri Kobot ▶P.317

ウブド・シナモ
Ubud Cinnam ▶P.307

ナマス Nama

ベベ・ブンギル
Bebek Bengil

▶P.47
ココ・スーパーマーケット
Coco Supermarket

ピソン・ウブド
Pison ▶P.306

イブ・スス ▶P.306
Ibu Susu

アラヤ・ウブド
Alaya Ubud

The Evitel Resort

▶P.313

プンディプンディ
Pundi Pundi

ダラ・スパ Dala Sp
アラヤ・ウ Alaya
▶P.69

Circle K

ブラマ社
バス発着所 ▶P.275

ラマパラ・リゾ Rama Phala Re

ブニン・バンガロ Bening Bungal

プリ・ガーデン
Puri Garden

ジ・アルティニ・ディジワ
The Artini Dijiwa

フーズ・フ Who's Wh

ヴィラ・
ジャランジャ Villa Jalan-jal

バリ・プトゥラ
Bali Putra

シーズ・イータ
Seeds Eatery

バトゥバラ
Batubara ▶P.305

パッ・セ Pak S

プモ
マー

282

1 **2**

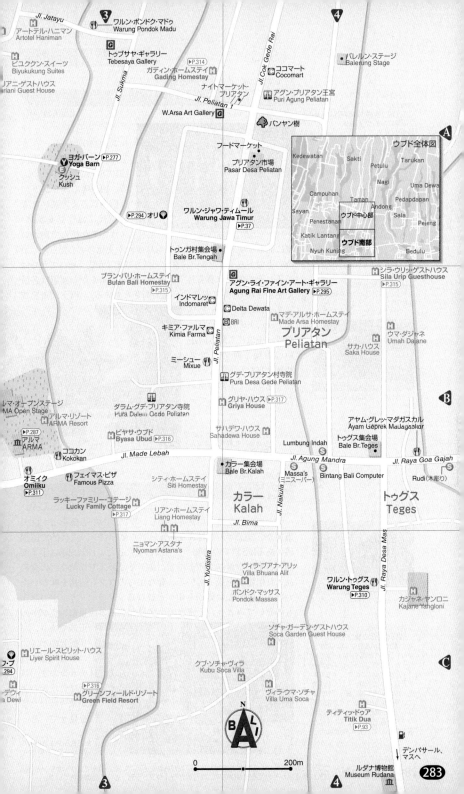

十字路に面したウブドの中心地 ★★★

ウブド王宮（プリ・サレン）

Puri Saren

MAP P.301-A1

毎夜ダンス公演が行われている

ウブド王宮（プリ・サレン）は16世紀から存在しているが、現在の建物は1978年に改装されたもの。1908年にオランダに征服されるまで続いた王政時代には、ジャラン・スウェタを挟んで向かい側にあるプリ・カントールとともに政治や文化の中心だった。最後の王であるチョコルド・グデ・スカワティが亡くなってからは子孫とその親族が暮らしているが、当時の華やかな面影は各所で感じられる（王宮内部は一部公開されている）。例えば市場側にある東屋「バレ・パトッ」は、王の物見台だった所。王はここから向かいの市場を眺めて景気判断をしたり、美しい女性を見つけて王宮に招いたという逸話も残っている。

王宮は王族が暮らす生活の場でもある。礼節をわきまえて見学しよう

雑踏、にぎわい……、ウブドの台所を見る！ ★★

ウブド市場

Pasar Ubud

MAP P.301-A1

ジャラン・ラヤ・ウブドに面し、ウブドの中心部をなす巨大市場が、2023年5月1日にリニューアルオープン。近代的で清潔感のある2階建ての建物へと生まれ変わった。1階と2階は手工芸品などを売るおみやげ市場で、地下では野菜や果物などの食料品と日用雑貨を扱っている。昔ながらのウブド情緒を味わいたいなら、市場の敷地から南へと延びるジャラン・カルナの露店ものぞいてみよう。王宮との十字路側にある広場にはウブドの王族であり、バリ観光のパイオニアともなったチョコルダ・スカワティ氏の像が堂々とした姿を見せている。

生鮮食品や生活雑貨の店が並ぶウブドの台所

ウブド王宮

入場 随時

※王宮内で儀式のある場合は入場不可になることもある。

料金 無料

ウブド王宮の芸能公演

ウブド王宮は芸能の中心舞台でもあり、毎晩19:30から定期公演（→P.293）が行われている。

✉ **中国発祥の氷菓チェーン**

アジア各地で話題のアイスクリームショップ R ミーシューMixueがバリでも出店ラッシュ。ウブドではラヤ・ウブド通り沿いやプリアタンなど計4店舗を展開しています。ソフトクリームはRp.8000、キウイ・スムージーはRp.1万6000と激安プライスもうれしい！

（ウブド在住 Mimpi '23）

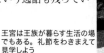
バリ人には「ミクスウ」と呼ばれている

ウブド市場

営業 毎日早朝〜夕方まで

発展を続けるウブド中心部のランドマーク

ウブドでの注意

芸能と文化の静かな村ウブドも、観光化が進むにつれてさまざまなトラブルが報告されるようになった。ジゴロやトランプ賭博の詐欺師も出没するので、通りかけで声をかけられてもついていくのは考えもの。また田園に面したホテルでは空き巣も出るので、戸締りはしっかり確認しよう。そのほかウブドの通りには、フタの外れた溝も多いので、特に夜道は用心して歩くこと。

ウブドにはいくつかの王宮が存在し、それぞれが名称をもっている。地元でプリ・サレンと呼ばれている王宮がその代表的な存在で、旅行者から「ウブド王宮」として認識されている。

野生の猿に餌づけができる ★★
モンキーフォレスト
Monkey Forest

MAP P.282-A1

ウブドの南端、ジャラン・モンキーフォレストの突き当たりに、およそ200匹の猿が生息している森がある。自然保護区となっており、猿たちは平和に暮らしている。

入口の前では餌となるピーナッツやバナナが売られているので、これらを手に入れてから森の中へ分け入ろう。毎日のように餌をもらっているせいか、猿たちは非常に人懐っこい。自分の手から直接餌をやるといった、貴重な体験もできる。ただし、なかにはいたずらな猿もいるので、ポケットの中にサイフを入れたりしないように。また、めがねをかけている人は、めがねを盗られないよう注意しよう。なお、猿たちが活発に活動を開始するのは、朝9時くらいから。特に雨の翌朝早くに出かけても、ほとんど猿を目にすることはできない。

また、森の中には死者の寺、**ダラム・アグン・パダントゥガル寺院**Pura Dalem Agung Padang Tegalもある。

モンキーフォレスト
入場 毎日8:30〜18:00
料金 上記時間帯の入場のみ大人
Rp.8万、子供Rp.6万(土・日は
大人Rp.10万、子供Rp.8万)

猿のすむ聖なる森

日本語の解説も付いているバリ絵画の殿堂 ★★
プリ・ルキサン美術館
Museum Puri Lukisan

MAP P.280-A2

ウブド中心部にほど近い場所に建つウブドを代表する美術館。1956年、オランダ人画家ルドルフ・ボネとウブド王宮のチョコルダG.A.スカワティによって創設された。プリ・ルキサンとはインドネシア語で「優れた芸術の宮殿」という意味で、その名に恥じないようなすばらしい絵を所蔵している。美しい庭に面した2棟からなる常設展示館内では、1930年代以降のバリ人画家の絵を観ることができる。年代を追って、各スタイルの代表的な絵を展示するという手法を取っており、ウォルター・シュピースやルドルフ・ボネなどの描いた西洋絵画の影響を受けながら、独自のスタイルを作り上げてきたバリ絵画の変遷を知ることもできるのだ。また庭の奥にある特別展示館では、ウブド周辺の若い画家たちの企画展示が行われており、購入することも可能だ。

プリ・ルキサン美術館
TEL (0361) 971-159
URL museumpurilukisan.com
入場 毎日9:00〜18:00
料金 大人 Rp.9万5000
　　　子供(12歳以上)無料
※プリ・ルキサン美術館ではワークショップに参加することもできる。バティック教室がおすすめ。

バリ伝統絵画の歴史がよくわかるレイアウト

---

column
ウブド発祥の地グヌン・ルバ寺院

ウブドからチャンプアンへ向かう手前、チュリッ川とウォス川が合流する谷間にたたずんでいる**グヌン・ルバ寺院**Pura Gunung Lebah (Map P.278-B2)。竹林生い茂るなかに建つ小さな寺院だが、神話をひもとくとウブド発祥の地として知られる由緒ある寺院であることがわかる。8世紀、ジャワ島の高僧ルシ・マルカンデャ Rsi Markendyaがアグン山へ詣でようと、数百人の信徒を連れてやってきたときのこと。ふたつの川の合流する美しい渓谷に目を留めたルシ・マルカンデャは、この地で瞑想し、そして寺院を建立した。それがグヌン・ルバ

(小高い丘)寺院というわけだ。寺院建立後、ルシ・マルカンデャは、再びアグン山を目指したが、信徒の一部はこの美しい渓谷にとどまり、林を切り開いて村を造ろうとした。その最中、渓谷の周りの林が薬草の宝庫であることがわかり、この地にウバドUbad(薬草)と名づけた。現在のウブドという地名は、このウバドがなまったものだともいわれている。

境内に立つルシ・マルカンデャの像

ハミダシ　ウブド市場の地上階(1階・2階)はおみやげ品を売るアートマーケットになっている。バティックなどの布地、木彫り、絵画、アクセサリーなど多彩な店舗が軒を連ねている。

285

ネカ美術館
TEL (0361) 975-074
URL museumneka.com
入場 毎日9:00〜17:00
料金 大人 Rp.10万
　　　子供（11歳以下）無料
※入口で日本語の館内ガイドが売られている。各画家についてのインフォメーションや、所蔵している絵、あるいは代表的な絵についてのコメントが記されている、よくできた本だ。じっくり絵を鑑賞するつもりの人は1冊手に入れておくといい。

ブディル作「ジョゲッ・ピンギタン・ダンス」

ウブドに来たら必見！ バリ絵画の神髄に浸る ★★★

ネカ美術館
Museum Neka

MAP P.278-B2

　絵画収集家として有名なネカ氏が所蔵していた、バリ絵画の名作を展示した美術館。テーマ別に6つの展示館で構成されている。第1展示館では伝統的なバリ絵画が、カマサン、推移期、ウブド、バトゥアンの4スタイルに分けて展示されている。マハーバーラタの

「アビマニュの死」

場面を描いた古典期カマサン・スタイルの代表作「アビマニュの死Death of Abimanyu」（作者不明）などで、バリ絵画の歴史を俯瞰できる。

　第2展示館は、オランダ出身のアリー・スミットAlie Smitの作品を2階に展示。バリ島の風景をモチーフにしたスミットのコレクションは圧巻だ。1階にはスミットに影響を受けたヤング・アーティスト・スタイルの画家たちの作品を展示している。

アリー・スミット作「村の曲がり角」

　第6展示館は1階に芸術表彰を受けたインドネシア人画家の作品、2階にバリに住んだ外国人画家の作品を展示している。特にルドルフ・ボネRudolf Bonetの「アルジュナ・ウィワアArdjuna Wiwaha」や「ふたりの少女Two Girls」は絶対に見逃したくない名作。そのほか、世界的にも評価が高いアントニオ・ブランコAntonio Blanco、ホフカーW.G.Hofker、セオ・メイヤーTheo Meierの作品も展示されている。

奇才ブランコのアトリエを訪ねる ★★★

ブランコ美術館
Blanco Museum

MAP P.278-B2

ブランコ美術館
TEL (0361) 975-502
URL www.blancomuseum.com
入場 毎日 9:00〜17:00
料金 大人 Rp.10万
　　　子供（10歳以下）無料

アトリエも見学できる

　自らを「バリのダリ」と名乗っていた、画家アントニオ・ブランコの居住地に建てられた美術館。ウブドからチャンプアンに向かい、橋を渡った左側、坂の上に建つ、美しく刈り込まれた庭園に面して巨大な展示パビリオンやアトリエが並んでいる。圧倒的な存

ブランコの作品が展示されている巨大なパビリオン

在感を放つパビリオンには、バリ人の妻ロンジをモデルにした絵をはじめ、彼の代表作が300点ほど展示されている。独特の色使い、魅せるようなエロティシズム、そして額を含めた絵がひとつの作品というとおり、彼が自らデザインした額縁など、どれもじっくり鑑賞してみたい。アントニオ・ブランコは1999年末に死去したが、アトリエは生前使用していたときのまま保存してある。

/ヒント　ネカ美術館では約270本の聖剣クリスも展示している。特別な力をもったウンプ（鍛冶屋階級の僧侶）が13世紀に手で熱い鉄を精錬したという「クリス・ピジャタン」などの珍品もある。

# アルマ
ARMA(Agung Rai Museum of Art)

MAP P.283-B3

アルマ
TEL (0361) 976-659
URL www.armabali.com/museum
入場料 毎日9:00～18:00
料金 大人Rp.10万
　子供 (7～12歳) Rp.5万
※アルマではバリ文化のワークショップも行っている。ガムラン、バリダンス、木彫り、絵画などからバリ・ヒンドゥー講義、ヒンドゥー占星術教室まで全12種類で料金はRp.25万。

ウブド南部プンゴセカンの田園の中に造られた、バリの芸能・芸術に関する総合コンプレックス。プリアタンでギャラリーを営むバリ有数の絵画収集家アグン・ライ氏のプライベートコレクションを中心に、インドネシア人やバリに深くかかわった外国人の絵画が並んでいる。広々とした敷地内には巨大なバリ建築の建物がふたつあり、北館(Bale Daja)でバリ絵画をスタイル別に展示し、もうひとつの西館(Bale Dauh)で、インドネシア各地や海外からの画家の作品を展示している。特に見逃せない作品は西館にあるラデン・サレー Raden Saleh作「ジャワの貴族と妻の肖像Regent of Magelang and His Wife」（1837年）だ。シンガポールのオークションで280万ドルもの値がつけられたこともあるという、縦192cm×横126.5cmの大作で、この美術館のシンボル的作品だ。また、近代バリ絵画の祖ウォルター・シュピースWalter Spies作の「チャロナランCalonarang」（1930年）など歴史的な名画も多い。北館は1階にプンゴセカンやウブド・スタイルを、2階にバトゥアン・スタイルの作品を展示しており、グスティ・ニョマン・レンパッドGusti Nyoman Lempadの「踊りの練習Dance Lesson」（1950年）など各時代の秀作が揃っている。

「チャロナラン」はバリ島に残る唯一のシュピースの絵画

ラデン・サレー作「ジャワの貴族と妻の肖像」

ウブド発のバリみやげ
バロンクッキーBarong Cookiesは、新しいバリみやげとして話題。商品名どおり聖獣バロンをかたどったクッキーはティルタ・ウンプルの聖水で作られ、天然塩、コーヒー、米を混ぜたフレーバーもある。ウブドのデルタ・デワタ（→P.295）や、クタのパパイヤ・フレッシュギャラリー（Map P.177-A2）、空港の免税店などで購入できる。

---

information　芸術村でワークショップ体験

ウブドにはバリ文化に触れる体験教室が多い。バリ最大級のミュージアム、アルマ（→側注）でも伝統文化を体得するワークショップを開催している。バリ絵画（2時間 Rp.65万）をはじめ、彫刻（2時間 Rp.65万）、バティック製作（2時間 Rp.65万）、舞踊（2時間 Rp.35万）、供物作り（2時間 Rp.35万）などプログラムは種類多彩（要事前予約）。通常は2時間だが、絵画や彫刻は数日かけてじっくり取り組み、凝った作品を完成させることも可能だ。先生もベテラン揃いで、本格的に学びたい人にも対応している。

モンキーフォレスト南側にあるⓇラカレケLaka Leke（→P.303 URL www.lakaleke.com）は、手軽に挑戦できるビギナー向けワークショップが充実。バリ舞踊、ガムラン演奏、エッグペインティングなど教室は全8種類（各1時間 Rp.10万）。専用キッチンで行われる料理教室（2時間 Rp.35万）では、4種類の郷土料理と1種類のデザート作りが習える。レッスンは事前予約を入れて、希望の時間を伝えよう。

供物作りも習える

アルマで画家から手ほどきを受けてみよう

卵の殻に絵を描くエッグペインティング

Traditional Performances in Ubud
ウブドの舞踊公演を体感しよう！

バリの伝統舞踊図鑑→P.246

「芸能の村」と呼ばれるウブドでは
毎晩のようにあちらこちらで伝統芸能の定期公演が行われている。
世界的に有名なガムラングループ（歌舞団）の迫力をぜひライブで感じてみよう。
レゴン・クラトンやケチャなど、人気プログラムがめじろ押しだ。

グデ・マンデラ翁が創り上げた伝統の歌舞団
グヌン・サリ
Gunung Sari

毎週土曜19:30〜
@ アグン・プリアタン王宮
Map P.283-A4

「近代バリ舞踊の父」グデ・マンデラ翁が創立した伝統のグループ。1931年にフランスのパリ植民地博覧会で演奏（世界で初めてのバリ伝統芸能の海外公演）する母体となり、1938年にはバリ島初のガムラン音楽コンテストにも優勝。今もガムラン奏者はマンデラ翁の弟子を中心に構成されており、レベルはとても高い。ペンデット、レゴン・クラトン、トペン、バロンなど公演内容も多彩で、「プリアタン・スタイル」と呼ばれる独特の様式美を満喫することができる。

左上／ステージの幕開けとなるウエルカムダンス
左下／日本人にも有名なユリアティさんも舞うレゴン・クラトン
右下／バチさばきも見事なクビャール・トロンポンの舞い

♪ヒント　公演の料金はRp.10万〜15万ほど。ウブド内の観光案内所や公演会場の入口でチケット購入可。ジャラン・モンキーフォレストなどの路上にチケット売りもいて、彼らから買っても値段は同じだ。

右／デワ・ニョマン氏のクビャール・トロンポンは必見
下／ふたりの少女が舞うレゴン・トランス

先鋭の踊り手も出演する

パンチャ・アルタ Panca Arta

🕐 毎週水・木曜19:30〜
@ ウブド王宮
Map P.301-A1

　ウブド王宮のお抱えグループで、ウブド村でもえりすぐりのダンサーたちで構成されている。代表的な舞踊や劇を組み合わせたプログラム構成で、週2回の公演を行っている。木曜の公演では、レゴン・トランスやクビャール・トロンポンなど見応えのある舞踊のほか、ビマニュウ物語の舞踊劇が鑑賞できる。特にバリ有数の舞踊家であるデワ・ニョマン・イラワン氏が舞うクビャール・トロンポンは必見だ。水曜にはレゴン・クラトンやバロンダンスのほか、マハーバーラタ物語を題材にしたスンダ・ウパスンダ舞踊劇が演じられる。

傘を使った創作ダンスも演じられる

迫力のステージを堪能できる精鋭集団

スマラ・ラティ
Semara Ratih

　普通、歌舞団はどこかの村に属しているのだが、スマラ・ラティはSTSI芸術大学の卒業生と教授を中心に1988年に結成された歌舞団だ。伝統を重んじながら、常に新しい試みを行っており、踊り、音楽ともバリでトップクラスだと評価が高い。
　公演内容は「スピリット・オブ・バリ」と呼ばれるもので、バリス、レゴン・ジョボック、クビャール・トロンポン、タルナ・ジャヤなどが踊られる。特に注目したいのはバリス。スマラ・ラティの中心メンバーで、天才的なバリスの踊り手と評判のA.A.アノム・プトラ氏が踊ることが多い。アノム氏は16歳でバリ舞踊コンテストで優勝し、数々の海外公演の実績をもっている。

🕐 毎週土曜19:30〜
@ ダラム・ウブド寺院
Map P.280-A1

上／アノム・プトラ氏によるバリス。戦士の恐れや勇敢さなど複雑な心境を繊細に表現する
左下／ウエルカムダンスもオリジナル
右下／ガムラン奏者との掛け合いも見物のハヌマン・ダンス

左／聖と悪が対決するバロンダンス
右／グループで舞う仮面劇トペン。独特の
雰囲気で観衆を魅了する

ウブド王宮の中心グループ
サダ・ブダヤ Sadha Budaya

🕐 毎週月・金曜19:30〜
@ ウブド王宮
Map P.301-A1

　ウブドで最初に観光客向けに公演を行った、数あるウブド歌舞団のなかでもリーダー的な存在だ。1986年には東京でも公演を行うなど、演奏や舞踊の実力には定評がある。現在は週2回の定期公演があり、月曜はレゴンを中心としてガボール、バリス、タルナ・ジャヤ、オレッグ・タムリリンガン、トペンの多彩なプログラム。金曜のバロンダンスでは、寺院祭礼で演じられるチャロナラン物語のダイジェスト版を見せてくれる。特に、迫力満点で真に迫った演技を見せてくれる魔女は見物で、舞台の演出も凝っている。

演奏の迫力は王宮専属の歌舞団ならでは

世界的にも有名な伝統の歌舞団
ティルタ・サリ
Tirta Sari

　20世紀最高のバリ舞踊演出家として名高い、グデ・マンデラ翁が作り上げた歴史あるグループ。日本をはじめ世界中で公演した実績をもち、才能ある踊り手を生み出してきた歌舞団としてファンも多い。公演内容は、ウエルカムダンスからプリアタンスタイルのレゴン・クラトン、クビャール・トロンポンなど。開演前に伝統舞踊に関する映像が流される演出も興味深い。踊り手は少し高齢化も目立つが、全体的に伝統をふまえた格調高い内容にまとめられている。

🕐 毎週金曜19:30〜
@ パレルン・ステージ
Map P.283-A4

上／3人の踊り子で物語が展開する宮廷舞踊レゴン・クラトン　左下／ガムランの演奏レベルもバリトップクラス　右下／プスパ・メカルと呼ばれる歓迎の舞い

人気グループの公演ではシーズンによっては混み合うことも多い。特にウブド王宮での公演はいつもにぎわっているので、よい席で観たいなら、公演開始の30分前には行って席を確保しよう。

ウブド最高のパフォーマンスで魅了する
ビナ・ルマジャ
Bina Remaja

　1981年にウブド王宮を代表するサダ・ブダヤ（→P.290）の弟分的グループとして創立された。近年はウブドで活躍する若手の踊り手が中心となり、ウブド王宮で最も洗練された旬の歌舞団だ。演目が豊富で踊り手のクオリティにも定評がある。土曜は歓迎の踊りであるプスパ・レスティをはじめ、レゴン・クラトンやクビャール・ドゥドゥック、トペン・クラス、オレッグ・タムリリンガンなど多彩な内容。火曜にはラーマヤナ物語のダイジェスト版が鑑賞できる。

🕐 毎週火・土曜19:30～
@ ウブド王宮
Map P.301-A1

右上／王宮の中庭でのパフォーマンスは雰囲気もいい
右下／蝶のように優雅に舞うクプクプ・タルム
左下／ユーモラスな仮面劇トペン

表現力豊かな若さあふれるパフォーマンス
チニッ・ワヤ Cinik Wayah

　ガムラン演奏者、踊り手ともに若手中心で構成されている新進気鋭のグループ。プログラムは「スピリット・オブ・ガムラン」と名づけられ、少女たちによるトランスダンスが見物。踊り手たちが心から楽しんで踊っている様子には、バリ芸能の原点が感じられる。
※2023年8月現在休演中

🕐 毎週木曜19:30～
@ ウブド・ウオーターパレス
Map P.280-A2

左／白い衣装をまとった少女たちが演じるトランスダンス
右／漁民の生活を表現したヌラヤン・フィッシャーマン・ダンス

1966年から続く正統派ケチャ
スマラ・マディヤ Semara Madya

🕐 毎週木曜19:30～
@ アグン・ブリアタン王宮
Map P.283-A4

　ブリアタンのバンジャール・トゥンガーの村人で構成されたケチャ・グループ。1930年代に生まれたボナ村のケチャを引き継ぎ、ラーマヤナ物語の世界観をダイナミックに再現している（ほかのケチャ公演で一般的なファイアーダンスやトランス劇は演目に含まれていない）。王宮の前庭で繰り広げられる、幻想的なパフォーマンスが圧巻だ。

左／金色の鹿がシータ姫を誘い出す場面
右／3代にわたる幅広いメンバー構成で迫真のステージが展開する

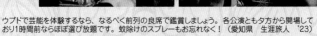

✏️投稿　ウブドで芸能を体験するなら、なるべく前列の良席で鑑賞しましょう。各公演とも夕方から開場しており1時間前ならほぼ選び放題です。蚊除けのスプレーもお忘れなく！（愛知県　生涯旅人 '23）

291

🕐 毎週月・金曜19:30〜
@ ダラム・ウブド寺院
Map P.280-A1

森閑とした寺院でのケチャ劇
ウブド・カジャ
Ubud Kaja

うっそうとした森に囲まれたダラム・ウブド寺院というロケーションがすばらしい。神秘的な雰囲気のなか、男性たちの「チャチャチャ」という掛け声がこだまし、ラーマ王子とシータ王妃を中心としたラーマヤナ物語の世界が展開される。終幕ではトランス状態の男性が裸足で火の上を歩く、サンヒャン・ジャランも見学できる。

左／神秘的な寺院の前庭でストーリーが進行する
右／男性たちが重なり大蛇の結界を表現

迫真のケチャと神秘のトランスを堪能
トレナ・ジェンガラ
Trena Jenggala

ケチャの完全版を演じることで有名なトレナ・ジェンガラ。男たちの合唱にのって織りなされるケチャの物語をはじめ、トランスダンスや火の上を歩き回るサンヒャン・ジャランも迫力満点だ。屋外公演のため雰囲気もいい。

🕐 毎週水・日曜19:00〜
@ パダン・トゥガル集会場
Map P.301-B2

週3回公演される迫力のケチャ完全版が楽しめる

ユニークな女性ケチャを体験しよう
ウブド・トゥンガ Ubud Tengah

🕐 毎週火曜19:30〜
@ バトゥカル寺院
Map P.278-B2

ケチャの合唱を女性たちが担当し、妖艶なコーラスと男性に劣らない激しい振り付けで観衆を魅了するグループ。公演の締めくくりで披露されるサンヒャン・ジャランは、ウブドで最も迫力があると評判。燃え上がる炎の明かりが原始的な雰囲気を醸し出し、まるで太古の儀式を見ているかのようだ。

左／真っ赤に焼けた炭の上を裸足で歩くサンヒャン・ジャラン（トランスダンス）
右／初めての女性ケチャグループとして2008年から公演を行っている

✏️投稿　ウブド・トゥンガのサンヒャン・ジャランは本当に圧巻。火の上を歩くだけでなく、焼けた炭に座り込んでいて驚きました。特殊なマントラや儀式で能力を身につけるそうです。（東京都　Key）['23]

神秘的な境内での迫真のプログラム
タマン・カジャ　Taman Kaja

⏰ 毎週水・土曜19:30〜
@ ダラム・タマン・カジャ寺院
Map P.281-A3

　タマン村の村人たちによって構成されたレベルの高いパフォーマンス。寺院の中庭というロケーションが評判で、幻想的な雰囲気のなかケチャを楽しむことができる。同時にサンヒャン・ジャランなどのトランスも行われている。公演の収益は寺院や村のための基金となるため、出演者たちの気合いと意識も高い。

上／上半身裸の男性たちが炎を囲んで合唱する
下／トランス状態で火の上を歩くサンヒャン・ジャラン

ウブド周辺の定期パフォーマンス一覧表

(※1＝2023年8月現在休演中)

村	歌舞団名	公演場所	パフォーマンス	時間	月	火	水	木	金	土	日
ウブド中心部	パンチャ・アルタ Panca Arta	ウブド王宮 Map P.301-A1	レゴン、バロン レゴントランス	19:30 19:30			水				
	サダ・ブダヤ Sadha Budaya	ウブド王宮 Map P.301-A1	レゴン レゴン、バロン	19:30 19:30	月				金		
	ビナ・ルマジャ Bina Remaja	ウブド王宮 Map P.301-A1	ラーマヤナ・バレエ レゴン	19:30 19:30		火				土	
	ジャヤ・スワラ Jaya Swara	ウブド王宮 Map P.301-A1	マハーバーラタ・レゴン	19:30							日
	チニッ・ワヤ ※1 Cinik Wayah	ウブド・ウォーターパレス Map P.280-A2	スプリット・オブ・ガムラン (バリス、トランスダンスほか)	19:30				木			
	ポンドック・ペカッ ※1 Pondok Pekak	ウブド・クロッド集会場 Map P.301-B1	フロッグダンス、バロン レゴン	19:30 19:30						土	日
	トレナ・ジェンガラ Trena Jenggala	バダン・トゥガル集会場 Map P.301-B2	ケチャ、トランスダンス	19:00			水				日
	ウブド・カジャ Ubud Kaja	ダラム・ウブド寺院 Map P.280-A1	ケチャ、ファイアーダンス	19:30	月				金		
	スマラ・ラティ Semara Ratih	ダラム・ウブド寺院 Map P.280-A1	スピリット・オブ・バリ (バリス、レゴンほか)	19:30						土	
	ワヤン・クリッ・クルタ Wayang Kulit Kertha	クルタ・アコモデーション Map P.301-B1	ワヤン・クリッ	20:00						土	
プリアタン	ティルタ・サリ Tirta Sari	バレルン・ステージ Map P.283-A4	レゴンほか	19:30					金		
	グヌン・サリ Gunung Sari	アグン・プリアタン王宮 Map P.283-A4	レゴンほか	19:30						土	
	スマラ・マディヤ Semara Madya	アグン・プリアタン王宮 Map P.283-A4	ケチャ	19:30				木			
プンゴセカン/タマンなど	タマン・カジャ Taman Kaja	ダラム・タマン・カジャ寺院 Map P.281-A3	ケチャ、トランスダンス	19:30			水			土	
	ウブド・トゥンガ Ubud Tengah	バトゥカル寺院 Map P.278-B2	ケチャ、トランスダンス	19:30		火					
	グループ・アルマ Group ARMA	アルマ・オープンステージ Map P.283-B3	レゴン、バロン、ケチャ	19:00			水			土	日

ヒント　ウブド王宮や各ケチャの公演では、雨天だと集会場などの屋内施設で行われる。屋外公演のほうがずっと雰囲気がいいので、ウブドに数日滞在するなら天気のいい日を芸能鑑賞に回すのがおすすめ。

芸術の都で
伝統舞踊&ガムランを習う

レッスンの内容

　舞踊はカセットで曲を流し、一緒に踊りながら習う方法が一般的。しかし、初めに基本のポーズだけをみっちり教える先生もいる。舞踊のレッスンは、先生となる人の家でするのが普通だが、宿泊先に出向いてもらいたいときは相談してみよう。とにかく約束の時間は厳守すること。といっても先生のほうがいきなりほかに都合ができてしまうこともあるが……。

　最初に習うなら女性は「ウエルカムダンス」と呼ばれるいくつかの基本舞踊がおすすめ。男性舞踊の基本は戦士の舞い「バリス」。音楽の場合は気軽に習えて、楽器も安価で簡単に持ち帰れる、竹のガムラン「ティンクリック」がいい。

　レッスン料は通常、時間もしくは1回のレッスンご

とに決められるが、これも先生によってまちまち。1時間Rp.10万が目安だが、習う回数が多くなればなるほど、安くなる場合が多い。

舞踊&音楽の教室探し

　旅行者に人気の教室は観光案内所などで紹介してもらえるが、実際は多くのバリ人が、何らかの楽器や舞踊ができる。だから宿泊先のスタッフなどに探してもらうこともできるし、実際に公演で観て、気に入った踊り手や演奏者に頼んでみることも可能だ。その人がだめでも、必ず誰かを紹介してくれるはず。言葉は片言でも、あなたの意欲&熱意があれば、何の問題もないのだ。

ウブドと周辺の芸能&ガムラン教室

スマラ・ラティ　Semara Ratih
住所 Jl. Kajeng No.25, Ubud
TEL (0361)973-277　Map P.280-A2

　ウブドを代表する芸能グループは、定期公演でも評判。リーダーのアノムさん、アユさんを筆頭に、グループのメンバーが舞踊や楽器の先生になってくれる。

憧れのアノムさんからも習える

オリ　Oli
住所 Jl. Cok Gede Rai, Gg. Belong No.20, Br. Teruna, Peliatan　TEL 0812-3864-4584 携帯
Map P.283-A3

　オリさん(マデ・マルティニMade Martini)はティルタ・サリでも活躍した踊り子。8歳から伝統舞踊を踊り続けていて、基本から指導してくれる。明るい人柄と親切な指導に定評がある。

日本人の教え子も多いオリさん

サンガール・スダマニ　Sanggar Sudamani
住所 Jl. Pengosekan
TEL (0361)977-067　Map P.282-C2

　芸術高校・大学在学中の有能な若手を多く抱えるグループで、メンバー自身の練習風景も常に見学できる。舞踊や楽器を意欲的に習いたい人にぴったりで、特にガムラン楽器は専用の練習場も完備。

アルタティ　Ni Gusti Ayu Artatik
住所 Jl. Hanoman, Rahayu House
TEL (0361)975-519
Map P.280-B2

　人気踊り子ユリアティさんのお姉さんでもある、プリアタンで活躍するダンサー。明るくフレンドリーな人柄と、優

初心者にも優しく指導してくれる

しくていねいな指導は日本人旅行者にも好評だ。女性舞踊を習うことができる。

デワ・プ　Dewa Put
住所 Br. Pengosekan Kaja, Ubud
TEL (0361)971-438、081-7067-3021(携帯)
Map P.283-C3

　スマラ・ラティでウガールを務める実力派。ガムランへの情熱が伝わってくる彼の演奏にはファンも多い。片言の日本語を織り交ぜた親切な指導が評判だ。

デワ・ニョマン・イラワン
Dewa Nyoman Irawan
住所 Br. Pengosekan Kaja, Ubud
TEL (0361)971-457、
081-755-3828(携帯)
Map P.282-C2

　国内外の公演で大活躍中の花形スター。来日経験もあるので、日本語を交えて指導してくれる。彼の兄であるサクラさんからはガムラン演奏も習える。

自宅のスタジオで手ほどき

／ヒント　踊りを習うときの服装は、サロンを巻いた上にそれを固定し腰をホールドするための帯(ストレップラス)をつける。現地購入可。汗をかくので替えのTシャツも用意していこう。

バリ絵画の世界へ
ウブドのギャラリー巡り

　絵画村としても知られるウブド&周辺には、たくさんのギャラリーが点在している。ここでは、初めて絵を買う人にも安心な、有名ギャラリーをいくつか紹介しよう。比較的名の知れた画家の絵をはじめ、多くの作品を扱っているので観に行くだけでも価値があるはずだ。

ネカ・ギャラリー　Neka Gallery
TEL (0361)975-034　　　　　Map P.281-B3

　ネカ美術館の創設者でもあるバリ絵画の収集家ステジャ・ネカ氏経営の老舗ギャラリー。もともとこの場所にネカ美術館があっただけに規模も大きく、まさに美術館のような雰囲気だ。
　おもにインドネシア人画家の絵を扱っているが、ヤング・アーティスト・スタイルに多大な影響を与えたオランダ人画家アリー・スミットの絵もある。

オウル・ハウス　Owl House
TEL なし　　　　　　　　　Map P.279-B3

　フクロウを描くユニークな作風で知られるワヤン・シーラ氏のアトリエ&ギャラリー。伝統的な技法で描き出す作品は、独特の静けさと愛情に満ちている。草花で彩られた中庭で、その画風と同じく癒やし系のシーラ氏と歓談するのも楽しい。絵画作品のほか、ポストカードや絵本も購入できる。

左／ワヤン・シーラ氏の制作風景が見られることも
右／日本で個展を開くなど海外でも認知度が高まっている

ニョマン・メジャ・ギャラリー
Nyoman Meja Gallery
TEL (0361)975-419　　　　　Map P.282-A1

　バリの伝統世界を重厚なタッチで表現する画家のメジャ氏が経営するギャラリー。いまやバリを代表する画家となった氏の作品が多数展示され、運がよければメジャ氏の制作現場も、垣間見られるかもしれない。

左／名匠の創作活動を目の当たりにできるニョマン・メジャ・ギャラリー　右／緻密な作風で知られるメジャ氏の作品

コマネカ・ギャラリー　Komaneka Gallery
TEL (0361)479-2518　　　　　Map P.280-B2

　現代的なバリ絵画を専門的に展示していることで有名。ニョマン・スジャナやニョマン・マスリアンディなど新進気鋭アーティストをはじめ、コンテンポラ

モダンアートの作品に触れるならばコマネカ・ギャラリーへ

リー作家の作品数は、数あるウブドのギャラリーのなかでも群を抜いている。

アグン・ライ・ファイン・アート・ギャラリー
Agung Rai Fine Art Gallery
TEL (0361)975-449　　　　　Map P.283-B4

　プリアタン王宮南側にある有名ギャラリー。バリ絵画の収集家として第一人者のアグン・ライ氏経営で、ギャラリー以外に氏の個人コレクションを陳列する美術館顔負けの展示館がある。絵を買う買わないはともかく、この展示館を観るだけでも行く価値大。展示されているのはシュピース、メイヨール、ホフカー、ハン・スネル、スミット、ボネ、ブランコなど西欧人画家のものから、レンパッド、イダ・バグース・マデ、グスティ・マデ・バレット、クトゥ・タグンなどバリ人の第一人者たちのものまで、すべて第一級の絵ばかりだ。

ニョマン・スメルタ・ギャラリー
Nyoman Sumertha Gallery
TEL (0361)975-267　　　　　Map P.279-C3

　とにかくバリの絵画を楽しんでほしいという趣旨で始められた、広い敷地をもつギャラリー。バリの伝統的な建築様式で建てられた館内には、トラディショナルなものからコンテンポラリー、新人画家から著名なアーティストまで、幅広い作品が揃っている。田園風景を望めるレストランも併設している。

アリー・スミットの歴史的な名画も展示されているニョマン・スメルタ・ギャラリー

ソキ・ギャラリー　Soki Gallery
TEL (0361)974-370　　　　　Map P.278-B1

　ヤング・アーティスト・スタイルの創始者であるアリー・スミットに影響を受けたソキさんは、独特の画風で有名。寺院祭礼やバリの風景を緻密でカラフルな色彩で描いている。日本のバンド「BOOM」のアルバムジャケットにもその作品が使用されている。

ショッピング 🦋 Shopping

観光化が進むにつれてハイセンスな自然雑貨店や、女性向きのファッションショップが充実しつつある。目抜き通りのジャラン・ラヤ・ウブドやジャラン・モンキーフォレストのほか、ジャラン・デウィ・シタ周辺が最新のショッピングスポットになっている。

ファッション＆布地

本格的なテキスタイルの専門店
ピテカントロプス
Pithecanthropus **MAP** P.301-B1

　オーナーは有名なアンティーク・バティックのコレクターとあって、状態のよい年代物のサロンから新しいデザイン物まで幅広く揃っているブティック。人気商品は上品な柄のバティックで作られたミニワンピ（Rp.38万5000〜）やバッグ（Rp.16万〜）など。また、バティックの生地をあしらったTシャツ（Rp.18万〜）は、おみやげにも手頃なおすすめアイテム。レギャンなどにも店舗がある。

上／手描きバティックの高級品も見つかる
下／バティックからTシャツまで充実した品揃え

住所 Jl. Monkey Forest, Ubud
TEL (0361)970-990　営業 毎日10:00〜19:00
カード A J M V

エスニック・ファッションが充実
プサカ
Pusaka **MAP** P.301-B1

　自然素材のぬくもりが感じられる、バリ島風ファッションが充実したブティック。オリジナル柄のバティックや専用の工房で作られた草木染めの手織りイカットを使用した服は、縫製もしっかりしていて本格的。優しい色合いの草木染めキャミソール（Rp.65万〜）や草木染めワンピース（Rp.90万〜）が人気。バッグ（Rp.55万〜）などのファッション小物や、キュートな編みぐるみ（Rp.16万〜）も扱っている。

上／バティックとレースのミニワンピRp.150万〜
下／ウブド市場に近い目抜き通り沿いにある

住所 Jl. Monkey Forest No.71, Ubud
TEL (0361)978-619　営業 毎日10:00〜19:00
カード A J M V

ずっと愛用できるバティック作品
ボーツリー
Bo Tree **MAP** P.301-A2

　オリジナリティあふれるバティックファッションで話題のブティック。バティックのデザインは古典的な柄ではなく、ドットやドロップ柄、ランダムな線を手描きで仕上げたモダンでユニークな作品ばかり。ていねいに作られたショール（Rp.25万〜）や、チュニックやブラウスなどのトップス（Rp.35万〜）は肌になじむ薄手のコットンを使用し、暑いバリでもさわやかに着こなせる。長年使用しても色あせや生地のほつれがない高品質がうれしい。

洗練されたファッションを展示している

住所 Jl. Hanoman No.5, Ubud
TEL 0819-9915-4276（携帯）　営業 毎日10:00〜20:00
カード M V

⑤スエン・ノア Suen Noaj（Map P.280-B2　TEL 081-2378-74007携帯　営業 毎日9:00〜22:00）は肌触りのいいコットンウエアの店。タンクトップやTシャツはRp.30万〜。

アートな雑貨を手に入れよう
トコ・エラミ
Toko Elami　MAP P.280-A2

地元アーティストがデザインした個性たっぷりの雑貨がところ狭しと店内に並べられている。バティックの文様をモチーフにしたステンレスボトル、バリの風物詩が描かれたカードゲーム（Rp.75万）やトートバッグなど、ここでしか買えないグッズが魅力的。花の供物チャナンを形どったピンバッジ（Rp.10万）は思い出深いバリみやげになりそうだ。

上／ヘビと階段のデザインTシャツRp.27万5000
下／スタイリッシュなグッズが通りからも目を引く

住所 Jl. Kajeng No.19, Ubud
TEL 0821-4432-2325(携帯)
URL www.elami.shop
営業 火〜日11:00 〜 18:30　カード 不可

南国バッグを買うならここ！
シ シ
Sisi　MAP P.282-C2

インドネシアやアジア各地のプリント生地を使ったバッグが人気。軽くて持ちやすく、小さくたためるグラニーバッグは3サイズの大きさを揃え、基本サイズはRp.25万5000。定番の柄やその時々の新作柄など、いくつも揃えたくなってしまうかわいらしさだ。機能的でたくさん入るママバッグ（Rp.35万〜）もおすすめ。

上／藤柄のグラニーバッグRp.25万5000
下／日本人女性に人気のスポット

住所 Jl. Nyuh Kuning No.2, Pengosekan, Ubud
TEL 0851-0323-5151(携帯)
URL sisibag.shop
営業 毎日9:00 〜 18:00　カード JMV

バリらしい T シャツを手に入れよう
ニルマラ
Nirmala　MAP P.301-B2

柔らかい手触りのスーピマコットンやバンブー繊維などの天然素材にこだわったTシャツ店。オリジナルTシャツは女性用Rp.19万5000〜、男性用Rp.19万5000〜、子供用Rp.14万〜。ロータスやインヤンなどのワンポイントプリントも種類が豊富。好みのプリントとTシャツの素材を選んでオーダーメイドも可能だ（通常は半日で対応OK）。

上／バックストラップのタンクトップRp.25万〜
下／Tシャツは生地の種類が多く作りもしっかりしている

住所 Jl. Dewisita, Ubud
TEL 0812-3780-7976(携帯)
営業 毎日9:00 〜 21:00　カード MV

伝統的な手法で作られたテキスタイル
イカットバティック
Ikat Batik　MAP P.282-A1

手織りのイカットや手染めバティックを扱うミニギャラリー。広い店内にセンスよく展示された作品は、すべてオリジナルデザイン。値段は安くはないが、クオリティの高いアイテムが並んでいる。特にバティック製品は品揃え豊富で、インテリアのかわいいアクセントになりそうなクッションカバー（Rp.45万〜）や、ナチュラルな色合いと幾何学模様が美しいワンピース（Rp.40万〜）がおすすめだ。

藍色を基調とした芸術的な作品が並んでいる

住所 Jl. Monkey Forest, Ubud　TEL (0361)975-622
URL www.ikatbatik.com
営業 毎日9:00 〜 21:00　カード AJMV

ナチュラルコスメを探すなら
ウタマ・スパイス
Utama Spice

`MAP P.282-A1`

バリ島で収穫されるナチュラル素材を生かしたコスメブランド「ウタマ・スパイス」の直営ショップ。スティックタイプのリップバーム(Rp.2万3000)をはじめ、人気のリキッドソープ(Rp.2万9500〜)や、ココアを配合したボディバター(Rp.6万5000〜)など定番商品が揃っている。オリジナルの線香(Rp.3万8000〜)も上品な香りで、ルームフレグランスとして自分用のおみやげにぴったり。サヌールにもショップがある。

石鹸やオイルはバリ有数のクオリティ

住所 Jl. Monkey Forest, Ubud
TEL 0851-0085-3155(携帯)
URL utamaspicebali.com
営業 毎日9:00 〜 20:00　カード A J M V

バリを代表する自然派コスメブランド
センセイシャ
Sensatia

`MAP P.301-A1`

バリ東部に工房をもつ人気コスメブランドの直営ショップ。バリの有名リゾートでも扱われる高品質コスメがウブドで簡単に手に入る。エッセンシャルオイルやハーブエキスを配合した石鹸(Rp.7万5000 〜)は、洗顔にも使えるクオリティの高さだ。20 〜 50歳代まで幅広い年代別に揃うアンチリンクル・セラム(Rp.36万)や、カモミールやネロリ配合のフェイストナー(Rp.16万)もおすすめアイテム。赤ちゃんや子供用のボディローション(Rp.9万)は、優しい香りで敏感肌の女性にもおすすめ。

テスターも用意されているので香りや使用感を試せる

住所 Jl. Monkey Forest No.64, Ubud
TEL (0361)908-1562
URL sensatia.com
営業 毎日10:00 〜 22:00　カード A J M V

自然派コスメの草分け
ナディス・ハーバル
Nadis Harbal

`MAP P.280-A2`

100%自然素材を使用したナチュラルコスメやオイルの専門店。コスメなどのレシピはすべてバリ伝統の薬草学やアーユルヴェーダに精通するリリール女史によるもの。徹底した監修のもと作られているので、肌への使用にも安心だ(事前にパッチテストは忘れずに)。ぎっしりと商品が並ぶ店内にはコスメの素材となる薬草類も売られている。子供用に処方されたベビーバーム(Rp.2万5000)やリップバーム(Rp.1万5000)は敏感肌の人にもおすすめだ。

ハーブの香りが店内に漂っている

住所 Jl. Suweta No.15, Ubud
TEL 0857-3794-2436(携帯)
営業 毎日9:00 〜 17:00　カード J M V

600 種類ものコスメがずらりと並ぶ
アンジェロ・ストア
Angelo Store

`MAP P.281-B3`

オーナーのアンジェロさんが考案した、手作りナチュラルコスメの専門店。アンチエイジング効果が期待できるフェイスクリームのアロエ・ラブ(Rp.4万2500〜)や、アップリフティング・オイル(Rp.6万)など、多彩な効能をもつ美容コスメが充実(商品棚には日本語でも効能が説明されている)。マイルド処方のベビークリーム(Rp.5万5000)など、子供用コスメも用意されている。コスメ作りのワークショップ(Rp.25万)を体験してみるのもいい。

優しい香りと使い心地で人気のブランド

住所 Jl. Sugriwa No.10, Ubud　TEL (0361)479-2439
URL www.angelostoreubud.com
営業 毎日8:00 〜 21:00　カード M V

コウKou (Map P.301-B1　TEL (0361)971-905　営業 毎日9:30 〜 20:00)はナチュラルソープの専門店。ローズ、ジャスミン、フランジパニなど香りも多彩な石鹸はRp.3万〜。

アクセサリー

バラエティ豊かなシルバーアクセ
イン・ジュエリー
Yin Jewelry　　　MAP P.301-B2

バリ島内で5店舗を展開する人気ジュエリーショップの本店。「バリのスピリットを身につける」をコンセプトとしたアクセサリーはどれも魅力的なデザイン。バリ寺院の割れ門をデザインしたリングや、マントラが書き込まれたバングルやペンダントトップなどバリならではの意匠から、パワーストーンジュエリー、レジン（樹脂）で海を表現したアイテムまで、品揃えはとっても豊富。個性的なアクセサリーを探すなら最初に立ち寄ってみたいスポットだ。

普段使いしやすいシンプルなデザインが◎

住所 Jl. Dewisita, Ubud　TEL (0361)970-718
URL www.yinjewelryforthesoul.com
営業 毎日9:00～21:00　カード AJMV

ナチュラルなデザインの銀製品
スタジオ・ペラッ
Studio Perak　　　MAP P.301-B2

ハイセンスでお手頃なシルバージュエリーを扱う人気ショップ。あたたかみがある優しいデザインは、オーナー夫人であるカナダ人女性によるもの。子供と母親がペアでつけてみたいアイテムも揃っている。ペンダントトップは小さい物ならRp.5万～と、リーズナブルな料金設定がうれしい。ウブド内で3軒オープンしているが、ジャラン・ハノマンにある本店では、銀細工のワークショップも開いているので、興味があれば訪ねてみよう。

洗練されたデザインのシルバー製品が並ぶ

住所 Jl. Hanoman, Ubud
TEL 0812-3651-809(携帯)
営業 毎日8:30～20:30　カード AJMV

上品でフェミニンなアクセサリー
クンチ
Kunci　　　MAP P.301-B2

シルバーやゴールドコーティングのハイセンスなアクセサリーを扱っている。日本人女性によるオリジナルデザインの作品はシンプルなものが多く、シーンを選ばず活躍してくれそう。なかでも高度なシルバー加工の職人技術が活きたティアドロップシリーズや淡水パールをあしらったアクセサリーは人気が高い。ピアスはRp.25万～、チョーカーはRp.30万～。かぎ針編みの小さなバッグやポーチも扱っている。

日本人女性にも似合いそうなアクセサリーが充実

住所 Jl. Dewisita, Ubud
TEL 0821-4462-7669(携帯)
URL www.kunciubud.com
営業 毎日10:00～20:30　カード AMV

雑貨とファッションの玉手箱
カナニ
Kanani　　　MAP P.301-B2

ファッション小物やインテリア雑貨から、ワンピースやTシャツといったアパレルまで、愛らしいグッズが見つかるセレクトショップ。オーナーのドイツ人女性がバリ島中の「カワイイ」を集めたという品揃えは、日本人女性の感性にもきっと響くはず。特にアクセサリーは種類が多く、ルドラクシャとタッセルのチョーカーや、ガラスビーズとチャームを使ったブレスレットなどバラエティ豊かに揃っている。トロピカル柄のポーチ（Rp.4万）は値段も手頃でおみやげにも喜ばれそうだ。メンズや子供用のファッションも展示している。

アクセサリーからアパレルまで多彩な品揃え

住所 Jl. Gootama Selatan, Ubud
TEL 0812-1774-1971(携帯)
営業 毎日10:00～21:00　カード MV

Sスタジオ・ペラッ（→P.299）のハノマン通り店ではアクセサリー作りの教室が開催されている。毎日2回で、時間帯は9:00～12:00、14:00～17:00。3時間Rp.45万。

癒やされる木彫りの動物はいかが？
茶茶
Cha Cha
MAP P.301-B1

巨大な置物から小物アクセサリーまで、大小さまざまな木彫りの動物が並ぶ工芸品ショップ。品揃えの豊富さはバリ島でもトップクラスで、オーナー自ら手描きで模様を描き込んだアヒル（Rp.8万5000〜）など、他店ではあまり見かけないユニークな作品も多い。自分の名前やキャッチフレーズなど好きな文字を入れられるネームプレートはRp.6万5000（注文後1〜2時間ほどで仕上げてくれる）。バリねこのキーホルダー（Rp.1万2000）はバラマキみやげにぴったりだ。

癒やし系キャラクターをところ狭しと展示している

住所 Jl. Monkey Forest, Ubud
TEL 0857-3893-0130(携帯)
営業 毎日9:00 〜 21:00　カード 不可

お茶マニアも納得の品揃え
アートティーズ
Artteas
MAP P.301-A2

紅茶や緑茶、中国茶、ブレンドティー、ハーブティーなど多種多様な茶葉を扱う専門店。リーズナブルなおみやげ用から最高級の逸品まで、世界中から集めた良質な茶葉のみをセレクトしており、メニューを見ればその種類の多さに驚くはず。好みを伝えておすすめを選んでもらうのもいいし、気になるものを見つけたら併設のカフェでじっくり味わうこともできる。インドネシア産紅茶は50gRp.9万6000 〜。

茶葉とともに茶器も購入できる

住所 Jl. Hanoman, Ubud
TEL 0821-4763-5810(携帯)　URL artteas.com
営業 毎日10:00 〜 20:00　カード MV

ワクワク感たっぷりの南国雑貨
マイ・カップ・オブ・ラブ
My Cup of Love
MAP P.301-B2

カラフルなキッチン雑貨やアクセサリー、ファッション小物などがひしめき合うキュートなショップ。さまざまなアイテムがランダムにディスプレイされた店内は、まるで秘密の宝箱をひっくり返したかのよう。毛糸のポンポン玉やタッセルにチャームを合わせたキーホルダー（Rp.10万〜）や、極小ビーズやひもを編み込んだ可憐なブレスレット（Rp.10万〜）など、女心をぐっとつかむ愛らしいセレクションとなっている。クロボカンにも店舗がある。

見るだけでも楽しいアイテムが勢揃い！

住所 Jl. Hanoman No.19, Ubud
TEL 0877-4546-6573(携帯)
URL www.mycupoflove.com
営業 毎日9:00〜21:00　カード MV

インドネシア産の天然塩をおみやげに
トヤ・ソルト
Toya Salt
MAP P.282-B2

トヤ・ソルトはカランアサム出身のトヤ女史が国内の塩農家を応援すべく立ち上げた塩のローカルブランド。若い世代が塩作りで継続的に収入を得ることで伝統的な天日塩作りを継承できるようにと、さまざまな塩製品を生み出している。なかでもスパイスやハーブを混ぜたフレーバーソルト（Rp.5万5000〜）は種類豊富で、量り売りにも対応している。バスソルト（Rp.6万5000 〜）や塩に燻製の香りをつけたスモークド・ソルト、ソルトスクラブなども扱っている。

2022年OPEN!
食べる塩からバスソルトまでスタッフが効能を説明してくれる

住所 Jl. Raya Pengosekan No.108, Ubud
TEL 0878-7833-0616(携帯)　URL www.toyasalt.com
営業 毎日10:00 〜 22:00　カード MV

Ｓウブドアー Ubudahh（Map P.281-C3　TEL（0361）908-2874　営業 毎日9:00〜21:30）はインテリア雑貨とアクセサリーのセレクトショップ。クッションカバー Rp.22万5000〜。

テーブルウェアとキッチン小物が充実
ウブド・セラミックス
Ubud Ceramics　MAP P.301-B2

ウブドで最大級の品揃えを誇る、カラフルな陶器が揃うおすすめショップ。草花をモチーフにしたコーヒーカップ(Rp.12万5000〜)、子ブタのソルト＆ペッパー入れ(Rp.25万)、カエルのティーポット(Rp.36万〜)など、日本に持ち帰りたくなる商品がズラリ。木製のトレイ(Rp.35万〜)もティータイムをおしゃれに演出してくれそう。

南国ムードを演出してくれるテーブルウエア

住所　Jl. Dewisita, Ubud
TEL 0852-3739-8685(携帯)
営業 毎日10:00 〜 19:00　カード M V

在住者が通うナチュラルショップ
グリーン・ハビット
Green Habit　MAP P.278-B2

オーガニック食材をはじめ、エコ＆ナチュラルな健康食品、コスメ類が充実している。ニーム(インドセンダン)の歯磨き粉、竹炭入り石鹸、お香、ヘルシーなスナック類などが、こぢんまりとした店内にぎっしり並んでいる。オーガニック・バリ・シーソルト(Rp.1万6000)は粒の荒い天然塩を砕いており料理にも使いやすい。

一般的なナチュラルショップに比べて値段も良心的だ

住所　Jl. Raya Campuhan, Ubud
TEL 0819-1899-2020(携帯)
営業 毎日10:00 〜 18:00　カード M V

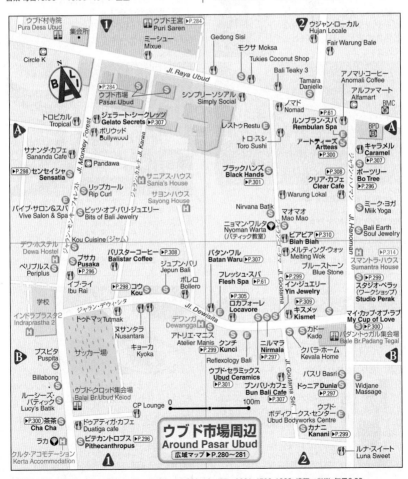
ウブド市場周辺
Around Pasar Ubud
広域マップ▶P.280〜281

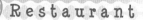

レストラン Restaurant

ウブドにはおいしいレストランが数多くある。特にレストランが密集しているのは、目抜き通りであるジャラン・ラヤ・ウブド周辺とジャラン・モンキーフォレスト周辺だ。インドネシア料理から洋食、さらに地元の人が利用するワルンまで揃っている。

インドネシア & エスニック料理

田園ビューが評判の名店
べべ・テピ・サワ
Bebek Tepi Sawah　　MAP P.279-C3

美しい田んぼを囲むようにテーブルが配置された郷土料理レストラン。バリらしい東屋席も用意されているので、プライベート感覚での食事も楽しめる。おすすめは地鶏を炭火で焼いたアヤム・カンプン・バカール(Rp.9万)や、香辛料を詰めて軟らかく蒸し焼きにしたアヤム・ベトゥトゥ(Rp.9万9000)。テピ・サワ・クリスピーダック(Rp.13万8000)など名物のアヒル料理も味わってみたい。

上／スパイスの味つけが絶妙なアヤム・カンプン・バカール
下／のんびりとくつろげる最高のロケーション

住所 Jl. Raya Goa Gajah, Br. Teges, Peliatan
TEL (0361)975-656　URL www.bebektepisawahrestaurant.com
営業 毎日10:00 ～ 22:00(L/O→21:00)
税&サ +16.6%　カード JMV
予約 不要　MENU 英語　👤→英語OK　Wi-Fi 無料

ウブドを代表するレストラン
カフェ・ワヤン
Cafe Wayan　　MAP P.280-C2

伝統的なインドネシア料理から、イタリアン、パンやケーキなど、どれも本格的なレシピで人気の超有名店。庭園を望む東屋風の離れで食事を楽しめるので、ウブドへ来たら必ず立ち寄るリピーターも多い。郷土料理のエッセンスを味わうなら、いろいろな総菜がご飯にのせられたナシチャンプル(Rp.7万5000)をオーダーしてみよう。食後にはデス・バイ・チョコレート(Rp.3万5000)などのケーキをお忘れなく。

上／いち押しメニューのワヤン・チキンカレー Rp.7万
下／緑に囲まれた癒やしのダイニングスペース

住所 Jl. Monkey Forest, Ubud
TEL (0361)975-447　予算 ★★★☆
営業 毎日8:00 ～ 22:00(L/O→21:30)
税&サ +21%　カード MV
予約 不要　MENU 英語　👤→英語OK　Wi-Fi 無料

隠れ家リゾートのダイニング
アンマ・レストラン
Amma Restaurant　　MAP P.278-C1

ウマ・カライ内にあるアジア＆インターナショナル料理を提供するレストラン。落ち着いた雰囲気のダイニングと田園を望むラウンジがひとつの建物内にあり、食事はダイニングのテーブルで、食後のドリンクタイムはゆったりとしたラウンジに移動してのんびり、という楽しみ方もできる。ディナータイムのメイン料理は

左／バリ人の女性シェフが腕を振るう
右／アヤム・バカール・ウィズ・モリンガなどメイン料理は各Rp.15万

シールド・マヒマヒ(Rp.15万)やインディアン・チキンカレー(Rp.15万)がおすすめだ。

住所 Sayan, Ubud
TEL 0813-3947-6363(携帯)　予算 ★★★★
URL www.umakalai.com
営業 毎日7:00 ～ 21:30(L/O→21:00)
税&サ +21%　カード AMV
予約 なるべく　MENU 英語　👤→英語OK　Wi-Fi 無料

風に吹かれながら名物料理を
バビ・グリン・ブ・デサ・ペジェン
Bali Guling Bu Desak Pejeng　MAP P.279-B3

のどかな緑の田園風景が広がる、ローカルで大盛況のバビグリン専門店。ご飯とバビグリンがひと皿に盛りつけられたパケッ・ビアサ（Rp.2万5000）と、ご飯とバビグリンが別皿に盛られたパケッ・スペシャル（Rp.3万5000）の2種類があり、どちらもバナナの茎のスープが一緒に提供される。ドリンクはヤシの実ジュースのエス・クラパ・ムダ（Rp.1万）がおすすめ。

上／好みの辛さを事前にリクエストできる
下／ウブド中心部からペジェン村へ車で15分ほど

住所 Br. Sala, Laplapan, Pejeng Kawan
TEL 0812-4695-2971（携帯）　予算 ★★★★
営業 毎日10:00 ～ 22:00
税&サ 込み　カード 不可
予約 不要　MENU 英語　英語少々　Wi-Fi 無料

心と体をヘルシーにする創作料理
マナ・キッチン
Mana Kitchen　MAP P.278-C1

在来種にこだわった地場産の野菜と、日本の塩麹など発酵技術を組み合わせたメニューが評判。ランチセット（Rp.9万8000）では栄養分を高めた酵素玄米に、サラダ、スープ、前菜とメインの総菜が味わえる。料理はどれも深く力強い味わいで、体の中がパワーに満たされる感じだ。

一番人気のフライドチキン・サンバルマタ（Rp.6万8000）、敷地内で自家栽培されている花を使ったバタフライピー・ティー（Rp.2万8000）。

ランチタイムには多彩な総菜がキッチンに並べられる

住所 Jl. Raya Sayan, Br. Mas, Gg. Emas Sayan
TEL (0361)908-7788　予算 ★★★
URL www.manaubud.com/mana-kitchen
営業 毎日8:30 ～ 22:00(L/O→21:30)
税&サ +16%　カード MV
予約 不要　MENU 英語　英語OK　Wi-Fi 無料

世界的に流行中のインドスナック
チャイ・オブ・ザ・タイガー
Chai of The Tiger　MAP P.281-B4

インドのストリートフードを提供する、テーブル席ふたつとカウンター席のみの小さなカフェ。おすすめは揚げたジャガイモで作ったひと口サイズのカップにひよこ豆のスパイス煮が入ったパニプリ（Rp.5万5000）。ハーブソースと辛味のソース、ヨーグルトソースをたっぷりめにかけていただくとおいしさが倍増する。おやつの定番のサモサ（Rp.4万～）やチャイ・マサラ（Rp.3万5000）なども本格的な味わい。

インドの軽食を気軽に味わえるスポット

住所 Br. Tebesaya, Jl. Sukma No.25, Peliatan
TEL 0821-1219-4853（携帯）　予算 ★★★
営業 毎日11:00 ～ 21:30(L/O→21:00)
税&サ +15.5%　カード MV
予約 不要　MENU 英語　英語OK　Wi-Fi 無料

バリ情緒あふれるガーデンレストラン
ラカレケ
Laka Leke　MAP P.282-A1

広々とした敷地に東屋やガーデン席が点在する人気店。カフェ・ワヤン（→P.302）の家族が営んでおり、料理はどれもワヤンおばさん直伝の味だ。郷土料理の前菜を盛り合わせたインドネシアン・フェイバリット（Rp6万7000）やジンジャーチキン（Rp.5万6000）がおすすめ。月・水・木・金・土曜の20:00からはバリ芸能が楽しめるディナーショーも開催している（鑑賞料として食事代金に10%加算）。

ミックスグリル・シーフードRp.9万7000（左）

住所 Jl. Nyuh Bojog No.32, Ubud
TEL (0361)977-565　予算 ★★★
URL www.lakaleke.com　営業 毎日10:00～22:00
税&サ +15%　カード MV
予約 不要　MENU 英語　英語OK　Wi-Fi 無料

　R ミロズ・ガーデンMiro's Garden（Map P.280-A1　TEL (0361)973-314　営業 毎日11:00 ～ 22:00）はウブド情緒漂うレストラン。チキン・ダリRp.8万5000。

トゥレン
Tulen
バリ産のアルコールも豊富に用意された

MAP P.278-A2

ウブド王宮から北へ車で10分ほど、田園に囲まれた静かなロケーションに建つレストラン。バリ＆インドネシア料理からインターナショナル料理までバラエティ豊かなメニューが味わえる。シェフのおすすめはひと皿300gものボリュームがあるビーフステーキ・テンダーロイン（Rp.19万5000）や、さわやかな辛さがやみつきになるツナ・サンバルマタ（Rp.6万5000）。シガラジャ・ピルスナー（Rp.5万5000）やイソラの白（グラスRp.8万5000）などバ

リ産のビールやワインも味わってみよう。店は奥行きが長く、いちばん奥には田んぼに面したカウンター席はひとりでも気楽に過ごせる。

左上／田園ビューなら奥のテーブル席へ　左下／夕暮れ時から美しくライティングされる　右／バビ・トゥレンRp.17万5000（手前）、フェタ・スピナッチラビオリRp.9万5000（奥）

住所 Jl. Sri Wedari, Ubud
TEL 0813-3449-8448(携帯)　予算 ★★★★
URL tulenubud.com
営業 火～日13:00 ～ 22:00(L/O→21:30)
税&サ +16%　カード A M V
予約 不要　MENU 英語　🍴英語OK　Wi-Fi 無料

セクション・ナイン
Section 9
バリ在住者に愛される隠れ家スポット

MAP P.278-C1

思いおもいの時間を過ごす在住外国人の姿が目につく白い外観の小粋なレストラン。自然素材を使ったインテリアのインドア席と、開放的な半屋外のテラス席があるので、好みで使い分けよう。バリ料理を食べやすくアレンジしたチキン・サンバルマタ（Rp.4万）をはじめ、ギリシャ風アボカドトースト（Rp.4万5000）、ツナ・ポケ・ボウル（Rp.6万5000）、ノーベイク抹茶ケーキ

（Rp.4万）など多彩な料理で世界旅行が楽しめる。コーヒーやスムージーなどドリンクメニューも豊富だ。

左／ギリシャ風アボカドトーストなど朝食メニューは1日中オーダー可
右上／自然素材を多用した落ちつけるインテリア　右下／テラス席からは美しい田園が望める

住所 Jl. Raya Tebongkang No.99, Singakerta, Ubud
TEL 0812-3674-1607(携帯)　予算 ★★☆☆
営業 毎日8:00 ～ 21:00(L/O→20:00)
税&サ +15%　カード M V
予約 不要　MENU 英語　🍴英語OK　Wi-Fi 無料

🏠ザ・オニオン・コ The Onion Co（Map P.282-B2　TEL 0812-4671-8064 携帯　営業 毎日8:00 ～ 24:00)はカジュアルなアジア料理店。クンパオ・チキンRp.6万、餃子Rp.3万5000。

肉好きが行列する人気店
バトゥバラ
Batubara　MAP P.282-B2

上質なステーキを提供するアルゼンチン料理のレストラン。その日に仕入れた肉が書かれたボードから部位とグラム数（ミニマム200g〜）を選択し、野菜やマッシュポテトなどのサイドメニュー（各Rp.3万5000）を選ぶ。肉の値段は変動制だがリブアイ・ワギューはRp.19万（100g）、フラップステーキ・ワギューはRp.10万（100g）が目安。各テーブルにグリル台を持ってきて、目の前で焼いてくれる。肉の種類が豊富なので、好みを伝えておすすめを教えてもらおう。

客席で好みの焼き加減で楽しもう

住所 Jl. Raya Pengosekan, Ubud
TEL 0811-3811-7673（携帯）　予算 ★★★★
URL www.batubarawoodfire.com
営業 毎日17:00〜23:00（L/O→22:30）
税&サ +5%　カード [A][M][V]
予約 なるべく　MENU 英語　英語OK　Wi-Fi 無料

世界中の美食家が憧れる超人気店
ロカフォーレ
Locavore　MAP P.301-B2

バリ各地の高級リゾート内のダイニングでシェフとして活躍してきたエルク・プラスメイヤー氏が、地元の旬な食材を魔法のようにアレンジ。盛りつけも味つけも新鮮な驚きに満ちた創作フレンチをコース（Rp.120万〜140万）で提供している。各料理の合間に魅力的なアミューズも出されるので、食事には2〜3時間をみておきたい。バリ島でもトップクラスの人気店なので、ランチもディナーも数週間前には予約しておくこと。

※日曜定休で、月曜はディナーのみ営業。

ウブドの中心部にあるファインダイニング

住所 Jl. Dewisita No.10, Ubud
TEL (0361)977-733　予算 ★★★★
URL locavore-ubud.com
営業 火〜土12:00〜15:00、月〜土18:00〜22:00
税&サ +21%　カード [A][J][M][V]
予約 必須　MENU 英語　英語OK　Wi-Fi 無料

映えるメニューをSNSにアップ
ピスタチオ・ウブド
Pistachio Ubud　MAP P.280-C1

モダンにアレンジされた各国料理を提供するリゾートダイニング。味のバランスにも盛りつけにもこだわった料理は、どれもフォトジェニックで写真映えしそう。バンズに竹炭を練り込んだダブルチーズバーガー（Rp.12万5000）やスーパーフードとフレッシュな野菜を一皿に盛りつけたファラフェル・ボウル（Rp.9万）が人気のメニューだ。南国フレーバーの各種カクテルはRp.9万5000〜。

ファラフェル・ボウルなど女性に人気のスーパーフードをおいしく提供している

住所 Jl. Bisma, Ubud　TEL (0361)620-2008
予算 ★★★☆　URL www.pistachioubud.com
営業 毎日7:00〜23:00（L/O→22:30）
税&サ +21%　カード [A][M][V]
予約 不要　MENU 英語　英語OK　Wi-Fi 無料

ランチにもピッタリのメニュー構成
ビタースイート
Bittersweet　MAP P.280-C2

広いフロアにブティックやフラワーショップなどが同居した複合カフェ。インテリアはビンテージ調で大人っぽい雰囲気が漂っている。エッグベネディクトなどの朝食メニュー（Rp.6万9000〜）は15:00までオーダーできるので、遅めのブランチに利用するのもOK。リコッタ・ラビオリ（Rp.8万3000）やカフェラテ（Rp.4万5000）などライトミールやドリンクのメニューも充実している。バリでは珍しくシングル・シートも用意されているので、おひとり様でも使いやすい。

おひとり様でも気兼ねなくのんびり過ごせる

住所 Jl. Monkey Forest, Ubud
TEL 0811-3850-4222（携帯）　予算 ★★★☆
営業 毎日8:00〜22:00
税&サ +10%　カード [M][V]
予約 不要　MENU 英語　英語OK　Wi-Fi 無料

旅行者が集うカジュアルダイニング
イブ・スス
Ibu Susu
MAP P.282-A2

ディナータイムは毎晩のように満席となる人気店。活気あるオープンキッチンから提供されるのは、アジア各地の味をミックスしたフュージョン料理の数々。バターフィッシュ・サシミ(Rp.8万5000)、ロースト・ポークベリー(Rp.12万5000)、スモーク・バラムンディ(Rp.12万)など、多彩な食材を使ったメニューが揃っている。パンダン・コラーダ(Rp.9万5000)やライチ・デイジー(Rp.9万5000)などのオリジナルカクテルも豊富だ。

上／人気メニューのスイートテンペ＆カシューナッツ
下／若いスタッフがキビキビ働いている

住所 Jl. Monkey Forest, Ubud
TEL (0361)908-4861　予算 ★★★★
URL www.ibususu.com
営業 毎日12:00 ～ 23:00(L/O→22:30)
税&サ +16%　カード MV
予約 なるべく　MENU 英語　英語OK　Wi-Fi 無料

行列ができるカフェ＆ダイニング
ピソン・ウブド
Pison Ubud
MAP P.282-A2

いつも旅行者でにぎわっているガラス窓に囲まれて明るくスタイリッシュな人気店。ローストされた柔らかい鶏肉を濃厚ソースで楽しむミルク・ローステッド・スプリングチキン(Rp.9万5000)や、しっとり生地とたっぷりフルーツのハーモニーバターミルク・パンケーキ(Rp.6万5000)など写真映えする料理はボリュームも満点。ドリンクメニューはエスプレッソ・アボカド(Rp.5万5000)やアイス・タロ・ラッテ(Rp.3万8000)などがおすすめ。

上／料理はシェアして味わうのもいい
下／心地よく風が吹き抜けるおしゃれスポット

住所 Jl. Hanoman No.10X, Ubud
TEL 0813-3774-9328(携帯)　予算 ★★★
営業 毎日7:00～22:00(L/O→21:30)
税&サ +15%　カード AMV
予約 なるべく　MENU 英語　英語OK　Wi-Fi 無料

ホッとする日本の家庭料理が味わえる
影武者
Kagemusha
MAP P.282-C1

ウブド地区のおすすめ和食レストラン。通りから奥まった静かな空間は、昔ながらのウブド情緒にあふれている。名古屋出身の女将が提供する料理は、天むす(Rp.5万9000)、鶏のから揚げ(Rp.5万9000)、天ざるうどん(Rp.7万2000)などヘルシーで家庭的な味つけ。ライスワインのブラム(Rp.2万2000)などバリ島の地酒も味わえ、イカ香味揚げ(Rp.3万9000)などおつまみの一品料理もおいしい。

中庭に面した居心地のいい店内。かわいいネコたちにも出会える

住所 Nyuh Kuning, Ubud
TEL (0361)973-134　予算 ★★★★
営業 毎日10:00 ～ 22:00(L/O→21:00)
税&サ +10%　カード 不可
予約 不要　MENU 日本語＋写真付き　日本語OK

のんびり過ごせる隠れ家ワルン
ワルン・ウブド・ラヤ
Warung Ubud Raya
MAP P.278-C2

和食レストランの草分けとして1980年代から日本人旅行者に愛され続けてきたウブド・ラヤ。プンゴセカンの裏通りへと移転し、テーブル席ふたつとカウンター席のみのワルンに生まれ変わっている。マグロ納豆丼(Rp.6万)や煮込みハンバーグ(Rp.5万5000)などの全6種類のメニューは、どれも心がホッとするような家庭的な味わい。不定期に冷やし中華なども登場する黒板のトゥデイズ・スペシャルも要チェック。

家庭的な日本食が恋しくなったら訪れよう

住所 Jl. Raya Pengosekan No.2013, Ubud
TEL 0857-3201-2436(携帯)　予算 ★★★★
営業 土～木11:00 ～ 17:00(土・日→21:00)
税&サ 込み　カード 不可　予約 不要
MENU 日本語　日本語OK　Wi-Fi 無料

ハミタシ　R アボカド・ワルンAvocado Warung (Map P.279-B3　TEL 0812-366-5575 携帯　営業 月～土8:00 ～ 21:00)はバリ島産のオーガニックメニューが評判。アボ・バーガーはRp.6万5000。

絶妙な食感の生パスタ
チャオ・ノンナ
Ciao Nonna 【MAP P.282-C2】

　ローマ出身のシモネッタおばあちゃんのレシピをもとに作られる家庭的なイタリア料理が評判。オリーブオイル香るカサレッチェ・ズッキーニ（Rp.9万9000）やパッパルデッレ・ラグー（Rp.9万9000）など、店内で手打ちされるモチモチの生パスタを味わってみよう。ラヤ・プンゴセカン通りに面したエアコン席のほか、奥には静かなガーデン席も用意されている。

フレッシュな手打ちパスタが楽しめる

住所 Jl. Raya Pengosekan, Ubud
TEL 0821-4667-8251（携帯）　予算 ★★★☆
URL www.ciaononnabali.com
営業 毎日8:00 ～ 23:00(L/O→22:30)
税&サ +16%　カード AMV
予約 不要　MENU 英語 ■英語OK Wi-Fi 無料

渓谷沿いの美景ダイニング
ザ・サヤン・ハウス
The Sayan House 【MAP P.278-B1】

　日本人シェフが腕を振るうアユン渓谷に面した邸宅のようなダイニング。和食やエスニック要素を取り入れた、独創的なフュージョン料理を提供している。サイフォンに入ったソパ・チャワンムシ（Rp.15万）やフォアグラ・ニギリ（Rp.9万）がおすすめ。グァカモレ・ロール（Rp.11万）やランチタイム限定のTSHベントーボックス（Rp.27万）も人気のメニューだ。

たそがれ時はムード満点のファインダイニング

住所 Jl. Raya Sayan No.70, Ubud
TEL (0361)479-2592　予算 ★★★★
URL www.thesayanhouse.com
営業 毎日12:00 ～ 23:00(L/O→22:00)
税&サ +16%　カード ADJMV　予約 なるべく
MENU 英語 ■英語OK Wi-Fi 無料

ウブドのスイーツ最前線！

　おいしいスイーツ店も続々とウブドに登場。カフェとしても利用できるケーキ屋さんや、散策の途中で立ち寄れるアイスクリームショップも増加中。

アボカドチョコやスイカも人気

Ⓡジェラート・シークレッツ Gelato Secrets（Map P.301-A1　営業 毎日10:00 ～ 23:00）はモンキーフォレスト通りにある人気ジェラート店。マンゴーやマンゴスチンといったトロピカルフルーツを中心にした、南国らしいフレーバーが常時十数種類も揃っている。味見をさせてくれるので、好みの味を選ぼう。2フレーバーでRp.3万5500。

Ⓡキャラメル Caramel（Map P.301-A2　TEL (0361)970-847　営業 毎日10:30 ～ 18:00）は南国フルーツを使ったムース系スイーツが評判になっている。シトラス・チーズムースのキス（Rp.3万5500）やチョコレートを使ったブランコ（Rp.3万8000）など見た目も愛らしく、写真映えする一品が多い。

マカロンはRp.2万

Ⓡウブド・シナモン Ubud Cinnamon（Map P.282-C2　TEL 0812-4641-3289 携帯　営業 毎日7:00 ～ 17:00）は、ウブドでいちばんおいしいと評判のシナモンロールを提供するカフェ。毎朝お店で焼かれるしっとり甘いシナモンロールは4種類のフレーバーがあり、レギュラーサイズはRp.3万8000。コーヒーとのセットはRp.6万5000 ～。朝食のベーグルサンドイッチもおいしく、きびきびと対応する笑顔のスタッフも◎

シナモンロールはやみつき間違いなし！

Ⓡブンバリ・カフェ Bun Bali Cafe（Map P.301-B2　営業 毎日10:30～21:00）では日本風のかき氷（シェイビングアイス）がおすすめ。サイズはスモール Rp.3万、レギュラー Rp.4万。ドラゴンフルーツやマンゴーなど南国フルーツを使った自家製のビーガンシロップを好みでチョイスしよう。

フレンドリーなスタッフが接客する

ハミダシ　Ⓡバタン・ワル Batan Waru（Map P.301-B2　TEL (0361)977-528　営業 毎日8:00 ～ 23:00）はオーガニック料理の人気店。アヤム・リチャリチャ Rp.8万5000。

クロワッサンとコーヒーが人気
リビングストン・ホーリーグラウンド
Livingstone Holyground　　MAP P.281-A4

　店内でさまざまなペストリー(特にデニッシュ系の品揃えが充実!)を販売するカフェ&ベーカリー。朝食メニューのザ・ベイカーズ・スクランブルエッグ・クロワッサン(Rp.11万)は12:00までオーダーできる自慢の看板商品だ。バターが香るシグネチャー・バタークロワッサンとコーヒーのセット(Rp.6万)やナシゴレン・ポークベリー(Rp.9万5000)、バーガーやパスタなど豊富なメニューが用意されている。

広々とした敷地でゆったり過ごせる

住所 Jl. Raya Andong No.88X, Ubud
TEL 0818-0704-0888(携帯)　予算 ★★★☆
URL livingstonebakery.com
営業 毎日7:00 ～ 22:00(L/O→21:30)
税&サ +16.5%　カード AMV　予約 不要
MENU 英語　英語OK　WiFi 無料

くつろぎオーガニックスポット
クリア・カフェ
Clear Cafe　　MAP P.301-A2

　ナチュラリスト御用達の人気カフェ。靴を脱いで入る店内は、思いおもいの時間を過ごす欧米人たちでにぎわっている。ベジタリアン仕様のラブ・ラザニア(Rp.6万)、サンシャイン・ツナ(Rp.8万)、ラビット・パラダイス(Rp.4万5000)など、かわいらしいネーミングの料理はヘルシー食材をおいしく食べる工夫が凝らされている。フルーツやパワーフードをブレンドした各種ヘルシードリンクはRp.2万5000 ～。

ウブド在住者のたまり場となっている

住所 Jl. Hanoman No.8, Ubud
TEL 0878-6219-7585(携帯)　予算 ★★★☆
URL www.clearcafebali.com
営業 毎日8:00 ～ 23:00(L/O→22:00)
税&サ +20%　カード MV　予約 不要
MENU 英語　英語OK　WiFi 無料

田園風景を眺めながらティータイム
アートマン・ヌーリッシュ・カフェ
Atman Nourish Kafe　　MAP P.280-C2

　ヴィーガンやローフード、グルテンフリー対応メニューなどが豊富なオーガニック・カフェ。スクランブルエッグにグァカモレをトッピングしたブレッキー・ブリトー(Rp.5万)や、アボカドがたっぷり乗ったアボ・トースト(Rp.5万)など料理はどれもボリューム満点。店一番のおすすめはココナッツクリームで調理したブロッコリー&カリフラワースープ(Rp.5万4000)。

ヘルシーなブランチにぴったり!

住所 Jl. Hanoman No.428, Padang Tegal, Ubud
TEL 0822-3744-8709(携帯)　予算 ★★★☆
営業 毎日7:00 ～ 23:00(L/O→22:00)
税&サ +15%　カード MV　予約 不要
MENU 英語　英語OK　WiFi 無料

地産地消のヘルシーカフェで朝食を
ウォータークレス
Watercress　　MAP P.280-C2

　採れたてのオーガニック野菜やヘルシーな食材にこだわったカフェ・ビストロ。クロボカン地区で人気の1号店よりも、アラカルトメニューに力を入れているのが特徴。メイン料理のハリッサ・チキン(Rp.14万)のほか、クランチ・キノア・グラノーラ(Rp.5万5000)やチョコレート・ネメシス(Rp.6万)など朝食メニューやデザートも豊富。

ヘルシー志向のミールメニューが楽しめる

住所 Jl. Monkey Forest, Ubud　TEL (0361)976-127
予算 ★★★☆　URL www.watercressbali.com
営業 毎日7:00 ～ 23:00(L/O→22:00)
税&サ +16%　カード ADJMV　予約 不要
MENU 英語　英語OK　WiFi 無料

■バリスターコーヒー Balistar Coffee (Map P.301-B1　TEL 0812-4694-8877 携帯　営業 毎日10:00 ～ 18:00)は自家焙煎がウリのコーヒースタンド。人気のトラジャコーヒーはRp.2万。

🔲 朝食からディナーまで大盛況
キスメット
Kismet　　　　　　　　　MAP P.301-B2

素材にこだわったヘルシーメニューが楽しめるベジタリアン御用達のキッチン＆カクテルバー。テンペバーガー(Rp.8万9000)、バリ・パッタイ(Rp.7万9000)、ザ・バリ・チーズステーキ・サンドイッチ(Rp.8万9000)など料理はおいしくてボリュームもたっぷり。マルガリータやモヒートなどカクテルは各Rp.11万9000。平日15:00～17:00はハッピーアワーですべてのカクテルが20％オフで提供される。

居心地がよくリピーターも多い

住所 Jl. Gootama Selatan No.27X, Ubud
TEL 0821-4714-3348(携帯)　予算 ★★★
営業 毎日10:00～23:00
税＆サ +15％　カード A M V　予約 不要
MENU 英語　🚶英語OK　Wi-Fi 無料

🔲 渓谷ビューの開放的なベランダ席へ
インドゥス
Indus　　　　　　　　　MAP P.278-B2

バルコニーからの眺望はウブド有数。ゆっくり景色を眺めながらランチやティータイムを楽しみたい。提供している料理は和食のエッセンスを取り入れたアジアンキュイジーンやインドネシア料理が中心。ポーク・ギョウザ(Rp.6万)やバリニーズ・タパス(Rp.6万)、シーフード・ナシゴレン(Rp.11万)がシェフのおすすめメニューとなっている。

緑の風が心地いい美景カフェテリア

住所 Jl. Raya Sanggingan, Ubud
TEL (0361)977-684　予算 ★★★
営業 毎日12:00～23:00(L/O→22:00)
税＆サ +15％　カード A J M V
予約 不要　MENU 英語　🚶英語OK　Wi-Fi 無料

🔲 ナチュラル志向のカフェでのんびり
バリ・ブッダ
Bali Buda　　　　　　　MAP P.281-B3

オーガニックフードを提供するヘルシーレストランの草分け。入口部分にはオーガニック食材やナチュラル系グッズを取り揃えるショップを併設している。人気メニューはチキンまたはレッドビーンを選べるグルメバーガー(Rp.6万5000～)、ハーブや果物を満喫できるスーパーヘルス・ドリンク(Rp.3万8000～)など。ベーカリーで焼いているベーグルやパンもおいしい。

ヨギーやナチュラリストに人気

住所 Jl. Raya Ubud, Ubud
TEL 0811-3831-1877(携帯)　予算 ★★☆☆
URL www.balibuda.com
営業 毎日7:00～22:00(L/O→21:30)
税＆サ +15％　カード M V　予約 不要
MENU 英語　🚶英語OK　Wi-Fi 無料

🔲 地元の若者にも人気のカフェ
ラッキーファミリー・コーヒー
Lucky Family Coffee　　MAP P.280-C1

テラス席やカップル用のベランダからストリートウオッチングが楽しめる2階建てのコーヒーショップ。ドリップコーヒー V60(Rp.2万7000)やアイス・ブラウンシュガー・ラテ(Rp.3万)など、豊富なカフェメニューをのんびり味わおう。ペペス・イカン(Rp.4万)などのバリ料理やチキンクリスピー・モッツァレラ(Rp.4万)など食事メニューは値段もリーズナブルだ。

気さくなスタッフがコーヒーを提供

住所 Jl. Bisma, Ubud
TEL 0896-4357-6933(携帯)　予算 ★★☆☆
営業 毎日8:00～23:00(L/O→22:00)
税＆サ +15％　カード M V　予約 不要
MENU 英語　🚶英語少々　Wi-Fi 無料

おいしいバリ飯をローカルプライスで！
安くておいしい！ ウブドの**ワルン紹介**

世界各地からの旅行者や、バリの魅力にとりつかれた長期滞在者が多いウブドは、食スポットも充実。おいしい格安食堂(ワルン)もたくさんあるので、節約旅行派やローカル料理を満喫したい人のために、おすすめスポットをピックアップしました！

まずはナシチャンプルを味わおう

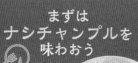

1 家庭的な優しい味わいのナシチャンプル。トマトソースをたっぷり使った甘い味つけが特徴

2 スパイシーな味つけのナシチャンプルをローカル価格で提供している

3 ウブド地区No.1ともいわれる庶民に愛される味つけ

4 好きな総菜を指差して自分好みのナシチャンプルを味わうのもOK

インドネシア料理の代表格といえば、さまざまな総菜をご飯に盛りつけるナシチャンプル。ウブドにはたくさんのナシチャンプルの食堂(ワルン)があるが、具材や味つけはどこも個性的で甲乙つけがたい。知る人ぞ知る家庭的なワルンとして大人気なのが**ママズ・ワルンMama's Warung** 1 (Map **P.281-C3** 営業 毎日8:00～22:00)。注文を受けてから作るナシチャンプル・アラ・ママはRp.4万5000。少し時間はかかるが、できたてのお袋の味が楽しめる。

デンパサールに本店がある**ワルン・クダトンWarung Kedaton** 2 (Map **P.282-A2** 営業 毎日8:00～21:00)はナシチャンプルの名店。4品ほど総菜を盛りつけてもらってRp.2万5000～。ショーケースから自分の好きな総菜(各Rp.3000～)を選ぶこともできる。

トゥグス村にある**ワルン・トゥグスWarung Teges** 3 (Map **P.283-C4** 営業 毎日8:00～18:00)は、豚肉をメインに使った純バリ風のナシチャンプル(Rp.3万)が味わえる店。スパイシーな腸詰めウルタンや、ラワールをバナナの葉で包んで蒸したトゥムなど、ローカルな総菜もおいしい。店の奥の自宅内にも客席がある。

プンゴセカンの三差路の北側にある**ワルン・バハギア Warung Bahagia** 4 (Map **P.282-C2** 営業 毎日9:00～21:00)は地元民がひっきりなしに訪れる人気食堂。お任せナシチャンプル(Rp.2万前後)は日本人の好みにも合う味つけだ。

5 ホロホロと口の中で溶けるチキンを堪能できる

かつてウブド市場内にあった**ワルン・パッ・サヌールWarung Pak Sanur** 5 (Map **P.280-A2** 営業 毎日7:00～18:00)は、絶品のナシ・アヤム・ベトゥトゥ(Rp.2万5000)が評判。地元で愛される味が、現在は自宅で提供されている。

ハミダシ ℝビアビアBiah Biah (Map **P.301-A2** 営業 毎日11:00～23:00)はバリの多彩な家庭料理が味わえる格安ワルン。日替わりのナシチャンプル(Rp.2万8000)は味つけもマイルドで激うま！

超絶品の バビグリン & アヤム・ゴレン

子豚の丸焼きバビグリンなら迷わず**イブ・オカ 3 Ibu Oka 3** 6（Map P.280-A2　営業 毎日10:30～18:00／売り切れまで）へ。ウブド王宮の十字路を北に少し入った所にあるこのワルンは、バリ島でいちばんおいしいバビグリンを食べさせてくれると評判。店内はいつも地元の人や観光客であふれんばかり。もちろんテイクアウト（ブンクス）もOK。ひっきりなしにお客さんがやってくるので、いつでも焼きたてのバビグリン・チャンプル（Rp.6万5000）が楽しめる。ただし、15時頃には売り切れてしまうこともあるので、注意！

6 ジューシーなバビグリンは絶対に味わいたい。スパイシーで軟らかいお肉やパリパリの皮はくせになりそう
7 揚げたてのチキン料理が最高においしい！

プリアタンから東の渓谷への道沿いにあるマンガ・マドゥ **Mangga Madu** 7（Map P.281-B4　営業 毎日9:00～21:00）は在住外国人にも大人気の食堂。緑の多い静かなロケーションにあるので、ついつい長居してしまいそうな雰囲気だ。本当に何を食べてもおいしいけれど、特にアヤム・ケジュ（Rp.5万2000）やカレー・アヤム（Rp.3万5000）などのチキン料理は絶品だ。各種総菜を盛り合わせたナシ・プチェル・マンガ・マドゥ（Rp.3万6000）もファンが多い。

バリのヌードルも おすすめ！

ちょっと小腹がすいたときにおすすめなのがさまざまなアジアンヌードル。ゆっくり起きた日の朝食にもピッタリだ。

福壽 **Fu Shou Noodle Club** 8（Map P.281-A4　営業 毎日11:00～21:00）は行列のできる麺料理店。モチモチした自家製麺のバクミ・ゴレン・アヤム（Rp. 3万8000）など、この店でしか食べられない麺料理が地元や観光客に大評判。つるつるした米粉麺のクウォティアウ・ゴレン（Rp.3万8000）もぜひ味わってみたい。

アルマの入口前にあるオミイク **Omiiku** 9（Map P.283-B3　営業 24時間）はヌードル&中華料理の人気食堂（旧称ホンガリア）。看板メニューである鶏肉入りのバクミ・アヤム（Rp.5万）、カレースープがかかったヌードルカレー・チキン（Rp.5万5000）。女性オーナーは1950年から製麺会社を経営する一族の出身とあって、3種類の自家製麺を料理によって使い分けるこだわりようだ。

8 ウブド随一の麺料理の名店
9 別添えのスープを自分でかけて味わうバクミ・アヤム

サテやおかゆの 穴場店はこちら

昔ながらのバリ島の雰囲気が色濃く残るウブドでは、個性的な料理を提供するワルンも体験してみたい。マデ・ロイ **Made Roy** 10（Map P.281-C3　営業 毎日8:00～18:00）は、魚のすり身を使った串焼きのサテ・イカンが名物。漁村から毎朝仕入れて作られるサテ・イカンは10本でRp.2万2000。サテ・イカンに芋入りご飯やスープが付くナシ・サテ・コンプリートはRp.2万2000。具材がなくなると営業終了なのでランチタイムには訪れよう。

ウブド王宮から6kmほど北にあるクダイ・ブブー **Kedai Bubuh** 11（Map P.259-A3　営業 毎日9:00～21:00）はバリ風おかゆブブールの専門店。ゆで卵やモヤシが乗ったブブー・バリ・ビアサ（Rp.1万）。ブブー・バリ・スペシャル（Rp.1万5000）はバリ人が大好きな鶏の足の煮込み入り。

10 魚のだしが絶品なスープと一緒にサテ・イカンを味わってみよう！

11 あっさり味のブブー・バリ・ビアサは朝食にもおすすめ

ハミダシ Ｒワルン・マドゥラWarung Madura（Map P.281-B3）はヤギ肉の串焼きサテ・カンビンの専門店。ピーナッツソースのタレで味わうサテにモツ煮風のスープと白飯が付いてRp.5万5000。

ホ テ ル　Hotel

中級ホテルや格安のゲストハウスは、ジャラン・モンキーフォレストなど村の中心部ほか、周辺の村にもたくさんある。リゾートホテルは北側の郊外サヤンやクデワタンに点在している。ウブド&周辺の高級ホテルは、巻頭の「リゾートホテル最新ガイド」も参照。

ウブド中心部（ジャラン・モンキーフォレスト&パダン・トゥガル&ビスマ周辺）

自然と芸術が奏でるハーモニー
コマネカ・アット・ビスマ
Komeneka at Bisma **MAP P.280-B1**

ウブドならではのバリ情緒とアートが融合した全44室のプチリゾート。敷地内には芸術作品がちりばめられ、その美意識がいたるところに生かされている。稲作風景が広がる1.5kmのジョギングトレイルを散策したり、供物作り教室（毎日16:00〜）など無料ワークショップで文化体験をするのもこのリゾートならではの過ごし方。落ち着いたインテリアの客室や、スタッフのホスピタリティにも定評がある。**Wi-Fi** 客室OK・無料

ビスマスイートのベッドルーム

住所 Jl. Bisma, Ubud　TEL (0361)971-933
URL www.komeneka.com
税&サ +21%　カード **AMV**
料金 **AC** **TV** **TUB** ビスマスイートRp.589万〜
　　 AC **TV** **TUB** ファミリースイートRp.861万〜
　　 AC **TV** **TUB** 1ベッドルーム・プールヴィラRp.1209万〜
空港→車で1時間（片道1台Rp.75万で送迎可）

中心部にある緑に包まれた隠れ家
カジャネ・ムア・ヴィラ
Kajane Mua Villa **MAP P.280-B2**

ウブド中心部の便利さと隠れ家の雰囲気を兼ね備えた、全46室のプチホテル。カップルで静かに過ごすなら、敷地のいちばん奥にあるプールヴィラがおすすめ。室内は自然と調和したインテリアで、渓谷に面したテラスにはプライベートプールも完備している。メインプールに面した4階建てのビルには、デラックスルームが入っている。客室は47m²〜と広々とし、バルコニー付きの部屋からは緑の景観が望める。ウブド地区内は無料送迎あり。**Wi-Fi**
客室OK・無料

生成りのリネンを多用したベッドルーム

住所 Jl. Monkey Forest No.20, Ubud
TEL (0361)972-877　URL kajanebali.com
税&サ 込み　カード **AJMV**
料金 **AC** **TV** **TUB** デラックス**D**Rp.125万〜
　　 AC **TV** **TUB** デラックス・プールビュー**D**Rp.131万〜
　　 AC **TV** **TUB** ジュニアスイートRp.149万〜
　　 AC **TV** **TUB** プールヴィラRp.350万〜
空港→車で1時間（片道1台Rp.55万で送迎可）

ウブド情緒を感じながらカジュアルステイ
プラタラン・ウブド
Plataran Ubud **MAP P.282-A2**

のどかな田園風景や森に囲まれた、全51室の癒やしのホテル。客室やレストランはウブドでは珍しいビルディングタイプで、中心部にありながら町のにぎわいと一線を画した安らぎが広がっている。客室の多さもこのホテルの特徴で、窓の外に田園が望めるスーペリアやデラックスは、手頃な料金設定。カップルには一戸建てタイプのプールスイートやプランジプールヴィラがおすすめ。**Wi-Fi**
客室OK・無料

住所 Jl. Hanoman, Pengosekan, Ubud
TEL (0361)978-340
URL www.plataran.com
税&サ +21%　カード **AMV**
料金 **AC** **TV** **TUB** スーペリア**D**Rp.210万〜
　　 AC **TV** **TUB** デラックス**D**Rp.220万〜
　　 AC **TV** **TUB** プランジプールヴィラRp.290万〜
　　 AC **TV** **TUB** プールスイートRp.410万〜
空港→車で60分（片道1台Rp.55万で送迎可）

左／のどかな田園風景のなかにある客室棟
右／広々としたリビングとベッドルームをもつプールスイート

ホテル設備の記号一覧　**AC**=エアコン　**TV**=テレビ　**TUB**=バスタブ　**Wi-Fi**=ネット環境　=プール　=レストラン
=スパ　=室内金庫　=冷蔵庫　=ドライヤー　=日本語スタッフ　=朝食

友人同士の旅にもオススメ
アラヤ・ウブド
Alaya Ubud　　　MAP P.282-A2

　ウブド中心部の便利な立地ながら、田園風景を望める全106室のカジュアルリゾート。細長い敷地に客室棟が並び、有名建築家による曲線を多用したランドスケープデザインが落ち着きを感じさせてくれる。客室は機能的で2名での滞在に十分なサイズ。テラスには大きなソファが置かれており、田園風景を眺めることができる（上階にあるアラヤルームがおすすめ）。**Wi-Fi** 客室OK・無料

アラヤルームの
ベッドルーム

住所 Jl. Hanoman, Ubud　TEL (0361)972-200
URL alayahotels.com/alayaresortubud
税&サ +21%　カード AJMV
料金 AC TV TUB デラックスルームⒹRp.380万～
　　 AC TV TUB アラヤルームⒹRp.440万～
　　 AC TV TUB アラヤスイートⒹRp.880万～
空港→車で1時間(片道1台Rp.78万で送迎可)

トロピカルモダンなデザインホテル
ビスマ・エイト
Bisma Eight　　　MAP P.280-B1

　緑の森に面した50室のブティックリゾート。植物が茂る小道を挟んで並ぶ客室棟は、1階がガーデンスイート、2階がキャノピースイートで部屋の造りは同じ。54m²の客室は横長にデザインされ、リビング、ベッドルーム、バスルームが格子風の引き戸で仕切られている。渓谷に面した西側の建物の最上階にルーフトッププールやレストランが入る。**Wi-Fi** 客室OK・無料

森を見下
ろすルー
フトップ
プール

住所 Jl. Bisma, Ubud　TEL (0361)479-2888
URL bisma-eight.com
税&サ 込み　カード AJMV
料金 AC TV TUB ガーデンスイートUS$253～
　　 AC TV TUB キャノピースイートUS$265～
　　 AC TV TUB フォレストスイートUS$316～
空港→車で1時間(片道1台Rp.80万で送迎可)

田園を望む癒やしの人気アコモ
トゥガル・サリ
Tegal Sari　　　MAP P.282-A2

　プラマ社バス発着所の南側にある全40室のホテル。リニューアルを重ねて、部屋は細かくタイプ分けされている。全室にホットシャワーとバスタブを完備している。デラックス以上の凝ったインテリアは料金以上の内容。緑豊かなガーデンや、スタッフのホスピタリティにも定評がある。リピーターが多い人気ホテルなので早めの予約を。
Wi-Fi 客室
OK・無料

開放的な田園
の眺めを満喫
できるホテル

住所 Jl. Raya Pengosekan, Br. Padang Tegal, Ubud
TEL (0361)973-318　FAX (0361)970-701
URL www.tegalsari-ubud.com
税&サ +10%　カード JMV
料金 AC TV TUB スーペリアⒹRp.35万
　　 AC TV TUB デラックスⒹRp.55万
　　 AC TV TUB スーパーデラックスⒹRp.75万
　　 AC TV TUB ヴィラRp.115万～
空港→車で1時間(片道1台Rp.30万～で送迎可)

バリらしさとモダンが同居する
メルーダニ・ウブド
Meruhdani Ubud　　　MAP P.280-A1

　ジャラン・ラヤ・ウブドに近く観光にも便利な全22室のブティックホテル。古きよきバリ情緒あふれるロビーエリアの奥に、リノベーションされたモダンな客室が並んでいる。眺望はないが、各部屋には中庭やプールに面したバルコニー＆テラスが用意されていて居心地がいい。併設のレストランも雰囲気がよく、スタッフもフレンドリーだ。**Wi-Fi** 客室OK・無料

ベッドルー
ムは清潔
で使い勝
手もいい

住所 Jl. Bisma No.3, Ubud
TEL (0361)977-978
URL www.meruhdani.com
税&サ 込み　カード AMV
料金 AC TV TUB スーペリアⒹRp.45万～
　　 AC TV TUB デラックスⒹRp.65万～
空港→車で1時間(片道1台Rp.45万で送迎可)

コマネカ・アット・ラサ・サヤンKomaneka at Rasa Sayang (Map P.280-C2　TEL (0361)975-491　URL www.komaneka.com) は目抜き通り沿いにある全76室のリゾート。ⒹRp.395万～。

ロケーションも便利な快適バンガロー
ウブド・レスタリ
Ubud Lestari　　MAP P.280-C2

　ジャラン・モンキーフォレスト沿いから100m
ほど細い路地を入った、静かな場所に建つ全8室
のバンガロー。便利な場所にありながら喧騒と
は無縁の滞在ができる。客室はセンスのいいイ
ンテリアで、広くて使いやすく居住性も抜群だ。

Wi-Fi 客室
OK・無料

料金以上の設
備がうれしい

住所 Jl. Monkey Forest, Ubud
TEL (0361)972-797　URL www.ubud-lestari.com
税&サ +10%　カード **MV**
料金 **AC** **TUB** スタンダード⑤Rp.40万〜、⑩Rp.45万〜
　　 AC **TV** **TUB** レスタリスイート⑤Rp.70万〜、⑩Rp.90万〜
空港→車で1時間(片道1台Rp.35万で送迎可)

○ ○ × × ○ ○ ○ ○ ○

村の雰囲気が味わえる
バトゥ・ウンプッ・コテージ
Batu Empug Cottages　　MAP P.281-B3

　町歩きに便利な全14室のプチホテル。ゆった
りしたベッドルームはテキスタイルでおしゃれに
演出され女性受けする雰囲気。部屋サイズはす
べて同じだが、スーパーデラックスはバスルー
ムが寝室と一体になったタイプ。**Wi-Fi** 客室OK・
無料

カップルの滞在にも
おすすめ

住所 Jl. Jembawan No.30, Ubud
TEL (0361)974-130
URL www.batuempugubud.com
税&サ 込み　カード **JMV**
料金 **AC** **TV** **TUB** デラックス⑩Rp.56万〜
　　 AC **TV** **TUB** スーパーデラックス⑩Rp.66万〜
空港→車で1時間(片道1台Rp.45万で送迎可)

○ ○ × ○ ○ × ○ × ○

ウブドならではの風景に包まれる
チャリッ・ビスマ
Carik Bisma　　MAP P.282-A1

　ジャラン・ビスマの南端にあり、ジャラン・
モンキーフォレストにもつながる便利で静かな
立地。プールに面した全10室からは田園風景と
うっそうと広がる森が望め、特に2階にある客
室からの眺望は開放感たっぷりだ。**Wi-Fi** 客室
OK・無料

2階の客室はハ
イシーズンには
Rp.10万プラス

住所 Jl. Bisma, Ubud　TEL (0361)908-3954
税&サ 込み　カード 不可
料金 **AC** **TV** スーペリア⑩Rp.45万〜
空港→車で1時間(片道1台Rp.45万で送迎可)

○ ○ × × × × × × ○

眺めのいいフレンドリーな宿
クンクン・ゲストハウス
Kun-kun Guest House　　MAP P.280-C2

　各部屋から田園風景が望める全12室の安宿(旧
称クナンクナン・ゲストハウス)。ウブドでは老舗
の部類に入るが、ゲストが快適に滞在できるよう
リノベーション
を重ねている。

Wi-Fi 客室OK・
無料

同じ敷地に家族が住
んでおり滞在中はサ
ポートしてくれる

住所 Jl. Hanoman No.43, Ubud　TEL (0361)976-052
URL kunkunguesthouseubud.com
税&サ 込み　カード **MV**
料金 **AC** **TUB** スーペリア⑤Rp.40万、⑩Rp.45万
　　 AC **TV** **TUB** デラックス⑤Rp.45万、⑩Rp.50万
空港→車で1時間(片道1台Rp.45万で送迎可)

○ × × ○ ○ × × ○ ○

フレンドリーな家族が経営する
スマントラ・ハウス
Sumantra House　　MAP P.301-B2

プールに面して
2階建ての客室
が並んでいる

　中心部にある便利な立地だが、客室は通りの
奥にあるので静かに滞在できる。オーナー家族
が暮らす敷地内にあるのでセキュリティ面も安
心。全10室は清潔感はあるがコンパクトで、シャ
ワールームはやや手狭。**Wi-Fi** 客室OK・無料

住所 Jl. Hanoman No.12, Ubud　TEL (0361)970-732
URL www.sumantrahouseubud.com
税&サ 込み　カード **MV**
料金 **AC** **TV** スーペリア⑩Rp.45万〜
　　 AC **TV** デラックス⑩Rp.50万〜
空港→車で1時間(片道1台Rp.45万で送迎可)

○ ○ × × ○ ○ △ × ○

日 ガディン・ホームステイ Gading Homestay (Map P.283-A3　TEL 0877-6004-5512 携帯)
は全3室のゲストハウス。森に面していて静かに滞在できる。エアコン付き⑩Rp.40万〜。

踊り子ファンに人気のロスメン
ユリアティ・ハウス
Yuliati House　　MAP P.281-B4

　ダラム・プリ寺院から200mほど南にある、アットホームな雰囲気にあふれた全11室のゲストハウス。プリアタン王宮で活躍する有名舞踊家のユリアティさんなど美人3姉妹の踊り子の実家なので、希望すれば舞踊やガムランのレッスンも体験OK。**Wi-Fi** 客室OK・無料

宿で伝統芸能を習うこともできる

住所 Br.Tebesaya No.10, Ubud
TEL (0361)974-044　税&サ 込み　カード M V
料金 **AC** **TV** **TUB** スーペリア⑪Rp.35万
　　AC **TV** **TUB** デラックスRp.40万
空港→車で1時間(片道1台Rp.40万で送迎可)

観光に便利なロケーション
グランド・スハティ
Grand Sehati　　MAP P.282-A2

　モンキーフォレストの入口から300mほど東にある全16室の老舗宿。敷地奥にあるプレミアムルームは静かに過ごせるコテージタイプ。キッチン付きのデラックス・スタジオは長期滞在者におすすめ。ヨガスタジオが併設されているのもポイントが高い。**Wi-Fi** 客室OK・無料

3泊以上の宿泊にはディスカウントあり

住所 Jl. Monkey Forest, Ubud
TEL (0361)975-460　URL grandsehati-ubud.com
税&サ 込み　カード M V
料金 **AC** **TV** **TUB** プレミアムルーム⑪Rp.50万～
　　AC **TV** **TUB** デラックス・スタジオ⑪Rp.65万～
空港→車で1時間(片道1台Rp.40万で送迎可)

ローカルな雰囲気に包まれる人気宿
ファミリー・ゲストハウス
Family Guest House　　MAP P.281-C3

　ダラム・プリ寺院から南へ徒歩5分、昔ながらのバリ風情が漂う全8室のゲストハウス。樹木が生い茂る中庭に面した部屋は居心地よく、家族の対応もフレンドリー。**Wi-Fi** 客室OK・無料

渓谷に面したふたつのスタンダードルームはバスタブも完備

住所 Br. Tebesaya No.39, Ubud　TEL (0361)974-054
税&サ 込み　カード 不可
料金 **AC** **TV** **TUB** スタンダード⑪Rp.25万～
　　AC **TV** **TUB** デラックス⑪Rp.30万～
空港→車で1時間(片道1台Rp.35万で送迎可)

静かに滞在できる快適宿
ブラン・バリ・ホームステイ
Bulan Bali Homestay　　MAP P.283-B3

　プリアタンの裏通りにある全4室のホームステイ。木工を手がけるオーナーが設計した客室は、バルコニー付きで32m²とゆったりサイズ。近くには同名のブラン・バリ・ホステル(全7室)も経営しており、ドミトリーはひとりRp.5万～の低料金で宿泊できる。**Wi-Fi** 客室OK・無料

ドアや木床のデザインも凝った作り

住所 Br. Tengah, Peliatan, Ubud
TEL 0812-380-8934(携帯)　税&サ 込み　カード M V
料金 **AC** **TV** **TUB** スタンダード⑪Rp.25万～
空港→車で1時間(片道1台Rp.40万～で送迎可)

昔ながらのウブド滞在を満喫
ウブド・ク
Ubud Ku　　MAP P.280-C2

　ジャラン・ハノマンの裏通りにある、全6室のホームステイ。周辺は昔ながらの村の雰囲気たっぷりで、世話してくれる家族もフレンドリー。心地よい滞在が楽しめるので人気が高く、早めの予約がおすすめだ。**Wi-Fi** 客室OK・無料

住所 Jl. Hanoman, Gg. Anila, Padang Tegal, Ubud
TEL (0361)976-391　URL www.ubudku.com
税&サ 込み　カード 不可
料金 **AC** **TV** **TUB** ⑪Rp.35万～
空港→車で1時間(片道1台Rp.35万～で送迎可)

客室のセンスもよく快適に過ごせる

Ⓗシラ・ウリッ・ゲストハウスSila Urip Guesthouse (Map P.283-B4　TEL 0812-3928-0039
携帯)はトゥグス村にある激安バックパッカー宿。ドミトリー Rp.8万5000、⑪Rp.19万9000～。

伝統村ならではの楽園ムードが漂う
ザ・ウブド・ビレッジ・リゾート＆スパ
The Ubud Village Resort & Spa　MAP P.282-C2

のどかなニュー・クニン村の田園地帯に建つ、全30棟の滞在型リゾート。6ヘクタールの敷地内に施設が点在し、まるでひとつの集落のようなスケール感。ヴィラはプライベートプール付きのゆったりとしたレイアウトで、カップルから家族連れまで幅広く楽しめる。田園を望むレストランやスパも完備。**Wi-Fi** 客室OK・無料

スイートヴィラのベッドルームはバリムード満点

住所 Jl. Raya Nyuh Kuning, Pengosekan, Ubud
TEL (0361)978-444　URL www.theubudvillage.com
税&サ +21%　カード AMV
料金 AC TV TUB プールヴィラRp.513万～
AC TV TUB スイートヴィラRp.627万～
空港→車で1時間（片道1台Rp.60万で送迎可）

リーズナブルにリゾート気分
サポディラ・ウブド
Sapodilla Ubud　MAP P.282-B2

広いプールがうれしい全16室のプチホテル。ナチュラルな雰囲気が演出されたベッドルームは広々としており、ベッドは優雅な気分になれる天蓋付き。敷地はこぢんまりとしているが、よく手入れされた緑のガーデンがウブドらしさを感じさせてくれる。笑顔で応対するスタッフたちのホスピタリティもすばらしい。**Wi-Fi** 客室OK・無料

静かに過ごせる2階建ての客室棟

住所 Jl. Raya Pengosekan, Ubud
TEL (0361)981-596　URL sapodillaubud.com
税&サ 込み　カード JMV
料金 AC TV TUB キングルームⒹRp.130万～
AC TV TUB プレミアスイートRp.170万～
空港→車で1時間（片道1台Rp.40万で送迎可）

田園を望む広い敷地をもつ
グリーンフィールド・リゾート
Green Field Resort　MAP P.283-C3

その名のとおり、美しい田園沿いの敷地に建つ全13室のプチリゾート。通りから奥まっているので静かに滞在でき、客室はカテゴリがアップするほど広く、眺めもよくなる。デラックスルームでも35㎡と十分な広さだが、カップルや家族で宿泊するなら72㎡とゆったりしたジュニアスイートがおすすめ。**Wi-Fi** 客室OK・無料

田園を一周できるジョギングトレックも完備

住所 Jl. Raya Pengosekan, Ubud
TEL (0361)908-5030
URL greenfieldresortubud.com/en/
税&サ 込み　カード AMV
料金 AC TV TUB デラックスⒹRp.95万～
AC TV TUB ジュニアスイートRp.190万～
AC TV TUB 1ベッドルームヴィラRp.350万～
空港→車で1時間（片道1台Rp.42万5000で送迎可）

フレンドリーなスタッフが迎えてくれる
ビヤサ・ウブド
Byasa Ubud　MAP P.283-B3

昔ながらのウブド情緒が感じられる、田園風景が望める全9室のホテル。客室棟は3階建てなので、バルコニーがある上階の部屋をリクエストすれば緑の景観が楽しめる。客室は43㎡と料金以上のゆったりサイズ。清潔に保たれており、バスルームも広くて使いやすい。バリのお菓子が味わえるアフターヌーンティーのサービスもうれしい。親切で明るいスタッフが滞在をサポートしてくれる。**Wi-Fi** 客室OK・無料

プライバシーが保たれる上階の部屋がおすすめだ

住所 Jl. Made Lebah No.12, Peliatan, Ubud
TEL 0821-4431-1500（携帯）
税&サ 込み　カード AMV
料金 AC TV デラックスⒹRp.80万～
空港→車で1時間（片道1台Rp.45万で送迎可）

ハミダシ ウブドのゲストハウスは各国からの長期旅行者に人気。家族経営なのでスタッフたちと親しくなることも多く、リピートしているうちに「バリにある親戚の家」のようになることも。

裏通りにある穴場のホテル
ブディ・アユ・ヴィラ
Budhi Ayu Villa　MAP P.282-C1

ニュー・クニンのメインロードから路地を入った、静かなロケーションに建つ全12室のホテル。2階建ての建物にあるデラックスはベッドルームが広々としており、蚊帳も備え付けられていて快適（1階の客室でも採光がいい）。**Wi-Fi** 客室OK・無料

清潔で居心地のいいデラックスの室内

住所 Jl. Raya Nyuh Kuning, Ubud
TEL (0361)971-105　URL www.budhiayuvilla.com
税＆サ 込み　カード **MV**
料金 **AC TV TUB** デラックスⒹRp.55万〜
　　 AC TV TUB 2ベッドルームヴィラRp.160万〜
　　 AC TV TUB 3ベッドルームヴィラRp.170万〜
空港→車で1時間（片道1台Rp.45万で送迎可）

親日家のオーナーが営む
グヌン・ムルタ・バンガローズ
Gunung Merta Bungalows　MAP P.281-A4

森に面した全8室の宿。スーパーマーケットにも近い通り沿いにあるが、客室エリアは奥まっているので静かに滞在できる。広々とした部屋は清潔感があり、眺めのいいテラス付き。親切なスタッフやオーナー家族に囲まれて心あたたまる滞在ができそう。**Wi-Fi** 客室OK・無料

リピーターにも人気の老舗ホテル

住所 Jl. Raya Andong No.21, Ubud
TEL 0812-4640-9091(携帯)　URL gunungmerta.com
税＆サ 込み　カード **AMV**
料金 **AC TV TUB** スーペリアⒹRp.90万〜
空港→車で1時間（片道1台Rp.45万で送迎可）

素朴な村の雰囲気が楽しめる
ラッキーファミリー・コテージ
Lucky Family Cottage　MAP P.283-B3

気さくなお母さんが取り仕切る全8室の小さな宿。周辺には昔ながらのワルンや、ガムランや踊りの練習が行われる集会場もあり、ローカル情緒がたっぷり味わえそう。プールを囲むように配置された客室には、デスクや洋服ダンスも置かれているので長期滞在にも便利。**Wi-Fi** 客室OK・無料

設備や立地はお値段以上のレベル

住所 Jl. Yudistira, Br. Kalah, Peliatan, Ubud
TEL 0878-6191-6442(携帯)
税＆サ 込み　カード **MV**
料金 **AC TV TUB** スタンダードⒹRp.45万〜
空港→車で1時間（片道1台Rp.45万〜で送迎可）

アットホームな雰囲気が◎
プリ・コボッ
Puri Kobot　MAP P.282-C2

プンゴセカンの有名画家コボッ氏の家族が経営しており、ロビーや客室にはコボッ氏の絵画が飾られている。おすすめの部屋は2階にあるデラックスルームで、テラスから広がる出園風景がすばらしい。全13室。**Wi-Fi** 客室OK・無料

デラックスは40m²とうれしい広さ

住所 Jl. Raya Pengosekan No.2013, Ubud
TEL 0821-4417-3178(携帯)　税＆サ 込み　カード **AMV**
料金 **AC TV TUB** スーペリアⒹRp.45万〜
　　 AC TV TUB デラックスⒹRp.60万〜
　　 AC TV TUB スイートRp.80万〜
空港→車で1時間（片道1台Rp.40万〜で送迎可）

ブリアタンの通り沿いにオープン
グリヤ・ハウス
Griya House　MAP P.283-B4

バリ人家族の暮らす民家に長屋風の客室が並んでいる。全4室のゲストルームは明るい庭に面して居心地がよく、シンプルな室内は清潔。敷地内には木彫り職人のオーナーが作ったウッドカービングが飾られている。**Wi-Fi** 客室OK・無料

少し奥まった場所にあって落ち着ける

住所 Jl. Cok Gede Rai No.123, Peliatan, Ubud
TEL 0896-8576-7400(携帯)
税＆サ 込み　カード 不可
料金 **AC TV TUB** エアコンルームⒹRp.25万〜
空港→車で1時間（片道1台Rp.35万で送迎可）

！ヒント ウブド中心部から離れたホテルは、独自の送迎サービスを実施している場合が多い。スケジュール制だったり、電話呼び出し対応だったりと、ホテルにより内容が異なるので事前に確認を。

リーズナブルに泊まれるエコ建築ヴィラ
マナ・アースリー・パラダイス
Mana Earthly Paradise **MAP** P.278-C1

のどかな田園風景が広がるサヤン地区に建つ、最新のエコテクノロジーを駆使したエコホテル。オーガニックガーデンが広がる敷地内には、6棟の愛らしいフォルムのヴィラが点在。土嚢を建材

として利用するアースバッグ工法で建てられ、優美な曲線構造のベッドルームは不思議なまでの居心地のよさ。ゆったりしたドミトリーはファミリーなら4名まで同一料金で宿泊できる。**Wi-Fi** 客室OK・無料

左／60m²の広々としたドミトリーの人気が高い
右／オーガニック菜園が広がる敷地にヴィラが点在

住所 Jl. Raya Sayan, Br. Mas, Gg. Emas, Sayan
TEL (0361)908-7788　URL www.manaubud.com
税&サ 込み　カード **M** **V**
料金 **AC** **TV** **TUB** ドミトリー Rp.53万〜
　　 AC **TV** **TUB** シングルヴィラⒹRp.208万〜
　　 AC **TV** **TUB** シングルデラックスⓉRp.241万〜
　　 AC **TV** **TUB** ファミリーヴィラRp.353万〜
空港→車で1時間(片道1台Rp.40万〜で送迎可)

🏖×　🍴○　❄○　×　🖥△　🛗×　📺×　🛎○　🚬△

絵画のような風景に包まれる
カユマニス・ウブド
Kayumanis Ubud **MAP** P.278-B1

アユン渓谷が育む癒やしの空気に包まれる神秘的なリゾート。ヴィラの名前にもなっているカユマニス(シナモンの木)をはじめ、熱帯の木々が造り出す濃い緑のなかに、プライベート感を重視した全23棟のヴィラが建っている。各ヴィラはプライベートプール、ダイニング&リビングルーム、キッチンを完備。それぞれインテリアが異なるベッドルームは、ゼンスタイルを取り入れたモダンなレイアウト。16歳以下の子供は宿泊不可なので注意。市場を訪問するクッキングコース(Rp.210万、2名より催行)もおすすめ。**Wi-Fi** 客室OK・無料

上／渓谷に面したダイニングを完備
下／プールヴィラのベッドルーム

住所 Br. Baung, Sayan, Ubud
TEL (0361)972-777　URL www.kayumanis.com
税&サ +21%　カード **A** **D** **J** **M** **V**
料金 **AC** **TV** **TUB** プライベート・プールヴィラUS$373〜
　　 AC **TV** **TUB** デラックス・プールヴィラUS$397〜
　　 AC **TV** **TUB** 2ベッドルーム・レジデンスヴィラUS$404〜
　　 AC **TV** **TUB** カユマニス・スイートUS$787〜
空港→車で1時間(片道1台 Rp.80万で送迎可)

🏖○　🍴○　❄○　🖥○　🛗○　📺○　🛎○

緑深い渓谷に癒やされる自然派ホテル
ジャナタ・リゾート
Jannata Resort **MAP** P.278-A2

スバリ村の渓谷沿いにたたずむ全20室のブティックリゾート。モダンな客室には伝統絵画や影絵人形が飾られ、インテリアにバリらしさを添えている。デラックススイートは2階建てビルなので、眺望を楽しみたいなら2階の客室をリクエストしよう。森の息吹に包まれるかのようなスパやヨガパビリオンも完備している。周辺に広がる村や緑の丘への散策も気軽に楽しめるロケーションがうれしい。**Wi-Fi** 客室OK・無料

上／デラックススイートのベッドルーム
下／渓谷の景色に癒やされるメインプール

住所 Br. Bangkiang Sidem, Keliki, Tegalalang
TEL (0361)479-2778
URL www.jannataresort.com
税&サ +21%　カード **A** **J** **M** **V**
料金 **AC** **TV** **TUB** デラックススイートRp.274万〜
　　 AC **TV** **TUB** プールヴィラRp.367万〜
空港→車で1時間15分(片道1台Rp.90万で送迎可)

🏖○　🍴○　❄○　🖥○　🛗○　📺○　🛎○　×　🛎○

🏠ヴィラ・チュンパカVilla Chempaka(Map P.280-B1　URL villachempaka.com)はジャラン・ピスマ沿いにある全10室のバンガロー。エアコン完備、朝食付きでⒹRp.60万〜。

デ・ムヌッ・リゾート

ウブド情緒に包まれる滞在を

De Munut Resort　MAP P.278-B2

1970年代に開業したムヌッ・コテージがプチリゾートへ。バリ建築の建物やプールから広がる景観は今もウブド情緒たっぷり。客室はやや手狭だが設備は充実しており、スタッフのていねいな対応も老舗ならではだ。

Wi-Fi 客室OK
・無料

昔ながらのウブドの
空気が漂っている

住所 Jl. Raya Penestanan, Desa Penestanan, Ubud
TEL (0361)975-039　URL www.demunutresort.com
税&サ 込み　カード M V
料金 AC TV TUB スタンダードⒹRp.78万〜
　　 AC TV TUB デラックスⒹRp.91万〜
　　 AC TV TUB スーパーデラックスⒹRp.104万〜
空港→車で1時間(片道1台Rp.50万で送迎可)

マティス・リトリート・ウブド

ウブドならではの田園ホテル

Mathis Retreat Ubud　MAP P.278-A1

美しい田園地帯に建つ全21室のブティックホテル。おすすめは2階建ての建物に入ったスーペリア。すべての客室がライスフィールドに面しており、テラスからの風景は抜群だ。バンガローはエントランスを木々で取り囲んでいるのでプライベート感たっぷり。Wi-Fi 客室
OK・無料

田園風景が望める
スーペリア

住所 Jl. Lungsiakan, Ubud　TEL (0361)898-9700
URL dijiwasanctuaries.com/at/mathisretreatubud
税&サ +21%　カード A J M V
料金 AC TV TUB スーペリアⒹUS$145〜
　　 AC TV TUB バンガローⒹUS$180〜
空港→車で60分(片道1台US$50で送迎可)

ニョマン・サンディ・ゲストハウス

敷地も部屋も広々とした快適ホテル

Nyoman Sandi Guest House　MAP P.278-B2

ウブド市場から1kmほど北、静かな集落にたたずむ全13室のゲストハウス。客室は清潔で広々としており、バルコニーからは緑の中庭とプールが望める。スタッフの応対もしっかりしている。Wi-Fi
客室OK・無料

リラックスして過ご
せるおすすめの格
安ホテル

住所 Jl. Sri Wedari No. 64, Ubud
TEL (0361)973-456　URL nyomansandiubud.com
税&サ +21%　カード J M V
料金 AC TV TUB デラックスⒹUS$60〜
空港→車で1時間(片道1台Rp.50万で送迎可)

ベー・サヤ・ヴィラ

緑に包まれて癒やしの休日

B. Saya Villa　MAP P.278-B2

開放的な田園風景が見渡せる全19室のプチホテル。部屋はそれぞれ個性的にデザインされ、自然素材を多用したインテリアで居心地がいい。2階建てのリジャサ・ヴィラは田園と渓谷が望め、敷地の奥にある長屋タイプのニュー・ヴィラは、庭の緑に包まれてとても落ち着ける雰囲気。

Wi-Fi 客室OK・無料

敷地を贅沢に使っ
たおすすめホテル

住所 Jl. Suweta, Ubud　TEL (0361)973-496
URL www.bsaya.com　税&サ 込み　カード A M V
料金 AC TV TUB ニュー・ヴィラRp.40万〜
　　 AC TV TUB ジュプン・ヴィラRp.65万〜
　　 AC TV TUB ビウ・ヴィラRp.70万〜
　　 AC TV TUB リジャサ・ヴィラRp.95万〜
空港→車で1時間(片道1台Rp.45万で送迎可)

プラサンティ

のんびり田舎暮らしが楽しめる

Prasanti　MAP P.278-B1

小さな渓谷に面し
て客室が建っ
ている

プヌスタナン村にある全4室のゲストハウス。各部屋は広々として機能的な造り。客室はオーナー家族が暮らす家の敷地内にあり、日本人の奥さんもいるので何かと心強い。朝食は別途Rp.6万で提供。Wi-Fi 客室OK・無料

住所 Br. Penestanan, Ubud
TEL 0813-3726-6955(日本語携帯)
URL prasanti.web.fc2.com　税&サ 込み　カード 不可
料金 AC TV TUB スーペリアⓈRp.33万、ⒹRp.38万
空港→車で1時間(片道1台Rp.35万〜40万で送迎可)

ウマ・サリ・コテージ Uma Sari Cottage (Map P.280-B1　URL umasaricottage.com)
はジャラン・ビスマの奥にある全10室のホテル。部屋から田園風景が望める。ⒹRp.45万〜。

神聖なバリの自然に抱かれて過ごす
パドマ・リゾート・ウブド
Padma Resort Ubud **MAP P.379-C3**

ウブドから車で30分ほど北にある全149室の大型リゾート。11ヘクタールの森のような敷地には、ジョギングトレイル、ヨガ・パビリオン、キッズクラブなど施設が整い、無料のアクティビティも日替わりで楽しめる。プレミアルームは基本的に同じレイアウトだが、階数によってカテゴリが異なる。どの客室も渓谷に面しているが、上階を選べば渓谷の眺めもアップする。**Wi-Fi** 客室OK・無料

上／プレミアデラックスルームの室内。機能性に富んだ造りは全カテゴリ共通
下／渓谷を望む89mの温水プール

住所 Br. Carik, Desa Puhu, Payangan
TEL (0361)301-1111
URL www.padmaresortubud.com
税&サ 込み　カード **A D J M V**
料金 **AC TV TUB** プレミアルーム D Rp.390万
　　 AC TV TUB プレミアデラックス D Rp.511万
　　 AC TV TUB プレミアクラブ F Rp.531万
　　 AC TV TUB 1ベッドルーム・スイート Rp.749万
空港→車で1時間30分(片道1台Rp.95万で送迎可)

豊かな自然に包まれて田舎暮らし
ザ・カヨン・ウブド・リゾート
The Kayon Ubud Resort **MAP P.279-A3**

ウブド郊外のプタヌ渓谷沿いに建つ、全23室の自然派リゾート。バレーデラックスとリバースイートは客室サイズは異なるが、基本的なインテリアは同じ。バスルームと木々を望むバルコニーを完備している。ハネムーナーにはプライベートプール付きのヴィラがおすすめだ。無料のヨガ教室を開催しているのもうれしい(毎日7:00〜、13:00〜)。田園トレッキングにも参加して休日を満喫しよう。**Wi-Fi** 客室OK・無料

上／毎朝8:30から無料の田園トレッキングを催行
下／バレーデラックスのベッドルーム

住所 Br. Kepitu, Desa Kendran, Tegallalang, Ubud
TEL (0361)479-2553　URL www.thekayonresort.com
日本予約 ゼノン・バリ URL zenonbali.com/jp
税&サ 込み　カード **A M V**
料金 **AC TV TUB** バレーデラックス D Rp.270万〜
　　 AC TV TUB カヨン・リバースイート Rp.318万〜
　　 AC TV TUB リバーエッジ・プールヴィラ Rp.498万〜
空港→車で1時間20分(片道1台Rp.50万で送迎可)

高級キャンプで古きよき時代へ
カペラ・ウブド・バリ
Capella Ubud, Bali **MAP P.259-A3**

ウォス川沿いの深い渓谷に建つハイエンドなリゾート。テントスタイルの全23棟はコロニア

クリキ・バレーテントの室内。コロニアルな調度品とバリの意匠が美しく溶け合う

ル時代へのオマージュで、古地図や探検アイテムなど部屋ごとに遊び心あふれるインテリア。敷地内に点在するテントへはつり橋で移動し、寝室もボードウオークの上に設置され、まるでジャングルの上を浮遊しているかのよう。24時間オープンのクラブラウンジも巨大なテント張りだ(軽食やドリンク無料)。**Wi-Fi** 客室OK・無料

住所 Jl. Raya Dalem, Br. Triwangsa, Desa Keliki, Tegallalang, Ubud
TEL (0361)209-1888　URL www.capellahotels.com
税&サ +21%　カード **A D J M V**
料金 **AC TV TUB** テラステント US$1192〜
　　 AC TV TUB レインフォレスト・テント US$1222〜
　　 AC TV TUB リバー・テント US$1438〜
　　 AC TV TUB クリキ・バレーテント US$1913〜
空港→車で1時間20分(片道1台Rp.170万で送迎可)

田アリラ・ウブド Alila Ubud (Map P.259-A3　URL www.alilahotels.com/ubud)は渓谷ビューのプールで有名な高級リゾート。74室の客室と19棟のヴィラで構成される。D US$300〜。

澄み渡った空気に包まれる楽園ホテル
コマネカ・アット・タンガユダ
Komaneka at Tanggayuda　MAP P.259-A3

ウブド中心部から20分ほど車で北上した、ウォス川の渓谷を望む全35棟の隠れ家ヴィラ。アンティーク材で造られたジョグロ・スタイルのラウンジや、古木や石などを多用したヴィラなど、独特のアジア情緒を随所に感じられる。心癒やされる景観を客室から満喫したいなら、プレミア・プールヴィラの2階の部屋や、バレープールヴィラを選ぶといい。**Wi-Fi** 客室OK・無料

上／バレープールヴィラの室内
下／プライベートプール付きのヴィラを指定したい

住所 Br. Tanggayuda, Kedewatan, Ubud
TEL (0361)978-123　URL www.komaneka.com
税&サ +21%　カード J M V
料金 AC TV TUB ガーデンヴィラRp.785万～
　　 AC TV TUB コートヤードプールヴィラRp.841万～
　　 AC TV TUB バレープールヴィラRp.935万～
　　 AC TV TUB プレミア・プールヴィラRp.1071万～
空港→車で1時間30分(片道1台Rp.75万で送迎可)

農村体験でユニークな休日
ヴィセサ・ウブド・リゾート
Visesa Ubud Resort　MAP P.278-A2

ウブドの田園地帯にたたずむ、全106室のカルチャー体験型リゾート。約6.5ヘクタールの敷地内には寺院や家畜の飼育場があり、農作業もリゾート内で行われている。ゲストはアヒルの卵の収穫や、闘鶏の世話などの体験が可能(日替わりでスケジュールが組まれている)。客室は田園が見渡せるスイートと、渓谷に面した一軒家タイプのヴィラの2タイプが用意されている。**Wi-Fi** 客室OK・無料

上／プール付きの快適なヴィラ
下／室内は伝統的なバリスタイル

住所 Jl. Suweta, Br. Bentuyung Sakti, Ubud
TEL (0361)209-1788　URL www.visesaubud.com
税&サ 込み　カード A J M V
料金 AC TV TUB プレミアスイートRp.428万～
　　 AC TV TUB ファミリースイートRp.654万～
　　 AC TV TUB 1ベッドルーム・プールヴィラRp.802万～
　　 AC TV TUB 2ベッドルーム・プールヴィラRp.1069万～
空港→車で1時間20分(片道1台Rp 75万で送迎可)

心癒やされる農村でのバカンス
デダリ・リゾート
Dedary Resort　MAP P.259-A3

田園風景に囲まれた自然派ホテル。16棟のヴィラは中庭や渓谷に面しており、全室にプライベートプールを完備。周辺の村落を巡るツアーも開催されており、ウブド中心部への無料シャトルも1日6往復している。**Wi-Fi** 客室OK・無料

緑豊かな敷地にヴィラが並ぶ

住所 Banjar Pinjul, Desa Kenderan, Tegallalang
TEL 0812-1025-8889(携帯)
URL www.dedaryresort.com
税&サ +21%　カード J M V
料金 AC TV TUB 1ベッド・ガーデンヴィラRp.243万～
　　 AC TV TUB 1ベッド・フォレストヴィラRp.259万～
　　 AC TV TUB 2ベッド・ガーデンヴィラRp.364万～
空港→車で1時間30分(片道1台Rp.60万で送迎可)

おすすめしたいハートフルな宿
トランブラン・コテージ
Terang Bulan Cottage　MAP P.279-C3

静かな田園に囲まれた全3室のコテージ。料理上手のオーナーと日本人の奥さんが、伝統文化についても教えてくれる。敷地内には南国の花や緑であふれ、晴れた日にはアグン山も望める。**Wi-Fi** 客室OK・無料

田園沿いにプールも完備している

住所 Br. Teges Kanginan, Peliatan, Ubud
TEL (0361)972-182
URL terangbulan2.wixsite.com/mysite
税&サ 込み　カード M V
料金 AC TV TUB スーペリア⑤6000円・⑩9000円
　　 AC TV TUB デラックス⑤7000円・⑩1万円
空港→車で1時間(片道1台Rp.35万で送迎可)

ハミダシ　Ⓗトゥガ・ゲストハウスTuga Guesthouse(Map P.278-A2　TEL 0819-9931-5285 携帯)は、トゥガランタン村にある全4室の快適な宿。オーナーはベテランの日本語ガイド。⑩Rp.50万～。

近郊へのアクセス

ウブドの東にあるプタヌ川流域は、8〜14世紀にかけて王朝が栄えた場所といわれる「聖なる地」。古代の遺跡や神話にまつわる寺院などが多く点在しており、ツアーに参加するか車をチャーターしての観光が便利。

ゴア・ガジャ

入場　毎日 8:00〜17:00
料金　大人 Rp.5万
　　　子供 Rp.2万5000

広大な敷地内には撮影スポットも多い

滝を望むローカルカフェ

ゴア・ガジャから200mほど西に、店内から滝を眺められる美景カフェがある。遺跡観光の合間の休憩スポットとしておすすめ。各種ドリンクRp.2万1000〜、軽食Rp.3万5000〜。

Rラヤナ・ワルン
Layana Warung

MAP P.279-C3

住所 Jl. Raya Goa Gajah, Ubud
TEL 0852-3928-4447 (携帯)
営業 毎日10:00〜21:00

渓谷をバックに滝が流れる

イエ・プル

入場　毎日 8:00〜17:00
料金　大人 Rp.3万
　　　子供 Rp.1万5000

✿巨大な顔をもつ謎の古代遺跡　★★★

ゴア・ガジャ
Goa Gajah

MAP P.279-C4

　ウブド中心部から約4km東にある11世紀頃の古代遺跡。『ゴア・ガジャ』とは『象の洞窟』という意味で、これは14世紀にオランダ人が発見したときに、半壊していたボマ像(ラクササ)が象に見えたためだという。入口に巨大な顔のレリーフが彫られた洞窟は、1923年になって発見されたもの。

上／大きな口を開けたゴア・ガジャの遺跡　下／洞窟内に安置された3大神のリンガ

その顔のモチーフは魔女ランダだとも、シヴァ・パスパティ(アグン山とバトゥール山を造ったといわれる神)だともいわれている。内部の突き当たりの部屋には、左側奥にガネーシャ神、右側奥には3体のリンガ(男根)が祀られている。それぞれのリンガはヒンドゥーの3大神、シヴァ、ヴィシュヌ、ブラフマを表しており、さらに下部を小さな8体のリンガに取り囲まれている。また、洞内には全部で15の横穴があり、かつて僧が瞑想をしたり、睡眠を取ったりした場所だといわれている。洞窟手前の広場には、6人の女神(ウィデャダリWidyadari)が彫られた沐浴場が、ほぼ完全な形で残っている。この沐浴場は1954年に発見されたもので、それまではこの広場の下に埋もれていた。

✿田園の中に残る荘厳なレリーフ　★★

イエ・プル
Yeh Pulu

MAP P.279-C4

　ゴア・ガジャからさらに1kmほど南にある、14世紀後半のレリーフが残る遺跡。レリーフは25mほどの長さの岩肌に5つの場面が彫られている。どの場面も実にリアルで、しかも生きいきと描かれている。特に第5の場面で馬に乗って帰ろうとするクリシュナを引き止めるように、熊の娘が馬の尻尾をつかみ、その娘の後ろで2匹の猿がその光景をまねるように尻尾をつかんでいるユーモアに、思わず笑みがこぼれてしまう。

古代神話の世界が描かれたイエ・プルのレリーフ

ヒント バリ寺院や遺跡の見学の際には、日よけ対策を忘れずに。日光を遮る場所がほとんどないので、日中は日差しがかなりきつい。日傘や帽子のほか、サロンやショールを持っていくと便利だ。

🦋ブトゥルやペジェン近郊の出土品を展示した ★★★
考古学博物館
Museum Arkeologi　　　`MAP P.279-C4`

　館内は大きくふたつのパートに分かれ、最初の敷地には4つの小さな展示館があり、石器、土器、陶器、青銅器などを展示している。中には石の文字板や玉製のアクセサリーなど、貴重な品もある。次の敷地は池を取り囲むように造られた野外展示場で、石像や石棺など大きな遺物が見られる。

考古学博物館
TEL (0361)942-354
入場 月～金 8:00～16:00
料金 寄付のみ (Rp.1万ほど)

カメの形をした石棺

🦋「踊るビマ像」が飾られた古刹 ★★★
クボ・エダン寺院
Pura Kubo Edan　　　`MAP P.279-C4`

　地元では「ペジェンの巨人」の愛称で知られる「踊るビマ像 Dancing Bima」が安置されたヒンドゥー寺院。高さ3.6mのビマ像は13～14世紀頃のもので、威圧感のあるその姿は死の舞踊を体現している。死人の上に乗り、足首や手首にはヘビが巻きつき、顔に仮面をつけてポーズを取るその姿は、マハーバーラタの有名な1場面。4つの男根をもち、それらが左を向いていることから、ビマは強力なブラックマジックの使い手であることがわかる（逆に男根が右向きはホワイトマジックの使い手であることを象徴している）。

クボ・エダン寺院
入場 毎日 9:00～17:00
料金 お布施のみ (Rp.1万ほど)

「ペジェンの巨人」像は寺院のシンボル

🦋古代神話「ペジェンの月」の伝説が残る寺院 ★★★
プナタラン・サシ寺院
Pura Penataran Sasih　　　`MAP P.279-C4`

　「ペジェンの月」と呼ばれる巨大な銅鼓が安置された、バリ6大寺院のひとつといわれる名刹。寺院左奥の祠の上に祀られているこの銅鼓は、東南アジアの青銅器時代を代表する遺物。直径160cm、高さ186cmという大きさで、青銅製の銅鼓としては世界最大、表面には人面や幾何学模様が描かれており、歴史的にみてもとても貴重なものだ。

　この寺院があるペジェン村には、次のような神話が今も語り継がれている。古代バリには7個の月が空に輝いていたという。あるとき、その中のひとつがこの村に落ちてきて、ヤシの木に引っかかってしまった。昼夜を問わず村を煌々と照らすため、夜になっても仕事ができず困ってしまった泥棒のひとりが、なんとか明かりを消そうと木に登り、月にオシッコをかけることにした。が、オシッコがかかった瞬間、月が大爆発。泥棒は死に、月は地に落ちたのだ。これが「ペジェンの月」の伝説で、銅鼓の底が割れているのはこの爆発のせいだといわれている。

ユニークな言い伝えが残る「ペジェンの月」

プナタラン・サシ寺院
入場 毎日8:00～17:00
料金 お布施のみ (Rp.1万ほど)

サギが群れ飛ぶブトゥル村
`MAP P.279-A3`
　プリアタンから約4km北にあるブトゥルPetuluは、夕刻に無数のサギが飛び回ることで知られる村。「神の使者」といわれるサギは大切に保護され、サギのための祭り（サニスチャラ・クリオン・ランデップの日）も開かれる。
　サギは村中の木の上のいたるところにいるが、村の南端、田園の中にサギ見学用の場所が設けられている。

祭礼のときには多くの人々でにぎわうペジェン村の寺院

ムングウィ

Mengwi

世界遺産にも
登録されている
タマン・アユン
寺院

ムングウィの充実度

ホテル
ショッピング
グルメ
バリ情緒
アクティビティ
観光スポット
治安
エステ

観光スポットは点在しているが、
ホテルやレストランなど旅行者用
の施設はほとんどない。

ムングウィへのアクセス

空港からエアポートタクシーで
50分（定額運賃はRp.45万）。見
どころのタマン・アユン寺院に立
ち寄る現地発ツアーも多い。

人形で闘鶏の様子が再現されて
いるタマン・アユン寺院

　ムングウィは、かつてムングウィ王国の都があった所だ。独立後、
バリには8つの県がおかれ、そのもととなったのは島内に群雄割拠
していた王国だった。しかし、現在「ムングウィ県」というのはバ
リには存在しない。

　17世紀、東部に強大な力をもっていたゲルゲル王朝の後ろ盾
でできたのがムングウィ王国だ。一時、北はブラタン湖までを治
める強力な王国であったが、1872年に名君主であったグスティ・
アグン・ニョマン・アユン王が亡くなると、急速に力を弱める。そ
して1891年、西隣タバナン、南隣バドゥンの両王国連合軍との
戦いに敗れ、ムングウィ王国はその姿を消すことになった。そし
て領地はタバナン、バドゥン両国に分断されたのだった。王国は
県名に名を残すことができなかったが、ムングウィに住む人々は
王国の都であったことを今も誇りに思っている。

SIGHTSEEING　おもな見どころ

バリで最も美しい寺院といわれる　★★★

タマン・アユン寺院

Pura Taman Ayun

MAP P.258-B2

世界遺産
World Heritage

タマン・アユン寺院
入場 毎日8:00〜18:00
料金 大人 Rp.3万
　　　子供 Rp.1万5000

境内を囲むように掘割が造られ
ている

　ムングウィ中心部から1.5km東にあ
る、バリ島で2番目に大きな寺院。ムン
グウィ王国の国寺として1634年に建てら
れ、1937年に改修された。境内を取り
囲むように掘割が巡らされており、境内
には芝生が敷きつめられ、さながら庭
園寺院といった風情が感じられる。

　境内の周囲は市民の憩いの場のよう
に、いつも大勢の人でにぎわっている。
境内には実に10基ものメルが建ってい

オゴホゴを展示する博物館も併
設されている

るが、観光客は入場できない。メルは
アグン山を模した塔で、屋根は通常3〜11の奇数層だ。ここには
最高11層のメルが4基もあるほか、とても珍しい2層のメルも1基あ
る。整然と並ぶメルの様子は、それ自体山のようで神秘的だ。

✍ヒント　タマン・アユン寺院は人の絆を深める力があると言われており、寺院公園内は地元のカップルや家
族連れでにぎわっている。基本的に境内には入れないが、外側から祈ってもご利益があるとされる。

✿EXCURSION　近郊の見どころ

✿猿がすむ森の寺院　★★★

サンゲエ
Sangeh

MAP P.258-A2

ムングウィから約7km北東にあるサンゲエは、「猿の森」で知られている。村の中心にある**ブキッ・サリ寺院**Pura Bukit Sariは、通称モンキー・テンプルと呼ばれているほどで、寺院内や周囲には野生の猿がたくさんすんでいる。めがねやカメラなどの小物は、スキを見せると猿に盗られてしまうので注意すること。

17世紀にヴィシュヌ神を祀る寺院としてムングウィ王家によって建立された。森の中、寺院奥の境内には苔むしたガルーダ像が鎮座しており、なかなかの見ものだ。

森にすむ猿は人慣れしている

うっそうとした森にあるブキッ・サリ寺院

サンゲエへのアクセス
ツアーやチャーター車の利用が一般的。

ブキッ・サリ寺院　**MAP P.258-A2**
入場 毎日 7:30〜18:00
料金 Rp.3万
URL www.bukit-sari-sangeh.com

✿英雄たちが静かに眠る　★★★

マルガ
Marga

MAP P.258-A2

マルガは1946年11月20日、オランダ軍との間で大規模な戦闘があった場所だ。グスティ・ググライ将軍（彼の名前は現在バリの国際空港に冠せられている）率いる94人の部隊は、全員死ぬまで戦い続けたのだという。

マルガ英雄墓地公園 Taman Pujaan Bangsa Margaranaには、巨大なチャンディ（石造りの霊廟）の周りを埋め尽くすかのように、ググライ部隊をはじめ、独立戦争で亡くなった人々の1372基の墓がある。このなかには、第2次世界大戦後この地に残り、バリの人々とともに独立戦争に参加した日本人の墓も11基含まれている。彼らはどんな思いでバリに残り、独立戦争に参加したのだろうか。墓の前にたたずみ、手を合わせながら、亡くなった彼らの声に耳を傾けてみるといい。

マルガへのアクセス
ツアーやチャーター車の利用が一般的。

マルガ英雄墓地公園　**MAP P.258-A2**
入場 毎日8:00〜17:00
料金 お布施のみ（Rp.1万ほど）
※毎年11月20日には、ここで戦死者のための大きな儀式が行われる。

マルガ英雄墓地公園の記念碑

---

column

田園を潤すタマン・アユン寺院の水路

2012年6月に「バリ州の文化的景観」として、タマン・アユン寺院を含むバリ島の4エリアが世界遺産に登録されている。基本的にスバック（灌漑水利の組合）により形成された景観がリストアップされたなか、どうして王国時代の寺院が含まれているのだろうか？

その理由は掘割が周回するタマン・アユンのユニークな構造による。寺院の周囲に配置された掘割の水は、周囲に広がる約40の村々へと流れ出てスバックを形成し、広大な田園に水を供給しているのだ。海沿いや湖沿いの寺院は複数あるが、水路に囲まれたレイアウトはタマン・アユンのみだという。

寺院はムングウィの国王チョコルド・サクティ・ブランバガンの命により、1934年に中国人建築家によって設計された。その敷地を上空から俯瞰すると、白鳥のシルエットになっているという。

なお、タマン・アユン寺院は現地の若者と縁結びのお寺として知られ、デートスポットにもなっている。カップルで訪れた場合でもメルに向かって真剣に祈ると、絆が深まるといわれている。

寺院を囲む掘割の水は周囲の田園へ流れる

✿ヒント　サンゲエの猿は油断しているとお菓子や帽子を奪い、体に跳びついてきて服を汚すこともある。手を出すとかみつかれることもあるので、あまり近寄らないように注意しよう。

タナロット寺院 Pura Tanah Lot

タナロット寺院の充実度

（レーダーチャート：ホテル、ショッピング、グルメ、バリ情緒、アクティビティ、観光スポット、治安、エステ）

世界的な観光名所には夕暮れ時のタイミングで訪れたい。寺院周辺にはホテルやみやげ物屋も多い。快適な高級リゾートも周囲に点在している。

タナロット寺院へのアクセス

ツアーやチャーター車の利用が一般的。空港からエアポートタクシーで1時間（定額運賃はRp.50万）。
タナロット寺院に立ち寄る現地発ツアーも多い。

ケチャダンス公演

タナロット寺院の北にある集会場Surya Mandalaでは、ケチャダンスの公演が金・土・日18:00（入場料Rp.10万）と18:30（入場料Rp.5万）に行われている。ビーチの近くにあるが、海を望むことはできない。合唱を担当する演者もウルワツ寺院ほど多くなく、少し残念な内容だ。

観光ツアーに組み込まれることもあるケチャ公演

バトゥボロン寺院での夕日観賞

タナロット寺院の敷地には、4つの別の寺院が隣接している。特にバトゥボロン寺院の手前は広大な海が広がる絶好の撮影ポイント。バトゥは「岩」、ボロンは「穴」という名前の通り、寺院は大きな穴の開いた岩の上に建っている。タナロット寺院の敷地内を横切って、徒歩10分ほどなので立ち寄ってみよう。

穴が開いた岩の上にあるバトゥボロン寺院

干潮時には浜辺から寺院まで歩いて行ける

海の中に船のように浮かぶ岩、岩の上に建つ寺院、そして寺院そのものをシルエットにして沈む南国の太陽……。タナロット寺院はバリを代表する『被写体』として観光客に知られている。落日の頃、参拝客はもちろん、大勢の観光客が対岸の高台からタナロット寺院のはるか向こうに沈む夕日を見ようと訪れる。打ち寄せる波の音、茜色に染まる空、黒々と浮かび上がるメル……。静謐な時間のなかで祈りをささげ、神の降臨を望む。そんな気持ちが体の奥底から湧き上がってくるはずだ。

近年インド洋の荒波により、寺院の台座部分が浸食されていた問題も、日本政府の開発援助により岩盤が補強された。

ORIENTATION　歩き方

夕暮れ時に訪れたい

タナロット寺院の見学は夕景がベスト。遅くとも17時くらいには着くようにし、ゆっくりと寺院の景観を味わいながら夕日を待つといい。

タナロット寺院 Pura Tanah Lot
広域マップ▶P.258-C1
BALI
N
駐車場
入場券売り場
Pura Batu Mejan ▶P.327
ジ・オーシャン The Ocean
バトゥボロン寺院 Pura Batu Bolong
アートマーケット
Pura Jero Kandang
ナティア・タナロット Natya Tanah Lot ▶P.327
Pura Enjung Galuh
▶P.327
タナロット寺院 Pura Tanah Lot
0　200m

陸と岩島の間は、干潮時には陸とつながってしまう。寺院入口まで行くことはできるが、原則として異教徒は岩の上（寺院内）に登ることはできない。海岸の岩肌にはいくつもの穴があり、ウミヘビがすんでいる。

ヒント タナロット寺院の入口から夕日が望めるテラスまでは屋台やみやげ物屋も並んでいる。郷土菓子のクレポン（ヤシ砂糖のシロップ入り団子）はタナロットの名物なので見つけたら味わってみよう。

SIGHTSEEING おもな見どころ

幻想的な夕景は一生の思い出になる ★★★
タナロット寺院
Pura Tanah Lot

MAP P.326

「世界で一番美しい夕日」を心ゆくまで楽しもう

海の神が祀られている寺院の歴史は古い。16世紀にジャワから渡ってきた高僧ニラルタがこの地を訪れ、景観の美しさに目を奪われた。そして「これぞ神々が降臨するにふさわしい場所」と村人に寺院の建立を強くすすめたという。満潮時には孤島と化す寺院の姿を見れば、"神に選ばれた土地"だと誰もが実感できるだろう。

旅行者には「世界で一番美しい夕景スポット」として知られている。水平線に太陽が沈むのは18:00～18:30頃なので、夕日観賞には1時間前に着いておきたい。寺院を見下ろす高台には展望カフェも点在しているので、早めに眺望のいい席を確保しよう。シャッターチャンスは日没時だが、太陽が沈んでから、もう一度空が赤く色づく時間帯もいい。

タナロット寺院
TEL (0361) 880-361
URL tanahlot.id
入場 毎日6:00～19:00
料金 大人 Rp.6万
　　　子供 Rp.3万
※レンタカーなどで来た場合、駐車料金もかかる。自動車Rp.5000、バイクRp.2000。

寺院がある岩場には聖水も湧き出している

レストラン＆ホテル Restaurant&Hotel

駐車場からタナロット寺院までの道沿いには、みやげ物屋や食堂が並んでおり、ホテルも数軒ある。高級ホテルはタバナンなどに点在している。

開放的な景色を満喫
ジ・オーシャン
The Ocean

MAP P.326

タナロット寺院の敷地に隣接する、海を望むローカルレストラン。夕景を楽しみながら食事ができる便利なロケーションで、日本からのツアーでも利用されている。おすすめは、フィッシュステーキ（Rp.8万5000）など各種グリル料理。カクテルはRp.7万～。

夕食どきには旅行者でにぎわう

住所 Parking Area, Tanah Lot, Tabanan
TEL 0812-3136-6404（携帯）　予算 ★★★★
営業 毎日9:00～20:00
税&サ +15%　カード MV
予約 不要　MENU 英語　🗣英語少々　Wi-Fi 無料

名刺をじっくり楽しめるホテル
ナティア・タナロット
Natya Tanah Lot

MAP P.326

タナロットの駐車場と寺院の間にある中級ホテル。客室はスーペリアでも46㎡とゆったりサイズで、バスタブも広々としている。タナロット寺院まで徒歩3分ほどなので、世界一美しい夕日を心行くまで楽しめる。スタッフの対応もしっかりしている。

Wi-Fi 客室OK・無料

デラックスは52㎡と1ランク上の快適さ

住所 Jl. Kawasan Wisata Tanah Lot
TEL (0361)819-158　URL www.natyahotel.com
税&サ 込み　カード AMV
料金 AC TV TUB スーペリア⑩Rp.72万～
　　　AC TV TUB デラックス⑩Rp.94万～
　　　AC TV TUB 1ベッドルームスイートRp.116万～
空港→車で1時間（片道1台Rp.35万～で送迎可）

ホテル設備の記号一覧 AC＝エアコン　TV＝テレビ　TUB＝バスタブ　Wi-Fi＝ネット環境　＝プール　H＝レストラン
＝スパ　＝室内金庫　＝冷蔵庫　＝ドライヤー　＝日本語スタッフ　＝朝食

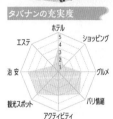

タバナン
Tabanan

タバナンの充実度

[レーダーチャート: ホテル、ショッピング、グルメ、バリ情緒、アクティビティ、観光スポット、治安、エステ]

のどかな田園地帯をドライブで巡ってみたいエリア。宿泊はビーチ沿いのタナロット周辺へ南下。

タバナンへのアクセス

空港からエアポートタクシーで50分（定額運賃はRp.50万）。

バリ・バタフライ・パーク
MAP P.258-B2
タバナン市街から車で約15分北上。「空飛ぶ宝石」と呼ばれるトリバネアゲハなど約15種700匹もの蝶を観察できる。
住所 Jl. Batukaru, Sandan, Wanasari, Tabanan
TEL (0361) 894-0596
入場 毎日 8:00～17:00
料金 Rp.8万

バタフライ・パークは蝶の楽園

バリ中西部タバナン県には、緩やかな斜面に優美な曲線を描くライステラスが延々と広がる。ここはバリ最大の稲作地帯だ。14世紀、マジャパイト王国の将軍ガジャ・マダに率いられた軍隊がバリを征服する。その軍隊のひとり、アルヤ・クンチュンArya Kencengの子孫アルヤ・タバナンが、タバナン王国を興したといわれている。その王国の都で現在の県庁所在地がタバナンだ。

タバナンはかつてバリ芸能の中心地だった。これは20世紀初め、天才舞踊家マリオMario（本名クトゥッ・マルヤKetut Marya）の出現が大きい。彼はクビャール・スタイル随一の踊り手として知られており、特にトロンポンを演奏しながら舞うクビャール・トロンポンKebyar Trompongや、座りながら舞うクビャール・ドゥドゥッ Kebyar Dudukは、伝説として語り継がれている。マリオは1968年に亡くなったが、彼の功績をたたえたグドゥン・マルヤ劇場Gedong Marya Theaterも造られた。

美しい田園風景が広がっているタバナン地方

❀SIGHTSEEING　おもな見どころ

❀世界遺産に登録されたスバックを知る　★★

スバック博物館
Subak Museum
MAP P.258-B2

スバック博物館
住所 Jl. Gatot Subroto,Sanggulan
TEL (0361) 810-315
入場 月～金8:00～15:30
　　 （金～12:30）
料金 大人 Rp.1万5000
　　 子供 Rp.1万

水を分配するシステムも理解できる

バリの農村文化についての展示が豊富な博物館。水利施設の模型や伝統的な農機具を、博物館のスタッフが説明してくれる。スバックとは灌漑水利システムの伝統的な管理組合のこと。バリ島内に1200以上もあるスバックは川や泉から水を引き、水田に均等に分けるよう1000年以上も維持されている。世界遺産の田園スポットを観光する前に訪れてみよう。

✿EXCURSION 近郊の見どころ

❀美しいライステラスに囲まれた名刹 ★★★
バトゥカル寺院
Pura Luhur Batukaru

高原の神聖な空気が漂うバトゥカル寺院

タバナン中心部から北へ、バリ島で2番目に高いバトゥカル山（2276m）を目指して山道を上り続ける。標高650m、半袖では少し肌寒いと感じる頃、バリ6大寺院のひとつに数えられるバトゥカル寺院に到着する。道があまりよくないためか、この寺院を訪れる観光客は少ない。参道は荒れ、塀は苔むしており、うっそうとした木が生い茂る山の中に建つその姿は、どこか神秘的だ。

この寺院は、かつてタバナン王国の国寺として建立されたもの。境内には6基のメルが建つが、17世紀ゲルゲル王朝の王ディ・マゲと、タバナン王国の王チョコルダ・タバナンのふたりを象徴しているといわれている。また、バトゥカル山の中腹にあるブラタン、タンブリンガン、ブヤン3湖の神を祀る社もある。

バトゥカル寺院
入場 毎日 8:00～17:00
料金 お布施のみ（Rp.1万ほど）

バトゥカル寺院へのアクセス
ツアーやチャーター車の利用が一般的。

バトゥカル山へのガイド
バトゥカル寺院からガイドが雇える。1日US$100程度、往復で10時間はかかるので早めの行動を心がけること。

バトゥカル寺院周辺の宿
バトゥカル寺院から2km南、棚田に面して全14室のバンガローがある。部屋は素朴な木製のインテリアで、バトゥカル登山や棚田トレッキングのアレンジも可。料金は⑩Rp.89万～。朝食付き。ヨガセンターも併設されている。
🏨 プラナ・デウィ・マウンテン・リゾート
Prana Dewi Mountain Resort
MAP P.330-A1
住所 Wongaya Gede, Tabanan
TEL 0813-5355-3531（携帯）
URL www.balipranaresort.com

寺の敷地には聖水も湧き出している

---

information ジャティルウィの田園の歩き方

ジャティルウィ（→P.330）の田園散歩コースはショート（約1.5km、1時間）、ミディアム（約2km、1.5～2時間）、ロング（約3km、2時間）、エクストラロング（約5.5km、4時間）がある。**Ⓡ ゴン**（Map P.330-A2）向かいのインフォメーションでマップが入手でき、ルート途中には看板もあるので迷わずに歩ける。田園風景を楽しむだけならショートやミディアムで十分（エクストラロングでは高台からブシ・カルン寺院のパノラマを堪能できる）。コースは階段や石畳で歩きやすく整備されているが高低差はかなりある。なるべく歩きやす

い靴を用意しよう。なおコースを外れて田んぼ内や畦道に足を踏み入れることは禁止されている。ドリンクやスナックを用意したワルンで休憩は可能だが、コース途中に日を避ける場所はほとんどない。飲料水と日焼け対策も万全にして散歩しよう。

左／田園の散策は朝から午前中の時間帯がおすすめ
右／インスタ映えする撮影スポットも設置されている

!ヒント バトゥカル山周辺などで登山や熱帯雨林を散策するときにはヒル対策が必要となる（特に雨季）。トレッキングブーツを着用し、靴下の中にズボンの裾を入れて足首に潜り込まれないように。

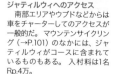

🌸 バリで最も美しいライステラスが広がる！　★★★

ジャティルウィ
Jatiluwih

MAP P.330-A2

ジャティルウィへのアクセス
　南部エリアやウブドなどからは車をチャーターしてのアクセスが一般的だ。マウンテンサイクリング（→P.101）のなかには、ジャティルウィがコースに含まれているものもある。入村料は1名Rp.4万。

ジャティルウィ村の中心地
　広大なジャティルウィ村は7つのスバックから成り立っており、そのほとんどが耕作地帯。村の目抜き通りJl. Jatiluwih Kawan沿いには、地元のよろず屋やローカルワルンが点在し、田舎の小村といった雰囲気が色濃く残っている。
　旅行者の増加にともなって、このJl. Jatiluwih Kawan沿いの300mほどのエリアに小さなホテルやレストランも増加中だ。

バリ世界遺産を象徴する棚田の景観が望める

　2012年に世界遺産にも登録された「バトゥカル山保護区スバックの景観」を代表するビューポイント。まるで芸術作品のような美しい棚田が広がっており、この村のレストランで景観を楽しみながらランチタイムを過ごすツアーも増えている。

田園地帯をサイクリングツアーで巡ることもできる

　ジャティルウィは地元種の赤米をおもに生産しており、1年間に1.5～2回の収穫を行っている（バリ全体では2～3期作が一般的）。同じ村でもスバック（水利組合）が異なることが多く、田植えと稲刈りが同時に見られることもある。ちなみにジャティルウィとは「本当にすばらしい」という意味だが、その名にふさわしい景勝地をぜひ訪れてみよう。

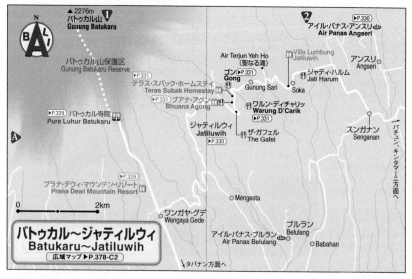

バトゥカル～ジャティルウィ
Batukaru～Jatiluwih
広域マップ▶P.378-C2

小ネタ　アイル・バナス・アンスリAir Panas Angseri（Map P.330-A2）はアンスリ村の外れにある温泉施設。滝を眺めながら入浴が楽しめ、簡素な個室浴場もある。毎日9:00～18:00、Rp.4万5000。

レストラン & ホテル   Restaurant & Hotel

ジャティルウィ中心部の幹線道路沿いにローカルなホテルや食堂が並んでいる。
田園散歩ルートにはひと休みにぴったりなカフェやワルンも見つかる。

2階の客席から眺望が楽しめる
ゴン
Gong　MAP P.330-A2

地元産のオーガニック野菜や在来種の赤米など素材にこだわった料理を提供。釜焼きピザのマルゲリータ(Rp.7万8000)やチキン・ケバブ(Rp.8万8000)などのほか、デザート付き地元料理のビュッフェ(Rp.12万)も味わえる。

料理の味はジャティルウィでも一番

住所 Jl. Jatiluwih Kawan No.88, Jatiluwih
TEL 0858-5860-2674(携帯)　予算 ★★★
URL gongjatiluwih.com　営業 毎日9:00 ～ 18:00
税&サ +21%　カード MV
予約 不要 MENU 英語 ☎英語OK Wi-Fi 無料

旅行者のひと休みスポット
ブアナ・アグン
Bhuana Agung　MAP P.330-A2

郷土料理とインドネシア中華が味わえるレストラン。おすすめ料理はナシチャンプル・スペシャル(Rp.6万)やフレッシュジュース(Rp.3万～)。田園に面したテラス席もあるので、カフェ休憩にもおすすめだ。

赤米を使ったナシチャンプル

住所 Jl. Jatiluwih Kawan, Jatiluwih
TEL 081-1389-419(携帯)　予算 ★★★★
営業 毎日7:00 ～ 21:00
税&サ +10%　カード MV
予約 不要 MENU 英語 ☎英語少々 Wi-Fi 無料

家族経営の簡素なワルン
ワルン・ディチャリッ
Warung D'Carik　MAP P.330-A2

散歩ルートの起点から100mほど南にあり、田園に包まれる最高のロケーション。メニューは少ないが、素朴なナシゴレン(Rp.4万5000)や、赤米茶などドリンク類(Rp.2万)。風が通り抜ける開放的な作りで居心地がいい。

店内からのどかな田園風景を望める

住所 Jatiluwih
TEL 0857-3829-6212(携帯)
予算 ★★★★
営業 毎日10:00 ～ 17:00　税&サ 込み　カード 不可
予約 不要 MENU 英語 ☎英語OK

日の出の景観も感動的!
ブアナ・アグン
Bhuana Agung　MAP P.330-A2

眺めのいい全11室のコテージ。2019年に新設された2階建ての棟はモダンで快適。ヴィラタイプのスイートはテラスや部屋から田園風景や日の出も望める。Wi-Fi 客室OK・無料

スーペリアの室内も快適

住所 Jl. Jatiluwih Kawan, Jatiluwih
TEL 081-1389-419(携帯)　税&サ 込み　カード MV
料金 AC TV TUB スーペリアⒹRp.50万～
AC TV TUB デラックスⒹRp.60万～
AC TV TUB スイートRp.70万～
空港→車で2.5時間

家族経営で居心地がいい
テラス・スバック・ホームステイ
Teras Subak Homestay　MAP P.330-A2

ジャティルウィ村でいちばん最初に宿泊施設を始めた家庭的な4室のホームステイ。シンプルな部屋は清潔で、フレンドリーなお父さんの作る朝食もおいしい。散歩ルートも近く便利に滞在できる。Wi-Fi 客室OK・無料

ベランダ付きの部屋は長屋スタイル

住所 Desa Jatiluwih　TEL 0812-3702-6333(携帯)
税&サ 込み　カード 不可
料金 AC TV TUB ⒹRp.25万～
空港→車で2.5時間

ホテル設備の記号一覧 AC=エアコン TV=テレビ TUB=バスタブ Wi-Fi=ネット環境 =プール =レストラン =スパ =室内金庫 =冷蔵庫 =ドライヤー =日本語スタッフ =朝食

車窓から広がる田園風景を楽しみ、伝説に彩られた遺跡や寺院を巡る

タンパシリン
Tampaksiring

タンパシリンへのアクセス

ツアーやチャーター車でのアクセスが一般的。南部リゾートエリアから1時間30分、ウブドから30分。空港からはエアポートタクシーで約1時間30分（定額運賃はRp.60万）。

沐浴体験ツアー

ティルタ・ウンプルの泉で沐浴ムルカッを体験するツアーも出ている（→P.128）。

ティルタ・ウンプルでの沐浴体験は旅行者にも人気が高い

パクリサン川とプタヌ川に挟まれた町がタンパシリン。10〜14世紀、ペジェンを中心に栄えたワルマデワ王朝の一領土で、今もティルタ・ウンプル、グヌン・カウィをはじめ付近には多数の遺跡が残っている。キンタマーニ・ツアーなどの行きや帰りで寄ることの多い町だが、周辺の村も含めゆっくりと訪ねてみたい。

✹SIGHTSEEING　おもな見どころ

✹心身を清める聖なる泉の寺　★★★

ティルタ・ウンプル
Tirta Empul

`MAP P.259-A4`

World Heritage 世界遺産

ティルタ・ウンプル
入場 毎日 8:00〜18:00
料金 大人 Rp.5万
　　　子供 Rp.2万5000

タンパシリンの北外れにある聖なる泉の湧く寺院。毎年4番目の満月にあたる夜、タンパシリン近郊のマヌカヤ村から、1000年以上もの間、祀られている聖なる石碑をこの泉に持ち込み、洗うという習慣がある。聖なる

静寂に満ちた聖なる泉

石に刻まれた碑文によると、泉が発見されたのは962年といわれている。また、ガルンガンの日には、泉を使って聖獣バロンの仮面を清める儀式も行われる。伝説によれば魔王マヤ・ダナワと戦ったインドラ神が、大地を杖でたたき不老不死の水アメルタを湧き出させた場所とされている。

寺院の外側には聖なる泉を引いた沐浴場があり、祭礼時や満月・新月には沐浴する人々の車で周囲の道路が渋滞する。近年は神秘的なムルカッ体験（→P.336）を目玉にするスピリチュアルツアーも増えている。

ベネンガン・トゥプサナ
Penengan Tepesana
（神殿）

クルクル
Kul Kul

延史の場

記帳所

バレ・アグン
Bale Agung
（大集会所）

聖なる泉

沐浴場

更衣室

闘鶏場

ティルタ・ウンプル
Tirta Empul
広域マップ▶P.259-A4

入口

ハミダシ　ティルタ・ウンプルで沐浴する際には、奥の更衣室でロッカー代Rp.1万を支払って着替える。最初に左側の沐浴場から入水して左から順番に沐浴し、右側の池に移って左から3番目までを浴びる。

バリ最大の石窟遺跡
グヌン・カウィ
Gunung Kawi

★★★

MAP P.259-A4

　グヌン・カウィは「古代詩の山」を意味している。タンパシリンの北の外れ、岩山に彫られた11世紀の遺跡で、ワルマデワ王朝第6代アナック・ウンス王家の陵墓として造られたとするのが定説だ。しかし、実際に墓として使われたわけではなく、亡くなった王や妻たちが死から解放され、再び偉人として復活することを願った記念碑とされている。

遺跡の前をパクリサン川が流れる

　入口から数百段にも及ぶ長い石段を下りていく。ライステラスの中を渓谷の底に向かって下りていくといった感じだ。しばらく進むとパクリサン川の両側、山の岩肌に彫られた高さ7mのチャンディ(記念碑)が見えてくる。岩をえぐり貫き、門のようになった最後の石段を抜けると、まず左側岩肌に**王妃の陵墓**。アナック・ウンス王の4人の妃のチャンディが並んでいる。チャンディは岩の表面を切り出し、あたかも1個の建造物のように仕上げられている(この様式は、世界的に有名なインドのアジャンタやエローラ石窟に見られる)。グヌン・カウィは、当時、インドの影響が広くインドネシアに伝わっていたことを示す貴重な遺跡でもある。

　パクリサン川に架かる小さな橋を渡った先が**王家の陵墓**。王妃の陵墓同様に5基のチャンディが並んでおり、向かって左側がひとつだけ大きくなっている。これは、アナック・ウンス王の父、ワルマデワ王朝第4代ダルマウダヤナ王を祀ったもの。また、王家の陵墓の隣や周辺には**修行庵**も残っている。これらは陵墓が造られた後、仏教僧によって造られたものだ。

グヌン・カウィ王家の陵墓

グヌン・カウィ
入場　毎日 8:00～18:00
料金　大人 Rp.5万
　　　子供 Rp.2万5000

話題のインスタ映えカフェ
　ウブド中心部から3kmほど北、田園風景のなかにある人気ローカルカフェ。パラソルやビーズクッションが配置され、どこを切り取ってもインスタ映え間違いなし。チキンバーガー(Rp.4万7000)など料理も現地プライス。

Ⓡグリーンクブ・カフェ
Greenkubu Cafe

MAP P.259-A3

住所 Jl. Cinta, Br. Pejengaji, Tegallalang
TEL 0819-1724-3242 (携帯)
営業　毎日9:00～21:00 (月11:00～)

田園やハス池を望む美景スポット

---

information
バリ最古のスバック景観が残るパクリサン川流域

　インドラ神が杖で大地をつついて湧き出させたという伝説の泉ティルタ・ウンプルと、バトゥール山からの湧き水による川が合流してできた**パクリサン川Sungai Pakerisan** (Map P.259-A4)。この流域にはスバック(水利組合)が育んだバリ最古の景観が残り、2012年には世界遺産にも登録されている。川の要所にはスバックが管理する水門が設置され、灌漑用水として恵みをもたらしている。河辺ではマンディを楽しむ住民も多く、昔ながらのバリの光景が垣間見られる。

　ティルタ・ウンプルやグヌン・カウィの見学は、島内ツアーに参加するのが一般的。川沿いにある水門などを見学するには、ウブドで車をチャーターして、土地勘のある運転手に案内してもらうといい。

左／渓谷の中に水門も置かれているパクリサン川
右／子供たちが川でマンディをする光景もよく目にする

⚑**ヒント**　グヌン・カウィの石窟寺院には約270段の階段を下ることになる。急な階段なので田園風景を楽しみつつ、休みながら下るのがおすすめ。復路は上り坂となるので、余裕のある行程を組んでおこう。

❀もうひとつの聖なる泉
スバトゥ
Sebatu　★★★

MAP P.259-A3

緑の木々に囲まれたグヌン・カウィ・スバトゥ寺院

グヌン・カウィ・スバトゥ寺院
MAP P.259-A3
入場 毎日 8:00～18:00
料金 大人 Rp.5万
　　　子供 Rp.2万5000
※沐浴中の人々にカメラを向けるのは絶対に慎むこと。

スバトゥの滝
Air Terjung Sebatu
MAP P.259-A3
入場 日の出～日没
料金 寄進のみ
　スバトゥ村の渓谷に湧き出す滝は、スピリチュアル系ツーリストに人気の沐浴スポット。浄化力がとても高いとされ、儀礼に訪れる人々でにぎわっている。グヌン・カウィ・スバトゥ寺院から徒歩5分ほどで滝の入口に到着。さらにうっそうとした森の小道を下れば、祭壇の先に浄化の滝が現れる。バリ式作法で祈りを捧げてから滝の下へ。頭上から鮮烈な衝撃を受けて心と体がスッキリ浄化される。

　タンパシリンとはプタヌ川を挟んだ対岸に位置するのがスバトゥだ。テガララン同様、フルーツカービングなど木彫り工芸の盛んな村として知られている。
　この村には小型ティルタ・ウンプルとでも呼べるような聖なる泉をもつ、**グヌン・カウィ・スバトゥ寺院**がある。魚の泳ぐ美しい泉の脇には今も使われている沐浴場があり、朝夕は大勢の人でにぎわう。まだ観光客も少ないせいか、沐浴する人々の姿は実に素朴。泉の脇で洗濯するおばさん、女性用、男性用の隣り合った沐浴場を行き来する子供たち、好きな女の子の沐浴姿をこっそりのぞこうとする男の子など、のどかな沐浴姿に接することができる。

清らかな水をたたえる泉

滝行のような沐浴が体験できる

❀雄大な棚田のビューポイント
テガララン
Tegallalang　★★★

MAP P.259-A3

　プリアタンから北上すると、徐々に道は上りになっていく。およそ5km、ちょうどプリアタンとプジュンの中ほどにさしかかると、通りの両側に民芸雑貨の店が見え始める。山あいの小さな村だが、フルーツカービングなど木彫りの中心地として知られ、最近は自然の葉を使ったノートやユニークなデザインの鏡などを扱うホールセラーも多い。
　バリ有数の美しいライステラスが望める場所としても知られ、緑の棚田を散歩することもできる。

テガラランへのアクセス
　空港からエアポートタクシーで1時間20分（定額運賃はRp.60万）。

左／棚田風景のすばらしさはバリ屈指
右／ライステラス内を散策してみよう

⑤バリ・プリナBali Pulina（Map P.259-A3　TEL（0361)901-728　営業 毎日8:00～18:00）はコーヒー農園＆販売所。眺めのいいカフェで無料試飲ができ、ブランコ施設もある。

クヘン寺院

⚜ 寺院入口を彩る壮麗な石彫り　★★★

Pura Kehen

MAP P.259-A4

神聖な空気が漂う祭礼風景

この地方に盛えたバンリ朝の時代には王国の寺としてあがめられた古刹。11世紀頃、スリ・ブラフマ・クムティ・クトゥ Sri Brahma Kemuti Ketu によって建立されたものといわれ、バンリの北外れ、小高い丘の上から町を見下ろすように建っている。寺院前に着くと、まず見事な石彫りに飾られたテラスに目を奪われる。ワヤンの登場神を彫り込んだもので、これを見るだけでクヘン寺院へ来るかいがある。テラスの石段を上りきった先の境内は、3段に分かれている。入口に近いほうから外境内（ジャバJaba）、中境内（ジャバ・トゥンガJaba Tengah）、奥境内（ジェロアンJeroan）となる。

外境内に涼しげな木陰を造っているのは、樹齢600年を超えるという巨大なバンヤン樹だ。また、奥境内と中境内を仕切る壁に埋め込まれた中国陶器も見逃せない。バンリ王朝と中国との交易関係を示す貴重な資料だ。なお奥境内には、11層のメルや、ヒンドゥー3大神、ブラフマ、シヴァ、ヴィシュヌを祀る祠があり、神聖で厳かな雰囲気があふれている。

プンリプラン

⚜ 美しく保存された伝統村　★★★

Penglipuran

MAP P.259-A4

参道に沿って整然と家が並ぶ

バンリ市街から約5km北にあるこの伝統村では、キンタマーニ、バユン・グデ村から移り住んだとされる人々が、昔ながらの伝統と習慣を守って暮らしている。村はバリの伝統的方位観に基づいてレイアウトされていて、典型的なバリの集落の原形をとどめている。村の中心を走る一本道の両側に整然と並んだ民家は、伝統建築様式を忠実に再現してあり、どの家も同じ家構え。村人の案内により家の中や生活まで自由に見学することが可能で、運がよければ村独特の儀式や祭礼を見ることもできる。

バンリの観光案内所
　バンリ県の見どころ紹介や観光案内のほかに、トレッキング、呪医師バリアン訪問、宗教儀礼見学ツアーなどを催行しているツーリストサービスがある。料金は各種US$15〜25程度で、希望により随時ツアーに参加できる。ウブドのAPA?情報センター（→P.276）で予約代行してくれる。

クヘン寺院
入場 毎日 8:00〜18:00
料金 大人 Rp.5万
　　　子供 Rp.2万5000

色鮮やかなメルの飾り扉

壁に埋め込まれた中国陶器

プンリプラン
入場 毎日 8:00〜17:00
料金 大人 Rp.3万
　　　子供 Rp.2万5000
　ツアーやチャーター車で訪れるのが一般的。

プンリプランの中心にある寺院

ティルタ・ウンプルは聖なる水の寺院です

神秘的な浄化儀式 ムルカッ を体験しよう
世界遺産ティルタ・ウンプルで沐浴

心身を浄化する沐浴 "ムルカッ Merukat" は話題のスピリチュアル体験。
世界遺産にも登録されたティルタ・ウンプルで特別な時間を過ごそう。

① 沐浴場の手前でロッカー代 Rp.1万を支払い、更衣室で着替える

② 沐浴場にある祠に供物を置き、祠の前でバリ式作法で祈りを捧げる

③ 最初に左側の沐浴場に入水し、一番左から順番に沐浴を開始する

④ パンチョラン（水の吹き出し口）の前で水を浴びる前に手を合わせる

聖水は持ち帰れますよ

⑤ 手を合わせたまま無心で頭から水を浴びる。左から順番に浴びていく

⑥ 右側の池に移り左から3番目まで浴びる。浴びる場所は決まっている

ムルカッの体験方法

浄化儀式「ムルカッ」とは聖水が湧き出る寺院の沐浴場や、神聖な滝で行われる。決まった作法があるので必ずバリ人と一緒に赴くこと。バリ島の各旅行会社（→ P.129）では、ガイド同行のプライベートツアーや参加しやすいプログラムを用意している。沐浴の際に身につける服（サロンと腰ひも、上半身はTシャツでOK）のほか、正装と着替え（下着も忘れずに）、タオルを用意すること。

ムルカッ体験スポットとして人気が高いのが、インドラ神が不老不死の水アムルタを湧き出させたとされる伝説の地ティルタ・ウンプル（→ P.332）で、地元の参拝者に交じってツアー旅行者が祈る姿も多い。またスバトゥの滝（→ P.334）はまるで滝行のような沐浴で話題になっている。

沐浴後にも神々に感謝を捧げます

ハミダシ ティルタ・ウンプルはバリ最古のスバック（水利組合）景観が残る「パクリサン川流域」エリアの中心寺院。ムルカッを体験する旅行者も多く更衣室は広くて清潔。腰に巻くサロンもRp.1万でレンタルできる。

王国時代の情緒が残る文化遺産を訪ねてみたい

バリ東部
East of Bali

王朝時代に栄えたバリ東部には訪れたい王宮跡やバリ寺院が多い。
パダンバイやレンボガン島などのビーチエリアのほか、
シドゥメン村も滞在スポットとして人気が高まっている。

スマラプラ ……………………………340
シドゥメン ……………………………344
パダンバイ ……………………………348
レンボガン島＆ペニダ島 ……………352
チャンディダサ ………………………358
トゥガナン ……………………………364
アンラプラ ……………………………366
ブサキ寺院 ……………………………368
トゥランベン …………………………370
アメッド ………………………………372

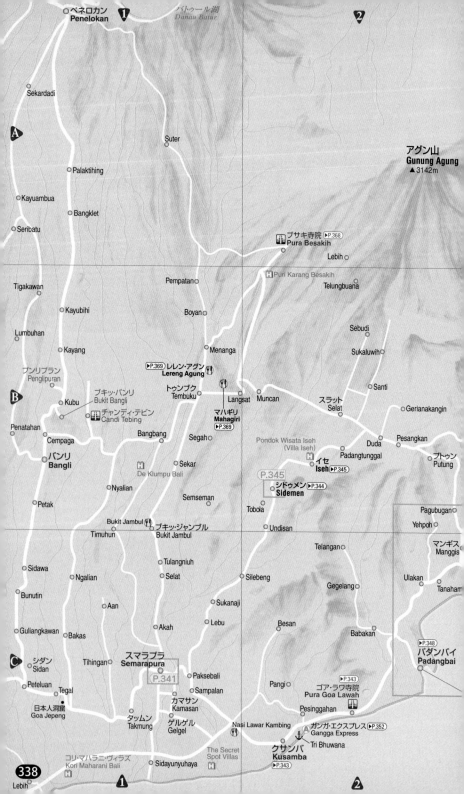

ベネロカン **Penelokan** **1** バトゥール湖 *Danau Batur* **2**

Sekardadi

A Suter

Palaktihing アグン山 **Gunung Agung**
▲ 3142m

Kayuambua

Bangklet

Seribatu ブサキ寺院 **Pura Besakih** ▶P.368

Lebih

Tigakawan Puri Karang Besakih

Pempatan Telungbuana

Kayubihi Boyan Sebudi

Lumbuhan Sukaluwih

Kayang Menanga

プンリプラン ▶P.369 レレン・アグン Santi
Penglipuran **Lereng Agung**

B ブキッ・バンリ トゥンブク Langsat Muncan スラット
Bukit Bangli Tembuku Selat

Kubu マハギリ
Mahagiri Gerianakangin
チャンディ・テビン ▶P.369
Candi Tebing

Penatahan Bangbang Pondok Wisata Iseh Duda Pesangkan
(Villa Iseh)
Cempaga Segah Padangtunggal プトゥン
Putung
バンリ イセ ▶P.345
Bangli Sekar **Iseh**
De Klumpu Bali P.345
Nyalian シドゥメン ▶P.344
Semseman **Sidemen**
Petak Tobola

Bukit Jambul ブキッ・ジャンブル Undisan Pagubugan
Bukit Jambul
Timuhun Yehpoh

Telangan マンギス
Sidawa Tulangniuh **Manggis**
Ngalian Selat Silebeng Gegelang Ulakan
Bunutin Sukanaji Tanaham
Aan Lebu Besan Babakan
Guliangkawan Akah
Bakas Pangi ▶P.348
シダン Semarapura ▶P.343 パダンバイ
Sidan スマラプラ ゴア・ラワ寺院 **Padangbai**
C **Semarapura** Pakselan **Pura Goa Lawah**
Peteluan P.341
Tegal Sampalan Pesinggahan
日本人洞窟 カマサン Nasi Lawar Kambing ガンガ・エクスプレス ▶P.352
Goa Jepeng Kamasan **Gangga Express**
タッムン ゲルゲル Tri Bhuwana
Takmung Gelgel
コリ・マハラニ・ヴィラズ The Secret クサンバ
Kori Maharani Bali Spot Villas **Kusamba**
338 Sidayunyuhaya ▶P.343
Lebih **1** **2**

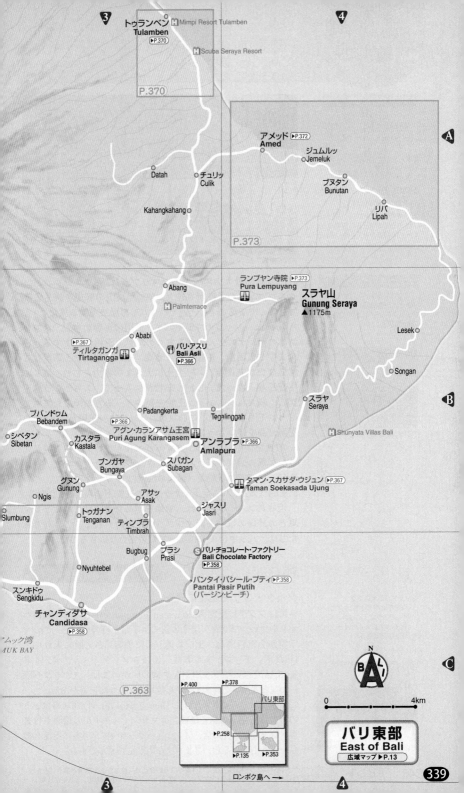

トゥランベン
Tulamben
▶P.370

H Mimpi Resort Tulamben

H Scuba Seraya Resort

P.370

アメッド ▶P.372
Amed

ジュムルッ
Jemeluk

Datah

チュリッ
Culik

プヌタン
Bunutan

Kahangkahang

リパ
Lipah

P.373

ランプヤン寺院 ▶P.373
Pura Lempuyang

スラヤ山
Gunung Seraya
▲1175m

Abang

H Palmterrace

Lesek

ティルタガンガ ▶P.367
Tirtagangga

Ababi

バリ・アスリ
Bali Asli
▶P.366

Songan

ブバンドゥム
Bebandem

Padangkerta

Tegalinggah

スラヤ
Seraya

シベタン
Sibetan

カスタラ
Kastala

アグン・カランアサム王宮
Puri Agung Karangasem

アンラプラ ▶P.366
Amlapura

H Shunyata Villas Bali

ブンガヤ
Bungaya

スバガン
Subagan

グヌン
Gunung

Ngis

アサッ
Asak

タマン・スカサダ・ウジュン ▶P.367
Taman Soekasada Ujung

Slumbung

トゥガナン
Tenganan

ティンブラ
Timbrah

ジャスリ
Jasri

バリ・チョコレート・ファクトリー
Bali Chocolate Factory
▶P.358

Bugbug

プラシ
Prasi

Nyuhtebel

パンタイ・パシール・プティ ▶P.358
Pantai Pasir Putih
（バージン・ビーチ）

スンキドゥ
Sengkidu

チャンディダサ
Candidasa
▶P.358

ムック湾
AUK BAY

P.363

▶P.400 ▶P.378

バリ東部

▶P.258

▶P.135 ▶P.353

0   4km

N
BALI

バリ東部
East of Bali
広域マップ ▶P.13

ロンボク島へ →

スマラプラ
Semarapura

スマラプラの充実度

レーダーチャート項目：
ホテル、ショッピング、グルメ、バリ情緒、アクティビティ、観光スポット、治安、エステ

バリ東部の中心地だが、旅行者が立ち寄るのは王宮の見学のみ。ローカル向きのホテルやレストランも数軒点在している。

スマラプラへのアクセス

スマラプラはデンパサールから40kmほど東にある。空港からエアポートタクシーで1時間（定額運賃はRp.60万）。

ププタン記念碑前の十字路

スマラプラの地名変更

1995年に町の名称はクルンクンからスマラプラに改名された。しかしいまだに多くの人がクルンクンと呼んでいる。

町の中心部にあるスマラプラ市場

古都を象徴するスマラプラ王宮跡のクルタ・ゴサ

バリ東部最大の町であるスマラプラ（旧称クルンクン）は、クルンクン県の県庁所在地だ。300年以上の歴史を誇る古都で、この町を訪ねること、それはバリの歴史を知る旅だ。

16世紀、ジャワのマジャパイト王国の影響のもと、スマラプラの南、ゲルゲルに都をおくゲルゲル王朝が誕生する。古典文学や仮面劇、影絵芝居、音楽、絵画、彫刻など華麗なる宮廷文化が花開き、バリ全土に大きな影響力をもつ、バリの支配王朝となった。しかし18世紀に入って、スマラプラへ遷都して新たにクルンクン王朝を興すと、地方の領主たちもこぞって王国を造った。これ以後、バリは統一王国から、8つの王国が覇を競い合うことになる。

19世紀後半からオランダがバリへ介入を始め、各王国がオランダ軍に滅ぼされた。クルンクン王朝は最後まで戦い続けたが、1908年の壮絶な「最後の抗戦（ププタン）」を経て、ついに王朝は滅び、バリ全土はオランダの支配下に入ることになる。

現在のスマラプラには、栄華を極めた王宮跡と、オランダ軍との最後の抗戦を記すププタン記念碑が残る。この町で私たちは、バリ中世の栄枯盛衰を目の当たりにするのだ。

ORIENTATION　歩き方

クルタ・ゴサを起点に観光

町は**ププタン記念碑**Monumen Puputanを中心に考えればわかりやすい。ププタン記念碑前の十字路が町のヘソで、この十字路から東西南北へ延びる通りの位置関係さえ頭に入れておけばOK。ギャニャール方面へ延びるジャラン・スラパティ Jl. Surapatiを挟んでププタン記念碑の向かいには、スマラプラ随一の見どころ、クルタ・ゴサを敷地内にもつ旧王宮がある。

ジャラン・ディポネゴロJl. Diponegoroに沿った商店街は、この町で最も活気のある場所。カマサン・スタイルの絵画や竹楽器アンクルンを売る店、アンティークショップ、さらに生活必需品を扱う小売店など、さまざまな店が建ち並んでいる。

！ヒント かつてゲルゲル朝やクルンクン朝が栄えたスマラプラの町には、昔ながらの風情が漂う。クルタ・ゴサを訪れたらジャラン・ディポネゴロやジャラン・ガジャマダの商店街を散策してみるのも楽しい。

SIGHTSEEING おもな見どころ

カマサン・スタイルの天井画は必見！ ★★★

クルタ・ゴサ（スマラプラ王宮跡）
Kertha Gosa (Puri Semarapura)

MAP P.341

バリ東部で最も重要な文化遺産。入口の正面にある**バレ・カンバン** Bale Kambangは、池の中に浮かぶように建てられている。ゲルゲル王朝時代、王家の人々の休息所として使われた建物を1940年代に復元したもので、周りを取り囲むよう装飾された石彫り、柱に施された木彫り、そしてラーマヤナなどの神話を題材にしたカマサン・スタイルの天井画が見事だ。

敷地の北東側に建つ小さな棟は**クルタ・ゴサ**（＝サンスクリット語で裁判所の意味）で、この王宮跡全体の呼び名にもなっている。地方レベルでは解決できない問題を裁いた場所で、ここの天井にもカマサン・スタイルの絵が描かれている。こちらの絵は、さまざまな道徳的、宗教的な教えをモチーフにしている。例えば、姦通罪を犯した人間は、死後、性器を切ったり焼かれたりするといった「地獄絵」などには、思わず苦笑させられてしまうはずだ。

敷地の西側にある大きな建物は博物館。クルンクン近郊の出土品や、ゲルゲル、クルンクン両王朝時代の玉座、槍、剣、金銀の器、あるいは当時の写真や絵などが展示されている。特に

オランダ軍との最後の抗戦（ププタン）を描いた油絵は迫力があるので、じっくりと鑑賞したい。

クルタ・ゴサの天井を彩る宗教絵画

王宮の栄枯盛衰を感じさせるバレ・カンバン

クルタ・ゴサ
入場 毎日 8:00〜17:00
料金 大人 Rp.5万
　　 子供 Rp.2万5000
※ププタン記念碑の入場料も含まれている。

博物館に展示されたププタンの絵でバリの歴史を知ろう

ガイドと名乗る男性に注意
クルタ・ゴサの入口にはガイドと名乗る男性がいる。断っても旅行者に付いてきて話し続け、最後にチップを要求してくるので注意。また寺院ではないのでサロン（腰巻布）やスレダン（帯）の着用は必要ない。

スマラプラ Semarapura
広域マップ ▶ P.338-C1

ブサキ寺院へ
Jl. Gunung Batur
Jl. Yos Sudarso
警察署
BRI
Jl. Gunung Batukaru
P.342
ププタン記念碑
Monumen Puputan
スーパー
ジャラン・スラバティ
Jl. Surapati
ナイトマーケット
Pasar Senggol
Jl. Besakih
Holland Bakery
Jl. Gajah Mada
ジャラン・ディポネゴロ
商店街
ギャニャールへ
博物館
ププタン広場
Medan Puputan
バレ・カンバン
クルタ・ゴサ
（スマラプラ王宮跡）
Kertha Gosa
P.341
駐車場
Jl. Cempaka
Jl. Mawar
パサール・カイン
Pasar Kain
Jl. Puputan
Jl. Teratai
Jl. Nakula
Sumber Rasa
スマラプラ市場 P.342
Pasar Seni Semarapura
ショッピングモール
Jl. Darmawangsa
Jl. Diponegoro
パダンバイ、アンラプラへ
0　　　　200m

Jl. Gunung Agung

ププタン記念碑
Monumen Puputan

`MAP P.341`

ププタン記念碑
入場 毎日10:00～17:00
料金 クルタ・ゴサ入場料に含まれる。

オランダ抗戦の歴史を伝えるププタン記念碑

オランダ軍との最後の抗戦（＝ププタンとは壮絶な戦闘の意）に参加した義勇兵の命を労うモニュメント。スマラプラ王国はオランダ軍に対してずっと抵抗を続けたが、1908年にはついに敗れてしまう。内部には昔の王家の暮らしぶりやオランダとの戦闘などが、時代に沿ってジオラマで展示されている。なお、このジオラマで紹介されている「日本人洞窟」は、太平洋戦争中に日本軍が掘った洞窟のことで、スマラプラからギャニャール方面へ向かう道路沿いに今も残っている。

ププタンの場面を描いたジオラマ

スマラプラ市場
Pasar Seni Semarapura

`MAP P.341`

スマラプラ市場
市場がにぎわうのは早朝から昼ぐらいまで。パサール・カインは9～16時頃に営業する店が多い。

ソンケットの種類も豊富

スマラプラ中心部にあるにぎやかなローカル市場。敷地の南側には**パサール・カイン**Pasar Kainと呼ばれるイカットやソンケットなど布地専門の市場もある。イカットはRp.35万～、ソンケットはRp.150万～（要値段交渉）。素材や使っている染料、クオリティにより値段は違ってくる。トゥガナン村のグリンシンも扱われている。

多彩な柄の布地が売られている

column

生活に今も息づく呪医師バリアン

バリの人々は体の変調や不妊相談から、最近家族に不幸が多いなど、日常生活で何かよくないことがあるとバリアンに相談をもちかける。バリアンとは占いや透視、神との交信によって問題を解決する、いわゆる霊能者や伝統的治療法に精通した呪医師のこと。相談にきた人々に「家のここにお供え物をしなさい」とか「清めの儀式が必要」などとアドバイスを行っている。と、聞くと「なんて非科学的な！」と思ってしまいがちだが、バリは精霊のすむ不思議な島。一見不可解な、魔術的なことがまかりとおってしまうことも多いのだ。それに、バリアンからの神託を実行することで、心の平安が得られるということも、バリ人にとっては大切なこと。実際、バリ在住の外国人でもバリアンのお世話になることがあるほどだ。

バリアンとひと口にいえども、そのスタイルはさまざま。祈りによって神からのお告げを聞く人もいれば、自らの体に神や先祖の霊を降臨させ、イタコのように話をする人もいる。そのほか、患者の体や持ち物に触れることで不調の原因を解き明かしたり、占いをしたりすることもある。当たると評判のバリアンは口コミで広まって、わざわざ遠方から込み合っていて大忙し。

バリ人の生活にバリアンは欠かせない

そして治療の方法がさまざまなら、性格もさまざま。なかには、患者に対して怖がらせるようなことをたくさん言い、何度も通わないとよくならないなどと半ば脅しをかけるようなバリアンもいるとかいないとか。評判の高いバリアンは、患者に必要以上の恐怖感を与えないものだ。

投稿 スマラプラ市場内の「パサール・カイン」はこの地方で織られたイカットやソンケットの宝庫。デザインや品質により値段はピンキリでメーター売りの生地もあります。（大阪府　ケンU）['23]

❀EXCURSION　近郊の見どころ

❀昔ながらの塩田が広がる村　★★★

クサンバ
Kusamba

MAP P.338-C2

　スマラプラから6km東にある塩田の村。黒砂の浜辺では、海水を天日で乾かし塩を採るという、昔ながらの製塩が行われている。男も女も、ヤシ袋で海水をくみ取り、天秤棒で担いで、揺らしながら海水を砂にまく。何度も何度もこの作業を繰り返し、塩田を造っていく。ここで作られる塩は粗塩で、日本ではあまり見かけることのないものだが、海外へも輸出されているという。

　ゲルゲル王朝時代は武器を造る鍛冶屋が多く住む村として栄え、18世紀中頃、オランダ軍がバリ全土を制圧にかかったときには、大規模な戦闘がここで繰り広げられた。

クサンバの砂浜に並ぶ塩田

昔ながらの方法で海水をくみ、砂にまき、塩田を造る

クサンバへのアクセス
　スマラプラ〜アンラプラの間にある。スマラプラから車で約15分。

クサンバのジュクン
　漁師村でもあるクサンバの浜辺には、色とりどりのジュクン（小船）が並ぶ。これらジュクンは漁に使われるほか、バドゥン海峡に浮かぶペニダ島への食料運搬や交通手段にも使われている。

❀数千羽のコウモリが洞窟にすむ　★★★

ゴア・ラワ寺院
Pura Goa Lawah

MAP P.338-C2

　クサンバから4kmほど東にある古刹。ゴアは洞窟、ラワはコウモリを意味している。1007年、聖人ウンプ・クトゥランEmpu Kuturanによって建立されたといわれる古い寺院で、観光客や大勢のバリ人参拝客でにぎわっている。

　境内には11層、7層のメルが建ち、いちばん奥に名前の由来でもあるコウモリの洞窟がある。洞窟内には無数のコウモリがすむといわれており、洞窟入口付近でも数千羽ものコウモリが羽を休めたり、飛び回ったりして、一種異様な雰囲気だ。また、洞窟にまつわる伝説に次のような話もある。ムングウィ王国の王子が許可を得、ゴア・ラワ洞窟探検に出かけた。洞窟内に入って行った王子は、いつまでたっても戻って来ることがなく、次に王子を見かけたのはブサキ寺院だったという。そのためこの洞窟は、およそ20km北にあるバリ・ヒンドゥーの総本山ブサキ寺院まで続いていると信じられている。

ゴア・ラワ寺院へのアクセス
　クサンバから車で約5分。

ゴア・ラワ寺院
入場　毎日 8:00〜18:00
料金　大人 Rp.2万5000
　　　子供 Rp.1万5000

コウモリがすむ洞窟の前でお清めも行われる

ゴア・ラワ寺院
Pura Goa Lawah
広域マップ▶P.338-C2

ここに洞窟がありコウモリが群棲している
11層のメル
御神木
アリン アリン
記帳場
7層のメル
売店
集会場
駐車場
トイレ
黒砂ビーチ
バリ人礼拝用入口
←クサンバへ
パダンバイ、チャンディダサへ→

🔺ハミダシ　天日干しで作られるクサンバの塩はミネラル豊富で、まろやかな甘味も感じられる（特におにぎりに最高！）。近年は精製塩と混ぜたり、別の産地の塩をクサンバ産として売られることもあるので注意。

バリ東部

スマラプラ ≫ おもな見どころ／近郊の見どころ

シドゥメン

Sidemen

昔ながらののどかな農村風景が広がっている

シドゥメンの充実度

```
        ホテル
        5
エステ   4   ショッピング
        3
        2
治安     1      グルメ

観光スポット        バリ情緒

   アクティビティ
```

旅行者用の施設はまだ少なく、レストランの多くはホテルに併設されている。ワルンも村に数軒のみ。

シドゥメンへのアクセス

空港からエアポートタクシーで2時間（定額運賃はRp.65万）。
南部リゾートエリアから車で1〜1.5時間、ウブドから約1時間。車のチャーターで訪れるのが一般的。

シドゥメンの両替事情

ワルンやショップが兼業する両替所が数ヵ所あるが、レートはよくない（営業中でも担当者不在で対応しない場合もある）。クレジットカードが利用できるホテルもまだ少数のみ。シドゥメンに来る前に、必要な現金を用意しておこう。

スマラプラから15kmほど北東、アグン山の麓に位置する風光明媚な農村。ソンケットと呼ばれる伝統的な織物を産業とするこの村は、ドイツ人芸術家のヴァルター・シュピースなど数々の外国人を魅了してきた。それはこの村に田園風景や豊かな自然がもたらす、心地のよいエネルギーが満ちているため。ヨガや瞑想をする人にも人気のパワースポットとして注目されている。

ORIENTATION　歩き方

昔ながらのバリが感じられる素朴な村

スマラプラ〜アンラプラを結ぶ街道沿いにある市場がシドゥメン中心部。周辺にはワルンや織物ショップが並んでいる。市場から南へと延びる道沿い（ウンダ川とほぼ並行している）には、田園風景のなかにホテルが点在。山地にあるので坂が多く、距離のわりに移動に時間がかかる。ほとんど外灯がないので、夜歩きには懐中電灯が必携。夜は冷え込むので、セーターなども用意しよう。

南国フルーツも売られているシドゥメンの市場

information　伝統村のテキスタイルを入手

シドゥメン村はソンケットやウンダックといった手織り布が特産品として知られている。村の東側にある**S**プランギ Pelangi（Map P.345-A2 TEL 0813-3773-7555 携帯 営業 毎日8:00〜18:00）は、おもに地場産の布地を扱う専門店。芸術作品のような絣織りのウンダック（Rp.50万〜）やソンケット（Rp.140万〜）などが豊富に展示さ

れている。地階にある工房では十数人もの村人が布を織っており、日中の時間帯は見学もできる。

伝統工芸品の工程を見学してみよう

投稿 シドゥメンには街灯がなく新月の夜は足元が見えないほど真っ暗なので驚きました。夕飯後に宿へ帰る際はスマホのライトが役立ちます。満天の星空も美しかったです。（バリ島在住　マコ）['23]

ACTIVITY アクティビティ

田園トレッキングへ出かけよう

　農村地帯をのんびり散策することは、シドゥメンでの大きな楽しみ。美しい田園風景があちこちに広がっているので、気に入ったポイントであぜ道を歩いてみよう。稲穂を揺らす風にほおをくすぐられながら進めば、農作業小屋で遊ぶ子供たちやのんびりと草をはむ牛など癒やしの光景が広がっている。アグン山と田園風景を一望できるビューポイントへ行く場合は、宿泊ホテルでガイドを頼むといい。

牛を使っての農耕作業が見られる

田園トレッキングのガイド
　ホテルで田園トレッキングのガイドを手配できる（ほとんどスタッフの知り合いの村人）。時間帯は朝と夕方が選べ、英語のガイド付きで1時間Rp.9万5000 〜。ルートや所要時間などはガイドと相談しよう。

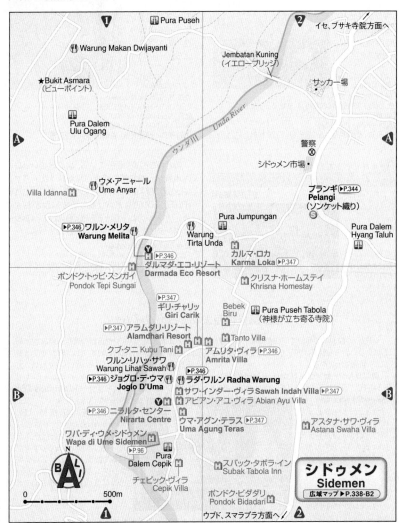

1 Pura Puseh
2 イセ、ブサキ寺院方面へ

Warung Makan Dwijayanti

Jembatan Kuning
（イエローブリッジ）

★Bukit Asmara
（ビューポイント）

サッカー場

Pura Dalem
Ulu Ogang

ウンダ川 Unda River

警察
シドゥメン市場

A

ウメ・アニャール
Ume Anyar

Villa Idanna

プランギ ▶P.344
Pelangi
（ソンケット織り）

▶P.346 ワルン・メリタ
Warung Melita

Pura Jumpungan

Warung
Tirta Unda

Pura Dalem
Hyang Taluh

▶P.346
ダルマダ・エコ・リゾート
Darmada Eco Resort
ポンドク・トゥピ・スンガイ
Pondok Tepi Sungai

カルマ・ロカ
Karma Loka ▶P.347

クリスナ・ホームステイ
Khrisna Homestay

▶P.347
ギリ・チャリッ
Giri Carik

Bebek
Biru

Pura Puseh Tabola
（神様が立ち寄る寺院）

▶P.347 アラムダリ・リゾート
Alamdhari Resort

Tanto Villa

クブ・タニ Kubu Tani

アムリタ・ヴィラ ▶P.346
Amrita Villa

ワルン・リハッ・サワ
Warung Lihat Sawah

▶P.346
▶P.346 ジョグロ・デ・ウマ
Joglo D'Uma

ラダ・ワルン Radha Warung

B

サワ・インダー・ヴィラ Sawah Indah Villa ▶P.347

アビアン・アユ・ヴィラ Abian Ayu Villa

▶P.346 ニラルタ・センター
Nirarta Centre

ウマ・アグン・テラス ▶P.347
Uma Agung Teras

アスタナ・サワ・ヴィラ
Astana Swaha Villa

ワパ・ディ・ウメ・シドゥメン
Wapa di Ume Sidemen

▶P.96

Pura
Dalem Cepik

チェピック・ヴィラ
Cepik Villa

スバック・タボラ・イン
Subak Tabola Inn

シドゥメン
Sidemen
広域マップ ▶P.338-B2

0　　　　500m

ポンドク・ビダダリ
Pondok Bidadari

ウブド、スマラプラ方面へ 2

レストラン Restaurant

各国からの旅行者増にともなって、新しいレストランがオープンしている。
どこもインドネシア料理や、パスタなどのインターナショナル料理がメイン。
心地よい田園風景を眺めながら、のんびりと食事が楽しめる。

コロニアルな内観でのんびり
ワルン・メリタ
Warung Melita

MAP P.345-A1

ダルマダ・エコ・リゾート内にあり、川のせせらぎが聞こえてくる静かなロケーション。ソト・アヤム（Rp.5万5500）やポークヌードル（Rp.7万5000）などメニューいろいろ。郷土料理セットのバリニーズ・ムギブン（Rp.10万5500）は当日2時間前までに予約を。

スイーツメニューも充実している

住所 Br. Tebola, Sidemen
TEL 0853-3803-2100（携帯） 予算 ★★★★
営業 毎日7:30 〜 21:00（L/O→20:30）
税&サ +16% カード MV
予約 不要 MENU 英語 ⚐英語OK Wi-Fi 無料

開放感のある景観を満喫
ジョグロ・デ・ウマ
Joglo D'Uma

MAP P.345-B1

丘の麓まで広がる田園風景が望める、ジョグロ建築のレストラン。料理はチキンカレー（Rp.6万5000）やミーゴレン（Rp.6万5000）など定番メニューが中心。フレッシュジュース各種はRp.3万〜。ハイシーズンのランチタイムは混み合うので注意しよう。

ビュースポットとして人気が高い

住所 Br. Tebola, Sidemen
TEL 0819-1566-6456（携帯） 予算 ★★★★
営業 毎日11:00 〜 21:00
税&サ +15% カード MV
予約 不要 MENU 英語 ⚐英語OK Wi-Fi 無料

素朴な郷土料理が楽しめる
ラダ・ワルン
Radha Warung

MAP P.345-B1

南国の花々が咲き誇っている

のどかな村道に面している、居心地のいいローカル食堂。鶏を蒸し焼きにしたトゥム・アヤム（Rp.5万3000）や豚串焼きのサテ・リリッ・バビ（Rp.5万2000）などバリ島の名物料理がおすすめ。テンペ・カレー（Rp.3万8000）など、ヘルシーなベジタリアンメニューも用意されている。

住所 Br. Tebola, Sidemen
TEL 081-2363-8284（携帯） 予算 ★★★★
営業 毎日12:00 〜 22:00 税&サ 込み カード不可
予約 不要 MENU 英語 ⚐英語少々 Wi-Fi 無料

---

information
田園風景に囲まれてヨガタイム

シドゥメンにはヨガ目的で滞在する欧米からの旅行者も多い。ヨガ教室は専用スタジオをもつホテルなどで開催されている。**ニラルタ・センター Nirarta Centre**（Map P.345-B1 TEL 0811-388-0065 携帯 URL www.awareness-bali.com）はメディテーションとヨガに特化した宿泊施設。講師のマンク・マントラ氏によるバユ・スーリヤ・ヨガ＆メディテーションは、呼吸法とアーサナ、瞑想を組み合わせた独自

瞑想も組み込まれたニラルタ・センターのヨガ教室

のプログラム。哲学や宇宙観の講話も組み込まれており、中級〜上級者におすすめ。瞑想教室は毎日16:00〜（1時間Rp.30万）。リクエストすればヨガ教室もアレンジしてくれる。
ダルマダ・エコ・リゾートDarmada Eco Resort（Map P.345-A1 TEL 0853-3803-2100 携帯 URL www.darmadabali.com）は、ウンダ川沿いに建つ自然派ホテル。初心者向けのヨガ教室を開催しており、プログラムの時間はリクエストできる。ヨガレッスンは予約制で1時間Rp.20万〜25万。

アムリタ・ヴィラAmrita Villa（Map P.345-B2 TEL 0852-3899-5701 携帯）はアットホームな全2室のホテル。⑤Rp.68万2000〜。ハーバル・トレッキングも開催している。

ホ テ ル 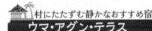 Ｈｏｔｅｌ

ウンダ川沿いにホテルが50軒ほど点在しているが、どこも客室数が少ない。
8月や年末年始は混み合うので事前予約を心がけること。
各ホテルで田園トレッキングなどの手配もしてくれる。

村にたたずむ静かなおすすめ宿
ウマ・アグン・テラス
Uma Agung Teras　　MAP P.345-B1

ヨーロッパからの旅行者に人気がある、全12室のバンガロー。2階建ての部屋は東に面し

田園ビューのプールを完備している

ており、ホテル前に広がる田園風景が朝から美しい。レストランやマッサージ施設など、設備も充実している。WiFi 客室OK・無料

住所 Banjar Tebola, Sidemen
TEL 0813-1377-7992(携帯)
URL sidemanvilla.com
税&サ 込み　カード MV
料金 AC TV TUB スーペリアⓂRp.50万～
　　 AC TV TUB デラックスⒹRp.65万～
　　 AC TV TUB ファミリー Rp.80万～
空港→車で2時間(片道1台Rp.50万で送迎可)

プールから緑の景観をひとり占め
サワ・インダー・ヴィラ
Sawah Indah Villa　　MAP P.345-B1

田園沿いの細長い敷地に建つ全14室のホテル。プールからの眺めはシドゥメンでもトップクラス。バジェットの部屋は手狭なので、2名での滞在ならデラックス以上のカテゴリがおすすめ。WiFi 客室OK・無料

美しい景観をプールサイドで満喫

住所 Br. Tebola, Sidemen　TEL 0819-9924-2978(携帯)
税&サ 込み　カード MV
料金 AC TV TUB バジェットⒹRp.55万～
　　 AC TV TUB デラックスⒹRp.90万～
　　 AC TV TUB バンガローⒹRp.150万～
空港→車で2時間(片道1台Rp.55万で送迎可)

客室が広くて快適
アラムダリ・リゾート
Alamdhari Resort　　MAP P.345-B1

田園風景を望む全17室のホテル。客室は天蓋付きのベッドなどバリ情緒たっぷりで、広々としたバルコニーも完備。ファミリールームは4人まで同一料金で宿泊可。WiFi 客室OK・無料

眺めのいい2階の部屋がおすすめ

住所 Br. Tebola, Sidemen
TEL 0816-1574-6774(携帯)
URL www.alamdharivilla.com　税&サ 込み　カード MV
料金 AC TV TUB デラックスⒹRp.100万～
　　 AC TV TUB ファミリー Rp.150万～
空港→車で2時間(片道1台Rp.55万～で送迎可)

シドゥメンの老舗バンガロー
カルマ・ロカ
Karma Loka　　MAP P.345-A2

親日家のオーナーが経営する全9室の宿。中心部にあるが敷地から田園風景やアグン山を望める。WiFi 客室OK・無料

テラスから美しい田園を眺められる

住所 Br. Tebola, Sidemen　TEL 0877-6252-7835(携帯)
税&サ 込み　カード MV
料金 AC TV TUB スーペリアⒹRp.55万～
　　 AC TV TUB デラックスⒹRp.65万～
　　 AC TV TUB ファミリーバンガロー Rp.95万～
空港→車で2時間

気軽に滞在できるおすすめ宿
ギリ・チャリッ
Giri Carik　　MAP P.345-B1

部屋からも雄大な景色が楽しめる全5室の宿。部屋は簡素で狭いが、スタッフはフレンドリー。レンタルバイクも1日Rp.7万5000で手配可。WiFi 客室OK・無料

コンパクトだが清潔な室内

住所 Br. Tebola, Sidemen　TEL 0813-3955-4604(携帯)
税&サ 込み　カード MV
料金 AC TV TUB ホットシャワーⒹRp.45万～
空港→車で2時間

ホテル設備の記号一覧 AC=エアコン TV=テレビ TUB=バスタブ WiFi=ネット環境 =プール =レストラン =スパ =室内金庫 =冷蔵庫 =ドライヤー =日本語スタッフ =朝食

ロンボク島へのフェリーが発着する、美しい珊瑚礁に囲まれた静かな漁村

パダンバイ
Padangbai

パダンバイの充実度

```
           ホテル
            5
            4
エステ       3      ショッピング
            2
            1
治安                    グルメ

観光スポット              バリ情緒

    アクティビティ
```

ホテルやレストランはバックパッカー向けの施設がほとんど。のどかな雰囲気が漂っている。

パダンバイへのアクセス

空港からエアポートタクシーで80分（定額運賃はRp.65万）。

プラマ社（→P.428）のシャトルバスは、クタ（7:00発）、サヌール（7:30発）、ウブド（8:30発）から毎日各1本（所要1.5～2時間、Rp.10万～12万5000）。復路はパダンバイ13:30発。そのほかアメッドからも毎日1本（所要1.5時間、11:30発、Rp.15万）運行している。

配車サービスの利用状況
パダンバイはGrabやGojekでは特別料金が設定されているエリアで、通常の運賃よりも割高。車チャーターの手配がおすすめだ。

ロンボク島へのフェリー
URL www.indonesiaferry.co.id
レンバル港へは毎日60分間隔でフェリーが運航（24時間運航）。所要4時間で、Rp.4万6000。

ギリへのスピードボート
ロンボクのギリ・トゥラワガンまでは数社がスピードボートを運航。所要1.5時間ほどだが、かなり揺れるので注意。

●ギリギリGiligili
TEL 0818-0858-8777（携帯）
URL www.giligilifastboat.com
パダンバイ発8:30、ギリ・トゥラワガン発10:30。片道Rp.55万、往復Rp.79万。

ボートが並ぶ浜辺はスノーケリングスポットとしても人気

スマラプラとチャンディダサの間にある小さな漁村。古くから天然の良港として知られ、ロンボク島へのフェリーも発着している。静かな青い海は透明度が高く、バリ有数のダイビングスポットとしても有名。旅行者向けの施設は、ホテルやレストランなどひととおり揃っている。素朴な村の雰囲気を楽しみながら、のんびり静かに休日を過ごすにはおすすめの場所だ。

ORIENTATION　　歩き方

ビーチ沿いが目抜き通り

ロンボク島間のフェリーが発着する埠頭から、北西の市場へ延びるメインロードが地元の人たちのエリア。ベモステーションや銀行などはこの周辺に点在している。そして埠頭の東側、ビーチ沿いのジャラン・シラユッティ Jl. Silayukti沿いが、簡素なバンガローやレストランが並ぶ観光客のエリアとなっている。

アムック湾に面したビーチは白砂で、目の前の海は美しいブルーのグラデーションを見せる。透明度のよさ、サンゴの豊富さ、そして魚影の濃さでバリを代表するダイビングポイントとなっており、毎日のようにダイバーがこの村へやってくる。

Power Push!

秘密の浜辺ブルーラグーン

断崖の下にあるブルーラグーン・ビーチ Blue Lagoon Beach（Map P.349-A2外）は、パダンバイ滞在者に人気の高いビーチ。中心部からジャラン・シラユッティを東へと進み、分かれ道を左に入って丘を登り、駐車場の広場から階段を下り、ワルンの所まで来ると突如目の前に出現する。黒々とした岩壁と白く美しいビーチ、そして海の青さが絶妙のコントラストだ。スノーケリングやダイビングのスポットとしても知られ、のんびり過ごす欧米人たちの姿も多い。ブルーラグーンのビーチにはワルンがふたつあり、シャワーやトイレも使え、スノーケリング器材（1日Rp.3万5000～）やデッキチェア（1日Rp.4万～）のレンタルも行っている。

心身を解放する静かな時間を

ヒント　パダンバイからロンボク島ギリへのスピードボートは、雨季の悪天候だと3時間半ほどずっと揺られっぱなしとなる。トイレ設置なしのボートも多いので、乗船前に必ずトイレを済ませておくこと。

SIGHTSEEING　おもな見どころ

岬に建つ聖なる寺院 ★★★

シラユッティ寺院
Pura Silayukti

MAP P.349-A2 外

ジャワ島から渡ってきた高僧ウンプ・クトゥランが住んだ場所としてあがめられている寺院。祭礼時にはバリ島各地から参拝者が集まる。岬にはシラユッティ寺院を中心に、聖水が湧き出るテラガ・マス寺院や、ウンプ・ク

サロンを着用して境内を見学してみよう

トゥランの瞑想所でもあったパヨガンと呼ばれるパワースポットも点在している。

シラユッティ寺院
入場 随時
料金 無料
※サロン、スレンダンの貸し出しはないので、各自で用意すること。

パダンバイのダイブショップ
Absolute Scuba(Map P.349 -A2 TEL 0821-4458-1655 携帯 URL www.absolutescuba bali.com)はプールが併設されており、ライセンス取得にも便利。2ダイブRp.120万〜、オープンウオーター取得Rp.540万〜。

ACTIVITY　アクティビティ

マリンスポーツを満喫

静かな入江沿いにあるパダンバイは、ダイビングスポットとしても人気。遠浅でサンゴが多く、波も穏やかなので初心者でも楽しめる。ジャラン・シラユッティ沿いにはダイブショップが多く、ボートエントリーで海中世界を堪能できる。スノーケリングにはブルーラグーン・ビーチ(→P.348)がおすすめ。

透明度の高い海はダイバーにも人気

スノーケリングの器材はビーチでレンタルできる

パダンバイ Padangbai
広域マップ ▶P.363-B1

P.351 オーケーダイバーズ・リゾート OK Divers Resort
ザ・コロニアル The Colonial P.350
ブルーラグーン・ビーチ P.348
ブルーラグーン・ビレッジへ200m

スラガン・イン2 Serangan Inn 2
パダンバイ ビーチ・イン1 Padangbai Beach Inn 1
Gecko Dive

オマン・オマン Omang Omang P.350
プリ・ライ Puri Rai

Bagus Homestay
小学校
ディースティール D'Steel P.350
クルティ Kerti

オゾン・カフェ Ozone Cafe P.350
Gili Gili
Absolute Scuba P.349
パダンバイ・ビーチ・リゾート Padangbai Beach Resort P.351

Kembar Inn
ロンボク島(ギリ)&ペニダ島行きスピードボート乗り場

Dharma Homestay

市場
Warung Lesehan
ロンボク島(ギリ)行き船のチケット売り場

Warung Bu Jero
ペニダ島行き船のチケット売り場

BRI(ATM)
ゼン・イン Zen Inn P.351
ゲート
駐車場

アンラプラ〜スマラプラ道路まで2km

郵便局
モスク
ASDPオフィス
フェリー切符売り場

アムック湾 Teluk Amuk

ビアス・トゥガル・ビーチへ1km
アロラ・イン Alola Inn P.351
ロンボク島(レンバル)&ペニダ島行きフェリー乗り場

0　200m

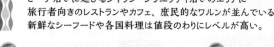

レストラン Restaurant

ビーチ沿いに延びるジャラン・シラユッティ沿いのエリアに
旅行者向けのレストランやカフェ、庶民的なワルンが並んでいる。
新鮮なシーフードや各国料理は値段のわりにレベルが高い。

パダンバイでのナイトライフならここ
オマンオマン
Omang Omang 　MAP P.349-A2

　陽気なスタッフたちが切り盛りするパダンバ
イきってのおしゃれなダイニング。ブラックペッ
パービーフ（Rp.9万5000）やナチョス・ビーフ
（Rp.8万5000）などメニューが充実。モヒート
（Rp.8万5000）や地酒
を使ったアラック・マ
ドゥ（Rp.4万5000）など
カクテルも豊富だ。
月曜の夜にはライブ
演奏も楽しめる

住所 Jl. Silayukti, Padangbai
TEL (0363)438-1251　予算 ★★★
営業 毎日7:00 ～ 22:30(L/O→21:30)
税&サ 込み　カード MV　予約 不要
MENU 英語　英語OK　Wi-Fi 無料

シーフードが満喫できる人気店
ディースティール
D'Steel 　MAP P.349-A2

　新鮮な海の幸を提供するカジュアルな雰囲気の
レストラン。シーフードのBBQはスナッパー(Rp.2
万5000/100g)や、エビ(Rp.3万5000/100g)な
ど。スパイシーな味つけのフィッシュカレー(Rp.4
万2000)も店のおすす
めだ。コーヒーやフルー
ツ・スムージーはRp.2
万5000 ～。

おすすめメニューは
入口でチェック

住所 Jl. Silayukti, Padangbai
TEL 0812-4626-049(携帯)　予算 ★★★
営業 毎日7:00 ～ 23:00(L/O→22:30)
税&サ +11%　カード MV　予約 不要
MENU 英語　英語OK　Wi-Fi 無料

海辺のカフェはデザートもおすすめ
ザ・コロニアル
The Colonial 　MAP P.349-A2

　ダイブショップに併設されたプールを囲むレス
トラン。パッタイ(Rp.6万9000)やナシチャンプ
ル・バリ(Rp.6万9000)など各種アジアン料理が
楽しめる。バナナ＆ジャックフルーツ・プラッター
(Rp.3万9000) など、女
子ウケするカフェ系のメ
ニューも充実。

ティータイムの利用に
もおすすめ

住所 Jl. Silayukti No.6, Padangbai
TEL 0811-3978-837(携帯)　予算 ★★★★
営業 毎日7:00 ～ 23:00(L/O→22:30)
税&サ +10%　カード MV　予約 不要
MENU 英語　英語OK　Wi-Fi 無料

ゆっくり過ごせるカフェバー
オゾン・カフェ
Ozone Cafe 　MAP P.349-A1

　中心部にあるカジュアルなレストラン。カウン
ターやテーブル席のほかに、靴を脱いでくつろ
げる小上がり席もある。インドネシア料理のほ
か、ハンバーガー(Rp.4万5000 ～)やブルスケッ
タ(Rp.2万2000) など
の軽食も充実しており、
バー感覚で利用するの
もいい。

各国からの旅行者で
にぎわっている

住所 Jl. Silayukti, Padangbai
TEL 0831-1446-5255(携帯)　予算 ★★★★
営業 毎日8:00 ～ 23:00(L/O→22:00)
税&サ 込み　カード 不可　予約 不要
MENU 英語　英語OK

写真映えする白砂のビーチへ

　「ホワイトサンドビーチ」の通称でも親しまれてい
る**ビアス・トゥガル・ビーチ**Pantai Bias Tugel(Map
P.363-B1)。もともとは地元カップルたちの穴場的
なデートスポット
だったが、ビーチ
への道が整備さ
れ、近年はインス

フォトジェニックス
ポットとして人気

タグラマー注目のスポットとなっている。
　フェリー乗り場から南西へ延びる道を1kmほど進
んで入口ゲートへ(入場料Rp.5000を支払う)。ゲー
トの先はビーチに続く階段で、整備された木立の中
を10分ほど下ると、静かな入江に到着。やわら
かな弧を描いて延びる白砂のビーチと真っ青な海のコ
ントラストがとても美しい。浜辺にはワルンが数軒
あり、食事のほかパラソル付きビーチベッドのレン
タル(1日Rp.10万)もできる。

　✏投稿　ビアス・トゥガル・ビーチはブルーラグーンよりも旅行者が少なく、民家や街灯がない道も通ります。
歩いても行けますが宿泊先に車で送迎を頼むのがおすすめです。（神奈川県 SATE）['23]

ホテル　Hotel

ジャラン・シラユッティ沿いの中心部に中級～格安の宿泊施設が集まっている。欧米からのバックパッカーたちに人気の高いビーチエリアなので、ハイシーズンのチェックインは早めにしておくほうがいい。

風景に溶け込む自然派バンガロー
ブルーラグーン・ビレッジ
Bloo Lagoon Village　MAP P.363-B1

海を望む小高い丘の上に建っている

パダンバイ中心部から徒歩5分ほど、ブルーラグーン・ビーチの断崖の上に建つ全25室のエコホテル。素朴な環境との共存をモットーとし、欧米からの長期滞在者やファミリーに人気だ。**Wi-Fi** 客室OK・無料

住所 Blue Lagoon Beach, Padangbai
TEL (0363)41-211
URL blooolagoon.com
税&サ 込み　カード **M** **V**
料金 **AC** **TV** **TUB** 1ベッドルームRp.265万～
　　AC **TV** **TUB** 2ベッドルームRp.310万～
空港→車で1時間30分(片道1台Rp.50万で送迎可)

ダイビング三昧にぴったり
オーケーダイバーズ・リゾート
OK Divers Resort　MAP P.349-A2

人気ダイブショップに併設された全30室の快適なホテル。緑豊かな中庭のプールに面して、白亜のオシャレな客室棟が建っている。客室は3階建てだが採光のよい2階以上の部屋がおすすめ。**Wi-Fi** 客室OK・無料

南国ムードたっぷりのリゾート

住所 Jl. Silayukti No.6, Padangbai
TEL 0811-3858-830(携帯)
URL www.okdiversbali.com　税&サ 込み　カード **M** **V**
料金 **AC** **TV** **TUB** スーペリア⑩Rp.114万～
　　AC **TV** **TUB** デラックス⑩Rp.128万～
　　AC **TV** **TUB** スイートRp.175万～
空港→車で1時間20分(片道1台Rp.51万5000で送迎可)

低予算でも楽しく過ごせる
ゼン・イン
Zen Inn　MAP P.349-A1

キビキビと働く女性マネジャーが仕切っており、小さいがとても感じのいい宿。部屋は20m²とコンパクトだが、カラフルな壁や絵画が明るい印象を与える。裏庭に面しているので部屋の前を人が通らずプライバシーがある。1階にはレストランも併設。全4室。**Wi-Fi** 客室OK・無料

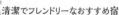

ベッドカバーもセンスがいい

住所 Jl. Silayukti, Gg. Segara, Padangbai
TEL 0819-3309-2012(携帯)　URL www.zeninn.com
税&サ 込み　カード 不可
料金 **AC** **TV** **TUB** スタンダード⑩Rp.30万～
空港→車で1時間20分

ダイバーには便利な中級ホテル
パダンバイ・ビーチ・リゾート
Padangbai Beach Resort　MAP P.349-A2

通りに面したプールとバーが涼しげな全24室のホテル。受付は欧米人に人気のダイブショップAbsolute Scuba内にある。白を基調にした室内は清潔で快適。**Wi-Fi** 客室OK・無料

住所 Jl. Silayukti, Padangbai　TEL (0363)42-088
URL www.absolutescubabali.com
税&サ 込み　カード **M** **V**
料金 **AC** **TV** スーペリア⑩Rp.70万～
　　AC **TV** **TUB** デラックス⑩Rp.80万～
　　AC **TV** **TUB** バンガロー⑩Rp.90万～
空港→車で1時間20分(片道1台Rp.50万で送迎可)

清潔でフレンドリーなおすすめ宿
アロラ・イン
Alola Inn　MAP P.349-A1

フェリー埠頭の西側、静かな立地に建つ14室のホテル。動物好きのバリ人夫妻が経営しており、のんびりできて居心地がいい。2ベッド用意されたファミリールームは4名まで宿泊可能(2～3名でも利用できる)。**Wi-Fi** 客室OK・無料

住所 Jl. Penataran Agung., Padangbai
TEL 0813-3700-4422(携帯)
税&サ 込み　カード 不可
料金 **AC** **TV** **TUB** エアコン⑩Rp.37万～
　　AC **TV** **TUB** ファミリー Rp.55万～
空港→車で1時間20分

ホテル設備の記号一覧　**AC**=エアコン　**TV**=テレビ　**TUB**=バスタブ　**Wi-Fi**=ネット環境　=プール　=レストラン　=スパ　=室内金庫　=冷蔵庫　=ドライヤー　=日本語スタッフ　=朝食

青い海に浮かぶサーファーの楽園、自然に囲まれたリゾートにも注目

レンボガン島&ペニダ島
Nusa Lembongan & Nusa Penida

レンボガン島&ペニダ島の充実度

(レーダーチャート)
- ホテル
- ショッピング
- グルメ
- バリ情緒
- アクティビティ
- 観光スポット
- 治安
- エステ

クルージング（→P.114）での訪問も一般的だが、ダイビングやサーフィンにも絶好のスポットなので、のんびりホテルに滞在するのもおすすめだ。

レンボガン島&ペニダ島へのアクセス

2022年に移転したサヌール・ポートから各島へのボートが運航（→下段インフォメーション）。

●サヌール・ポートSanur Port
MAP P.232-A2
住所 Jl. Pantai Matahari Terbit
URL www.sanurport.co.id

ペニダ島には4つの港がある
ペニダ島へのツーリスト用ボートはトヤパケToya Pakeh、バンジャール・ニューBanjar Nyuh、プユBuyuk、サンバランSampalanの4つの港を基本的に利用している。目的地に合わせて選ぼう。

クサンバからペニダ島へ
クサンバのTri Bhuwana港からもペニダ島へのボートが運航。船旅は15〜20分という近さだ。
●ガンガ・エクスプレス
Gangga Express
MAP P.338-C2
住所 Jl. Kusanegara, Klungkung
TEL 0819-3626-1294（携帯）
URL gangga-nusapenida.com
Sampalan行きは6:30〜17:00まで1日9便が運航。片道Rp.15万（子供Rp.10万）。

「天使の沐浴場」と称されるペニダ島のエンジェル・ビラボン

バリの東沖に浮かぶレンボガン島&ペニダ島は、素朴な漁村が点在するナチュラルアイランド。

レンボガン島周辺にはダイビングやサーフィンのポイントが多く、のんびりと滞在してアクティビティを満喫する旅行者に人気が高い。クリアブルーの海と白い砂浜に囲まれた島では、腕時計のいらない静かな休日を過ごせるだろう。ペニダ島はダイナミックな自然が残り、島内各所の絶景ビューが人気を集めている。

古来よりバリの人々は、山の頂には神がすみ、海には魔物がすむと信じている。そして海に浮かぶ島は魔物のすみかとして恐れられているのだ。ペニダ島はバドゥン海峡を挟み、バリ最高峰アグン山と対峙している。アグン山にはバリの最高神がすんでおり、それゆえ対峙するペニダ島には最も恐ろしい魔物がすんでいるとバリの人々は考えた。その魔物がバロン・ランドゥンのモデルとなったジェロ・グデ・ムチャリンとジェロ・ルー。ペニダ島北部には、そのジェロ・グデ・ムチャリンを祀った寺院もある。クルンクン王朝時代には、魔物がすむペニダ島は流刑地として使われた。

---

information

おすすめのスピードボート

サヌールからレンボガン島やペニダ島へ約15社がスピードボートを運航。Marlin社はレンボガン島へ9:15、10:00、13:00、16:00発（所要30〜40分）、ペニダ島へ8:00、9:00、10:00、11:00、13:00、15:00、16:00、17:30発（所要40〜50分）。各島への運賃は片道Rp.30万、往復Rp.55万（ウェブサイト予約で15%割引あり）。

Maruti社はレンボガン島へ8:30、11:00、14:00発（所要30〜40分）、ペニダ島へ7:30、9:00、15:00発（所要40〜50分）。各島とも片道Rp.22万5000、往復Rp.45万、ウェブサイト予約で約20%割引あり。

●Marlin社（サヌール）
Map P.232-A2
TEL 0831-1930-9982（携帯）
URL marlinfastboat.com
●Maruti社（サヌール）
Map P.232-A2
TEL 0812-4689-2524（携帯）
URL marutigroupfastboat.com
※各ボート会社ではホテルまでの送迎シャトル（追加料金）を用意している

各社のスケジュールは変更も多いので注意

 投稿

レンボガン村の西側にあるドリーム・ビーチDream Beach（Map P.355-A1）はのんびり過ごせる人気のスポット。波が強いので遊泳には向かないが、美しい浜辺に沿ってカフェが点在している。

✿ORIENTATION　歩き方

サーファーやダイバーに人気のレンボガン島

　レンボガン島は 1周3時間もあれば歩いてしまうような島だ。島のほぼ中央部にある**ジュングッバトゥ村** Jungutbatuは、サーファーの間では評判。沖合に鉄クズと化した難破船の残骸があり、その周辺がサーフポイントとして知られている。ジュングッバトゥ村とその北には格安バンガローも多く、サーファーのほかに長期滞在するバックパッカーの姿も目につく。

　島西部の**マッシュルーム・ベイ**Mashroom Bayには、美しい白砂のビーチが広がり快適なリゾートも並んでいる。バリ島からのデイクルーズが、ランチやアクティビティのために立ち寄るビーチクラブも、この湾周辺に集中している。潮の流れがそれ

ほどきつくないので、スノーケリングやバナナボートなど各種マリンアクティビティを楽しむのにも最適だ。

レンボガン島のマングローブをボートで観光しよう

レンボガン島内の移動
　島内観光用のチャーター車（ピックアップトラックの荷台に乗車）がホテルやボート会社で手配できる。1日Rp.40万〜で定員10名ほど。レンタバイクも1日Rp.7万5000〜で利用できる。

レンボガン島でのアクティビティ
　北部に広がるマングローブの森がアクティビティ基地となっており、森にあるワルンで申し込める。
●**スノーケリング**
　　　　　　　Rp.10万〜
●**カヌー**　　Rp.15万
●**サップ**　　Rp.15万
●**マングローブツアー**　Rp.15万
※バリ本島からのアクティビティツアー（→P.128）

レンボガン島でのダイビング
　レンボガン島の周りは珊瑚礁に囲まれており、バリ本島から日帰りのダイビングツアー、スノーケリングツアーも多い。
　ジュングッバトゥには**Drift Divers**（Map P.355-A1）や、ポンドック・バルナ内の**World Diving**（Map P.355-A1）がある。料金目安はダイブRp.60万〜、2ダイブRp.100万〜（器材レンタル込み）。

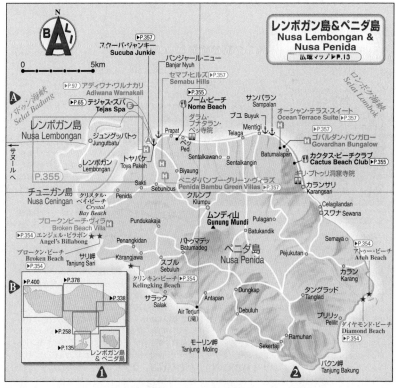

▟ハミダシ　デビルズ・ティアー Devil's Tear（Map P.355-A1）は岩壁にできた穴に波がぶつかり、豪快に水しぶきが上がるレンボガン島の観光名所。天気のいい日には水しぶきの中に虹も出現する。

353

2 島間のボート利用

レンボガン島（マングローブの森にある船着場）からペニダ島（トヤパケ港）まで、ジュクンと呼ばれる小舟で移動できる。1艘Rp.27万5000（定員は7名）。マングローブツアーの船のあたりで予約できる。所要30分ほど。

ペニダ島内の移動手段

ドライバー付きの車チャーターは1日Rp.70万ほど。ホテルやレストランで手配が可能だ。レンタバイクは1日Rp.8万～だが道路の整備状況が悪いので注意が必要。

ペニダ島の有料トイレ

ペニダの観光名所にあるトイレは有料でRp.5000が相場。トイレの前のボックスに入れるシステムだ。小銭を用意しておこう。

両替事情

レンボガン島やペニダ島には両替所もあるが、レートは本島よりもかなり低い。宿泊し長期滞在する人はあらかじめルピアを用意してから、島へ渡ろう。

✉ 船の検索エンジン

各島へのボートは検索エンジン（URL www.baliferries.com）から予約できます。夕方は波が荒れるので16時までのボートを利用しましょう。 （大阪府 Y.K. '23）

絶景ポイントで人気急上昇中のペニダ島

ペニダ島は約200km²とかなり大きく、しかも起伏に富んでいる。ビーチは少なく、海岸線はほとんど切り立った崖になっているが、そのワイルドな景観が撮影スポットとして人気を集めている。

ダラム・プナタラン・ペッ寺院はペニダ島の名刹

島の中心はレンボガン島との間にジュクンが出ている**トヤパケ**Toya Pakehだ。毎日マーケットが開かれる町で、町外れには静かなビーチもある。

ペニダ島の見どころは、トヤパケから約4kmの**ペッ村**Pedにある**ダラム・プナタラン・ペッ寺院**Pura Dalem Penataran Ped。ここはジェロ・グデ・ムチャリンを祀る寺院で、オダランの日にはわざわざバリから大勢の参拝客が訪れるほどだ。また、サンパランの6km南、カランサリ村Karangsariの手前には**ギリ・ブトゥリ洞窟寺院** Pura Goa Giri Putriがある。コウモリのすむ洞窟で、その長さは200mにも達する。

---

information

ペニダ島の絶景ビーチ巡り

上／崖の上から見下ろしたクリンキン・ビーチ
右／撮影スポットとして人気のブロークン・ビーチ

神秘的なペニダ島は写真映えスポットのオンパレード。道路事情が悪くて移動には時間がかかるが、絶景を求めるインスタグラマーに人気が高い。島の南西部にある**クリンキン・ビーチ**Kelingking Beach（Map P.353-B1）はトヤパケ港から車で1時間ほど。白砂ビーチの先にある緑の岬がイルカやクジラに見える話題のフォトスポットだ。岩壁に沿って階段が作られており、30分ほどで美しいビーチまで下りることができる。

同じく島の西海岸で人気なのが**エンジェル・ビラボン**Angel's Billabong（Map P.353-B1）。クリンキン・ビーチからもトヤパケ港からも車で1時間ほ

ど。ここは荒波が削り上げた凹みに海水がプールのようにたまり、天使が沐浴する場所と呼ばれている。満潮時に天然のプールに浮かぶとSNS映えする写真が撮れる。実際に挑戦するツーリストも多いが、突然高波が押し寄せてあっという間に波にのまれる危険がある。安全のために上から見るだけのほうが無難だ。そこから徒歩7分ほどの**ブロークン・ビーチ**Broken Beach（Map P.353-B1）も壮大な奇観スポット。波の浸食で岸壁と浜辺に大きな穴が開き、自然の造形美が堪能できる。

アトゥー・ビーチ Atuh Beach（Map P.353-B2）は島の東側にあり、トヤパケ港から車で2.5時間ほど。まだ観光客が少ない秘境エリアだが、美しいビーチからいくつもの小島が広がっている。20分ほどで下りられるピーナの美しさは感動もの。パラソルやビーズクッションが並ぶワルンが営業しており、ビールを片手にのんびり過ごせる（ただし突然の高波にさらわれる死亡事故も起きているので要注意）。その南側に広がる**ダイヤモンド・ビーチ**Diamond Beach（Map P.353-B2）は手つかずの浜辺で、こちらも階段で下りられる。

⚑**ヒント** 広大なペニダ島の絶景スポットはチャーター車で訪問できるが、近年は人気が高いので早めに予約をしておくこと。バリ倶楽部（→P.129）などが主催するツアーに参加すれば気軽に回ることができる。

レストラン Restaurant

レンボガン島やペニダ島には海沿いの景観が楽しめるレストランが多い。
シーフードやインドネシア料理のほか、パスタやピザなども食べられるが、
味のレベルはバリ本島に比べると低い店が多い。

新鮮なシーフードが味わえる
ママ・ミア
Mama Mia

MAP P.355-A1

レンボガン島の南側、チュニガン島を望むビーチに面したレストラン。シェフのおすすめはフレッシュ・フィッシュ・フィレ（Rp.13万）、ミックスシーフード（Rp.15万5000）、チリクラブ（Rp.17万5000）など。日中に訪れて海の景色も楽しもう。

海沿いのロケーションに建つ人気スポット

住所 Jungutbatu, Nusa Lembongan
TEL 0813-3788-0133（携帯）　予算 ★★★
営業 毎日8:00 ～ 22:00（L/O→21:30）　税&サ +10%
カード MV　予約 不要　MENU 英語　⏪英語OK　WiFi 無料

リゾート感を満喫できる
カクタス・ビーチクラブ
Cactus Beach Club

MAP P.353-A2

ペニダ島の自然物でデザインされた、どこを切り抜いても絵になる大型ビーチクラブ。8種のタパス料理を盛り合わせたジャック・フルーツナゲット（Rp.4万5000～）、プラタチーズのサラダ（Rp.13万）。飲んだり泳いだり、本を読んだりと1日をのんびり過ごしたい。

地元の海で取れたオクトパスRp.11万5000

住所 Jl. Batu Nunggal-Suana, Nusa Penida
TEL 0821-4769-0707（携帯）　予算 ★★★
URL cactusnusapenida.com　営業 毎日11:00 ～ 22:00
（L/O→21:30）　税&サ +17%　カード AJMV
予約 不要　MENU 英語　⏪英語OK　WiFi 無料

海風が心地よい美景スポット
ノーム・ビーチ
Nome Beach

MAP P.353-A1

おひとり様でもぶらりと気軽に入れる。海を眺めながらの朝食にもおすすめ

ビーチ沿いのカバナや店内のブランコなどが写真映えするペニダ島きっての人気店。ナチョス（Rp.4万）、ナシゴレン・アヤム（Rp.4万5000）、チキン・パルミジャーノ（Rp.8万）など良心的な値段で料理を提供しサービスも行き届いている。

住所 Jl. Ped Desa Tanah Bias, Nusa Penida
TEL なし　予算 ★★☆☆
営業 毎日8:30 ～ 23:00（L/O→22:00）
税&サ +15%　カード MV
予約 不要　MENU 英語　⏪英語OK　WiFi OK

レンボガン島
Nusa Lembongan
広域マップ▶P.353

サブThabu（Map P.355-A1　TEL 0813-5380-1844　URL thabusurflessons.webs.com）
はレンボガン島のサーフスクール。レッスンのほか、サーフガイドやボードのレンタルもOK。

355

ホ テ ル　Hotel

観光開発が進行中のレンボガン島には約300軒、ペニダ島には約350軒の宿泊施設がある。高級バンガローから昔ながらの民宿までタイプもいろいろ選べる。船着き場から遠いホテルを利用する場合には、予約時に送迎を依頼しておくこと。

レンボガン島

ビーチに面している人気ホテル
ドリーム・ビーチ・ハッツ
Dream Beach Huts　MAP P.355-A1

絶景スポットのデビルズ・ティアーへも歩いて行ける全33室のバンガロー。バリ本島からのファストボートを所有し、アクセス込みのパッケージも用意している。朝食ビュッフェも評判がいい。**Wi-Fi** 客室OK・無料

プールから美しい夕日も堪能できる

住所 Dream Beach, Nusa Lembongan
TEL 0821-2122-7151(携帯)
URL dreambeachlembongan.com
税&サ 込み　カード **MV**
料金 **AC TV TUB** スタンダード⑫Rp.95万～
　　 AC TV TUB デラックス⑫Rp.110万～
　　 AC TV TUB ファミリー Rp.165万～
空港→サヌールから船で30～50分

○ ○ ○ × × × × ×

価格以上の値打ちがあると評判
ザ・ニティ・ハッツ
The Niti Hut's　MAP P.355-A1

ドリームビーチの近くにある全9室のホテル。客室はバルコニー付きで30m²と広く、設備も充実している。アクティビティなどの手配もスタッフが親切に対応。広々した庭に囲まれた部屋で静かに過ごせる。**Wi-Fi** 客室OK・無料

バリ情緒たっぷりの寝室

住所 Dream Beach, Jungutbatu, Nusa Lembongan
TEL (021)8062-9666(予約)
税&サ 込み　カード 不可
料金 **AC TV TUB** デラックス⑫Rp.63万～
空港→サヌールから船で30～50分

○ ○ × ○ ○ ○ × ○

静かなガーデンで快適に過ごせる
ハルタ・レンボガン・ヴィラズ
Harta Lembongan Villas　MAP P.355-A1

大阪でシェフとして働いていたクトゥさんが経営する全6室の宿。近道を歩けばマッシュルーム・ベイ・ビーチへ徒歩5分という便利な立地にあり、静かなジュングッバトゥの集落で落ち着いて滞在できる。独立形式の客室は広々とし、開放的な半屋外のバスルームを完備している。フロントでは各種アクティビティの手配も可能。**Wi-Fi** 客室OK・無料

プールサイドに茅葺きの伝統的なバンガロが並ぶ

住所 Jungutbatu, Nusa Lembongan
TEL 0821-4627-7640(携帯)
税&サ 込み　カード **MV**
料金 **AC TV TUB** スタンダード⑫Rp.50万～
空港→サヌールから船で30～50分

○ ○ × × × △ × ○

コスパのいい安宿を探すなら
パダン・ワンギ・ホームステイ
Pandan Wangi Homestay　MAP P.355-A2

ジュングッバトゥ村の船着き場から1.5kmほど北、レンボガン島のほぼ北端の住宅街にある安宿。長屋タイプの客室は24m²とコンパクトだが掃除が行き届いている。無料で朝食、飲料水、紅茶、コーヒーを提供しており、レンタルサイクルやスクーターも用意されているので島内観光をのんびり楽しむのもOK。シャワーは水のみでお湯が出ないことも。**Wi-Fi** 公共エリアのみ・無料

部屋は清潔でコスパが高い

住所 Jungutbatu, Nusa Lembongan
TEL 0878-6175-6172(携帯)
税&サ +10%　カード 不可
料金 **AC TV TUB** スタンダード⑫Rp.30万～
空港→サヌールから船で30～50分

× × × × × × × ○

ペニダ島

美しい景色を堪能できる4つ星ホテル
セマブ・ヒルズ
Semabu Hills MAP P.353-A1

海を眼下に望むプールとレストランが魅力的な全50室のホテル。客室もオールスイートで60〜100m²の贅沢なスペースが自慢。レストランはバリ本島からのツアーでも利用される。トヤパケ港への送迎はRp.10万。**Wi-Fi** 客室OK・無料

プールに面して客室棟が並ぶ

住所 Jl. Raya Toya Pakeh - Ped, Nusa Penida
TEL (0361)620-4400 URL semabuhills.com
税&サ +21% カード J M V
料金 AC TV TUB デラックスⒹRp.151万〜
AC TV TUB スイート・オーシャンビューⒹRp.187万〜
空港→サヌールから船で40〜60分

景色も施設もスタッフもすばらしい
ペニダ・バンブー・グリーン・ヴィラズ
Penida Bambu Green Villas MAP P.353-A1

ジャングルの中で大自然を満喫できる全10棟のエコリゾート。客室は40m²〜と贅沢な広さで、バルコニーからの眺望は抜群だ。渓谷の癒やしを感じながら静かな休日を満喫できる。トヤパケ港への送迎は片道Rp.16万〜。1kmほど北東に同系列の「Penida Bambu Green Suites」もある。**Wi-Fi** 客室OK・無料

バンブー建築の素朴なバンガロー

住所 Jl. Raya Adegan, Desa Ped, Nusa Penida
TEL 0813-3874-9392(携帯)
税&サ 込み カード A M V
料金 AC TV TUB バンガローⒹRp.164万〜
AC TV TUB ツリーハウスⒹRp.285万5000〜
空港→サヌールから船で40〜60分

スタッフのきめ細かいサービスも◎
オーシャン・テラス・スイート
Ocean Terrace Suite MAP P.353-A2

ビーチを見渡せる全12棟のコテージ。客室は高台に建っているのでパノラマビューを満喫できる。ナチュラルな木造のインテリアで、値段以上の内容だ。サンパラン港への送迎は片道Rp.10万〜。**Wi-Fi** 客室OK・無料

天蓋付きのベッドルーム

住所 Jl. Raya Batumulapan, Nusa Penida
TEL 0823-7225-8888(携帯)
税&サ +21% カード J M V
料金 AC TV TUB スタンダードⒹRp.80万〜
AC TV TUB ファミリースイートRp.90万〜
空港→サヌールから船で40〜60分

ホスピタリティと清潔さがピカイチ
ゴバルダン・バンガロー
Govardhan Bungalow MAP P.353-A2

サンパラン港から2kmほど東にある全10室のプチホテル。部屋は広々としていて清潔。スタッフの対応もすばらしく、ゲストの体調不良に備えて薬も常備している。サンパラン港への送迎はRp.10万。**Wi-Fi** 客室OK・無料

屋上からは青い海を見渡せる。2023年内に14室となる予定

住所 Jl. Batumulapan, Batununggul, Nusa Penida
TEL (0361)335-4689 URL govardhanbungalow.com
税&サ 込み カード M V
料金 AC TV TUB スーペリアⒹRp.35万〜
AC TV TUB デラックスⒹRp.40万〜
AC TV TUB スイートⒹRp.45万〜
空港→サヌールから船で40〜60分

---

information
美しいペニダ島の水中世界へ

ライセンス取得コースにも参加できる

バラエティに富んだダイブスポットがあるペニダ島はダイバー天国。**スクーバ・ジャンキー**はバンジャール・ニュー港から徒歩10分の立地にあり、経験豊富なインストラクターが楽しく海の中をエスコート。ファンダイブは2本でRp.50万〜。

●スクーバ・ジャンキー Sucuba Junkie
Map P.353-A1 住所 Jl. Raya Toyapakeh-Ped, Banjar Nyuh, Nusa Penida
TEL 0811-390-7078(携帯)
URL scubajunkiepenida.com

ハミダシ Ⓗヨギ・ビーチ・バンガロー Yogi Beach Bungalows(Map P.355-A1 TEL 0821-4435-8781 携帯)は目の前にビーチが広がる全9室の宿。バンガローはⒹRp.40万〜。

落ち着いてダイビングが楽しめる、バリ島東部の静かなビーチエリア

チャンディダサ
Candidasa

チャンディダサの充実度

レーダーチャート：
ホテル、ショッピング、グルメ、バリ情緒、アクティビティ、観光スポット、治安、エステ

旅行者の姿は多くはないが、レストランやダイブショップなど必要な施設は営業している。中心部はホテルが過剰気味なので、じっくり値引き交渉を。

チャンディダサへのアクセス

空港からエアポートタクシーで1時間30分（定額運賃はRp.75万）。

プラマ社（→P.428）のシャトルバスは、クタ（7:00発）、サヌール（7:30発）、ウブド（8:30発）から毎日各1本（所要1.5～2時間、Rp.10万～12万5000）。復路はチャンディダサ13:00発。そのほかアメッドからも毎日1本（所要1.5時間、11:30発、Rp.15万）運行している。

チャーリーのチョコレート工場

チャンディダサから車で20分ほど北東に、チャーリーさんが営むチョコレート工場がある。ビーチ沿いの素朴なカヤぶきの工房で、バリ産のオーガニックカカオを使ったチョコが作られている（購入や試食もOK）。敷地内にIsland Mystikブランドの石鹸工房も併設している。

⑤バリ・チョコレート・ファクトリー Bali Chocolate Factory
Map P.339-C3
URL charlyschocolate.com
営業 毎日9:00～18:00

周辺には静かに休日を過ごせるカフェやホテルが点在している

　波の音に耳を傾け、太陽の日差しを肌に感じ、自然のリズムに合わせた滞在をする……。そんなビーチカマーの精神が、今ものどかなチャンディダサの浜辺には息づいている。

　そもそも小さな漁村は、喧騒を嫌うビーチカマーたちの隠れ家として、知る人ぞ知るスポットだった。しかし1980年代後半から観光施設が増え出し、バリ東部でも有数のホテルエリアにまで成長した。クタ＆レギャンなど毒気のある滞在地に「何かが違う」と感じた観光客たちは、素朴で、それでいて不便さを感じさせないリゾートを求め、このビーチに滞在するようになる。

　近年は開発の波も一段落し、チャンディダサ中心部には独特のひなびた雰囲気が感じられる。また高級リゾートが点在するバリナ・ビーチなどの周辺エリアも、日常から隔絶された大人の滞在地といった趣をどんどん強めている。

ORIENTATION　　歩き方

　チャンディダサと呼ばれるエリアは、チャンディダサを東端とし、パダンバイとの間に広がるスンキドゥ Sengkidu、バリナ Balinaなどを含む、かなり広範なエリアを指している。

Power Push!

静かなビーチを訪れてみよう

　ブラシ村にある**パンタイ・パシール・プティ** Pantai Pasir Putih（Map P.339-C3）は、バージン・ビーチとも呼ばれる浜辺。チャンディダサから車で東へ20分ほどで、白砂と黒砂が混じった広いビーチと美しい海が広がっている。地元の漁師が営むシーフード屋台が十数軒ほど立ち並び、食事をすれば無料でパラソル付きデッキチェアも利用OK（デッキチェアのみのレンタルは1日Rp.5万前後）。営業時間は朝から日没頃まで。ボディボードやスノーケルのレンタルも可能だ。

ローカルビーチでリラックス

／ヒント チャンディダサに宿泊したら、中心部にあるラグーン沿いの小道へ散歩がてら立ち寄ってみよう。時期によってはハスの花が美しく湖面に咲き誇っている。海辺には小さなビーチもある。

バリ東部有数のホテルエリア、チャンディダサ

チャンディダサの町のつくりは単純。主要施設はすべて長さ1kmほどのメインストリート、ジャラン・ラヤ・チャンディダサ沿いに建ち並んでいる。通りの海側がおもにホテルエリアで、山側にレストランや旅行会社、ショップなどがある。

チャンディダサのビーチは、満潮時には砂浜が海の下に隠れてしまうほど狭い。そのため、これ以上の浸食を防ごうと突堤が造られた。見た目には悪いが、突堤の内側は浅瀬で波も穏やかなので、安心して泳ぐことができる。また、チャンディダサの沖合にはギリ・ミンパンと呼ばれる3つの岩礁と、やや大きめのテペコン島が浮かんでいる。ギリ・ミンパン付近はスノーケリングの好ポイント。ビーチ沿いを散歩していると、ジュクンの船頭がスノーケリングツアーをすすめてくる。一方テペコン島はバリを代表するダイビングポイント。町の中心部にはダイブショップもあるので、気軽に問い合わせてみるといい。

ひっそりとしたリゾートが好きならスンキドゥ・ビーチ

チャンディダサから2kmほど西へ戻った所にあるのが**スンキドゥ・ビーチ**。メインストリート沿いにチャンディ・ビーチ・コテージの看板が出ており、そこから海寄りに300mほど小道を入る。数軒のバンガローとレストランがあるのみで、波の打ち寄せる音だけが聞こえる、静かなビーチだ。なお、ここも満潮時には、ほとんど砂浜が隠れてしまう。

素朴な笑顔にも出会える

両替情報

米ドルや円の現金の両替は、町なかの両替所で可（南部エリアより3%程度レートは下がる）。クレジットカードでキャッシングできるATMもある。

スノーケリングツアー

スノーケル、マスク、フィンの3点セット付きで、1時間ジュクンをチャーターするとRp.30万ほど。ラグーンの砂浜が船着場になっている。フィッシングのアレンジも可。

日本人インストラクターが経営するダイブショップ
ダイブライトDivelite
MAP P.359-A1
TEL (0363)41-660
URL www.divelite.com
　2ダイブでテペコン島、トゥランベン、アメッドがUS$100〜、ペニダ島はUS$160。器材のレンタルはフルセットで1日US$20。オープンウオーター取得はUS$530（4日間）。スノーケリングツアーは1人US$40〜（2名以上で催行）。

高級リゾートはバリナ・ビーチに
　スンキドゥから3kmほど西にあるのがバリナ・ビーチ（村の名前はブイタンBuitan）。やや黒ずんだ砂浜は広々としており、チャンディダサのように満潮時でも砂浜がなくなることはない。欧米人にはダイビングリゾートとして有名で、ここを起点にすると、アムック湾内の好ダイビングポイントにアクセスしやすい。アマンキラやアリラ・マンギスなどの高級リゾートも、このエリアにある。

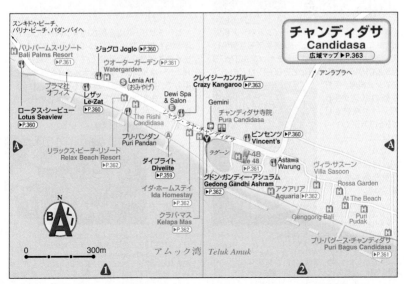

チャンディダサ
Candidasa
広域マップ▶P.363

スンキドゥ・ビーチ、
バリナ・ビーチ、パダンバイへ

バリ・パームス・リゾート
Bali Palms Resort
▶P.361

ジョグロ Joglo ▶P.360

プラマ社
オフィス

ウオーターガーデン ▶P.361
Watergarden

Lenia Art
（おみやげ）

クレイジーカンガルー
Crazy Kangaroo ▶P.363

アンラプラへ

レザッ
Le-Zat
▶P.360

Dewi Spa
& Salon

Gemini

チャンディダサ寺院
Pura Candidasa

ロータス・シービュー
Lotus Seaview
▶P.360

The Rishi
Candidasa

ビンセンツ ▶P.360
Vincent's

プリ・パンダン
Puri Pandan

リラックス・ビーチ・リゾート
Relax Beach Resort
▶P.362

ダイブライト
Divelite
▶P.359

Le 48

Astawa
Warung

ヴィラ・サスーン
Villa Sasoon

Rossa Garden

At The Beach

グドン・ガンディ・アシュラム
Gedong Gandhi Ashram
▶P.362

アクアリア
Aquaria ▶P.362

イダ・ホームステイ
Ida Homestay
▶P.362

クラパ・マス
Kelapa Mas
▶P.362

Genggong Bali

Puri
Pudak

プリ・バグース・チャンディダサ
Puri Bagus Candidasa
▶P.361

0　　　　300m

アムック湾 Teluk Amuk

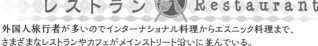

レストラン Restaurant

外国人旅行者が多いのでインターナショナル料理からエスニック料理まで、
さまざまなレストランやカフェがメインストリート沿いに並んでいる。
ビーチエリアだけにオーシャンビューやシーフードを売りにしたレストランも多い。

大人の時間を過ごせるジャズレストラン
ビンセンツ
Vincent's `MAP P.359-A2`

ジャズミュージシャンの写真やアリー・スミットの絵画が飾られた、洗練されたファインダイニング。広々とした店内には緑に囲まれたガーデン席やバーラウンジもある。テンダーロイン・ステーキ(Rp.25万)やチキン・ポット・パイ(Rp.13万5000)などの欧州料理がおすすめ。月曜と木曜19:00 ～はピアノやジャズのライブで盛り上がる。

ハイセンスな
店内のBGM
はジャズ!

住所 Jl. Raya Candidasa, Candidasa
TEL (0363)41-368　予算 ★★★
URL www.vincentsbali.com
営業 毎日10:30 ～ 22:00(L/O→21:30)　税&サ +16.5%
カード MV　予約 不要　MENU 英語　👤 英語OK　WiFi 無料

本格的な郷土料理が味わえる
ジョグロ
Joglo `MAP P.359-A1`

ジャワ島の伝統建築ジョグロで造られた、本格的なインドネシア料理レストラン。エビ料理のウダン・パラドー(Rp.8万)やフィッシュ・サンバル・バワン(Rp.5万5000)など、国内各地の郷土料理を味わえる。ジャワ春巻きのリソレス(Rp.3万5000)など珍しいメニューも試してみよう。アルコールも種類豊富なので、ディナータイムをゆっくり過ごしたい。

新鮮なシーフードが評判

住所 Jl. Raya Candidasa, Karangasem
TEL 0817-9713-342(携帯)　予算 ★★★
営業 毎日12:00 ～ 22:00(L/O→21:00)
税&サ +15%　カード JMV
予約 不要　MENU 英語　👤 英語OK　WiFi 無料

海を見ながら各国料理を堪能しよう
ロータス・シービュー
Lotus Seaview `MAP P.359-A1`

インターナショナル料理からインドネシア料理までメニューも豊富な、ビーチを見下ろす有名レストラン。人気メニューはナシチャンプル(Rp.10万5000)やミーゴレン(Rp.8万5000)などのインドネシア料理。手打ち麺のパスタ(Rp.7万～)や窯焼きピザ(Rp.7万5000～)のほか、シーフードコンビネーション(Rp.14万5000)など魚介類も気軽に楽しめる。

ナシゴレンやパスタなど
多彩なメニューを提供

住所 Jl. Raya Candidasa, Candidasa
TEL (0363)41-257　予算 ★★
営業 毎日8:00～22:00(L/O→21:00)　税&サ +15%
カード MV　予約 不要　MENU 英語　👤 英語OK
WiFi 無料　送迎 チャンディダサ地区内無料(夜のみ)

海風に吹かれながら料理を満喫
レザツ
Le-Zat `MAP P.359-A1`

ビーチサイドにある開放的なレストラン。どの席からも青い海とテペコン島を見渡すことができるので休憩スポットとしても利用されている。メニューはインターナショナル&インドネシアが中心で、おすすめはバリ料理も楽しめるセットメニュー。3皿でRp.16万9000～、4皿でRp.19万9000～と良心的な値段設定がうれしい。料理教室(1名Rp.65万)も開催している。

ボリューム
たっぷりのランチセット

住所 Jl. Raya Candidasa, Candidasa
TEL 0819-1390-9365(携帯)　予算 ★★★
URL www.lezatbeachrestaurant.com
営業 毎日7:30 ～ 23:00(L/O→22:30)　税&サ +17.5%
カード MV　予約 不要　MENU 英語　👤 英語OK　WiFi 無料

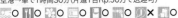

ホテル　Hotel

ホテルエリアはチャンディダサ中心部の海岸沿いをはじめ、
近郊のスンキドゥやバリナ・ビーチなど広範囲に広がっている。
特にスンキドゥ・ビーチのホテルは、のんびり派のリピーターに人気が高い。

チャンディダサ中心部

アクティブな休日を楽しむなら
プリ・バグース・チャンディダサ

Puri Bagus Candidasa　**MAP P.359-A2**

サムー村の東端、のどかな細道を抜けた海沿いにある全48室のホテル。敷地内には大手ダイブショップのオフィスがありダイバーにも便利。部屋は大きな窓から青い海が見渡せる、オーシャンビューのデラックスがおすすめ。半オープンエアになったバスルームも開放的だ。Wi-Fi 客室OK・無料

緑豊かな中庭に面したスーペリアのベッドルーム

住所 Desa Samuh, Candidasa
TEL (0363)41-131　FAX (0363)41-290
URL www.puribaguscandidasa.com
税&サ +21%　カード AJMV
料金 AC TV TUB ガーデンビューⒹRp.138万～
　　 AC TV TUB シービューⒹRp.240万～
空港→車で1時間30分(片道1台Rp.55万で送迎可)

海を見下ろす絶好のロケーション
ル・48（カランテュイット）

Le 48　**MAP P.359-A2**

ラグーンの東側にたたずむ、隠れ家のような全6棟のプチリゾート(ホテル名はフランス語で番地を示している)。快適なプールを中心に、禅スタイルでデザインされたコテージが点在している。レストラン&バーからはラグーンも見渡せ、料理の味もこのエリア有数と評判だ。Wi-Fi 客室OK・無料

フランス人経営の人気ホテル

住所 Jl. Raya Candidasa No.48, Candidasa
TEL 0813-5335-7500(携帯)
税&サ 込み　カード JMV
料金 AC TV TUB コテージ Rp.65万～
　　 AC TV TUB ヴィラ Rp.135万～
空港→車で1時間30分(片道1台Rp.75万で送迎可)

趣味のよいプチリゾート
ウオーターガーデン

Watergarden　**MAP P.359-A1**

緑豊かな敷地内に池が巧みに配置され、その上に浮かぶように12棟のコテージが造られている。規模は小さいがその庭園のような美しさは、バリでも指折り。自然素材をふんだんに使った室内も、アースカラーで統一されていてとても落ち着ける。2ベッドルームのスイートは4人まで宿泊可。Wi-Fi 客室OK・無料

庭園のような敷地でのんびり過ごそう

住所 Jl. Raya Candidasa, Candidasa
TEL (0363)41-540
URL www.watergardenhotel.com
税&サ +21%　カード MV
料金 AC TV TUB デラックスⒹRp.70万～
　　 AC TV TUB スーペーデラックスⒹRp.83万～
　　 AC TV TUB スイートRp.200万～
空港→車で1時間30分(片道1台Rp.50万で送迎可)

客室のカテゴリーが豊富
バリ・パームス・リゾート

Bali Palms Resort　**MAP P.359-A1**

チャンディダサの西端、青い海を望める全48室の中級ホテル。建物の2～3階に入るスーペリアは18㎡とコンパクトサイズ。ゆったりと過ごしたいならリビングとキッチン付きのアパートメント(30～40㎡)がおすすめ。1週間滞在の割引設定(朝食またはハーフボードの食事付き)もある。Wi-Fi 客室OK・無料

オーシャンビューのプールで休日を満喫できる

住所 Jl. Candidasa, Nyuh Tebel, Manggis
TEL (0363)42-191
URL www.balipalmsresort.com
税&サ 込み　カード MV
料金 AC TV スーペリアⒹRp.80万～
　　 AC TV スタジオⒹRp.91万～
　　 AC TV 1ベッドルームアパートメントRp.124万～
空港→車で30分(片道1台Rp.50万～で送迎可)

ホテル設備の記号一覧 AC =エアコン TV =テレビ TUB =バスタブ Wi-Fi =ネット環境 =プール =レストラン =スパ =室内金庫 =冷蔵庫 =ドライヤー =日本語スタッフ =朝食

リラックス・ビーチ・リゾート
アットホームな雰囲気で居心地もいい

Relax Beach Resort　MAP P.359-A1

ビーチ沿いに建つ全10棟のコテージ。設備はシンプルだが、部屋は清潔でコスパがいい。プールサイドではフルーツたっぷりの朝食が楽しめる。海を望めるデラックス・シービューは2棟のみ。**Wi-Fi** 客室OK・無料

客室はビーチ側を向いている

住所 Jl. Raya Candidasa, Candidasa
TEL 0819-3645-4147(携帯)
税&サ 込み　カード MV
料金 AC TV TUB スーペリア⑩Rp.45万〜
　　 AC TV TUB デラックス⑩Rp.55万〜
　　 AC TV TUB デラックス・シービュー⑩Rp.60万〜
空港→車で1時間30分

アクアリア
リピーターにも評判の海辺のリラックスホテル

Aquaria　MAP P.359-A2

サムー村の静かな海辺にある全10室のホテル。客室は10のカテゴリーに細かく分かれており、大きな部屋は欧米人のファミリー滞在に人気だ。レストランの食事もおいしい。**Wi-Fi** 客室OK・無料

プールを囲んで客室が並ぶ

住所 Jl. Puri Bagus, Samuh
TEL (0363)41-127
URL www.aquariabali.com　税&サ 込み　カード MV
料金 AC TV TUB スタンダード⑩US$70
　　 AC TV TUB スーペリア⑩US$75
　　 AC TV TUB オーシャンフロント⑩US$90〜
空港→車で1時間30分(片道1台US$40で送迎可)

クラパ・マス
緑の敷地に並ぶ伝統的コテージ

Kelapa Mas　MAP P.359-A1

長期旅行者に人気のホームステイ。全16室のコテージは、広さや設備の異なった3タイプに分かれている。エアコンを完備した部屋も2室ある。ファミリールームは2023年末までリノベーション予定。**Wi-Fi** 客室OK・無料

各コテージの部屋にも波の音が聞こえてくる

住所 Jl. Raya Candidasa, Candidasa
TEL (0363)41-369　税&サ 込み　カード MV
料金 AC TV TUB スタンダード⑩Rp.50万〜
　　 AC TV TUB ファミリー Rp.60万〜
　　 AC TV TUB デラックス⑩Rp.80万〜
空港→車で1時間30分(片道1台Rp.50万で送迎可)

イダ・ホームステイ
古きよき漁村バリの雰囲気が漂う

Ida Homestay　MAP P.359-A1

チャンディダサのメインストリート沿いにある家庭的なB&B。敷地は約250本のヤシの木が木陰を作り、シーブリーズが心地よく吹き込む。エアコンなしの客室でも快適に過ごせる、欧米人バックパッカーの隠れ家的なホームステイだ。**Wi-Fi** 客室OK・無料

伝統的な漁村の風景に包まれるロケーション

住所 Jl. Raya Candidasa, Sengkidu
TEL (0363)41-096　税&サ 込み　カード 不可
料金 AC TV TUB デラックス⑩Rp.50万〜
空港→車で30分(片道1台Rp.45万〜で送迎可)

---

information　アットホームなヨガ教室で休日を

グドン・ガンディー・アシュラムGedong Gandhi Ashram (Map P.359-A2　TEL (0363)41-108 URL www.ashramgandhi.com)は波の音と潮風が心地いいヨガ施設。開放的な屋外のヨガスペースは海が目の前に広がっている。レッスンは火・木・土16:00〜で、料金はRp.10万。個々のレベルに合わせてしっかりとサポートしてくれるので初心者も

安心だ。施設内には宿泊できるコテージもあり、3食付きで⑤Rp.50万。

講師のカウィヨガ氏がていねいに指導する

スンキドゥ・ビーチ

海を目前にするシーサイドホテル
シーブリーズ・チャンディダサ
Sea Breeze Candidasa　MAP P.363-A1

　スンキドゥ村の西側に位置し、目の前に真っ青な海が広がる全21室のホテル。リゾート気分を存分に味わうなら、デラックス・バンガローや建物の2階部分にあるプレミア・スイートを選ぶのがおすすめ。ベッドルームからもテラスからもシービューを満喫できる。デラックス・バンガローは基本的にガーデンビューだが、30号室はテラスの眺望が開けている。 Wi-Fi 客室OK・無料

海沿いに配置されたメインプール

住所 Pantai Mendira, Br. Mendira, Desa Sengkidu, Manggis
TEL (0363)42-149
URL www.seabreezecandidasa.com
税&サ 込み　カード J M V
料金 AC TV TUB デラックス・バンガローⒹRp.112万〜
　　 AC TV TUB ハネムーン・スイートRp.164万〜
　　 AC TV TUB プレミア・スイートRp.176万〜
空港→車で2時間(片道1台US$39で送迎可)

食事もおいしいバンガロー
アマルタ・ビーチ・コテージ
Amarta Beach Cottages　MAP P.363-A2

　スンキドゥ村のビーチにほど近い、老舗のシービューコテージ。家庭的なスタッフと、漁村ならではのゆったりした雰囲気で、バリ在住の日本人にも人気が高い。おすすめの客室は広々としたアマルタ・スイート。モダンで機能的なインテリアで、テラスで海を眺めて過ごすのにぴったりだ。また併設のレストランはレベルの高い料理が味わえる。全20室。 Wi-Fi 客室OK・無料

アマルタ・スイートの室内

住所 Jl. Raya Mendira, Candidasa
TEL 0819-3917-1221(携帯)
URL www.amartabeachcottages.com
税&サ 込み　カード J M V
料金 AC TV TUB スタンダードⒹRp.50万〜
　　 AC TV TUB スーペリアⒹRp.80万〜
　　 AC TV TUB アマルタ・スイートRp.100万〜
空港→車で2時間(片道1台Rp.50万で送迎可)

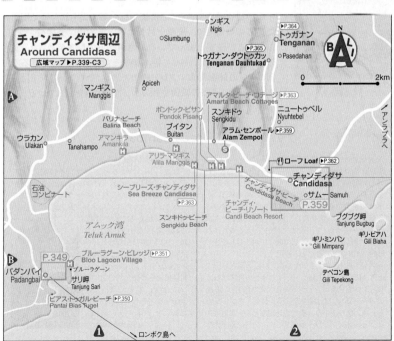

チャンディダサ周辺
Around Candidasa
広域マップ ▶P.339-C3

ンギス Ngis
Slumbung
▶P.364 トゥガナン Tenganan
Pasedahan
▶P.365 トゥガナン・ダウトゥカッ Tenganan Dauhtukad
N B A L I
0　　　　2km
Apiceh
アマルタ・ビーチ・コテージ ▶P.363 Amarta Beach Cottages
マンギス Manggis
ポンドック・ピサン Pondok Pisang
スンキドゥ Sengkidu
ニュートゥベル Nyuhtebel
アマンキラ Amankila
バリナ・ビーチ Balina Beach
ブイタン Buitan
アラム・センポール ▶P.359 Alam Zempol
ウラカン Ulakan
Tanahampo
アリラ・マンギス Alila Manggis
ローフ Loaf ▶P.362
チャンディダサ Candidasa
石油コンビナート
シーブリーズ・チャンディダサ Sea Breeze Candidasa ▶P.363
チャンディダサ・ビーチ Candidasa Beach
サムー Samuh
チャンディ・ビーチ・リゾート Candi Beach Resort
ブグブグ岬 Tanjung Bugbug
アムック湾 Teluk Amuk
スンキドゥ・ビーチ Sengkidu Beach
ギリ・ミンパン Gili Mimpang
ギリ・ビアハ Gili Biaha
P.349
ブルーラグーン・ビレッジ ▶P.351 Bloo Lagoon Village
パダンバイ Padangbai
ブルーラグーン
サリ岬 Tanjung Sari
テペコン島 Gili Tepekong
ビアス・トゥガル・ビーチ ▶P.350 Pantai Bias Tugel
ロンボク島へ

ハミダシ R クレイジーカンガルー Crazy Kangaroo (Map P.359-A1 TEL (0363)41-996　営業 毎日12:00〜23:00)はインターナショナル&アジア料理のレストラン。火・木・土曜の夜はライブも楽しめる。

トゥガナン
Tenganan

トゥガナンの充実度

レーダーチャート：
ホテル / ショッピング / グルメ / バリ情緒 / アクティビティ / 観光スポット / 治安 / エステ

伝統村は観光だけでなく、イカットや編みカゴの産地としても有名。掘り出し物を見つけてみよう。

トゥガナンへのアクセス

ツアーやチャーター車で訪れるのが一般的。南部リゾートエリアから1.5～2時間、ウブドから1.5時間。

チャンディダサからは約5km。パンデス川の橋を渡ったT字路から、客待ちしているオジェック（バイクタクシー）を利用可。10分、片道Rp.2万～。

竹に絵や文字を描いたロンタルもトゥガナン村の特産品

儀式や祭礼ではグリンシンを使った伝統衣装をまとう

　トゥガナンは、バリ島の先住民「バリ・アガ」の住んでいる村。バリ・アガの村としてはキンタマーニ高原のトルニャンが、ヒンドゥー教がバリ島へ広く伝来する11世紀以前の文化を守っていることで有名だが、ここトゥガナンは11世紀初頭に始まるジャワ島のアイルランガ王朝の影響を受けたバリ初期のペジェン王朝時代のヒンドゥー教を守っている。村には約700人が住んでいるが、今も村の伝統文化や戒律が保たれている。

　山の緩い斜面にあるこの伝統村は、石で造られた壁で囲まれた長方形の敷地に、民家、村長の家、集会場、小学校、寺院、市場などが整然と並んでいる。地面は石で敷き詰められ、通りの中心部に緩く傾斜させて排水機能を設けてあるなど、まるで古代ローマの計画都市のアジア版のようだ。いくつかの家では、カンベン・グリンシンの織物や編みカゴなどの店を営んでいる。

column

ウサバ・サンバ Usaba Sambah祭り

　トゥガナン暦の毎年5番目の月—**サシ・サンバ Sasih Sambah**（例年6～7月）に3日間にわたって行われる祭り。祭りの間、村に残る珍しい鉄製ガムラン、ゴン・スロンディンGong Selondingによる音楽が奏でられ、上半身裸の男性たちが棘のあるパンダナスの葉を使って戦い合うムカレ・カレ Mekare Kareや、独身女性たちがグリンシンをまとう姿、木製の巨大ブランコで遊ぶ子供たち、そして闘鶏などを見ることができる。

　お祭りの1週間くらい前から、村には露店が出てとてもにぎやかになる。そしてお祭りの期間はムカレ・カレやトランスダンスのほかにも2日目の深夜にドラゴン、3日目の夜にジョゲッ・ブンブンでおおいに盛り上がる。政府観光局などで、事前にスケジュールをチェックし、タイミングが合えばぜひ体験してみたいお祭りだ。

　また、トゥガナンとアンラプラの間にある、**ティンブラTimbrah**、**アサッ Asak**、**ブンガヤ Bungaya**という3つの村もバリ・アガの村として知られる。特にアサッには木製ガムランのガムラン・ガンバンがあることで有名。これらの村でも年1回のウサバ・サンバ祭りが行われ、頭に大きな飾り物をした少女たちの舞ルジャンRejang、独身男性によって舞われるアブアンAbuang、戦いの舞グブッグGebugなど珍しい踊りが見られる。

グリンシンで正装したトゥガナンの女性

ハミダシ　アタの編みカゴや織物はトゥガナンの特産品。村内にある店舗を兼ねた民家で購入できるほか、駐車場脇には編みカゴのやや大きいショップがある。ロンタル椰子の葉に描かれたバリ絵画も人気商品だ。

ORIENTATION　歩き方

伝統村を散策する

　トゥガナンは村のレイアウトも、一般のバリ人の村とは大きく異なる。緩やかな山の斜面に造られたこの村は、南北500m、東西250mの長方形のなかにすっぽり

と収まるようにできている。村の周りには塀が巡らされ、外部からの侵入を拒んでいるようにも見える。村の中には、テラス状の大通りが南北に3本とおり、大通りに面して長屋形式の家屋が並んでおり、また、大通り中央部には村の共同体で使われる集会場や市場などが建てられている。トゥガナンを見学するということは、まず村の造りを見ることだ。

アタ製品が村のあちこちで干されている

カンベン・グリンシンの制作現場をのぞく

　トゥガナンは世界的にも珍しい経緯絣(たてよこがすり)カンベン・グリンシンKamben Gringsingを織る村でもある。グリンシンとは無病息災を意味する言葉で、この布はもともと魔よけとして身につけられた。伝説によると、インドラ神がトゥガナンの女性にカンベン・グリンシンの織り方を授けたのだという。

　普通、イカットは縦糸か横糸のどちらか一方のみを染めて織り上げるが、カンベン・グリンシンは縦糸、横糸ともに染めて織る、とても手の込んだもの。しかも糸染めは3ヵ月に1度、実際1枚の布を織るのに必要な糸を染めるだけで何ヵ月も要する。さらに織り上がるまでには、数年の歳月を要する大作もある。

　大通りに面した長屋の一角では、カンベン・グリンシンの実演販売を行っている。長さ1m程度で1枚US$50〜だが、手間暇を考えると決して高くはない。

織物をする女性の姿も村のあちこちで見られる

トゥガナン村
入場 毎日 7:00〜18:00
料金 寄進のみ (Rp.1万ほど)

人気のトゥガナンバッグ
　日本人女性にも人気の高い、アタの編みカゴ。一般にトゥガナンバッグと称されているように、この編みカゴの産地としてもトゥガナンは有名だ。建ち並ぶ民家の多くは工房兼ショップになっているので、のぞいてみよう。

もうひとつのトゥガナン村
　チャンディダサからトゥガナン村への途中の道を左折すると、もうひとつの伝統村**トゥガナン・ダウトゥッカッ** Tenganan Dauhtukad (Map P.363-A2) がある。同じような風情の村だが、こちらは規模がやや小さく、民芸品の種類もかぎられている。素朴な雰囲気を感じたければ、こちらへも足を延ばしてみよう。

トゥガナン
Tenganan
広域マップ ▶ P.363

0　　　　200m

- Pura Puseh
- 沐浴場
- 小学校
- 闘鶏場
- Sungai Pandek
- 売店
- 売店
- イカット、ロンタルなどの実演販売店
- 墓地
- 墓地
- 大集会場
- Pura Gaduh
- Pura Petang
- ショップ
- 記帳所
- 入口
- 駐車場 (オジェッ乗り場)
- ショップ
- Pura Batan Cagi
- チャンディダサへ

バリ東部｜トゥガナン｜歩き方

アンラプラ
Amlapura

水の離宮ティルタガンガ

アンラプラはバリ最東部カランアサム県の県庁所在地。かつて県名と同じカランアサムと呼ばれていたが、1963年、アグン山の噴火により町は壊滅的な打撃を受け、災いを払拭するために改名した。

17世紀後半、ゲルゲル王国に反乱を起こした一族の末裔たちが興したのがカランアサム王国だ。一時、クルンクン王国に圧力をかけるほど勢力をもち、北部ブレレン王国も影響下においていた。しかし、19世紀にオランダが侵攻してきた際には、いち早くオランダの支配下に入る。そのためオランダは形式的に王国を残し、王族子弟たちのオランダ留学をはじめとする数々の西欧文化導入が実現したのだ。今も町の中心に残る王宮は、オランダの建築様式を取り入れた独特のものとして知られている。

アンラプラの充実度

ホテル／ショッピング／グルメ／バリ情緒／アクティビティ／観光スポット／治安／エステ

アンラプラがこのエリアの中心地だが、旅行者の起点となるのはティルタガンガ。ホテルもこの周辺に点在している。

アンラプラへのアクセス

ツアーやチャーター車で訪れるのが一般的。南部リゾートエリアから2〜2.5時間、ウブドから2時間。空港からエアポートタクシーで2時間（定額運賃はRp.70万）。

SIGHTSEEING　おもな見どころ

ヨーロッパの影響を受けた王国の姿をしのぶ　★★★

アグン・カランアサム王宮
Puri Agung Karangasem　**MAP P.339-B3**

町の中心部にあるアグン・カランアサム王宮

アグン・カランアサム王宮
入場 毎日 8:00〜17:00
料金 Rp.3万

アンラプラの町に残る王宮はいくつかの建物に分かれている。そのなかで観光客に開放されているのが、アグン・カランアサム王宮だ。カランアサム王国最後の王であるアナッ・アグン・アングルラー・クトゥッ A. A. Anglurah Ketutによって20世紀に建てられたもので、バリ、中国、ヨーロッパの各様式が見られる。特に最も大きな館は、バレ・ロンドンBale Londonと呼ばれ、英国様式の装飾がそこかしこに施されている。また、王宮内には池も造られ、いくつかの館は池の中にあたかも浮かんでいるように建てられている。

information
アグン山を望む隠れ家レストラン

アンラプラ近郊の丘に建つ「バリ・アスリ」は、ヘルシー料理が味わえる隠れ家レストラン。田園風景とアグン山を望む景観もすばらしく、南部エリアからわざわざ訪れる在住者もいるほど。オーナーシェフのペネロペさんはバリ島の高級リゾートで腕を振るってきた実力派。おすすめ

ランチタイム以外はドリンクのみの提供となる

は4種類の総菜が楽しめるナシチャンプル（Rp.16万5000）。※要事前予約
Ⓡバリ・アスリBali Asli
Map P.339-B3
住所 Desa Gelumpung, Amlapura
TEL 0822-3690-9215（携帯）
URL www.baliasli.com.au
営業 毎日10:00 〜 18:00（料理提供は11:00 〜 16:00のランチタイムのみ）
税&サ +17%　カード ＭＶ

ティルタガンガからトゥランベンへ向かう途中にあるアバンAbangは美しい棚田地帯で有名。道すがらいくつかの観賞ポイントがあるので、移動するときにはゆっくり景色を楽しもう。

≋EXCURSION　近郊の見どころ

≋カランアサム王朝のもうひとつの水の王宮　★★★

タマン・スカサダ・ウジュン
Taman Soekasada Ujung

MAP P.339-B4

アンラプラから南へ5kmほど、漁村ウジュンには1921年にアングルラー・クトゥッ王によって建てられた水の王宮跡がある。かつては、ヨーロッパ風の館が建ち、満々と水をたたえた美しい

王宮だったが、1979年の地震により大きなダメージを受けた。以後は荒れるがままにされていたが、2004年に史跡公園として整備された。

新たに史跡公園として公開されている水の王宮

タマン・スカサダ・ウジュン
入場 毎日 8:00〜17:00
料金 Rp.7万5000

王宮を見下ろす丘の上にも遺跡が残っている

≋湧き水のプールで離宮気分を味わう　★★★

ティルタガンガ
Tirtagangga

MAP P.339-B3

アンラプラからシガラジャ方面へ向かう道を15kmほど北へ。ちょうど山道にさしかかる手前に、1947年にアングルラー・クトゥッ王の週末の離宮として造られたティルタガンガがある。

ティルタガンガとは「ガンジスの水」を意味しており、インドにあるヒンドゥーの聖地ガンジス川にちなんで名づけられた。この地に湧く泉を利用した噴水やプールをもつ「水の離宮」で、その姿は当時のまま美しく残っている。プールは大小ふたつあり、泳ぐこともできる。暑い日差しの下、地元の子供たちに交じって冷たい湧き水に身を任せるのはとても気持ちのいいものだ。ぜひ水着を持って出かけたい。ティルタガンガ周辺にはバンガローが何軒かあるので、かつての王のようにここに滞在し「離宮」気分を味わうのも悪くない。

ティルタガンガへのアクセス
　ツアーやチャーター車で訪れるのが一般的。プラマ社のシャトルバスは各地から1日1便運行（Rp.7万5000〜15万）。最少催行2名以上なので事前予約。

ティルタガンガ
入場 毎日6:00〜19:00
料金 Rp.5万
プール利用料
料金 Rp.1万

離宮の周囲に広がるパノラマ

ティルタガンガのホテル
Ｈティルタ・アユ Tirta Ayu
MAP P.367
住所 Tirtagangga, Amlapura
TEL 0815-5800-1934（携帯）
URL www.hoteltirtagangga.com
　ティルタガンガの敷地内にある全5室の宿。宿泊者は入場料免除。ホットシャワー・朝食付きⒹRp.150万〜。

ティルタガンガ Tirtagangga
広域マップ ▶P.339-B3

- ▶P.367 ティルタ・アユ Tirta Ayu
- グッド・カルマ ▶P.367 Good Karma
- プール入口
- プール
- 食堂／ショップ
- D'Gringsing Hill
- 水の離宮
- チケットオフィス
- Rijasa
- 棚田が広がる
- Warung Devassa
- チャベ・バリ Cabe Bali
- アパンのライステラス
- トゥランベン、シガラジャへ
- アンラプラへ
- 0　　　（約）100m

ハミダシ　Ｈグッド・カルマGood Karma（Map P.367　TEL (0363)22-445)はティルタガンガ駐車場の北側にある4棟の宿。朝食付きⒹRp.25万。併設のレストランも評判がいい。

神聖なるアグン山の麓にたたずむ、バリ・ヒンドゥー教の母なる総本山

ブサキ寺院
Pura Besakih

ブサキ寺院の充実度

バリ最大の聖地だが、旅行者用の宿泊施設やレストランは周囲にはほとんどない。寺院の北側にあるアグン山は活火山なので警戒が発令されることがある。

ブサキ寺院へのアクセス

ツアーやチャーター車で訪れるのが一般的。南部リゾートエリアから2〜2.5時間、ウブドから1.5時間。ブサキ寺院に立ち寄る島内ツアーもある。

ブサキ寺院
入場 毎日 8:00〜18:00
料金 Rp.6万
※チケット代にはガイド料、サロン貸し出し、入口までのバイク移動が含まれる。

参拝者が1年中絶えることがない大寺院

祭礼風景に出合うことも多いバリ最大の聖地

　張りつめた空気があたりを包む。霊峰アグンが闇を切り裂くように姿を現し、差し込んだ日差しが黒々とした玄武岩の聖門チャンディ・ブンタルを浮かび上がらせる。荘厳なバリの夜明けだ。

　ブサキ寺院は、アグン山中腹、標高およそ900mの所に建立されている。大小30余りの寺院によって構成される複合寺院で、バリの人々からは「母なる寺院」やバリ・ヒンドゥーの総本山としてあがめられる。10世紀頃、仏教僧の瞑想の場として使われていたといわれるブサキは、16世紀、ゲルゲル王朝時代に王家の葬儀に使われる寺院として、その名を知られるようになる。以後、ヒンドゥー3大神シヴァ、ブラフマ、ヴィシュヌを祀る3寺院を中心に、各州の寺院などを包括するようになった。

　ブサキを訪れるなら早朝がいい。それも日が昇った直後だ。アグン山は薄紫色の全容を現し、東のかなたから差し込む光の筋は、あたかも神が降臨する道のようだ。聖地ブサキは、この一瞬だけ、異教徒の私たちにも神の姿を見せてくれる。

---

column
ブサキ寺院の祭り

　ブサキには30もの寺院が集まっており、各寺院はそれぞれ独自にオダランを行う。ウク暦（210日で1年）の1年の間、実に55回もの祭礼が行われるから、祭りに出会える機会は非常に多い。一般的なオダラン以外にも、ブサキでは10年に1回のパンチャ・ワリ

ブサキ寺院では旅行者でも祭礼に出合う機会が多い

クラマPanca Walikrama、そして100年に1回のエカ・ブアナEka Bhuwana（1996年3〜4月に行われた）、エカ・ダサ・ルードラEka Dasa Rudra（地下の悪霊にささげる儀式で、島全体を清める）といった大祭がある。ただし、きっちりと10年、100年に1回行われるわけではなく、高僧によってその時期が決められる。

ヒント 山中にあるブサキ寺院は午前中は比較的天気がよく、乾季にはアグン山の全容を望むことも可能。午後は曇りがちで、アグン山はおろか寺院内まで霞んでしまうこともある。なるべく朝訪れよう。

ORIENTATION 歩き方

中央に鎮座するプナタラン・アグン寺院へ

プナタラン・アグン寺院Pura Penataran Agungは、シヴァ神を祀る中心寺院。チャンディ・ブンタルへ通じる石段の両側はテラス状になっており、両側にヒンドゥー神の彫刻が施されている。チャンディ・ブンタルから先の境内には、バリ式の正装をしていないと入れない。ここから境内をのぞくと11層のチャンディ・クルン（大門）、9層や11層のメル（塔）などが目を引く。なおプナタラン・アグン寺院の境内は、大きく6つに分かれており、第2境内の奥にあるサンガー・アグンSangger Agungが特に重要とされている。シヴァ、ブラフマ、ヴィシュヌのための蓮座（パドマサナ・ティガPadmasana Tiga）が置かれている祠だ。

見晴らし台から雄大な景観を満喫

プナタラン・アグン寺院の周りには石畳の道がつけられ、ぐるりと1周して見て回ることができる。特に北東部脇にはワルンと見晴らし台が造られているので、ひと休みしながらあたりの景色を楽しむといい。ブサキのはるか向こうに、田園、ヤシ林、そして空の色を映す海が霞んで見えるだろう。

プナタラン・アグン寺院を中心として、南東にブラフマ神を祀る**キドゥリン・クレテッ寺院**Pura Kiduling Kreteg、北西にヴィシュヌ神を祀る**バトゥ・マデッ寺院**Pura Batu Madegがある。この両寺院はそれほど大きくはないが、プナタラン・アグン寺院とともにヒンドゥー教の3大神をあがめる重要な寺院。旅行者はほとんど訪れないが、美しいメルが敷地の奥に建っている。

キドゥリン・クレテッ寺院から眺めると全体のスケールが実感できる

⊠ **ガイドにはチップを要求されます**

自称ガイドが出没して、高額のガイド料を請求されるトラブルが常習化していたブサキ寺院。現在は入場料にガイド代も含まれているので問題はとりあえず解決しています。受付でチケットを購入すると、現地ガイドが同行して説明してくれ、観光が終わるとチップを請求されます。ひとりRp.10万ぐらいを求められますが、私たちは2名分としてRp.5万を渡しました。ツアー会社などのガイドが旅行者と同行するのは基本NGとなっているので注意してください。
（サヌールに在住　チャコ　'23）

噴煙を上げるアグン山。ブサキ寺院から山頂まで5kmほど離れているが、噴火に関する最新情報をチェックしよう

田園を望むレストラン

ブサキ寺院へ行く途中には、雄大な景観を満喫できるビュッフェレストランが点在している。
R **レレン・アグン**Lereng Agung（Map P.338-B1 TEL 081-239-96614携帯 営業 毎日8:00〜16:00）は晴れた日にアグン山の神秘的な姿を望める人気店だ。また、**R** **マハギリ**Mahagiri（Map P.338-B1 TEL 081-2381-4775携帯 営業 毎日9:00〜20:00）も、風光明媚な丘の上に建ち、緑の山々やライステラスが楽しめる。どちらもブサキ寺院から10km南のルンダンRendangにあるので、寺院観光の前後に立ち寄ってみよう。

眺望が評判のマハギリ

ブサキ寺院
Pura Besakih
広域マップ ▶ P.338-A2

- 太陽と月の神を祀る祠
- **バトゥ・マデツ寺院** Pura Batu Madeg（ヴィシュヌ神を祀っている）
- 海の神を祀る祠
- 男神を祀る祠
- 女神を祀る祠
- 鍛冶屋、金鉱屋の家系が守る寺院
- 11層のメル
- 売店
- 見晴らし台
- 9層のメル
- **プナタラン・アグン寺院** Pura Penataran Agung（シヴァ神を祀っている）
- 7層のメル
- **サンガー・アグン** Sangger Agung
- 三大神蓮座
- **チャンディ・クルン**
- **バレ・クンバン・ジラン** Bale Kembang Sirang（玉座）
- **バレ・アグン** Bale Agung（大集会所）
- **チャンディ・ブンタル**
- **バレ・プガッ** Bale Pegat（最高神の広間）
- ワルン
- トイレ
- 駐車場、入口へ 1km
- **キドゥリン・クレテッ寺院** Pura Kiduling Kreteg（ブラフマ神を祀っている）

✏投稿　30ものお寺が集まっているブサキ寺院は山の中腹に建っているので、敷地内にある階段はかなり急です。歩きやすい靴で訪問し、観光中はこまめに水分補給も忘れずに。（神奈川県　ヤマちゃん）['23]

珊瑚礁に囲まれたダイバーの楽園、沈船ポイントまで歩いてアクセス

トゥランベン
Tulamben

トゥランベンの充実度

沈船ポイントではギンガメアジの群遊にも出会える

レーダーチャート:
- ホテル
- ショッピング
- グルメ
- バリ情緒
- アクティビティ
- 観光スポット
- 治安
- エステ

中心部は小さな集落だが、ホテルやレストランなど滞在に必要な施設は揃っている。ダイブサイトへもビーチエントリーが基本だ。

トゥランベンへのアクセス

空港からエアポートタクシーで約3時間（定額運賃はRp.120万）。
プラマ社（→P.428）のシャトルバスは、クタ（7:00発）、サヌール（7:30発）、ウブド（8:30発）から毎日各1本（所要3〜3.5時間、Rp.20万）。復路はトゥランベン12:00発。

配車サービスの利用状況

GrabやGojekなどを呼び出して、乗車利用することも可能。台数が限られているので事前予約を。

テニャールの塩田

トゥランベンから15km西にあるテニャールTianyarには、小規模ながら塩田が広がっている。黒砂のビーチでは海水を揚げ浜式の塩田で濃くし、ミネラル分が損なわれないように天日で結晶化させていく、昔ながらの製法過程を見学可。この塩田で塩を安く購入することもできる。天日塩はまろやかな味で、バリ在住の日本人にも愛用されている。

チュリッからシガラジャへ向け、アグン山の山裾、海岸沿いの道を北西へ向かう。およそ10kmでトゥランベンに到着。一般の旅行者が訪れることはまれだが、日帰りやダイビングサファリで訪れる日本人ダイバーの数は多い。トゥランベンはとても小さな村だが、家族経営のバンガローから1級クラスのリゾートまで宿泊施設が充実し、気軽に海中散歩を満喫できる。バリ北部独特の黒砂のビーチをもち、海もきれいなので、バリ島北東部を周遊するなら、ここに滞在してみるといい。また、ヤシの実や米などを原料とする蒸留酒アラックは、このカランアサム地方が特産地として有名。特にアメッド〜トゥランベン間にあるムリタ村は、おいしいアラックを作る村としてバリの愛飲家に知られている。

昔ながらのバリの風景が楽しい

トゥランベン中心部
Tulamben
広域マップ▶右図

Liberty Dive Resort
Puri Madha
リバティ号沈船ポイント
0 200m
Indomaret
Tulamben Dive Resort
駐車場（食堂が並ぶ）P.371
タウチ・ターミナル・リゾート
Tauch Terminal Resort
Scuba Tribe Bali
Warung Rusti
ワヤン Wayan
ミニストア
Wreck Divers
ATM
マタハリ Matahari
Slice and Brew
Bali Reef Divers
P.371
Ocean Sun
ミンピ・リゾート・トゥランベン
Mimpi Resort Tulamben

トゥランベン周辺
Around Tulamben
広域マップ▶P.339-A3

シガラジャ、ロビナ方面へ
左図
Mimpi Resort Tulamben
0 2km
トゥランベン・バックパッカー
Tulamben Backpaker P.371
ブルー・ヒル Blue Hill
ヴィラ・マルキーサ Villa Markisa
スクーバ・スラヤ・リゾート Scuba Seraya Resort P.371
バトゥ・ブラー・バンガローズ Batu Belah Bungalows
N BALI
アメッド、アンラプラ方面へ

370　ヒント　リバティ号沈潜ポイントの南にある駐車場には、地元の人が利用するナシゴレンやナシチャンプルの簡素な食堂が数軒ほど営業している。ローカルプライスで現地の味が楽しめる穴場スポットだ。

ACTIVITY　アクティビティ

　沈船ポイントとして有名なトゥランベンは、ダイバーに人気の高いダイブサイト。ビーチからエントリーして30mほどで、アメリカの貨物船リバティ号が横たわっている魚礁にたどり着く。船にはギッシリとソフトコーラルが付き、ギンガメアジの群れのほか、イソマグロやロウニンアジも出没する。初心者から上級者、ファンダイブ派から水中写真派まで、誰もが楽しめるバリ島随一の人気ポイントとなっている。

ホテル脇のビーチからダイビングサイトへ

トゥランベンのダイブショップ
ミンピ・リゾート・トゥランベン
Mimpi Resort Tulamben　MAP P.370-左

　町の中心部にある老舗リゾート内（→P.371）のダイビングセンター。2ダイブでトゥランベンRp.41万5000、アメッドRp.125万。器材のレンタルはフルセットでRp.27万。
TEL (0363) 21-642

ホ　テ　ル　Hotel

　村の中心部にはダイビングリゾートのほか安宿も集まっている。
周辺の海沿いにもダイブショップを併設したホテルやレンタルヴィラが点在している。

ダイバー垂涎のロケーション
ミンピ・リゾート・トゥランベン
Mimpi Resort Tulamben　MAP P.370-左

　日本人のリピーターにも人気が高い、ダイバーのための環境が整った全30室のブティックホテル。部屋はそれぞれが独立した敷地をもつコテージがおすすめ。海から上がって部屋に入る前に浴びられる屋外シャワーなど、設備面も充実している。**WI-Fi** 客室OK・無料

デラックスコテージの室内

住所 Jl. Kubu, Tulamben, Karangasem
TEL (0363)21-642　URL www.mimpi.com
税&サ 込み　カード AJMV
料金 AC TV TUB パティオ⑩Rp.70万〜
　　　AC TV TUB デラックスコテージ⑩Rp.90万〜
　　　AC TV TUB オーシャンビュー⑩Rp.115万〜
空港→車で3時間（片道1台Rp.110万で送迎可）

⊘○ ¶○ ※○ ▭○ ⊟○ ☎○ ♪× ▨○

欧米人に人気の快適ホテル
タウチ・ターミナル・リゾート
Tauch Terminal Resort　MAP P.370-左

　世界各国からのダイバーでにぎわう、全28室のダイビングリゾート。バンガロー(2棟)は31m²、デラックス(23室)は40m²の快適サイズでどちらも客室からシービューが楽しめる。敷地内にはダイビングセンターも併設されている。**WI-Fi** 客室OK・無料

プールやレストランから青い海が望める

住所 Jl. Kubu, Tulamben, Karangasem
TEL (0363)22-911　URL tulamben.com
税&サ 込み　カード AMV
料金 AC TV TUB バンガロー⑩Rp.113万〜
　　　AC TV TUB デラックス⑩Rp.163万〜
　　　AC TV TUB ファミリースイートRp.245万〜
空港→車で3時間（片道1台Rp.100万〜で送迎可）

⊘○ ¶○ ※○ ▭○ ⊟○ ☎○ ♪× ▨○

目の前の海でダイビング三昧
スクーバ・スラヤ・リゾート
Scuba Seraya Resort　MAP P.370-右

　トゥランベン中心部から東へ3km。ビーチに面した全10室のプチホテル。ハウスリーフには珍しいウミウシなども生息し、マクロ系ダイビングも楽しめる。メゾネット(21m²)もヴィラ(28m²)も清潔で快適。**WI-Fi** 客室OK・無料

住所 Desa Tukad Dabu, Tulamben, Karangasem
TEL 0811-3898-299（携帯）
URL scubaserayabali.com　税&サ 込み　カード MV
料金 AC TV TUB メゾネット⑩Rp.96万〜
　　　AC TV TUB ヴィラRp.202万〜
空港→車で3時間（片道1台Rp.100万〜で送迎可）

⊘○ ¶○ ※× ▭○ ⊟○ ☎○ ♪× ▨○

喧騒から隔絶されたリゾート。南側にはアグン山も望める

 Ｈトゥランベン・バックパッカー Tulamben Backpaker（Map P.370-右　TEL (0363)430-1002）はプール付きの快適なゲストハウス。ドミトリー Rp.12万、個室⑩Rp.25万〜。全10室。

のどかな漁村エリアで昔ながらのバリ情緒にひたる

アメッド

Amed

アメッドの充実度

（レーダーチャート）
- ホテル
- ショッピング
- グルメ
- バリ情緒
- アクティビティ
- 観光スポット
- 治安
- エステ

ダイビングを楽しみながら、のんびり滞在するのに最適。最近は快適なヴィラも増えてきている。

アメッドへのアクセス

空港からエアポートタクシーで約3時間（定額運賃はRp.120万）。プラマ社（→P.428）のシャトルバスは、クタ（7:00発）、サヌール（7:30発）、ウブド（8:30発）から毎日各1本（所要3～3.5時間、Rp.20万）。復路はアメッド11:30発。

配車サービスの利用状況

GrabやGojekなどを呼び出して、乗車利用することも可能。台数が限られているので事前予約を。

バイクのレンタル

バイクのレンタル料金は1日でRp.7万～。車のチャーターもRp.60万～（行き先により料金は異なる）で、どちらもホテルで手配可。インドネシアと日本は国際免許の協定を結んでいないので注意（→P.427）。

フリーダイビング＆ヨガ施設

バリ島初のフリーダイビング（素潜り）のショップがアメッドにある。映画『グランブルー』の世界をバリで体験できる。インストラクターはアイルランド人で、基本コースは2日間でUS$210。
●アプネイスタApneista
Map P.373-A1
TEL 0813-3830-1158（携帯）
URL apneista.com

黒砂のビーチからはアグン山が望める

バリ島東部にある静かな漁村。ビーチにはダイビングに適したバリ有数の珊瑚礁が広がり、ダイバーに人気の宿泊地として知られている。静かで素朴な「昔ながらのバリの村」という風情にひかれ、長期滞在する旅行者も多い。断崖に建てられた眺めのいいホテルでのんびり過ごし、気ままにダイビングやスノーケリングを楽しんでみたい。

早朝に浜辺を散歩すれば、帆を張ったジュクンが漁に出ていく光景が広がっている。勇ましく船を押し出す男たち、見送る陽気な子供たち。バリ島の素顔を垣間見たような気分になるはずだ。

ORIENTATION　　歩き方

海沿いにホテルエリアが広がっている

観光開発がめざましいアメッドAmed村から東のジュムルッJemelukにかけて、通り沿いにレストランやホテル、ミニマートが並んでおり便利に過ごせる。昔ながらのバリ情緒に浸りたいなら、その東側にあるブヌタンBunutanやリパLipahといった静かなエリアに滞在するのがおすすめ。

アメッド内には公共交通がないため、移動にはホテルでバイクのレンタルやチャーター車を手配してもらうのが一般的。郊外にあるランプヤン寺院へは、ホテルで同行者を探して一緒に移動すれば、車チャーター代を割り勘にできて割安となる。

Area Topics

アメッドの塩田文化を知る施設

天然の塩作りを紹介する小さなギャラリーを訪ねてみよう。アメッドで古来から伝承される塩の製法を、店内の展示と外に設置された塩田で説明してもらえる。観光開発で消えつつある塩田文化を支援する活動も行っており、塩やTシャツなどグッズも販売している。
●アメッド・ソルト・センター Amed Salt Center
Map P.373-A1

TEL 0878-6552-0139（携帯）
営業 月～土9:00～17:00（12:00～13:00は昼休み）

塩の製造プロセスを学べる

Rブルー・アース・ヴィレッジBlue Earth Village（Map P.373-A1　TEL 0821-4554-3699 携帯 営業 毎日12:00～22:00）では海を望むスタジオでヨガ教室（土～水曜）を開催。参加費Rp.10万。

✿EXCURSION　近郊の見どころ

✿ 天空の寺院を訪れてみよう　　　　　★★★

ランプヤン寺院
Pura Lempuyang

　MAP P.339-B4

　アメッドから15km南、ランプヤン山（標高1175m）の麓から頂上にかけて点在する寺院の総称。バリ・ヒンドゥーを代表する寺院であり、神秘的なパワースポットとして世界各国からの旅行者が訪れている（名称の「ランプ」は「光」、「ヤン」はバリ・ヒンドゥー教のシンボルである最高神「サンヒャンウディ」を意味する）。麓から頂上までは約1700段の階段が連なり、徒歩で2時間ほど。晴れていれば、寺院の正面（西方向）にアグン山も望める。

割れ門の先にアグン山が広がる聖なる寺院。インスタスポットとしても人気が高い

ランプヤン寺院
入場 随時
料金 寄進のみ（Rp.1万ほど）

ランプヤン寺院へのアクセス
ツアーやチャーター車の利用が一般的。アメッドからは宿泊ホテルなどで車を手配できる。往復Rp.30万〜。

ジュクンのチャーター
ビーチで交渉して、小舟のジュクンをチャーターできる。料金は2時間でRp.30万〜が目安。日中に利用してスノーケリングを楽しむのもいいし、サンライズクルーズやサンセットクルーズもおすすめ。1艘で3人まで利用OK。

アメッドのダイブセンター
アメッドのダイブセンターはホテルに併設されている場合が多い。
🏠ガラン・カンギン内の**Mama Dive**（Map P.373-A1 TEL 0813-3766-4482 携帯 URL galangkangin-mamadive.jimdofree.com）では、料金は2ダイブUS$60〜。

✿ACTIVITY　アクティビティ

コーラルも美しいアメッドの海

ビーチエントリーで水中世界へ

　色鮮やかなソフトコーラルが楽しめるアメッドは、バリでも屈指のダイビングスポット。ダイビングセンターを併設したホテルもあるので、滞在すればダイビング三昧が楽しめる。

漁村の光景が広がっている

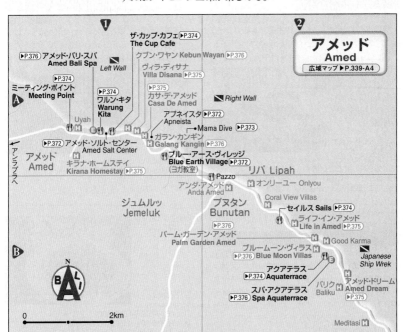

1
ザ・カップ・カフェ ▶P.374
The Cup Cafe
▶P.376 アメッド・バリ・スパ
Amed Bali Spa
クブン・ワヤン Kebun Wayan ▶P.376
Left Wall
ミーティング・ポイント
Ⓐ Meeting Point
ヴィラ・ディサナ
Villa Disana ▶P.375
▶P.374
ワルン・キタ
Warung Kita
カサ・デ・アメッド
Casa De Amed ▶P.375
Right Wall
Uyah
アプネイスタ ▶P.372
Apneista
Mama Dive ▶P.373
▶P.372 アメッド・ソルト・センター
Amed Salt Center
ガラン・カンギン Galang Kangin ▶P.376
キラナ・ホームステイ
Kirana Homestay ▶P.375
ブルー・アース・ヴィレッジ
Blue Earth Village ▶P.372
（ヨガ教室）
アメッド
Amed
Pazzo
リバ Lipah
アンダ・アメッド
Anda Amed
オンリーユー Onlyou
アンラプラへ
ジュムルッ
Jemeluk
ブヌタン
Bunutan
Coral View Villas
セイルス Sails ▶P.374
ライフ・イン・アメッド
Life in Amed ▶P.375
▶P.376
パーム・ガーデン・アメッド
Palm Garden Amed
Good Karma
Ⓑ
ブルームーン・ヴィラス
Blue Moon Villas ▶P.376
Japanese
Ship Wrek
アクアテラス
Aquaterrace ▶P.374
バリク
Baliku
アメッド・ドリーム
Amed Dream ▶P.375
スパ・アクアテラス
Spa Aquaterrace ▶P.376
0　　　　　2km
Meditasi

2
アメッド
Amed
広域マップ ▶P.339-A4

✎投稿　ランプヤン寺院の割れ門フォトスポットは1ヵ所のみ。朝7時に到着しても1〜2時間は待つことを覚悟！1組の撮影時間は1分ほどなので、事前に撮影ポーズを決めておきましょう。（埼玉県　淳 '23）

373

レストラン Restaurant

アメッド村の中心部にレストランやカフェが続々とオープンしている。
その東のジュムルッやプヌタンには、眺望も楽しめるスポットが点在している。

海を眺めながら各種料理を楽しむ
セイルス
Sails MAP P.373-B2

　ジュクンの並ぶビーチを見下ろせる高台にあり、テーブル席を吹き抜ける海風が気持ちよい。メニューはポークスペアリブ（Rp.18万）やチリ・プロウン（Rp.12万）などのインターナショナル料理が人気。アメッド内の無料送迎あり。

見晴らしのい
い高台にある

住所 Lean Beach, Amed
TEL (0363)22-006　予算 ★★☆☆
営業 毎日11:00～22:00
税&サ 込み　カード MV
予約 なるべく MENU 英語 ♠ 英語OK

ロンボク島を望むパノラマが広がる
アクアテラス
Aquaterrace MAP P.373-B2

　日本人の奥さんが切り盛りしているオーシャンビューレストラン。おすすめ料理はツナステーキ（Rp.11万）やのりロール寿司（Rp.6万3000）など。チーズお好み焼き（Rp.6万2000）やビーフたたきサンバルマタ（Rp.5万9000）もリピーター客に人気が高い。

和食メニューが充実し
ている

住所 Selang, Amed
TEL 0812-3611-9702(携帯)　予算 ★★☆☆
URL aquaterrace-jp.com
営業 毎日8:00～21:30(L/O→20:30)
税&サ 込み　カード MV　予約 なるべく
MENU 英語 ♠ 日本語OK WiFi 無料

のんびり過ごせるカフェ空間
ミーティング・ポイント
Meeting Point MAP P.373-A1

　植物の鉢植えに囲まれた女性受けするカフェ。BLT風のフェリズ・フェイバリット・サンドイッチ（Rp.6万）などメニューは軽食が中心。カフェラテ（Rp.3万5000）やバージン・モヒート（Rp.3万）などドリンク類も豊富。

ヘルシーメニュー
が充実している

住所 Jl. Raya Amed, Perwakerthi
TEL 0859-6591-2020(携帯)　予算 ★★☆☆
営業 毎日7:00～21:00　税&サ 込み　カード 不可
予約 不要 MENU 英語 ♠ 英語OK WiFi 無料

3階席から海が見渡せる
ザ・カップ・カフェ
The Cup Cafe MAP P.373-A1

　海風が心地よく吹き込むコーヒーショップ。カップチーノ（Rp.3万）やエスプレッソ（Rp.1万8000）など本格的なコーヒーが楽しめ、旅行者や口コミに人気。階段を上って3階席に陣取れば、ビーチや塩田が望める。

間口は狭いが奥に
広いのが特徴

住所 Amed, Karangasem
TEL 0819-1614-1668(携帯)　予算 ★★★☆
営業 毎日7:00～21:00　税&サ 込み　カード 不可
予約 不要 MENU 英語 ♠ 英語OK WiFi 無料

清潔で手頃なワルン
ワルン・キタ
Warung Kita MAP P.373-A1

　スタッフがキビキビ働き料理もおいしいアメッド村の食堂。スイート＆サワーソースのフーユンハイ（Rp.2万）や野菜たっぷりのチャプチャイ（Rp.1万7000）がおすすめ。小腹が減ったときにはバッソ（Rp.1万5000）やミーアヤム（Rp.1万5000）を試してみよう。

中華風メニューが
安くておいしい

住所 Amed, Karangasem
TEL 0877-6289-1575(携帯)　予算 ★★☆☆
営業 毎日10:00～22:00　税&サ 込み　カード 不可
予約 不要 MENU 英語 ♠ 英語少々 WiFi 無料

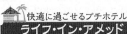

ホテル Hotel

アメッド村やジュムルッ、ブヌタン、リパなどの村々にホテルやホームステイが並んでいる。
近年はブティックホテルのほか、小さなレンタルヴィラも増えてきている。

快適に過ごせるプチホテル
ライフ・イン・アメッド
Life in Amed
MAP P.373-B2

全11室のおしゃれなホテル。どのカテゴリーの部屋も2階建てで、部屋はやや手狭だが手入れの行き届いた庭が心地よい。ファミリー向けコテージやヴィラが並ぶ敷地内からは、直接ビーチへと出られる。**Wi-Fi** 客室OK・無料

静かに休日を楽しめる

住所 Bunutan, Amed　TEL (0363)23-152
URL www.lifebali.com　税&サ込み　カード **MV**
料金 **AC TV** ビーチコテージⒹUS$75
AC TV TUB サンライズヴィラUS$125
AC TV TUB パラディソヴィラUS$125
空港→車で3時間（片道1台Rp.70万で送迎可）

🚗○ 🍴○ 🌀× □○ 🛏○ ⊿△ ❄○ 🌙× 🍳○

ビーチフロントにあるプライベートヴィラ
ヴィラ・ディサナ
Villa Disana
MAP P.373-A1

ビーチを望む4ベッドルームのヴィラ。目の前に広がる海でスノーケリングをしたり、調理人に食事を作ってもらったりと、ヴィラ内でのんびり滞在できる。家族や仲間同士で過ごしたい。**Wi-Fi** 客室OK・無料

ビーチ前のロケーションがいい

住所 Jemeluk, Amed　TEL 081-7475-1235（携帯）
URL villadisana.com　税&サ込み　カード 不可
料金 **AC TV** 1～2名 95ユーロ
AC TV TUB 3名 120ユーロ
AC TV TUB 4名 145ユーロ
空港→車で3時間（片道1台Rp.60万で送迎可）

🚗○ 🍴○ 🌀× □○ 🛏○ ⊿△ ❄○ 🌙× 🍳○

部屋からもご来光が望める
アメッド・ドリーム
Amed Dream
MAP P.373-B2

閑静なブヌタン地区にある、全17室のオーシャンビューホテル。モダンな客室や眺望のいいレストランから、海に昇る朝日を眺められる。スパやビーチクラブも完備。**Wi-Fi** 客室OK・無料

客室やプールから海が見渡せる

住所 Jl. Raya Amed, Bunutan
TEL 0821-3874-0905（携帯）　税&サ込み　カード **MV**
料金 **AC TV TUB** スタンダードⒹRp.50万
AC TV TUB デラックスⒹRp.65万
AC TV TUB ファミリー Rp.150万
空港→車で3時間（片道1台Rp.65万で送迎可）

🚗○ 🍴○ 🌀× □○ 🛏○ ⊿△ ❄○ 🌙× 🍳○

邸宅風の作りがすてき
カサ・デ・アメッド
Casa De Amed
MAP P.373-A1

オンザビーチの立地がうれしい全6室のホテル。バリモダンなインテリアでまとめられた部屋は設備も充実。目の前に広がるビーチではスノーケリングも楽しめる。**Wi-Fi** 客室OK・無料

絵画が飾られた客室の雰囲気気も◎

住所 Amed Beach, Purwakerthi
TEL 0812-3891-7897（携帯）　税&サ込み　カード **MV**
料金 **AC TV TUB** スイートⒹRp.75万～
AC TV TUB スーペリアⒹRp.90万～
AC TV TUB デラックスⒹRp.110万～
空港→車で3時間（片道1台Rp.55万で送迎可）

🚗○ 🍴× 🌀× □○ 🛏○ ⊿△ ❄○ 🌙× 🍳○

キッチン付きで長期滞在にも便利
キラナ・ホームステイ
Kirana Homestay
MAP P.373-A1

緑豊かな庭をもつ居心地のいい6室の宿。スタンダード以外は、すべて一軒家タイ

広々としたベッドルーム

プでキッチンを完備。スタッフも親切で旅の相談に乗ってくれる。町の中心に近くビーチまで徒歩5分という立地も便利。**Wi-Fi** 客室OK・無料

住所 Jl. Amed, Amed　TEL 0819-4404-4132（携帯）
URL kirana-homestay.com　税&サ込み　カード **AMV**
料金 **AC TV TUB** スタンダードⒹRp.20万～
AC TV TUB ダブルルームⒹRp.35万～
AC TV TUB ファミリー Rp.55万～
空港→車で3時間（片道1台Rp.60万で送迎可）

🚗× 🍴× 🌀× □× 🛏○ ⊿△ ❄× 🌙× 🍳○

ホテル設備の記号一覧 **AC**＝エアコン　**TV**＝テレビ　**TUB**＝バスタブ　**Wi-Fi**＝ネット環境　□＝プール　🍴＝レストラン
🌀＝スパ　🛏＝室内金庫　⊿＝冷蔵庫　❄＝ドライヤー　🌙＝日本語スタッフ　🍳＝朝食

スタイリッシュなプチホテル
ブルームーン・ヴィラス
Blue Moon Villas `MAP P.373-B2`

幹線道路沿いの丘に建つ全17室のホテル。インテリアはなかなかハイセンス。各階でリビングスペースを共有できるので、仲間同士で何室か借り切ると快適だ。**Wi-Fi** 客室OK・無料

海を望む小高い丘の上に建つ

住所 Selang Beach, Amed　TEL (0363)21-428
URL www.bluemoonvillas.com
税&サ 込み　カード J M V
料金 AC TV TUB ブルースターⒹ75ユーロ〜
　　 AC TV TUB アパートメント80ユーロ〜
　　 AC TV TUB スイート 95ユーロ〜
空港→車で3時間(片道1台Rp.70万で送迎可)

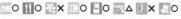

プールサイドから海を望める
パーム・ガーデン・アメッド
Palm Garden Amed `MAP P.373-B2`

スイス人夫婦が経営する全11室のホテル。プールやレストランがビーチサイドにあり、リゾート気分が盛り上がる。オーシャンフロントヴィラはプランジプールも完備。**Wi-Fi** 客室OK・無料

ヨーロッパのプチリゾートのような風情

住所 Lean Beach, Amed　TEL (0363)430-1058
URL www.palmgardenamed.com
税&サ 込み　カード M V
料金 AC TV スタンダードルームⒹUS\$93〜
　　 AC TV ガーデンバンガロー US\$144〜
　　 AC TV ビーチフロントヴィラUS\$183〜
空港→車で3時間

ビーチ沿いの老舗カフェが経営
クブン・ワヤン
Kebun Wayan `MAP P.373-A1`

アメッドの人気レストラン「アメッド・カフェ」に併設された全37室のバンガロー。眺望や設備は部屋によって細かく異なっている。チェックイン前に部屋を見較べてみよう。**Wi-Fi** 客室OK・無料

潮風を感じるカフェもおすすめ

住所 Jl. Raya Bunutan, Amed
TEL (0363)23-473
税&サ 込み　カード M V
料金 AC TV TUB ジュンビューⒹRp.35万
　　 AC TV TUB ルンブンⒹRp.45万
　　 AC TV TUB プリアグンビューⒹRp.90万
空港→車で3時間

バックパッカーやダイバーが集まる
ガラン・カンギン
Galang Kangin `MAP P.373-A1`

目の前に美しい珊瑚礁が広がる全10室のプチホテル。部屋はよくメンテナンスされており清潔で快適。併設のママ・ダイブには、日本人インストラクターが常駐している。**Wi-Fi** 客室OK・無料

2019年にリノベーションしたホテル

住所 Jemeluk, Amed　TEL 0813-3766-4482(携帯)
URL galangkangin-mamadive.jimdofree.com
税&サ 込み　カード M V
料金 AC TV ガーデンビューⒹRp.25万〜
　　 AC TV TUB ガーデンビューⒹRp.40万〜
　　 AC TV TUB シービュールームⒹRp.45万〜
空港→車で3時間(片道1台Rp.60万〜で送迎可)

清らかな景観に包まれバリの素顔に触れる

バリ北部&高原地帯

North of Bali & High Lands

広大なバトゥール湖は外輪山に建つ寺院とともに、
世界遺産スポットとして注目を集めている。
景勝地として有名なブラタン湖や、
素朴なビーチが広がるロビナなども訪ねてみたい。

バトゥール湖周辺 ……………………………… 380
ブラタン湖周辺 ………………………………… 386
ロビナ …………………………………………… 390
シガラジャ ……………………………………… 396

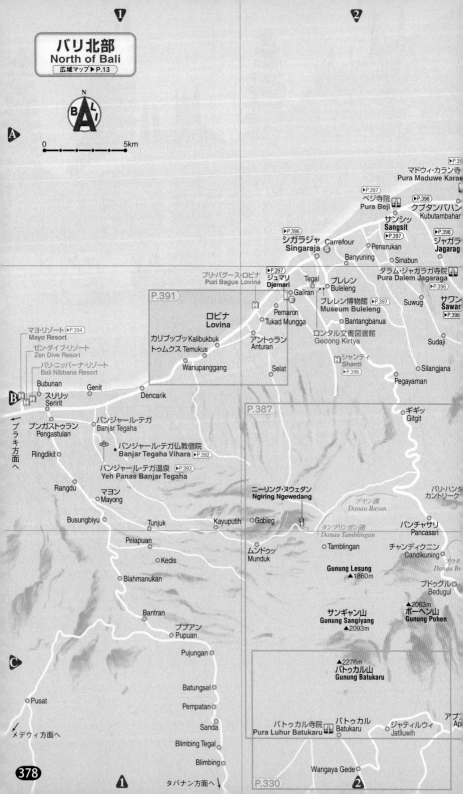

バリ北部
North of Bali
広域マップ▶P.13

N
B A L I
0 　　　　　5km

Ⓐ

P.39
マドゥィ・カラン寺
Pura Maduwe Kara

▶P.397
ペジ寺院
Pura Beji
▶P.398
クブタンバハン
Kubutambahar

サンシッ
Sangsit
▶P.397

▶P.398
ジャガラ
Jagara

▶P.396
シガラジャ
Singaraja
Carrefour
Ⓢ
Penarukan

Banyuning
Sinabun

プリ・バグース・ロビナ
Puri Bagus Lovina
▶P.397
ジュマリ
Djemari
Tegal
Galiran
ブレレン
Buleleng
ダラム・ジャガラガ寺院
Pura Dalem Jagaraga
▶P.398

P.391
ロビナ
Lovina
Pemaron
Tukad Mungga
ブレレン博物館 ▶P.397
Museum Buleleng
ロンタル文書図書館
Gedong Kirtya
Suwug
サワン
Sawar
▶P.398

マヨ・リゾート ▶P.394
Mayo Resort
ゼン・ダイブ・リゾート
Zen Dive Resort
バリ・ニッバーナ・リゾート
Bali Nibbana Resort
カリブッブッ Kalibukbuk
トゥムクス Temukus
アントゥラン
Anturan
Bantangbanua
Sudaji

シャンティ
Shanti
▶P.396
Silangjana

Wanupanggang
Selat
Pegayaman

Ⓑ
Bubunan
スリリッ
Seririt
Genit
Dencarik
P.387
ギギッ
Gitgit

ブ
ラ
キ
方
面
へ

プンガストゥラン
Pengastulan
バンジャール・テガ
Banjar Tegaha

Ringdikit
バンジャール・テガ仏教僧院
Banjar Tegaha Vihara ▶P.392
バンジャール・テガ温泉 ▶P.393
Yeh Panas Banjar Tegaha

バリ・ハンタ
カントリーク

Rangdu
マヨン
Mayong
ニーリング・ヌウェダン
Ngiring Ngewedang
ブヤン湖
Danau Buyan

Busungbiyu
Tunjuk
Kayuputih
Gobleg
タンブリンガン湖
Danau Tamblingan
バンチャサリ
Pancasari

Pelapuan
ムンドゥッ
Munduk
Tamblingan
チャンディクニン
Candikuning
プラタ
Danau Bı

Ⓒ
Kedis
Gunung Lesung
▲1860m
ブドゥグル
Bedugul

Blahmanukan

Bantran
サンギャン山
Gunung Sangiyang
▲2093m
▲2063m
ポーヘン山
Gunung Pohen

ププアン
Pupuan

Pujungan
▲2276m
バトゥカル山
Gunung Batukaru

Batungsel

Ⓒ
Pempatan

Ⓒ Pusat
バトゥカル寺院
Pura Luhur Batukaru
バトゥカル
Batukaru
ジャティルウィ
Jatiluwih
アブ
Ap

メデウィ方面へ
Sanda

Blimbing Tegal

Blimbing

❶
タバナン方面へ
P.330
❷
Wangaya Gede

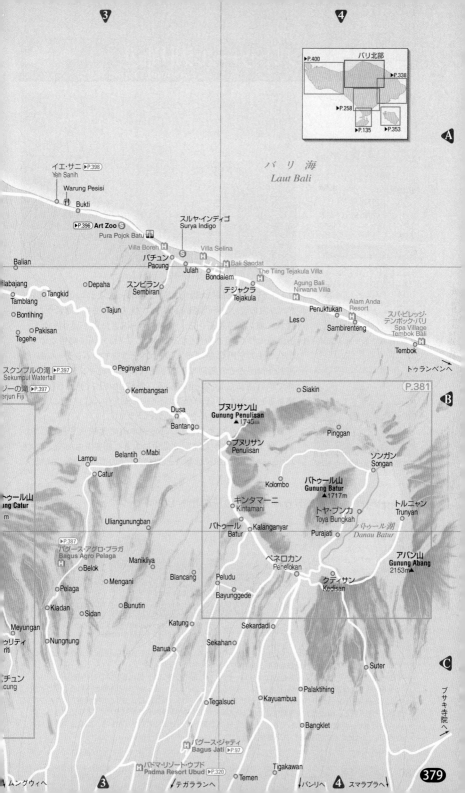

バトゥール湖周辺
Around Danau Batur

外輪山から美しい湖を望む、パワースポットが点在する高原地帯

バトゥール山周辺とキンタマーニの充実度

（レーダーチャート：ホテル、ショッピング、グルメ、バリ情緒、アクティビティ、観光スポット、治安、エステ）

島内ツアーで訪れるのが一般的。クディサンやトルニャンでは地元民とのトラブルも多いので注意。

ペネロカンへのアクセス

ツアーやチャーター車で訪れるのが一般的。レンタカーやバイクで来た観光客は通行料（1名Rp.1万5000）を支払う。空港からはエアポートタクシーで約3時間（定額運賃はRp.75万）。

プラマ社（→P.428）のシャトルバスは、クタ（10:00発）、サヌール（10:30発）、ウブド（11:30発）から毎日各1本（所要3.5〜4時間、Rp.15万）。復路はペネロカン13:30発。最少催行2名以上なので要事前予約。

日本語をしゃべる人も多いキンタマーニの物売り

「地球の第1チャクラ」とも称される湖畔にそびえるバトゥール山

バトゥール湖にさざ波がたち、鏡に映ったようなバトゥール山、アバン山の姿が、一瞬揺らめいた。梢の葉がささやき合うように揺れ、風の通り道を作る。吹き上がってきた風が通り抜けると、肌は凍てつくように冷たくなっていた。ここは本当に熱帯なのだろうか。巨大な円形劇場のようなカルデラをもつバトゥール山（標高1717m）とその周辺は、バリ随一の景勝地キンタマーニの名称で旅行者にもよく知られている。外輪山の上、見晴らし台から眺めるその姿は、バリの水源バトゥール湖を中心に、西にバトゥール山、東にアバン山がそびえる大パノラマだ。

1917年と1926年には、バトゥール山は大噴火を起こしている。噴火にともなう大地震は島中に大きな被害をもたらし、今もバトゥール山の山肌には黒々とした溶岩流の痕跡が残っている。

---

information　バトゥール山への日の出トレッキング

湖畔の西にそびえるバトゥール山は、旅行者にも人気のトレッキングコース。標高1717mだが、上りも比較的緩やかなので、体力に自信のない人でも楽しめる。特に山頂から美しい朝景を眺める日の出トレッキングは、体験する価値あり。朝日を浴びてきらめく湖の先に、アバン山とアグン山が重なるように連なる光景は、とても神秘的だ。また、湖沿いの外輪山へ登り、刻々と色づくバトゥール山を眺めるのもいい。

バトゥール山の山頂は、トヤ・ブンカからのルートがいちばんわかりやすく、距離も短い。往復で4〜6時間。日の出を山頂で見るためには、トヤ・ブンカのホテルを早朝4:00には出発しよう。

ただし日の出トレッキングには、必ず現地ガイドを雇って行くこと。道に迷って遭難寸前になった日本人旅行者や、早朝にガイドなしで登ろうとした旅行者が、地元民に暴力を振るわれた事件も起きて

左／バトゥール湖周辺はトレッキングコースも多彩
右／山頂からの朝景は感動的！

いる。単独トレッキングも可能だが、安全のためのお金は惜しまないこと。

湖畔の村では、旅行者を見ると「明日トレッキングに行こう」としつこく声をかけられるが、ガイド料金でのトラブル報告も多いので注意。トヤ・ブンカ村などの各ホテルで公認ガイドを手配できる。南部リゾートエリアやウブドから、深夜に出発するトレッキングツアーもある。

✏️**投稿**　キンタマーニに入る際、ひとりRp.5万の入域料（？）を徴収されました。配車サービスの呼び出しもまだ一般的ではないようです（スマホではマッチングするのですが…）。（ヌサドゥア在住　R子 '23）

ORIENTATION 歩き方

ビューレストランが並ぶ外輪山の上の村**ペネロカン**Penelokanからカルデラの中へ、曲がりくねった道を下るとバトゥール湖畔の村**クディサン**Kedisanに出る。三日月形をしているバトゥール湖は、バリ中部田園への水の供給源として知られる火口原湖だ。

トヤ・ブンカから望むバトゥール湖

湖畔に宿泊するなら、温泉の村**トヤ・ブンカ**Toya Bungkahがのんびりできておすすめだ。トヤ・ブンカの各ホテルでは、バトゥール山への日の出トレッキングのガイド手配もできる。

そのほか湖の東岸には、風葬で知られるバリ・アガの村**トルニャン**Trunyanがある。しかしこの伝統村でも、村人たちから法外な入村料をふっかけられることもあるので注意。

トルニャン村を目指すトレッキングツアーもある

キンタマーニ高原の地名

バトゥール山エリアは「キンタマーニ高原Kintamani」という呼称も一般的で、現地発ツアーでもこの地名がよく使われる。ただし外輪山沿いにあるキンタマーニ村自体は小さな集落。ネットで地図検索しても具体的な場所がヒットしないケースも多い。

キンタマーニの火山博物館

バトゥール火山に関する博物館。火山の仕組みや模型などが展示されている。

●バトゥール・ジオパーク博物館
Museum Geopark Batur
MAP P.381-B1
住所 Penelokan, Kintamani
TEL (0366)51-088
URL ppsdm-geominerba.
esdm.go.id/home/museum_
gunung_api_batur
営業 毎日 8:00〜16:00
料金 無料

ジオラマや写真で火山について学べる

!ヒント　外輪山からの眺めやトレッキング目的で訪れる旅行者が多いが、日程に余裕があればカルデラ内の村落に宿泊するのもおすすめ。静かな山々に囲まれて、夜には満天の星空が広がって感動間違いなしだ。

バトゥール山大噴火の歴史を今に伝える ★★★
ウルン・ダヌ・バトゥール寺院
Pura Ulun Danu Batur

MAP P.381-B1

　バトゥール村のほぼ真ん中、バトゥール山のカルデラを見下ろす巨大な寺院で、バトゥール湖の守護神デウィ・ウルン・ダヌ Dewi Ulun Danuを祀っている。ウルン・ダヌとは「湖の先」を意味しており、この名からもわかるように、この寺院はかつてカルデラの中、バトゥール湖畔の北端(ソンガン村)に建っていた。

　1917年、バトゥール山は突然の大噴火を起こす。流れ出した溶岩流は当時バトゥール湖北端にあったバトゥール村へ迫ってきた。しかし、溶岩流は奇跡的にも、ウルン・ダヌ寺院の手前でピタリと止まった。村人はこのことを、同じ場所にとどまって住むよう神が告げたものだと解釈し、村の復興に努めたのだった。ところが、1926年、再びバトゥール山は大噴火を起こした。このときは神の加護を得られず、村は溶岩流にのみ込まれ、かろうじて高台にあったウルン・ダヌ寺院の社だけが残された。村人は二度と同じ目に遭わないよう、村を外輪山上に移し、そこに新しく村を造ったのだ。これが今のバトゥール村で、移された社をもとに、巨大なウルン・ダヌ・バトゥール寺院を再建した。

バトゥール山の外輪上に建つ聖なる寺院

ソンガン村にはオリジナルの寺院も残っている

ウルン・ダヌ・バトゥール寺院
入場 毎日 9:00～17:00
料金 大人 Rp.5万
　　 子供 Rp.2万5000
　道路を挟んで西側にある駐車場横の建物でチケットを買う。
※サロンとスレンダンのレンタルに別途Rp.2万支払う。

サロンは事前に用意しよう
　バリ寺院の境内に入るにはサロン(腰巻布)とスレンダン(帯)の着用が求められる。ほとんどの寺院では心付け程度の金額でレンタルできるが、ウルン・ダヌ・バトゥール寺院では注意が必要。チケット売り場の前でおばちゃんが法外な値段でレンタルや購入をふっかけてくる。根気強く交渉すれば値段も下がるが、寺院訪問前に安物を購入しておくと便利だ。

風光明媚なカルデラ湖 ★★★
バトゥール湖
Danau Batur

MAP P.381-B2

　バトゥール山とアバン山に挟まれた火山湖は、バリを代表する景勝地。水源地として各地の田園に水を供給しており、「バリ州の文化的景観」の象徴的な存在として2012年に世界文化遺産に登録されている。外輪山に沿って眺めのいいレストランが並んでいるので、ビュッフェランチとともに絶景を満喫してみよう。

　16世紀頃から伝わるバリの説話によると、伝説の巨人クボ・イオが水源となる深い井戸を山麓に掘ったものが、バトゥール湖の始まりとされている。

バリの水がめと呼ばれるバトゥール湖

キンタマーニでカフェブーム
　北部ツアーのランチ場所として郷土料理ビュッフェの店が多かったキンタマーニだが、近年は絶景ビューのカフェに業態転換して人気を集めている。2023年にはスターバックスも新規オープンしている。
Ｒスターバックス・キンタマーニ
Starbucks Kintamani
MAP P.381-B1
TEL (0366)556-1578
営業 毎日6:00～19:00

バトゥール湖でコーヒータイム

ヒント バトゥール山のトレッキングコースはなだらかなので、ビギナーでも挑戦しやすいルートだ(安全のためガイドを付けよう)。ただし火山活動が活発化すると、立ち入り禁止になる場合もある。

湖畔の温泉につかって極楽気分！ ★★★

トヤ・ブンカ
Toya Bungkah

MAP P.381-B2

バトゥール湖西岸にある、温泉の湧き出す村がトヤ・ブンカだ。別名ティルタTirta（＝聖なる水）とも呼ばれている。温泉でのんびりしたいなら、クディサンに泊まらず、ここまでやってきて宿を探すといい。快適な宿が何軒か点在している。

温泉プール施設は、村の中心部の湖畔に数ヵ所ある（すべて隣接している）。**トヤ・デバシャ** Toya Devasyaはプールが広々としており、宿泊もOK。トレッキングや自転車、カヌーのツアーなども催行している。その裏側にある**バトゥール・ナチュラル・ホットスプリング**Batur Natural Hot Springは旅行者にも人気の公共温泉だ。いずれも必ず水着を着用すること。

湖に面したバトゥール・ナチュラル・ホットスプリングの温泉プール

風葬を行うバリ・アガの村 ★★★

トルニャン
Trunyan

MAP P.381-B2

ちょうどトヤ・ブンカとバトゥール湖を挟んで対岸にあり、独自の風習をもつバリ・アガ村として知られている。バリ・アガ村は東部トゥガナン、北部スンビランなどバリ各地に残っているが、ここトルニャンほど閉鎖的な社会も珍しい。

この辺鄙な村が観光客を引きつけるのは、バリで唯一風葬が行われているからだろう。トルニャンにはふたつの墓があり、ひとつは未婚者を葬る墓、もうひとつは既婚者を葬る墓だ。この村の習慣では、未婚者は死ぬと火葬せずにそのまま埋葬し、既婚者は死体を放置し、腐るまでそこに置いておくのだという。そのため既婚者の墓は、そこら中に白骨が転がり不気味な雰囲気が漂っている。

観光客が頻繁に訪れるようになってから、村人は法外な入村料を請求するようになった。観光客とのさまざまなトラブルも起きているので注意すること。

風葬の習慣をずっと守っている

トヤ・ブンカの温泉プール

●トヤ・デバシャ

MAP P.381-B2

趣向に富んだ露天風呂やウオータースポーツ（Rp.40万〜）が楽しめる巨大施設。ヴィラ（Rp.350万〜）やテント（Rp.55万〜）での宿泊も可能。
TEL (0366) 51-205
入場 毎日 7:00〜22:00
URL www.toyadevasya.com
料金 大人 Rp.30万
　　　子供 Rp.20万

●バトゥール・ナチュラル・ホットスプリング

MAP P.381-B2

地元向け施設を改築した温泉プール。ローカルな雰囲気だが源泉に近くて、開放感もある。
TEL 0821-4468-1554（携帯）
入場 毎日 7:00 〜 19:00
料金 Rp.19万、ランチ込みのパッケージRp.24万

各国からの旅行者にも利用されるトヤ・デバシャ

トルニャンへのアクセス

ボートをチャーターし、クディサン→トルニャン村→風葬の墓→クディサンというルートを4時間で巡れる。料金は1艘Rp.51万4900。

トルニャンについての注意

トルニャン訪問ではトラブルが多数報告されている。まずクディサンの船着き場では必ずガイドに取り囲まれるので、いたずらに船着き場に降り立たないこと。ボートは料金表もあり一見明朗会計だが、湖にこぎ出してから追加料金を要求されるケースもある（逃げようにも四方は湖、すごまれて大金を払わされる人もいる）。トルニャンに着いてからも、入村料以外に寄付を要求されるなど、お金がらみのトラブルが多い。どうしても行きたい人は、心して出かけること。

トヤ・ブンカの対岸にある伝統村トルニャン

トヤ・ブンカからトルニャンへはカルデラ湖トレッキングツアーでも行ける。早朝5:00発で、道中には壮麗な日の出も見られる。所要4〜5時間、1名Rp.40万〜（2名以上で催行）。

レストラン  Restaurant

ペネロカンには、雄大な景色を眺めながら食事ができる観光客向けレストランや、ローカルな食堂が多い。観光客向けレストランは、ほとんどビュッフェ形式で、昼時にはツアー客でにぎわう。

絶景を眺めながらコーヒーブレイク
アカサ・キンタマーニ・コーヒー
Akasa Kintamani Coffee　MAP P.381-B1

本格的な味わいのキンタマーニ・アラビカ・コーヒーを提供する人気カフェ。バトゥール山の眺望を楽しみながらコーヒー(Rp.2万〜 4万1000)を味わう旅行者で混み合っている。コーヒーに合うクロワッサン(Rp.2万5000〜)のほかアカサ・バーガー(Rp.5万5000)など食事メニューも充実している。屋外テラスやブランコなど、映える撮影ポイントも多い。

早朝に訪れると雲海が広がっていることも!

住所 Jl. Raya Penelokan No.777, Kintamani
TEL 0819-9955-9000(携帯)　予算 ★★☆☆
URL akasacoffee.com
営業 毎日5:30 〜 19:00(土・日〜 20:00)
税&サ 込み　カード MV　予約 不要
MENU 英語　🗣英語OK　Wi-Fi 無料

ローカル観光客に人気が高い
カルデラ
Caldera　MAP P.381-B1

外輪山のビューポイントから湖畔に向かって下る道沿いにある穴場のレストラン。バトゥール山と湖をバランスよく眺められるロケーションが評判となっている。湖で取れた白身魚のムジャイル・サンバルマタ(Rp.4万)やバリ風焼き飯のナシゴレン・スナチュク(Rp.4万)などメニューも豊富。コーヒーカウンターも併設しており、人気のカフェラテはRp.4万。

外輪山から少し下ったおすすめスポット

住所 Jl. Windu Sara, Kintamani
TEL 0878-4052-3331(携帯)　予算 ★★☆☆
営業 毎日8:00 〜 21:00
税&サ +10%　カード MV　予約 不要
MENU 英語　🗣英語OK　Wi-Fi 無料

---

information バトゥール湖畔のソンガン村を訪ねる

バトゥール湖の北端のほとりにある**ソンガンSongan** (Map P.381-A2)。古きよき情緒が残るこの村落には、歴史ある寺院と湖が織りなす美しい景観が広がっている。

1926年の噴火で移動したウルン・ダヌ・バトゥール寺院のオリジナルである**ウルンダヌ・バトゥール・ソンガン寺院Pura Hulundanu Batur Songan**は、スピリチュアルな雰囲気が漂っている。ご神木である2本のライチの大樹に守られたパワースポットだ。さらに湖へ向かう小道を進むと、湖に面して

ご神体を清める役割をもつ**ティルタ・ウルンダヌ寺院Pura Tirta Hulundanu**がある。ここからは湖畔に立つ**デウィ・ダヌ女神像Patung Dewi Danu**が望める。この高さ15mの女神像は2017年に作られ、ソンガン村のシンボルとして大切に祀られている。切り立った崖の下にある女神像を正面から拝みたいなら、ティルタ・ウルンダヌ寺院の船着場でボートをチャーター(Rp.2万5000 ／ 1名)して湖へ出よう。静かな湖面では魚釣りの小舟や、湖越しにそびえ立つバトゥール山の眺めも楽しめる。

船着場があるティルタ・ウルンダヌ寺院　　湖を見守る金色のデウィ・ダヌ女神像

ホテル Hotel

外輪山のペネロカンやバトゥール湖畔に中級〜格安のホテルが点在している。
総じてメンテナンスはよくないホテルが多く、料金に比べて割高に感じられる。
近年はキンタマーニとウブドの間に、リゾートホテルが増えている。

静寂に包まれるロケーション
ヴィラ・ジュンパナ
Villa Jempana　　　　MAP P.381-A2

バトゥール湖畔にある全5室の隠れ家ヴィラ。白壁を基調とした部屋には高級感があり、居心地もいい。ローカル情緒漂うソンガン村への散歩の起点としても便利。

Wi-Fi 客室OK・無料

独立式の客室は値段以上の内容

住所 Jl. Raya Songan, Gg. Jempana
TEL 0878-4226-4432(携帯)
URL www.villajempana.com　税&サ 込み　カード 不可
料金 **AC** **TV** **TUB** スタンダード⑩Rp.70万〜
　　 AC **TV** **TUB** 1ベッドルームRp.74万〜
空港→車で3時間(片道1台Rp.60万〜で送迎可)

美しい景観に包まれる
ボルケーノ・テラス・バリ
Volcano Terrace Bali　　MAP P.381-A2

バトゥール湖畔に建つ全8室のホテル。緑の敷地に客室が点在し、ヴィラ風の天井が高いデザインでサイズも25m²〜とゆったりめ。レストランの食事もおいしい。

Wi-Fi 客室OK・無料

湖畔に面した立地が評判

住所 Jl. Raya Pendakian, Kintamani
TEL 0813-3332-5150(携帯)
税&サ 込み　カード **M** **V**
料金 **AC** **TV** **TUB** ガーデンビュー⑩Rp.90万〜
　　 AC **TV** **TUB** レイクビュー⑩Rp.150万〜
空港→車で3時間(片道1台Rp.60万で送迎可)

アットホームな雰囲気が評判
マパ・レイクビュー
Mapa Lake View　　　MAP P.381-A2

トヤ・ブンカ温泉の北、ソンガン村の入口にある全8室の宿。目の前に湖、後ろにはバトゥール山が望める。トレッキングガイドの手配もOK。

Wi-Fi 客室OK・無料

自然を満喫できるロケーションがいい

住所 Toya Bungkah, Desa Songan, Kintamani
TEL 0813-3838-2096(携帯)　税&サ 込み　カード 不可
料金 **AC** **TV** **TUB** スタンダード⑩Rp.50万〜
空港→車で3時間

家族経営の小さな宿
バトゥール・ピラミッド
Batur Pyramid　　　　MAP P.381-B2

バトゥール湖を見下ろす高台に建つ全2室のゲストハウス。家族の住む家と同じ敷地にあるので何かと安心。部屋は清潔で、ベッドのクッションも快適。温泉プール付き。**Wi-Fi**
客室OK・無料

室内はよくメンテナンスされている

住所 Batur Tengah, Kintamani
TEL 0819-9957-2511(携帯)　税&サ 込み　カード 不可
料金 **AC** **TV** **TUB** ⑩Rp.50万〜
空港→車で3時間(片道1台Rp.60万で送迎可)

---

column
バトゥール山の植林活動

　1926年の大噴火で木々の育たない荒れた大地となっていたバトゥール山麓。しかし2007年より日本のNPOによる植林活動がスタートし、現在では火山性の岩の間から緑の木々がたくましく育っている。バリ島の水瓶であるバトゥール湖は水位が年々低下しており、それを防ぐために水源を守る林を作ることがプロジェクトの大きな目的。地元民や学生とも連携して活動は継続されており、旅行者も希望すれば植林体験が可能だ。詳細はNPOアジア植林友好協会のサイト(URL www.agfn.org)を参照しよう。

バトゥール山に緑が増えている

ホテル設備の記号一覧 **AC** =エアコン　**TV** =テレビ　**TUB** =バスタブ　**Wi-Fi** =ネット環境　■=プール　■=レストラン　■=スパ　■=室内金庫　■=冷蔵庫　■=ドライヤー　■=日本語スタッフ　■=朝食

ゴルフも楽しめる爽快な高原地帯、湖に浮かぶ寺院を眺めてひと休み

ブラタン湖周辺
Around Danau Bratan

ブラタン湖周辺の充実度

レーダーチャート:
- ホテル
- ショッピング
- グルメ
- バリ情緒
- アクティビティ
- 観光スポット
- 治安
- エステ

地元の行楽客が目立つエリア。ホテルやレストランも現地人向けの施設が多い。

ブドゥグルへのアクセス

ツアーやチャーター車で訪れるのが一般的。
プラマ社(→P.428)のシャトルバスは、クタ(7:00発)、サヌール(7:30発)、ウブド(8:30発)から毎日各1本(所要1.5〜3時間、Rp.15万)。復路はブドゥグル14:00発。
空港からエアポートタクシーで約3時間(定額運賃はRp.60万)。

ブラタン湖周辺の渋滞に注意

湖岸にあるウルン・ダヌ・ブラタン寺院はバリ有数の写真映えスポット。ローカルにも避暑地として人気があり、特に週末は南部エリアからの道路も渋滞するので避けたほうがベター。平日でもなるべく早い時間帯に行き、団体客が押し寄せる前に撮影するほうがいい(山間なので天候も午前中のほうが安定している)。

✉ 軽井沢のようなゴルフ場

火口湖を望む自然に囲まれたバリ・ハンダラ・カントリークラブは日本人ゴルファーにおすすめ。平均気温が14〜24℃と日本の軽井沢のような環境で、山間コースならではの起伏に富んだコースでプレイが楽しめる。バリの南部エリアにあるコースはどこも暑いですが、高度1200mのバリ・ハンダラは曇りだと肌寒いほどですので、長袖シャツやトレーナーの用意を忘れずに。
(宮崎県 ロキ)[23]

湖沿いに広がるバリ・ハンダラ・カントリークラブ

ブラタン湖畔にあるチャンディクニン公園

バリ中西部を抜けシガラジャへ向かうコースは、美しいライステラス、ダイナミックな山並みが楽しめる、バリで5指に入るドライブルートだ。このルート上、およそ標高1200mの所に位置するブドゥグルは、ブラタン湖畔に開けた町で、東のキンタマーニ(ペネロカン)と並ぶ高原避暑地として知られている。行楽地として、地元の人たちに人気が高いエリアだ。

✿ ORIENTATION　　歩き方

チャンディクニンの市場が起点

ブラタン湖の湖畔にある**ブドゥグル**Bedugulが、このエリアの中心地だ。ここから数km北西の**チャンディクニン**Candikuningは、ブラタン湖岸に神秘的な姿を見せるウルン・ダヌ・ブ

南国フルーツや熱帯植物が売られているチャンディクニンのマーケット

ラタン寺院や、湖のボート遊覧の基地として、地元の家族連れや若いカップルで大にぎわいとなる。この付近一帯は熱帯果物の一大産地で、マーケットにはパッションフルーツやジャックフルーツ、マンゴー、パイナップルなどが並ぶ。さらにマーケットでは、野生のランが売られていることでも知られている。ランの切り花は、日本へ持ち帰れないのが残念だ。
ブドゥグルの北には世界的にも知られるバリ・ハンダラ・カントリークラブがある。起伏に富み、コースから湖を望む美しいゴルフ場だ。宿泊施設、テニスコート、フィットネスセンターなどの施設をもつ高原リゾートなので、ゴルフ好きで、ブラタン湖周辺をじっくり観光したい人は、泊まってみるといい。

✎投稿　ブヤン湖とタンブリンガン湖の周りには有料のセルフィースポットが点在しています。ブランコや鳥の巣などが設置され、風光明媚な湖をバックに映える写真が撮影できます。(埼玉県 カンテ '23)

❀SIGHTSEEING　おもな見どころ

❀神聖な空気に満ちた高原の行楽地　　　　　★★★
ブラタン湖
Danau Bratan

MAP P.387-A2

　チャトゥール山（標高2096m）のクレーター内にできた火口原湖。豊富な水量をもち、農業への貴重な水源となっている。

　また、バリの人々にとって憩いの場でもある。チャンディクニンには、湖沿いに花の咲き乱れる庭園が造られている。園内の船着場から、湖上遊覧のボートで景色を楽しむのもいい。

天気がいいと湖畔からアグン山も望める

ブラタン湖周辺でのランチ
　ナチュラルリゾート「**バグース・アグロ・プラガ**」のダイニングでは、ヘルシーな食事が楽しめる。自家農園で取れるオーガニック野菜は新鮮そのもの。スチームボートはRp.15万〜（2名以上、前日までに要予約）。

🏨**バグース・アグロ・プラガ**
Bagus Agro Pelaga
MAP P.379-C3
TEL 08223-7576-891（携帯）
URL www.bagusagropelaga.
com
営業 毎日7:00〜22:00

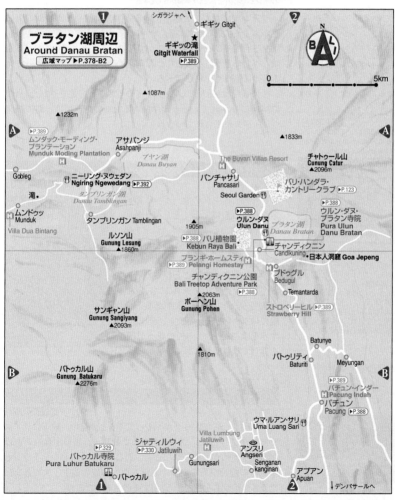

ブラタン湖周辺
Around Danau Bratan
広域マップ ▶P.378-B2

シガラジャへ▶

★ギギッ Gitgit

ギギッの滝
Gitgit Waterfall
▶P.389

0　　　　　　5km

▲1087m

▲1232m

▲1833m

A

▶P.389
ムンダック・モーディング・プランテーション
Munduk Moding Plantation

アサバンジ
Asahpanji

ブヤン湖
Danau Buyan

The Buyan Villas Resort

チャトゥール山
Gunung Catur
▲2096m

Gobleg

ニーリング・ヌウェダン
Ngiring Ngewedang ▶P.392

タンブリンガン湖
Danau Tamblingan

滝

バンチャサリ
Pancasari

Seoul Garden

バリ・ハンダラ・カントリークラブ ▶P.123

ムンドゥッ
Munduk

タンブリンガン Tamblingan

▶P.388
ウルン・ダヌ
Ulun Danu

ブラタン湖
Danau Bratan

ウルン・ダヌ・ブラタン寺院
Pura Ulun Danu Bratan ▶P.388

Villa Dua Bintang

ルソン山
Gunung Lesung
▲1860m

▲1905m

▶P.388
バリ植物園
Kebun Raya Bali

チャンディクニン
Candikuning
日本人洞窟 Goa Jepeng

▶P.389
プランギ・ホームステイ
Pelangi Homestay

ブドゥグル
Bedugul

チャンディクニン公園
Bali Treetop Adventure Park
▶P.388

サンギャン山
Gunung Sangiyang
▲2093m

ボーヘン山
Gunung Pohen
▲2063m

Temantarda

ストロベリーヒル ▶P.389
Strawberry Hill

▲1810m

Batunye

B

バトゥカル山
Gunung Batukaru
▲2276m

バトゥリティ
Baturiti

Meyungan

▶P.389
パチュン・インダー
Pacung Indah

パチュン
Pacung ▶P.388

ウマ・ルアン・サリ
Uma Luang Sari

Villa Lumbung
Jatiluwih

▶P.329
ジャティルウィ
▶P.330 Jatiluwih

アンスリ
Angseri

▶P.329
バトゥカル寺院
Pura Luhur Batukaru

バトゥカル

Gunungsari

Senganan
kanginan

アプアン
Apuan

デンパサールへ↓

ウルン・ダヌ・ブラタン寺院
Pura Ulun Danu Bratan

チャンディクニン公園

MAP P.387-A2

TEL （0368）203-3050
入場 毎日6:00 ～ 17:00
料金 入園料は大人Rp.7万5000
　　　　　　子供Rp.5万
※入園料にウルン・ダヌ・ブラタン寺院の拝観料も含まれている。

ブラタン湖の水位

　「湖上に浮かぶ寺院」として有名だったウルン・ダヌ・ブラタン寺院だが、近年は水位が下がり雨季でも湖岸につながっていることが多い。

写真映えするコーヒーショップ

　ブラタン湖周辺にはSNS映えするカフェが急増している。特にウルン・ダヌ・ブラタン寺院から50mほど北にあるコーヒーショップの**ウルン・ダヌ**は客席から湖畔ビューが広がり、ランチタイムには行列もできるほど。コーヒーはRp.1万5000 ～ 4万5000、ピサン・ゴレンなどのスナック類はRp.1万5000 ～。

Ⓡ **ウルン・ダヌ** Ulun Danu
MAP P.387-A2
営業 毎日9:00 ～ 17:00
URL ulundanuberatan.com/coffee-shop-ulun-danu

ブラタン湖からの風を感じるオープンカフェ

バリ植物園

URL www.kebunrayabali.com
入場 毎日8:00 ～ 16:00
料金 Rp.2万（土・日・祝Rp.3万）
※園内への車乗り入れは土・日・祝のみ可能（1台Rp.2万）。

フォトジェニックな寺院として絵はがきでも有名

　チャンディクニン公園内にある寺院で、社やメルが湖の上に浮かぶように造られている。タナロット寺院同様、バリで最も「絵」になる寺院のひとつだ。霧にかすんでいるときは神秘的に、また晴れているときはしっとりと落ち着き、そのときどきによって見るものに違った印象を与える。

　この寺院は1633年、ムングウィの王によって建立された。4つの境内に分かれている。湖岸にある11層のメルには、湖の神デウィ・ダヌが祀られている。

バリ植物園
Kebun Raya Bali

　ブキッ・ムンスのマーケット脇の道を西へ1kmほど歩くと、バリ最大の植物園に出る。1959年、ジャワ島ボゴールの植物園の分園として造られたもので、**ポーヘン山**Gunung Pohenの中腹をまるごと使ったその広さは、157ヘクタールにも及ぶ。全部を見て回るには車が必要。園内には300種を超えるラン、650種の木々をはじめ、たくさんの花々が1年を通じて咲き乱れている。

園内の「ガジュマルの木」はパワースポット

パチュン
Pacung

　タバナンからブドゥグルへやってくると、途中、眼下にライステラスが開けだす。ブドゥグルまで約7km、思わず息をのむほど雄大な眺めが眼の前に広がる。ここパチュンにはレストランとホテルの施設があるので、北部方面への旅の途中、すてきな宿でライステラスを見ながら1泊するのもいいだろう。

パチュン周辺のライステラス

バリ植物園にある「ガジュマルの木」は願い事をかなえてくれるパワースポットとして有名。広大な園内は車で移動できるので、ガイドやドライバーに「ブヌッ Bunut」と伝えれば案内してもらえる。

ホテル Hotel

ブラタン湖やブヤン湖周辺、パチュンなどに中級リゾートが点在する。格安ホテルは、チャンディクニンのマーケットから植物園までの道沿いに数軒ある。

バリ北部&高原地帯 ブラタン湖周辺 ≫ おもな見どころ／ホテル

コーヒー農園で優雅な休日
ムンダック・モーディング・プランテーション
Munduk Moding Plantation MAP P.387-A1

5ヘクタールものコーヒー農園にスイートやヴィラが点在するネイチャーリゾート。大きな窓から森が望める客室にはコーヒーの古木なども使われている。Wi-Fi
客室OK・無料

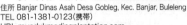
自然に包まれて滞在できる1ベッドルームヴィラ

住所 Banjar Dinas Asah Desa Gobleg, Kec. Banjar, Buleleng
TEL 081-1381-0123(携帯)
URL mundukmodingplantation.com
税&サ 込み　カード MV
料金 AC TV TUB ガーデンスイートRp.316万〜
　　 AC TV TUB 1ベッドルームヴィラRp.358万〜
　　 AC TV TUB プールヴィラRp.540万〜
空港→車で3時間(片道1台Rp.70万〜で送迎可)

湖畔でのどかなカントリーライフ
ストロベリーヒル
Strawberry Hill MAP P.387-B2

名前の通り敷地内にいちご畑があり、ゲストは自由に摘んで味わえる。全17室のロッジはチーク材がふんだんに使われて落ち着ける雰囲気だ。Wi-Fi
客室OK・無料

緑に囲まれた自然派ロッジ

住所 Jl. Raya Denpasar-Singaraja Km. 48, Bedugul
TEL (0368)21-265
URL www.strawberryhillbali.com
税&サ 込み　カード MV
料金 AC TV TUB マウンテンビュー⑤Rp.50万〜、⑩Rp.65万〜
空港→車で3時間(片道1台Rp.50万で送迎可)

見晴らしのいいお値打ちホテル
パチュン・インダー
Pacung Indah MAP P.387-B2

緑の景観を望める全5室のホテル。晴れた日の朝には、アグン山越しの朝焼けも美しい。スタンダードルーム(18m²)にもスイートルーム(25m²)にも湯沸かし器が用意され、お茶やコーヒーが楽しめる。Wi-Fi 公共エリアのみ・無料

スタンダードルームもなかなか清潔

住所 Pacung, Bedugul　TEL (0368)21-020
税&サ 込み　カード 不可
料金 AC TV TUB スタンダード⑩Rp.35万〜
　　 AC TV TUB スイートRp.50万〜
空港→車で3時間

ブドゥグルで格安に滞在するなら
プランギ・ホームステイ
Pelangi Homestay MAP P.387-B2

植物園の入場ゲートの200mほど手前にある格安ホテル。ブドゥグル市場へも徒歩5分ほどの便利な立地で、各国からのバックパッカーに利用されている(食べ物屋台も周辺に多い)。Wi-Fi 公共エリアのみ・無料

客室の前に車を横付けできる

住所 Jl. Baturiti Bedugul No.19, Bedugul
TEL 0877-6161-1631(携帯)
URL pelangihomestay.com　税&サ 込み　カード MV
料金 AC TV TUB スタンダード⑩Rp.17万〜
　　 AC TV TUB コテージ⑩Rp.22万〜
空港→車で3時間

---

information
バリ北部の景勝地、ギギッの滝

ブドゥグルから北へ15kmほど進むと視界が開けだし、遠くシガラジャの町と海を望むギギへ到着する。この村にはバリで最も迫力がある滝がある。うっそうとした森の中、数十ｍも水飛沫を飛ばすその姿は圧巻。滝つぼ近くまで行けるが、雨具がないとビショぬれになる。

●ギギッの滝
Gitgit Waterfall
Map P.387-A1
入場 毎日8:00〜17:00
料金 大人Rp.2万
　　 子供Rp.1万

ホテル設備の記号一覧 AC=エアコン TV=テレビ TUB=バスタブ Wi-Fi=ネット環境 =プール =レストラン
=スパ =室内金庫 =冷蔵庫 =ドライヤー =日本語スタッフ =朝食

389

素朴な光景に包まれて滞在する、ダイバーに人気のビーチエリア

ロビナ

Lovina

早朝のイルカ・ウオッチング・ツアーに出かけよう

ロビナの充実度

（レーダーチャート：ホテル、ショッピング、グルメ、バリ情緒、アクティビティ、観光スポット、治安、エステ）

中心部はホテルやレストランも過剰気味。ビーチの景観も評判は下降気味だ。のんびり過ごすには郊外のホテルがおすすめ。

ロビナへのアクセス

空港からエアポートタクシーで3時間30分（定額運賃はRp.120万）。

プラマ社（→P.428）のシャトルバスは、クタ（7:00発）、サヌール（7:30発）、ウブド（8:30発）から毎日各1本（所要3.5〜4時間、Rp.25万）。復路はロビナ12:00発。最少催行2名以上なので事前予約。

シガラジャからはジャラン・ジェンドラ・アーマッ・ヤニを西へ向かうベモに乗って約10分（Rp.2万）。

配車サービスの利用状況

GrabやGojekなどの配車サービス（→P.425）はロビナでも徐々に浸透中。マッチングする車はまだ少ないが、バイクであれば問題なく利用できる。

ロビナでエステ

アグン・マッサージサロンはロビナのおすすめスパ。ボディマッサージやマンディルルルが楽しめ、カフェも併設されている。日本人スタッフも常駐。

E Agung's Massage Salon
MAP P.391-下
TEL 0182-4616-8830（携帯）
URL www.agungs.com
営業 毎日11:00〜19:00

シガラジャの西およそ8km、黒砂のビーチ沿いにホテルやバンガローが建ち並ぶ姿が見えてくれば、そこはもうロビナだ。

ブレレン最後の王がキリスト教改宗を記念し、カリアスムの小道に「人の心の中(in)にある愛(love)」という意味を込めて"Lovina"と名づけたことに由来する。そして、1960年代には王族の末裔が、この小道にタシッ・マドゥ・ホテルTasik Madu Hotel（蜜の海のホテルという意味）を建て、ロビナ開発の糸口となった。昼は黒砂のビーチにせり出したヤシの木陰で静かな波の音に耳を傾け、夜は満天の星空の下、旅人同士の語らいをもつ。昔ながらのビーチの過ごし方が似合う所だ。

✿ORIENTATION　　歩き方

中心部はカリブブブッ

「ロビナ・ビーチ」と呼ばれるエリアは5つの村で構成されている。東から海岸沿いに、**トゥカッ・ムンガ**Tukad Mungga、**アントゥラン**Anturan、**カリブブブッ**Kalibukbuk、**カリアスム**Kaliasem、**トゥムクス**Temukusとなっており、東西およそ8kmも続いているこれらの村を結ぶように、メインロードのジャラン・スリリッ Jl. Seririt が通っている。ただ路傍の表示がなければ、どこがどの村なのか区別はつきにくい。ロビナの中心はカリブブッ周辺で、手頃な値段のホテルやレストランが集まっている。

---

information

日本語OKのクッキングクラス

現地の食材を使って伝統的なレシピを習得できる

日本語で講習を受けられる料理教室が2022年にオープン。インドネシア&バリ料理、郷土スイーツ、ココナッツオイル作り、ローカル市場訪問など、現地文化を楽しく学ぶことができる。午前と午後に各3〜4時間ほどのコースがあり、料金は2名参加でひとりRp.40万〜（ロビナ内は送迎無料）。

●メジャ・サトゥ料理教室
Meja-Satu Cooking Class
Map P.391-下
住所 Jl. Singaraja-Gilimanuk, Anturan
TEL 0878-6322-9071（携帯）
URL meja-satu.com
※メール(arishawiyanti@gmail.com)で日本語での予約や問い合わせもOK。

　🍃ヒント　イルカ・ウオッチング・ツアーで利用するローカルボートに屋根はない。防寒用にウインドブレーカーを用意するのがおすすめ。船に持ち込むカメラやスマホの防水対策も忘れずに。

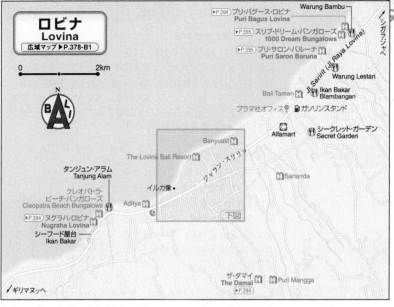

ロビナ
Lovina
広域マップ▶P.378-B1

0　　　　　2km

▶P.394 プリ・バグース・ロビナ
Puri Bagus Lovina

Warung Bambu

▶シガラジャへ

▶P.395 スリブ・ドリーム・バンガローズ
1000 Dream Bungalows

▶P.395 プリ・サロン・バルーナ
Puri Saron Baruna

Warung Lestari

Bali Taman　Ikan Bakar Blambangan

プラマ社オフィス　ガソリンスタンド

Banyualit

The Lovina Bali Resort

Alfamart

シークレット・ガーデン
Secret Garden

タンジュン・アラム
Tanjung Alam

クレオパトラ・ビーチ・バンガローズ
Cleopatra Beach Bungalows

▶P.394 ヌグラハ・ロビナ
Nugraha Lovina

シーフード屋台
Ikan Bakar

イルカ像

Aditya

Sananda

下図

ザ・ダマイ
The Damai
▶P.394

Puri Mangga

ギリマヌッへ

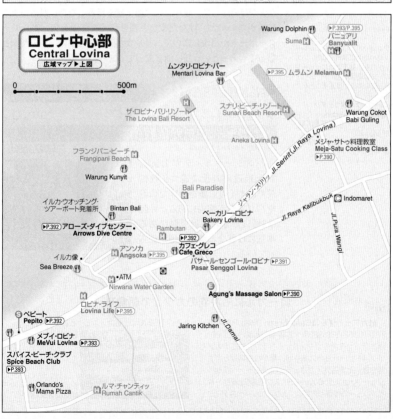

ロビナ中心部
Central Lovina
広域マップ▶上図

0　　　　500m

Warung Dolphin　▶P.393/P.395

Suma　バニュアリ Banyualit

ムンタリ・ロビナ・バー
Mentari Lovina Bar

▶P.395 ムラムン Melamun

ザ・ロビナ・バリ・リゾート
The Lovina Bali Resort

スナリ・ビーチ・リゾート
Sunari Beach Resort

Warung Cokot Babi Guling

フランジパニ・ビーチ
Frangipani Beach

Aneka Lovina

メジャ・サトゥ料理教室
Meja-Satu Cooking Class
▶P.390

Warung Kunyit

Bali Paradise

イルカ・ウオッチング・ツアーボート発着所
▶P.392 アローズ・ダイブセンター
Arrows Dive Centre

Bintan Bali

ベーカリー・ロビナ
Bakery Lovina
▶P.392

Indomaret

Rambutan

イルカ像
Sea Breeze

アンソカ
Angsoka ▶P.395

カフェ・グレコ
Cafe Greco

パサール・センゴール・ロビナ ▶P.391
Pasar Senggol Lovina

ATM

Nirwana Water Garden

Agung's Massage Salon ▶P.390

ロビナ・ライフ
Lovina Life ▶P.395

ペピート
Pepito ▶P.392

メブイ・ロビナ
MeVui Lovina ▶P.393

Jaring Kitchen

スパイス・ビーチ・クラブ
Spice Beach Club
▶P.393

Orlando's Mama Pizza

ルマ・チャンティッ
Rumah Cantik

シーフードなど各種料理の屋台が集まったパサール・センゴール・ロビナPasar Senggol Lovina
（Map P.391-下）が中心部にある。17:00～23:00頃まで営業し、1食Rp.2万～で楽しめる。

アローズ・ダイブセンター
MAP P.391-下

TEL (0362) 41-504
URL arrows-dive.com
　ロビナ・リーフ、ムンジャガン島、トゥランベン、アメッドなどへのダイビングツアーを催行。オープンウオーターコースの取得もできる。

イルカ・ウォッチング・ツアー
　前日にホテルで申し込むか、ビーチで直接船頭に申し込む。料金の目安はRp.10万〜。
　2〜3月の雨季は波が高く、イルカの姿も見つけにくい。

車のチャーター
　ロビナ近郊でRp.25万〜、島内各地への1日チャーターでRp.70万〜。

バンジャール・テガ仏教僧院
TEL (0362) 92-954
入場 毎日8:00〜17:00
料金 Rp.2万
　ロビナから西へ向かうベモに乗り、僧院方向へのオジェッ乗り場で下車（約30分、Rp.5000〜）。そこからオジェッで約10分（Rp.1万）。

郊外のビューポイント
　バンジャール・テガから、ブラタン湖へ向かう途中、ムンドウッ村の高台に見晴らしのいいカフェがある。眼下にはコーヒーやクローブの農園が広がり、晴れている日には海まで見渡すことができる。
Ⓡ ニーリング・ヌウェダン
Ngiring Ngewedang
MAP P.387-A1

住所 Munduk
TEL 0877-6252-2227（携帯）
営業 毎日10:00〜18:00

✺ACTIVITY　アクティビティ

マリンアクティビティ
　ダイブショップがジャラン・スリリッ沿いに何軒かある。ほとんどのショップではムンジャガン島やアメッド、トゥランベンへのダイブトリップを毎日行っている。また、ロビナ沖合でのスノーケリングツアーもアレンジしてくれる。おすすめのショップはスパイス・ダイブSpice Dive。PADIのダイブセンターに登録してあり、レンタル器材も充実している。

イルカ・ウオッチング・ツアー
　早朝、沖合にイルカの群れが遊びにやってきたところを船の上から眺めようというもの。出発は、まだ暗い早朝5:30〜6:00。およそ10〜20分でポイントに到着。背ビレを海面上に出しながらゆっくり泳ぐイルカの群れや、豪快にジャンプしながら

毎朝多くのジュクンが浮かぶロビナの沖合

ものすごいスピードで泳ぐイルカの群れを、およそ1〜2時間にわたって、船で追いかけるのだ。使われる船はエンジン付きジュクンがほとんどで、多い日には何十艘も出る。ただ、最近あまりに船が多いのと、けたたましい音をたてて海面を突っ走るモーターボートが出現したので、イルカが驚いてしまい、見られたと思ってもあっという間に泳ぎ去ってしまうことも多い。

✺EXCURSION　近郊の見どころ

✺バリの仏教文化へ思いをはせる　　　★ ★ ★
バンジャール・テガ仏教僧院
Banjar Tegaha Vihara
MAP P.378-B1

　バンジャール・テガ Banjar Tegaha近郊の丘に建つ仏教僧院で、タイの影響を受けた仏像やパゴダが寺院内にある。寺院は3層に分かれ、最上層にある本堂には黄金に輝く仏像が祀られている。

仏教僧院のパゴダ

✿information　**ローカルにも評判のカフェで朝食を**

　Ⓡ カフェ・グレコCafe Greco（Map P.391-下）
TEL (0362)339-1987　営業 毎日8:00 〜 22:00）はエアコン完備のカフェ＆レストラン。ロビナのメインストリート沿いにあるが、静かな店内はとても落ち着いた雰囲気。カフェラテRp.3万〜、ヘルシージュースRp.3万5000 〜、パスタ各種Rp.6万〜などメニューの種類も充実しており、エッグベネディ

トRp.7万5000など朝食メニューもおすすめ。

ショーケースのケーキはRp.2万5000 〜

　Ⓢ ペピートPepito（Map P.391-下　営業 毎日7:00 〜 22:00）はロビナ地区最大規模のスーパーマーケット。食料品の品揃えが充実しており、長期滞在の旅行者も利用している。

温泉プールでリフレッシュ　★★★

バンジャール・テガ温泉

Yeh Panas Banjar Tegaha

MAP P.378-B1

　バンジャール・テガ村Banjar Tegahaの南、山あいの川のほとりにある温泉で、打たせ湯と大きな温泉プールがある。温泉プールの湯は乳緑色に濁っており、深さは最大2m。村人たちが朝夕、気軽にマンディにやってくる。プールの水温は30℃ほどで、日本人の感覚からすると温泉というにはかなりぬるい。

　ただ、プールの奥、林の中に湧き出ているお湯は38℃くらいとけっこう温かめ。お湯に入るという習慣のないバリ人にとって、源泉はあまりに熱いため、一度水でぬるくし、プールに注いでいるのだという。なお温泉に入る場合は必ず水着着用のこと。温泉プール内では石鹸、シャンプーの使用も禁じられている。

広々とした温泉は旅行者にも人気のスポット

バンジャール・テガ温泉
入場 毎日 8:30～17:30
料金 大人 Rp.2万
　　　子供 Rp.1万
ロビナから西へ向かうベモに乗り、温泉方向へのオジェッ（バイクタクシー）乗り場で下車（約30分、Rp.7000～）。ここからオジェッで約10分（Rp.1万～）。

レストラン　Restaurant

　さすが海辺の町だけあって、とにかくシーフードが豊富。レストランのメニューも、南部リゾートエリアに比べると2～3割ほど安めの料金設定がうれしい。

中華風シーフードなら文句なくここ

バニュアリ・レストラン

Banyualit Restaurant

MAP P.391-下

ロビナで評判の本格中華が楽しめる

　H バニュアリ内（→P.395）にあり、中華風シーフードがとにかくおいしいと評判。焼き魚のイカン・バカール（Rp.3万7500～）、イカのガーリック・ソース（Rp.3万7500）、トーフのシーフード・ホットプレート（Rp.4万3500）がおすすめ。鶏とマッシュルームのうま煮やカンクン炒めなど、メニューも豊富だ。

住所 Gg. Banyualit, Kalibukbuk, Lovina
TEL (0362)41-789　予算 ★★★★
営業 毎日7:00～22:00　税＆サ +15.5%　カード J M V
予約 不要　MENU 英語　🗣 英語OK

雰囲気も楽しいビーチレストラン

スパイス・ビーチ・クラブ

Spice Beach Club

MAP P.391-下

　各国からの旅行者でにぎわう人気のスポット。プールとビーチに囲まれたレストランは開放的で潮風が心地いい。メニューはグリル・マヒマヒ（Rp.10万1000）やナシゴレン・シーフード（Rp.8万）など、インターナショナル＆インドネシア料理がメイン。ビンタンビール大はRp.6万5500。ロビナ内の無料送迎サービスあり。

ダイブショップやブティックも併設されている

住所 Lovina Beach
TEL 0812-3900-0120（携帯）　予算 ★★★★
営業 毎日13:00～22:00（L/O～21:30）
税＆サ +15%　カード J M V
予約 不要　MENU 英語　🗣 英語OK

2022年にオープンした人気店

メブイ・ロビナ

MeVui Lovina

MAP P.391-下

　イエローの外観が通りからも目を引くベトナム料理店。サイゴン風やハノイ風など種類豊富な麺料理フォーはRp.5万～8万8000。ハムや野菜などが選べるベトナムサンドイッチのバインミーはRp.3万～4万。生春巻き（Rp.2万5000～）や揚げ春巻き（Rp.4万5000～）などビールにぴったりのスナックメニューも充実している。

クタやチャングーなどバリ島各地で展開している

住所 Jl. Seririt, Lovina
TEL 0811-3960-7711（携帯）　予算 ★★★★
営業 毎日9:00～22:00
税＆サ +15%　カード M V
予約 不要　MENU 英語＋写真付き　🗣 英語OK　Wi-Fi 無料

レストラン記号一覧　予算＝★500円以下　★★500円～　★★★1000円～　★★★★2000円～
L/O＝ラストオーダー　予約＝予約の必要性　MENU＝メニュー表記　🗣＝スタッフの会話力　Wi-Fi＝ネット環境

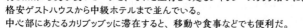

ホテル Hotel

約8kmにも及ぶ長いビーチと、それと並行して走るジャラン・スリリッ沿いに、
格安ゲストハウスから中級ホテルまで並んでいる。
中心部にあたるカリブブッブに滞在すると、移動や食事などでも便利だ。

心安らぐ休日を過ごすなら
ザ・ダマイ
The Damai
MAP P.391-上

ロビナの小高い丘にひっそりと建つ大人のための隠れ家。ロビーを抜けるとヤシの木が茂る森と青い海が眼下に広がり、外界と隔絶された非日常に迷い込んだような気分になる。全14棟のヴィラは、あたたかみを感じさせる家具と、自然素材を用いたエスニック調のインテリアでまとめられている。無料のヨガクラスも週2回(日・金曜)開催。**Wi-Fi** 客室OK・無料

プールの先に海も望める2ベッドルームヴィラ

住所 Jl. Damai, Kayuputih, Lovina, Singaraja
TEL (0362)41-008　URL www.thedamai.com
税&サ +21%　カード **A** **D** **J** **M** **V**
料金 **AC** **TV** **TUB** ガーデンヴィラRp.229万
　　 AC **TV** **TUB** プールヴィラRp.413万
　　 AC **TV** **TUB** 2ベッドルームヴィラRp.734万
空港→車で3時間30分(片道1台US$80で送迎可)

🏖️○ 🍴○ 💆○ 📦○ 🧊○ 💨○ 🗾○ 🍳✕ 🏠○

ビーチ沿いの東屋で暮れゆく海を眺める
プリ・バグース・ロビナ
Puri Bagus Lovina
MAP P.391-上

ロビナ中心部から車で10分ほど東。200mのビーチに面して全40室のヴィラが点在している。客室はベランダも含めて47m²のゆったりサイズ。ビーチ沿いにはお昼寝向きの東屋が設けられ、美しい中庭にあるプールは天然の湧き水が使用されるなど、ゲストへのこまやかな心使いが感じられる。**Wi-Fi** 客室OK・無料

ベッドルームから海を望めるデラックスオーシャンビュー

住所 Jl. Raya Seririt, Lovina, Singaraja
TEL (0362)21-430　URL www.puribaguslovina.com
税&サ +21%　カード **A** **J** **M** **V**
料金 **AC** **TV** **TUB** スーペリアガーデンビュー⑤Rp.140万〜
　　 AC **TV** **TUB** デラックスオーシャンビュー⑤Rp.189万〜
　　 AC **TV** **TUB** デュプレックススイートRp.463万〜
空港→車で3時間30分(片道1台Rp.75万で送迎可)

🏖️○ 🍴○ 💆○ 📦○ 🧊○ 💨○ 🗾○ 🍳✕ 🏠○

静かな海を満喫できるおすすめホテル
ヌグラハ・ロビナ
Nugraha Lovina
MAP P.391-上

中心部から少し離れているが、そのぶん宿泊料金がリーズナブル。全18室はすべてオーシャンフロントなので、朝の光にキラキラと輝く海や、夕日に赤く染まる海をひとり占めにできる。フレンドリーな雰囲気と快適さで、カップルや女性同士での滞在にもおすすめ。全室にホットシャワー付き。**Wi-Fi** 公共エリアのみ・無料

のどかな雰囲気のなか快適に過ごせる

住所 Desa Kaliasem, Lovina
TEL (0362)41-601　税&サ 込み　カード **M** **V**
料金 **AC** **TV** **TUB** バルコニー⑤Rp.70万〜
　　 AC **TV** **TUB** ガーデン⑤Rp.130万〜
　　 AC **TV** **TUB** ヴィラRp.180万〜
空港→車で3時間30分(片道1台Rp.70万で送迎可)

🏖️○ 🍴○ 💆○ 📦✕ 🧊○ 💨○ 🗾○ 🍳△ 🏠✕

閑静なロケーションでリラックス
マヨ・リゾート
Mayo Resort
MAP P.378-B1

ロビナ中心部から15kmほど西、静かなビーチに面した全7室のプチリゾート。客室はゆったりサイズで、ガーデンスタジオにはパティオ、オーシャンビューには眺めのいいバルコニーが付く。イルカウォッチングのボート乗り場も近く、併設のレストランも評判だ。**Wi-Fi** 客室OK・無料

海沿いでバカンスを満喫できる

住所 Desa Umeanyar, Seririt, Singaraja
TEL 0811-380-0500(携帯)　URL www.mayoresort.com
税&サ 込み　カード **M** **V**
料金 **AC** **TV** **TUB** ガーデンスタジオ⑤Rp.64万〜
　　 AC **TV** **TUB** オーシャンビュー⑤Rp.96万〜
　　 AC **TV** **TUB** 2ベッドルームヴィラRp.160万〜
空港→車で3時間30分(片道1台Rp.90万で送迎可)

🏖️○ 🍴○ 💆✕ 📦✕ 🧊○ 💨○ 🗾○ 🍳○ 🏠○

ホテル設備の記号一覧 **AC**=エアコン **TV**=テレビ **TUB**=バスタブ **Wi-Fi**=ネット環境 =プール =レストラン
=スパ =室内金庫 =冷蔵庫 =ドライヤー =日本語スタッフ =朝食

中庭の緑の美しさがすばらしい
バニュアリ
Banyualit　MAP P.391-下

ビーチまで徒歩3分。中庭もプールも広くて快適な、全28室の人気

カップルにおすすめのヴィラの室内

ホテル。値段のわりには部屋が広々としており、併設の中華レストランやスパも評判が高い。**Wi-Fi** 客室OK・無料

住所 Kalibukbuk, Lovina　TEL (0362)41-789
URL www.banyualit.com　税&サ +21%　カード J M V
料金 AC TV TUB スーペリアⒹRp.55万〜
　　 AC TV TUB ヴィラⒹRp.80万〜
　　 AC TV TUB デラックスⒹRp.95万〜
　　 AC TV TUB ファミリースイート Rp.165万〜
空港→車で3時間30分

ビーチまで徒歩3分の立地
ロビナ・ライフ
Lovina Life　MAP P.391-下

2017年にオープンした全10室のホテル。プールに面した2階建てのスタンダードは32m²と快適なサイズ。朝食(別途Rp.10万)は料理もコーヒーもおいしくバリューが高い。**Wi-Fi** 客室OK・無料

新築で設備も整っている

住所 Desa Kaliasem, Lovina
TEL (0362)339-1741
URL www.lovinaliferoomandcafe.com
税&サ 込み　カード M V
料金 AC TV TUB デラックスⒹRp.55万〜
空港→車で3時間(片道1台Rp.65万で送迎可)

よく手入れされた庭にコテージが並ぶ
ムラムン
Melamun　MAP P.391-下

全10室のホテルで、部屋はシンプルだが広く、バリらしい風情あるインテリア。全室にバスタブが付き、中華やインターナショナル料理が味わえるレストランも完備している。**Wi-Fi** 客室OK・無料

小さいながらプール付き

住所 Jl. Banyualit, Lovina
TEL (0362)41-561　URL melamunhotel.com
税&サ 込み　カード A J M V
料金 AC TV TUB デラックスⒹRp.45万〜
　　 AC TV TUB ファミリールームRp.80万〜
空港→車で3時間30分(片道1台Rp.65万で送迎可)

中心部の東外れにあるおすすめホテル
スリブ・ドリーム・バンガローズ
1000 Dream Bungalows　MAP P.391-上

ロビナ中心部から5kmほど東にある全8室のホテル。部屋はシンプルだが、すっきりまとまっている。半屋外のシャワールームの鳥やイルカの装飾が楽しい。オーナーもフレンドリーに対応してくれる。**Wi-Fi** 客室OK・無料

熱帯の木々が生い茂るバンガロー

住所 Pemaron, Lovina
TEL 0813-3974-8844(携帯)
URL 1000dreambungalow.com
税&サ 込み　カード M V
料金 AC TV TUB エアコンルームⒹRp.100万〜
空港→車で3時間30分

部屋タイプいろいろの格安ホテル
アンソカ
Angsoka　MAP P.391-下

便利なロビナ中心部にあるが、ホテル自体は奥まった敷地にあるので静かに過ごせる。建物は古びているが、料金はリーズナブルで、数タイプから選べる。全44室。**Wi-Fi** 客室OK(一部のスタンダードは不可)・無料

プールを囲んで客室が並んでいる

住所 Kalibukbuk, Lovina
TEL (0362)41-841
税&サ 込み　カード M V
料金 AC TV TUB スタンダードⒹRp.18万5000〜
　　 AC TV TUB スーペリアⒹRp.35万〜
空港→車で3時間30分

ハミダシ　日プリ・サロン・バルーナPuri Saron Baruna (Map P.391-上　TEL (0362)41-745
URL www.purisaronlovina.com)は34室のビーチコテージ。ⒹRp.55万〜。

コロニアル調の静かな町並みが残る、バリ王都として栄えた歴史ある港町

シガラジャ

Singaraja

シガラジャの充実度

中心部に観光スポットがあるわけではないので、旅行者はロビナへ向かう途中に立ち寄る程度。時間があれば市場周辺を散策してみよう。

シガラジャへのアクセス

空港からエアポートタクシーで3時間30分（定額運賃はRp.120万）。クタ、ウブド、チャンディダサなどから、ロビナ行きのシャトルバスも利用できる。

シガラジャのホテル

ほとんどの旅行者は近郊のロビナに宿泊する。そのためシガラジャのホテルは簡素なロスメンばかりだ。ジャラン・ジェンドラ・アーマッ・ヤニに宿泊施設が多い。

異彩を放つギャラリー

シガラジャから東へ向かうと、「何これ?」といった不思議な建物が出現するが、これはウブドにもギャラリーをもつアメリカ人サイモンさんの「アートズー」。バリ絵画とアンディ・ウォーホルが融合したような作品が鑑賞&購入できる。

S Art Zoo `MAP P.379-A3`
住所 Jl. Singaraja-Amlapura, Alas Sari, Tejakula
営業 毎日8:00～17:00

不思議なアート空間

フィジーの滝などシガラジャ近郊には美景スポットも点在している

オランダのバリ植民地政策に重要な役割を果たした港町シガラジャ。1906年にクルンクン王国が戦いに敗れ、バリ全土がオランダの手中に入る57年も前（1849年）にブレレン（シガラジャの旧称）にはすでにオランダ植民地政庁がおかれていた。ここを起点にオランダ軍は各王国と戦い、植民地化していったのだ。

そのためシガラジャは、コロニアルな町づくりや人々の生活などがバリで最も早く西欧化された。オランダ軍の士気にかかわるとのことから、バリの女性に胸を隠すよう布告を出したのもシガラジャが最初だ。植民地時代、そして海上交通がおもな移動手段だった頃、バリ随一の港町として活況を呈していたシガラジャ。今でもブレレン県の県庁所在地として、北部の中心となっている。

ORIENTATION　　歩き方

古都の風情が残る市場周辺

かつての王都シガラジャも、今ではロビナへの通過地点として知られているだけだ。しかし、町のそこかしこには、ブレレンと呼ばれていた当時、外国との接点であったことをしのばせるコロニアルな雰囲気が残っている。

町の中心には市場があり、1日中活気がある。食料品から日用品まで、何でも揃っている巨大マーケットだ。この市場を中心に町を把握するのがわかりやすい。市場の北側、**ジャラン・ディポネゴロ**Jl. Diponegoroと**ジャラン・イマンボンジョール**Jl. Iman Bonjolに挟まれた一画は、ゴチャゴチャした下町の雰囲気。

オランダ統治時代の建物が多く、華人の往来が多かったこともあって中国寺院もある。また、市場斜め向かい、**タマン・リラ広場**Taman Lilaには小さな食堂が並び、空腹を満たすにはいちばんの場所だ。なおこの広場では雨季になるとドリアンが売られる。

中心部にある中国寺院

H シャンティ Shanti（Map P.378-B2　URL www.shanti-northbali.com）はシガラジャから5kmほど南にある自然派リゾート。ヨガやトレッキングなど体験プログラムが充実。1泊Rp.75万～。

SIGHTSEEING　おもな見どころ

北部の文化を俯瞰できる　★★★
ブレレン博物館
Museum Buleleng
MAP P.378-B2

シガラジャの南側、ジャラン・ベテランに面している、バリ島北部の文化を紹介する博物館。ニョマン・スマ・アルガワ氏など、ブレレン県出身の画家の作品をはじめ、石器や儀式の道具の展示が見られる。この博物館の隣には、古文書ロンタルを見学できるロンタル文書図書館もある。

ブレレン県で発掘された亀形の石棺も展示されている

ブレレン博物館
入場 月～木　8:00～15:00
　　　金　　　8:00～13:00
料金 寄進のみ（Rp.1万ほど）

貴重な写真も展示されている

EXCURSION　近郊の見どころ

シガラジャからアンラプラへ向かうルートは、左側に美しい海、右側に緑深い山並みを眺めながらの移動となる。点在する村も訪ねてみたい。

見事な浮き彫りを鑑賞したい　★★★
サンシッ
Sangsit
MAP P.378-A2

シガラジャから8km東にあるサンシッ村には、レリーフが美しいことで知られる**ベジ寺院**Pura Bejiがある。この寺院はスバック（水利組合）の所有で、米の神デウィ・スリDewi Sriを祀っている。大きな龍（ナーガ）のレリーフに守られるような割れ門、境内をふたつに分ける全体に見事な花柄のレリーフが彫られた門、そして境内奥に建つ社へ続く石彫りの装飾のある階段。どれもそのレリーフの見事さ、派手さに圧倒されてしまう。よく見ると、かつて赤や青、黄色などで彩色されていたことがわかる。

ベジ寺院
入場 日の出～日没
料金 お布施のみ（Rp.1万ほど）
　シガラジャのペナルカン・バスターミナルからベモを利用。所要約20分、料金約Rp.5000。サンシッ村で下車し、そこから海側へ路地を500mほど入った所。

MAP P.378-A2

ベジ寺院のレリーフは一見の価値あり

---

information　シガラジャ近郊の滝スポット

シガラジャの周辺には美しい滝が点在している。特にシガラジャ中心部から20kmほど南東にある**スクンプルの滝Sekumpul Waterfall**（Map P.379-B3　入場料Rp.2万）はバリ有数の撮影スポットとして有名。入口から滝を見下ろすビューポイントまで山道を30～40分ほど歩くが、地元のバイクタクシーでもアクセスできる。さらに滝つぼへ約360段の階段を下りると、見渡す限りの巨大な滝が広がっている。スクンプルの滝から奥へ進むと**フィジーの滝Air Terjun Fiji**（Map P.379-B3 入場料Rp.1万5000）も広がっている。バリ島で唯一とされる三本滝はとてもダイナミック。これらの滝への公共交通はないので、車をチャーターして訪問しよう。

豪快にマイナスイオンを放出するフィジーの滝

✿ ユニークな浮き彫りの寺院 ★★★
ジャガラガ
Jagaraga

MAP P.378-A2

ジャガラガへのアクセス
シガラジャのペナルカン・バスターミナルからサワン行きのベモを利用。料金は約Rp.8000。

ダラム・ジャガラガ寺院
MAP P.378-B2
入場 日の出〜日没
料金 お布施のみ（Rp.1万ほど）

サンシッの町からメインロードを外れ、舗装道路を山側へ。5kmほどでジャガラガ村に入るが、この村の入口に建つのが**ダラム・ジャガラガ寺院** Pura Dalem Jagaragaだ。寺院の様式はサンシッのベジ寺院同様、門にレリーフいっぱいの、北部の典型的な寺院様式をしている。特に目を見はるのは、正面の門

下部に彫られたレリーフ。ジープに乗るオランダ兵が悪党にナイフを向けられホールドアップしている様子や、自転車に乗るオランダ兵、飛び交う飛行機など、現代的でユーモアいっぱいのレリーフだ。

自転車に乗るオランダ兵や飛び交う飛行機のレリーフが見もの

✿ 土地の神様を祀った寺院がある ★★★
クブタンバハン
Kubutambahan

MAP P.378-A2

クブタンバハンへのアクセス
シガラジャのペナルカン・バスターミナルからアンラプラ方面行きのベモを利用する。所要約20分、約Rp.8000。

マドウィ・カラン寺院
MAP P.378-A2
入場 毎日9:00〜18:00
料金 お布施のみ（Rp.1万ほど）
入口に係員がおり、お布施を渡すと腰帯を貸してくれる。

サンシッから東へ5km、アンラプラ方面とキンタマーニ方面の分かれ道のある村がクブタンバハンだ。この村の見どころとして有名なのは、**マドウィ・カラン寺院** Pura Maduwe Karang。やはり北部様式のゴテゴテした装飾の寺院で、この土地の神様イブ・

自転車のレリーフで有名なマドウィ・カラン寺院

プルティウィ Ibu Pertiwi を祀っている。ここにもちょっと変わったレリーフがある。寺院内北側の壁のレリーフで、オランダ人がハスの花びらでできた車輪の自転車に乗っている。そのほかラーマヤナの登場人物の34体の像も必見だ。

時間があれば立ち寄りたいマドウィ・カラン寺院

✿ 聖なる湧き水のプール ★★★
イエ・サニ
Yeh Sanih

MAP P.379-A3

イエ・サニ
入場 毎日8:00〜18:00
料金 大人 Rp.1万
　　　子供 Rp.5000
シガラジャのペナルカン・バスターミナルからアンラプラ行きに乗り途中下車する。料金は約Rp.1万3000、所要30分。

クブタンバハンからアンラプラ方面へ6kmほど行った所にある、海辺にできた湧き水のプール。透明度の高い湧き水を満々とたたえ、入るとヒンヤリと冷たく、暑いバリでは実に気持ちがいい。

イエ・サニは海に面した自然のプール

ハミダシ ジャガラガ村から4kmほど山側（南側）へ進むと、ガムラン楽器の製造で知られる**サワン村** Sawan（Map P.378-B2）がある。実際にガムランの製造工程も見学できる。

太古の森とビーチでバリの自然を体感しよう

バリ西部
West of Bali

うっそうとした原生林が広がるバリ西部国立公園や、
美しいサンゴに囲まれたムンジャガン島など、大自然を満喫できるエリア。
歴史的なバリの寺院やリゾートホテルも点在している。

バリ西部国立公園 ……………………… 402

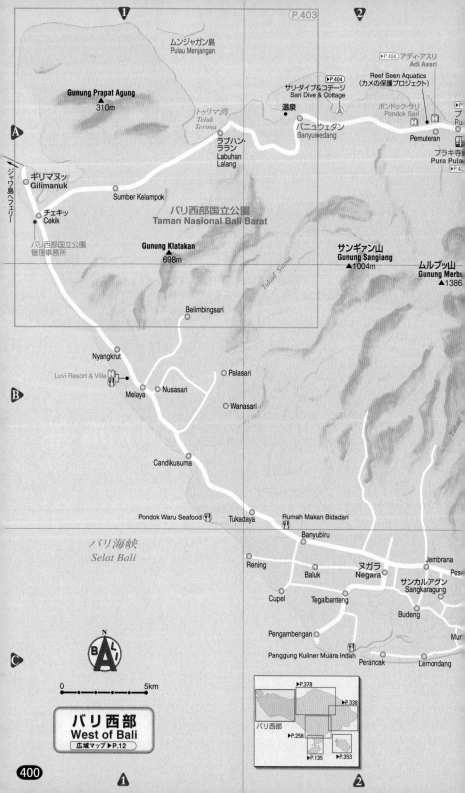

ムンジャガン島
Pulau Menjangan

▶P.404
アディ・アスリ
Adi Assri

Reef Seen Aquatics
(カメの保護プロジェクト)

サリ・ダイブ&コテージ
Sari Dive & Cottage

温泉

ポンドック・サリ
Pondok Sari

Gunung Prapat Agung
▲310m

トゥリマ湾
Teluk
Terima

バニュウェダン
Banyuwedang

Pemuteran

プ
Pu

ラブハン・
ララン
Labuhan
Lalang

プラキ寺
Pura Pula

▶P.4

A

ジャワ島ヘフェリー

ギリマヌッ
Gilimanuk

Sumber Kelampok

バリ西部国立公園
Taman Nasional Bali Barat

サンギャン山
Gunung Sangiang
▲1004m

ムルブッ山
Gunung Merbu
▲1386

チェキッ
Cekik

Gunung Klatakan
▲698m

Tukad Sisisa

バリ西部国立公園
管理事務所

Belimbingsari

Nyangkrut

Luvi Resort & Villa

Palasari

B

Melaya
Nusasari

Wanasari

Tukad

Candikusuma

バリ海峡
Selat Bali

Pondok Waru Seafood

Tukadaya

Rumah Makan Bidadari

Banyubiru

Jembrana
Pes

Rening

Baluk

ヌガラ
Negara

サンカルアグン
Sangkaragung

Cupel

Tegalbanteng

Budeng

Pengambengan

Mur

C

Panggung Kuliner Muara Indah

Perancak

Lemondang

0   5km

バリ西部
West of Bali

広域マップ ▶P.12

▶P.378

▶P.338

バリ西部

▶P.258

▶P.135   ▶P.353

バリ海
Laut Bali

A

▶P.404
アトラス・パール・ファーム（真珠の養殖場）
Atlas Pearl Farm
Gondol

Grokgak

Celukanbawang
Yehanakan
Brombong
Tegallinggah

Gunung Musi
▲
1224m

Gunung Mesehe
▲
1344m

パタス山
Gunung Patas
▲1580m

B

Takad Sumbui

Takad Pulkan

ntren

ムンドヨ
Mendoyo
Yehbuah
Yehembang
アサドゥレン
Asahduren

ランブッ・シウィ寺院
Pura Rambut Siwi
▶P.405

Airsumbul
Airsatang
プクタタン
Pekutatan
Umadewi Surf & Retreat
プルカン
Pulukan

C

メデウィ・ビーチ
Medewi Beach
クラパ・リトリート
Kelapa Retreat
Gumbrih
Penggragoan

野鳥観察やダイビングを満喫できるエコツアーで注目される自然の宝庫

バリ西部国立公園
Taman Nasional Bali Barat

バリ西部国立公園の充実度

国立公園の周辺にはネイチャーリゾートが点在しており、ダイバーにも人気。移動はベモも利用できるが、事前に車を手配していくほうがいい。

バリ西部国立公園へのアクセス

ギリマヌッまでは空港からのエアポートタクシーで約3.5時間（定額運賃はRp.160万）。デンパサールのウブン・バスステーションからはギリマヌッ行きのバスを利用（所要3.5時間）。

現地では足がないとどうにもならないので、できればチャーター車かレンタカー利用がいい。ギリマヌッでベモのチャーターも可能（1日約Rp.60万〜）。

繁殖センターで保護されているジャラッ・プティ

バリ西部国立公園管理事務所

MAP P.403-B1

TEL (0365)61-060
営業 毎日8:00〜18:00
料金 入域料は1人Rp.20万（土・日・祝はRp.30万）

公園内のトレッキング

国立公園の中を歩く際にはガイドの同行が義務づけられている。ガイド料は参加人数と時間により異なるが、2時間でRp.35万〜が目安。

国立公園からは対岸にジャワの山々も望める

インドネシアには全部で10の国立公園がある。そのひとつ、島西部の広範な地域がバリ西部国立公園だ。1984年に指定された国立公園で、その広さは実に7万6312ヘクタールにも及ぶ。ほとんどが1500m級の山々の裾野に広がる熱帯雨林で、野生動物の宝庫。バリ島にだけ生息するカンムリシロムクドリのジャラッ・プティ（英名：Bali Starling）をはじめ約200種類の鳥が飛び交い、鹿、猿、ジャコウ猫など、さまざまな動物がすんでいる。

◆ORIENTATION　　歩き方

トレッキング情報

ギリマヌッ港の4km南にある**チェキッ**Cekikがトレッキングの起点。ここに西部国立公園の管理事務所がある。これから公園内に足を踏み入れようという人は、ここで入園料を支払い、公園スタッフをガイドに雇う必要がある。たくさんの自然散策用トレイルが造られているので、ぜひ歩いてみよう。

おもなルートは、**スンブル・クランポッ**Sumber Kelampokからクラタカン山を登り、**クラタカン**Klatakanへと抜けるコース（所要5〜7時間、ガイド料Rp.90万〜）。気軽に1〜2時間歩くのなら、ラブハン・ラランの2km西から乾季には水がなくなる小川Tk.Teluktrimaに沿ってモンスーンの森を巡ってみよう。バードウォッチングには早朝6:00〜8:00までか、午後17:00〜19:00頃に訪れたい。

野鳥観察を楽しもう！

ジャラッ・プティの保護や繁殖を目的とした**ジャラッ・プティ繁殖センター**Jalak Putih Breeding Center（Map P.403-B1　入場 毎日8:00〜18:00）へ車で行くこともできる。

国立公園エリアには自然派リゾートが充実。野鳥観察が目的なら日ザ・ムンジャガン（→P.98）、ダイビングや温泉を楽しみたいなら日ミンピ・リゾート・ムンジャガン（→P.98）がおすすめ。

SIGHTSEEING おもな見どころ

ダイビングやスノーケリングに最適 ★★★
ムンジャガン島
Pulau Menjangan

MAP P.403-A2

チェキッCekikからシガラジャ方面へ10kmほど進んだ所に、**ラブハン・ララン**Labuhan Lalangという船着場がある。国立公園内にあるムンジャガン島への入口にあたる場所で、管理事務所やレストランがある。ムンジャガン島へは、ここでジュクンをチャーターすることができる。30分ほどのクルージングだ。

島は無人島で、鹿が多数生息している（ムンジャガンとは鹿という意味）。島のあちらこちらには真っ白なビーチがあり、周辺には美しい珊瑚礁が広がっている。このサンゴの海は、ダイビングはもちろん、スノーケリングでも十分楽しめる。なお、船着場周辺でスノーケリングの道具をレンタルできるので、西部国立公園を訪れたらぜひ水中探索にトライしてみるといい。

珊瑚礁に囲まれたムンジャガン島周辺はスノーケリングでも楽しめる

ムンジャガン島
ムンジャガン島へ入るには入島料として1名Rp.20万（日・祝はRp.30万）が必要（ダイビングはRp.2万5000、スノーケリングはRp.1万5000を別途支払う）。
ボートのチャーター代はRp.67万5000〜（6〜8人の乗船可）。スノーケリングの器材レンタルはRp.5万〜。ダイビングは地元のホテル内のダイビングショップを利用できるほか、南部リゾートエリアやロビナの各ダイビングショップが行っているツアーに参加できる。

ダイビングツアーの船着場
ダイバーが利用するムンジャガン島へのボートは、近年はⒽミンピ・リゾート脇の船着場が利用されている。ラブハン・ラランの船着場には、国立公園の管理事務所があるが、かなり地元の旅行者向けの雰囲気になっている。

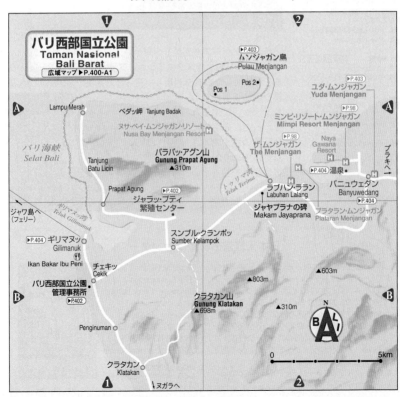

バリ西部国立公園
Taman Nasional Bali Barat
広域マップ ▶P.400-A1

▶P.403
ムンジャガン島
Pulau Menjangan

Pos 1　Pos 2

▶P.403
ユダ・ムンジャガン
Yuda Menjangan

Lampu Merah
ベダッ岬 Tanjung Badak

▶P.98
ミンピ・リゾート・ムンジャガン
Mimpi Resort Menjangan

ヌサ・ベイ・ムンジャガン・リゾート
Nusa Bay Menjangan Resort Ⓗ

▶P.98
ザ・ムンジャガン
The Menjangan

Naya Gawana Resort

バリ海峡
Selat Bali

パラパッ・アグン山
Gunung Prapat Agung
▲310m

トゥリマ湾
Teluk Terima

プラキへ→

Tanjung Batu Licin

▶P.404
温泉

バニュウェダン
Banyuwedang

Prapat Agung

▶P.402
ジャラッ・プティ
繁殖センター

ラブハン・ララン
Labuhan Lalang

ジャワ島へ
（フェリー）

ギリマヌッ湾
Teluk Gilimanuk

ジャヤプラナの碑
Makam Jayaprana

プラタラン・ムンジャガン
Plataran Menjangan

▶P.404
ギリマヌッ
Gilimanuk

スンブル・クランポッ
Sumber Kelampok

Ikan Bakar Ibu Peni

チェキッ
Cekik

バリ西部国立公園
管理事務所
▶P.402

▲803m　▲603m

クラタカン山
Gunung Klatakan
▲698m

▲310m

Penginuman

BALI

クラタカン
Klatakan

ヌガラへ

0　5km

西部国立公園周辺のホテル

　バニュウェダンなどムンジャンガン島の対岸エリアには、閑静なリゾート(→P97〜98)が点在している。また、ギリマヌッにはUS$10前後のホテルが10軒ほどある。そのほか、チェキッから30kmほど東にあるプラキ周辺のビーチにも、快適なコテージが並んでいる。

　バニュウェダンへの各ホテルへは、グラライ空港からエアポートタクシーで約3時間30分(Rp.85万〜)。

ギリマヌッのフェリー乗り場。ジャワ島の対岸へは30〜60分

ラグーンの温泉で「いい湯だな」 ★★★
バニュウェダン
Banyuwedang　MAP P.403-A2

　船着場ラブハン・ラランの東にある小さな村。海沿いのマングローブの林から45℃の温泉が湧き出ており、隠れた温泉場として知られている。幹線道路から西へと細い道を進むと、公衆浴場があり、泉質のいい温泉を楽しむことができる。

公衆浴場で温泉気分を(要水着)

ジャワからのバリの玄関口 ★★★
ギリマヌッ
Gilimanuk　MAP P.403-B1

　チェキッから4km北にある港町で、ジャワ東端バニュワンギ郊外のクタパンKetapangとの間に、頻繁にフェリーが往来している。対岸までの距離はわずか3km、バリ海峡の深さは60mほど。伝説によれば、王が自分の息子を破門にし、二度と戻って来られないようにするため、陸続きだったバリとジャワの間を、掘り割って造った海峡だといわれている。

ニラルタゆかりの寺院がある ★★★
プラキ
Pulaki　MAP P.400-A2

　チェキッからシガラジャへ向かい、およそ30kmでプラキへ。この村には高僧ニラルタにまつわる**プラキ寺院**Pura Pulakiがある。海に面した山肌を利用して造られた寺院で、1986年、大規模な改修工事が行われ、きれいに生まれ変わった。寺院内には野生の猿がたくさんすんでおり、参拝客に愛想を振りまいている。

海を見下ろす丘に建つプラキ寺院

---

information
日本人経営のダイブセンター

　西部国立公園エリアのビーチ沿いに、日本人女性ダイバーが経営するダイビングセンター&コテージがある。ムンジャンガン島など周辺のダイブスポットへも近いので、のんびりダイビング三昧を楽しみたい人におすすめだ。2泊3日でRp.299万9000〜(ダイビング1日分込み)、3泊4日でRp.538万5000〜(ダイビング2日分込み)などのパッケージが設定されている。全7室のコテージはエアコンやWi-Fiを完備。空港送迎は片道Rp.80万〜。
●サリ・ダイブ&コテージ Sari Dive & Cottage

Map P.400-A2
住所 Jl. Singaraja-Gilimanuk, Desa Sumber Kima, Kecamatan Gerokgak, Buleleng
TEL 0813-3707-0427
(日本語対応携帯)
URL satomimantarey.com

海に面した敷地内にはジェッティもあり、専用ボートも2艘所有

ハミダシ **アトラス・パール・ファームAtlas Pearl Farm** (Map P.401-A3　TEL 0812-387-7012 携帯　営業 毎日8:00〜17:00)は、無料の見学ツアーもある真珠の養殖場。真珠の直販ショップもある。

EXCURSION 近郊の見どころ

インド洋を見下ろす崖の上に建つ古刹　★★★

ランブッ・シウィ寺院
Pura Rambut Siwi

MAP P.401-C3

　ジュンブラナ県の県都、ヌガラから17kmほどデンパサール寄り。海に面した崖の上にある、ジュンブラナ県で最も重要な寺院のひとつ。16世紀、ジャワからバリに渡ってきた高僧ニラルタが、この地で祈りをささげ、髪の毛を村人に託した。村人は寺院を建て、ここをランブッ・シウィ（髪への礼拝）と名づけた。この寺院は3つの小さな寺院で構成されているが、最も大きい**ルフール寺院**Pura Luhurには、今も境内の祠にニラルタの髪が保管されているという。ルフール寺院から東へ細い石畳を下ると**プナタラン寺院**Pura Penataran。ニラルタが祈りをささげたとされる場所だ。プナタラン寺院から西側に進むと小さな洞窟Goaがあり、その上に商売繁盛のご利益があるといわれる**ムランティン寺院**Pura Melantingがある。ジャワとバリを行き来する商人たちは、ここで祈りをささげるのだという。これらの寺院脇からは美しく広がるビーチが眺められる。西部の旅の途中、ここで景色を眺めながらしばし休息を取るのもいいだろう。

ランブッ・シウィ寺院へのアクセス
　デンパサールのウブン・バスターミナルからバスで2時間、Rp.5万。ヌガラからはベモでRp.1万。

ランブッ・シウィ寺院
入場 毎日 8:00〜18:00
料金 大人 Rp.1万
　　 子供 Rp.5000

ランブッ・シウィの中心となるルフール寺院

竹のガムラン「ジェゴグ」とスウェントラ氏

　ジュンブラナ県はバリ島の最西端エリア。その県都であるヌガフは、巨大な竹を使った打楽器「**ジェゴグJegog**」発祥の地として知られている。ズシンズシンと体の奥まで響く重低音、引いては押し寄せる大きな波のうねりのような音の嵐。太古の記憶を呼び起こすような音色で世界中の人々を魅了し、多くの海外公演を行ってきた。

　古来よりバリ島に伝わる竹の伝統楽器ティンクリックをベースに発明されたとされるジェゴグ。しかし巨大な竹を使うジェゴグは武器になるという理由でオランダ統治時代には禁止されてしまう。歴史から消えた幻の音楽に再び命の炎をともしたのは、ヌガラ郊外サンカルアグン村のスウェントラ氏。1948年にこの地で生まれたスウェントラ氏は、芸術大学を卒業してオランダへ演奏旅行に行った際、デン・ハーグの博物館の展示で初めてジェゴグを知り「生まれ故郷の楽器を奏でてみたい」という思いを抱く。帰国後にジェゴグの音を再現すべく、地元の老人から情報を集め、竹を選び、全14台の大小異なる楽器をひと揃い作る。そして村人たちに声をかけて楽団員を集め、**スアール・アグンSuar Agung**歌舞団を1979年に結成。1980年代から活動を本格化させ、復興を遂げたジェゴグはジュンブラナ県の若者たち、そして徐々に他県にまで広がっていく。現在では伝統音楽の盛んなウブドにまでジェゴグの歌舞団が存在するほどだ。

　ジェゴグの魅力はその重低音。最も大きな楽器は直径30cm、長さ3mもの竹筒を使用している。その音は聴覚ではほとんど聞き取れないほど低く、振動として体へと伝わってくる。最重低音から最高音域までは実に5オクターブにもなり、それらの楽器が繰り出すアンサンブルは人間の感覚器すべてを揺さぶるかのようなうねりを生み出す。

　ジェゴグ最大の醍醐味はムバルンMebarungと呼ばれる異なるチーム同士の掛け合い。片方のチームの演奏を打ち壊すかのように、もうひとつのチームがまったく異なるリズムとメロディをぶつけてくる。そうやって音の合戦を繰り広げていくのだが、不思議なことに互いの演奏は共鳴し合い、空気を震わせて独特の混沌を作り出す。あまりのすさまじさに、演奏者も観客もトランス状態に陥ってしまう。一度でも本場のムバルンを聴くと、その摩訶不思議な体験を一生忘れられないほどだ。各国の有名ミュージシャンから絶賛され、リピーターも続出し90年代にはバリ中心部からヌガラへ向かう演奏体験ツアーが毎週のように催行されていた。

　しかしジェゴグ復興の祖であるスウェントラ氏が2018年に逝去し、現在ヌガラではジェゴグの定期公演が行われていない（スアール・アグン歌舞団はチャーター公演のみ不定期に開催）。スウェントラ氏の情熱でよみがえったジェゴグ。そのともし火がこれからも絶えることなく燃え続けてほしいと心から願う。
（文／桑野貴子）

魔法の音階を奏でる故スウェントラ氏

投稿　「竹のガムラン」ジェゴグを代表するスアール・アグン歌舞団の往年の演奏はCDでも追体験できます。特にキングレコードから発売されている2枚組アルバムでのムバルンは圧巻です。（埼玉県　ショル兄　'23）

バリ島の暮らし方

在住歴25年のMamiさんに楽園生活のハウツーを教えてもらいました。

まずは住まい探しから

バリ長期滞在で部屋や家を借りる方法はいろいろあります。一般的なのは日本と同様に不動産屋で紹介してもらうやり方です。日本語対応の不動産屋もあるので、HPで希望エリアや物件のあたりをつけてから問い合わせてみましょう。

町で「Di Kontrakan＝貸家」と書かれた張り紙や看板が出ている家を見つけたら、大家さんに直接連絡し内見することも可能です。ゲストハウスや小規模なホテルでは1ヵ月～1年の料金を設定している場合もあり、長期滞在のエントリーとしておすすめ。立地やスタッフが気に入ったら滞在期間に合わせて料金交渉をしてみましょう。

もちろん家賃はピンキリです。私はヌサドゥア地区の一軒家で1年間3000万ルピア（約28万円）ほどでした。間取りは2LDKで、表に駐車スペース、裏には庭付き。集合住宅のコスしたら、家具付きのワンルームで1ヵ月250万ルピア（約2万4000円）で好物件が探せます。日本と違って、敷金・礼金・更新料なども基本不要です。

ゲストハウスの部屋を月払いで契約するのが初心者向き

生活費はどのくらい？

ざっくりですが、生活費は日本の都心で暮らす半分くらいのイメージです。私の月々の支払いは家賃2万円、電気代4000円、通信費3000円（電話やポケットWi-Fi料金含む）、水道代500円、ガス代300円、車レンタル3万円ほどでした。あとは飲食や買い物にどの程度使うか、どのレベルの店に行くかによって変わってきます。高級店でのディナーなら5000円、屋台のナシゴレンなら100円と振り幅が大きいのもバリの魅力。なんやかんや少なく見積もっても1ヵ月で10万円くらいはみたいところです。

Wi-Fi完備でデジタル・ノマド対応のカフェが多い

会話力や人付き合いは？

バリ島にはバリ語という独自の言語がありますが、インドネシア語はどこでも通用します。英語は話せたほうがいいですが、実際の生活場面では英語オンリーだと伝わっていないことも多いので、インドネシア語の習得がおすすめ。最初は挨拶や数字など片言だけでも話せば、現地の方の対応もぐっと友好的になります。

バリ、ジャワを含むインドネシア人は楽観的でおおらか、人当たりもよく、細かいことは気にしない気のいい方が多いですね。ただインドネシア語で「信用する」という単語はほとんど使われないお国柄ですので、本当に心許せるような人物が現れるまではドライな人付き合いがいいでしょう。

在住日本人ネットワーク

長期滞在や移住となると、バリに住む日本人在住者とのコミュニケーションも重要です。もともと知り合いがバリ島にいて、それを頼っての移住というパターンも多いですね。だんだん知り合いの輪が広がり、助言してくれる人も出てきますが、まずは自分の目で信用できることかどうか確かめることが重要です（当たり前ですが日本人でもいい人ばかりとは限りません）。なるべく現地のインドネシア人で信頼できる方を増やしていくことも大切です。

ビザ事情はどうなってるの？

インドネシア滞在で最も重要なのがビザの問題です。私は現地資本のツアー会社に籍があったので、マルチプル・ビジネスビザを会社で取得してもらい、ビザの延長で2ヵ月に一度は国外へ出ていました。ビザ事情は入国方法によって、種類や更新の仕方が異なります。バリ島に長期滞在する人はエージェント（代理店）に延長や更新を任せることが多いですが、任せっきりではなくまめに自身でもチェックすることも必要です。

なお、インドネシア政府は長期滞在を希望する海外からのデジタル・ノマドを呼び込むべく「デジタル・ノマド・ビザ」の創設を2022年7月に発表しています。コロナ禍の影響もあって詳細不明な点もありますが、最長滞在期間が5年で、国外からの収入があればリモートワーカーはインドネシアで無税で生活できる可能性もささやかれています。バリ島で暮らすことに興味があれば、まずは実際にロングステイをし、積極的に人と出会い、自分の目と耳で情報収集するのが移住成功の秘訣です。楽園で素敵な時間を！　　（Mami）

バリ島ではペット同居OKの物件がほとんどだ

バリ島からペットを日本に連れて帰るには各種手続きが必要。ペットにチップを埋め込み、狂犬病の予防注射や血液検査などもあるため帰国の半年前には獣医に相談を。費用は1匹20万円～と高額だ。

旅の準備と技術

Preparation & Technique for a Trip

旅の情報収集……………………… 408
　バリ・イエローページ ………… 409
旅の予算…………………………… 410
　旅の荷造りチェックリスト…… 411
両替／お金とカード……………… 412
　バリ島の ATM 利用方法 ……… 413
バリ島への道……………………… 414
旅のシーズン……………………… 417
日本出発までの手続き…………… 418
日本出入国………………………… 420
インドネシア入出国 ……………… 422
　「電子税関申告書」記入法 …… 423
　グラライ国際空港 MAP ……… 424
　配車サービスのかんたん利用法… 425

島内交通…………………………… 426
　配車アプリの最新利用事情 2023… 429
電話・インターネット…………… 430
ホテル事情………………………… 432
ショッピング……………………… 434
旅の食事…………………………… 436
安全対策と健康管理……………… 438
　バリ滞在上の注意……………… 440
　特集 バリ人の宗教を知る …… 442
　特集 バリの歴史……………… 444
旅のインドネシア語……………… 450
緊急時の医療会話………………… 457
地名・見どころ　索引………… 458

バリ島を深く知るために

旬のフォトスポットを訪ねてみよう！

バリ島を旅する前には、やはり現地の最新情報を知っておきたい。旅の情報は、スムーズに旅するための実用情報と、その国や地域を理解し、旅をより充実したものにしてくれる知識情報がある。知識情報は、数多く出版されているバリ島関係の本を出発前や旅行中に読んだり、現地で文化や伝統を伝えるイベントに参加して得る方法が一般的だ。

そして実用情報は、ポータルサイトの旅行ページや旅行専門サイト、現地ツアー会社のホームページなどで、最新の情報を得ることができる。

最新のイベントや写真映えスポットを探す

観光国インドネシアでは、毎年日時の確定しているお祭りやパフォーマンス以外に、特別なイベントもよく行われる。特にバリ島ではヒンドゥーの暦によって祭礼の日程が決まるし、断食明けなどそのほかのインドネシアの祝祭日も、イスラム暦などに従っているので、西暦では毎年月日が移動する。バリ島滞在期間の休日は、出発前にきちんとチェックしておこう。

P.129で紹介している「APA? 情報センター」のホームページでは、祭礼や儀式の最新スケジュールもフォローしている。インドネシアの基本情報を集めるなら、まずは『地球の歩き方』ホームページにアクセスしてみよう。関連サイトへのリンクも充実しているし、「ガイドブック更新・訂正情報」では本書の追加情報も掲載されている。また、バリ島の訪問先として人気がアップしている「写真映えスポット」は、インスタグラムやフェイスブックなどSNSの個人情報をチェックしてみるのもいい。

現地での情報収集

バリ島に到着してからでも各種情報が入手可能。最も一般的な方法は政府観光局や観光案内所などを訪ねてみることだ。多くのスタッフは英語や日本語を話し、その町や周辺の最新情報が得られる。

また長期旅行者が集うバックパッカー向けの安宿でも、最新の情報が得られる。特に旅行者同士が各地の情報交換をするのは、インドネシアでもおなじみの光景だ。なかには、ホテルやホームステイのスタッフが周辺情報に精通しているケースもある。

文化を深く知るツアーも多い

インドネシア共和国大使館
住所 〒160-0004 東京都新宿区四谷4-4-1
TEL (03) 3441-4201
URL www.kemlu.go.id/tokyo/lc

インドネシア共和国総領事館
住所 〒530-0005 大阪府大阪市北区中之島6-2-40 中之島インテスビル22階
TEL (06) 6449-9898
URL www.kemlu.go.id/osaka/lc

インドネシア共和国観光省ビジットインドネシアツーリズムオフィス
URL www.visitindonesia.jp
※2023年7月より、問い合わせはE-mail(info@visitindonesia.jp)でのみ対応。

海外旅行の最新情報が満載！
「地球の歩き方」ホームページ
ガイドブックの更新情報はもちろん、海外在住特派員の現地最新ネタ、ホテル予約など旅に役立つコンテンツを満載している。
URL www.arukikata.co.jp

「地球の歩き方」公式LINEスタンプが登場！
旅先で出合うあれこれがスタンプに。旅好き同士のコミュニケーションにおすすめ。LINE STOREで「地球の歩き方」と検索！

ハミダシ アグン山の噴火など緊急時にはSNSで情報収集するのが早くて便利(インドネシアではFacebookが主流)。在デンパサール日本領事館や日系ツアー会社のサイトでも、最新情報を提供している。

バリ・イエローページ

在外公館

在デンパサール日本国総領事館
Map P.263-C4
住所 Jl. Raya Puputan No.170, Renon, Denpasar
TEL (0361)227-628　FAX (0361)265-066
URL www.denpasar.id.emb-japan.go.jp

イミグレーションオフィス
▶ **ジンバラン（ググライ）**　Map P.135-B3
住所 Jl. Raya Taman Jimbaran No.1, Jimbaran
TEL (0361)846-8395
▶ **デンパサール**　Map P.263-C3
住所 Jl. D.I. Panjaitan No.3, KEL. Dangin Puri
Kelod, Renon, Denpasar
TEL (0361)227-828
▶ **シガラジャ**
住所 Jl. Seririt, Pemaron, Singaraja
TEL (0362)32-174

緊　急

警　察　　　　TEL **110**
▶ **サヌール警察**
住所 Jl. By Pass Ngurah Rai, No.77, Sanur
TEL (0361)288-597
▶ **クタ警察**
住所 Jl. Raya Tuban, Kuta
TEL (0361)751-598
▶ **ブアル（ヌサドゥア）警察**
住所 Jl. By Pass Ngurah Rai, Nusa Dua
TEL (0361)772-110
▶ **デンパサール警察**
住所 Jl. W.R.Supratman No.7, Denpasar
TEL (0361)227-711

消　防　　　　TEL **113**
救急車　　　　TEL **118**
日本語の通じる病院&クリニック→P.439

航空会社

ガルーダ・インドネシア航空
▶ **デンパサール**
住所 Jl. Sugianyar No.5, Denpasar
TEL (0361)222-788
シンガポール航空
住所 ググライ国際空港内
TEL (0361)936-1547
タイ国際航空
住所 ググライ国際空港内
TEL (0361)935-5064
フィリピン航空
住 所 Hotel Kuta Paradiso内, Jl. Kartika Plaza,
Kuta
TEL (0361)750-353

クレジット会社

アメリカン・エキスプレス
【緊急連絡先】TEL +65-6535-2209(コレクト
コール可)
VISA
【緊急連絡先】TEL +1-303-967-1090(コレク
トコール可)
MasterCard
【緊急連絡先】FD 001-803-1-887-0623
JCBプラザ・バリ
住所 Jl. Bypass Ngurah Rai No.88, Kelen
Abian, Tuban　TEL (0361)708 741
【緊急連絡先】FD 001-803-81-0039
ダイナース
【緊急連絡先】TEL +81-3-6770-2796(コレク
トコール可)
※フリーダイヤルの連絡先へは、携帯電話からかけ
た場合に通話料が有料または利用できない場合が
あるので注意

電話のかけ方

日本からバリへの電話のかけ方

国際電話会社の番号 **0033** NTTコミュニケーションズ **0061** ソフトバンク **携帯電話の場合は不要**	**010** 国際電話識別番号	**62** インドネシア国番号	最初の**0**を除いた市外局番	個別の電話番号 例：バリ島南部 **(0361)123456** に かける場合 国際電話会社の番号 **+010+62+361+123456**

※携帯電話の場合は010のかわりに「0」を長押しして「+」を表示させると、国番号からかけられる
※NTTドコモ(携帯電話)は事前にWORLD CALLの登録が必要

バリから日本への電話のかけ方

001/007 国際電話会社の番号	**81** 日本の国番号	最初の**0**を除いた市外局番+個別の電話番号 例：東京**(03)1234-5678**にかける場合 国際電話会社の番号**+81+3+1234-5678**

※携帯電話などへかける場合も、「090」「080」などの最初の0を省く

旅の予算

高級リゾートが充実している

高級志向から格安派までOK

バリ島の物価は総じて日本よりも安いので、低予算でも旅行が楽しめる。ただし外国人旅行者が基本的に利用する施設(リゾートや高級レストラン、スパなど)は日本の料金とあまり変わらない。

現地で使うお金は人それぞれ。ショッピングや食事代にどのくらいお金を使うか、現地発ツアーやアクティビティなどに参加するかどうかで変わってくる。例えば食費の目安だと、ローカルな食堂で1食300〜1000円、高級ホテルのレストランで1食2000〜4000円と、どこを利用するかで異なってしまう。

ホテル別の旅行予算

バリ旅行の予算はホテル選びでほとんど決まる。近年はホテル指定のツアーが一般的になっているので、まずは宿泊費と食費のみで予算を計算してみよう(ツアー代金には朝食のみ含まれるパターンが多い)。ツアーやホテルの料金は、シーズンにより大きく異なる(航空券と同様に、年末年始・GW・お盆休みの期間がピーク)。

A 憧れの高級リゾートに宿泊する

ハネムーンや特別な旅行ならば、高級なリゾートやヴィラに宿泊したい。6日間のパッケージツアーで25万〜35万円程度で、食費は1日1万円が目安。個人旅行ならば、ホテルを自分で予約して1泊3万〜5万円ほど(バリ島のホテルは室料なので、2名利用ならば宿泊費は半額となる)。

B 大型ホテルやバンガローを利用

15万〜25万円の6日間ツアーに参加すると、大型ホテルや快適なバンガローの利用が一般的。予算にメリハリをつけたい友達同士やファミリー旅行に向いている。町のレストラン利用で食費は1日4000円。ホテルを自分で予約して1万5000〜2万円程度。

C 安さ重視のエコノミータイプ

とにかく安く旅したいなら格安ツアーに参加しよう。6日間ツアーで7万〜15万円ほどで、エコノミーホテル宿泊が基本(シーズンによってはグレードの高いホテルも提供される)。食事も地元のワルンを利用すれば、1日1000円もあればOK。

長期旅行ならば航空券を手配し、ホテルサイトなどで安宿に予約を入れよう。1泊3000〜5000円でも快適なホテルが見つかる。

観光・移動・スパなどの予算

旅先ではホテル代や食費以外にも出費が多くなりがち。現地発の観光ツアーやアクティビティ参加は5000〜1万円程度、車の1日チャーターは5000〜8000円程度が目安となる。

スパやマッサージサロンには幅広い選択肢があるので、自分の予算に応じて選べる。格安店でのリフレクソロジーなら1時間1000円〜、高級スパでのボディマッサージで1時間5000円〜が目安だ。

島内の移動費

タクシーや車チャーターなど、島内交通(→P.426)は利用手段によって移動費が変わってくる。節約派にはシャトルバスという強い味方もある。島内各地の観光スポットを効率よく回るには、現地発の観光ツアー(→P.126)に参加するのもいい。

買い物の予算

リゾートファッションはわりと高くつくし、バティックや織物はクオリティによって価格が異なる。あらかじめ買いたいものがあれば、各エリアで紹介している店を参考にして予算に組み込んでおこう。

旅のスタイルにとことんこだわる

旅のスタイルは人それぞれ。乗り物、買い物、ホテル、レストランなど、自分の嗜好や予算に合ったものを選ぼう。そして、自分のこだわりには時間とお金をあまり惜しまないことも大切だ。限られた期間でも、「伝統芸能を習いたい」「ダイビング三昧をしたい」「新鮮なシーフードを食べまくりたい」「ひたすらビーチでのんびりしたい」など目的があったら、それを優先して計画を立てよう。

バリでは芸能鑑賞も忘れずに

クレジットカードを要確認!

年会費無料のクレジットカードの特典や規約が近年変わりつつあり、以前は付いていた海外旅行保険がなくなったり、キャッシングに手数料がかかるようになってきている。また、旅行保険が付く場合でも、その付帯条件をよく確認しておこう。

ハミダシ バリ滞在の予算には予備費も入れておこう。現金やカードなど、いくつかに分けて保管しておくといい。バリ島での医療費は高くつくので、事前に海外旅行保険に入っておくことも忘れずに。

旅の荷造りチェックリスト

	品　目	現地 入手可	必要度	持ち物 チェック	コメント
必須アイテム	パスポート	×	◎		コピーも取っておくといい
	クレジットカード	×	◎		ATMで現地通貨の引き出しができる
	デビットカード	×	○		クレジットカードの予備として重宝する
	海外専用プリペイドカード	×	○		カード作成にマイナンバーカードが必要
	日本円キャッシュ	×	○		日本での交通費＋現地での両替用
	米ドルキャッシュ	×	△		小額紙幣で US$100 程度あると便利
	航空券（eチケット控え）	○	◎		念のためコピーを取っておく
	ホテルの予約確認書	△	○		プリントと画像で二重に保存しておこう
	海外旅行保険証	×	◎		サービスセンターの連絡先をメモ
	国際学生証	×	○		入場料などが割引される場合がある
	顔写真（縦45mm×横35mm）	○	○		パスポート紛失時には2枚必要
	国際運転免許証	×	△		旅行者の運転は原則不可
生活用品	シャンプー	○	○		現地で好みのブランドがあるかどうか……
	石　鹸	○	△		バリではナチュラル石鹸も売られている
	タオル	○	○		1～2枚でOK。乾季ならばすぐに乾く
	化粧品	○	○		必要な人は最低限のものだけ持っていこう
	ひげ剃り	○	△		ひげを伸ばすのもいいが使い捨て型をひとつ
	常備薬、マスク	○	◎		消毒薬やかゆみ止めが重宝する
	生理用品	○	○		日本製品も入手できるが持っていくと無難
	日焼け止め	○	◎		南国の日差しは厳しい
	虫よけスプレー（Insect Repellent）	○	◎		安宿に泊まると部屋でも必要になる
	ウエットティッシュ	○	○		ポケットタイプのものが汗拭きに便利
	制汗デオドラント	○	○		無香料や微香性のものは日本で用意
	サングラス	○	◎		現地の日差しは強いのでビーチで必要
衣服	Tシャツ	○	◎		半袖3～4枚。高地に行く人は長袖も1枚
	スカート／ズボン	○	◎		コットンパンツなど乾きやすいものを
	下着／靴下	○	◎		洗濯派の人は最低3セット
	水　着	○	◎		ビーチリゾート派はお気に入りを1着
	ショートパンツ	○	○		部屋着に使えて便利
	サンダル	○	○		現地で買うのもいい
	帽　子	○	◎		折りたためるもの。バンダナを巻くのもいい
	防寒着	○	○		機内のエアコンも冷える。フリースを1枚
便利グッズ	折りたたみ傘、雨具	○	○		日よけ対策にも重宝する
	サブバッグ	○	◎		小さくたためるデイパックが町歩きに◎
	ハンカチ、ティッシュ	○	○		ポケットティッシュとバンダナが便利
	ポリ袋、エコバッグ	○	◎		荷物整理や洗濯物入れに役立つ
	ライター	○	△		機内預け不可。機内持ち込みはひとり1点まで
	鍵	○	○		防犯の意思を示すためにもかばんに鍵を
	腕時計	○	○		アラーム付き腕時計が便利
	懐中電灯	○	△		停電のときも活躍する
	電　池	○	△		特殊なものを除いて現地で買える
	デジカメ	△	○		携帯のカメラ機能で代用OK
	メディア	○	○		カメラ用のSDカードなど
	双眼鏡	○	△		バードウオッチャーには必需品
	変換プラグ（Cタイプ）	○	○		日本の電化製品が宿泊先で利用＆充電できる
	ノートパソコン／タブレット	△	○		Wi-Fiに対応するホテルやカフェも多い
	スマホ	○	◎		今や旅の必需品
本＆ノート	ガイドブック	×	◎		『地球の歩き方』は忘れないでね
	インドネシア語会話集	×	△		スマホの翻訳アプリで代用OK
	辞　書	×	○		退屈なときには暇つぶしにもなる
	筆記用具／メモ帳	○	○		ボールペンは日本製がベスト
	文庫本	○	○		お気に入りの本をビーチでのんびりと

MEMO

※「必要度」の◎は絶対に必要、○は持っていくと便利、△は個人の判断で

ヒント バリ島の南部リゾートエリアにはコンビニやスーパーが多く、日用品は日本よりも安い値段で購入できるので現地調達してもいい。中級以上のホテルならばシャンプーや石鹸も用意されている。

両替／お金とカード

持っていく現金は日本円でOK！

近年の旅行スタイルとしては、日本円の現金とクレジットカード（→P.419）を基本に、デビットカードや海外専用プリペイドカードを併用するのが一般的。持っていく現金は、日本円が絶対にベスト。日本円からルピアに換金するだけなら、為替差損も1回で済む（米ドルだと、日本円→米ドル→ルピアと2回の為替差損が生じる）。インドネシアへの直行便がある国内空港には、ルピアが購入できる両替所もあるが、現地の両替レートよりも2〜3割ほど悪い。

クレジットカードの現地事情

バリ島の観光地ではクレジットカードの流通度は高い。中級以上のホテルや、旅行者が利用するレストランでは問題なく利用できる。ATMも空港や銀行に設置されているのでキャッシングも簡単。近年はショッピングセンターやコンビニにもATMが設置されている。

現地での両替／ATM利用

南部リゾートエリアやウブドなど、旅行者が多いエリアには外貨両替所もたくさんある。店によってレートが異なるが、専門のマネーチェンジャーを利用すると安心だ。両替する紙幣をパスポートと一緒に渡し、入手したルピアは必ずその場で数えること。

バリ島には外貨両替に対応する銀行も多いが、おおむね平日9〜15時のみの営業なので両替所よりも使い勝手が悪い（レートも優良マネーチェンジャーに比べ2%ほど低い）。ただしセキュリティ万全の店内で銀行員が対応するので安全性は高くなる。

ATMの普及により、クレジットカードのキャッシングで、ルピア現金を入手することも一般的になっている。特に地方エリアでは、現金両替よりもカード利用のほうがレート的に得するケースも多い。

専門のマネーチェンジャーならレートもよい

しかし近年はATMに薄型スキマーを設置する犯罪が増えているので、キャッシング利用でも注意が必要。空港や銀行内など安全性の高そうなATMを選び、深夜や早朝の利用は避けること（ATMのスキミング装置は短時間のみ設置される傾向にある）。

旅行で使えるカードいろいろ

海外でのクレジットカード利用に不安を感じる人は、旅行用のカードを作るのもいい。**デビットカードや海外専用プリペイドカード**は、原則として口座残高を超えない範囲で使用OK。出発前に日本で入金しておけば、キャッシュレスでの買い物や渡航先のATMから現地通貨が引き出し可。各種手数料が別途かかるが、使い過ぎや多額の現金を持ち歩く不安がない。

地方の両替事情
南部リゾートエリアやウブド以外の地方では、村にATMが1台しか設置されておらず、それが故障中というケースもある。カード利用をメインとする人も、紛失などに備えて現金を持っていこう。両替所のレートは観光エリアと比べて率がやや劣るので、地方に滞在するなら、ルピアを多めに用意したい。

デビットカード
口座残高分までならば、店頭での支払いやATM引き出しでクレジットカードとほぼ同様に使用可（店頭での支払いは1回払いのみで、即時引き落としが原則となる）。クレジットカードと異なり、ほとんど無審査で発行される。ジャパンネット銀行VISAデビット、イオン銀行デビットカード、りそな銀行VISAデビットなどがある。

海外専用プリペイドカード
外貨両替の手間や不安を解消してくれる便利なカードのひとつ。各種手数料が別途かかるが、多くの通貨で国内の外貨両替よりはレートがよい。アプラス発行の「GAICA ガイカ」やトラベレックスジャパン発行の「Multi Currency Cash Passport マルチカレンシーキャッシュパスポート」などがある。

ATMの手数料は何がお得？
クレジットカード、デビットカード、海外専用プリペイドカードなどでATMを利用した場合、金利や手数料は会社ごとに異なる。基本的にクレジットカードでのキャッシングがレート的に得するケースが多いが、引き出し方法によってもコストは異なる（利用するカードにより1万円の両替で500円程度の差額が出る場合もある）。「海外キャッシングの比較サイト」などを参考にして、自分に合うカードを見つけよう（日本国内でのATM利用の不可や、不正使用された場合の補償も要チェック）。

✉**スキミング被害に合いました**
バリから帰国して数日後にカード会社から「本日あなたのカード番号でバリ島のATMからキャッシングが試みられました」と連絡が入りました。帰国前の深夜に道端のATMを利用してスキミングに合い、偽造カードが作られたようです。私の場合は現地のATMが不正操作と認識したので金銭的な被害はありませんでしたが、なるべく銀行にある店舗内型ATMを日中に利用することを心がけましょう（銀行の営業時間内だと安全性が増すそうです）。
（埼玉県　ラーメン親父　'23）

!ヒント 各社クレジットカードは条件や設定もさまざま。初期設定で海外キャッシング分が2万円程度の低額リボ払いになっているカードを使用すると、高い金利を取られることになる。

バリ島のATM利用方法

バリ島各地でもATMの普及が進み、小さな町でも銀行さえあればほとんどATMが設置されている。ATMは銀行以外にも、空港、ショッピングセンター、コンビニなどに設置され、ほぼ24時間稼働している。両替所や銀行が閉まっている時間帯でも利用できる。VISA／Plus系や、MASTER／Cirrus系なら、ほとんどのATMで利用可。

クレジットカードによるキャッシング

海外キャッシングの設定があるクレジットカードを持っていれば利用できる。日本出国前に、利用限度額なども確認しておこう。操作画面や手順はATM機によって異なるが、一般的な引き出し方法を紹介する。

日本で口座から引き落とされるのは、おおむね1〜2ヵ月後。カード会社が決めたその日のレートに、規定の分が上乗せされ、さらに利息（締め日までの日数により異なる）がかかる。カードのキャッシングは年利18％程度（20日で約1％）の条件が一般的。帰国後にカード会社に支払い金額を確認し、それを指定口座に振り込めば、余分な金利を払わなくて済む。

クレジットカードをATMに挿入。最初に言語選択画面が出るので、英語かインドネシア語を選択。ATMによっては言語選択画面が先に出て、英語を選ぶと「INSERT YOUR CARD（カード挿入）」と表示が出るものもある。説明内容を確認したら、「PROCEED（進む）」ボタンを押す。

「ENTER YOUR PIN（暗証番号入力）」の表示が出たら、4桁のPINコード（暗証番号）を入力し、「ENTER（入力）」または「OK」ボタンを押す。ATMによっては、暗証番号入力後に3の手順を省き、そのまま4の引き出し金額を指定できるものもある。

取引選択画面となる。お金を引き出すには「WITHDRAWAL（引き出し）」、または「CASH ADVANCE（キャッシング）」を選択。その後「CREDIT（クレジット）」「CHECKING（当座口座）」の選択画面が出る。クレジットカード利用なら「CREDIT」を選択する。※「FAST CASH」の選択画面は小額の引き出しに対応。

引き出し金額を入力する。「Rp.50万」「Rp.100万」など、固定金額が表示されるので、そこから選択。「OTHER AMOUNT」を押して、自分で引き出したい金額をテンキー入力できるATMもある。※1回の引き出し限度額はRp.250万までのケースが多い。

ATMによっては、このあと引き出し金額の確認を求めてくる。金額が正しければ「CORRECT（またはTRUE）」、間違っていれば「INCORRECT（またはFALSE）」を選択し、金額入力画面に戻る。もしも途中で操作がうまくいかなくなっても、テンキー脇にある「CANCEL（キャンセル）」を押せば操作は中止され、カードも出てくるので、慌てないこと。

ルピアの現金が出てきて、そのまま操作が終了。さらに「ANOTHER TRANSACTION ?（引き続き操作を続けますか？）」と聞いてくる場合は、「NO（またはCLEAR）」を選択して操作を終了するか、「YES（またはENTER）」を選択して、操作を続ける。カードと明細の取り忘れに注意。

デビットカード、海外専用プリペイドカード

ATMの利用方法は、クレジットカードと基本的に同じ（引き出し口座の指定では「SAVING」を選択）。自分の口座から利用金額を引き落とすので利息はかからないが、1回の利用につき所定の手数料がかかるほか、規定の料率を上乗せしたレートが適用される。

バリ島への道

赤道を挟み大小1万3700余りの島々が浮かぶインドネシア。そのほぼ中央部に位置するバリ島は、インドネシア観光の目玉だ。そんなバリ島へは、どんな旅をするのか、どのくらいの期間があるのか、どの程度の予算なのか、などで行き方が変わってくる。

グラライ国際空港
バリ行きの到着地は「デンパサール」と表記されるが、空港はデンパサールの町からは離れている。クタとジンバランの間にあるグラライ国際空港に到着する。

空港までマイカーで
国内各地の空港へはマイカーでもアクセスできる。
成田国際空港の周辺には、海外ツーリストパーキング（URL kaigaitourist.co.jp）など、たくさんの空港送迎付き駐車場がある。詳細は問い合わせを。

パッケージツアー料金の目安
（2023年8月現在）
オフシーズンからピークまでの6日間パッケージツアーの料金例（燃油サーチャージ込み）。
▶エコノミーホテル利用
　　　　　　7万～15万円
▶高級ホテル利用　15万～25万円
▶超高級ホテル利用
　　　　　　25万～35万円

国際線・国内線のオンライン購入
ガルーダ航空の国際線や国内線のチケットは、ホームページで購入できる。空席状況により運賃が変動し、利用日が1日ずれるだけでも運賃が数万円異なるケースもあるので、細かくチェックしてみよう。
URL www.garuda-indonesia.com

予約画面も日本語に対応

ガルーダ航空の
受託手荷物の許容量
ガルーダ航空は日本発着の国際線の機内預け荷物の許容量はエコノミーで46kgまで、ビジネスとファーストで64kgまでが無料受託となる（国内線はエコノミー20kg、ビジネス30kgまで）。
通常の受託手荷物とは別に、サーフボードやダイビング器材、ゴルフバッグなどのスポーツ用品をひとり1点まで無料で預けられる（コードシェア便の場合は運航会社の荷物規定が適用される）。サイズなどの詳細はウェブサイトで確認を。

パッケージツアーを利用する

旅行期間が4～10日間と短く、高級リゾートホテル滞在を考えているのならパッケージツアーがおすすめ。

ホテル側は、多くの観光客を送り込んでいる旅行会社には格安の団体料金で部屋を提供している。そのため、個人手配に比べ安くホテルが利用できる。ただし、日本からのツアーは5日間、6日間といった期間のものが多く、長いものでも9～16日間が一般的。これ以上の期間になる人は後述の個人旅行となり、宿泊もホテル予約サイト（→P.73）の利用がいいだろう。

快適なリゾートライフが待っている

パッケージツアーの選び方

バリへのパッケージツアーの大部分はビーチ＆ホテル・チョイスの形を取っている。まずビーチ。そのほとんどはスミニャック＆クロボカン、クタ＆レギャン、ヌサドゥア＆ブノア、ジンバラン、サヌールの5エリアのチョイスが主流で、それ以外にウブドが組み込まれるツアーもある。各エリアの紹介は本書で詳述しているので、じっくり読んで「自分にはこのビーチが合いそう」というところを慎重に選ぼう。この選択がパッケージツアーでは最も重要だ。これに失敗すると、行ってから「やりたいと思っていたアクティビティ施設がない」とか「ショッピングする場所が少ない」などの不満が出てしまう。

次にホテル。よほど予算に余裕がない場合を除き、どうせツアーで行くのなら、できるだけ高級といわれるホテルに滞在したほうがいい。実際、東京発着6日間のツアーで、いちばん安いエコノミークラスのホテル利用と、一般に3～4つ星の評価を得ている一級ホテル利用のツアー代金の差はオフシーズンで1万～3万円ほど。しかも、この値段差以上に、ホテルの設備や豪華さが違う。

ツアー内容のチェックも忘れてはいけない。あまり自由行動の少ないツアーは避けるようにしよう。できるなら滞在中すべてが自由時間のツアーを選び、行きたい所があれば、そのつどオプショナルツアーや現地発の観光ツアー、あるいは公共交通機関を利用するなどして出かけるといい。

気ままに休日を楽しみたい

！ヒント 乗り換え便では7日～3ヵ月オープンの格安航空券も見つかる。1～3都市の訪問（ストップオーバー）が可能なチケットもあるので、乗り継ぎの国や町も積極的に楽しんでみよう。

個人旅行をする

パッケージツアーに比べ、個人旅行は旅行期間から宿泊施設、旅のルートまで、何でも自分で決められるというメリットがある。もちろんそのぶん、自分で旅行を組み立てるためのちょっとした努力を必要とする。その最初のステップが、バリへ行くための飛行機の手配だ。

バリへのフライトルート

日本からバリ島デンパサールへは、インドネシアのフラッグキャリアである**ガルーダ・インドネシア航空**（所要7〜9時間）が成田から毎日1便（2023年10月29日〜）運航している。日本から簡単にバリ島へ行けるので短期旅行者にはとても便利だ。

ガルーダ航空の直行便がおすすめ

ほかはすべて飛行機の乗り継ぎをともなうルートとなる。**シンガポール航空**（所要10〜11時間）は、シンガポール乗り継ぎで東京（成田と羽田）・名古屋・大阪・福岡などから毎日1〜4便運航し、往復ともに同日乗り継ぎも可能で便利。**中国東方航空**（上海経由）、**チャイナエアライン**（台北経由）、**大韓航空**（仁川経由）は日本の地方空港からも割安だが、発着や乗継時間は深夜や早朝の不便な時間帯になってしまう。

バリ島へ最安運賃が見つかるのはLCCの**ベトジェットエア**（ホーチミン経由）。羽田を深夜2:00に出発し、ベトナムで乗り継ぎ（約3時間）して同日バリ島へ14:35に到着する。毎日フライトがあるので体力に自信があれば、運賃的にも時間的にもメリットがある。これらの乗り継ぎ便は、ガルーダ・インドネシア航空などの直行便に比べると不便だが、格安航空券の値段の安さや、ピークシーズンのチケットの取りやすさなどのメリットもある。

日本航空と**全日空**は、羽田・成田〜ジャカルタ間の国際便を運航しており、どちらもデンパサールまでガルーダ・インドネシア航空などで乗り継げる。

グラライ国際空港の国内線ターミナルへの通路

ガルーダ航空のジャカルタ経由便

日本から首都のジャカルタへは羽田発のGA875便（週4便）が運航している。ジャカルタ経由でバリへのアクセスもスムーズなので、直行便が取りづらい場合は有力な選択肢となる。

主要航空会社URL
●ガルーダ・インドネシア航空
URL www.garuda-indonesia.com
●全日空
URL www.ana.co.jp
●日本航空
URL www.jal.co.jp
●シンガポール航空
URL www.singaporeair.com
●大韓航空
URL www.koreanair.com
●タイ国際航空
URL www.thaiairways.co.jp
●キャセイパシフィック航空
URL www.cathaypacific.com
●マレーシア航空
URL www.malaysiaairlines.com
●中国東方航空
URL jp.ceair.com/ja
●チャイナエアライン
URL www.china-airlines.com
●エバー航空
URL www.evaair.com
●エアアジア
URL www.airasia.com/jp/ja
●スクート
URL www.flyscoot.com/jp
●香港航空
URL www.hongkongairlines.com
●フィリピン航空
URL www.philippineairlines.com
●セブパシフィック航空
URL www.cebupacificair.com
●バティック・エア
URL batikair.com
●ベトジェットエア
URL www.vietjetair.com

日本からの出国税

日本からの出国時には国際観光旅客税1000円が徴収される。外国人だけでなく日本人（2歳以上）も対象となっており、航空運賃などに上乗せして支払うシステム。

日本からバリ島へのフライトスケジュール

航空会社	出発曜日		出発便名＆時刻 帰国便名＆時刻		到着時刻	所要時間
成田発着 ガルーダ・インドネシア航空 TEL (03)3240-6161	月・水・木・金・土・日	出発	GA 881	11：00	17：45	7時間
	月・火・水・金・土・日	帰国	GA 880	00：20	08：40	
	火	出発	GA 885	11：00	19：20	9時間
	水	帰国	GA 884	22：35	08：40	

※掲載している時刻表は2023年10月29日からの冬季スケジュール。それ以降の変更は航空会社や旅行会社に直接問い合わせを
※GA885、GA884はマナド（スラウェシ島）の経由便となる　※所要時間は時差を差し引いたおおよその時間

✏ **投稿** マナド経由の成田〜バリ便GA885はグラライ空港の「国際線ターミナル」に到着しました。送迎のピックアップなどは「国内線ターミナル」で待ち合わせないよう注意しましょう。（東京都　玖生　'23）

航空券のシーズナリティ

　同じ航空会社でも出発時期によってチケットの値段は大きく変動する。夏休み期間や年末年始のほか、ゴールデンウイークやシルバーウイークなど、旅行需要が増えれば運賃もアップ。逆にバリ島への運賃が安値となるのは1月下旬から3月下旬、5月中旬から6月初旬、10月中旬から12月上旬などの時期。曜日は月〜水の週前半の出発が、比較的混んでおらず割安傾向にある（航空会社により事情は異なる）。ガルーダ・インドネシア航空の直行便であれば、オフシーズンで往復10万円〜、ハイシーズンで往復20万円〜が目安だ。

ガルーダ航空の予約画面。ダイナミックプライシングで運賃が変動する

航空会社サイトで上手に購入

　団体旅行に用いられる「IT運賃」の格安航空券を個人旅行者が購入できる機会は少なくなった。昨今は航空会社サイトでの直接購入が最安となるケースが一般的。多くの航空会社では空席状況や予測残席数で運賃が変動するシステムを採用している。売り出し時点で早めに予約・購入するのが基本だが、出発前でも空席が多いと直前購入のほうが値下がりする場合もある。出国日や帰国日が1日ずれるだけで運賃が数万円も違うケースがあるので、サイトを細かくチェックしてみよう。

予約サイトで各社運賃を比較しよう

　航空券の検索&予約サイトを利用すれば、各航空会社や旅行会社が出している料金が比較できる。航空会社のサイトより割安な運賃を提示するオンライン・トラベル・エージェントもあるが、料金支払い後のキャンセルや変更が不可（または高額）だったり、予約ホームページは日本語でも、問い合わせ窓口が英語のみのところもあるので注意。アジア系の航空会社がインドネシアへの最安運賃を出しているが、乗り継ぎで半日〜1日以上かかる場合も多い。

各社の運賃が簡単に比較できるスカイスキャナー

バリへの航空券を扱う旅行会社
●HIS
URL www.his-j.com
●ena(イーナ)
URL www.ena.travel
●ガルーダ・オリエントホリデーズ
URL garudaholidays.jp
※格安航空券だけでなく、ホテルや各種パッケージツアーも予約可能。

燃油サーチャージの変動
　燃料価格の変動に応じて、航空運賃に加算される燃油サーチャージ。2023年9月末までの発券分は、ガルーダ航空だと往復で3万2000円となっている。燃油サーチャージは2ヵ月ごとに変動する。

ガルーダ航空のマイレージプログラム
　ガルーダ航空のマイレージプログラム「Garuda Miles」はオンラインや申込書で入会できる。2014年からスカイチームに加盟したので、デルタ航空、エールフランス、大韓航空などのマイレージプログラムに、ガルーダ航空搭乗分のマイル加算も可能（加算できるのはひとつのマイレージプログラムのみ）。マイル加算率は航空券の種類によって異なるので、詳細は各航空会社に問い合わせを。

航空券検索&予約サイト
●スカイスキャナー
URL www.skyscanner.jp
●トラベルコ
URL www.tour.ne.jp
●スカイチケット
URL skyticket.jp
●エアトリ
URL www.airtrip.jp

---

information 空港でのショッピング／送迎のネット予約

免税店でも金額は確認を！
　空港内にあるショップは、どこか公営的なイメージがあってか、品物を購入しても信用しきっていて、レシートを確認しない人もいる。しかしアジア各国の空港では、意外にショッピングのトラブル例が多い。数量や金額は、その場でよく確認しないと、帰国してからほぞをかむことになる。バリのケースとしては、大型免税店が発行している割引クーポンで購入後、しばらくしてから店員がやってきて、「先ほどのクーポン券は、額面に不足があったので、差額をください」と、5ドル程度の現金を要求されたという報告もある。

旅行予約サイトKlookで空港送迎を手配
　Klook（URL www.klook.com/ja/）では、世界各地の現地発ツアーや空港送迎が予約可能。バリ島のグラライ空港からの送迎サービスは、ゾーン1の南部リゾートエリアが800円〜、ゾーン2のウブド&周辺が2000円〜、ゾーン3のアメッドやロビナが4000円〜。空港から離れたエリアでは定額運賃のエアポートタクシーより30%以上も割安になる。予約時にフライト到着日時を知らせ、空港の指定場所で「Klook」のサインボードを掲げたドライバーに出迎えてもらう。SIMカードの空港受け取りサービスも提供している。

!ヒント グラライ国際空港内にある両替所は、市内でベストレートを提示する両替所と比べて5〜10%ほどレートが低い。到着時には当日必要な額のみ両替するか、空港内のATMでキャッシングしよう。

旅のシーズン

バリには大きくふたつの季節がある。乾季と雨季だ。これはバリ島が赤道直下の熱帯性気候のためで、一般に5～10月は東からの季節風の影響で乾季となり、11～4月は逆に西からの季節風の影響で雨季となる（近年は異常気象でこの境目が曖昧になってきている）。

いつ旅行するか?

乾季のほうが旅行に向いているというのが通説だ。確かに乾季は毎日抜けるような青空が見られるし、湿度もあまり高くならないので過ごしやすい。また、ダイバーにとっても海の透明度がいいし、サーファーにとってもバリのメジャーなサーフポイントにいい波が立つのは乾季だ。ただこの時期は、夜はかなり涼しく感じられるので、薄手の長袖シャツが必要となる。また、バリ内陸部へ行く予定の人は、トレーナーや薄手のカーディガンなどを1枚持っていったほうが無難だ。

『雨季こそバリらしい』。そんな声もある。乾季にはあまりお目にかかれなかった南国フルーツが市場に山盛りになる。雨上がりの稲穂は生き返ったように青々とした色を見せ、緑の匂いが風に乗ってやってくる。また、クリスマスや西暦の大晦日・新年といった、旅行者にとって楽しいイベントが行われるのも雨季だ。なお、雨季の湿度はかなり高く、内陸部では雨上がりの夜に冷え込むこともあるので、やはり薄手の長袖1枚は必携だ。

注意が必要な祝日

イスラム教の断食明け休日（イドゥル・フィトリ）から10日間は、インドネシア人の旅行シーズン。ホテル、交通、観光地すべてが多くの人でごった返す。この時期に旅行する際には、すべて早めの予約と行動を心がけよう。また、ヒンドゥー教の新年ニュピの当日は、バリ島では1日外出禁止となるので注意（→P.254）。

服装についての注意

ビーチやリゾートホテル内ではTシャツ、短パン、サンダルなどの格好でもよい。しかし、高級ホテル内のレストランにそのままで行くのは考えもの。いくら自分はよくても、ほかの人が気分を悪くする。フォーマルとまではいわないが、襟付きのシャツ、長ズボン、あるいはワンピースかスカート、それに靴を履くくらいの格好はしよう。要はTPOをわきまえるということだ。

また、日中は帽子、サングラスを着用したほうがいい。乾季、雨季にかかわらずバリの日差しは思いのほか強い。

ランドリー事情

バリ島では、ほとんどのホテルでランドリーサービスを行っているし、町なかにも多くのランドリーショップがある。通常は朝10時頃までに出せばその日の夜に、遅くても翌日には仕上がってくる。何にでもアイロンをかけてくれるので、アイロン仕上げをしてほしくないものがあれば、あらかじめ伝えておこう。料金は町にあるランドリーショップに出すのが最も安く、ホテルのランドリーサービスはホテルのグレードに比例して料金も高くなる。ホテルによっては、ランドリーショップへの洗濯物受け渡しを手数料なしでやってくれる。

天気予報

各天気情報サイトでバリ島の週間予報が確認できる。
●日本気象協会
URL tenki.jp/world/4/77/97230/
●JAL 天気情報
URL weather.jal.co.jp/inter/city_dps.html

---

column

「サシ」で感じるバリの季節

バリ島の1年は雨季と乾季に大別できるが、バリ人はもっとこまやかに季節を感じている。新月から満月までを**サシ**（＝1ヵ月）とするサコ暦が季節感の基となっており、「今はサシ・カロで寒いから、風邪をひかないようにね」とか、「凧を揚げるなら風の強いサシ・クティガだよ」という会話もよく耳にする。
※サコ暦の1年は次のとおり。（　）内は、太陽暦で月を示している。

▶**サシ・カサ（6～7月）**＝肌寒くなり始める
▶**サシ・カロ（7～8月）**＝1年のうち最も寒い月。火葬式ガベンが多く執り行われる
▶**サシ・クティガ（8～9月）**＝空気が乾燥し、風が強い。凧揚げに適している
▶**サシ・カパット（9～10月）**＝花々が美しく咲き誇り南国らしい

▶**サシ・クリモ（10～11月）**＝涼しくなり、マンゴーなどの果物がおいしくなる
▶**サシ・カナム（11～12月）**＝雨が降り始め、蒸し暑くなる。体調に注意しよう
▶**サシ・クピトゥ（12～1月）**＝本格的な雨降りの時季に入る
▶**サシ・カウル（1～2月）**＝強風と雨降り
▶**サシ・カサンゴ（2～3月）**＝年間でいちばんの強い風と雨が降る
▶**サシ・カダソ（3～4月）**＝雨降りが落ち着き始める。稲を収穫するのに適している
▶**サシ・ジュスタ（4～5月）**＝雨季の終わり。田植えに適している
▶**サシ・サド（5～6月）**＝乾季に入る

以上が基本の1年（＝12ヵ月）となるが、数年に一度は閏月としてサシ・マラサダが入る。バリの季節を「サシ」で感じてみるのも楽しいはずだ。

日本出発までの手続き

パスポート

パスポート（旅券）は、所持者が日本国民であることを証明し、渡航先国に対して安全な通過や保護を要請した公文書。つまり政府から発給された国際身分証明書で、旅行中は必ず携帯するのが基本だ。

10年間用のパスポート

パスポートの申請

パスポートは発給日から5年/10年間有効で、自分でどちらの期間にするか選択することができる（18歳未満は5年間用のみ取得可能）。選択した期間内なら何度でも使え、発給手数料は5年間用が1万1000円（12歳未満は6000円）、10年間用が1万6000円となっている。申請は、自分の住民票のある各都道府県庁の旅券課で行う。旅行会社に申請を代行してもらうこともできる。なお、学生などで居所と住民票のある場所が違う人は、居所のある各都道府県に相談してみるといい。申請に必要な書類は欄外参照。

申請に要する期間と受領日

申請後1週間から10日でパスポートが発給される。受領日には受理票と発給手数料を持って本人が受領に行くこと。なお、発行後6ヵ月以内に受け取らない場合、発行したパスポートは失効となる。失効後、5年以内に再度パスポートの発行申請をする場合、手数料が通常より高くなるので要注意。

ビ ザ

日本国籍のパスポート所持者はインドネシア到着後に空港で到着ビザ（VOA）の取得が可能（観光や商用等での訪問が対象）。到着ビザの代金はRp.50万（インドネシア・ルピアまたは米ドルや日本円での支払い）で、滞在日数は最長30日以内（到着ビザの延長は1回のみ、30日間の延長を各地の入国管理局で可能）。

※ビザや入国の条件は変更もあるので最新情報の確認を

バリ島のグラライ国際空港などインドネシアの主要空港でVOAが取得できる

海外旅行保険

保険に加入するしないはすべて任意で、普通のツアーなどには保険はセットされていない。旅先での不慮の事故や病気のことも考えて、必ず加入しておこう。

保険に加入していれば現地でキャッシュレス治療も可能

保険の種類

海外旅行保険は、まず基本契約として傷害保険（死亡・後遺障害・治療費用）、さらに特約として疾病保険（治療費用、死亡）、賠償責任保険（旅行中他人を傷つけたり、他人の物を破損したときに支払われる）、救援者費用保険（事故に遭った際、家族が日本から駆けつける費用）、携行品保険（旅行用荷物の破損や、盗難に遭ったときに支払われる）がある。

上手な加入方法

一般に海外旅行保険は、前記の項目がすべてカバーされたセットの形で販売されている。料金は旅行期間、各項目の保険金額によって異なるので、パンフレットを見ながら、自分の家庭内での立場などを考慮して申し込むといい。

最近、クレジットカードに加入すると海外旅行保険が付帯サービスされるケースも増えてきている。このような場合でも、すべての項目がカバーされていることは少ないので、別に保険に加入しておくことをすすめる。その場合、旅行会社のカウンターなどで相談すれば、上手な加入の仕方を教えてくれる。

どこの保険に入るか

損保ジャパン、東京海上日動、AIG損保などがポピュラーだ。いろいろな保険会社の海外旅行保険があるなかで、病気やけがをしたとき現地でどれだけスムーズに対応してくれるか、帰国後出したクレーム（補償請求）に、いかによく対応してくれるかが問題となる。加入の際、そのあたりのことをじっくりと聞くといい。なお、保険の加入は各保険会社のほか、インターネットや各旅行会社でも受け付けている。ツアーの申し込みや航空券の手配のときにでも、まとめて済ませておくといい。

クレジットカード

バリでは主要ホテルやツーリスト向けレストラン、店構えのしっかりしたおみやげ屋や免税店などで利用できる。クレジットカードにもいろいろ種類があり、バリでの通用度はMasterCard、VISA、AMEX（アメリカン・エキスプレス）、JCB、ダイナースクラブの順。原則として、安定した収入がないと取得できず、所得のない学生の場合は学生用カードもあるが、まずは両親にカードを取得してもらい、その家族会員としてカードを発行してもらうといい。なお、高校生を除く18歳以上20歳未満は保護者の同意が必要。カード取得には通常1〜3週間ほど必要だ。また、旅行期間中のみ有効なトラベルカードもある。

●損保ジャパン
URL www.sompo-japan.co.jp
●東京海上日動
URL www.tokiomarine-nichido.co.jp
●AIG損保
URL www.aig.co.jp/sonpo

「地球の歩き方」ホームページで海外旅行保険について知ろう
「地球の歩き方」ホームページでは海外旅行保険情報を紹介している。保険のタイプや加入方法の参考にしよう。
URL www.arukikata.co.jp/web/article/item/3000681

パスポート切替の電子申請が可能に
2023年3月より、パスポートの発給申請手続きが一部オンライン化された。残存有効期間が1年未満のパスポートを切り替える場合や、査証欄の余白が見開き3ページ以下になった場合、マイナポータルを通じて電子申請が可能（旅券の記載事項に変更がある場合を除く）。その場合、申請時に旅券事務所へ行く必要がなくなる。
※2023年3月以降、パスポート査証欄の増補も廃止された。査証欄に余白がなくなった際は、低額な費用で新しいパスポートの発給が受けられる。

マイナポータルからパスポートの申請が可能。マイナンバーカードでログインする

クレジットカードの暗証番号を必ず覚えておこう
海外でICカード（ICチップ付きのクレジットカード）で支払う際には、サインでなくPIN（暗証番号）入力が必要となる。不明な場合は、日本出発前にカード発行金融機関に確認しておこう。

日本出入国

日本出国

空港へは出発の2時間前までに到着し、以下の手続きを行おう（ツアー参加者は指定の集合場所へ）。

① 搭乗手続き（チェックイン）

チェックインカウンターでは、スーツケースなどの手荷物以外の荷物を、受託手荷物として預ける。その際に渡される荷物引換証（Claim Tag）は、現地到着後に荷物が届かなかったときに提示が必要なので失くさないこと。

② 手荷物検査

ハイジャック防止のためのセキュリティチェック。機内持ち込み手荷物はX線検査機へ、搭乗者自身も検査ゲートをくぐりチェックを受ける。100mℓを超える液体物（→P.420側注）は基本的に機内へ持ち込めないので注意。

③ 税関申告

高価な外国製品や貴金属所持者は「外国製品持ち出し届」を提出し、確認印をもらう。申告しないと海外で購入したものとみなされて帰国時に課税される場合がある。

④ 出国審査

顔認証ゲートへ進む、または有人ブースで審査官にパスポートと搭乗券を提示する。帽子やサングラスなどは外すこと。出国審査で日本人が質問されることはほとんどない。

⑤ 出発ゲートへ

搭乗は出発時刻のおおむね30分前から始まる。ファーストやビジネスクラス、身障者、乳幼児連れは一般客より先に機内に入れる。出発時刻の30分前には搭乗ゲートにいるように。

日本入国（帰国）

① 入国審査

日本人用の顔認証ゲートへ進む、または有人ブースで審査官にパスポートを提示する。質問されることはほとんどない。

② 荷物の受け取り

搭乗した便名を確認して、指定のターンテーブルへ移動。機内預けの荷物をピックアップする。もしも荷物が出てこなかったり、破損していたりする場合は、バゲージクレームのカウンターで荷物引換証を提示する。

---

eチケット（電子航空券）

各航空会社とも「eチケット」システムを導入している。予約完了後にメールや郵送で届くeチケットの控えを携帯すればいい。万一、eチケット控えを紛失しても搭乗は可能だが、念のため携帯しよう（スクショにして端末に保存しておくのが便利）。

液体物の持ち込み制限

日本から発着する国際線の機内への100mℓを超える液体（ジェル状の物も含む）の持ち込みが制限されている。100mℓ以下の容器に入った液体でも、1ℓ以下の透明なジッパー袋に入れてセキュリティチェックを受ける必要があるので、化粧品などをたくさん持ち込みたい人は要注意。乳幼児などのミルクや食品など持ち込みが認められているものもある。詳細は国土交通省、空港、航空会社のサイトで確認を。

モバイルバッテリーについて

スマートフォンやタブレットなどに使う高電圧のモバイルバッテリー（リチウムイオン電池）は、電池単体でスーツケースなどに入れた場合預け入れ不可になるので、手荷物にすること。リチウムイオン電池内蔵の携帯型電子機器を預け入れ荷物に入れる場合は、電源を完全にオフ（スリープモード不可）にし、偶発的な作動を防止するために厳重に梱包すること。

日本の検疫体制

国内にない病原菌を外国から持ち込まれることを水際でくい止めるのが検疫の役割。以前はすべての帰国者から検疫質問票を回収していたが、現在はほぼ任意となっている（検疫通過時にサーモグラフィーで発熱チェックが行われている）。

コピー商品の購入は厳禁！

旅行先では、有名ブランドのロゴやデザイン、キャラクターなどを模倣した偽ブランド品や、ゲーム、音楽ソフトを違法に複製した「コピー商品」を、絶対に購入しないこと。これらの品物を持って帰国すると、空港の税関で没収されるだけでなく、場合によっては損害賠償請求を受けることもある。「知らなかった」では済まされないのだ。

ヒント 日本国内の各空港サイトで、当日のフライト情報や空港へのアクセス情報が得られる。成田国際空港 www.narita-airport.jp 関西国際空港 www.kansai-airport.or.jp 羽田国際空港 www.haneda-airport.jp

③ 動物・植物検疫

生果実(→P.421側注)や切り花、肉製品、一部の畜産物の加工品をおみやげにする場合、動植物検疫所で検疫を受けること。

肉製品は輸出国の政府機関が発行する検査証明書が付いていなければ日本への持ち込みは不可で、ほとんどの肉製品は日本へ持ち込むことができない。違法な持ち込みの場合、罰金または懲役が課せられる。

④ 税関申告

税関審査では、持ち込み品が免税範囲の場合は緑のカウンターへ。免税範囲を超える場合は赤のカウンターに並び、荷物のチェックを受ける。機内で配られた「携帯品・別送品申告書」を係官へ提出する(同姓の家族であれば提出は1枚のみでOK)。

⑤ 出口へ

到着ロビーからそれぞれ帰路へ。重い荷物は到着ロビーにある宅配便会社のカウンターから送ることができる(午前中の発送であれば、当日着の指定で送れるエリアもある)。

空港からはそれぞれの交通手段で帰宅する

輸入禁制品

ニセブランド品や希少な動植物などは持ち込み禁止。医薬品や化粧品は持ち込める量に制限がある。バリ島などではべっこう製品をおみやげ店で販売しているが、ワシントン条約(野生動植物保護条約)で輸出入が禁止されているので持って帰ることはできない。アロワナなどの熱帯魚も同様。

違反者は処罰され、品物は没収または廃棄される。手続きや規制品目など詳細は税関に問い合わせを。

日本入国時の免税範囲と禁制品

品　物	内　容
酒・たばこ・香水	酒3本(1本760mℓのもの) 紙巻300本または葉巻50本または加熱式たばこ個装等10個またはその他250g 香水2オンス(1オンス=約28mℓ) (注1)免税数量は、それぞれの種類のたばこのみを購入した場合の数量であり、複数の種類のたばこを購入した場合の免税数量ではありません。 (注2)「加熱式たばこ」の免税数量は、紙巻たばこ200本に相当する数量となります。
その他の免税	A　海外購入価格合計が1万円以下の同一品目 B　Aを含まず、海外購入価格合計が20万円以内の品(超えたぶんに課税)
持ち込み禁止	麻薬、大麻、覚醒剤、向精神薬やそれらを含有する医薬品 銃器、弾丸、その部品 わいせつ書籍、写真、映像メディアなど ニセ金貨など、貨幣や有価証券の模造、変造、偽造品 ニセブランドや違法コピー商品、海賊版など 生きた動物や昆虫、根のついた植物や植物の種子など
持ち込み制限	ワシントン条約の保護対象となる動植物とその製品(漢方薬、バッグ、ベルト、剥製、楽器など) 果物、切り花、野菜、肉製品、肉加工品は動植物検疫が必要 医薬品と医薬部外品は2ヵ月分、化粧品は1品目24個、医療器具は家庭用1セットが上限 猟銃、空気銃、刀剣(刃渡り15cm以上)は公安委員会の手続きが必要

ハルマタシ Visit Japan Web (URL vjw-lp.digital.go.jp)は日本入国時の「税関申告」をウェブで行うことができるサービス。必要な情報を登録することでスピーディに入国できる。

421

税関
URL www.customs.go.jp

携帯品・別送品申告書

日本に入国(帰国)するすべての人は「携帯品・別送品申告書」を税関に提出することになっている。帰国便の機内で配布されるので、着陸前に記入しておくこと。

2023年8月現在、成田、羽田、関西、中部、福岡、新千歳、那覇の7つの空港では、税関検査場電子申告ゲートが導入されている。

記入例

インドネシアからの生果実の輸入

ココナッツ、ドリアン、パイナップルなどの生果実や成熟していないバナナは輸入可。ただし、日本帰国時に植物検疫をとおし、合格しなくてはならない。また強烈な匂いを放つドリアンは、航空会社が機内持ち込みを断る場合もあるので事前に問い合わせること。

日本に持ち込むことができないおもな生果実は、オレンジやライムなどの柑橘類、アボカド、パパイヤ、マンゴー、マンゴスチン、メロン、ランブータン、スイカ、スターアップル、トウガラシ、トマト、ナス、成熟したバナナなど。

インドネシア入出国

バリの表玄関は**グララライ国際空港**Ngurah Rai International Airportだ。インドネシア入国前に電子税関申告書のサイト(→側注)に、必要事項を記入してQRコードを取得しておくこと。

インドネシア入国

1 空港に到着し、ビザを取得

現地の空港に着いたら、機内からボーディングブリッジを通りターミナル内に入り、順路に従って進む。到着ビザの取得は、"Visa on Arrival"と表示されたブースでビザ代金(Rp.50万)を支払い、2枚綴りのレシートをもらう。インドネシア・ルピアまたは米ドルや日本円での支払いが可能。

2 入国審査

入国審査カウンターでパスポートと到着ビザ(VOA)のレシートを提出する。観光目的ならば、ほとんど質問されることもなく、パスポートに「Stay Permit」のシールを貼って返してくれる。

入国スタンプの代わりとしてQRコードのシールが貼られる

3 荷物の受け取り

搭乗した便名が表示されているので、**預け荷物受取所**(Baggage Claim)で自分の荷物をピックアップ。ターンテーブルには空港ポーターが待ちかまえているが、不要ならば断ろう。

4 税関申告

税関(Custom)では電子税関申告書のサイトで取得したQRコードを指示すればOK。税関申告書に申告なしと書いた人は「グリーンの標識」へ。荷物検査されることはほとんどない。

税関QRコードはスクリーンショットで保存しておこう

5 出口へ

到着ロビーにはATMや両替所、タクシーカウンターなどがある。個人旅行の場合は、タクシーカウンターでチケットを買いホテルへ向かう。ツアーの場合は、現地係員が待っている。

インドネシア出国

1 チェックイン

搭乗手続きは2時間前から。出発ロビーに入る前に荷物検査がある。航空会社のチェックインカウンターで、パスポートとeチケットを提示し、ボーディングパス(搭乗券)を受け取り、大きな荷物を預ける。

カウンターでチェックイン

電子税関申告書の偽サイトに注意
今まで機内で配布されていた税関申告書は2022年からオンライン申請に変更されている。入国の2日前になったら**電子税関申告書**(URL ecd.beacukai.go.id)にアクセスして事前に登録しよう。バリ到着後でも空港設置の端末から申請可能となっている。
　なお、個人情報を入力した後に、クレジットカード情報の入力を要求してくる「偽サイト」も存在しているので注意。税関申告で手数料の請求はないので、クレジットカード情報の入力は不要だ。

空港から市内へのアクセス
　空港から市内への移動はエアポートタクシーや、宿泊先のホテルにピックアップを依頼するのが一般的だ(ツアー利用者には送迎サービスが用意されている)。
※「空港へのアクセス」は各エリア冒頭の側注を参照。

エアポートタクシーの運賃
　グララライ空港から各地への定額運賃(Fix Price)は以下の通り(2023年8月現在)。
TEL (0361) 721-250

▶スミニャック	Rp.21万
▶クロボカン	Rp.25万
▶チャングー	Rp.30万〜40万
▶クタ中心部	Rp.15万〜18万
▶レギャン	Rp.20万
▶ジンバラン	Rp.18万〜25万
▶サヌール	Rp.25万
▶ヌサドゥア	Rp.23万〜25万
▶ブノア	Rp.30万
▶ウブド中心部	Rp.43万
▶チャンディダサ	Rp.75万
▶ロビナ	Rp.120万

エアポートタクシー利用の注意点
　グララライ空港には国際線ターミナルと国内線ターミナルの各到着ロビー(1階)にエアポートタクシーの受付カウンターがある。どちらでも行き先エリアで固定料金となる「Fix Price」と、メーター運賃制の「Taxi Meter」の2種類を選べる。早朝から深夜まで渋滞するバリ中心部では、メーター運賃の方が最終的に割高になるリスクがある。

小ミタシ グララライ空港の出発ターミナルにはラウンジが3つあるが、「T/Gラウンジ」では現金(US$25)を入口で支払えば利用可能。プライオリティパスなどを所有していなくても利用できる。

② 手荷物検査

出国審査前に、機内持ち込み手荷物のセキュリティチェックがある。VATリファンドのオフィスが検査場の手前にあるので、必要な人は立ち寄っておくこと。

③ 出国審査

出国審査（Immigration）のブースで、パスポートとボーディングパスを提出。パスポートに出国スタンプを受け、ボーディングパスを返してもらう。混み合うこともあるので早めに通過しておこう。

④ 出発ゲートへ

出国審査の先にはショッピングゾーンが広がっている。免税店、おみやげショップ、レストラン、カフェ、クイックマッサージなどが入っているので、時間調整には最適。両替所もあるので、使い残したルピアはここで両替しよう（日本では換金できてもレートが悪い）。飛行機の搭乗は30分前から。

ジャカルタ経由で到着する場合

ジャカルタを経由してバリ島へ向かう場合、経由地で入国審査を受ける。入国審査通過後、受託手荷物をピックアップし、税関を通過して国内線ターミナルへ移動。ジャカルタから目的地へのチェックイン手続きは、通常トランジット用カウンターで行われる。

持ち込み制限品

インドネシア入国時の持ち込み制限品は「電子税関申告書」記入法の「Page 3」を参照。

ひとり当たり1億ルピア相当（日本円で約95万円）以上の現金を持ち込む場合には、必ず申告すること。税関で発覚すると、虚偽申告として罰金（持ち込み金額の10%）が課せられる。申告した現金に税金が課せられることはないので、きちんと記入しよう。

「電子税関申告書」記入法

インドネシア税関の入力画面　URL ecd.beacukai.go.id
※入力は到着予定日の2日前からしか行えないので注意

Page 1

表示言語は英語orインドネシア語

❶姓名　❷メールアドレス　❸パスポート番号　❹国籍
❺生年月日（日・月・年）　❻職業　❼滞在先（ホテル名）　❽インドネシア入国の空港　❾搭乗便名　❿入国日（日・月・年）

Page 3

持っていなければ「No」を選択する

ⓐ動物、魚類、植物およびその製品（ナマモノ）　ⓑ麻薬、向精神薬、鋭利な刃物、銃器、弾薬、ポルノ等　ⓒ1億ルピア以上の金銭または無記名商品類　ⓓ10億ルピア以上の外貨　ⓔ紙巻きたばこ200本以上、葉巻25本または刻みたばこ100グラム、アルコール飲料1リットル　ⓕ海外で購入したもののうち、インドネシア出国時に持ち帰らない品物で1人500ドルを超える物　ⓖ商業用品、私的利用以上の量の輸入品。工業目的の輸入品　ⓗ以前にインドネシアから持ち出した「BC3.4申告書」の物品

Page 2

Additional Data

❶荷物の個数　❷別送品の個数　❸同伴者数（本人を除く）

インドネシア滞在が90日を超える長期滞在者はスマホやタブレットなど端末の識別番号（IMEI）の申告が必要

Page 4

❶IMEI（端末の個体識別番号）　❷2つ目の端末の個体識別番号（最近の機種は2つある）　❸メーカー名　❹機種名　❺RAM数　❻容量数　❼端末の金額を記入するための通貨欄（USD、JPY等）　❽端末の金額　❾端末の色　❿所有者名（1ページ目に記入した自分の名前となる）　⓫納税者番号（現地の番号がなければ日本人は無記入でも可能）

Page 5

登録完了後に税関から自動送信メールが届く。貼られているリンクにアクセスして表示されるQRコードを保存しよう

❶申告内容に問題がなければ「√」をクリック　❷内容を見直す場合は「Previous」、税関申告する場合は「Send」を押す　※税関申告書は変更もあるので最新情報の確認を

ハミダシ　インドネシアでは旅行客の個人使用目的ならば、「電子たばこ」の持ち込みに現時点では制限はない。ただしアジア各国の乗り継ぎ便を利用する場合、それぞれの国の禁止項目に触れないか確認すること。

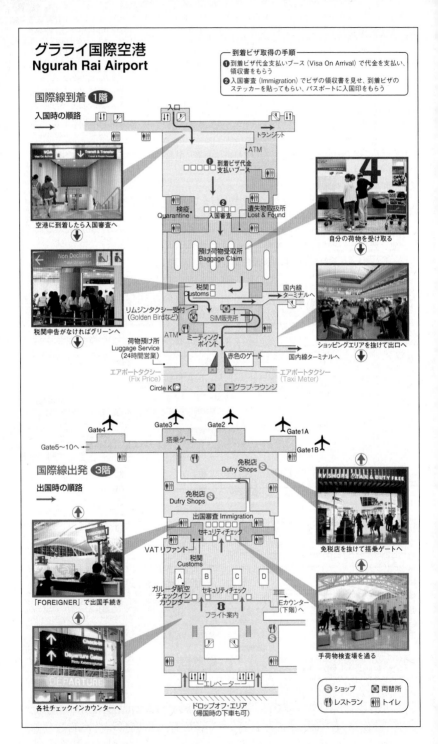

グララィ国際空港
Ngurah Rai Airport

到着ビザ取得の手順
❶到着ビザ代金支払いブース（Visa On Arrival）で代金を支払い、領収書をもらう
❷入国審査（Immigration）でビザの領収書を見せ、到着ビザのステッカーを貼ってもらい、パスポートに入国印をもらう

国際線到着 1階

入国時の順路 →

入口

トランジット

ATM

❶到着ビザ代金支払いブース

4

空港に到着したら入国審査へ

検疫 Quarantine

❷入国審査

遺失物取扱所 Lost & Found

自分の荷物を受け取る

預け荷物受取所 Baggage Claim

税関 Customs

国内線ターミナルへ

税関申告がなければグリーンへ

リムジンタクシー受付（Golden Bird など）

SIM販売所

ATM

ミーティング・ポイント

荷物預け所 Luggage Service（24時間営業）

赤色のゲート

国内線ターミナルへ

ショッピングエリアを抜けて出口へ

エアポートタクシー（Fix Price）

エアポートタクシー（Taxi Meter）

Circle K

グラブ・ラウンジ

Gate4　Gate3　Gate2　Gate1A

Gate5～10へ

搭乗ゲート

Gate1B

国際線出発 3階

出国時の順路 →

免税店 Dufry Shops

免税店 Dufry Shops

出国審査 Immigration

セキュリティチェック

免税店を抜けて搭乗ゲートへ

「FOREIGNER」で出国手続き

VAT リファンド

税関 Customs

ガルーダ航空チェックインカウンター

A　B　C　D

セキュリティチェック

Eカウンター（下階）へ

フライト案内

手荷物検査場を通る

各社チェックインカウンターへ

ドロップオフ・エリア（帰国時の下車も可）

エレベーター

S ショップ　両替所
レストラン　トイレ

出国時にイミグレーションでパスポートが返してもらえず、ワイロを要求されることがある。こちらに非がない場合は、言葉もわからないといった態度で、パスポートを返してもらうのをのんびり待とう。

配車サービスの
かんたん利用法

スマホアプリを使った配車サービスは、日本人旅行者にもバリ島で一般的な移動手段になりつつある。一般的に通常のタクシーより15〜25％ほど割安で、南部リゾートエリアであれば利用も簡単だ。

スマホでバイクや車が簡単に呼び出せる

配車サービスの大手2社

　東南アジア8ヵ国で展開する**グラブGrab**（URL www.grab.com）は、インドネシア最大手の配車サービス。白タクの「Grab Car」のほか、バイクタクシーの「Grab Bike」やケータリングの「Grab Food」など多彩なサービスを展開している。運賃は最初に入力したルートでの定額制で、キャッシュや現地の電子マネーで支払える。クレジットカードを登録すれば、オンライン決済も可能。

　ゴジェックGojek（URL www.gojek.com）も、白タクの「Go-Car」やバイクの「Go-Ride」など、グラブとほぼ同様の配車サービス。各アプリは英語またはインドネシア語で、ドライバーとのやり取りも簡単な英語が話せればOKだ。

バリ島ほぼ全域で利用可能に

　コロナ以前は地元ドライバーの雇用を守るために、南部リゾートエリアでも配車サービスが利用不可のケースもあったが、コロナ以降かなり規制が緩和されている。今まで乗客のピックアップがNGだったチャングー、ジンバラン（イカン・バカール周辺）、ウルワツも含めてほとんどのエリアで対応可能となっている。

　地元の規制がいろいろと厳しいウブドでも、配車アプリの利用は一般的になってきている。もしもマッチングしても車が迎えに来ない場合は、ホテルの敷地内から呼んだり、多少場所を移動することで呼び出しに応じてくれる場合もある。また東部のアメッドやトゥランベンなどでも呼び出しは可能だが、やはりマッチングされる車の台数に限りがあるため、事前に配車予約などをしておくと安心だ。

空港からの利用の注意点

　2020年2月にグラライ空港の国際ターミナルの出口先に「グラブ・ラウンジ」がオープン。エアコン完備の専用ラウンジでスタッフが配車をサポートしてくれる。ただし空港内からGrab Carを呼び出すには空港チャージが加算され、空港からの定額制タクシーとほぼ同額となる（ウブドへはGrab Carのほうが割高！）。

エアコン完備のグラブ・ラウンジ

　国際線ターミナル3階（出発フロア）のエントランス前にある「ドロップオフ・エリア」にドライバーを呼び出して通常運賃で利用する裏技もあったが、2023年8月の時点では規制がかかっているので注意を（3階からの乗車に罰金導入の噂もある）。

グラブGrab利用方法　最大手グラブのアプリで呼び出す手順を紹介しよう。

❶ Car や Bike などサービスを選択　❷ 現在地を確認し行き先を入力　❸ 運賃とルートが表示される　❹ 予約が完了すればドライバーが決定　❺ ドライバーから連絡が入る

島内交通

▶タクシーの所要時間&運賃
→P.134

タクシーを電話で呼ぶ
●Bluebird Taxi
TEL (0361) 701-111

タクシー乗車方法

1 手を挙げてタクシーを呼び停める

2 自分でドアを開けて車内に乗り込む

3 出発時にメーターの使用を確認する

メータータクシー利用時の注意

　近距離ならばメータータクシーはとてもリーズナブル。ただし黙っているとメーターを倒さないドライバーもいるので注意しよう。また、クタのベモコーナー周辺やデンパサール市内は、一方通行の道が多い。タクシーをひろう場所を考慮しないと、遠回りになってしまう。

ベモ、オジェックの利用状況

　ベモBemoはライトバンを改造したミニバス。公共交通なので規定の料金はあるが、旅行者は地元の人よりも高い料金を請求されることが多い。近年は観光エリアでの運行は激減している。
　オジェックOjekはバイクタクシーのことで、荷物がなくて近距離移動では便利。ベモも行かないような、街道や幹線から分岐する郊外の細い道の入口にもオジェックの待機場所がある。
　どちらも配車サービスの発達により、バリ島中心部のホテルエリアでは姿を消しつつある。

タクシー Taxi

評判のいいブルーバード・タクシーは青色の車体が目印

　スミニャック&クロボカン、クタ&レギャン、サヌールなど南部リゾートエリアでは、メーター付きタクシーが流している。エアコンを完備し、日本と同じように車の天井には"TAXI"マークが付いている。メーター制で運行するブルーバード・タクシーの場合、運賃は初乗りがRp.7000、以後は1kmの走行ごとにRp.7000ずつ加算される。なお、タクシーの運転手のなかにはメーターを倒さず、あとで法外な料金をふっかけてくる人もいる。乗り込む前に必ずメーターで走ることを確認したほうがいい。

　利用方法は、日本と同じで道端で手を挙げれば停まってくれるし、ホテルやレストランへ電話で呼び出すことも可能だ。

　なお、自治体が強い力をもつバリ島では、地元の雇用を守るためにブルーバードなどの大手タクシーやGrabなどの配車アプリが利用できないエリアもあったが、コロナ禍を契機に規制はほとんどなくなっている。

ブルーバード・タクシーは「My Bluebird」のアプリを利用すると便利

チャーター車 Charter Car

　ホテルのツアーデスクなどで、運転手付きのチャーター車のアレンジをしてくれる。短い日程でいろいろ見て回りたい旅行者には、便利でリーズナブルな移動方法である。

　おすすめの使い方は1日単位でのチャーターで、自分たちのオリジナルツアーを実現する方法だ。値段は交渉しだい、行きたい場所、拘束時間(朝何時から夜何時までなのか)を告げて料金交渉に入る。クタやサヌールでの料金相場は1日最低US＄40程度で、あとはどの程度の距離を走るかによる。近場の1日チャーター US＄40〜50、遠出してUS＄60〜70くらいだろう。町の旅行会社や観光案内所では1日8時間でRp.50万前後から。また、タクシー運転手と交渉して1日借り切ることも可能だ。

　チャーター車は純粋な移動にも使える。ただし、短距離はメーター付きタクシーに比べかなり割高。使うなら町と町を結ぶ長距離移動だ。料金は片道でも往復でもさほど変わらず、南部リゾートエリア〜ウブド間でUS＄20〜40程度。なお、何人で利用しても料金は同じなので、大勢でチャーターし、頭割りするとかなり割安になる。

日本人旅行者がよく利用するツアー会社で手配しよう

旅行者に評判のいいブルーバード・タクシーだが、「Blue Biro」などと紛らわしいステッカーを貼った別会社も多い。本物にはドア横に「www.bluebirdgroup.com」とアドレスが貼られている。

レンタカー&バイク Rental Car & Bike

『日本とインドネシアは国際免許の協定を結んでいない』ため、レンタルには支障がなくても、事故や警官に停められたときはトラブルになるケースもあるのでおすすめできない。また、交通ルールに対する認識や道路事情も日本に比べたらよくない。

●レンタカー

ホテルのツアーデスクや町なかの旅行会社を通じてレンタカーを借りることができる。車種は小型がトヨタのアバンザAvanzaやダイハツのセニアSenia、中型でトヨタのキジャンKijangが多い。料金は1日Rp.35万～で、これに保険料を加算。

●レンタバイク

バイクはレンタカー同様、町の旅行会社や宿泊ホテルをとおして借りるのが一般的。借りられるのは90cc、100cc、125ccといったサイズ。レンタル料金は1日Rp.5万～6万。1週間程度のレンタルでは1日Rp.4万くらい（保険料は含まれていない）。

配車サービス Online Taxi

現地で「オンラインタクシー」と呼ばれる配車サービスは、交通手段としてバリ島で定着しつつある。Googleで経路検索すると、**グラブGrab**と**ゴジェックGojek**も交通手段として明示される。この2大サービスを比較すると、チャットで画像や音声メッセージを送れるGrabアプリのほうが使い勝手がいい。また経由地を1ヵ所追加できる機能や、「Rent」という車を数時間チャーターするサービスも、現時点でゴジェックでは対応していない。

配車アプリの地図では現在地がすれていることもあるので、予約時にしっかり確認しよう（待ち合わせ場所が明確でないとドライバーが迷って時間をロスしてしまう）。また、目的地も似たような名称の別の場所になっていないか要チェック。

配車される車種はさまざま

国際運転免許証の取り方

次の書類を持って、運転者本人の住民票がある各都道府県の運転免許センターや、公安委員会へ申請する。ただし申請場所は都道府県によって異なるので、問い合わせること。交付は申請後数時間で行われる。

[必要な書類]
▶日本の運転免許証
▶パスポート
▶写真1枚（4cm×5cm）
▶手数料2650円

レンタカーやバイクで事故を起こした場合

『日本とインドネシアは国際免許の協定を結んでいない』ため、国際免許証を持っていても保険会社から事故補償が受けられないケースもある。海外旅行保険を契約するときにきちんと確認しておこう。

配車サービスのかんたん利用法
→P.425

✉ 空港からの配車サービス

グラライ空港内からスマホで配車アプリを開くと特別運賃で表示され通常よりも倍ぐらい割高となります。国内線ターミナルからなら徒歩で空港敷地の外に出てマッチングすると通常運賃で呼び出すことも可能。ただし国際線ターミナルからは歩いて敷地を出るのはかなり大変です。道や方向が分かりづらく、時間がかかり、特に夜の徒歩移動は絶対におすすめできません。
（サヌール在住 チャコ '23）

---

information

配車サービスは電子マネー払いもOK

配車サービスの普及に伴って、バリ島でも電子マネーでの支払いが一般的になりつつある。グラブ系列の**OVO**（URL ovo.id）と、ゴジェック系列の**GoPay**（URL gopay.com）が2大勢力。現地で使えるスマホにアプリをインストールし、電話番号やメールアドレスなどを入力して登録する。Indomaret系のコンビニでのチャージは、旅行者にも便利な入金（Top Up）方法だ。OVOではグラブのドライバーに頼んでも入金でき、もちろん配車サービスの支払いにも使える（OVOの入金手順は下記参照）。

① Indomaretの実店舗に行き、初期画面のTOP UPをタップ

② 支払方法の中からIndomaretを選ぶ

③ 入金する金額を入力する

④ 支払方法や入金する金額を確認してConfirmをタップ

⑤ この番号をもってレジへ（手数料が追加される）

プラマ社予約事務所
URL www.peramatour.com
[クタ] Jl. Legian No.39
TEL (0361) 751-875
[サヌール] Warung Pojok
TEL (0361) 895-0158
[ウブド] Padang Tegal
TEL (0361) 973-316
[パダンバイ]
TEL (0363) 41-419
[チャンディダサ]
TEL (0363) 41-114
[ロビナ] Anturan
TEL (0362) 41-161

✉シャトルバスの運行が激減
　コロナ禍により各社シャトルの運行が激減しています。プラマ社のシャトルバスは運行本数は半分に減り、南部エリアを網羅していたクラクラバスはクタ〜ウブド間を1日1往復のみ運行しています。
　（ジンバラン在住　Mayo '23）

トランス・メトロ・デワタ
URL temanbus.com/bali

バスで使える電子マネーカード
　旅行者が入手しやすいのはMandiri銀行発行のe-Moneyカード。空港のMandiri銀行ブースのほか、各地に店舗があるコンビニのIndomaretで入手可能（Rp.2万7500）。利用額のチャージもIndomaretのレジでOK。

シャトルバス Shuttle Bus

　主要観光地を手頃な料金で結ぶ、若い旅行者の間でポピュラーな移動手段。所要時間も短くて済み、外国人旅行者以外乗っていないので車内での安全性も高い。移動自体を楽しむというより、できるだけ簡単に目的地へ向かう、純粋な移動手段だ。

　プラマ社Peramaのシャトルバスはバリ各地に路線をもち、1日数便運行する区間もある。利用方法は、主要リゾートエリアにある各社のオフィスで、目的地までのチケットを購入する。別途料金を支払えば、出発時間前にホテルへピックアップに来てくれるサービスもある。

プラマ社のシャトルバス

国営路線バス Trans Metro Dewata

　デンパサールを中心に、グラライ国際空港、クタ、サヌール、ウブドなど5路線があるトランス・メトロ・デワタTrans Metro Dewataは国営の路線バス。各路線とも4:30〜19:00頃まで、ほぼ10分間隔で運行している。運賃は一律Rp.4400で、支払いは電子マネーカードまたはスマホ決済アプリとなる（キャッシュでの支払いは不可）。

トランス・メトロ・デワタの車両

バリ旅で役立つおすすめアプリ

地図

Google Map
ルート検索に便利なだけでなく、現在位置もリアルタイムにわかる。バリ島の渋滞情報も随時確認OK。

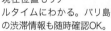

翻訳

Google翻訳
入力した文章の翻訳のほか、料理メニューや博物館の説明などカメラで読み取った文章も翻訳できる。

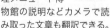

通信

WhatsApp
「インドネシア人が200%使っている」ともいわれる通信アプリ。滞在中に重宝する（→P.430）。

配車サービス

Grab
グラブは東南アジアでNo.1のシェアを誇る配車アプリ。簡単に手配でき料金は事前確定制（→P.425）。

Gojek
ジャカルタ発祥の配車アプリ。食事のデリバリや、荷物のお届けなど幅広く展開し生活に根付いている。

My Bluebird
ブルーバード・タクシー（→P.426）の専用アプリ。呼び出しのほかに料金のシミュレーションも可能。

電子マネー

OVO（オフォ）
インドネシアの6万店舗以上で利用できるeウォレット。Grabの支払いにも対応している（→P.427）。

ツアー予約

Klook（クルック）
現地発ツアーやアクティビティがスマホから即時予約できる。空港送迎やSIM手配もOK（→P.416）。

SIMチャージ

MyTelkomsel
インドネシアの最大手キャリアTelkomselではアプリからSIMカードの残高をチャージできる。

📝投稿　国営バスのトランス・メトロ・デワタやトランス・サルバギタの利用者は少ないです。渋滞解消のための導入でしたが配車サービスも始まり、民官のスピード感の違いが顕著です。（クタ在住　H.B. '23）

配車アプリの最新事情2023
How-to for smarter travel

呼び出しや支払いなど面倒なイメージもある配車アプリ。そこで、いつも利用しているバリ在住者に初歩から裏技までいろいろ教えてもらいました。

ドライバーは登録制で身元がわかるシステム

GrabやGojekはすでにバリ人の生活にもしっかりなじんだ「白タク」です。車もバイクも運転するのは一般人ですが、運転技術や接客で一般のタクシーと差を感じることはありません。ときには富裕層がアルバイト感覚でやってきて、高級車で移動できることもあります。昔のヤンキー車みたいなのが来てびっくりすることもありますが（笑）。

すべてマッチング時にドライバーの評価や車種などが表示されるので、身元不明の流しのタクシーよりも安心して利用できます。

（スミニャック在住　J.O.）

運賃は事前確定で明朗会計です

配車サービスの支払いはOVOやGoPayなどの電子マネーを登録して使っています。現金払いだと小額紙幣を用意する必要があり、ベトベトと手垢がついたお札を触るストレスから解放されました。日本から来る友人には日本語で入力案内が出るGrabをすすめており、提携しているOVOのチャージはインドマレットというコンビニでOK。中途半端な残金は戻ってこないけど、1回1回の手間を考えると事前の入金がベターです。

GrabもGojekもマッチングした時点で運賃が確定するので、遠回りや渋滞で運賃が上がることがないのは本当に安心です（あまりにも渋滞がひどかったときはチップをあげてます）。

（ヌサドゥア在住　M.N.）

GrabとGojek、どっちがお得？

大手2社はほとんど同じ運賃でしのぎを削っていますが、天候や渋滞状況、キャンペーンなどによって運賃に差が出ます。2023年8月の時点ではGrabの方が相対的に20％ほど安い感じですが、これも時期が変わると値段も変わります。少額でも金額差が気になるなら、複数のアプリでマッチングし、安い方のサービスを選択しましょう。ちなみにMAXIMという新しいの配車サービスが大々的にキャンペーンを行っており、GrabやGojekの半額程度の運賃で利用できます。が、これも認知度が高まりキャンペーン終了後には価格差はなくなってしまうのかも。

（ヌサドゥア在住　M.N.）

ブルーバードをGojekより安く使う裏技とは？

2023年6月にGrabを利用した際はヌサドゥアの我が家からウブドまで片道Rp.22万でしたが、8月にはRp.50万に運賃が跳ね上がっていました（ウブドは渋滞が酷いので利用の時間帯によって運賃も変わります）。そのため、利用するルートによっては接客で定評のあるブルーバード・タクシーとほとんど差がないケースも出ています。特にブルーバードを提携先の「Gojek」アプリで呼び出すと、「My Bluebird」アプリで呼ぶより30％ほど割安になる逆転現象が起きています。GojekやGrabと比べても割安なので、バリ在住者の間で話題になっている裏技です。

（サヌール在住　Y.K.）

Gojekアプリを使ってもブルーバードの運賃は見込み額が表示される。支払額は到着時に確定

スマホがなくても配車サービスは利用OK

現地で使えるスマホを持っていなくても配車サービスは利用できます。ホテルやレストランのスタッフに配車を依頼し、来た車に乗って、到着したら運賃を現金で支払えばOK。運賃はマッチングした時点で確定するので移動中にスマホがなくても問題はありません。

Grabには事前の配車予約（日にちと時間を指定する）や、4時間、6時間、10時間単位でのチャーター（ガソリン代、ドライバー代含む）もあらかじめ手配しておくこともできます。

（ウブド在住　T.K.）

早くて安いバイクの移動には注意点も

最近バリではどこも渋滞がひどく、特に繁華街を自分で運転するのが嫌になっています。なので途中の知人宅などに車を置かせてもらい、それから目的地の繁華街までバイクタクシーを使うことがよくあります。もちろん車で行くより相当早く着きますが、スミニャックにはアグレッシブ過ぎるドライバーも多く「そんなに急がなくてもいいのに」というくらいに、ずーっと路肩走行（上がったり下りたり）でぶっ飛ばす人もいるので、現地のバイク事情に不慣れな人はびっくりするでしょう。バリ初心者には評価の高いドライバーを呼べるGrab Car Plusという車のサービスがおすすめ。運賃は通常のGrab Carの2割増しくらいです。

（スミニャック在住　J.O.）

バイクタクシーはいろんな人が被ったヘルメットを使用することになる。抵抗があるなら車をチョイス

投稿
配車の利用で以前のようなマッチング後の乗車拒否はほぼなくなりました。ただしバイクの場合にはドライバーが雨の気配を動物的感覚で察してドタキャンされることも！（サヌール在住　Y.K.　'23）

電話・インターネット

日本での国際電話の
問い合わせ先
●NTTコミュニケーションズ
TEL 0120-003300（無料）
●ソフトバンク
TEL 0088-24-0018（無料）
●au（携帯）
TEL 0057（無料）
TEL 157（auの携帯から無料）
●NTTドコモ（携帯）
TEL 0120-800-000（無料）
TEL 151(NTTドコモの携帯から無料)
●ソフトバンク（携帯）
TEL 0800-919-0157
TEL 157（ソフトバンクの携帯から無料）

町中に携帯電話のショップも多い

海外で携帯電話を利用するには
　海外で携帯電話を利用するには、日本で使用している携帯電話をそのまま利用する方法やレンタル携帯電話を利用する、モバイルWi-Fiルーターを日本の出発空港でレンタルする方法がある。定額料金で利用できるサービスもあるので、現地でのネット利用に便利。詳しい情報は各社に問い合わせてみよう。

インドネシアのSIMカード
　2018年からインドネシアでは「SIMカードへの個人情報の登録」が義務づけられている（要パスポート）。市内の路地裏にあるような小さな店では、電話番号の登録をしていないSIMカードも売られており、そこで買うことはできても、テレコムセル運営のGraPARIなどで番号と利用者の登録をしないと、使えるようにはならない。
　テレコムセルTelkomselはシェア率が40％の最大手キャリア。インドネシア全土で安定した接続ができるので、地方も巡るなら旅行者はテレコムセルを選ぶのがおすすめ。

✉KlookでSIM入手
　Klook（→P.416）では空港送迎のほか、空港でSIMカードを受け取れるサービスもあります。注文時にパスポートやIMEIを送ってあるので登録設定もスムーズでした。
（神奈川県　ツッチー　'23）

📡電話

市内通話

　インドネシア国内の通話は日本と同様に、市内通話は電話番号のみ、市外通話は0から始まる地域番号＋相手番号となる（ホテルの部屋からかける場合は、備えつけの案内に従うこと）。

中級以上のホテルには部屋に電話機がある

　急速な携帯電話の普及にともない、公衆電話は市内や空港でまったく見かけなくなった。宿泊ホテルや電話局からの通話は可能だが、手数料がかかり割高となる。

現地で携帯電話を購入する

　バリ島各地の携帯ショップなどでスマホの購入も可能。例えば、XIAOMIやOPPOなどの安めのスマホならばRp.100万前後（約1万円）で見つかる。なお通話に必要なSIMカードは番号によって値段が異なりRp.3万〜（並びが整った番号は値段が高くなる）。通話料はプルサ（プリペイド式の料金クレジット）を別途購入し、国内通話で1分Rp.500〜700、日本への国際通話で1分50円〜。インターネットのパッケージ料金も購入が必要となる。

国際電話

　電話利用が多い人は旅行中に使える端末を確保しておくと便利。市内通話と同じく、日本への国際電話はホテルの部屋からかけられ、日本語オペレーターを経由したコレクトコールも利用できる。

海外で携帯電話を利用するには

　SIMフリーのスマホなら現地料金で回線利用も可能。現地で、大手の通信会社simPATIなどのSIMカード（Rp.2万5000〜5万）を買って差し替え、店員に頼んで使えるようにしてもらう作業が必要。さらに「プルサPulsa（＝プリペイド式の通話＆通信料のクレジット）」を購入し、店員に入力してもらえば使うことができる。例えばSIMカードとインターネット使用データ12GB分、通話料プルサRp.1万分が込みでRp.19万〜（使用期限30日）という旅行者用パケットを販売している店もある。

通信アプリWhatsApp

　日本国内での通話アプリはLINEの利用が一般的だが、インドネシアではWhatsApp（＝ワッツアップ。略称WA＝ウェーアー）が圧倒的なシェアを誇っている。バリ島の多くのホテルやレストランではWAで顧客対応をしており、アプリを入れた瞬間から日本からでも現地でも、チャットで予約や質問などに対応してもらえるケースが多い。国際通話も無料で音声のクオリティも高い。

現地発ツアーの問い合わせチャットはPC版のWhatsAppを同期して使用するのも便利

コレミダシ 日本のスマホや携帯から日本の番号へかけるには、「＋」－国番号－相手の電話番号となる。日本の携帯には「＋」のキーがないが、機種により「0」や「#」を長押しすると「＋」となる。

インターネット

ネット環境は日本よりも便利！

バックパッカー用の格安ホテルから、中級や高級ホテルまで近年はほとんどの宿泊施設で、無線LAN（= Wi-Fi）に対応している。

ただし、ロビーやカフェのみ接続可能で、客室ではアクセス不可というケースもある。町なかでは「Hot Spot Wi-Fi」などと看板が出ているカフェやレストランで接続可能だ。

空港ロビーにもSIMカード売り場がある

ネットへのアクセスにはパスワードを入力

バリ島の観光エリアにある多くのカフェやレストランではフリーWi-Fiを提供している。ホテルも一部を除いて基本的に無料。Wi-Fiを利用する場合、回線にアクセスするためのパスワード入力が必要となる。ホテルの場合は部屋にパスワードが書かれたカードが置いてあったり、カードキーを入れるケースに記されていたりと施設により異なるので、チェックイン時にスタッフに確認しよう。レストランやカフェでは店員にWi-Fiを使いたい旨を伝えると、パスワードを口頭で教えてくれる。

旅行前にSIMを入手する

出発前にAmazonなどで事前購入すれば、SIMを持って旅行に出発できる。「sim2FLY」は東南アジア各国や日本で共通で使える比較的評判のよいプリペイドSIMカード（通話は不可）。8日間・データ通信量5GBまで高速接続できるので、現地でSIMを買ったり設定する時間をセーブできる。

携帯電話を紛失したら

●au ※1
国際電話識別番号
+81+3+6670-6944
●NTTドコモ ※2
国際電話識別番号
+81+3+6832-6600
●ソフトバンク ※3
国際電話識別番号
+81+92+687-0025
※1 auの携帯から無料、一般電話からは有料
※2 NTTドコモの携帯から無料、一般電話からは有料
※3 ソフトバンクの携帯から無料、一般電話からは有料

インターネットを使うには

「地球の歩き方」ホームページでは各携帯電話会社の「パケット定額」や海外用モバイルWi-Fiルーターのレンタルなどの情報をまとめた特集ページを公開中。
URL www.arukikata.co.jp/net

INFORMATION

バリ島でスマホ、ネットを使うには

スマホ利用やインターネットアクセスをするための方法はいろいろあるが、一番手軽なのはホテルなどのネットサービス（有料または無料）、Wi-Fiスポット（インターネットアクセスポイント。無料）を活用することだろう。主要ホテルや町なかにWi-Fiスポットがあるので、宿泊ホテルでの利用可否やどこにWi-Fiスポットがあるかなどの情報を事前にネットなどで調べておくとよい。ただしWi-Fiスポットでは、通信速度が不安定だったり、繋がらない場合があったり、利用できる場所が限定されたりするというデメリットもある。そのほか契約している携帯電話会社の「パケット定額」を利用したり、現地キャリアに対応したSIMカードを使用したりと選択肢は豊富だが、ストレスなく安心してスマホやネットを使うなら、以下の方法も検討したい。

☆ 海外用モバイルWi-Fiルーターをレンタル

バリ島で利用できる「Wi-Fiルーター」をレンタルする方法がある。定額料金で利用できるもので、「グローバルWiFi」（【URL】https://townwifi.com/）など各社が提供している。Wi-Fiルーターとは、現地でもスマホやタブレット、PCなどネットを利用するための機器のことをいい、事前に予約しておいて、空港などで受け取る。利用料金が安く、ルーター1台で複数の機器と接続できる（同行者とシェアできる）ほか、いつでもどこでも、移動しながらでも快適にネットを利用できるとして、利用者が増えている。

海外旅行先のスマホ接続、ネット利用の詳しい情報は「地球の歩き方」ホームページで確認してほしい。
【URL】http://www.arukikata.co.jp/net/

▼グローバルWiFi

ホテル事情

宿泊エリアの選択が重要

　バリ島の滞在エリアはどこも特徴があって個性的。どこに泊まるかで、旅のスタイルも印象も変わってしまうので、自分の個性がどんな土地を志向しているのかよく考えてみよう。

　おもにスミニャック、チャングー、クタ＆レギャン、ジンバラン、ヌサドゥア、サヌール、ウブドが宿泊エリアになっているが、立地と利用するホテルがキーポイント。高級ホテルで南国バカンスを楽しみたいなら、スミニャック、ジンバラン、ヌサドゥアが人気。高級ホテルでは安全対策も万全で、バリ旅行は初めてという人にもおすすめだ。サヌールやウブドには安宿から高級まであらゆるタイプのホテルが揃っており、どちらも落ち着いた雰囲気でリピーターに愛されている。

　クタ＆レギャンのパッケージツアーには格安なものが多いが、部屋もそれなりのことが多い。なかには荷物紛失続出なんてホテルもあるので注意。

ホテルのタイプを知る

●リゾートホテル

話題の高級リゾートが人気の的

　バリ島のリゾートエリアには、世界的に見ても高水準のリゾートホテルが多い。宿泊料金は1泊US＄200以上。多くはビーチに面して建ち、プールやテニスコート、ジム、レストラン、バーなどをもち、各種アクティビティの手配を行ってくれる。室内にはエアコン、TV、ミニバー、バスタブ、ホットシャワー、各種アメニティが標準装備。快適なリゾートライフを演出するのに最適だ。日本からのツアーで使われることも多く、1週間以内の滞在なら、個人で泊まるよりもツアーに参加したほうが安く上がる。

●バンガロー＆コテージ

　リゾートエリア内にある格安～中級ホテルは、ほとんどがこのタイプだ。部屋数はそれほど多くなく、部屋は敷地内に点在する1戸建てバンガロー（コテージ）。たいてい庭にはプールと簡単な食事のできるレストランがある。宿泊料金は1泊US＄30～100とかなり差があり、料金により、エアコンの有無、シャワーがお湯か水かなどが違ってくる。宿泊料金に朝食込みのところも多い。

　日本からの格安ツアーは、たいていこのタイプのホテルを使用する。ただし、設備や雰囲気、ロケーションのよい悪いにかなり差がある。個人手配でも料金はさほど変わらないので、ツアーに頼らず、いくつか自分で条件を確認しながら見てみて、気に入ったところに宿泊するのもいいだろう。

ウブドには田園に囲まれたバンガローも多い

宿泊施設が混み合うシーズン

　インドネシア人の旅行シーズンは、年末年始とイスラム教の断食明けだ。特にイドゥル・フィトリと呼ばれる断食明けの休日は、日本のお正月のようなもので、多くの人が帰郷して親戚中を訪ねて歩く。そのためその後約2週間にわたって宿泊施設と交通機関は大混雑が続く。また、毎年6月中旬～7月上旬まではスクールホリデーとなり、インドネシア中の観光地が混み合う。これらの期間はできるだけ早く予約しておこう。

出発直前でもホテル予約OK！

　ホテルはインターネットで探して、そのまま予約するのが旅の常識になりつつある。最低価格を保証している旅予約サイトもある（同じ条件で他社よりもホテル料金が高かった場合には差額をキャッシュバック）ので、思い立ったらすぐに検索して予約しよう！

バリのリゾートホテルは高水準

各タイプ別標準アメニティ
▶リゾートホテル
石鹸、シャンプー、コンディショナー、バスフォーム、シャワーキャップ、それにもちろんタオル類。
▶バンガロー／コテージ
石鹸とタオル。
▶ロスメン
すべて自前。

バンガローは予約なしでも部屋が見つかる

ハミダシ　ホテルの部屋にドライヤーや湯沸かし器などが置かれていない場合でも、スタッフに言えば貸してもらえることもある（基本無料）。必要なものは問い合わせてみよう。

●ゲストハウス

バリの民宿がゲストハウス。リゾートエリアを離れると、ほとんどがこのタイプの宿になり、値段は朝食付きRp.20万〜40万と非常に安い。家族経営の10室以下の宿で、バリの人々の暮らしに触れ

格安ホテルでも快適に過ごせる

ながら、のんびりと滞在するのにも適している。部屋にはシャワーとトイレが付いている。エアコンはあまりないが、扇風機は付いているので、十分に涼は得られる。また部屋の入口はバルコニーのようになっていて、竹製の椅子とテーブルが置かれている。ここに座っていれば、宿の人やほかのゲストから自然と声がかかってくる。部屋を見せてもらい、宿のオーナー家族の人柄を判断材料にして、宿泊するかどうかを決めてもいい。

ホテル予約について

1週間程度の旅行日程であれば、個人旅行でもホテルは事前に予約を入れて行くのが一般的。特に年末年始、7〜8月の旅行シーズンは、内外の旅行者で混み合うので、早めにホテルを確保したい。インターネットを通じてホテル予約サイトを利用すれば、現地ホテルで交渉するよりも安く宿泊できる場合が多い。

高級リゾートの場合にはオンライン予約を直接入れると、空室状況によっては最も割安になる。ホテル予約サイトにも出てこない格安ホテルは、ファクスや電子メールで予約を。

出発前にホテル手配を済ませて
バリではのんびり過ごそう

ハイ&ピークシーズン料金

バリのホテルでは、7月上旬から9月末までをハイシーズン、12月下旬〜1月上旬までをピークシーズンに設定し、宿泊料金の5〜10%程度を追加徴収する場合が多い。日本人旅行者が最もバリを訪れる時期でもあるので、個人旅行をする場合にはあらかじめ金額をよく確認しよう。ただしロスメンなどの安宿では、これらの設定はほとんどない。

ホテル料金に加算されるお金

インドネシアの中級〜高級ホテルでは、税金とサービス料として10〜21%程度加算される。オフシーズンにはその加算分を割り引くホテルもある。

中級以下のホテルでは、税金分はあらかじめ宿泊料に含み、別途請求されない場合が多い。

客室サイズの目安

本書のホテル記事でも説明されている客室サイズの、バリ島での一般的な目安は以下の通り。
●20m²（約10畳）は格安ホテルの標準サイズ。ベッド2台でほぼ部屋が占拠される感じ。
●30m²（約16畳）は中級ホテルの標準サイズ。床にスーツケースを広げても余裕あり。
●40m²（約22畳）が高級ホテルの標準サイズ。リビングが併設されることもあり使い勝手がいい。

カウチサーフィン
Couch Surfing
URL www.couchsurfing.com
旅先で無料で泊まらせてくれる人を探すサイト。

---

information エアビーアンドビーの利用方法

その土地ならではの生活を体感できる民泊仲介サイトとして広まり、世界中で利用されている**エアビーアンドビー Airbnb**（**URL** www.airbnb.jp）。近年は個人宅のみならず、プール付きマンションや家具付きアパートの空き部屋、経済的な一般ホテルなども登録されている。ホテル検索サイトよりも割安なケースもあるので、サイトをチェックしてみるといいだろう。

利用方法は通常のホテル予約サイトと同様に、宿泊希望の地名と日付、人数などを入力すると、おすすめ物件の写真と料金が表示される。マップで検索したければ、画面右下のポイントマークを押すと、地図上の掲載物件のある位置に各宿泊料金が表示される（料金のボタンを押すとホストの名前と写真が出てくる）。さらにスクロールしていくと、設備やチェックイン時間、喫煙の可否などの条件やルールが見られる。

支払いはクレジットカードやデビットカード、一部のプリペイドカードのみ利用可能。到着後に現金払いはできない。予約（リクエスト）送信とともに決済されるが、チェックインの14日前まではキャンセル無料。以降はチェックインの24時間前までにキャンセルすれば、サービス料を除く全額が返金される。

個人宅への民泊だと、連絡が多少もたつくこともあるが、現地人の暮らす家やアパートに泊めてもらうのはホテルとは明らかに異なり、新鮮な体験となる。ただし宿泊先が個人宅だと、先方の都合でドタキャンされて、連絡が取れずに待たされることなどもあるので、スケジュールに余裕がない短期旅行者は利用を避けたほうが無難だ。

バリ島ならではのユニークな宿泊施設を探してみよう

ショッピング

みやげ物屋が並ぶクタのアートマーケット

クレジットカードの請求通貨を確認しよう

最近、海外でクレジットカードを使った際、カード決済のレシートが現地通貨ではなく、日本円というケースが増えている。日本円換算でのカード決済自体は違法ではないのだが、不利な為替レートが設定されていることもあるので注意しよう。

支払い時に「日本円払いにしますか？」と店から言われる場合もあれば、何も言われず日本円換算になっている場合もあるので、サインをする前に必ず通貨を確認しよう。

ショッピングでの注意

バリでのショッピングでは、トラブルに見舞われることも往々にしてある。おつりの金額を少なく渡されるパターンのほか、商品の値札をレジのカウンターでほかの値段の高い値札とすりかえて計算したり、ドルからルピアに計算する際にレートを間違えて計算し、ルピアの代金を上乗せしたりなどというケースもある。

特に高額のショッピング時には、その代金、品数、換算レートなどを事前に確認しておき、変だと思ったらすぐに問い合わせてみることだ。もちろん不心得なスタッフはごく一部なのだが……。

素朴な自然雑貨、バティックやイカットの布製品、伝統的な絵画や木彫りなど、バリにはおみやげ品が大充実。楽しく買い物をするために、ショップのカテゴリーや基本的なノウハウを知っておこう。

物価を知るならまずはスーパーへ

スーパーマーケットやデパートは、雰囲気も品揃えも日本とほとんど同じ。どの階層の人も利用し、定価制で最安値をつけていることが多いので、バリの物価を把握するのにはうってつけ。おみやげ物やTシャツなども置かれているので、バリ島初心者はとりあえずここで品物の値段を見ておくと、ほかの店でもボラれることが少なくなる。

旅行者に人気のショップ＆ギャラリー

最近ショッピングの主流になっているのが、旅行者のニーズに合わせた自然雑貨店やブティック。多くは外国人オーナーが経営しており、買い手が求めるものをセンスよく揃えている。本書で紹介しているショップ＆ギャラリーのほとんども、基本的にはこのカテゴリー。商品は定価販売なので、ボラれる心配はほとんどない。一部の個人経営店では、多少の値引きに応じてくれることもあるので、まとめ買いをする際には交渉してみてもいい。

要値段交渉のローカルショップ

一般のバリ人がよく利用するショップの多くは、日本の市場と同じように交渉によって値段を決め、同じものを買うのでも交渉しだいで値段は変わる。品質もまちまちで『安物買いの銭失い』という言葉どおりになってしまうこともあるので注意。

近年は定価制のショップが多い

昔ながらの民芸品を並べたみやげ物屋も、基本的に同じシステム。ここでの値札は、初めからディスカウントされることを前提にしている場合も多い。バリでは旅行者も小さな店構えの「市場」で、買い物客という立場でセリに参加しているのだ。

---

information

付加価値税（VAT）還付制度

バリ島やジャワ島の主要都市では、付加価値税VATの還付制度（タックスリファンド）が導入されている。対象者は外国のパスポートを持つ個人旅行者のみ（滞在期間は2ヵ月以内）。還付には、対象となる指定ショップ1店で1回の買い物の合計額が、500万ルピア（税抜き）以上であることなどが条件となる。

指定ショップで商品を購入するときパスポートを提示して『タックス支払い証明書』を受け取り、申請はグラライ空港やスカルノハッタ空港などから出

国するときにVAT還付カウンターで行う（原則としてチェックイン前に申請する）。これにより、10%が

グラライ空港のVAT還付カウンター

還付される。免税品や飲食品・たばこなどは還付の対象外となる（出国前の1ヵ月間の買い物に有効）。還付が適用される指定ショップは少数に限られている（バリ島ではディスカバリーモール内のSOGOやバティック・クリスなど）。

ハミダシ　バリ島の各地にあるアートマーケット（Pasar Seni）はTシャツや布地などの衣料品から、バリ雑貨や日用品など各種おみやげ品をおもに扱っている。楽器や絵画なども置かれている。

ショッピングモールも充実

おみやげ品を一気に見て回るなら大型のショッピングモールへ。ファッションやインテリア雑貨の店が集結し、フードコートやカフェなど食事スポットも充実しているので便利だ。基本的に定価販売だが、アウトレット品や入れ換え商品はセール販売

もされている。ビーチウオーク・バリ、ディスカバリーモール、Tギャラリアなど人気店はクタ地区に集中。近年はスミニャックにも大型モールが登場している。

クタ中心部にショッピングモールが充実

値切りのテクニック

定価の表示のないおみやげ店や市場では、値切り交渉が必要になってくる。売る側にしてみれば、少しでも利益を得たいと思うのは当たり前。顔なじみならば仕入れ値ギリギリで売ってもらえることもあるし、「お金持ち」からは利益を期待する。特にアートマーケット（おみやげ市場）などで売られている観光客向け商品に関しては、最初の言い値がかなり高い。

大切なのはまず現地の物価を把握して、さらに自分で買いたい物の価値を決めること。例えば気に入ったTシャツを5万ルピアで買いたいと決めたとする。相手の言い値がもっと高かったら、まずは「え～っ？高

市場での値段交渉は旅の醍醐味だ

い！（Mahar！）」という意思表示をする。そうすると相手は「いくらなら買う？」と聞いてくるが、そのときに「その値段では買えない。下げてくれるなら買ってもいいけど」と、こちらから金額を言わないこと。ほかの商品を見たり世間話をして時間をかけ、最後に「5万ルピアでどう？」と値段を切り出し、相手がもう少し上げてほしいと言ってくれば少し上乗せしてみる。それでも交渉が成立しなければ、「ほかの店も見てくる」と店を出るそぶりを見せると効果的だ（相手が素っ気ない態度ならば、自分の設定金額を再考しよう）。コツはあくまでもゆっくりと、売り子さんと友達になってしまうくらいの感覚で、交渉を楽しむこと。

サイズ比較表

レディスシューズ

日 本	22	22.5	23	23.5	24	24.5	25	26	26.5
バリ島	34	35	36	37	38	39	40	41	42

メンズシューズ

日 本	24	24.5	25	25.5	26	26.5	27	27.5	28
バリ島	36	37	38	39	40	41	42	43	44

ヒント ショッピングや町歩きで現金を持ち歩く場合は、ショルダーバッグに入れ、ひったくり防止のため斜めにしっかりと掛けて持ち歩こう。バッグの体側にポケットがあるものだと便利だ。

空港でのショッピングに注意

バリ島にかぎったことではないが、空港内にあるショップでの買い物には注意が必要となる。多く報告されるのは、「免税店で商品を購入したら金額が上乗せされたり、個数を多く請求された」というもの。空港内に入っている店は対応にも間違いないという先入観により、購入後にすぐにレシートを確認しないことから起こりがちなケースだ。特におみやげ物を多数購入したときには、すぐに金額の確認を。

買い物する前に物価を知る

スーパーやデパート、大規模なおみやげ屋はたいてい日本同様「定価」制。特に地元の人も利用するスーパーやデパートは、それほど高い値付けではないので、買い物前にのぞいて値段をある程度知っておこう。大規模なおみやげ屋は、観光客相手なので、「定価」であってもかなり高めだ。

購入する前にいろいろな店をチェックしてみよう

エコバッグを入手しよう

2019年からデンパサール市の条例施行にともなって、スーパーマーケットやコンビニでのプラスチック袋の配布や販売が禁止された。南部リゾートエリアやウブドの店でも同様の対応がスタートしており、今後はインドネシア全体で実施される可能性もある。バリ島のスーパーやおみやげ店ではエコバッグが売られているので、買い物時に購入して、旅先の環境美化をサポートしよう。

エコバッグはRp.5000程度

旅の食事

いろいろな郷土料理を味わおう！

バリ&インドネシアの料理メニュー
→P.40

**インドネシア料理で使われる
肉の名称**
　インドネシア料理で使われる肉
は、アヤムAyam＝鶏、カンビ
ンKambing＝羊、バビBabi＝豚、
サピSapi＝牛、プニュPenyu＝
ウミガメなど。

**インドネシア料理に使われる
調味料**
▶ガラムGaram：塩。
▶グラGula：砂糖。グラ・パシー
ルGula Pasirは普通の白砂糖。グ
ラ・メラGula Merahはヤシ砂糖。
▶ケチャッ・アシンKecap Asin
：普通の醤油。
▶ケチャッ・マニスKecap Manis
：たれのような甘口醤油。
▶トゥラシTerasi：小エビから
作ったペースト。
▶アサムAsam：タマリンド。酸
味づけに使われる。
▶クラパKelapa：ココナッツ。

南国リゾートでは新鮮なシー
フードも楽しもう！

インドネシアはブンクスの国
　ブンクスBungkusとは包むとい
う意味のインドネシア語。お店や
屋台で食べ物を持ち帰るときに使
う言葉だ。何でもかんでも包むわ
けではなく、汁物などはビニール
袋に入れてくれる。また、それ
以外はバナナの葉や紙で包んでく
れる。
　それにしても、このブンクス
というシステム、ありとあらゆる料
理が対象になるのには驚かされて
しまう。

　バリはインドネシア随一の観光地だけあって、どんな嗜好を
もっている人でも満足できる『食』がある。インドネシア料理、
バリ料理はもちろん、中華料理、日本料理、イタリア料理など
の各国料理、それに新鮮な海の幸を使ったインドネシア風シー
フード料理まで、その種類は実にさまざまだ。

インドネシア料理を食べる！

「飯はナシ、魚はイカン、菓子はクエ」

　これは、インドネシア語を覚えるための有名な語呂合わせだ。
インドネシア料理の名前は、基本的に材料＋調理法になってい
る。材料は上記語呂合わせのように、ご飯＝ナシ、魚＝イカン
など覚えやすいものも多いので、インドネシアに着いたら、まず
マスターしてしまおう。調理法は、炒める・揚げる＝ゴレン、焼
く＝バカール／パンガン、煮る・ゆでる＝ルブス、蒸す＝ククス
といったものが代表的。これらを組み合わせれば、レストランで、
あるいはルマ・マカン、ワルン、カキ・リマなどの食堂や屋台で、
自分の食べたいものが注文できるはずだ。

　なお、インドネシア料理は、一般にサンバルという辛味調味
料を自分で好きなだけ添えて、好みの味にして食べる。

ナシ　Nasi（ご飯物）

●**ナシプティ Nasi Putih**：プティは白と
いう意味。つまり白いご飯。インドネシア
人は白いご飯が大好きで、パンや麺類で
は食事をした気がしないという人も多い。

●**ナシゴレンNasi Goreng**：インドネシ
ア風の炒飯。味つけ、具は店によってか
なり違う。たいてい上にはクルプッ（エビ
せんべい）、アチャール（インドネシアの
漬物）が載っている。ちなみに目玉焼き付
きのものは、ナシゴレン・イスティメワ
（Istimewa＝特別）と呼ぶ。

ナシゴレンは炒飯

●**ナシチャンプルNasi Campur**：チャ
ンプル＝ごちゃ混ぜ。これは、ご飯の上に
いろいろなおかずを一緒に盛り合わせたも
の。自分で選んだ肉や野菜料理が味わえ
る、バリを代表するメニューだ。

国民食のナシチャンプル

●**ナシクニンNasi Kuning**：クニン＝黄
色。ターメリックベースのスパイスとココ
ナッツミルクで炊いた、黄色いご飯のこと
だ。祭りや祝いごとのときに作られる。

●**ブブールBubur**：おかゆ。一般に町で
食べられるのはブブール・アヤム（アヤム
は鶏肉。つまりこれは鶏肉のおかゆ）。

あっさり味のブブール

ヒント 人気レストランでのディナーは事前に予約を入れておくこと。特に夕景スポットは事前予約か、
早めに到着して席を確保しよう。同じ店でもランチタイムならば予約不要というケースも多い。

ミー　Mie（麺類）

●ミーゴレンMie Goreng：インドネシア風焼きそば。軽くおなかがすいたときにちょうどいい。

●ミーバッソMie Bakso：バッソ（牛肉や魚肉から作った肉団子）が入った汁そば。夕方になるとミーバッソの屋台が立つ。

●ミーアヤムMie Ayam：鶏肉の醤油煮とゆでた青菜が具のあえそば。

焼きそばのミーゴレン

ソト　Soto（スープ）

●ソト・アヤムSoto Ayam：たっぷり香辛料を使った鶏のスープ。器に春雨、ゆで卵、バワン・ゴレンなどの具を入れ、アツアツのスープを注ぐ。インドネシア料理の定番。

●ソプ・ブントゥッ Sop Buntut：牛の尻尾（オックステイル）のスープ。コッテリとした濃厚な味は、一度食べたらクセになるはず。

スープの定番ソト・アヤム

ダギン　Daging（肉）

●ルンダンRendang：牛肉を香辛料とココナッツミルクで長時間煮込んだもの。パダン料理の代表的なメニュー。

●サテSate：肉や魚の串焼き。サテ・アヤム、サテ・カンビン、サテ・リリなどが一般的。ピーナッツソースなどにつけて食べる。通常10本単位で売られている。

●アヤム・ゴレンAyam Goreng：鶏肉に下味をつけ、油で揚げたインドネシア風から揚げ。スパイスがよく染み込んでいる。

●アヤム・パンガンAyam Panggang：鶏肉にスパイシーなソースを塗って、炭火で蒸し焼きにしたインドネシアの名物料理。

ルンダンは傑作料理

アツアツがおいしいアヤム・ゴレン

イカン　Ikan（魚）

●イカン・ゴレンIkan Goreng：魚にスパイスと塩を擦りつけ油で揚げた料理。

●イカン・バカール Ikan Bakar：＝イカン・パンガン Ikan Panggang。魚にスパイスと塩を擦りつけ炭火で焼いた料理。

●イカン・ペペスIkan Pepes：魚、香辛料、ハーブをバナナの葉に包んで蒸してから炭火で焼いた料理。

●イカン・アサム・マニスIkan Asam Manis：マニス＝甘い。つまり、揚げ魚に甘酢ソースをかけたもの。

ワルンって何？

ワルンとはおいしいローカルフードを満喫できる地元の食堂のこと。さまざまな料理が味わえるが、最もポピュラーなのは白飯に各種総菜を盛り合わせるナシチャンプルだ。各店で総菜の種類や味に特徴があり、人気店はいつでも混み合っている。とにかく自分の舌でお気に入りを見つけよう。行きつけのワルンができて顔なじみになれば、旅もひと味違ったものとなるはずだ。

旅行者も気軽に利用できるワルン

フードコートも訪ねてみたい

ローカル料理を現地価格で楽しむスポットは、ワルンや屋台のほかにもいろいろある。バリ初心者にはデパートや大型スーパーマーケット内のフードコートがおすすめ。一度にいろいろな料理を試せる清潔な屋台街のようなもの。インドネシア料理から、各地の郷土料理、中華、デザートなど小さな店がたくさん軒を並べている。店頭には写真付きのメニューが貼ってあるので注文も簡単だ。

手を使って食べてみよう

インドネシアでは手を使ってご飯を食べることも、まだ一般的だ。実際試してみると、手にも味覚があることがわかるはずだ。ただし右手しか使えないというルールがある。

なお、手を使って食べるのはローカルな食堂や一般家庭に招かれたとき。レストランではやはりナイフ、フォーク、スプーン、あるいは箸を使って食べる。TPOをわきまえて試してみよう。

パダン料理店

広いインドネシアのこと、料理も地域差がずいぶんある。特にスマトラ島パダン地方の伝統的料理は有名。料理が少量盛られた数十種類の小皿がテーブルに運ばれてきて、好きな料理を好きなだけ食べ、食べた皿のぶんだけお金を払うシステムだ。

テーブルに並んだパダン料理

✏️投稿　屋台やナイトマーケットで売られているサテ・アヤムやマルタバをブンクス（テイクアウト）すれば、部屋飲みのおつまみにぴったり！ビールはスーパーで買うのがお得です。（東京都　島ニャン）['23]

旅の安全管理

バリの治安は、ほかの国々に比べ決して悪くはない。しかし、旅行者の増加にともない、観光地でトラブルが増加している。ほとんどが基本的な注意を怠らなければ防げることだ。

盗難・置き引きについて

ビーチやプールなどで、荷物を置いたまま泳ぎに出たりして物がなくなるケースが多い。目の届かない所に荷物を置いておけばなくなるのは当たり前。ここは日本ではない。ビーチやプールサイドに貴重品を持っていかない、必ず何人かで出かけ、ほかの人が泳いでいてもひとりは荷物を見ているなど、普通の注意をしていれば防げる。また、ホテルの部屋の中に貴重品を置いていて盗まれたという話も聞く。貴重品はセーフティボックスに預けたり、常に自分で管理するなど工夫が必要だ。

痴漢・レイプについて

夜遊びの帰り、人どおりの少ない場所を女性ひとりで歩いて痴漢に遭ったり、レイプされたりという話もある。日本ではしないようなことも、バリでは平気でしてしまい、結局自分が事故に遭う。リゾートということもあって開放的な気分になるのはわかるが、自分自身の危機管理だけはしっかりしたい。また、クタ＆レギャン界隈では日中でも軽くお尻を触られたりすることがある（日本人女性がお尻を触られても怒らないのが理由だとか）。今後続く旅行者のためにも、日本人女性がなめられないよう、毅然とした態度で怒るようにしよう。

交通事故について

日本で車を運転しているものから見ると、バリの車の運転は魔術的だ。狭く路面の悪い道をかなりのスピードで飛ばす。車間距離は取らない。スキあらば追い越す。急な車線変更は日常茶飯事。加えて歩行者のことは気にしない。レンタカー、レンタバイクを利用する人が細心の注意を必要とするのはもちろん、歩行者も道路を横断する場合は十分に車に気をつけたい。

トラブルを事前に回避

バリ島内のトラブルの多くは、クタ中心部の繁華街で起きている。特に深夜の時間帯、ナイトクラブ周辺ではひったくりや強盗が多いので多額の現金は持ち歩かないこと。観光客に麻薬を売った当人が警察に密告する罠もある。インドネシアで麻薬所持は重罪なので、絶対に相手にしないように。

外務省の海外安全ホームページ（→P.438側注）で、渡航前には最新情報をチェック。また海外で利用できるスマホを持っていくことも、緊急時の情報収集や連絡の手段としておすすめだ。

渡航先で最新の安全情報を確認できる「たびレジ」に登録しよう
外務省の提供する「たびレジ」に登録すれば、渡航先の安全情報メールや緊急連絡を無料で受け取ることができる。出発前にぜひ登録しよう。
URL www.ezairyu.mofa.go.jp/index.html

麻薬には手を出すな！
路上でマリファナやマジックマッシュルームなどを売りつけうとする売人もいるが、すべて違法行為。麻薬類には、興味本位で絶対手を出してはいけない。実際、旅行者でも逮捕され刑務所に入れられた人がいる。

貴重品の持ち方
高級リゾートホテルでは貴重品はセーフティボックスに預ける。持ち歩くときは腹巻き式や首掛け式などの貴重品袋を使い、絶対盗られないよう工夫しよう。

パスポート（旅券）をなくしたら
万一パスポート（以下旅券）をなくしたら、まず現地の警察署へ行き、紛失・盗難届出証明書を発行してもらう。次に日本大使館・領事館で旅券の失効手続きをし、新規旅券の発給または、帰国のための渡航書の発給を申請する。
●**必要書類および費用**
■**失効手続き**
・紛失一般旅券等届出書
・写真1枚（※1）
■**発給手続き**
❶新規旅券：一般旅券発給申請書、手数料（10年用旅券Rp.174万、5年用旅券Rp.120万）
❷帰国のための渡航書：渡航書発給申請書、手数料（Rp.27万）
※❶❷共通で、現地警察署の発行した紛失・盗難届出証明書、写真1枚（※1）、戸籍謄本1通（発行から6ヵ月以内）、旅行日程が確認できる書類（旅行会社にもらった日程表または航空券）
※1＝写真（縦45mm×横35mm）は撮影から6ヵ月以内
●**警察の盗難証明書**
Surat Keterangan Kehilangan Barang
被害に遭ったら最寄りの警察に盗難届を出し、作成してもらう。

狂犬病や下痢に注意
バリ島では犬のほかに、サルに噛まれる旅行者もいる。もしも動物に噛まれたら「傷口を流水で15分くらい洗い、すぐ病院でワクチン接種」を受けること。
下痢症状の「バリッ腹」も旅行中に起こりがちだが、検便をしたらアメーバ胃腸炎と診断される場合もある。1日5回以上の下痢をしたときは、脱水症状の心配があるので早めに病院へ。

ll

✿ バリでかかりやすい病気

風 邪 Cold

暑いからといって夜寝るときにエアコンやファンをつけっぱなしにすると、風邪をひいてしまうこともある。風邪をひいたら安静が第一。薬は日本で使い慣れたものを持っていくのがいちばんだ。

下 痢 Diarrhea

環境が変わると下痢になることが多い。通称「バリっ腹」などとも呼ばれるほどで、あまり心配するには及ばない。常用の整腸薬を用い、ゆっくり休んでいればすぐ治るはずだ。また、生水を飲まない、普段食べ慣れない果物や刺激物を避けるなどの注意も必要だ。

デング熱 Dengue Fever

デング熱は蚊により媒介される感染症。東南アジアの急激な都市化が原因のひとつとされ、インドネシアでも突発的に流行することがある。潜伏期間は4日から7日ほどで、突然の発熱、頭痛、関節痛などをともなう。現在のところワクチンはなく、予防は蚊に刺されないよう気をつけること。通常は1～2週間で回復する。

日射病・熱射病・日焼け Sun Stroke/Sunburn

極度に強い太陽を長い時間浴びると重度の日焼け(水疱が現れやけどと同じ症状)になる。さらに放っておくと大量の汗をかき、体の水分と塩分が失われ日射病、熱射病になってしまうこともある。日射病、熱射病はひどくなると命にかかわることもあるほど。安易に体を焼くのは禁物だ。最初の1～2日は、ほんの何分か肌を焼く程度にし、徐々に体を慣らしていこう。

病気になったら
とにかく医者に診てもらおう

ほとんどのリゾートホテルでは医者と契約している。病状がひどいと思ったら、ホテルのスタッフに言って医者を呼んでもらおう。また、海外旅行保険に入っている人は、緊急連絡センターに電話して病院を指定してもらえば、キャッシュレス治療が受けられる。

薬局・薬店

島内各地に薬局がたくさんあり、1回に飲むぶんだけをバラ売りにしてくれる。ただしインドネシアで売られている薬は非常に効き目が強いものが多いので、内服薬は医者から直接処方してもらおう。

伝染病予防接種について

コレラやウイルス性肝炎は日本出発前に予防接種を受けることもできる。どうしても心配な人は接種を受けていくといいだろう。

個人病歴カード

既往症がある人や、日常的に薬の処方を受けている人、アレルギー体質の人などは、既往症の詳細や処方薬の一覧を英語で記入したものを持っていると安心。

鳥インフルエンザについて

インドネシアでも鳥インフルエンザに感染した家禽類が発見され、感染患者の死亡も確認されている。日本でも同じだが、外出後にはなるべく手洗いやうがいをすることが予防策となる。

---

information 日本語の通じる病院&クリニック

いずれも日本人の看護師やスタッフが勤務している(24時間往診に対応するクリニックもある)。海外旅行保険に加入していればキャッシュレス治療もOK。

●カシイブ総合病院(デンパサール)
Map P.262-C1 住 所 Jl. Teuku Umar No.120, Denpasar TEL (0361)300-3030 URL kih.co.id

内科・外科・皮膚科・産婦人科・血液透析(要予約)・TMSセラピーなど、各診療の専門医が在籍している病院。日本人スタッフの通訳対応も可。

●シロアム ホスピタルズ(クタ)
Map P.179-A4 住 所 Jl. Sunset Road No.818, Kuta TEL (0361)779-900 URL www.siloamhospitals.com

内科、外科、神経科、脳外科、呼吸器科、歯科などあらゆる部門が充実した総合病院。クタのサンセットロード沿いにある。

●BIMC (クタ)

Map P.179-B4 住 所 Jl. By Pass Ngurah Rai No. 100X, Kuta TEL (0361)761-263 URL www. bimcbali.com

バイパス沿いにある⑤Tギャラリア・バリから300mほど東。日本人看護師も勤務しており、ヌサドゥアにもホスピタル(→P.222欄外)がある。

●共愛メディカルサービス(クタ)
Map P.177-A2 住所 Ruko Sunset Jaya No.5, Jl. Mertanadi, Jl. Sunset Road, Kuta TEL 0853-3883-3787(携帯) URL www.kyoaims.com

サンセット・ロードから入り⑤パパイヤ・フレッシュギャラリーの手前のビル内。日本語対応可。

●タケノコ・バリ診療所(クタ)
Map P.179-A4 住所 Jl. Sunset Road No.77A, Ruko No.1, Kuta TEL 0811-399-459(携帯) URL www.takenokogroup.com

クタのサンセット・ロード沿いにあり、日本語での対応が可能。日本人スタッフが通訳として対応。

バリ滞在上の注意

バリ島でトラブルに巻き込まれた人の投稿や、日本の在外公館の報告などを、日本人観光客の安全を図るためにまとめてみた。あらかじめ犯罪パターンをよく知り、安全に旅行してほしい。

ホテルにて

貴重品の保管

「安全だと思ったセーフティボックスから現金が一部抜き取られた」という報告が少なくない。セーフティボックスを利用する際は、鍵付きのバッグやポーチに入れておくと、抜き取りの防止効果がアップする。セーフティボックスを信用せずに、スーツケース内に貴重品を保管するリピーターも多い。

特に格安パックツアーでクタ&レギャンの安宿や中級ホテルを利用した場合に、日本に帰国する日、警察などへ届け出る時間のなくなった頃に、部屋から金目の物がなくなるケースもある。

蚊対策

デング熱などの病気予防には蚊に刺されないことが重要。ホテルでの睡眠中の蚊対策には、日本で売られているワンプッシュ式虫よけスプレーが役立つ（ホテル備品の蚊取りマットよりも効果的）。ワンプッシュ式スプレーは機内持ち込み不可なので、事前に購入して機内預け荷物に入れること。ワンプッシュ式は現地のスーパーマーケットでも購入できるが、現地製品は成分が強力過ぎるといううわさもある。

町にて

強盗

銀行で大金を両替後に、あとをつけられて強盗に遭った例がある。大金を持ち歩かない、現金のありかを人に見せない、といった工夫が必要。クレジットカードの利用を基本にしよう。

旅行者の多い通りでは持ち物に注意！

歩きスマホ

海外旅行でもスマホは手放せない存在になっているが、歩行中に操作するのはトラブルの元。周囲への注意がおろそかになり、交通事故やスリ被害のリスクが増す（歩道に空いた穴に足を取られることもある）。地図アプリなどを確認する際は、安全な場所で操作しよう。また、高価なスマホは強盗被害を誘発することも認識しておこう。

バイクひったくり

道を歩くときはバッグは路肩側に。パスポート、現金、カードなどの貴重品はひったくられやすいところに持たないように。

クタ、レギャンの町なかでの被害が多いが、サヌールやウブドなどでも被害報告がある。

ジゴロ

ジゴロのグループは、互いに利権を巡って反目しながら、縄張りをもっている。ひとりのジゴロにひっかかると、相手の女性はそのジゴログループの所有と判断されている。

長期的展望に基づいたプロの手口、薬で眠らせて金品を客室から持ち出す手口、車を使ってなかなか帰れない状況を作り出す手口など、グループ、状況、期待できる総収入によってさまざま。結婚詐欺や不動産詐欺に発展して、非常に高額な出費となることもある。

ジゴロをホテルの客室に連れ帰ると、金品の授受などは基本的にふたりの問題となり、ホテルの従業員などほかの人の介在する問題ではなくなる。会ったばかりの人を部屋に入れないこと。

両替

みやげ物屋が兼業する両替商では、慣れない旅行者と見られると、少なく渡されることが多い。その日のレートとコミッションがないことを確認。そして、自分で計算してみる。現金をすべて受け取ってから数えて、自分の計算とつき合わせると、だまされにくくなる。お店の計算機も細工されていることがあるので、あまり信用できない。両替は専業のマネーチェンジャーや、ATM利用（→P.412）でのルピア引き出しのほうが安全。

物売り

クタ・ビーチの「ミチュアミ」や「マニキュア」をする人のなかには、日本人の腕を離さずに強引にミチュアミをしておいて3万円を請求してきたり、ミチュアミ終了後に事前に交渉して合意していた料金をはるかに上回る額を要求してくることもある。毅然とした態度が必要。

ハミタシ　バリ旅行で便利なWhatsAppを利用していると、怪しいワン切り着信やスパムメッセージが届くこともある。スマホ乗っ取り詐欺が横行しているので疑わしいメッセージには返信せずブロックすること。

トランプいかさま賭博

クタ＆レギャン、サヌール、ウブドで車をもった自称マレーシア人、タイ人、シンガポール人が路上で日本人観光客に声をかけてくる。一見金製品に見える装飾品を多く身につけていて、態度も礼儀正しく、目もきれいで、とても悪人には見えない。しばらく話したあとにデンパサールに誘われる。ついていくと、ブラックジャックが始まる。賭け金をクレジットカードで支払い、結局負ける。インドネシアでは賭博は法律で禁止されている。警察に届け出られないことを逆手に取っている。

見知らぬ人に声をかけられて車に乗ることがそもそも間違い。まして「カードで金持ちをカモろう」なんて言われたら、すぐさま帰らないと危険だ。世界的な観光地であり、悪い人もお金を稼ぎにやってきているのだ。

不動産詐欺

「土地があるから建物分を負担してくれ。それで共同経営をしよう」「共同でお店を出そう」などと誘われることがある。ところが、経営が軌道に乗ってくると「役所の書類上自分に所有権がある。あなたの言っていることには証拠がない」と言われて、現地人のものになっているケースが多くある。ジゴロの結婚詐欺と不動産詐欺の複合型のものもある。

宿泊ホテル、滞在日数などの質問の意味

道を歩いていたりお店に入ったりすると、宿泊ホテル、滞在日数の質問が多い。これらにより、おおよその旅行者の予算を割り出している。出発日の質問もあるが、相手が悪い人のときには重要な意味をもっている。日本人のほとんどがフィックスチケットでやってきていて、物を紛失してもそのまま帰国することを知っている。

ツアーにて

アクティビティの勧誘

ショッピングセンターなどで出会ったツアースタッフに誘われ、マリンスポーツのショップをのぞきに行ったら、脅迫に近い勧誘を受け、むりやりアクティビティに参加させられたというケースが報告されている。マリンスポーツに参加する場合は、評判のいいきちんとしたショップを利用するか、事前に比較サイトなどをチェックし対応窓口が明確なプログラムに参加しよう。

荷物紛失

ツアーの途中、車に荷物を残しておいて紛失するケースが多くなってきている。持ち運びに困らない程度にしておこう。

移動にて

利用者が増加しているバイクタクシー

バイクタクシー

アプリで呼び出せるのでバイクタクシーも旅行者に一般的になっている。渋滞エリアでは便利な移動手段だが事故リスクを考慮し、短パンやスカートでの乗車は避けること。また女性のみでの深夜利用は、危険な目に遭遇する可能性もあるので注意が必要だ（ドライバーは登録制だが、登録バイクで別のドライバーが来ることもある）。

バイクの配車依頼をしたが、待ち合わせ場所に到着したドライバーからアプリ提示の3倍以上の現金を要求されたという報告もある。また、Gojekのアプリでは登録電話番号の漏洩があり、詐欺の電話がかかってくるなど、個人情報に関するトラブルも発生している。

タクシー

単純に移動する目的で利用するなら、メーター付きタクシーの利用がスマホアプリも不要で簡単だ。ただし、「Meter is broken」などと説明をするドライバーの場合には別のタクシーをひろおう。出発前の「パカイ・アルゴPakai Argo（メーターを使って！）」のひと言は重要。問題が起こった場合には、目的地に着いてから、通常料金と思われる額を渡してさっさと降りてしまおう。

車チャーター

旅行会社で申し込むと、ドライバーの身元割り出しが容易なことから、比較的安全。料金の交渉は事前にしておくこと。路上ではジゴロが客引きしていることもあるので注意。

困難に遭遇したとき

困難に遭遇したときに黙っていると、周囲の人に事情が伝わらない。周囲の人に助けを求めよう。ひとりよりふたり、ふたりより3人、3人より10人が事情を知るほうが力が強くなる。領事館に報告すると、協力してくれることが多い。

高級ホテルに宿泊している場合には日本人や日本語が話せるスタッフを呼んでもらおう。さらに、ほかの信用できそうな観光客にも相談して、トラブルを客観的に見てもらうことが重要だ。

Tentang Religi Orang Bali

神々に捧げる祈り、供物、寺院、文化……

バリ人の宗教を知る

バリ島にはイスラーム教徒やクリスチャンもいるが、バリ人の大半はヒンドゥー教徒だ。インドとは異なる、現在の「バリのヒンドゥー」(以下、単にヒンドゥーという)の基本的な特徴について説明していこう。

吉田竹也（南山大学教授・文化人類学）

最高司祭プダンドによる
儀礼風景

一神教としてのヒンドゥー

バリ人の宗教は地域によってかなり多様だ。この地域の慣習をインドネシア語では**アダット adat**という。鮮やかな花や果物をあしらった供物、ヤシの葉を見事に刻んで作った飾り、あるいは儀礼のなかの象徴的行為（新郎と新婦は結婚式でオカユを作ったり、新郎が青銅の短剣で新婦が持つ編まれた草を刺し貫いたりする。これらは夫婦一体の食生活や性生活を象徴する）は、いずれもアダットである。これらの慣習は地域によってときに大きく異なり、さらにカーストによる違いもある。

一方で、ヒンドゥーには地域やカーストの違いを超えた共通性もある。それは神への信仰とその神に対する祈りだ。この神は**サンヒャン・ウィディ・ワソ Sanghyang Widi Wasa**という唯一神である。バリの宗教を多神教であると思っている日本人も多いが、バリ人にとってヒンドゥーはイスラームやキリスト教と同じく一神教なのだ。このようなヒンドゥー解釈は、戦後の宗教改革運動によって浸透した比較的新しい考え方であるが、今ではこれがインドネシア全体に広まっている。

神はたったひとつだが、その唯一神はさまざまな化身としてあらわれる。シヴァ、ヴィシュヌ、サラスワティなどのヒンドゥーの代表的な神をはじめ、太陽神スルヨ Surya や地域の寺院で祀られている土着の神も、「すべてはサンヒャン・ウィディ・ワソのかりそめの姿」というのがヒンドゥーの教義の根本である。

神への祈り

ヒンドゥーでは、神への祈りは**ムスポ muspa** あるいは**バクティ bakti**という（インドネシア語では**スンバヤン sembahyang**という）。祈りはバリ人の宗教活動において最も重要な行為である。

祈りには儀礼の機会に行うものと、儀礼とは無関係に行うものの2種類がある。儀礼と無関係に行う祈りの代表が、トリ・サンディオと呼ばれる1日3回（日の出、正午、日の入り）の祈り

だ。これはイスラームの1日5回の礼拝にならって考案され、宗教改革運動のなかで浸透してきた新たな宗教行為である。農村部よりも都市部の人々に、こうした毎日の祈りをする人が多い。

儀礼の際の祈りは、ほとんどの場合は集団で行う。まずは腰を下ろして線香に火をつけて、その香煙や司祭などから降りかけてもらう聖水で、両手や顔などを清めてから行う。花を持った祈りを3回行い、その前後に花を持たない祈りを1回ずつ行うというものが基本的な祈りのパターンだ。しかし、儀礼によって花を持った祈りを何回するかは異なる。また、埋葬や火葬などの死者儀礼では、祈りの最後に亡くなった人の霊に対して祈りを捧げるが、このときは合わせた両手を胸の位置におく。神に向けての祈りの際は、合わせた両手を頭上にかかげる。

儀礼の際の祈りは、司祭がそのつど何という名の神に祈るのかを皆に指示する。しかし、一般の人々は個々の祈りの対象となる神の名前に無関心であり、すべての神は唯一神のかりそめの名前・姿であると理解している。個々の儀礼や供物はさまざまな神や霊的存在に対するものだが、人々は儀礼の最後に行う祈りにおいて、唯一神との交流を心の中で果たすのである。

神と鬼神に捧げる供物

バリ人の宗教活動にはアダットとしての供物が不可欠である。トリ・サンディオなど、供物を使わない祈りだけの宗教行為もあるが、ほとんどの場合宗教活動には供物がともなってくる。バリという島の名も、供物・供犠・いけにえを意味するサンスクリット語（wali, bali）に由来するという説がある。この島全体が神への捧げ物なのである。なお、供物は**バンタン banten**、**サジェン sajen ／スサジェン sesajen** という。

供物にはさまざまな種類があり、地域によっても多様だが、大きくは2種類に分けられる。ひとつは天界にいるとされる**神（デワ Dewa**）や祖霊神に捧げるもので、これは台や祭壇の上に置く。もうひとつは**ブト・カロ bhuta kala** と

呼ばれる鬼神（または下界の神々）に捧げるもので、これは必ず地面に直接置かれる。これら2種類の供物の中身は、同じものもあれば、神に特有の供物、ブト・カロに特有の供物となる場合もある。例えばブト・カロにはニンニク、ネギ類、生きた動物の血、酒などブト・カロの好物とされるものが捧げられる。バリでは闘鶏が盛んだが、これは戦う鶏の流す血をブト・カロに捧げる儀礼行為でもある。なお、神への供物のお下がりは食べてよいが、ブト・カロへの供物は食べない。また、自分よりカーストの地位が低い人が神に捧げたお下がりは、もらったり食べたりはしない。

神（天界の神）は美しいもの、優れたものを好むとされている。それゆえバリ人は、例えば果物なら色や形がよいものを選び、細部にも気を使って供物を作る。きれいな音色の音楽、美しい舞い手の舞踊、心を打つ物語の演劇も、神の好む捧げものである。もちろん、見た目だけが美しければよいわけではなく、清浄な心がともなっている必要がある。真心を込めて供物を作り神に捧げる、これがバリ人の宗教の美学である。バリの宗教が豊かな供物に彩られている背景には、こうした美学を貫こうとするバリ人の姿勢がある（最近は忙しさのため、供物を買うバリ人も多くなっているが）。

結婚式で作られる神々への供物

寺院と司祭

寺院はバリ語で**プラ pura**という。寺院というと仏教の施設を思い浮かべるかもしれないが、神を祀ったたくさんの社から成り立っているバリの寺院は、むしろ日本の神社に近い。

寺院には、**マンク mangku**と呼ばれる司祭がいる。マンクは寺院における諸儀礼を司るだけでなく、各家庭におけるさまざまな儀礼も執行する。ただし重要な儀礼はこうした寺院司祭ではなく、ブラフマン・カーストの最高司祭である**プダンダ pedanda**が行うことが多い（地域によって異なる）。ほかにもさまざまな名前の司祭や、**バリアン balian**と呼ばれる呪術師（占い師）もいるが、バリ人のかかわる大半の儀礼はマンクとプダンドによって執行される。

バリ社会には実にたくさんの寺院がある。ひとりの大人がかかわる寺院は、家にある屋敷寺（サンガー／ムラジャン）、妻や母の実家の屋敷寺、親族集団の寺院、村の寺院（特にカヤンガン・ティガと呼ばれる3つの寺院が重要）、水田にかかわる寺院など、軽く10を超える。さらに地域一帯が氏子となっている大寺院や、バリ島全体が祭祀にかかわるヒンドゥーの総本山といえるブサキ寺院への参拝もある。

これらの寺院の多くは、210日ごとに寺院祭礼（オダラン）が巡ってくる。ほかにもさまざまな暦のサイクルでまわってくる行事（ニュピ、ガルンガン、クニンガン、トゥンプッ、カジャン・クリオンなど）や、人生儀礼（出産、誕生日、ポトン・ギギと呼ばれる成人儀礼、結婚、葬式など）があり、毎日捧げる供物（チャナン、サイバン）もある。バリの女性たちは、これら寺院祭礼や諸儀礼・行事の準備のため、毎日供物を作り続ける。バリ人の日常生活は、宗教のなかに埋め込まれているといっても過言ではない。

方位と暦で知るバリのコスモロジー

バリの宗教では、方位が重要な意味をもつ。バリ語の**カジョ Kaja**は川上／山の方向、**クロッド Kerod**は川下／海の方向を意味する。南部バリではカジョは北でクロッドは南だが、中央山地を挟んで北部バリではカジョが南でクロッドが北となる。また山間部では、身近なところにある山や川上の方向がカジョに、川下や湖の方向がクロッドになることもある。カジョとクロッドは、私たちの固定した南北の方位観とは違っているのだ。

カジョや太陽の昇る東は聖なる方向、クロッドや西は俗なる方向という意味合いも帯びる。例えば神への供物は必ずカジョか東向きに供える。人間の体では頭が聖なる部分なので、ベッドは必ず頭のほうを北か東に向けて置かれる。これは観光客の宿泊施設においても同様である。

クロッドはしばしば不浄にも結びつく。例えば火葬の際に、遺体を燃やした灰は川下や海に流す。家の中でもクロッド側や西側に台所やゴミ捨て場（兼ブタの飼育場）がある。このように、バリ人は方位に基づくコスモロジー（宇宙観）にのっとった生活を送っている。

この方位が空間に秩序を与えているとすると、時間に秩序を与えているのがバリ独特のカレンダーである。バリでは我々が用いているグレゴリオ暦とは別に、ふたつの伝統的な暦がある。ひとつは**ウク暦Uku**で、10種類の週が組み合わさった複雑なサイクルをなしているが、すべての曜日は210日で循環する（ジャワ的なヒンドゥー文化を基盤として形成されたと考えられている）。もうひとつは**サコ暦Saka**で、太陽と月のサイクルを組み合わせ、354日ないし355日で1年が巡るが、数年ごとにうるう月がおかれ、中長期的にみればグレゴリオ暦とほぼ同じサイクルで循環することになる（サコの名称は釈迦に由来するといわれ、もともとはインド起源と考えられている）。

日本でも大安や仏滅などがあって、その日にはこれをするとよいとか、これはしてはいけないなどの信仰があるが、バリでもこれらの暦に従って、この日は何をするとよいとか、この誕生日の人はこの日はこうするとよいなどの信仰がある。儀礼、商売、農作業、建築、引っ越し、旅行、闘鶏、性格判断、結婚相手の相性など、多くのことがこの暦に基づいて判断される。

Sejarah Tentang Bali

先史時代から現代までを俯瞰する

バリの歴史

インドネシアの島々のほぼ中央に位置し、インド洋に浮かぶ島バリ。アジア最古の人類が発見されたジャワ島から約3kmしか離れておらず、古代から人が居住していたことも推測されている。先史時代から現在まで、周辺の島々や諸外国から影響を受けながら、伝統文化や習慣を守り続けているバリの歴史をひも解いていこう。

吉田竹也（南山大学教授・文化人類学）

バリの伝統村として知られる
トゥガナン村

バリ歴史年表		
	882年	バリ最古の碑文に刻まれていた年。歴史時代の始まり。
	10世紀半ば	ワルマデワ朝の成立。
	1016年	ジャワのクディリ朝崩壊。アイルランガがクディリ朝を再統一。
	1343年	ジャワのマジャパイト朝がバリへ侵攻。ワルマデワ朝からマジャパイト系王朝に権力交替。
	14世紀末	ゲルゲル朝の始まり。
	1515年	マジャパイト朝瓦解。これ以降、バリ独特のヒンドゥー文化が醸成されていく。
	16世紀半ば	ゲルゲル朝の最盛期。バリ宗教文化の原型がつくられた時代と考えられる。
	1597年	ハウトマン率いるオランダの船団がバリ島に上陸。
	1602年	オランダ東インド会社設立。
	1710年	ゲルゲルからクルンクンへ王宮遷都。
	18世紀	クルンクン朝から各王国が分離独立し、9王国時代となる。
	1811年	ナポレオン戦争を受けて、イギリスがオランダ領東インドを占領。
	1882年	シガラジャにオランダの行政府設置。バリの北西部2王国がオランダの統治下に入る。
	1891年	ムングウィ王国滅亡。8王国体制になる。
	1908年	クルンクン王国がオランダ軍に敗れ、バリ島全体がオランダの植民地支配に入る。
	1917年	南部バリで大地震が発生。
	1924年	オランダ領東インド内を周遊する観光定期船が就航。バリ観光の幕開け。
	1942年	旧日本軍がサヌールに上陸。バリ島を支配下におく。
	1945年	第2次世界大戦終結。インドネシア独立。
	1950年	バリがインドネシア共和国に編入。
	1958年	バリが州に格上げ。
	1965年	国軍軍人のクーデター未遂事件。
	1969年	インドネシア第1次5ヵ年計画開始。戦後のバリ観光開発が本格化。
	1997年	インドネシア通貨危機。翌年スハルト大統領辞任。
	2002年	バリ島クタで爆弾テロ事件発生。
	2012年	「バリ州の文化的景観」がバリ初のユネスコ世界文化遺産に登録。

バリ先史時代

バリ人は周辺の諸民族とともに、オーストロネシア語族インドネシア語派の言語・文化グループに属する。このインドネシア語派のグループは、紀元前3000年以降に中国南西部から民族移動し、船で海を渡ってインドネシア各地に分散し、現状の諸民族を構成した。この民族移動は何度かあり、初期に移動した古マレー系は山間部で焼畑を営み、後発の新マレー系は低地で水田稲作を営んだ。バリ人は、ジャワ人、スマトラのミナン人、スラウェシのブギス人などと同じ新マレー系に分類されている。

東南アジア諸地域には、ベトナムを中心に紀元前1000年から紀元後2世紀頃に栄えたドンソン文化の影響が広く及んだ。ドンソン文化は稲作と金属を特徴としており、ガムラン楽器やプナタラン・サシ寺院（ウブド近郊のペジェン村）にある銅鼓は、その金属器文化の影響を今に伝えるものだ。バリ島の稲作もドンソン文化とともに伝わった可能性が高いが、それ以前に遡る可能性もある（インド文化の到来時期も含め、バリの古代史には不明な点が多い）。なお、ペ

上／プナタラン・サシ寺院（→P.323）に残る銅鼓。青銅製の銅鼓としては世界最大級　下／亀を模した石棺が展示されたペジェンの考古学博物館（→P.323）

ジェンの考古学博物館には、石器、石棺、青銅器、碑文など、先史時代から歴史時代の遺物が展示されている。

ジャワ・ヒンドゥー文化の影響

バリ島で出土した碑文に刻まれていた最古の年により、バリの歴史時代は882年から始まる。バリ北部からバトゥール湖周辺にかけて発見されたこの頃の碑文からは、バリ島に王制、ヒンドゥー教文化、水田稲作、そして中部ジャワ島のシャイレンドラ朝（中部ジャワにボロブドゥールなど多くのヒンドゥー・仏教の施設を残した）の影響があったことがうかがえる。

ティルタ・ウンプル以北で発見された10世紀半ば以降の碑文には、代々の王にワルマデワという名前が付されている。このワルマデワ朝はペジェン周辺を拠点にしたと考えられ、ウブド周辺に残るゴア・ガジャ、グヌン・カウィ、ティルタ・ウンプルは、この王朝ゆかりの遺跡や寺院である。1016年に滅んだジャワ島のクディリ朝を再統一し王となったアイルランガが、ワルマデワ朝からの婿養子であったことが示すように、ワルマデワ朝はジャワの王朝と強い結びつきをもっていた。

ワルマデワ朝の陵墓とも推測されるグヌン・カウィ（→P.333）

ジャワ島では、元の襲来前後の混乱のなかからマジャパイト朝が成立し、14世紀に最盛期を迎えた。マジャパイト朝は周辺に勢力を拡大し、1343年にはバリ島へも侵攻した。これ以降ワルマデワの名は碑文から消え、その後のバリ王はデワ・アグンを名乗るようになる。数百年続いたワルマデワ朝に代わって、マジャパイト系の王朝がバリを支配したと考えられる。なお、この頃から石や銅の碑文に代わってパルミラヤシ（バリ島ではロンタルという）の葉が記録を残す媒体となった。ロンタル文書の王朝記によると、このマジャパイト系王朝は当初ギャニャール周辺を拠点にしていたが、3代目の王が資質に問題があった（政務を怠り、1日中鏡の前で着飾った自分の姿を見てうっとりしていたとされる）ため、重臣がその息子への権力移譲を画策した。この息子はクルンクンのゲルゲル近くに新たな王宮を構え、王位を継いだ。これが14世紀末に始まるゲルゲル朝である。1515年にはジャワ島でイスラーム勢力が伸張し、マジャパイト朝が瓦解した。イスラーム化していくジャワ島とのつながりは切れ、これ以降バリでは独特のヒンドゥー文化が醸成されていった。

ゲルゲル朝は16世紀半ばに最盛期を迎え、文学・舞踊・劇・音楽など宮廷文化が開花していった。ジャワ島から渡来したブラフマン司祭ニラルタはタナロットやウルワツなどの寺院を建立し、バリにおけるヒンドゥー宗教文化の原型の多くはこの時代に作られた。

ゲルゲル朝から9王国時代へ

　ゲルゲル朝の時代は西欧諸国がアジアに進出した時期に重なる。例えば1519～1522年に世界一周を果たしたマゼランは、ジャワ近海の島を「小ジャワ」と名づけていた（これはバリ島だったと考えられる）。バリ島に初めて上陸し、世界にこの島の情報を伝えたのは、1597年のハウトマン率いるオランダ船団だった。船団はオランダに帰ってから、王の財宝と豪奢な宮廷生活、自然の実り豊かなバリのすばらしさを伝えた。これが「楽園バリ」神話の始まりとなった。

　17世紀になると、ゲルゲル朝の勢力には陰りが見え始め、領土の喪失や周辺国からの同盟関係の解消などが続いた。原因を王宮への呪いだと考えた王は、1710年にクルンクン近くに王宮を移す。これがクルンクン朝だが、この新王朝にはゲルゲル朝のような権勢はなく、各地方を治める分家は18世紀までに本家のクルンクン朝から分離独立していった。こうして、バリ島にはクルンクン、カランアサム、バンリ、ギャニ

ゲルゲル朝時代の建物を復元した敷地に建つクルタ・ゴサ（→P.341）

ャール、バドゥン、タバナン、ジュンブラナ、ブレレン、ムングウィの9王朝が立ち、たがいに同盟しながらも敵対しあう体制へ移行した。このなかで、ムングウィは1891年に周辺国の連合軍に攻められ滅亡した。残る8王朝の勢力範囲はオランダの植民地支配下で新たな行政単位となり、今のバリ8県へと引き継がれている。

オランダのバリ進出

　オランダは特産品のないバリ島を貿易拠点とは考えず、長らく放置していた。ただし、インドから遠く離れたところに孤島のようにヒンドゥーの社会が現存するという点では、東洋学者の好奇心をそそった。例えばジャワ島でボロブドゥール遺跡を発見したラッフルズ（イギリスの植民地行政官でもあり、港湾都市シンガポールの建設にも携わった）は、バリ島をマジャパイト時代に遡るヒンドゥー・ジャワ文化の「生

クルタ・ゴサ（→P.341）の敷地内にある博物館に展示されたププタンの場面。儀礼用の白装束に身をかためてオランダ軍と戦った

ける博物館」であると論じている。バリ島は政治や経済の次元ではなく、学術面やイメージの次元で存在感を示す特異な島だった。

　19世紀後半になると、バリ島にもオランダの支配が及んでいく。混乱のみえたバリ北西部を統治下におき、20世紀に入るとバリ島全土を植民地化した。この植民地化には、ププタン（終焉・玉砕の意）と呼ばれる悲劇がともなった。オランダ軍は伝統的な槍や剣しか持っていない王族や民衆に発砲し、さらにバリ人たちは自ら剣を突きたてて集団自決していった。1906年のバドゥン王国でのププタンでは数百人ないし数千人が死亡したとされる（その経緯はバウムの小説『バリ島物語』に詳しい）。そして1908年のクルンクン王国でのププタンをもって、オランダに抵抗する勢力はバリから一掃された。

植民地時代と宗教文化の活性化

　植民地統治により王国間の争いは終結し、バリ社会は安定していく。しかし、王国時代の支

バリヒンドゥーの信仰の中心となっているブサキ寺院（→P.368）

配者層だった高カーストが現地人官吏となるバリの植民地体制は、封建制の打破を掲げたオランダ植民地支配の大義名分とは矛盾した。また、1910年代後半には大地震、スペイン風邪の流行、凶作などの災禍が続き、1930年代にも世界恐慌や凶作があって、多くの庶民層は困窮した。田畑を売る者も出て、貧しい民衆と裕福な高カーストの階層差はこの植民地時代に強まった（労働義務の免除や官職の獲得など、多くの高カーストは植民地体制の恩恵に浴していた）。

　大地震や凶作など不幸の連続に直面したバリ

人は、これを神の怒りによるものだと捉え、その怒りを鎮めようとした。王族層は地震で壊れたブサキ寺院などを修復し、祭祀を復活させた。民衆はバロンを新たに作ったり、サンヒャン・ドゥダリなどの儀礼舞踊劇を演じて、村から穢れを祓おうとした。さらに高カーストの富裕層が大々的な儀礼を催行し、舞踊・音楽・絵画などの宮廷文化の復活に力を注いでいった。これ

らの現象はバリ人の危機感に由来するものだったが、植民地政府や外国人観光客の目にはバリ宗教文化の活性化と映った。

少女たちのトランスダンスでも知られるサンヒャン

太平洋戦争と独立闘争

太平洋戦争が始まり、旧日本軍は蘭印侵攻作戦の一環として1942年2月にサヌールに上陸し、バリ島を支配下においた。日本の支配はオランダの植民地支配以上に過酷なものだった。ただし、日本人のなかにはバリ社会の向上やインドネシア独立のために尽力した三浦襄のような人物もいた。彼は民政官として調整に奔走したが、バリ島民に占領下の無理強いを謝罪し、日本敗戦後に自殺している（彼の葬儀には1万人ものバリ人が集ったという）。

第2次世界大戦が終結した2日後の8月17日には、スカルノの独立宣言によりインドネシア共和国が成立した。しかし、親オランダ派の旧体制が強かったバリは、共和国への参加を見送った。その後、親オランダ派と親共和国派による独立闘争がバリ各地で起き、1946年には再上陸したオランダ軍と共和国派のグス

独立宣言を行ったスカルノ初代大統領は「建国の父」として紙幣の顔ともなっている

ティ・グラライ率いる部隊がマルガで壮絶な戦いを繰り広げた（この戦闘で玉砕したグスティ・グラライは、独立闘争の英雄として国際空港に名をとどめ、旧5万ルピア紙幣でも肖像が使われていた）。マルガの戦闘を制したオランダは、1946年にバリを「東インドネシア国」という親オランダの自治地域として宣言した。オランダによる間接統治が始まるが、その後も親共和国派との抗争は続いた。

グスティ・グラライ部隊の戦士が眠るマルガ英雄墓地公園（→P.325）

シュピースとバリ文化の「ルネサンス」

バリ観光が本格化した1930年代には、バリに長期滞在する欧米人もあらわれた。その代表がドイツ人画家ヴァルター・シュピースである。彼はウブド領主チョコルド・スカワティの招きを受けてウブドに居住し、風景や日常生活を題材とした絵を描きつつ、バリ人に西洋絵画の技法を教えた。バリ人画家は、彼をとおしてどのような絵が売れるかを学んだ。観光客に人気を博したバリの「伝統絵画」は、欧米人の好みを反映させれば売れると考えたバリ人画家の描いたものだった。類似のことは「伝統芸能」についてもいえる。当時のバリの舞踊家は、欧米人観光客にいかにアピールする

右／バリ芸能ルネサンスの中心となったシュピース左／シュピース作「チャロナラン」。バロンダンスやケチャはシュピースの助言により生まれた

かを念頭に、伝統舞踊の創作やアレンジに取り組んでいた。シュピースはこうした舞踊家にも助言を与えた。プドゥル村のケチャとバトゥブラン村のバロンダンスは、それぞれサンヒャン・ドゥダリとチャロナランという儀礼舞踊劇をベースに、シュピースの助言を得た村人や舞踊家が作り上げたものだった。この例が示すように、バリの「伝統芸能」の多くは植民地時代以降の産物であり、当時活性化していた宗教儀礼を基盤に、外国人観光客からの刺激を受けたバリ人が観光ビジネスとして洗練させていったものだともいえる。

シュピースのもとには、ボネ、ルーズベルト、コバルビアス、マクフィー、ベロ、ミードら、数多くのバリ文化愛好家・研究者が集まった。彼らは一種のサロンを形成し、バリの文化・宗教・芸能芸術をともに調査した。そしてバリがヒンドゥーの宗教文化を基盤とし、村人すべてが芸術家であるような「楽園」であるというイメージを世界に発信した。また、ウブドを中心としたシュピースらの活動を軸にして、バリ人芸術家と欧米の芸術家とがたがいに刺激しあい共振しあうことで新たな舞踊・芸術が次々と生み出されていくという、バリ文化の「ルネサンス」と呼べるような状況が生み出された。もっとも、この「ルネサンス」の裏には、当時のバリ人の貧困や宗教的な危機感があったことを忘れるべきではない。

インドネシアの中のバリ

1949年にインドネシア共和国は独立承認を得て、ついにオランダから主権を引き継ぐことが決まる。1950年にはバリも共和国に編入されたが、バリ社会ではイスラーム勢力主導の宗教政策に対して不安感が広がっていた。そこでヒンドゥーに一神教の形式を付与して国の宗教に認定してもらう運動が展開され、バリが州に格上げされた1958年にヒンドゥー教はイスラームやキリスト教と同格の宗教として政府に認められた。バリの指導者層は、翌年にヒンドゥーの改革団体パリサダを設立し、一神教の教義や制度をさらに民衆レベルに浸透させていった。

共和国に組み込まれたことによるもうひとつの大きな動きは、スハルト大統領の主導によるバリの新たな観光開発である。スハルト政府は大衆観光時代にマッチした観光開発として、ヌサドゥアに新たなリゾートを形成し、これに島内を周遊する文化観光を絡め、観光振興の起爆剤とした。この戦略は見事に当たり、ヌサドゥアが稼働した1980年代から観光産業は伸長を続け、チャンディダサ、ロビナ、ウブドなどでも観光開発が進められた。1990年代には、政府の地方分権・規制緩和政策と経済のグローバル化を背景に、自然体験型の観光やエコツーリズムも興隆してきた。

バリ観光化の目玉となったヌサドゥアでは観光フェスティバルが開かれている

しかし、こうした観光開発のさらなる発展と拡大は、いくつかの問題も生み出している。バリ人のなかでの経済格差の拡大、島外・国外の資本による利益の吸い上げ、利権構造や汚職の強化、環境破壊などだ。2001年のアメリカ同時多発テロ後の世界的な観光不振と、2002年のバリ島クタでの爆弾テロ事件は、観光に依存したバリの社会経済に大きな打撃を与えた。今日のバリ観光は回復基調にあるが、観光依存体質をますます深める現状を憂いているバリ人も少なくない。

クタ中心部に建つ爆弾テロの慰霊碑

「最後の楽園」の観光地化

バリ観光は1920年代から本格化する。バリが注目されるきっかけをなしたできごととして、政府の嘱託医だったドイツ人クラウゼが本国で出版した写真集『バリ1912』、アメリカの映画人アンドレ・ルーズベルトがバリで撮った映画『グナ・グナ』、1931年のパリ植民地博覧会のオランダ館の展示などを挙げることができる。特にパリ植民地博覧会のオランダ館は、それ自体がバリ風の建造物だったことに加えて、プリアタン村のグヌン・サリ歌舞団がそこで踊りと演奏を披露した点が特筆される。彼らの演奏はドビュッシーの音楽を根底から変え、多くのバリ愛好家と研究者にバリへの旅立ちを決意させた。欧米人は、めくるめくシンコペーションのガムラン音楽、少女の可憐

上／グヌン・サリを率いたマンダラ翁
下／海外公演の先駆けとなったグヌン・サリ歌舞団

な踊り、神がかり状態のトランス、インドとおなじサティーの習慣（王族の火葬の際、妻が火中に飛び込んで殉死する）などが彩る宗教文化こそ、バリの神髄なのだと感じた。そしてクラウゼの写真が示す、自然と調和し雄々しく生きるバリの民衆の姿にロマンティックな憧れを抱いた。バリは地上に残る「最後の楽園」であるとされ、欧米ではバリへの関心が沸騰した。

1924年には、オランダ領東インドの主要なスポットを周遊する観光定期船が就航した。これがバリ観光の幕開けである。北の玄関シガラジャ港で降りた観光客は、車で島内を回り、村落や自然の風景を観賞し、王国時代をほうふつとさせる王宮や寺院を見学し、絵画や彫刻をみやげ物として買った。1920年代末には、ガムラン音楽、バリ舞踊、バロンダンスなどの観光客向けのショーや火葬見学ツアーも定着し、デンパサールのププタン広場前にはバリ・ホテル（現在のインナ・バリ）も開業した。当時のバリ観光は、時間も金もかかり、富裕者に限定されたものだった。1932年にチャップリンが新婚旅行にバリ島を選んだのも、ハワイに比べて観光地としてのインフラ整備は不十分でも、バリ観光がすでにブランド化していたからであろう。1930年代の観光客の数は、多めに見積もっても年間数万人程度だったが、楽園バリのイメージは欧米に着実に浸透していた。なお、1930年代には飛行機も就航したが、空港が未整備だったこともあり、観光客の大半は海路でバリに来ていた。

外国人画家が描いたバリ人像も楽園のイメージを増幅させた

448

文化人類学者・吉田教授のバリ講座
～バリの中心でワヤンと叫ぶ？～

カーストで異なるバリ人の姓名

　日本人の名前は、姓と名（名字と個人名）から成り立ち、姓＋名の順で表記する。欧米では、逆に個人名＋姓の順となり、ときにミドルネームが入る。では、バリ人はどうなのだろうか。

　まず名字についてである。バリでは、ブラフマン、クシャトリア、ヴァイシャ（ウェシオ）という高カーストの人々は名字に相当するものをもつ。「名字に相当するもの」という微妙な言い方をする理由は、例えばブラフマンの男性がイダ・バグス、女性がイダ・アユというように、同じ家族や一族であっても、男女で違っているケースがあるからである。ここではこの名字もどきを「タイトル」と呼んでおく。ブラフマンのタイトルは男性がイダ・バグス、女性がイダ・アユで、それぞれひとつしかないが、クシャトリアのタイトルは、アナッ・アグン、チョコルド・アグン、グスティ・アグンなど複数ある（これらは男女同じである）。ウェシオのタイトルには、グスティ（男女同じ）、そしてデワ／デサッ（男女で異なる）などがある。大雑把にいって、スドラのカーストの人々はタイトルをもたない（なかにはもう集団もある）。また、スドラのなかの司祭職を示すタイトルもある。ほかに、高カーストの男性と結婚した低カーストや外国人の女性がもつタイトルもある。このように、バリ人の名字もどきは何とも複雑である。

出生順に4つの名前が循環する

　高カーストにもスドラにも共通して、バリ人がもっているのは、個人名そして出生順名である（ミドルネームをもつバリ人もいる）。タイトルをもっている人の名前は、タイトル＋出生順名＋個人名の順で表記する。例えば「イダ・バグス・ニョマン・プトラ」といった形である。この場合、ニョマンが出生順名、プトラ（日本での太郎のような名前）が個人名に当たる。

　出生順名とは、生まれた順に、男女を問わず、第1子がワヤンWayan、第2子がマデMade（あるいはカデKadek）、第3子がニョマンNyoman（あるいはコマンKoman）、第4子がクトゥッKetut、という名前をつけられるというもの。第5子は再び戻ってワヤン、第6子はマデ…となる（9番目の子供もワヤン

伝統衣装をまとったトゥガナン村の若者たち。現代化の影響は地方にも波及しつつある

である）。先のイダ・バグス・ニョマン・プトラは、たぶん第1子・第2子が女子で、その弟で長男なので、プトラという名がついたのだろう。

　昔のバリ島でも日本でも、多産多死の傾向があって、子供が10人くらい生まれ、しかし半数近くが幼い時期に亡くなってしまう、という家族は少なくなかった。そうした時代のバリでは、これら4つの出生順名をもつ人々が社会全体にほぼ4分の1ずついた、と想像できる。

ふたりっ子政策でワヤンとマデだけに

　しかし現代のバリでは、ニョマンや、特にクトゥッの名前をもつ若者たちが少なくなっている。それは、インドネシア政府が進めた家族計画の影響である。中国では、2015年にひとりっ子政策の見直しがあり、子供は2名まで、というのが新たな基本ルールになった。インドネシア共和国では、中国よりも緩い規範であったが、当初からふたりっ子政策がとられた。多民族国家インドネシアでは、社会や地域によってこの「子供はふたりで十分」という政策の浸透具合は異なったが、バリではこの政策がかなりよく浸透した。特に1990年代以降、観光化による経済発展、医療技術や衛生管理の発展などがたがいに影響しあって少産少死化が進み、若い世代の多くはワヤンやマデとなった。

　おすすめするわけでは決してないが、バリ人がたくさんいる通りの中心で、「ワヤン！」と呼んでみれば、男女を問わず多くの人々があなたを見るだろう。以前であれば、大声を出したり、高カーストの人々の名前を直接呼んだりすることは、失礼極まりない行為であったが、現代のバリでは、ブラフマンの人でも振り返ってくれるのではないか。ワヤンとマデの多数化とクトゥッの少数化は、バリ社会の近代化の副産物である。そして、現在、もはや4つの循環する出生順名という伝統文化は維持され得なくなってきている。
　　　　　　　　　（南山大学教授　吉田竹也）

名前の文化を知ればバリがもっと理解できる

旅のインドネシア語

　海外旅行に言葉の不安はつきものだ。ましてや、インドネシアのバリ島ともなると、「いったい何語が通じるんだろう?」と首をかしげてしまう人も多いはず。

　バリの人たちは日常の会話にバリ語を使う。そして、インドネシアのほかの島からやってきた人たちとはインドネシア語で話し、観光客とは、必要があれば英語でやりとりする。つまり観光客相手のホテルやレストラン、ショップなどなら英語だけで十分こと足りるというわけだ。

　しかしバリ島で、私たちは果たして英語だけで押しとおしていいものだろうか?　やはりバリへ行ったらバリ語、インドネシア語をカタコトでもいいから使ってみたい。ただ、バリ語はバリ・ヒンドゥーのカーストにより使う言葉が異なるため、うろ覚えのバリ語を使うと、相手に失礼にあたることも多い。そこでここでは、とりあえず第一ステップとして、インドネシア語のカタコトを覚えてみたい。

Google翻訳アプリ
　レストランのメニューや博物館の展示説明にかざすと画面上で翻訳してくれるなど、海外旅行に翻訳アプリは欠かせない存在。日本語で話しかけると現地語の音声で返してくれるなど機能は多彩。

インドネシア語の発音
　基本的にはローマ字読みで大丈夫。注意しなくてはいけないのは"e"。これは「エ」と発音する場合と「ウ」(「エ」の口の形で「ウ」)と発音する場合がある。まあ、でもあんまり気にせずしゃべってみることがいちばんだ。

人称代名詞
●一人称
私 ………………… サヤ saya
あたし・俺 ………… アク aku
私たち
(相手を含む) ……… キタ kita
(相手を含まない) … カミ kami
●二人称
あなた …………… アンダ anda
君 ………………… カム kamu
目上の男性に対して バパッ bapak
(呼びかけはpak)
目上の女性に対して … イブ ibu
(呼びかけはbu)
●三人称
彼(彼女) ………… ディア イア dia (ia)
彼ら(彼女ら) …… ムレカ mereka

基本のあいさつ

まずはあいさつから覚えよう

スラマッ パギ
Selamat pagi.　　　　　　　　　　　　おはようございます

　あいさつだけは必ず覚えておこう。あいさつは基本的にSelamatのあとに時間帯を表す言葉をつける。つまりpagiは「朝」を意味している。同じように

スラマッ シアン
Selamat siang.　　　　　　(正午〜16:00) こんにちは

スラマッ ソレ
Selamat sore.　　　　　　　(16:00〜18:00) こんにちは

スラマッ マラム
Selamat malam.　　　　　　　(18:00〜) こんばんは

　また tidur「寝る」という言葉をつけてSelamat tidurとすると「おやすみなさい」となる。ほかにもSelamatのついた次のような言い方がある。

スラマッ ジャラン
Selamat jalan.　　　　(残る人が去る人に) さようなら

スラマッ ティンガル
Selamat tinggal.　　　(去る人が残る人に) さようなら

　こんにちは、こんばんは……ときたら次は常套句。

アパ カバール
Apa kabar?　　　　　　　　　　　　　お元気ですか?

カバール バイッ　　バイッ バイッ サジャ
Kabar baik. / Baik-baik saja.　　　　　元気です

ナマ サヤ
Nama saya〜.　　　　　　　　　　私の名前は〜です

スナン ブルトゥムゥ ドゥガン アンダ
Senang bertemu dengan anda.　お会いできてうれしいです

「感謝の気持ち」を伝えよう

トゥリマ カシ バニヤッ
Terima kasih(banyak). (どうも) ありがとう

banyakは「多い」「たくさん」といった意味。

サマ サマ クンバリ
Sama-sama / Kembali. どういたしまして

ティダッ アパ アパ
Tida apa apa. 気にしないで

マアフ プルミシ
Maaf. / Permisi. すみません

Maafは謝るときに使う。一方、Permisiは「ちょっと失礼」といった意味合いで使う。英語のExcuse meと同様の使い方ができる便利な単語だ。

意思表示はしっかりと

ヤ ティダッ ブカン
Ya. / Tidak. / Bukan. はい／いいえ／いいえ

Tidakは動詞や形容詞の否定、Bukanは名詞に対する否定。

✱✱✱ 使って便利な単語と例文

使用範囲の広い疑問詞

アパ
Apa？：何？

アパ イニ イトゥ
Apa Ini(Itu)? これは(あれは)何ですか?

シアパ
Siapa？：誰？

シアパ ナマ アンダ
Siapa nama anda? あなたのお名前は?

カパン
Kapan？：いつ？

カパン ダタン
Kapan datang? いつ来ましたか?

マナ
Mana？：どこ？（どれ？）

ダリ マナ
Dari mana? どこから?

ク マナ
Ke mana? どこへ?

ティ マナ
Di mana? どこで?

ブラパ
Berapa？：いくら？（いくつ？）

ブラパ ハルガイニ イトゥ
Berapa harga ini (itu)? これは(あれは)いくらですか?

時間を表す言葉

朝	pagi	パギ
昼	siang	シアン
夕	sore	ソレ
夜	malam	マラム
毎日(週)	setiap hari (minggu)	スティアッ ハリ ミングー
夏	musim panas	ムシン パナス
冬	musim dingin	ムシン ディギン
雨季	musim hujan	ムシン ウジャン

知っておくと便利な形容詞

大きい	besar	ブサール
小さい	kecil	クチル
多い	banyak	バニャッ
少し	sedikit	スディキッ
早い	cepat	チュパッ
近い	dekat	ドゥカッ
遠い	jauh	ジャウー
清潔な	bersih	ブルシー
汚い	kotor	コトール
(値段が)高い	mahal	マハール
安い	murah	ムラー
涼しい	sejuk	スジュッ
寒い・冷たい	dingin	ディギン
暑い・熱い	panas	パナス
新しい	baru	バル
すばらしい	bagus	バグース
よい	baik	バイッ
美しい(風景)	indah	インダー
かわいい	cantik	チャンティッ
難しい	sulit	スリッ
やさしい	mudah	ムダー
忙しい	sibuk	シブッ
賢い	pintar	ピンタール

知っておくと便利な動詞

行く	pergi	プルギ
来る	datang	ダタン
食べる	makan	マカン
飲む	minum	ミヌム
起きる	bangun	バグン
眠る	tidur	ティドゥール
座る	duduk	ドゥドゥッ
帰る	pulang	プラン
住む	tinggal	ティンガル
泊まる	menginap	ムギナッ
話す	bicara	ビチャラ
尋ねる	tanya	タニャ
聞く	mendengar	ムンドゥガール
開ける	membuka	ムンブカ
歩く	berjalan	ブルジャラン
会う	bertemu	ブルトゥムゥ
書く	menulis	ムヌリス
送る	mengirim	ムギリム
洗う	mencuci	ムンチュチ
見る	melihat	ムリハッ
売る	menjual	ムンジュアル
買う	menbeli	ムンブリ
疲れる	capek	チャペッ

感情を表す言葉

日本語	インドネシア語
うれしい	gembira（グンビラ）
楽しい	senang（スナン）
怖い	takut（タクッ）
好き	suka（スカ）
悲しい	sedih（スディ）
怒る	marah（マラー）
泣く	menanggis（ムナンギス）
笑う	tertawa（トゥルタワ）
かわいそう	kasihan（カシハン）
恥ずかしい	malu（マルゥ）
おかしい(おもしろい)	lucu（ルチュ）

数詞

数	インドネシア語
0	nol（ノル）
1	satu（サトゥ）
2	dua（ドゥア）
3	tiga（ティガ）
4	empat（ウンパッ）
5	lima（リマ）
6	enam（ウナム）
7	tujuh（トゥジュ）
8	delapan（ドゥラパン）
9	sembilan（スンビラン）
10	sepuluh（スプルゥ）
11	sebelas（スブラス）
12	duabelas（ドゥアブラス）
13	tigabelas（ティガブラス）
20	duapuluh（ドゥアプルゥ）
21	duapuluh satu（ドゥアプルゥ サトゥ）
22	duapuluh dua（ドゥアプルゥ ドゥア）
30	tigapuluh（ティガプルゥ）
33	tigapuluh tiga（ティガプルゥ ティガ）
40	empatpuluh（ウンパップルゥ）
45	empatpuluh lima（ウンパップルゥ リマ）
50	limapuluh（リマプルゥ）
100	seratus（スラトゥス）
111	seratus sebelas（スラトゥス スブラス）
130	seratus tigapuluh（スラトゥス ティガプルゥ）
200	duaratus（ドゥアラトゥス）
300	tigaratus（ティガラトゥス）
1000	seribu（スリブ）
1005	seribu lima（スリブ リマ）
1025	seribu duapuluh lima（スリブ ドゥアプルゥ リマ）
1700	seribu tujuhratus（スリブ トゥジュラトゥス）
2000	duaribu（ドゥアリブ）
3000	tigaribu（ティガリブ）
1万	sepuluh ribu（スプルゥ リブ）
1万5000	limabelas ribu（リマブラス リブ）
10万	seratus ribu（スラトゥス リブ）
100万	satujuta（サトゥジュタ）

Berapa umur anda?（ブラパ ウムル アンダ）
あなたは何歳ですか？

Jam berapa?（ジャム ブラパ）
何時ですか？

Boleh：〜していいですか？（ボレ）

Boleh coba?（ボレ チョバ）
試してみてもいいですか？

Boleh. ／ Tidak boleh.（ボレ ／ ティダッ ボレ）
いいですよ／いけません

Ada?：〜ありますか？（アダ）

Ada nasi goreng?（アダ ナシ ゴレン）
ナシゴレンはありますか？

便利な単語

Mau：〜したい（マウ）

Saya mau makan ini.（サヤ マウ マカン イニ）
これを食べたい

Saya mau pergi ke〜.（サヤ マウ プルギ ク）
〜へ行きたい

Bisa：できる（ビサ）

Saya tidak bisa bicara bahasa Indonesia.
（サヤ ティダッ ビサ ビチャラ バハサ インドネシア）
私はインドネシア語が話せません

Sudah：すでに（スダ）

Sudah makan.（スダ マカン）
もう食べました

Belum：まだ〜していない（ブルム）

Belum makan.（ブルム マカン）
まだ食べていません

Akan：〜するつもり（アカン）

Akan makan.（アカン マカン）
食べるつもりです

日・週・月を表す単語

日本語	インドネシア語
●日	hari（ハリ）
〜日前	〜 hari yang lalu（ハリ ヤン ラルゥ）
おととい	kemarin dulu（クマリン ドゥルゥ）
昨日	kemarin（クマリン）
今日	hari ini（ハリ イニ）
明日	besok（ベソッ）
あさって	lusa（ルサ）
〜日後	〜 hari yang akan datang（ハリ ヤン アカン ダタン）
●週	minggu（ミングー）
〜週間前	〜 minggu yang lalu（ミングー ヤン ラルゥ）
先々週	2 minggu yang lalu（ミングー ヤン ラルゥ）
先週	minggu lalu（ミングー ラルゥ）
今週	minggu ini（ミングー イニ）
来週	minggu depan（ミングー ドゥパン）
再来週	2 minggu（ミングー）
	yang akan datang（ヤン アカン ダタン）
〜週間後	〜 minggu（ミングー）
	yang akan datang（ヤン アカン ダタン）
●月	bulan（ブラン）　週に準じる

❖ 場面別インドネシア語会話

ホテル

Ada kamar kosong?
空き部屋がありますか？

Ada. / Tidak ada.
あります／ありません

Boleh saya lihat kamarnya dulu?
部屋を見せてもらえますか？

Berapa untuk satu malam(semalam)?
1泊いくらですか？

Berapa malam anda akan menginap?
何泊しますか？

Saya akan menginap 2 malam.
2泊です

Tarif itu sudah termasuk makan pagi?
その料金に朝ご飯は含まれていますか？

Saya mau kamar single dengan AC.
エアコン付きのシングルルームをお願いします

観 光

Di mana kantor informasi pariwisata?
観光案内所はどこですか？

Di mana loket yang menjual tiket?
切符売り場はどこですか？

Berapa ongkos masuk?
入場料はいくらですか？

Apakah ada diskon untuk pelajar?
学生割引はありますか？

Minta tiket satu.
チケットを1枚ください

Boleh masuk dengan pakaian ini?
この服装で入れますか？

Apakah ada pertunjukan hari ini?
今日はパフォーマンスがありますか？

Jam berapa tutup?
閉館は何時ですか？

Tolong ambilkan photo.
写真を撮っていただけますか？

Saya mau ikut dalam tur.
観光ツアーに参加したいです

Apakah ada tur yang pergi ke Tanah Lot?
タナロット寺院に行くツアーはありますか？

ホテルで必要な単語

シングルルーム	kamar singel
ツインルーム	kamar dobel
部屋	kamar
トイレ	kamar kecil（W C)
ベッド	tempat tidur
毛布	selimut
鍵	kunci
ごみ箱	tem pat sampah
タオル	handuk
石鹸	sabun
水	air
湯	air panas
湯冷まし	air putih
蚊取り線香	obat nyamuk bakar
蚊	nyamuk
トイレットペーパー	tisu toilet
ろうそく	lilin
税金	pajak
予約	pesan
名前	nama
住所	alamat
電話番号	nomor telepon
パスポート番号	nomor paspor
貴重品	barang berharga

観光で必要な単語

予約	pemesanan
旅行会社	biro wisata
手数料	komisi
通訳	juru bahasa
ガイド	pemandu
入場料	ongkos masuk
博物館	museum
王宮	puri
ヒンドゥー教寺院	pura
遺跡	puing
動物園	kebun binatang
植物園	kebun raya
海	laut
島	pulau
山	gunung
火山	gunung api
川	sungai
滝	air terjun
湖	danau
森	hutan
高原	dataran tinggi
ビーチ	pantai
温泉	mata air panas
田んぼ	sawah

旅の準備と技術　旅のインドネシア語

453

レストランで必要な単語

フォーク	garpu (ガルプ)
スプーン	sendok (センドゥク)
ナイフ	pisau (ピサウ)
箸	sumpit (スンピッ)
皿	piring (ピリン)
グラス	gelas (グラス)
(とても)おいしい	enak(sekali) (エナッ スカリ)
甘い	manis (マニス)
辛い	pedas (プダス)
苦い	pahit (パヒッ)
酸っぱい	asam (アサム)
塩辛い	asin (アシン)
おなかがすく	lapar (ラパール)
のどが渇く	haus (ハウス)
お代わり	tambah (タンバ)
食べ物	makanan (マカナン)
飲み物	minuman (ミヌマン)
食堂	rumah makan (ルマ マカン)
果物(類)	buah (-buahan) (ブア ブアハン)
野菜(類)	sayur (-sayuran) (サユール サユラン)
肉	daging (ダギン)
魚	ikan (イカン)
お菓子	kue (クエ)
調味料	bumbu (ブンブゥ)
テイクアウト	bungkus (ブンクッ)

レストラン

ミンタ メニュニャ
Minta menunya.　　　　　　メニューをください

アダ
Ada~?　　　　　　～はありますか?

トゥルスラー ババッ イブ
Terserah bapak~(ibu~).　　　　　　～さんにお任せします

ミンタ
Minta~.　　　　　　～をください

ミンタ マサカン ヤン サマ ドゥガン イトゥ
Minta masakan yang sama dengan itu.
　　　　　　あれと同じ料理をください

サヤ ティダッ プサン イニ
Saya tidak pesan ini.　　　　　　これは注文していません

トゥルラルウ プダス バギ サヤ
Terlalu pedas(bagi saya).　　　　　　(私には)辛過ぎます

ジャガン サンパイ トゥルラルウ マニス
Jangan sampai terlalu manis !　　　　　　あまり甘くしないで!

トロン パカイ グラ ダン スス
Tolong pakai gula dan susu.
　　　　　　砂糖とミルクを入れてください

サヤ スダ クニャン
Saya sudah kenyang.　　　　　　もうおなかいっぱいです

交 通

アンダ マウ プルギ ク マ ナ
Anda mau pergi ke mana?　　　　　　どこへ行くのですか?

サヤ マウ プルギ ク
Saya mau pergi ke~.　　　　　　～へ行きたいのです

カロウ ナイッ ベモ ブラパ
Kalau naik bemo, berapa?　　　　　　ベモだといくら?

ベ モ イニ ク
Bemo ini ke~?　　　　　　このベモは～へ行きますか?

ブラパ ジャウー ダリ シニ ジャウー アタウ ドゥカッ
Berapa jauh dari sini? Jauh atau dekat?
　　　　　　ここからどのぐらいですか?　遠いですか、近いですか?

トロン パンギル タクシ
Tolong panggil taksi.　　　　　　タクシーを呼んでください

トロン パカイ アルゴ
Tolong pakai argo.　　　　　　メーターを使ってください

トロン アンタール ク
Tolong antar ke~.　　　　　　～までお願いします

トロン ブルフンティ ディ シニ
Tolong berhenti di sini.　　　　　　ここで停めてください

ア パ ナ マ ジャラン イニ
Apa nama jalan ini?　　　　　　この通りの名前は何ですか?

トロン トゥンジュカン トゥンパッニャ ドゥガン ペタ イニ
Tolong tunjukkan tempatnya dengan peta ini.
　　　　　　地図で場所を教えてください

交通に必要な単語

散歩	jalan-jalan (ジャラン ジャラン)
道	jalan (ジャラン)
小道	gang (ガン)
右	kanan (カナン)
左	kiri (キリ)
真っすぐ	terus (トゥルス)
オートバイ	sepeda motor (スペダ モトル)
車	mobil (モビル)
自転車	sepeda (スペダ)
出発する	berangkat (ブランカッ)
到着する	tiba (ティバ)
空港	bandara (バンダラ)

両替で必要な単語

銀行	bank (バン)
両替	tukar uang (トゥカール ウアン)
お金	uang (ウアン)
紙幣	uang kertas (ウアン クルタス)
硬貨	uang logam (ウアン ロガム)
おつり	uang kembalian (ウアン クンバリアン)
レート	nilai tukar (ニライ トゥカール)

買い物

<ruby>Di<rt>ディ</rt></ruby> <ruby>mana<rt>マナ</rt></ruby> <ruby>saya<rt>サヤ</rt></ruby> <ruby>bisa<rt>ビサ</rt></ruby> <ruby>beli<rt>ブリ</rt></ruby>～?　　　　～はどこで買えますか？

<ruby>Ada<rt>アダ</rt></ruby> <ruby>yang<rt>ヤン</rt></ruby> <ruby>warna<rt>ワルナ</rt></ruby> <ruby>lain<rt>ライン</rt></ruby>?　　　　別の色はありますか？

<ruby>Ada<rt>アダ</rt></ruby> <ruby>yang<rt>ヤン</rt></ruby> <ruby>lebih<rt>ルビ</rt></ruby> <ruby>kecil<rt>クチル</rt></ruby>(<ruby>besar<rt>ブサール</rt></ruby>)?
　　　　もう少し小さい(大きい)ものはありますか？

<ruby>Berapa<rt>ブラパ</rt></ruby> <ruby>harganya<rt>ハルガニャ</rt></ruby>?　　　　いくらですか？

<ruby>Boleh<rt>ボレ</rt></ruby> <ruby>tawar<rt>タワール</rt></ruby>?　　　　まけてもらえますか？

<ruby>Itu<rt>イトゥ</rt></ruby> <ruby>terlalu<rt>トゥルラルク</rt></ruby> <ruby>mahal<rt>マハル</rt></ruby>.　　　　それは高過ぎます

<ruby>Ini<rt>イニ</rt></ruby> <ruby>harga<rt>ハルガ</rt></ruby> <ruby>pas<rt>パス</rt></ruby>.　　　　これは定価です

<ruby>Tidak<rt>ティダッ</rt></ruby> <ruby>mau<rt>マウ</rt></ruby>(<ruby>lagi<rt>ラギ</rt></ruby>).　　　　(もう)いりません

<ruby>Bisa<rt>ビサ</rt></ruby> <ruby>50000<rt>リマプルーリブ</rt></ruby> <ruby>Rupiah<rt>ルピア</rt></ruby>?　　　　5万ルピアでどう？

<ruby>Boleh<rt>ボレ</rt></ruby> <ruby>saya<rt>サヤ</rt></ruby> <ruby>bayar<rt>バヤール</rt></ruby> <ruby>dengan<rt>ドゥガン</rt></ruby> <ruby>kartu<rt>カルトゥ</rt></ruby> <ruby>kredit<rt>クレディツ</rt></ruby>?
　　　　クレジットカードで払っていいですか？

ピンチ

<ruby>Saya<rt>サヤ</rt></ruby> <ruby>tersasar<rt>トゥルササール</rt></ruby>.　　　　道に迷いました

<ruby>Di<rt>ディ</rt></ruby> <ruby>mana<rt>マナ</rt></ruby> <ruby>toilet<rt>トイレット</rt></ruby>?　　　　トイレはどこですか？

<ruby>Paspor<rt>パスポル</rt></ruby> <ruby>saya<rt>サヤ</rt></ruby> <ruby>hilang<rt>ヒラン</rt></ruby>.　　　　パスポートをなくしました

<ruby>Dompet<rt>ドンペッ</rt></ruby> <ruby>saya<rt>サヤ</rt></ruby> <ruby>dicuri<rt>ディチュリ</rt></ruby> <ruby>orang<rt>オラン</rt></ruby>.　　　　財布を盗まれました

<ruby>Dompet<rt>ドンペッ</rt></ruby> <ruby>saya<rt>サヤ</rt></ruby> <ruby>jatuh<rt>ジャトゥ</rt></ruby> <ruby>di<rt>ディ</rt></ruby> <ruby>dalam<rt>ダラム</rt></ruby> <ruby>taxi<rt>タクシ</rt></ruby>.
　　　　タクシーの車内に財布を落としました

<ruby>Maling<rt>マリン</rt></ruby>!　　　　泥棒！

<ruby>Tolong<rt>トロン</rt></ruby>　　　　助けて！

<ruby>Tolong<rt>トロン</rt></ruby> <ruby>panggil<rt>パンギル</rt></ruby> <ruby>polisi<rt>ポリシ</rt></ruby>.　　　　警察を呼んでください

<ruby>Tolong<rt>トロン</rt></ruby> <ruby>buatkan<rt>ブアッカン</rt></ruby> <ruby>surat<rt>スラック</rt></ruby> <ruby>keterangan<rt>クトゥラガン</rt></ruby> <ruby>kehilangan<rt>クヒラガン</rt></ruby> <ruby>barang<rt>バラン</rt></ruby>.
　　　　紛失証明書を発行してください

<ruby>Ada<rt>アダ</rt></ruby> <ruby>orang<rt>オラン</rt></ruby> <ruby>yang<rt>ヤン</rt></ruby> <ruby>bisa<rt>ビサ</rt></ruby> <ruby>berbahasa<rt>ブルバハサ</rt></ruby> <ruby>Jepang<rt>ジュパン</rt></ruby>?
　　　　日本語のできる人はいますか？

買い物に必要な単語

店	<ruby>toko<rt>トコ</rt></ruby>
市場	<ruby>pasar<rt>パサール</rt></ruby>
探す	<ruby>mencari<rt>ムンチャリ</rt></ruby>
買う	<ruby>membeli<rt>ムンブリ</rt></ruby>
選ぶ	<ruby>memilih<rt>ムミリー</rt></ruby>
払う	<ruby>bayar<rt>バヤール</rt></ruby>
高い	<ruby>mahal<rt>マハル</rt></ruby>
安い	<ruby>murah<rt>ムラー</rt></ruby>
大きい	<ruby>besar<rt>ブサール</rt></ruby>
小さい	<ruby>kecil<rt>クチル</rt></ruby>
きつい	<ruby>sempit<rt>スンピッ</rt></ruby>
長い	<ruby>panjang<rt>パンジャン</rt></ruby>
短い	<ruby>pendek<rt>ペンデッ</rt></ruby>
合う・似合う	<ruby>cocok<rt>チョチョッ</rt></ruby>

郵便＆電話

郵便局	<ruby>kantor pos<rt>カントール ポス</rt></ruby>
郵便ポスト	<ruby>bis surat<rt>ビス スラット</rt></ruby>
手紙	<ruby>surat<rt>スラッ</rt></ruby>
切手	<ruby>perangko<rt>プランコ</rt></ruby>
小包	<ruby>paket<rt>パケッ</rt></ruby>
普通郵便	<ruby>surat biasa<rt>スラッ ビアサ</rt></ruby>
速達郵便	<ruby>surat ekspres<rt>スラッ エクスプレス</rt></ruby>
電話	<ruby>telepon<rt>テレポン</rt></ruby>
電報	<ruby>telegram<rt>テレグラン</rt></ruby>
電話局	<ruby>kantor telepon<rt>カントール テレポン</rt></ruby>
公衆電話	<ruby>telepon umum<rt>テレポン ウムム</rt></ruby>
電話番号	<ruby>nomor telepon<rt>ノモル テレポン</rt></ruby>

インターネットで必要な単語

通信速度	<ruby>kecepatan transmisi<rt>クチュパタン トランスミシ</rt></ruby>
高速通信	<ruby>broad band<rt>ブロード バン</rt></ruby>
保存	<ruby>menyimpan data<rt>ムニンパン データ</rt></ruby>
ダウンロード	<ruby>mengambil<rt>ムガンビル</rt></ruby> file
カット	<ruby>potong<rt>ポトン</rt></ruby>
ペースト	<ruby>tempel<rt>テンペル</rt></ruby>
検索	<ruby>mencari<rt>ムンチャリ</rt></ruby>
添付ファイル	<ruby>attachment<rt>アタッチメン</rt></ruby>
再起動	<ruby>menyalakan kembali<rt>ムニャラカン クンバリ</rt></ruby>
カラー印刷	<ruby>print berwarna<rt>プリン ブルワルナ</rt></ruby>
初期化	<ruby>format<rt>フォルメッ</rt></ruby>

トラブルで必要な単語

盗難・紛失証明書	<ruby>surat keterangan kehilangan barang<rt>スラッ クトゥラガン クヒラガン バラン</rt></ruby>
警察	<ruby>polisi<rt>ポリシ</rt></ruby>
警察署	<ruby>kantor polisi<rt>カントール ポリシ</rt></ruby>
現金	<ruby>uang tunai<rt>ウアン トゥナイ</rt></ruby>
クレジットカード	<ruby>kartu kredit<rt>カルトゥ クレディツ</rt></ruby>
財布	<ruby>dompet<rt>ドンペッ</rt></ruby>
パスポート	<ruby>paspor<rt>パスポル</rt></ruby>
貴金属	<ruby>logam mulia<rt>ロガン ムリア</rt></ruby>
再発行する	<ruby>membuat ulang<rt>ムンブアッ ウラン</rt></ruby>
発行の控え	<ruby>salinan dokumen<rt>サリナン ドクメン</rt></ruby>

日常会話に便利な単語

日本語		インドネシア語
雨	……	hujan (ウジャン)
晴天	……	curah (チュラー)
スポーツ	……	olahraga (オララガ)
映画	……	film (フィルム)
踊り	……	tarian (タリアン)
流行	……	trend (トレン)
魅力的な	……	tertarik (トゥルタリッ)
礼儀正しい	……	sopan (ソパン)
社交的な	……	peramah (プラマー)
勇気がある	……	berani (ブラニ)
思いやりのある	……	baik hati (バイッ ハティ)
はずかしがり	……	pemalu (プマルゥ)
怒りっぽい	……	pemarah (プマラー)
わがままな	……	manja (マンジャ)
うそつき	……	pembohong (プンボホン)
頑固な	……	keras kepala (クラスクパラ)
ここ	……	sini (シニ)
そこ	……	situ (シトゥ)
上	……	atas (アタス)
下	……	bawah (バワー)
中	……	dalam (ダラム)

職業・人称名詞

日本語		インドネシア語
大学生	……	mahasiswa (マハシスワ)
会社員	……	karyawan (カルヤワン)
教師	……	guru (グル)
自営業	……	usaha sendiri (ウサハ スンディリ)
主婦		Ibu rumah tangga (イブル ルマァ タンガ)
友達	……	teman/kawan (トゥマン カワン)
恋人	……	pacar (パチャール)
親	……	orang tua (オラントゥア)
夫	……	suami (スアミ)
妻	……	istri (イストゥリ)
子供	……	anak (アナッ)
兄弟	……	saudara (サウダラ)

答え方いろいろ

日本語		インドネシア語
本当?	……	Betul? (ブトゥール)
まさか!	……	Masa! (マサ)
そのとおり!	……	Betul! (ブトゥル)
そうですか?	……	Begitu? (ブギトゥ)
わぁ、すごい		Wah, hebat (ワ ヘバッ)
あぁ(ダメージを受けたとき)	……	Aduh! (アドゥ)
そう思います	……	Saya kira begitu (サヤ キラ ブギトゥ)
そうだといいですね	……	Saya harap begitu (サヤ ハラッ ブギトゥ)
もちろんです	……	Tentu saja (トゥントゥ サジャ)
知りません		Saya tidak tahu (サヤ ティダッ タウ)
絶対です!	……	Pasti! (パスティ)
たぶん	……	Mungkin (ムンキン)
どうぞ	……	Silahkan (シラカン)
あとで(ね)	……	Nanti (ya) (ナンティ ヤ)
どうして?	……	Kenapa? (クナパ)
やめて	……	Jangan (ジャガン)

日常会話

アパカ アンダ スダ ブルナー ク バリ
Apakah anda sudah pernah ke Bali?
バリへ来たことがありますか?

アパ プクルジャアン アンダ
Apa pekerjaan anda?
職業は何ですか?

プクルジャアン サヤ
Pekerjaan saya～.
私の職業は～です

トロン ビチャラ プラン プラン
Tolong bicara pelan-pelan.
ゆっくり話してください

サヤ クラン ムグルティ サヤ スダ ムグルティ
Saya kurang mengerti. / Saya sudah mengerti.
わかりません/わかりました

スダ ブラパ ラマ アンダ ブラジャール
Sudah berapa lama anda belajar～.
～をどのくらい勉強していますか?

アンダ ブラジャール ディ マ ナ
Anda belajar di mana?
どこで勉強しましたか?

ナマ サヤ
Nama saya～.
私の名前は～です

シアパ ナマ アンダ
Siapa nama anda?
あなたのお名前は?

サヤ オラン ジュパン
Saya orang Jepan.
私は日本人です

トロン ブリタウ アラマッ アンダ
Tolong beritahu alamat anda.
住所を教えてください

サヤ バル プルタマ カリ ク バリ
Saya baru pertama kali ke Bali.
バリ島に来たのは初めてです

サヤ ティンガル ディ シニ スラマ ○ハリ
Saya tinggal di sini selama ○hari.
○日間滞在します

ディ マ ナ ティンガル
Di mana tinngal?
どこに住んでいますか?

ボ レ タニャ ウムル アンダ
Boreh tanya umur anda?
年齢を聞いてもいいですか?

サヤ スダ ム ニ カ
Saya sudah menikah.
結婚しています

ホビ サヤ ムンドゥンガールカン ム シッ
Hobi saya mendengarkan musik.
趣味は音楽を聴くことです

トゥング― スブンタール
Tunggu sebentar.
ちょっと待って

アパ ナ マ ニャ
Apa namanya?
(それの)名前は何?

サンパイ ジュンパ ラ ギ
Sampai jumpa lagi.
また会いましょう

サンパイカン サラーム サヤ クパダ バパッ イブ
Sampaikan salam saya kepada bapak(ibu)～.
～さんによろしくとお伝えください